寫給香港人的中國現代史

從西安事變到新中國成立

中國現代史

陳敬堂 著

下冊

中華書局

□ 責任編輯：黎耀強
□ 裝幀設計：胡之瑗
□ 排　版：陳先英
□ 印　務：劉漢舉

寫給香港人的中國現代史・下冊
——從西安事變到新中國成立

□
著者
陳敬堂

□
出版
中華書局（香港）有限公司
香港北角英皇道 499 號北角工業大廈一樓 B
電話：(852) 2137 2338　傳真：(852) 2713 8202
電子郵件：info@chunghwabook.com.hk
網址：http://www.chunghwabook.com.hk

□
發行
香港聯合書刊物流有限公司
香港新界大埔汀麗路 36 號
中華商務印刷大廈 3 字樓
電話：(852) 2150 2100　傳真：(852) 2407 3062
電子郵件：info@suplogistics.com.hk

□
印刷
美雅印刷製本有限公司
香港觀塘榮業街 6 號 海濱工業大廈 4 樓 A 室

□
版次
2022 年 5 月初版
© 2022 中華書局（香港）有限公司

□
規格
特 16 開（230 mm×170 mm）

□
ISBN：978-988-8760-81-7

目　錄

第十二章　西安事變與國共第二次合作

一、前言　　　　　　　　　　　　　　　　　　　　4

二、全國要求團結抗日　　　　　　　　　　　　　　6

三、蔣介石新「聯俄容共」政策的形成　　　　　　　8

四、蘇聯全球戰略下的援華抗日政策　　　　　　　14

五、中共統一戰線的演變　　　　　　　　　　　　19

六、張學良的思想變化　　　　　　　　　　　　　27

七、西安事變經過　　　　　　　　　　　　　　　36

八、國共第二次合作　　　　　　　　　　　　　　43

九、國共第二次合作的影響　　　　　　　　　　　45

十、小結　　　　　　　　　　　　　　　　　　　47

第十三章　抗戰之前的國共談判

一、西安事變前國共接觸的四條渠道　　　　　　　52

二、國共莫斯科談判 55

三、國共南京談判 56

四、西安事變後之國共接觸 59

五、西安談判 60

六、杭州談判 62

七、第一次廬山談判 64

八、第二次廬山談判 66

九、第一次南京談判 67

十、第二次南京談判 68

第十四章 八年抗戰之正面戰場

一、前言：抗日事關亞洲各國反法西斯之戰 77

二、日本侵華背景 78

三、九一八事變的原因 84

四、「不抵抗政策」的由來 86

五、全面抗戰前的侵華事件 87

六、抗戰之準備 91

七、開戰時中日國力、兵力及戰力之比較 93

八、戰爭經過：正面戰場 96

第十五章 敵後戰場與海外戰場

一、敵後戰場 159

二、國民政府領導的敵後戰場 164

三、中國共產黨領導的敵後戰場 170

四、國共敵後游擊根據地此消彼長的原因 174

五、戰前香港民間團體的活動　　　　　　177

六、戰前香港的中國國民黨　　　　　　　185

七、國民政府與香港抗戰　　　　　　　　190

八、戰前香港的中國共產黨　　　　　　　191

九、香港大營救　　　　　　　　　　　　197

十、香港敵後戰場　　　　　　　　　　　202

十一、香港游擊戰的勝利結束　　　　　　209

十二、香港敵後戰場的歷史地位　　　　　212

十三、海外戰場對抗戰的貢獻　　　　　　217

第十六章　日軍在華暴行及中國的損失

一、違犯國際公法　　　　　　　　　　　238

二、肆意屠殺　　　　　　　　　　　　　240

三、強姦婦女、殘害兒童　　　　　　　　248

四、「三光」政策　　　　　　　　　　　250

五、無人區　　　　　　　　　　　　　　252

六、細菌戰與化學戰　　　　　　　　　　253

七、狂轟濫炸　　　　　　　　　　　　　255

八、財物資源劫掠　　　　　　　　　　　256

九、金融劫掠　　　　　　　　　　　　　258

十、毀滅中華文化　　　　　　　　　　　259

十一、強擄勞工　　　　　　　　　　　　263

十二、奴化教育與鴉片毒害　　　　　　　265

十三、中國同胞生命和財產損失的粗略估計數字　266

十四、審判日本戰犯　　　　　　　　　　268

第十七章　　**中外關係與抗戰勝利**

　　一、戰時中外關係　　　　　　　　　　278

　　二、外國民間援助　　　　　　　　　　292

　　三、毛澤東分析中國勝利條件　　　　　305

　　四、中國抗戰勝利的原因　　　　　　　306

　　五、中國在抗戰的收獲　　　　　　　　311

第十八章　　**抗戰時期的國共談判**

　　一、抗戰時期的國共關係　　　　　　　317

　　二、第一次國共談判　　　　　　　　　320

　　三、第二次國共談判　　　　　　　　　322

　　四、第三次國共談判　　　　　　　　　326

　　五、第四次國共談判　　　　　　　　　336

　　六、第五次國共談判　　　　　　　　　344

　　七、小結　　　　　　　　　　　　　　350

第十九章　　**重慶談判**

　　一、重慶談判的背景　　　　　　　　　355

　　二、重慶談判始末　　　　　　　　　　369

　　三、國共對重慶談判結果的評估　　　　397

第二十章　　**馬歇爾調處國共衝突**

　　一、重慶談判後之國共談判　　　　　　403

　　二、馬歇爾使華方針的擬定　　　　　　405

三、馬歇爾初度折衝 409

四、三人會議的商談經過 415

五、馬歇爾調處的主要內容 416

六、馬歇爾調處的終結 464

七、小結 467

第二十一章　國共內戰（1945 — 1949）

一、國共軍事力量之評估 475

二、內戰經過 480

三、國民黨戰敗的原因 521

四、小結 541

第二十二章　政治協商會議與新中國的成立

一、政治協商會議召開背景 548

二、政治協商會議議題和決議案 552

三、輿論評價 561

四、國民黨對《政協決議》的破壞 565

五、香港與新政治協商會議的召開 575

六、人民政治協商會議召開的背景 580

七、人民政治協商會議的籌備 585

八、第一屆中國人民政治協商會議的召開與開國大典 587

徵引書目 590

全書後話 661

總目錄

上冊　從辛亥革命到聯俄容共

第一章　中華民國成立與袁世凱當選總統

第二章　歷史逆流

第三章　五四運動

第四章　中國國民黨與帝國主義的鬥爭

第五章　孫中山晚年的革命策略：粵皖奉三角同盟

第六章　孫中山晚年的革命策略：聯俄容共

中冊　從國共第一次合作到長征

第七章　中國共產黨的成立與國共第一次合作

第八章　國民革命軍北伐

第九章　國共分裂

第十章　十年內戰：國共內戰

第十一章　十年內戰：國民黨的內鬨與大混戰

下冊　從西安事變到新中國成立

第十二章　西安事變與國共第二次合作

第十三章　抗戰之前的國共談判

第十四章　八年抗戰之正面戰場

第十五章　敵後戰場與海外戰場

第十六章　日軍在華暴行及中國的損失

第十七章　中外關係與抗戰勝利

第十八章　抗戰時期的國共談判

第十九章　重慶談判

第二十章　馬歇爾調處國共衝突

第二十一章　國共內戰（1945 － 1949）

第二十二章　政治協商會議與新中國的成立

西安事變與國共第二次合作

1　蔣介石
2　宋美齡
3　張學良
4　宋子文

5　馬占山
6　梅津美治郎
7　秦邦憲、葉劍英、周恩來（從左至右）

5

6

7

一、前言

西安事變是一個很值得探索的課題，許多書籍都認為西安事變導致國共合作、中國團結抗日。所以張學良是功臣，是愛國的。當然亦有人認為西安事變，國軍因此停止剿共，讓中共有機會死灰復燃，令國軍最後戰敗，退守台灣，因此張學良是黨國罪人。誰是誰非？很有探索的價值！

先談張學良是否國民黨的「黨國罪人」一點，這觀點的理據十分薄弱。因為西安事變之後，國共團結抗日，經過八年抗戰，中共不錯是力量大增；但國民黨的力量亦增加不少，陸軍軍隊數目由 170 萬增加到戰爭結束時的 400 多萬，且有大批美械裝備的部隊，機動力和火力都是優越的。除了坦克、大炮之外，更有千多架飛機，能夠空運和轟炸，支援地面作戰。政治方面，中國成為聯合國五個常任理事國之一，蔣介石晉升為世界級元首，當時國民黨在國內外的地位是國民黨歷史中最高的。那麼，這剎那光輝，張學良是否應算上有半點功勞？其後國民黨的聲望和軍力迅速由高峰滑落，似乎與已經被軟禁的張學良沾不上任何關係！內戰又不是張學良指揮的，打敗了與他有何關係？

再談到張學良是否促進國共合作的功臣這一點。

發動西安事變的目的是推動國共合作，團結抗日。出發點固然是好，但過程是否全無風險？假如張楊部隊進攻蔣介石寢室時，雙方部隊猛烈交火，令蔣介石意外致死，那麼事變會令全國團結，還是陷入更大的分裂？另外，西安事變導致國共合作，只是假定蔣介石全力動武剿共，沒有與中共談判接觸。但事實上西安事變發生時，國共在南京正進行秘密談判，由於事變發生，談判因而中止。若蔣介石有什麼不測，那麼對國共關係的影響是正面還是負面？最關鍵的一點：張學良究竟知不知道國共正在進行秘密談判？如果已經知道，他還要發動事變，目的的什麼？

西安事變爆發之後，當時有一份報紙痛罵張學良是「日本帝國主義間

諜」，令主張抗日的張學良大受打擊，懷疑自己的行動是否正確，最後決定送蔣返回南京，這一份是什麼報紙？為什麼有這麼大的影響力？

歷史的發展是多方面的，有縱的脈絡，亦有橫的枝節。同一時間有許多事情在進行，彼此互相影響，若遺漏其中一條線索，都難明真相。研究歷史的難處，是可信資料太少，虛假資料太多，往往黑白是非不分。談現代史尤為困難，因為歷史乃施政記錄，某些記錄不利現政權或有損其顏面，不好說也不能說；知情人士有些為存忠厚，知道內情也不予駁斥；有些參與其事的人，為避殺身之禍，守密不談。於是坊間一般「史書」，大多數只是成為吹捧某人或某政黨的宣傳刊物，而很難成為真正的「信史」。就算是能夠編輯出版，也可能被列為禁書。

此外，還需要注意一點：抗戰初期中國得到大量蘇聯援助，中蘇邦交是如何恢復的？何時恢復的？「國共合作」還是「西安事變」促成中蘇友好的？目前尚無「張學良促進中蘇友好」的說法，蘇聯援華抗日既與張學良無關，那麼蘇聯援華與「國共合作」可有關係？中蘇友好導致國共合作，還是國共合作導致蘇聯援華？抑或是一個循環關係？蘇聯援華抗日動機何在？

蔣介石在改善國共和中蘇關係兩個環節裏扮演什麼角色？他是在西安事變後被動被迫去做的，還是在事變前已採取主動？若是後者，那麼國共合作可能是國民黨第二次「聯俄容共」的結果，而非張學良的貢獻。還有談國共合作，不能不談中共的「抗日民族統一戰線」。統一戰線是如何形成的？中共在蔣介石長期迫害屠殺之下，數十萬黨員幹部遇害，血海深仇。中共如何從「反蔣抗日」轉變為「聯蔣抗日」？其間有什麼國內外因素影響中共的決策？國共合作抗日是張學良兵諫的結果，還是中共抗日民族統一戰線的成功？

這一連串問題互相關連，必須同時從蔣介石、蘇聯、中共、張學良等四個不同的角度和資料予以觀察，才能客觀準確評價西安事變的歷史地位，才能說清楚國共第二次合作的形成過程。本文現用下述四個縱橫交錯的線索：蔣介石新聯俄容共政策的形成、蘇聯全球戰略下的援華抗日政策、中共統一

戰線的演變、張學良的思想變化，談談國共如何從敵對演變為合作抗日的經過。

二、全國要求團結抗日

1. 抗日救亡運動蔓延全國

　　1927 年 4 月 9 日國民革命軍進入南京，中國統一在望。6 月 27 日日本在大連召開「東方會議」。日首相田中義一指出：中國之統一及覺醒對日本之威脅，必須乘中國未有力量之前予以打擊，以確保日本利益。於是出兵濟南，製造慘案，企圖引起事端，破壞北伐，阻止中國統一。但蔣介石令革命軍繞道北上，終於完成統一中國之大業。日本見無法分裂中國，從中漁利，遂改用鯨吞的辦法，發動軍事侵略。1931 年有「九一八事變」；1932 年有「一二八事變」，並製造偽滿洲國；1933 年侵略熱河，迫訂《塘沽協定》，使國軍自冀東二十餘縣撤退；1935 年又迫訂《何梅協定》，國軍被迫再退出河北；稍後，日本又迫使華北各省宣佈「自治」，步步蠶食中國領土。

　　面對國家危亡，九一八事變後，9 月 26 日上海各大學學生立即到南京請願，上海、北平、天津、廣州、武漢、太原等地學生相繼展開大規模的遊行示威，要求抗日。國民黨用高壓手段把學生運動鎮壓下來。1935 年華北事變發生，12 月 9 日，五六千名北京學生舉行示威集會，高呼「打倒日本帝國主義」、「全體武裝起來保護華北」，史稱「一二九運動」。抗日救亡運動蔓延全國，為全民抗戰作好了思想準備。

　　「一二九運動」期間，上海先後成立多個救國團體，1936 年 6 月 1 日，全國六十多個抗日組織在上海成立全國各界救國聯合會，要求「停止內戰，一致抗日」。11 月 23 日蔣介石以「危害民國」的罪名，拘捕全國各界救國聯合

會沈鈞儒、鄒韜奮、李公樸、章乃器、王造時、沙千里、史良等人，時稱「七君子事件」。蔣介石的強硬鎮壓反令抗日救亡運動變得更加激烈。[1]

2. 國民黨內部的異見

國民黨內部對「先攘外後安內」或「先安內後攘外」的政策，意見分歧。

蔣介石主張採取「先安內後攘外」政策，先全力剿共，再對付日本。但國民黨內部反對蔣介石的勢力，如馮玉祥、陳銘樞、胡漢民等紛紛以抗日為號召，批評蔣介石。1935 年 4 月 15 日胡漢民主編的《三民主義》月刊嚴厲批評蔣介石專政八年，在親日政策之下，斷送國土達 8,513,304 平方華里，為中國總面積四分之一，人口達 3,234,864 人，等於十個英國那麼大。

事實上，日本的侵略實質上不斷傷害國民政府的利益，這是蔣介石不能不考慮的。國民政府財政收入的主要來源靠關稅、鹽稅和統稅（工、農產品及進口商品，邀交一次稅後，可以通行全國，故這稅項名為統稅）。在 1932 至 1934 年的三年間，這三項稅收佔國民政府總收入的八成以上。華北地區在這三項稅收中佔重要的地位，自日本控制華北後，從 1935 年 8 月 1 日至 1936 年 4 月 30 日，國民政府在華北的關稅損失就達 2,550 萬元。1934 年至 1937 年，華北因走私而漏稅的稅款達 1.9 億元之多。另外，日本侵佔華北後，壟斷該區的工業、商業、礦業、金融和運輸的利益，對英美等國亦做成傷害，亦間接打擊了與英美貿易有密切關係的國民黨人利益。這種情況，令國民黨內產生反對蔣介石「先安內後攘外」政策的聲音。[2]

1936 年 6 月 1 日，兩廣事變爆發，陳濟棠、李宗仁通電：「反對日本增兵

1　馬齊彬：《國共兩黨關係史》（北京，中共中央黨校出版社，1995 年），第 533–538 頁。

2　林家有、褟倩紅等：《國共合作史》（重慶，重慶出版社，1987 年），第 166–169 頁。

華北，率部北上抗日。」國民黨內軍事和政治領袖都反對「先安內，後攘外」政策，要求抗日的人愈來愈多，對蔣介石構成重大壓力。[3]

三、蔣介石新「聯俄容共」政策的形成

1.「先安內後攘外」政策的形成與結果

九一八事變爆發時，蔣介石面對着分裂的國民黨，馮玉祥、閻錫山、李宗仁、張發奎、石友三和胡漢民等都反對他；另外蔣介石又面對中共坐大之患。國內的分裂再加上中日兩國軍力懸殊，蔣採取了「先安內後攘外」政策。1932 年 6 月 9 日他在廬山五省剿匪會議裏解釋先消滅中共再抗日的原因：「我們這次剿匪戡亂，就是抗日禦侮的初步。如果剿匪不能成功，抗日就沒有基礎。因為一方面抵禦外侮，一方面還要分力剿匪，那就與明末的情形一樣。……結果只有亡國。」[4] 同年 12 月 14 日蔣介石在內政會議再次強調：「我們要想攘外，必先安內；要求安內，必須看到我們內部最大的不安是在什麼地方：第一、是我們內部的政見不一致；第二、是赤禍的紛擾。…… 如果我們在內部把赤匪的禍亂消除了，對日是沒有問題的。」[5]

蔣介石為了安內，對日本的侵略便忍辱負重。1933 年 1 月 11 日蔣在溪口武嶺學校講「東北問題與對日方針」說：「忠於謀國者，必就實際之力量，而謀適當之措置，不能效不負責任之輩，不審實際之利害，逞為快意之談，徒博一時之同情，而置國家於孤注一擲也。…… 余寧含垢忍痛，決不願意以

3　楊天石：〈30 年代初期國民黨內部的反蔣抗日潮流〉，《歷史研究》（1998 年第 1 期）。

4　蔣緯國編：《抗日禦侮》（一）（台北，黎明文化事業有限公司，1978 年），第 41－42 頁。引自《中國國民黨黨史概要》（二），第 958 頁。

5　《抗日禦侮》（一），第 41－42 頁。引自《蔣總統全集》（一），第 606 頁。

個人一時之快意，博得國民之同情，而簽對日首先絕交與宣戰之字。」[6] 蔣對日本的不斷挑釁，都盡量使之局限為地區性事件。1932 年 1 月 28 日日本在上海挑釁，第十九路軍守土有責，奮起抵抗，戰爭爆發。蔣為使滬戰局限成地方事件，所有增援部隊，概用原駐滬的第十九路軍番號。[7] 日本乘上海戰事方酣製造滿洲國，3 月 9 日溥儀在長春就任滿洲國執政。1933 年 1 月 3 日日軍佔領山海關，3 月 4 日進入承德。惟向長城南進時，在古北口遇上國軍猛烈抵抗。日本與國民政府談判，5 月 31 日參謀本部廳長熊斌代表何應欽與關東軍副參謀長岡村寧次在塘沽簽訂停戰協定，以長城為界，國軍撤至延慶蘆台線以南，日軍撤回長城以北。從此關外和冀東二十餘縣淪亡敵手，喪權辱國之極。日軍繼續煽動河北、山東、山西、察哈爾、綏遠等華北五省脫離國民政府管治。1935 年 1 月行政院駐平政務委員會委員長黃郛被迫南返，6 月 10 日軍事委員會北平分會代委員長何應欽口頭答應天津日本駐屯軍司令梅津美治郎要求，撤退國軍于學忠部和河北省黨部等機構。次日何應欽簽署日方送交的備忘錄，史稱「何梅協定」，日本據此攫取了河北省和平津兩市的大部主權。[8]

　　蔣介石安內方式有二：對國民黨內異見份子採忍讓方式，九一八事變後，蔣恢復胡漢民自由，並自願引退，以平息南京與廣州國民黨人之內爭。1936 年陳濟棠事件與李白的抗命，兩軍雖曾對峙，但最後都能和平解決。[9] 對中共則趕盡殺絕。滬戰結束，1932 年 5 月，蔣自任鄂豫皖三省剿匪總司令，動員三十個師二十餘萬，發動第四次圍剿，9 月 14 日攻佔中共鄂豫皖蘇區政

6　《抗日禦侮》（一），第 80 頁。

7　《抗日禦侮》（一），第 33－39 頁。

8　軍事科學院軍事歷史研究部：《中國抗日戰爭史》（上卷）（北京，解放軍出版社，1995 年），第 269－280、315－327 頁；郭廷以：《近代中國史綱》（香港，中文大學出版社，1979 年），第 632－635 頁。

9　《近代中國史綱》，第 665－666 頁。

府所在地新集和皖西共軍基地金家寨，迫使張國燾西撤，賀龍放棄洪湖根據地。惟在 1933 年 2 月 28 日黃陂之役和 3 月 22 日草台岡之役兩仗，共損失近三個師，第四次圍剿失敗。5 月蔣介石在南昌成立行營，直接指揮第五次圍剿，調集了一百萬大軍，建築了 2,900 座碉堡，徹底封鎖蘇區，並集中了二百架飛機配合作戰。9 月 25 日戰爭開始，28 日蔣軍佔領黎川。共軍多次反攻，但遇國軍重兵和強大火力反擊，傷亡慘重。11 月 20 日「福建事變」爆發，惟事件迅速解決。1934 年 1 月下旬蔣調整部署，再次進攻，共軍節節敗退。4 月 27 日蔣軍攻佔廣昌，共軍傷亡 5,500 餘人，根據地北大門陷落。中共分兵六路與蔣軍硬拚，結果全部敗退，要地相繼失陷。10 月 21 日共軍突圍，開始了二萬五千里長征。[10]

2. 與納粹德國和法西斯意大利的軍事合作

　　蔣介石忍辱負重的目的，是爭取時間積極備戰。因得不到英美的援助，只有和極權國家合作。1931 年聘德國顧問在杭州筧橋成立航空學校。1933 年聘洛蒂（Roberto Lordi）率領意大利空軍顧問團來華，負責中央航空學校洛陽分校的訓練事宜，並裝配意大利飛機。1935 年中國與意大利費亞提（Fait）等四家航空工廠訂約，在南昌設立飛機製造廠。中國空軍經積極整頓建設，1936 年全國空軍各式飛機 600 餘架，飛行員 3,000 名，機場 262 處。[11] 德國軍隊以訓練精良和武器犀利聞名於世，蔣介石欲得到德國技術與經驗協助中國國防現代化和建立國防工業。1933 年 1 月希勒拉出任德國總理，致力重整軍備，需要大量鎢砂。德國缺鎢，全賴輸入。中國華南各省盛產鎢礦，遂用鎢

10　軍事科學院軍事歷史研究部編：《中國人民解放軍戰史》（一）（北京，軍事科學出版社，1987 年），第 155−213 頁。

11　王正華：《抗戰時期外國對華軍事援助》（台北，環球書局，1987 年），第 31−33 頁。

砂交換德國協助練兵和提供武器、機器與國防工業技術。自 1928 年至 1938 年，德國前後共派了五位軍事總顧問來華，協助中國練兵及國防現代化。其中以賽克特上將（Hans Von Seeckt）和法爾肯豪森上將（Alexander Von Falkenhausen）的貢獻最大，1934 年 5 月德國前國防部長賽克特將其建立德國國防軍的經驗移植到中國，他在給蔣介石的重整中國陸軍建議書裏主張：(1) 編練模範旅，配備現代化武器；(2) 興建鐵路及公路網；(3) 成立軍官團；(4) 建立中國自己的武裝工業。1935 年法爾肯豪森接任第五任總顧問，繼續執行賽克特發展中國國防工業為重心的方案，以強化陸軍戰力。他建議製造或購置各種槍炮的彈藥，以備作戰需要。另外軍隊除需要強化火力外，尚需成立工兵營、通信營等特種部隊。抗戰爆發時，中國已有近 30 師約 30 萬陸軍接受了德式訓練和裝備（原計劃為 60 師），槍用彈藥基本上可以自行生產。戰前中國進口軍火武器，八成來自德國。八一三淞滬戰爭爆發，蔣介石便派德式訓練的中央軍參戰，德國顧問法爾肯豪森等 71 人更在上海指導國軍作戰。德式訓練的陸軍雖然很快消耗殆盡，但德國協助建成的兵工廠仍在後方生產前線所急需的軍火。中日戰爭全面展開後，英法船公司都害怕得罪日本，不肯運送軍火到中國。希特勒卻仍然指示售賣軍火並運送到中國，使中國能稍解燃眉之急。[12] 納粹德國和法西斯意大利為歐洲帶來戰禍，卻為中國長期抗戰奠下重要的基礎。

3. 聯蘇與容共

為了抗日，蔣介石連法西斯意大利和納粹德國都可以合作，以前曾經是盟友的蘇聯更加有理由積極爭取。1932 年 6 月 7 日，國民黨中央政治會議決定對蘇聯復交，11 月 20 日國民政府出席國際軍縮會議首席代表顏惠慶和蘇聯

---

12 《抗戰時期外國對華軍事援助》，第 43–78 頁。

外交人民委員李維諾夫在日內瓦商談中蘇復交問題。12月12日顏惠慶和李維諾夫在日內瓦宣佈中蘇兩國自即日起，恢復正式外交關係。27日國民政府行政院決議：「特任顏惠慶為駐蘇特命全權大使」。28日蘇聯政府任命鮑格莫洛夫為駐國民政府特命全權大使。[13]

為進一步與蘇聯建立合作關係，1934年蔣介石派清華大學教授蔣廷黻率團訪蘇。10月16日蔣廷黻與蘇聯副外交人民委員斯托莫尼亞科夫舉行會談，蔣廷黻提出：在任何時候、任何情況下，中國絕不會站在日本一邊反對蘇聯。並說在一定條件下，中國會同蘇聯並肩抵禦來犯的敵人。斯托莫尼亞科夫表示蘇聯一直希望進一步和中國建立友好關係，主張應從兩國共同利益出發，並真誠地發展和鞏固兩國關係。[14] 兩人的會談對改善中蘇關係起了積極的促進作用。

1935年10月9日，國民政府副行政院長兼財政部長孔祥熙向蘇聯提出，中國想在新疆開闢中蘇交通，以便中日一旦開戰，中國可從西北獲得蘇援。11月15日，蘇聯外交部表示同意。從西安經蘭州、烏魯木齊至蘇聯邊境的西北公路隨即開始修建，「七七事變」前工程完成，蘇聯援華軍事物資，如卡車、汽油、武器等，可以從這公路運到內地，積極支援了抗日戰爭。[15]

10月18日，蔣介石在孔祥熙寓會見蘇聯大使鮑格莫洛夫，表示贊成締結貿易協定和互不侵犯公約，希望締結有實質性的真正促進中蘇親密關係並能

13　向青、石志夫、劉德喜主編：《蘇聯與中國革命》（北京，中央編譯出版社，1994年），第398－400頁。

14　《斯托莫尼亞科夫與蔣廷黻的談話紀錄》，李玉貞譯：《中蘇外交文件選譯》（上），中國社會科學院近代史研究所近代史資料編輯部編：《近代史資料》總97號（北京，中國社會科學出版社，1991年），第210－214頁。原載於1971年莫斯科版《蘇聯對外政策文件集》第17卷。

15　郝晏華：《從秘密談判到共赴國難》（北京，燕山出版社，1992年），第107頁。

保障遠東和平的協定，蔣暗示這是軍事協定。[16] 12 月 14 日，蘇聯副外交人民委員斯托莫尼亞科夫通知鮑格莫洛夫：蘇聯不反對協議。稍後鮑格莫洛夫轉達蘇聯的決定，蔣介石感謝説，希望以 1923 年的孫文越飛宣言作為蘇中關係的基礎。蔣介石闡明他對中共的政策，説他決不反對中共的存在，認為中共像其他政黨一樣，有權表達自己的見解。但中共號召推翻中央政府，故不得不嚴厲對付，對此他表示遺憾。蔣介石希望蘇聯支持他建立統一的中國，以抵抗外國侵略。[17] 1936 年 1 月 22 日，鮑格莫洛夫通知蔣介石蘇聯政府同意締結蔣建議的互助抗日條約。蔣乘機要求蘇聯用他的威望勸説中共承認政府，並説蘇聯可以藉此表示對南京誠意。鮑格莫洛夫因早獲蘇聯指示，故斬釘截鐵地聲明：蘇聯不能扮演國共間居中調解人的角色，這是中國內政。國民黨可以同中共談判，蘇聯願意隨時給蔣介石或國民黨中央委員會的任何代表去莫斯科的簽證。蔣介石同孔祥熙商量後説，他認為可以據下述原則同中共達成協議：中共承認中央政府和總指揮的權威，同時保留其現有人員參加抗日。蘇聯雖然相信，蔣介石的部隊和共軍若不達成軍事統一戰線，就不能真正有效地抗日。但鮑格莫洛夫仍然重申：按照自己的意願同中共談判，這是中國的內政。[18] 國共應直接談判。

中蘇雖未結成軍事同盟，但關係已在不斷改善中。蔣介石知道要得到蘇聯的援助，必須妥善解決中共問題。「聯俄」「容共」兩者是互為因果的。

16　《鮑格莫洛夫致蘇聯外交人民委員部的電報》（1935 年 10 月 19 日急電），《中蘇外交文件選譯》，第 219－221 頁。

17　《鮑格莫洛夫致蘇聯外交人民委員部的電報》（1935 年 12 月 19 日），《中蘇外交文件選譯》，第 224－225 頁。

18　《鮑格莫洛夫致斯托莫尼亞夫的電報》（1936 年 1 月 22 日），《中蘇外交文件選譯》，第 227－229 頁；《斯托莫尼亞夫致鮑格莫洛夫的信》（1935 年 12 月 28 日），《中蘇外交文件選譯》，第 225－226 頁。

4. 國共秘密談判

蔣介石在爭取聯蘇援助抗日的同時，亦考慮到如何妥善處理中共問題，於是採用傳統上「剿撫並用」的策略，表面上調動大軍進行剿共作戰，但也接受了蘇聯的建議，秘密開拓了四條與中共接觸的渠道，意圖用談判的辦法收編共軍。蔣介石更直接派駐蘇使館首席武官鄧文儀到莫斯科直接找中共代表商談，開始了國共秘密談判。所以在西安事變前，蔣介石已經秘密積極進行聯俄容共政策。當然這次與第一次聯俄容共的內容和目的都不相同，今次是容忍而不是容納共產黨。蔣介石聯蘇的目的在取得蘇援抗日，聯蘇則必須容忍中共的存在。當時民意沸騰，全國上下已不能再容忍日本的侵略，非停止內戰抗日不可。蔣介石認識到只有抗日才能取得群眾的支持，中共問題只好等機會再處理。(詳情參閱下章：抗戰之前的國共談判)

四、蘇聯全球戰略下的援華抗日政策

1. 納粹崛起的威脅

國際關係因「利」而結合，蔣介石一方面屠殺共產黨人，另一方面卻暗中與共產黨的祖國——蘇聯拉關係，表面看來，令人難以置信！蘇聯把大量武器送給中共的頭號敵人——蔣介石，支持他抗日，而沒有軍事援助中共，讓中共領導抗戰，同樣也令人莫明其妙。這兩個處於敵對狀態的國家，為什麼能合作抗日？因為蘇聯的東西兩鄰同時出現了侵略成性的日本軍國主義者和極度仇視共產黨的納粹德國。蘇聯估計必然會同日本和德國爆發戰爭，為免陷於同時東西兩面作戰，最佳辦法是讓中國纏着日本，使日本無力侵略蘇聯。支持中國抗日就是借中國保衛其東方邊防，讓蘇軍可在西線集中全力應

付德軍的入侵。

　　1931 年 11 月 6 日，蘇聯《真理報》就日本發動九一八事變發表共產國際的宣言，認為「滿洲事件」是帝國主義企圖靠犧牲蘇聯來擺脫危機的重要步驟，而國聯正是這一陰謀的主謀。[19] 1932 年 5 月 1 日，《真理報》再次指責「對華戰爭就是進攻蘇聯的序幕，⋯⋯帝國主義強盜們正打算向它們所憎恨的社會主義國家，向沒有危機和失業的國家——蘇聯下毒手」。[20] 蘇聯對局勢深感不安，於是積極擴充軍備，並展開緊張的外交活動，極力勸說日本同意締結互不侵犯條約，以共同開發中國北滿為誘餌，換取日本不侵犯蘇聯的保證。蘇聯還主動同國民政府進行外交接觸，並很快在 1932 年 12 月 12 日恢復中蘇外交關係。[21]

　　1933 年 1 月 30 日希特勒出任德國總理，掌握大權。2 月 27 日希特勒借國會縱火案清除德國共產黨，將大量共產黨人包括德共總書記台爾曼和共產國際西歐局負責人季米特洛夫拘捕入獄。3 月 15 日德國取消議會制度，德共（歐洲除蘇聯以外最大的共產黨）被禁止。5 月德國《明星報》刊載俾斯麥的反蘇言論：「我們將集中全世界的仇恨和武力對付蘇聯，使它陷於癱瘓。」蘇聯清楚意識到，納粹德國的崛起比日本帝國主義在遠東的威脅要危險得多。[22] 蘇聯歐洲部分在政治、經濟及軍事地理，都有舉足輕重的意義。故納粹德國出現之後，無論遠東方面存在着怎樣的威脅，蘇聯都必須把防禦的重心逐步移返歐洲。1933 年 7 月，英國、法國和納粹德國、法西斯意大利簽訂了一個親睦與合作公約，承認德國有權具有同等的軍備水平，它要求其參加國「在一切政治與非政治問題、歐洲與非歐洲問題以及殖民地問題方面」，進行相互

19　《真理報》，1931 年 11 月 6 日。

20　《真理報》，1932 年 5 月 1 日。

21　楊雲若、楊奎松：《共產國際和中國革命》（上海，上海人民出版社，1988 年），第 308－309 頁。

22　《共產國際和中國革命》，第 310－311 頁。

合作，並「在涉及相互利益計，本着親睦與團結精神」，重新考慮凡爾賽和約體系。蘇聯認為這是英國和法國資本主義統治集團與法西斯國家合伙搞的陰謀，其目的是反對蘇聯，並在解決國際問題方面建立起它們對其他國家的統治權。[23] 情況不能樂觀的是，一個戰爭策源地——日本——在遠東形成了，它曾經派兵侵略蘇聯的西伯利亞領土，現已發動「九一八事變」侵佔中國東北，製造滿洲國，開始重新瓜分世界的爭奪。[24] 於是，蘇聯把中東鐵路出售予滿洲國，間接承認滿洲國以討好日本。但又同時爭取中美兩國牽制日本。1933 年 8 月 16 日，蘇聯正式通知國民政府外交部，同意簽訂互不侵犯條約，隨即提交條約草案，同中國進行談判。11 月 16 日，美蘇建立了正式的外交關係。1934 年 9 月 18 日，蘇聯加入了它曾長時間反對的國際聯盟，希望國聯在阻止戰爭和維護和平的道路上能發揮一點作用。[25]

2. 廣泛的統一戰線

蘇聯一方面積極展開外交活動，一方面爭取各國共產黨人的支持。自納粹黨上台後，共產國際的統一戰線策略開始轉變。1933 年 3 月 5 日，共產國際執委會第一次公開表示共產黨人可以作一次與社會民主黨工人群眾共同建立統一戰線的嘗試。5 月 5 日，共產國際進一步允許各國黨根據各國情形，同社會黨工人採取反法西斯的聯合行動。5 月 23 日，蘇聯《真理報》公開發出信號，同意各國共產黨人直接同社會民主黨人進行反法西斯的聯合行動。6 月 14 日，聯共代表團負人曼努伊爾斯基在共產國際第七次代表大會上說：「那種既同社會民主黨鬥爭，又打擊法西斯的策略是不正確的。共產黨人應當最大

23　〔蘇〕N. A. 基里林：《國際關係和蘇聯對外政策史》（1917－1945）（北京，中國社會科學出版社，1990 年），第 176－177 頁。

24　《國際關係和蘇聯對外政策史》，第 172－173 頁。

25　《國際關係和蘇聯對外政策史》，第 184 頁

限度地聯合所有工人和反法西斯主義者，結成廣泛的統一戰線。」在蘇共中央政治局的推動下，共產國際的各項政策迅速發生變化。它直接導致了法國、奧地利、西班牙、意大利、捷克等許多國家共產黨統一戰線策略的改變，並在這些國家共產黨和社會民主黨之間不同程度地形成了「統一行動」的局面。法國共產黨率先提出了「人民陣線」的主張，並和社會黨一起取得了政治上的優勢。1934 年 12 月 5 日，蘇法兩國正式簽訂了關於具有集體安全性質的東方條約。條約的簽訂很大程度得益於法共和社會黨的統一戰線的政治壓力。法共的努力成為了共產國際新政策的成功範例，因此共產國際執委會專門召開了大範圍的會議，介紹和推廣法共的經驗，並在 1935 年 1 月 16 日通過了高度評價法共人民陣線政策的決議，要求各國認真學習和研究。[26]

3. 援華制日

1935 年 3 月 1 日，德國宣佈不承認凡爾賽條約，決心重整軍備。7 月 18 日，西班牙內戰爆發，26 日，希特勒命令「禿鷹團」援助西班牙佛朗哥將軍。10 月 3 日，意大利入侵埃塞俄比亞。10 月 12 日，蘇日兩軍在伯力發生衝突。大戰的火花開始燎原，戰爭的威脅迫使蘇聯加緊外交活動，其時蔣介石為了抗日而提議與蘇聯建立軍事同盟。蘇聯不想與日本全面戰爭而拒絕蔣的要求，但支持蔣介石對付日本，以屏障東境，讓蘇軍可以全力防德。而且若使蔣介石孤立無援，被迫投向日本，結成「反共聯盟」，則蘇聯將在東西兩方同時面對反共的日德帝國主義者，為免腹背受敵，必須援華抗日。斯大林說：「歐洲的局勢、希特勒的節節勝利，預示着英國和美國可能會逐漸增加對蔣介石的援助，這就可望，由於有我國的援助和英美盟國的援助，蔣介石即使不能打退日本的侵略，也能長期拖住它。」根據這戰略方針，斯大林指

---

26 《共產國際和中國革命》，第 314－326 頁。

派崔可夫就任蘇聯駐華軍事總顧問時，親自對他下令：「你的任務，我們在華全體人員的任務，就是要緊緊束縛日本侵略者的手腳，只有當日本侵略者的手腳被捆住的時候，我們才能在德國侵略者一旦進攻我們時候，避免兩線作戰。」[27] 蘇聯支持蔣介石抗日的目的，就是牽制日本，用中國的力量「武裝保衛蘇聯」。1937 年 8 月 21 日，全面抗戰爆發後一個多月，蘇聯代表鮑格莫洛夫同中國南京政府代表王寵惠在南京簽訂了《中蘇互不侵犯條約》，「兩方斥責以戰爭為解決國際糾紛之方法」，「約定不得單獨或聯合其他一國或多數國對於彼此為任何侵略」。[28] 蘇聯隨即給中國貸款約三億多美元，用來購買戰爭急需的飛機、大炮、坦克、運輸工具及其他武器、彈藥、燃料等。這些貸款，「不要求中國付給現金及外幣」，只要中國以茶葉、羊毛、生皮、錫、銻等「對國民經濟和國防無任何妨害」的商品售價償還。蘇聯政府和斯大林還慷慨表示「蘇聯當盡其一切可能，援助在反抗侵略者的英勇解放鬥爭中之偉大的中國人民」。[29] 據統計，抗戰開始至 1941 年 6 月，蘇德戰爭爆發之前，蘇聯政府向中國政府提供了飛機 904 架、坦克 82 輛、自動牽引車 602 輛、汽車 1,516 輛、各種火炮 1,140 門、機槍 9,720 挺、步槍 6 萬枝、子彈 18,000 萬發、航空炸彈 31,600 枚。[30] 蘇聯政府除在道義上、物質上給中國以大量援助外，還給予人力資源的極大支持，大量派遣軍事顧問團、軍事技術專家和志願空軍來華直接參戰，僅志願空軍便達 2,000 餘人。犧牲了包括空軍大隊長庫里申科、赫曼諾夫在內的近 200 名蘇聯空軍志願將士。[31] 這些援助鼓舞了孤軍

27　崔可夫：《在華使命——一個軍事顧問的筆記》，第 35、36、38、64 頁。

28　《中國近代對外關係史資料選輯》（二下）（上海，上海人民出版社，1977 年），第 17–18 頁。

29　〈抗戰初期楊杰等和蘇聯磋商援華事項秘密函電選〉，《民國檔案》，1985 年第 1 期。

30　《中蘇關係：四、軍火貨物交換》，秦孝儀：《中華民國重要史料初編——對日抗戰時期第三編戰時外交》（二）（台北，中國國民黨中央委員會黨史委員會，1981 年）。

31　朱敏彥：〈試評抗日戰爭時期蘇聯對華政策〉，《民國檔案》，1990 年第 4 期。

作戰的中國。

五、中共統一戰線的演變

1. 左傾關門主義與下層統一戰線

「九一八事變」爆發時，中共執行共產國際的冒險主義和關門主義政策。1931 年 9 月 20 日，中共中央發表《為日本帝國主義強暴佔領東三省事件宣言》，認為事變是「帝國主義進攻蘇聯計劃之更進一步的實現」，強調「中國各派國民黨及各派軍閥根本都是帝國主義的走狗」，號召「打倒一切帝國主義」，「打倒各派國民黨，打倒一切軍閥」，「武裝擁護蘇聯」。[32] 當時中共盲目追隨共產國際的下層統一戰線策略，在日本侵略上海，淞滬抗戰激烈進行之際，仍在上海國民黨抗戰部隊中，搞「要兵不要官」的兵運鬥爭，號召十九路軍的士兵殺死他們的長官，帶着武裝參加共軍。[33]

此時，中共曾提出建立抗日民族統一戰線，但並無切實執行。1933 年 1 月 17 日，中華蘇維埃臨時中央政府主席毛澤東發表了《中華蘇維埃臨時中央政府工農紅軍革命軍事委員會為反對日本帝國主義侵入華北願在三條件下與全國各軍隊共同抗日宣言》，提出：任何國民黨軍隊只要同意下述三個條件：(1) 立即停止進攻蘇維埃區域；(2) 立即保障民眾的民主權利，如集會、結社、罷工、出版等自由；(3) 立即武裝民眾創立的義勇軍，以保衛中國及爭

32　中國共產黨中央委員會：《中國共產黨為日本帝國主義強暴佔領東三省事件宣言》（1931 年 9 月 20 日），《中共中央文件選集》（七），第 427–430 頁。

33　郝晏華：《從秘密談判到共赴國難》，第 76 頁。

取中國的獨立統一與領土完整，工農紅軍就可以同他們一道抗日。[34] 宣言在形式上已突破了下層統一戰線的桎梏，向上層統一戰線邁進，但實際上這「三個條件」僅僅是當作策略口號提出的。宣言發表的翌日，中共機關報《紅色中華》明白地説：中共中央擬定「三個條件」的真正目的，不是真要與國民黨抗日軍隊訂立協定，而是揭露他們假抗日、真內戰的反革命面目；揭露他們對紅軍「搗亂後方」的誣蔑。中共斷言，任何國民黨部隊，都不可能在「三個條件」下，真正同紅軍訂立抗日協定，一致對外。[35] 中共中央這種表裏不一的思想，在對待察哈爾抗日同盟軍和福建人民政府的問題上，充分顯示出來。

察哈爾抗日同盟軍成立前後，馮玉祥曾主動要求與中共合作抗日，因此許多中共黨員如吉鴻昌、宣俠父、陳天秩、許權中、張克俠等，先後到同盟軍中工作，並擔任了重要的領導職務。但中共的方針仍是：「我們對馮沒有幻想。我們和他建立非正式關係，其唯一的目的只是為了暫時便利我們在軍隊中的工作，以爭取士兵群眾，為了增加下級軍官的動搖，為了觀察在馮周圍的幾個部隊的傾向。」中共中央指示駐北方代表田夫（孔原），要孤立和打擊察哈爾同盟軍的上層，爭取其下層，在北方組織紅軍，創立北方蘇維埃，發展土地革命。[36] 由於中共政策失誤，對察哈爾同盟軍造成很大傷害。

1933 年底十九路軍蔡廷鍇企圖發動福建事變，10 月 26 日，與中共簽署了《中華蘇維埃共和國臨時中央政府及工農紅軍與福建人民政府及十九路軍反日反蔣初步協定》。協定規定：雙方停止軍事行動，恢復商品貿易往來，福

34　毛澤東：《中華蘇維埃臨時中央政府工農紅軍革命軍事委員會為反對日本帝國主義侵入華北願在三條件下與全國各軍隊共同抗日宣言》（1933 年 1 月 17 日），《中共中央文件選集》（八），第 445－446 頁。

35　《開展民族革命戰爭，反對日本帝國主義，推翻出賣中國民族利益的國民黨統治》，《紅色中華》（1933 年 1 月 28 日）。

36　1933 年 7 月 3 日中共中央給北方代表田夫的信。

建方面釋放政治犯，贊同福建境內的革命活動等。[37] 當時中共仍然堅持下層統一戰線策略，不信任自國民黨營壘中分化出來的愛國將領，沒有同十九路軍和福建人民政府衷誠合作。當蔡廷鍇派代表到蘇區正式談判時，白天談判，晚上就通過演戲來揭露他們「假革命」。10 月 30 日，中共中央在致福州市委與福建全體同志的信中，把十九路軍領袖的反日反蔣傾向，斥之為是在極端困難的情況下，維持其崩潰的國民黨統治，其目的是為了阻止革命的發展。福建事變發生後，中共發表《為福建事變告全國民眾書》，指斥福建人民政府沒有絲毫革命意義。[38]《紅旗周報》且公開宣傳蔡廷鍇等是帝國主義的走狗。左傾關門主義使中共自我孤立，隨着福建政府的失敗，中共也在蔣介石的五次圍剿下，走上長征之路。

2. 抗日民族統一戰線與「反蔣抗日」政策的提出和發展

希特勒崛起後，共產國際改變關門主義的策略，在西方提出了與社會民主黨建立反法西斯統一戰線的口號，在東方號召建立反帝統一戰線。1933 年6 月，共產國際指示中共，要在共同武裝抵抗日本帝國主義侵略的前提下，在廣泛的基礎上創造反帝國主義的統一戰線。[39] 1933 年 10 月 27 日，中共駐共產國際代表團根據共產國際反法西斯鬥爭的新精神，給中共中央發出關於「六條抗日綱領」的指示。中共根據指示，在 1934 年 4 月 20 日以「中國民族武裝自衛委員會籌備會」的名義，公開發表了《中國人民對日作戰的基本綱

---

37 《中華蘇維埃共和國臨時中央政府及工農紅軍與福建政府及十九路軍反日反蔣的初步協定》（1933 年 10 月 26 日），《中共中央文件選集》（八），第 735－736 頁。

38 《中共中央為福建事變告全國民眾書》（1933 年 12 月 5 日），《中共中央文件選集》（八），第 781－784 頁。

39 《中央局轉發國際關於反帝統一戰線的指示》，《中共中央抗日民族統一戰線文件選編》，第 130 頁。

領》。這綱領標誌着統戰策略的轉變，因為這文件不再堅持推翻國民政府是進行民族革命戰爭的先決條件，號召工農商學兵大聯合，號召全體武裝大聯合。[40] 這綱領發佈之時，正是第五次圍剿激戰之際，蘇區中央根據文件精神，1934 年 9 月，派潘漢年、何長工與陳濟棠進行談判，達成了就地停戰，取消敵對局面；互相通商，解除封鎖；支援紅軍一部分軍火，紅軍可在粵軍防區設立後方醫院；必要時互相借道，互相提供方便等協議。這協議使紅軍在長征時，順利地通過國民黨軍的第一、二、三道封鎖線。[41]

　　1935 年 7 月 25 日至 8 月 21 日，共產國際第七次代表大會在莫斯科舉行，季米特洛夫作《關於法西斯的進攻以及共產國際在爭取工人階級團結起來反對法西斯的鬥爭中的任務》的報告，他揭示了共產國際新政策的基本內容：「為和平捍衛蘇聯而戰鬥」。報告贊同中共：「同中國一切決心真正救國救民的有組織的力量，結成反對日本帝國主義及其走狗的廣泛的反帝統一戰線。」不過季米特洛夫仍然嚴厲指責南京政府的叛國行徑，使偉大的中國人民的民族生存遭到威脅。[42] 王明、饒漱石、吳玉章等中共代表相繼在大會譴責國民黨。[43] 共產國際第七次代表大會通過決議，明確要求中共「必須擴大蘇維埃運動和加強共軍的戰鬥力，同時要在全國範圍內開展人民反帝運動。……蘇維埃應成為聯合全中國人民進行解放鬥爭的中心」。[44] 共產國際這時的實際

40　《中國人民對日作戰的基本綱領》（1934 年 4 月 20 日），《中共中央文件選集》（九），第 232－237 頁。

41　郝晏華：《從秘密談判到共赴國難》，頁 83－85。

42　季米特洛夫：《關於法西斯的進攻以及共產國際在爭取工人階級團結起來反對法西斯的鬥爭中的任務》，中國社會科學院近代史研究所翻譯室編譯：《共產國際有關中國革命的文獻資料》（1929－1936）（二）（北京，中國社會科學出版社，1982 年），第 392 頁。

43　《共產國際有關中國革命的文獻資料》（1929－1936）（2），第 393－424 頁。

44　《法西斯的進攻和共產國際在爭取工人階級統一、反對法西斯的鬥爭中的任務》，《共產國際有關中國革命的文獻資料》（1929－1936）（二），第 448－449 頁。

方針就是：既要反對日本帝國主義，又要反對一切帝國主義；既要反對蔣介石，又要反對國民黨；既要加緊準備展開民族革命戰爭，又要堅持國內階級戰爭。這確定了中共「抗日反蔣」的反帝統一戰線的策略方針。

會議期間王明草擬中共駐共產國際代表團集體討論的《為抗日救國告全體同胞書》，即《八一宣言》，譯成俄文，送斯大林、季米特洛夫審核，得到他們的贊同。《八一宣言》比較完整地規定了中共的抗日民族統一戰線，不再是局限於過去的下層統一戰線或工農兵學商的聯合，而是擴大為各黨各派各行各界各民族的聯合。宣言所主張的聯合抗日，已不再限於訂立協定、停止衝突、互相支持，而是要建立「統一的國防政府」、「統一的抗日聯軍」、「組成統一的抗日聯軍總司令部」，要求更有成效、更高級的聯合。宣言沒有把蔣介石包括在統一戰線之中，但卻號召各黨派拋棄過去的成見，以「兄弟鬩於牆，外禦其侮」的精神，為抗日救國的神聖事業而奮鬥。[45] 為了宣傳《八一宣言》的精神，促成抗日民族統一戰線的建立，中共在巴黎創辦《救國報》，後改為《救國時報》，發行量最多時達二萬餘份，寄往四十三個國家和地區，對抗日民族統一戰線的宣傳和建立，起了重要的推動作用。[46]

為切實貫徹共產國際的新政策和「抗日反蔣」的策略方針，共產國際派張浩（即林育英）回國。11月中下旬，張浩到達瓦窰堡，向中共中央口頭傳達共產國際執委會關於中共策略方針問題的有關指示：

(1) 實行「抗日反蔣」的統一戰線的策略方針；

(2) 以建立國防政府與抗日聯軍為統一戰線的最高表現形式；

(3) 改工農蘇維埃為人民蘇維埃；

(4) 富農政策及相關政策亦加以改變。

45　《為抗日救國告全體同胞書（八一宣言）》（1935 年 8 月 1 日），《中共中央文件選集》（九），第 483–488 頁。

46　郝晏華：《從秘密談判到共赴國難》，頁 86。

共產國際的指示和遵義會議後中共的基本主張相同。11 月 28 日，中共中央正式發表了《抗日救國宣言》：「不論任何政治派別、任何武裝隊伍、任何社會團體、任何個人類別，只要他願意抗日反蔣者，我們不但願意同他們訂立抗日反蔣的作戰協定，而且更進一步的同他們組織抗日聯軍與國防政府。」[47]

12 月 17 日至 25 日，中共中央在瓦窰堡召開政治局擴大會議。會議通過了《中共中央關於軍事戰略問題的決議》和《中共中央關於目前政治形勢與黨的任務決議》，正式肯定和通過了共產國際和中共代表團的統一戰線政策和確立「抗日反蔣」策略方針的建議。決議認為日本帝國主義正準備吞併全中國，「把一切不願當亡國奴、不願充當漢奸賣國賊的中國人，迫得走上一條唯一的道路：向着日本帝國主義及其走狗賣國賊展開神聖的民族革命戰爭。……黨的策略路線，是在發動、團結與組織全中國全民族一切革命力量去反對當前主要敵人——日本帝國主義與賣國賊頭子蔣介石。只有最廣泛的反日民族統一戰線（下層的與上層的），才能戰勝日本帝國主義與其走狗蔣介石。」[48] 可惜，這時國共仍處戰爭狀態，暫時看不到合作的曙光。

3. 從「抗日反蔣」到「逼蔣抗日」

蘇中關係的改善，對中共的「抗日反蔣」政策產生了震撼性的影響，蔣介石接受蘇聯的建議，設法直接與中共對話。中共駐共產國際代表團接到蘇共通報的蔣介石謀求政治解決國共關係的消息，又從各種渠道得到蔣介石加緊軍事進剿的情報，一時頗感無所適從，「不知是蔣介石故意散佈空氣愚弄國

47　《中華蘇維埃共和國中央政府中國工農紅軍革命軍事委員會抗日救國宣言》（1935 年 11 月 28 日），《中共中央文件選集》（九），第 587–588 頁。

48　《中央關於目前政治形勢與黨的任務決議》（1935 年 12 月 25 日瓦窰堡會議通過），《中共中央文件選集》（九），第 605–624 頁。

民，或是真的事出有因？」[49] 王明與鄧文儀接觸後，中共了解到蔣的「政治解決」，只是為了要迫中共訂立城下之盟。1936 年 2 月 11 日，國民黨中宣部發佈《告國人書》，公然指責蘇聯是「赤色帝國主義」，並指斥中共利用民眾情緒以逞其危害民國破壞秩序之陰謀，因此政府不得不給予共產黨以最後的嚴厲制裁。2 月 17 日，國民政府頒佈了《維持治安緊急治罪法》，對學生運動實行嚴厲鎮壓。故董健吾在 27 日到達瓦窰堡，轉達了蔣介石謀求政治解決國共關係的意圖。中共評估形勢，認為任何談判都不會有好處，遂發動東征戰役，努力擴大第一方面軍至五萬人，並設法在山西建立新的更廣闊的根據地。[50]

國共雙方正在邊談邊打的時候，日本發生了「二二六政變」，自此日本政權為法西斯主義者操縱。3 月 1 日，斯大林宣佈：現在有兩個戰爭策源地，第一個策源地在遠東，在日本地區。…… 第二個策源地在德國地區。現在表現得最積極的是遠東的戰爭危險策源地，但這個危險中心，也可能移到歐洲來。戰爭可能突然地發生。3 月 23 日，共產國際執委員主席團召開會議，季米特洛夫指出：現在戰爭雖然表面上沒有出現，實際上已經在開始了。必須不惜一切代價和社會民主黨的基本部分達到反對法西斯和反對戰爭的鬥爭統一。[51] 1936 年 5 月下旬，季米特洛夫發出了新的轉變政策的訊號，即放棄共產國際第七次代表大會堅持的「為蘇維埃政權而鬥爭」的口號，改為「為民主共和國而鬥爭」的口號。

共產國際政策的變化，首先反映在中國抗日民族統一戰線策略方針的問題上。7 月 21 日，共產國際根據中共中央在統一戰線問題上的看法的報告，召開專門會議討論中國問題。會議主張改變國內戰爭與民族戰爭同時並舉的

49　田：〈第二次國共合作有可能嗎？〉，《救國時報》，1936 年 1 月 9 日。
50　楊雲若、楊奎松：《共產國際和中國革命》，第 356－360 頁。
51　楊雲若、楊奎松：《共產國際和中國革命》，第 364 頁。

方針，建議中國共產黨根據中國人民的利益，考慮到蘇區佔中國土地還比較少這個事實，中國人民大部分不擁護蘇維埃政權這種實際情況，放棄蘇維埃的政權形式，以建立全國統一的民主共和國來代替原先的建立蘇維埃人民共和國的口號。7月23日，季米特洛夫更進一步指出：共產黨人不應該把國民黨和蔣介石同日本侵略者混為一談，蔣介石不願意建立統一戰線並害怕統一戰線，但應當造成這樣一種局面，即在蔣介石的軍隊和國民黨中進行一場運動，使蔣介石不得不同意抗日統一戰線。[52] 8月15日，共產國際致電中共中央，全面說明了共產國際執委會7月會議的建議，提出了國共兩黨實現行動統一的具體條件和基礎，電報明確指出：「把蔣介石和日寇等量齊觀是不對的。這個方針在政治上是錯誤的，因為中國人民的主要敵人是日本帝國主義，在現階段，一切都應服從抗日。此外，不能同時有效地進行既反對日寇又反對蔣介石的鬥爭。也不能認為整個國民黨和整個蔣介石的軍隊都是日本的同盟者。為了切實有效地進行武裝抗日，還需要有蔣介石的軍隊參加，或者其絕大部分軍隊參加。」電報還指出，在目前條件下，任何的內戰都是有利於日本帝國主義的。[53]

根據共產國際執委會的來電，中共中央決定根本改變抗日反蔣的方針。1936年8月25日，發出《中國共產黨致中國國民黨書》，表示「願意同你們結成一個堅固的革命的統一戰線」。9月1日，向黨內發出《中央關於逼蔣抗日問題的指示》，指出「抗日反蔣」的口號是不適當的，我們應表現出我們是「停止內戰一致抗日」的堅決主張者，是全國各黨、各派（蔣介石國民黨也在內）抗日統一戰線的組織者與領導者。9月17日，發出《中央關於抗日救亡運動的新形勢與民主共和國的決議》，指出南京政府有轉向抗日的可能，推動

52　馬貴凡譯：《季米特洛夫在共產國際執委會書記處討論中國問題會議上的發言》（1936年7月23日），《中共黨史研究》1988年第2期，第84–86頁。

53　馬貴凡譯：《共產國際執委會書記處致中共中央書記處電》（1936年8月15日），《中共黨史研究》1988年第2期，第86–87頁。

南京政府及其軍隊參加抗日戰爭，是實行全國性大規模的嚴重抗日武裝鬥爭之必要條件。上述三個文件表示中共採取了實事求是的態度，認識到必須有國民黨部隊的參加才能展開全面抗日，統一戰線的策略已從「反蔣抗日」轉變為「逼蔣抗日」。[54] 為達團結抗日的目的，中共改變策略，願意讓步，以爭取同包括蔣介石在內的國民黨合作，停止內戰，一致抗日。

六、張學良的思想變化

1. 先失軍心再失東北

張學良是一位搖擺善變而草率的人，有一般東北人的缺點：衝動、膽大妄為、輕舉妄動。1928 年 12 月 29 日，東北易幟，張學良獨攬大權之後，即殘殺舊人、輕啟戰釁。1929 年 1 月 11 日，用專橫跋扈、操縱把持的罪名，處決東北軍宿將楊宇霆、常蔭槐二人。此事導致東北老將舊部十分不滿。[55] 同年秋又誤聽中東路督辦呂榮寰、哈爾濱特區教育廳長張國忱等以武力接管中東路獻議，停止中東路俄籍局長葉米沙諾夫以次近百名高級幹部職權，遣送回國，引起蘇軍干預，猛攻扎蘭諾爾、滿洲里，當地守軍與援軍大敗，名將韓光第、梁忠甲殉國，將士傷亡無數，民眾蒙受生命財物損失，胡亂打了一場大敗仗後，讓中央政府求和善後。[56] 1930 年乘中原大戰之機，應蔣之請，

---

54 《中共中央文件選集》（十），第 74－91 頁

55 李毓澍：《戢翼翹先生訪問紀錄》（台北，中央研究院近代史研究所，1985 年），第 68－73、100 頁；沈雲龍：《王奉瑞先生訪問紀錄》（台北，中央研究院近代史研究所，1985 年），第 30－31 頁。

56 田雨時：〈張學良揹「九一八事變」苦難十字架六十年〉，《明報月刊》，1991 年 9 月號，第 16 — 17 頁。

西安事變與國共第二次合作　27

揮軍入關，使馮玉祥、閻錫山等反蔣軍潰敗。自此張學良就任陸海空軍副司令，總攬由東北至華北的軍政大權。張學良旋自瀋陽進駐北平，東北軍半數亦隨之入關，東北防務因而薄弱。1931 年 7 月 2 日，萬寶山事件發生，日本藉此事向中國施壓，聲言將演變為第二次濟南事件。[57] 此時，中國洪水為患，福州、廣州首先大雨成災，接着長江、淮河、黃河、運河因久雨不息，水位暴漲，沿河各堤壩大多潰決。水災面積達 150 萬方里，17 省 400 多個縣市成為災區，災民數達七八千萬，佔全國人口六分之一。空前浩劫，災民流散四方。9 月 5 日開始，災民相繼移入東北，每日有百多人。為了協助災民重建家園，水災會在 9 月 18 日（當天晚上日本便發動事變）草擬了移民殖邊辦法：凡災民願遷移者，一切舟車旅費均免收。日本向視東北為其生命線，企圖大量移民該地，但以日人不適應當地氣候而失敗，相反中國人口在東北急劇增長，故日本視中國移民為心腹大患。九一八事變爆發前十一日，天津《大公報》譯載了日本政友會森山靖的《滿鮮視察報告書》，此報告書指出：中國移民因避本部戰亂而來滿洲者，最近每年不下百萬。二十年前五六百萬之人口，今已增至三千萬人。此激增之中國經濟力，對日韓兩國人自屬一大壓迫。報告書認為中國移民繼續大量流入東北，必然使日本退出滿蒙，所以為了日本的生存，必須發動戰爭。[58] 日本以中國災民影響其在東北之特殊權益，警告將採行動制止。天津《大公報》連日報道，[59] 張學良仍沒有採取適當行動。積極方面，不作任何軍事部署，將東北軍主力自華北調回，或令留駐東北部隊進入戒備態狀。[60] 消積方面，既然不準備抵抗，便應作戰略撤退，轉移

57　天津《大公報》，1931 年 7 月 4 日。

58　陳敬堂：〈水災引來外寇〉，香港《東方日報》1991 年 9 月 23 日。

59　〈日本軍人之滿蒙觀〉，天津《大公報》，1931 年 7 月 27 至 28 日；〈日本對滿蒙形勢緊張〉，天津《大公報》，1931 年 9 月 7 日；〈日本空氣愈險惡〉，天津《大公報》，1931 年 9 月 9 日。

60　《王鐵漢先生訪問紀錄》（台北，中央研究院近代史研究所，1986 年），第 58 頁。

重要物資。張學良竟然全無行動，令留在瀋陽之 260 架飛機，兵工廠庫存之 4,000 挺機槍、8,000 枝步槍和銀行之現金悉數被日本擄獲。[61] 9 月 19 日，張學良召集東北將領在北平協和醫院開軍事會議，會後發出不予抵抗之皓電（19 日）。[62] 這電文令張學良和東北軍將領從此永遠背上了「不抵抗」的罪名，遺臭萬年！

「九一八事變」爆發時，蔣介石正在南昌剿共，聞變後立即在 9 月 21 日趕回南京，開會應變，要求國際聯盟對東北事變採取行動。23 日，國民政府發告國民書：「應以文明對野蠻，待國聯之公理解決，盼全國軍隊對日軍避免衝突，政府已有最後決心與自衛準備。」26 日，蔣介石在南京接見東北將領萬福麟時説：「中國雖酷愛和平，萬不願於國聯處理下對日宣戰。但疆吏守土有責，今後不能任便棄城，曳兵而走。必要時，正當之防衛，無須請示，得於必要時為相當措置，以符保國衛民之旨。」[63] 蔣介石公開指示各地將官認清形勢，如遇侵略，不必請示，可以自衛。日本在東北擴大侵略行動時，東北軍馬占山等率部抵抗，1931 年 11 月 16 日，國民黨第四次全國代表大會召開，蔣介石請大會對馬占山和黑龍江將士予以實力上援助，並擬辦法三項：（1）請國府令張學良速派大軍援助，協同馬占山收復失地；（2）全體代表將公費全部或一部犒賞馬軍；（3）由國府去電慰勞馬占山。[64] 11 月 17 日，國民政府明令准黑龍江省主席萬福麟免職，任命馬占山為黑龍江省政府委員，兼黑龍江省主席。[65] 但東北軍並無積極配合馬占山的作戰，使馬部孤立無援，結果被日軍擊敗。國人對張學良甚表不滿，張學良解釋馬占山只是一個旅長，除直轄一旅外，無法調動其他軍隊。他已電令在馬占山鄰近各部隊統歸馬占

61　《抗日禦侮》（一），第 28 頁。

62　天津《大公報》，1931 年 9 月 19 日；上海《民國日報》，1931 年 9 月 19 日。

63　〈中央仍倚重張學良不令灰心〉，天津《大公報》，1931 年 10 月 24 日。

64　天津《大公報》，1931 年 11 月 17 日。

65　天津《大公報》，1931 年 11 月 18 日。

山指揮，便宜行事。[66]

　　馬占山孤軍作戰一事初步顯示東北軍指揮系統的癱瘓，熱河潰敗更暴露張學良的無能。1933 年 1 月 3 日，日軍攻佔山海關，轉攻熱河。2 月 19 日宋子文視察熱河時表示：「中央計劃不惜犧牲一切與困難，保衛熱河。」張學良亦勉勵各人誓守熱河，準備反攻，以雪「九一八」之恥。[67] 當時保衛熱河的兵力有兩個集團軍共約八萬人，日軍兵力約二萬人，估計至少可以支持三個月。2 月 21 日，日軍自錦州分三路進攻熱河，東北軍毫無鬥志，守軍崔興武一旅不戰而降，凌源萬福麟第 4 軍團聞風而潰，朝陽失陷。3 月 3 日，日軍 128 騎的先頭部隊到達承德，守軍自行撤退。[68] 熱河棄守，全國嘩然。淞滬之戰，十九路軍在日本海陸空軍猛攻之下，尤可以支持三個多月之久。現在不足十天便掉了熱河，張學良無能至此，不得不自行引退。8 日，張學良致電南京，引咎辭職。12 日，到上海準備出國。

2. 從剿共到聯共

　　張學良到歐洲後，首先到意大利會見了墨索里尼，再到德國會見了希特勒和戈林。[69] 自此受了法西斯主義影響，1934 年 1 月回國，主張中國行開明的集權政治，認為模仿德意才能迅速復興中國；[70] 擁護蔣介石，貫徹「攘外必先安內」的國策，使國家達到真正統一，然後全國一致，對日抗戰，才能達到

66　天津《大公報》，1931 年 11 月 27 日。

67　王卓然：〈熱河失守和張學良的下野〉，《張學良和東北軍》（1901－1936）（北京，中國文史出版社，1986 年），第 240 頁；何柱國：〈山海關防禦戰〉，薰德信編：《從九一八到七七事變》（北京，中國文史出版社，1987 年），第 414－415 頁。

68　《戢翼翹先生訪問紀錄》，第 88－93 頁

69　傅虹霖：《張學良與西安事變》（香港，利文出版社，1989 年），第 98 頁。

70　何柱國：〈西安事變前的張學良〉《張學良和東北軍》，第 262 頁。

收復東北，挽救國家危亡，進而復興國家之目的。[71] 2 月，張學良就任「豫鄂皖三省剿匪副總司令」，駐守西安，負責剿共。

　　東北軍剿共作戰仍然是屢戰屢敗。9 月，第 110 師在勞山覆歿，師長何立中陣亡；10 月 22 日，第 107 師 619 團在甘泉東南榆林橋受重創，團長高福源被俘；11 月 21 日，東北軍第 109 師在鄜縣直羅鎮被殲，師長牛元峰陣亡。106 師一個團在黑水寺被殲。[72] 中共對被俘的高福源進行思想教育，反覆對他說：蔣介石藉剿共之名，讓東北軍與共軍自相殘殺，唯有抗日，東北軍方有重返故鄉之望。東北軍如不進攻，共軍決不相犯。高福源獲釋後向張學良、王以哲報告，說中共願派正式代表談判。張指示高福源回覆中共表示願意談判。1936 年 1 月 16 日，高福源回到瓦窰堡，通知中共張學良願意談判，毛澤東和周恩來於是派李克農在 19 日先到洛川與張學良談判，張學良表示願為成立國防政府奔走。2 月 21 日，李克農在高福源陪同下，再到洛川。因張學良有事到南京，派王以哲為代表接待，2 月 26 日至 28 日雙方代表在洛川會談，達成四項口頭協議：

　　（1）為鞏固紅軍與第 67 軍共同抗日，確定互不侵犯，各守原防；

　　（2）紅軍同意恢復第 67 軍在鄜縣、甘泉、延安之線的公路運輸及經濟通商；

　　（3）延安（膚施）、甘泉兩城的第 67 軍所需糧柴、蔬菜等物，可向蘇區群眾購買。紅軍可轉告並發動蘇區群眾運糧、柴等物進城出售，以恢復正常交易；

　　（4）紅軍同意在甘泉被圍半年之久的東北軍兩個營換防；

　　（5）恢復紅白區通商，雙方均有保護對方安全之責，雙方採購人員均着

71　應德田：〈張學良的思想轉變〉，《張學良和東北軍》，第 254－255 頁。

72　戴鏡元：〈從洛川會談到延安會談〉，吳福章：《西安事變親歷記》（北京，中國文史出版社，1986 年），第 42 頁。

便衣。[73]

這時，國軍在陝甘「剿共」前線約有 170 餘團，其中直接與紅軍處於交戰狀態的張學良部大約有 60 個團，楊虎城部大約 25 個團，高桂滋約有 4 個團，蔣介石嫡系部隊只有 11 個團。故張學良、楊虎城、高桂滋與紅軍取得秘密諒解後，西北剿共戰事便基本上停頓下來。[74]

3 月 4 日，張學良自南京飛回洛川，與李克農進行第二次談判。5 日凌晨 5 時，會談結束。雙方都贊同停戰合作抗日，達成協議：

（1）為進步商談抗日救國大計，張學良提出：中共派一位全權代表，最好在毛澤東、周恩來中推一位，與張再次商談。地點在延安（膚施），時間由中共決定。

（2）紅軍代表經新疆去聯蘇，由張學良負責和盛世才交涉通道問題。

（3）中共派一位聯絡代表常駐西安。[75]

國民政府派往陝北找尋中共聯繫的特使董健吾、張子華先後到達西安。兩人都是中共的秘密黨員，他們故意讓張學良知道國共已秘密展開談判，進一步瓦解張的剿共決心。張認為：蔣介石都謀求同共產黨談判，難道我就不能在此辦理？於是和中共建立了無線電聯繫。4 月 9 日，張學良在延安城內天主教堂與周恩來會談，與會者尚有李克農、劉鼎、王以哲等。周恩來在東北長大，與張學良有地緣關係；同時，也是拜張伯苓為師。所以兩人一見如故，親切地輕鬆交談，最後達成口頭協議如下：

（1）中共赴莫斯科的代表由新疆去蘇聯，東北軍的代表由歐洲去蘇聯。

（2）雙方一致同意：停止內戰，聯合抗日。

73　童小鵬：《風雨四十年》（一）（北京，中央文獻出版社，1994 年），第 15－16 頁；戴鏡元：〈從洛川會談到延安會談〉，《西安事變親歷記》，第 45 頁。

74　《共產國際和中國革命》，第 377 頁。

75　《風雨四十年》（一），第 18 頁；戴鏡元：〈從洛川會談到延安會談〉，《西安事變親歷記》，第 48 頁。

（3）張學良沒有公開表示抗日之前，不能不接受蔣介石的命令，進佔蘇區，67 軍準備進駐延安以北。（1936 年 6 月，中共主動讓出瓦窰堡。）

（4）雙方互派常駐代表。

（5）張學良認為紅一方面軍去山西恐難立足，出河北為時太早，最好向綏遠靠外蒙。如紅軍東進，可通知東北萬福麟部不加阻撓。

（6）互相通商。採辦普通貨物，由共方設店自購，軍用品由東北軍代購，子彈可由東北軍供給。[76]

張學良對劉鼎（宋慶齡推薦到張學良工作的中共黨員）説：「膚施會談，我太滿意了！」「中國的事，從此好辦了！」並先後拿出二萬銀元和十二萬元法幣，支援紅軍作軍費。這是一次重要的會談，對張學良走上聯共抗日的道路起了決定性的作用，對中共抗日民族統一戰線的建立和擴大做出了重大貢獻。[77] 從 1936 年 4、5 月份起，紅軍和張學良的東北軍、楊虎城的十七路軍之間停止了敵對的狀態，建立了友好的關係。5 月 28 日，中共中央政治會議，決定建立東北軍、十七路軍（楊虎城部）、紅軍「三位一體」，爭取建立西北國防政府，形成西北大聯合局面。[78]

鑑於張學良不同意中共「反蔣抗日」口號，他認為蔣掌握全國的軍、政、財、外交大權，「抗日民族統一戰線既然爭取一切可以爭取的力量參加，那麼蔣介石也應該包括在內」。張還表示除非蔣介石投降日本，否則不能反蔣。中共中央慎重研究張學良逼蔣抗日的意見，認為在日本不斷向華北進攻，妄圖把中國變成它的殖民地的情況下，英美帝國主義的利益受到損害，日本和英

76 《周恩來關於與張學良商談各項問題致張聞天毛澤東德懷電》（1936 年 4 月 10 日），中共中央黨史研究室編：《中共黨史研究》（33）（北京，中共黨史資料出版社，1990 年），第 3-4 頁。

77 《風雨四十年》（一），第 24 頁；戴鏡元：〈從洛川會談到延安會談〉，第 52-53 頁。

78 《周恩來年譜（1898-1949）》，第 311 頁；馬齊彬：《國共兩黨關係史》（北京，中共中央黨校出版社，1995 年），第 569-574 頁。

美矛盾的發展，也影響國民黨內親英美勢力和親日勢力的衝突，而且國民黨內也有主張抗日的力量。因此，應該改「反蔣抗日」為「迫蔣抗日」，以爭取國民黨的大多數參加抗日。[79]

3. 秘密申請加入中共

張學良與周恩來談判後，思想又起劇變，他不但放棄了法西斯主義救中國的想法，轉而反對蔣介石「攘外必先安內」的國策。

張學良初見劉鼎時，曾吐露心中抑鬱：「我張某人與日本人有殺父之仇、毀家之恨，抗日救亡決不後人。可是你們共產黨卻罵我是不抵抗將軍，賣國投降！」經劉鼎分析後，張學良對劉鼎十分讚賞，認為是可與之談心交朋友的人。與周恩來會談後，張學良思想有很大的轉變，要求加入中國共產黨，1936 年 6 月 30 日，劉鼎給中共中央的電報：「日要求入我黨耳，求專人訓練。」。這一句裏的「日」就是張學良這時在與中共中央通電時的代號。[80] 中共中央得到這消息後，隨即通知共產國際徵求意見。但共產國際認為張學良並不可靠，強烈反對。共產國際致電中共特別強調：「使我們特別感到不安的，是你們關於一切願意入黨的人，不論其社會出身如何，均可接收入黨和不怕某些野心家鑽進黨內的決定，以及你們甚至打算接收張學良入黨的通知。現在比任何時候都更需要維護隊伍的純潔和黨的堅強團結。…… 不加選擇地接收學生和其他軍隊的舊軍官加入紅軍隊伍的做法也是錯誤的，因為這會破壞紅軍的統一和團結。…… 不能把張學良本人看作是可靠的盟友，特別是在西南（軍閥集團）失敗之後，張學良很有可能再次動搖，甚至直接出賣

---

79 《風雨四十年》（一），第 23－25 頁。

80 楊奎松：〈有關張學良入黨問題的探討〉，騰訊評論，網址：http://view.news.qq.com/a/20131227/004360.htm；楊奎松：〈西北大聯合計劃〉（3），《革命》（西安事變新探──張學良與中共關係之研究）（桂林：廣西師範大學出版社）電子書。

我們。」[81]

　　中共收到共產國際的覆電後並沒有告訴張學良被反對入黨的消息。7 月張學良對劉鼎說:「前面是強大的日本鬼子,後面是比蛇還毒的蔣軍,整我、迫我。我的隊伍裏年青有為的人不少,但老氣橫秋、顧慮重重的也很多,加上別有用心的,膽怯而危險的家伙,很難對付,要他們聯共抗日非常困難!」「我和周先生會談過了,彼此了解,乾脆和我們合在一起,放開幹,大有可為。」劉鼎立即回到西安,用十萬火急的密電報告黨中央。7 月 5 日,毛澤東、周恩來、張聞天和劉鼎在安塞城開會,雖然認為「張學良竟準備和紅軍一起幹,這是個了不起的轉變」,但認為對東北軍不是瓦解、分裂,或者把它變成紅軍。因為若把東北軍一部分拉出來,就會散掉一部分,這不是增強而是削弱抗日力量,從積蓄全國抗日力量的全局出發,對蔣介石要有更大的耐心,勸他抗日,準備更大的鬥爭。劉鼎回到西安見到張學良,向他詳細報告安塞會議的情況:希望你團結全部東北軍,耐心爭取蔣介石和全國一切的抗日力量。張學良耐心聽後表示理解中共中央的意思。他說:「從今以後,我要想盡一切辦法勸說蔣委員長,把他爭取到抗日陣營中來。我和委員長交情很深,我要認真利用這個地位加快步伐向他進言,爭取他幡然省悟。你們黨中央既然要我這樣辦,縱使碰釘子,或者削職為民乃至坐牢殺頭,也在所不惜!」[82]

　　結果,張學良發動西安事變,進行兵諫,迫蔣抗日。但這計劃並無事前通知中共,使蘇聯和中共對事變措手不及。如處理不好,固然破壞中蘇關係,且導致中國爆發國民黨各派和國共間的大混戰,給予日本侵華和侵蘇的大好機會。

81　馬貴凡譯:《共產國際執委會書記處致中共中央書記處電》(1936 年 8 月 15 日),《中共黨史研究》1988 年第 1 期,第 86–87 頁。

82　《風雨四十年》(一),第 32–34 頁。

七、西安事變經過

1. 爆發經過

1936 年 11 月 28 日，張學良見蔣介石，表示不願剿共，要求抗日，為蔣所拒。12 月 3 日，張學良到洛陽，力勸蔣介石赴西安。4 日，蔣介石與張學良自洛陽到西安。當時，蔣已知張部不穩，左右力阻其前往。7 日，張學良向蔣介石再提停止剿共，一致抗日。蔣介石提出二方案，一為將張及楊虎城兩軍全部開赴前線剿共，一為分別調往福建、安徽，張楊不允。

12 月 9 日，西安學生在「一二九」運動一周年組織大規模的群眾遊行示威。當遊行隊伍集合時，特務軍警開槍打傷一名小學生，頓時群情激憤，決定到臨潼華清池直接向蔣介石請願示威。蔣介石聞訊，急令侍從室主任錢大鈞打電話給張學良，強令制止學生「胡鬧」，聲言「格殺勿論！」張學良立即親自駕車追到灞橋，趕上遊行隊伍，極力勸說學生回去。他說，再向前走就有危險。站在前列的東北大學學生高呼：「我們願為祖國而死！」全場痛哭，並高呼口號：「中國人不打中國人！」「東北軍打回老家去，收復東北失地！」張學良也哭了，他激動地高聲向群眾說：「我不是願意當亡國奴的人。在一個星期之內，一定用事實來答覆你們！如果失信，請你們把我處死！」

張阻擋學生之後，當夜向蔣介石報告。蔣介石罵說：「這些學生，你要讓他們來，我用機關槍打。」張學良發火，幾乎說出這話來：「你機關槍不打日本人，打學生？」[83]

11 日蔣介石約張學良在臨潼晚餐，再予訓斥。是日陳誠知張學良將有行動，勸蔣離去，未聽。當晚深夜到 12 日凌晨，張學良等人開始行動，先解決華清池大門警衛之武裝。凌晨 3 時，攻入華清池，突入蔣的寓所，找不到蔣

83　孫銘九：〈臨潼扣蔣〉，《西安事變親歷記》，第 214－216 頁。

介石。因蔣的牀仍有微溫，張命令部隊上山搜尋，於上午 5 時左右把正逃往驪山途中的蔣介石捕獲。西安城內之中央高級官吏將領陳誠等人同時被扣留。

張學良、楊虎城聯名通電全國，指出：「東北淪亡，時逾五載，國權凌夷，疆土日蹙，淞滬協定屈辱於前，塘沽、何梅協定繼之於後，凡屬國人，無不痛心。……蔣委員長介公受群小包圍，棄絕民眾，誤國咎深。學良等涕泣進諫，屢遭重斥。日昨西安學生舉行愛國運動，竟嗾使警察槍殺愛國幼童，稍具人心，孰忍出此？學良等多年袍澤，不忍坐視，因對介公為最後之諍諫，保其安全，促其反省。」通電並提出八項主張如下：

(1) 改組南京政府，容納各黨各派人才共同負責救國。

(2) 停止一切內戰。

(3) 釋放上海被捕之愛國領袖。

(4) 釋放全國一切政治犯。

(5) 開放民眾愛國運動。

(6) 保障人民集會結社一切之政治自由。

(7) 確實遵行孫總理遺囑。

(8) 立即召開救國會議。

當天零時，張學良一切佈置妥當後，才告訴劉鼎電告中共中央：「我已發動捉蔣，請予支持。」晨 5 時，又致電毛澤東：兄等有何高見，速覆。並望紅軍全部速集於環縣一帶，以便共同行動，防止胡宗南北進。接着，張學良、楊虎城又聯名電請中共中央派人到西安共商大計。[84]

張學良撤銷「西北剿匪總司令部」，成立以張、楊為正、副主任的「抗日聯軍臨時西北軍事委員會」；解散國民黨陝西省黨部，釋放政治犯等。[85] 次日

---

84 《風雨四十年》（一），第 59–60 頁。

85 唐培吉、王關興、鄒榮庚：《兩次國共合作史稿》（杭州：浙江人民出版社，1989年），第 226 頁。

致電閻錫山、劉湘詢對事變意見，爭取支持。

2. 各界反應

西安事變爆發後，各界有不同的反應。

（1）國民政府

一方面把張學良革職查辦，派遣軍隊進行討伐，同時設法營救。12 月 13 日，孔祥熙召見蘇聯代辦，促蘇聯及第三國際注意西安事變之嚴重性，警告如蔣有危險，中國或被迫與日本共同抗蘇。孔祥熙致電駐蘇大使蔣廷黻，説西安事變與蘇聯有關，命提抗議。陳立夫約晤中共談判代表潘漢年，囑電勸第三國際，蔣如不幸，中國失去領導，日本將進攻蘇聯。

國民政府的強硬派如戴傳賢力主用武力解決。16 日，中央政治會議決議：推何應欽為討逆總司令；由國府下令討伐張學良；推于右任宣慰西北軍民。

（2）國民黨人

其他國民黨人如李宗仁、白崇禧、劉湘、龍雲、李濟琛、劉峙、徐源泉、張發奎、薛岳、孫連仲、程潛、唐生智、朱培德等或致電勸説和平解決問題，或譴責張學良不當。

12 月 13 日，馮玉祥告張學良，請先釋蔣委員長回京。胡宗南及四十餘師長請下討伐張學良令。

14 日，閻錫山電覆張學良、楊虎城，質其何以善後，是否將減少抗戰力量，是否將移對外戰爭為內戰，能否不演成國內之極端殘殺。

18 日，盛世才電駐京辦事處聲明與西安事變無關：「此乃純係挑撥離間作用。此次西安事變，不但與新（疆）省毫無關係，且亦絕不贊同。」

1936 年 12 月 20 日，胡適在天津《大公報》發表〈張學良的叛國〉一文，

譴責「張學良和他的部下這一次的舉動，是背叛國家，是破壞統一」，指出日本「早已認清蔣介石先生領導下的政府是最可怕的力量，所以他們處心積慮要打倒那個力量」，再三譴責張學良發動西安事變，是「叛國禍國」。[86]

（3）中共

中共知道西安事變後的最初反應是歡喜若狂，整個保安迅速沸騰起來，人們歡欣鼓舞，奔走相告，無不希望立即殺掉蔣介石。中共駐共產國際代表團的成員及共產國際執委會的一些工作人員熱烈地討論着所發生的事情。最初和完全合理的反應是這樣的：殺死蔣介石。當時，絕找不到那種會反對必須清算這個中國人民最凶惡敵人的人。鄧發用拳頭不停地敲着桌子並發瘋似地喊着：「殺！」

12 月 13 日上午，中共中央為商討西安事變，召開了政治局常委擴大會議。會議對如何處理蔣介石有兩種意見，有的認為應該除蔣，有的不同意除蔣，如張聞天認為蔣雖被扣，但如果把蔣介石除掉，不利於聯合國民黨抗日。張國燾則提出，不但要公審蔣介石，而且要打倒南京政府。於是中共立即致電共產國際詢問意見，但連續三日的覆電，電碼均不能譯出。[87]

（4）蘇聯

西安事變的爆發，使蘇聯受到極大的震撼。因為柏林羅馬軸心剛形成，德日兩國又剛簽訂《反共產國際協定》不久，所以進一步加劇蘇聯的不安。西安事變完全可能會被日本和中國內部的親日派利用作為反蘇反共的藉口。更使蘇聯擔心的是，這一事變有可能引起中國內亂，並將國民政府推向日本，令蘇聯東部和南部幾乎所有邊境全部暴露在日本的攻擊之下。事實上，

86　天津《大公報》，1936 年 12 月 13 日至 20 日。
87　《風雨四十年》（一），第 62 頁；楊雲若、楊奎松：《共產國際和中國革命》，第 387－392 頁。

事變之後翌日，國民政府行政院副院長孔祥熙即召見蘇聯駐中國代辦，警告蔣的安全若有危險，則全國的憤慨，將由中共而推及蘇聯，或被迫與日本共同抗蘇。因此，蘇聯外交部幾次明白告訴國民政府：蘇聯不僅與張學良「無關係」，而且同中國共產黨「無任何聯絡」，因此對中國共產黨的行動不負任何責任。蘇聯外交部提醒中國方面注意蘇聯報紙的聲明，抗議中國報紙不登載《真理報》、《消息報》等報刊的文章。[88]

12 月 13 日，《真理報》社論：西安事變是日本帝國主義間諜插手的事件，意在挑撥中國的內戰，西安事變破壞了中國的團結抗敵，必須和平解決西安發生的衝突等等。

共產國際開會討論了對中共中央覆電的原文。對於大多數中共人士來說，莫斯科的立場是完全出人意料的。

1. 西安的起義是潛伏在西安部隊的親日派挑起的，無論如何這個事件符合日本帝國主義的利益，也必定將被他們利用來煽動內戰和破壞中國愛國力量的團結。

2. 只有蔣介石有能力領導抗戰，張學良未必是那種能夠領導全國力量的人物。

3. 必須和平解決衝突，應該促使蔣介石統一全國所有力量以組織抵抗日本侵略者。

14 日，莫斯科《消息報》社論指責張學良「破壞中國禦侮力量之團結，不獨為南京政府之危機，抑且危及全中國」。《真理報》社論同樣指斥：「張學良前曾有抵抗日本之一切機會，但他抱不抵抗主義，不戰而將東北各省拱手讓予日人，現又以反日運動為投機，高揭反日旗幟，事實上促進國家之分裂，淪中國為外國侵略者之犧牲品。」

12 月 16 日，由季米特洛夫親自起草和簽署的共產國際給中共中央的電

88　楊雲若、楊奎松：《共產國際和中國革命》，第 388 – 389。

報：

1. 張學良的行動，無論其動機如何，客觀上只能有損於中國抗日民族統一戰線力量的團結，並鼓勵日本侵略。

2. 既然事變已經發生，中國共產黨應考慮到以上情況，並堅決主張在下列條件基礎上和平解決事變：

甲、通過吸收反日運動的若干代表及擁護中國統一和獨立的人士參加政府的方式來改組政府；

乙、保障中國人民的民主權利；

丙、停止圍剿紅軍的政策並與紅軍在反對日本侵略的鬥爭中合作；

丁、與同情中國人民反抗日本進攻的國家建立合作關係，但不要提聯合蘇聯的口號。[89]

（5）日本

日本外務省發表聲明，勸國民政府勿與張學良妥協。19 日，日外相有田說中國政府如在抗日容共之條件下與張學良妥協，日本決強硬反對。

3. 事變和平解決

蘇聯強硬批評西安事變破壞團結抗日，令張學良非常震驚。12 月 17 日，中共黨員劉鼎向到達西安的周恩來說：「張學良原以為發動兵諫是抗日，可以取得蘇聯諒解，從此可以遂多年聯蘇的願望。結果適得其反。張兩次問我：『蘇聯廣播為什麼罵我受日本人指使？』表情是不滿的，可能對我黨也有懷疑。」

14 日，宋美齡託張學良前任顧問端訥自南京飛抵西安晤張，並探視蔣介

89　楊雲若、楊奎松：《共產國際和中國革命》，第 391 頁。

石。16 日，周恩來、葉劍英到西安，次日與張學良見蔣介石，周說明中共對時局態度。

17 日，何應欽通電就討逆軍總司令職，準備對西安用兵。18 日，張學良電何應欽，要求中央軍撤往潼關以東。20 日，宋子文、端訥到西安，晤張學良及蔣介石。張學良表示決親送蔣委員長回京。22 日，宋美齡與宋子文自南京飛抵西安，即晤張學良、周恩來。

23 日，周恩來、張學良、楊虎城一起和宋子文、宋美齡開始正式談判。同日，國民黨中央政治會議責成何應欽切實執行討伐令，兼程急進，貫徹到底。同日，日首相廣田在樞密院報告，倘國民政府與張學良以容共為妥協條件，日本則予斷然進擊。

24 日，上午周恩來、張學良、楊虎城和宋子文、宋美齡繼續談判。確定十項承諾：

(1) 孔祥熙、宋子文組行政院，肅清親日派。

(2) 撤兵及調胡宗南等中央軍離西北，兩宋負絕對責任。蔣鼎文已攜蔣手令停戰撤兵。

(3) 蔣允歸後釋放愛國領袖，宋負責釋放。

(4) 目前蘇維埃、紅軍仍舊。兩宋擔保蔣確停止剿共，並可經張手接濟。三個月後抗戰發動，紅軍再改番號，統一指揮、聯合行動。

(5) 宋表示不開國民代表大會，先開國民黨會，開放政權，然後再召集各黨各派救國會議。蔣表示三個月後改組國民黨。

(6) 宋答應一切政治犯分批釋放，與孫夫人商討辦法。

(7) 抗戰發動，共產黨公開。

(8) 外交政策：聯俄，與英、美、法聯絡。

(9) 蔣回後發表通電自責，辭行政院長。

(10) 宋表示要我們為他抗日反親日派後盾，並派專人駐滬與他密商接洽。

下午周恩來和宋子文單獨會晤。晚，周恩來由宋子文、宋美齡陪同會見

蔣介石。周表明只要蔣改變攘外必先安內政策，停止內戰、一致抗日，他及紅軍也可以聽蔣的指揮，蔣作了三點表示：

(1) 今後停止剿共、聯紅抗日、統一中國、受他指揮。

(2) 由宋子文、宋美齡、張學良全權代表他與周恩來解決一切。

(3) 他回南京後，周恩來可直接去談判。[90]

25 日，蔣介石及夫人偕宋子文於下午 4 時乘飛機離西安，5 時半抵洛陽，張學良同行。西安事變和平解決。

八、國共第二次合作

西安事變是中國現代史的一個轉捩點，令當時政局產生了戲劇性的轉變。事件的結果是蔣介石停止剿共，與中共進行多次談判，解決分歧，攜手抗日。

1. 共產國際介入西安事變談判

1936 年 12 月 16 日，共產國際致電中共中央，要求和平解決西安事變。次日中共派遣周恩來、秦邦憲、葉劍英及隨員共十八人到達西安，與張學良、蔣介石，以及宋子文、宋美齡等人會談，商討解決方法。周恩來等提出「站在團結抗日基礎的和平解決」立場上，游說蔣介石接受張學良和楊虎城的八項要求，停止內戰。蔣介石本已得到蘇聯同意支持他抗日，現知道蘇聯支持他成為領導全中國抗日的領袖，中共亦表態支持他為抗日領導，接受他領導，故同意國共合作。蘇聯借蔣抗日，中共「聯蔣抗日」，蘇聯和中共均希

90　《風雨四十年》（一），第 74 頁。

望和平解決西安事變，以便團結抗日；張學良本無意殺蔣，只想停止內戰團結抗日，現受蘇聯嚴責，知道無法再聯蘇投共，於是陪同蔣介石返回南京，以恢復蔣的聲望，並願意接受軍事審判。至此，西安事變結束，持續了十年（1927－1936 年）的國共內戰亦宣告停止。

2. 國共達成第二次合作

西安事變和平解決後，1937 年 2 月 12 日，蔣派顧祝同、張沖與周恩來、葉劍英在西安談判，雙方起初為紅軍的改編及隸屬問題存在分歧。國民黨要求要徹底吸收紅軍入國民革命軍內，但共產黨則主張要以獨立自主方式接受改編。3 月下旬至 4 月初，周恩來與蔣介石在杭州談判，未達協議。6 月 8 日至 15 日，周恩來到廬山，同蔣介石、宋子文舉行第一次廬山談判，沒有結果。7 月 4 日，周恩來、秦邦憲（博古）、林伯渠赴廬山，期間爆發「七七事變」，中共竭力促進蔣介石發動全國抗戰的最後決心、向各方表示誠意擁護蔣介石領導抗戰。7 月 8 日，發佈《中國共產黨為日軍進攻盧溝橋通電》，指出「只有全民族實行抗戰，才是我們的出路」。13 日，周恩來向蔣介石遞交《中共中央為公佈國共合作宣言》。14 日，中共再致電南京表示，願在蔣介石指揮下抗戰，紅軍主力準備隨時出動抗日。17 日，周恩來同蔣介石在廬山談判，仍因紅軍的指揮問題未獲協議。

8 月 13 日，淞滬戰事發生，25 日，中共發表《抗日救國十大綱領》，表明與國民黨團結的誠意。

抗日救國十大綱領：

(1) 打倒日本帝國主義；

(2) 全國軍事的總動員；

(3) 全國人民的總動員；

(4) 改革政治機構；

(5) 抗日的外交政策；

(6) 戰時的財政經濟政策；

(7) 改良人民生活；

(8) 抗日的教育政策；

(9) 肅清漢奸賣國賊親日派，鞏固後方；

(10) 抗日的民族團結。

因軍情緊急，國共雙方達成協議。共產黨的西北主力紅軍三萬多兵力改編成國民革命軍第八路軍，任命朱德為總指揮，彭德懷為副總指揮；將南方的紅軍游擊隊一萬多人改編為國民革命軍新編第 4 軍，由葉挺任軍長，項英任副軍長；將陝北的蘇維埃政府改稱為陝甘寧邊區政府。

9 月 22 日，中央通訊社發表《中共中央為公佈國共合作宣言》，表示國民政府承認共產黨的合法地位。23 日，蔣介石發表《對中國共產黨宣言的談話》，認為「此次中國共產黨發表之宣言，即為民族意識勝過一切之例證」，表示國共雙方「已深切感覺存則俱存，亡則俱亡之意義。咸認整個民族之利害，終超出於一切個人一切團體利害之上也」。國共兩黨至此乃捐棄成見，第二次合作，組成抗日統一戰，為打敗日本創造了必須條件。

九、國共第二次合作的影響

1. 取得抗戰勝利

第二次國共合作的目的是抵抗日本的侵略，這目的最終達到。抗戰期間，國共兩黨雖然不斷發生武裝衝突，但在全中國各界的督促下、蘇聯和美國的調停下，以及國共雙方的克制下，終於維持抗日民族統一陣線的團結，最後把日本侵略者打敗。

2. 中國成為五強之一

國共合作令全國所有政治、軍事力量都團結一起，抵抗日本。抗戰時期，全國總動員，中國的戰爭潛力發揮出來，以弱勢的武裝多次打敗強大戰力的日軍。中國軍隊的表現與在太平洋戰場作戰的美英相比，毫不遜色。比之法國迅速投降，中國軍隊的頑強鬥志更是令人佩服。於是戰爭結束之後，中國成為聯合國五位常任理事國之一，中國成為世界五大強國之一。

3. 蔣介石聲望和力量大增

第二次國共合作期間，蘇聯首先以軍事經濟大力支持蔣介石成為領導抗日的領袖，為釋蔣介石疑心，蘇聯連一顆子彈都沒有送給中共。太平洋戰爭爆發後，又得到大量美國軍事和經濟援助，於是蔣介石的經濟和軍事力量不斷壯大。國民政府的軍隊由戰爭爆發時的 170 餘萬增加到抗戰勝利時的 400 餘萬人，並擁有海空軍和重炮、坦克，在國內外的聲望地位都是國民黨歷史上最高的。

4. 中共力量大增

抗戰期間，中共努力開闢敵後戰場，兵力由抗戰開始時的約 4 萬多人，增加到勝利時的野戰軍 61 萬餘人，地方軍 66 萬餘人，總兵力約 127 萬人。根據地面積約 230 萬平方公里，人口 13,600 萬人，比戰前大為增加。另外，在政治、社會、文化各階層的影響力也較前大增。

十、小結

歷史告訴我們：每當政治混亂、群雄並起、分裂割據的時候，外族便會乘機入侵。但情況從來沒有像清末民初以來那麼嚴重，因為侵略者的政治、經濟、軍事、科技、文化等力量都比我們強大。外敵除了動武壓迫我國割地賠款、掠奪許多特殊權益外，還不斷挑撥離間中國各種政治和軍事力量，煽風點火，蓄意製造分裂和戰亂，務求破壞中國團結統一，製造侵佔和分離我國領土的機會。蘇聯分裂蒙古、英國侵擾西藏、日本吞併東北，都是乘着中國陷於內戰分裂之際進行的。近年的釣魚台事件、西藏和新疆問題，都是外國敵對勢力利用中國分治的局面，進行分裂和侵佔我國領土的陰謀。外國勢力不斷收買中國一小撮民族敗類，扶植他們成為傀儡，進行分裂中國的活動。原因何在？

因為中國地大物博、人民聰明而勤勞，如得到安定的政治環境，進行建設發展，必成為世界超級強國。雖然中國無稱霸企圖，但外國侵略者為繼續保持其稱霸世界的地位，防範未然，於是不斷設法製造中國內亂，拉一派打一派，圖令中國長期陷於分裂和內亂，以便乘機操控中國政局，謀取政治、軍事和經濟利益。

不過，只要中國團結一致，敵人的陰謀是無法得逞的。日本發動「九一八事變」吞併東北，開始鯨吞中國的侵略行動時，中國的國力、軍力都不如日本，並且長期處於內戰紛亂之局，不少人都缺乏取得最後勝利的信心。有識之士都認識到國家已到了生死存亡的關頭，為了國家民族的生存，必須團結一致，才能抵抗日本的侵略。於是不斷呼籲「停止內戰，團結抗日」。國共領袖都明白團結才能救國。但是，國共關係從敵對轉為合作是有一段漫長過程的。

蔣介石採取安內攘外的政策，先統一中國再抵抗日本。蔣介石用讓步方式團結國民黨內各派系，對中共則採剿撫並用的手段，集中陸空大軍剿共，

結果只能迫使中共放棄中央蘇區長征。不過，蔣介石首先恢復與蘇聯外交關係，得到蘇聯善意，雖然請蘇聯幫助他解決中共問題受拒，但成功打開了與中共談判之門。進行商談收編共軍，希望能以政治方法解決中共。

　　中共長期被國民黨迫害屠殺，與蔣介石仇深似海，要改變「反蔣抗日」為「聯蔣抗日」的政策，相當困難。但在國難深重的關頭，蔣介石已提出合作的信息，共產國際對統一戰線亦作出了新的建議。中共中央經過研究後，採取務實政策，修改抗日統一戰線的策略，聯合包括國民黨在內的全國各黨派各力量一致抗日。在國共謀求改善關係之際，西安事變突然爆發，國民黨請蘇聯協助和平解決事件。因全中國各派系都呼籲和平解決，擁護蔣介石領導抗日，蘇聯認為蔣介石所領導的部隊是中國最強大的力量，能在抗日作戰發揮最大貢獻，故協助和平解決西安事變。為了停止內戰、團結抗日，中共亦支持和平解決，將「迫蔣抗日」政策，改為「聯蔣抗日」，同意改編紅軍為國民革命軍。國共兩黨和其他黨派都能夠以國事為重，捐棄成見，合作抗日，堅持抗戰必勝的信念。國共第二次合作，動員全國人民為保家衛國而戰，終於打敗那窮兇極惡的日本侵略者。

第十三章

抗戰之前的國共談判

1　國共曾在南京談判，圖為中華民族解放行動委員會（中國農工民主黨前身）總書記黃
　　琪翔夫婦同參加談判的兩黨代表在南京黃宅庭院合影。右起：朱德、周恩來、黃琪
　　翔、郭秀儀、葉劍英、張群。
2　曾養甫（曾受宋子文之託尋找與共產黨的聯繫）

1956 年蔣介石在台灣寫了《蘇俄在中國》一書，認為「和談」是他失掉大陸的主要原因，和談是中共「一個重要的詐術，乃是將戰爭威脅與和平商談交互使用，造成一張一弛的局勢，或將兩者同時使用，造成邊打邊談的局勢。這種詐術可以打擊我們前方的士氣，阻礙我們後方的動員，動搖我們政府的內部，混亂國際社會的視聽」。軍方出版的《戡亂戰史》說：「抗戰勝利後，並未運用絕對優勢之武力，以解決匪患，且百般遷就共匪，徒然舉行政治協商，白白浪費兩年時間，…… 在軍事上所造成之延誤與不當，可能為戡亂作戰失敗之主要原因。」蔣介石還將戰敗的責任歸究馬歇爾偏袒中共，認為國軍攻勢受阻，士氣削弱，駐華美軍撤退，美援減少，都是馬歇爾的錯，受了中共的欺騙。因此，和談是中共的騙局。

在那個年代，台灣出版的歷史書都持相同論調，認為國共和談是一個騙局。

這觀點是否成立，可以考慮幾點：

1. 和談由誰人提出的？是蔣介石？還是毛澤東？

2. 和談是在哪一個地方進行？在重慶？還是在延安？

3. 和談破裂時，國軍士氣高昂地發動攻勢，還是已經士氣崩潰？

4. 和談進行期間，美國有停止軍援蔣介石嗎？如果有，原因在哪裏？

5. 在此之前，國共雙方有進行過談判嗎？

這些問題的答案，本書不擬直接提供，只準備了一些比較全面的資料，一些被某些書籍刪去的關鍵資料，讓讀者自行判斷。

首先，國共談判並不是在抗戰勝利後才開始，早在西安事變之前已經秘密進行，而且是蔣介石派代表跑到蘇聯莫斯科，找到中共駐共產國際的代表直接談判的。所以，如果說和談是一個騙局的論據是成立，應該是中共設局，去騙蔣介石。怎麼會是蔣介石千里迢迢送上門請人騙他？許多坊間的書籍，完全刪去國共莫斯科秘密談判這段歷史，沒有提供抗戰之前和抗戰期間的談判內容和經過，便空言戰後的國共談判是一個騙局，那才真的是「騙」！

一、西安事變前國共接觸的四條渠道

西安事變發生之前，蔣介石已經接受了蘇聯的建議，秘密開拓了四條與中共接觸的渠道，開始了國共秘密談判。

1. 第一條渠道

蔣介石謀求與中共接觸是主動，而又是多方面的。1935 年 12 月 21 日，蔣介石派鄧文儀從上海前往莫斯科，次年 1 月 3 日，鄧文儀直接寫信給共產國際執委會秘書處，請其轉交中共駐共產國際代表團團長王明，明確表示願就國共兩黨關係問題進行秘密商談。此信發出後沒有回音，鄧於是找中華民族解放行動委員會駐莫斯科代表胡秋原，請他代為介紹與王明見面。1936 年 1 月 11 日，中共代表團得到消息，決定派前中華蘇維埃共和國臨時中央政府外交人民委員會副委員長潘漢年先與鄧文儀接觸。於是由此開始了國共兩黨的莫斯科談判。這是國共接觸的第一條渠道。[1]

2. 第二條渠道

除蔣之外，宋子文也指派曾養甫尋找與共產黨的聯繫。曾養甫和周恩來曾有一面之交，1935 年 11 月曾養甫找到他早年在北洋大學的同學諶小岑，託他辦理此事。北洋大學（今天津大學）校址與南開大學相鄰，諶小岑與周恩來曾同為「覺悟社」社友，本是舊交，後各奔前程。於是曾養甫委任諶小岑負責打通與共產黨關係。諶即與翦伯贊商議，翦立即函告呂振羽這個談判信

1　王功安、毛磊：《國共兩黨關係通史》（武昌，武漢大學出版社，1991 年），第
　　547－548 頁；馬齊彬：《國共兩黨關係史》（北京，中共中央黨校出版社，1995
　　年），第 546－549 頁。

息。呂振羽與中共北平市委宣傳部長周小舟研究後，12 月初到南京和曾養甫會面，得知此事是宋子文主持的。1936 年 1 月中共中央北方局派周小舟到南京，經呂振羽向曾養甫正式提出中共的條件。曾養甫也代表國民黨提出四點要求：

(1) 停止土地革命；

(2) 停止階級鬥爭；

(3) 停止蘇維埃運動；

(4) 放棄推翻國民政府的武裝暴動等活動。

呂振羽回報給周小舟。3 月，周小舟再到南京，轉告中共的六項要求：

(1) 開放抗日群眾運動，給抗日愛國人民以集會、結社、言論、出版自由等抗日民主權利；

(2) 由各黨各派各階層各軍代表聯合組成國防政府和抗日聯軍；

(3) 釋放一切抗日愛國政治犯；

(4) 改善工農群眾的生活；

(5) 停止內戰、一致抗日，停止進攻蘇區，承認蘇區的合法地位；

(6) 劃定地區給南方各省游擊隊集中訓練。

周小舟還帶來了毛澤東、周恩來、朱德等簽名蓋章的，給宋子文、孫科、曾養甫、諶小岑等人的信件，由呂振羽轉交。國民黨收到信件和談判條件後，經過研究，在 5 月中旬由陳立夫口授，諶小岑記錄，提出四項辦法以回答中共的六項要求。

(1) 國民黨歡迎共產黨的武裝隊伍參加對日作戰；

(2) 共產黨武裝隊伍參加對日作戰時，與中央軍同等待遇；

(3) 共產黨如有政治上的意見，可通過即將成立的民意機關提出，供中央採納；

(4) 共產黨可選擇一地區試驗其政治經濟理想。

自此，陳立夫代替宋子文主持國共兩黨接觸事宜，並提出共產黨派代表

來南京談判。1936 年 7 月周小舟以正式代表身份與曾養甫會談，後因曾養甫調任廣州市長，國民黨方面亦已直接和中共取得聯繫，故不再重視這個渠道。10 月中共通知北方局不必與國民黨接觸，於是這渠道的使命結束。[2]

3. 第三條渠道

1935 年底宋子文和宋慶齡商議打通與中共的關係，他們決定請董健吾去陝北，直接向中共傳遞國民黨願意談判的信息。這是一條由宋慶齡開拓的獨立渠道。董健吾是中共地下黨員，接受了宋慶齡、宋子文、孔祥熙的委託，帶着孔祥熙簽署的「西北經濟專員」的委任狀，以國民政府重要官員的身份去陝西。1936 年 1 月，董健吾到西安，請張學良協助赴瓦窰堡。當時，張學良已和中共秘密接觸，故派飛機送董往膚施，並再派一騎兵連送去蘇區。2 月 27 日，董健吾到達瓦窰堡，次日見到博古，轉交了南京方面的密函。中共開會商議後，3 月 4 日，張聞天、毛澤東、彭德懷聯名給博古轉交董健吾一封電報，請董轉告南京：願與南京談判。3 月 5 日，董健吾返到南京後，轉達了中共的訊息，其使者任務到此完成。[3]

4. 第四條渠道

1935 年 11 月，諶小岑找尋共產黨的關係時，也託左恭幫忙。左恭是中共地下黨員，立即將此情況報告上海黨組織，上海黨組織派臨時中央局組織部秘書張子華與諶小岑聯繫。張向諶建議南京派人到陝北，諶小岑徵得曾養甫

2　中共中央黨史資料徵集委員會編：《第二次國共合作的形成》（北京，中共黨史資料出版社，1989 年），第 10－12 頁。

3　《第二次國共合作的形成》，第 13－14 頁。

同意後，派張子華代表國民黨隨董健吾一起去陝北。兩人到瓦窯堡後，張子華獲博古單獨接見，詳細匯報國民黨尋找共產黨談判的動向。1936 年 4 月，張子華返抵上海會見曾養甫，提出要了解南京當局聯共抗日的具體辦法。5 月下旬，諶小岑將陳立夫在曾養甫家口授的四條辦法交張子華，並要張再去陝北邀中共負責人會面。張在 5 月底到陝北，6 月初帶了一批周恩來的親筆信返回南京。7 月曾養甫請張子華送信陝北，函邀周恩來直接商談。8 月 31 日，周恩來覆函表示願意談判。9 月 1 日，又覆函陳立夫、陳果夫，表示希望直接與他們會談。張子華帶此兩信到廣州見曾養甫，曾建議請周恩來到香港或廣州會見。9 月 28 日，張子華電告中共中央曾養甫的意見。10 月 8 日，中共覆電表示只要保證安全，周恩來可以到廣州。後中共獲悉蔣介石在 16 日到西安，即要求張子華向國民黨交涉派飛機到膚施接周恩來到西安與蔣介石直接談判，但交涉未能成功。[4] 後因中共派潘漢年負責與國民黨談判，此渠道之使命於是結束。

二、國共莫斯科談判

國共關係在蘇聯莫斯科展開新的一頁。

1936 年 1 月 13 日晚，潘漢年在胡秋原的寓所會見鄧文儀，並無實質性的成果。17 日，王明與鄧文儀進行了第一次正式的談判。鄧文儀代表蔣介石明確提出了在蘇維埃改制、紅軍改編的基礎上，實行國共合作抗日的建議，雙方並就中共代表團前往南京與國民黨當局就此進行具體談判問題，達成了一致共識。

1 月 22 日舉行第二次談判，雙方確定，中共代表將和鄧文儀一起，於 25

4　《第二次國共合作的形成》，第 14 − 18 頁。

日從莫斯科出發前去南京。但翌日鄧文儀通知王明，原定行程取消。

　　原因是蔣介石忽然改變了主意。最初，蔣估計蘇聯政府出於自身利益的考慮，會支持他統一中國，並迫使中共改變政策。於是，一方面派鄧文儀前往莫斯科找中共代表團談判，同時又秘密派陳立夫，攜俄文秘書張沖，於鄧出發後第三天前往柏林，準備直接與蘇聯交涉軍事合作問題。1 月 22 日，蔣與鮑格莫洛夫會談，反覆勸說了八十分鐘，仍無法請得蘇聯幫忙解決中共。於是蔣介石擔憂蘇聯若繼續暗中支持中共，在中日戰爭爆發時，蘇軍依約進入中國，只有中共受益。因此，23 日立即致電鄧文儀，通知他立即停止談判，並致電在柏林的陳立夫，立即改變計劃回國。在莫斯科的國共談判即因此而中斷，從此轉到國內去進行。[5]

　　雖然蔣介石改變態度，王明仍決定派潘漢年回國，負責促成國共兩黨直接談判。1936 年 5 月初，潘漢年從蘇聯到達香港，陳果夫派張沖到香港接潘漢年到南京，派曾養甫與潘漢年會面，商定由潘去陝北，聽取中共中央對談判的意見後，再返南京與陳果夫面談。8 月 8 日，潘漢年到達保安，向中共中央報告與國民黨接觸的情況。中共中央召開政治局擴大會議。25 日中共中央致國民黨書，9 月 1 日在黨內發佈逼蔣抗日的指示，並任潘漢年為中共中央代表和南京陳立夫談判。[6]

三、國共南京談判

　　國共談判是一場政治鬥爭，內容主題就是「紅軍編制」。1927 年蔣介石

5　楊奎松：〈1936 年鄧文儀與王明潘漢年談判經過及要點〉，《黨史研究資料》，1994
　　年第 4 期，第 2－3 頁。
6　《第二次國共合作的形成》，第 9－10 頁。

在上海開始「清共」之後，在全國各地搜捕殺害數十萬名中共黨員，所以中共為了反抗國民黨的迫害和屠殺，必須擁有自己的武裝力量，維護紅軍的獨立性，便成為了國共談判的主要爭論議題。蔣介石欲降伏中共，設法「收編」紅軍，限制紅軍的數量，最後解除共產黨武裝，計劃用「撫剿並用」的辦法，一面邀周恩來去廣州會談，一面調集軍隊「圍剿」紅軍。中共則提出民族統一陣線，爭取國民黨轉向抗日，一方面派潘漢年去南京會談，同時也準備反擊蔣介石的軍事進攻。

1936 年 11 月 10 日，潘漢年在上海滄州飯店與陳立夫會談，潘漢年將周恩來致陳氏兄弟和蔣介石的信，當面交給陳立夫，並根據中共擬定的《國共兩黨抗日救國草案》的內容，闡述了中共的意見。陳立夫轉述蔣介石的條件說：

1. 對立的政權與軍隊必須取消；

2. 目前可保留 3,000 人之軍隊，師長以上領袖一律解職出洋，半年後召回按材錄用，黨內與政府幹部可按材適當分配南京政府各機部服務；

3. 如果軍隊能如此解決，則中共所提政治上各點都好辦。

潘漢年嚴肅指出：這是收編條件，不能說是抗日合作的談判條件。當初鄧文儀在俄活動，曾養甫派人去蘇區，所談均非收編，而是合作。「蔣先生為什麼目前有如此設想，大概誤會了紅軍已到無能為力的時候，或者受困日本防共協定之提議，磋商合作條件尚非其時？」潘漢年提示陳立夫，歷史上未見可以同時進行對外對內兩重戰爭的。陳立夫說：蔣先生意旨是，必須先解決軍事，其他一切都好辦，並提議可否請周恩來出來一次。潘明確答覆：停戰問題不解決，周恩來是不會出來的。[7]

7　潘漢年：《關於與國民黨談判情況給毛澤東等的報告》（1936 年 11 月 12 日），中共上海市委黨史研究室編：《潘漢年在上海》（上海，上海人民出版社，1995 年），第216－219 頁。

這次談判暴露了蔣介石只企圖收編紅軍，尚未考慮團結抗日。11月17日，蔣介石到太原，要閻錫山轉告傅作義停止綏遠抗戰，以便集中軍事力量剿共。蔣介石調集中央軍三十個師在平漢線漢口─鄭州段和隴海線鄭州─靈寶段，待機推進西北剿共。對抗日救國力量則殘暴打擊。23日，逮捕上海救國會領導人沈鈞儒、章乃器、鄒韜奮、李公樸、沙千里、史良、王造時等人，查封了十四種愛國刊物。

蔣介石佈置軍事行動的同時，繼續進行談判。19日，陳立夫在南京與潘漢年會談。陳立夫說：蔣介石堅持原提各點，無讓步可能，並恐嚇說：日德正在拉蔣先生加入反蘇陣線，中蘇關係或會惡化，那時紅軍可能更糟糕。潘漢年反駁：蔣先生要加入反蘇陣線，當無抗日之可言，則我們所談均屬無謂。潘漢年將《國共兩黨抗日救國草案》交給陳，並說：這是我黨對民族國家最負責最盡職的意見，供國共兩黨合作之參考。當談到曾養甫提出的國共合作的四個條件時，陳立夫否認說：「純屬子虛，想係張子華一面之詞。」[8]

12月10日，毛澤東致電潘漢年：紅軍在彼方忠實地與明確地承認其參加抗日救亡之前提下，可以改換抗日番號，劃定抗日防地，服從抗日指揮。紅軍不能減少一兵一卒，而且需要擴充。離開實行抗日救亡任務，無任何商量餘地。[9]

12月12日，張學良、揚虎城發動了「西安事變」。中共認為在眾多的矛盾中，中日矛盾是主要矛盾，仍需堅持逼蔣抗日，確定了和平解決西安事變的方針。並提出只要蔣介石停止內戰，一致抗日，中共以民族利益為重，不計舊仇，擁護蔣介石當全國抗日領袖。張學良、楊虎城同意中共的主張。西安事變和平解決，使內戰停止，開始了國共兩黨主要負責人的直接會談。

8　潘漢年：《關於與國民黨談判情況給中共駐共產國際代表團的報告》（1936年11月21日），《潘漢年在上海》，第227−228頁。

9　文廣祖：〈毛澤東周恩來有關國共談判給潘漢年的電報摘錄〉，《潘漢年在上海》，第210頁。

四、西安事變後之國共接觸

西安事變後，國民黨確定召開五屆三中全會，1937 年 2 月 10 日，中共中央致電國民黨，請將下列各項定為國策：

1. 停止一切內戰，集中國力，一致對外；

2. 言論集會結社之自由，釋放一切政治犯；

3. 召開各黨各派各界各軍的代表會議，集中全國人才共同救國；

4. 迅速完成對日作戰之一切準備工作；

5. 改善人民生活。

同時提出四項保證：

1. 在全國範圍內停止推翻國民黨政府之武裝暴動方針；

2. 蘇維埃政府改名為中華民國特區政府，紅軍改名為國民革命軍，直接受南京中央政府與軍事委員會之指導；

3. 在特區政府區域內實施普選的徹底的民主制度；

4. 停止沒收地主土地之政策，堅決執行抗日民族統一戰線之共同綱領。[10]

這是中國共產黨第一次公開提出國共合作抗日的條件和保證。

2 月 15 日，國民黨召開五屆三中全會。會上，抗日派和親日派鬥爭激烈。並無制定明確的抗日方針，但在國內政策上確定了和平統一、修改選舉法、擴大民主、開放言論、釋放政治犯等項原則。在對待共產黨的問題上，通過了「根絕赤禍」的決議案，實際上接受了國共合作抗日的政策。

自此，國共兩黨主要領導人直接會談，進行了西安、杭州、兩次廬山、兩次南京的談判，達成了國共兩黨第二次合作。談判中，國民黨仍然沒有放棄「收編」紅軍的企圖，雙方繼續為紅軍編制、幹部人選、陝甘寧邊區和保持共產黨的獨立等問題展開爭論。1937 年 8 月 13 日，日軍進攻上海，國民黨

---

10 〈中共中央給中國國民黨三中全會電〉，《新中華報》，1937 年 2 月 13 日。

才被迫接受了共產黨的條件。

五、西安談判

1937 年 2 月 12 日至 3 月 15 日，周恩來、葉劍英與顧祝同、賀衷寒、張沖在西安談判。如周恩來所說：談判的內容，概括起來也就是要求「國民黨承認我們的軍隊，承認我們的邊區，承認各黨派的合法地位，組織各黨派的聯盟，就是統一戰線」。[11]

蔣介石認為中共與他談判，是接受他收編，故指示顧祝同問周恩來：「其就撫後之最低限度之方式，與切實統一之辦法如何，我方最要注意之一點，不在形式之統一，而在精神實質之統一。一國之中，決不能有性質與精神不同之軍隊也。簡言之，要其共同實行三民主義，不作赤化宣傳工作。若在此點同意，則其他當易商量，如彼願與兄面談，亦可以此言切實直告。」[12]

2 月 12 日下午，周恩來與顧祝同正式面談。周恩來提出具體的辦法：

1. 共產黨承認國民黨在全國的領導地位，停止武裝行動及沒收土地政策，堅決實行禦侮救亡統一綱領，國民政府允許分期釋放在獄共黨，不再逮捕和破壞，並容許其在適當時間公開；

2. 蘇維埃制度取消，現時蘇區政府改為中華民國特區政府，直受南京國民政府或西安行營管轄，實施普選制，區內行政人員由地方選舉，中央任命；

11　周恩來：〈論統一戰線〉（1945 年 4 月 30 日），《周恩來文選》（上卷）（北京，人民出版社，1980 年），第 195 頁。

12　《蔣委員長致顧祝同主任指示改編共軍方針電》（1937 年 2 月 8 日），秦孝儀編：《中華民國重要史料初編──對日抗戰時期第五編：中共活動真相》（一）（台北，中國國民黨中央委員會黨史委員會出版，1985 年），第 262 頁。本書以下簡稱《中共活動真相》。

3. 紅軍改編為國民革命軍，接受軍委會及蔣委員長統一指揮和領導，其人員編制餉額和補充，照國軍待遇，其領導人，由其推薦軍委會任命，其政訓工作，由其自做，但中央派少數人員任連絡，其他各邊區赤色游擊隊，編為地方團隊；

4. 共黨得派代表參加國民會議；

5. 該軍得派代表參加國防機關；

6. 希望三中全會關於和平統一團結禦侮及容許民主自由改善人民生活，能有進一步的主張和表示。[13]

16 日，蔣介石再次致電顧祝同指示改編紅軍方針，准編為兩師，兵力已在 15,000 人以上之數，不能再多。關於幹部，「各師之參謀長與師內各級之副，自副師長乃至副排長人員，應由中央派充也」，「其他對於政治者待軍事辦法商妥後，再由恩來來京另議」。[14] 蔣介石對中共的策略是：「編共而不容共。」[15] 經過激烈的爭執，雙方協議紅軍編制三個師。

接着，雙方又在民主政治與紅軍獨立領導問題上激烈爭執。3 月 12 日，周恩來向顧祝同「申明西安無可再談，要求見蔣解決」。[16] 西安談判只解決了紅軍改編成三個師，以及在西安設中共辦事處的協議。國民黨從 3 月份開始接濟紅軍軍餉。[17]

13　《西安行營主任顧祝同呈蔣委員長報告與周恩來談話情形電》（1937 年 2 月 13 日），《中共活動真相》（一），第 262－263 頁。

14　《蔣委員長致顧祝同主任補充指示改編共軍方針電》，（1937 年 2 月 16 日），《中共活動真相》（一），第 264 頁。

15　《總統蔣公大事長編初稿》（四卷上），第 15 頁。

16　《中央書記處關於與國民黨談判方針給周恩來的指示》（1937 年 3 月 12 日），《第二次國共合作的形成》，第 197 頁。

17　《第二次國共合作的形成》，第 23－24 頁

六、杭州談判

1937 年 3 月下旬至 4 月初，周恩來與蔣介石在杭州談判。周恩來在談判開始時，就向蔣介石說明中共擁蔣的立場是站在為民族解放、民主自由、民生改善的共同奮鬥的綱領上，決不能忍受投降收編之誣蔑，並聲明六點：

1. 陝甘寧邊區須成為整個行政區，不能分割；

2. 紅軍改編後的人數須達四萬餘人；

3. 三個師上必須設總部；

4. 國民黨不能在軍隊中派遣副佐及政訓人員；

5. 紅軍學校必須辦完；

6. 紅軍防地須增加。

蔣介石表示具體問題是小節，容易解決，中共可以在幾個月後參加國民大會、國防會議。陝甘寧邊區可以保持整個的行政區，但正職行政長官須共方推薦一個南京方面的人，以應付各方，其他幹部都由共方派遣，工作由共方自己幹，他不來干涉。軍隊人數也同意共方意見，總的司令部可以設，他決不來破壞共方的軍隊，糧食接濟設法辦到，即使永久合作的辦法尚未肯定，他也決不再打紅軍等等，但要同中國共產黨商量一個永久合作的辦法。周恩來回答共同綱領是保證合作到底的一個最好辦法。蔣介石要周恩來趕快回延安，商量同他的關係及共同綱領問題。[18]

這次談判，蔣介石口頭允諾了中共提出的有關紅軍、蘇區的各項意見，用意是要共產黨合併於國民黨，承認他為領袖，如果能做到「溶共」，其他的具體問題可放鬆些。

4 月 4 日，周恩來返回延安，在中共中央政治局擴大會議上，報告了杭州

---

18 《中央關於同蔣介石談判經過和我黨對各方面策略方針向共產國際的報告》（1937 年 4 月 5 日），《中共中央文件選集》（十一），第 178–184 頁。

談判的情況。中共中央對談判結果是滿意的。會議討論了國內形勢與黨的任務，認為：「三中全會是國民黨國策基本轉變的開始。」「停止內戰的舊階段已經過去，而轉入以爭取民主權利為中心內容的新階段。」「民族矛盾超過國內階級矛盾，黨今後應堅持民族的統一戰線方針，不為局部變動而動搖。黨在新的環境中應善於利用新的鬥爭形式。」「黨必須在各種鬥爭中努力爭取領導權。」[19] 關於與國民黨合作和綱領問題，會議決定由周恩來擬定一個方案，在下次會談時向蔣介石提出。

4 月 5 日，周恩來為中共中央起草的報告中提出下步與蔣介石談判辦法五條：

1. 我方起草一個民族統一戰線的綱領（以抗日十大綱領及國民黨第一次代表大會宣言為共同基礎），徵求蔣的同意，並提議在這個綱領基礎上，結合新的民族聯盟（或黨），包含國共兩黨及贊成這個綱領的各黨派及政治團體，共同推舉蔣為領袖。

2. 我們提出修改國民大會組織法與選舉法的草案，徵蔣同意，如蔣同意上述統一綱領及這一修改，我們可以答應贊助蔣為總統。

3. 我們準備提出修改憲法的草案，在全國範圍內進行民主運動以影響蔣。

4. 對其他具體問題，我們堅持在不妨礙蘇區實行民主制度及共產黨在紅軍中的獨立領導的原則之下進行一切談判，故對行政區的問題擬接受，紅軍改編以四萬五千人為定數，地方部隊另編一萬人，如此，除老弱婦女外，便無多餘精壯青年。

5. 如基本上及具體問題上均能滿意解決，則我們擬以黨的名義發

---

19 《中國共產黨中央執行委員會告全黨同志書》（1937 年 4 月 15 日），《中共中央文件選集》（十一），第 193 — 204 頁。

表合作宣言，以爭取公開活動，否則擬採取拖延辦法，待事態發展，以便促蔣讓步。

4月7日和20日，中共中央政治局就周恩來報告中提出的問題進行了認真的討論。在討論民族統一戰線綱領問題時，周恩來指出：整個統一戰線的原則，第一，要有共同的綱領；第二，要有聯合的組織，才能行動。參加聯合戰線，比較好活動；第三，在承認我們綱領的條件下，可以承認蔣為領袖。關於中國共產黨，周恩來提出，要堅持三個原則：第一是組織的獨立性，無論如何不能混合；第二是國際性，不能斷絕同國際的關係；第三是階級性，是代表無產階級的，這些原則必須在統一戰線中得到承認。周恩來認為聯合組織的名稱最好用民族統一聯盟。組織上的原則是：可以加入，保存獨立性；允許自由退盟。[20]

七、第一次廬山談判

6月4日，周恩來到廬山，8日至15日，同蔣介石、宋子文舉行第一次廬山談判。周恩來先提交了中共中央草擬的《關於御侮救亡復興中國的民族統一綱領草案》。蔣介石在這次會議的態度同杭州談判時大不相同，推翻了杭州談判時親口許下的諾言，撇開周恩來帶來的共同綱領。他對周恩來說：凡有破壞合作及與共產黨為難者，由他負責解決，但為避免國內外恐懼與反對，共黨應避名實幹，不必力爭目前所不能實現之要求。

在兩黨合作部分，蔣介石提出：

1. 成立國民革命同盟會，由蔣指定國民黨的幹部若干人，共產黨推出同

---

20 《國共兩黨關係史》，第 623–624 頁。

等數量之幹部合組之，蔣為主席，有最後決定之權。

2. 兩黨一切對外行動及宣傳，統由同盟會討論決定，然後執行，關於綱領問題，亦由同盟會加以討論。

3. 同盟會在進行順利後，將來視情況亦可擴大為國共兩黨合組之黨。

4. 同盟會在進行順利後，可與第三國際發生代替共黨關係，並由此堅定聯俄政策，形成民族國家間之聯合。

蔣介石這些意見的實質是意圖控制中共、紅軍及陝甘寧邊區政府，限制束縛共產黨的獨立性。周恩來跟蔣爭論很久，不能解決。宋子文、宋美齡、張沖從中往返磋商。[21] 談判未獲結果。

6 月 19 日，周恩來回到延安。中共中央原則同意組織國民革命同盟會，但其組織原則必須有共同綱領、保持共產黨的獨立組織及政治宣傳和討論的自由。中共中央的對策是，如爭取不到上述條件，紅軍即自行改編，準備 7 月發表國共合作宣言，宣言發表後，如蔣同意設立總的軍事指揮部，紅軍即待其名義發表後改編。否則於 8 月 1 日自行宣佈改編，採用國民革命軍暫編軍師名義，編三個正規師，每師以編至 14,000 人上下為標準。陝甘寧邊區在 7 月內自動實行民主選舉，向蔣推薦張繼、宋子文、于右任三人擇一人為邊區行政長官，林伯渠為副長官。各行政部門由我方推薦負責人選，將來由邊區參議會推出，請南京政府任命。[22]

21　《中央關於同蔣介石第二次談判情況向共產國際的報告》（1937 年 6 月 17 日），《中共中央文件選集》（十一），第 265–267 頁。

22　《中央關於與國民黨談判的方案問題致彭德懷、任弼時、葉劍英電》，（1937 年 6 月 25 日），《第二次國共合作的形成》，第 228–230 頁。

八、第二次廬山談判

7月初，蔣介石、汪精衛函請各方人士去廬山舉行談話會，聽取各界人士對國事的意見。6月26日，南京方面來電邀周恩來去廬山。7月4日，周恩來、博古、林伯渠赴廬山，但沒有參加廬山談話會。談話會期間，爆發「七七事變」，次日中共發佈《中國共產黨為日軍進攻盧溝橋通電》，指出「只有全民族實行抗戰，才是我們的出路」，[23] 向各方表示誠意擁護蔣介石領導抗戰，竭力促進蔣介石發動全國抗戰的最後決心。

7月13日，周恩來、博古、林伯渠向蔣介石遞交《中共中央為公佈國共合作宣言》。14日，中共中央又致電南京政府表示，願在蔣介石指揮下努力抗戰，紅軍主力準備隨時出動抗日，已令各軍十天內準備完畢，擔負起平綏線的抗日任務。17日，周恩來、博古、林伯渠同蔣介石、邵力子、張沖在廬山談判。談判會上，蔣介石表示：中日開戰後，宣言即可發表，但仍堅持三個師以上不設某路軍總司令部或指揮部，設立政治部指揮軍隊。三個師的參謀長由南京方面派。蔣介石還企圖控制政治主任的人選。周恩來嚴肅表示這方案決不能接受。這次談判仍無結果。

中共談判代表團採取蔣不讓步，則不再與談的方針。周恩來等離開廬山，到南京、上海暫觀時局變化。紅軍即將自行改編開赴抗日前線時，中共中央要周恩來通知南京當局，紅軍參加對日作戰的原則是：

> 在整個戰略方針下執行獨立自主的分散作戰的游擊戰爭，而不是陣地戰，也不是集中作戰，因此不能在戰役戰術上受束縛。只有如此，才能發揮紅軍特長，給日寇以相當打擊。

23　《中國共產黨為日軍進攻盧溝橋通電》（1937年7月8日），《中共中央文件選集》（十一），第274–275頁。

依上述原則，在開始階段，紅軍以三分之一的兵力為適宜，兵力過大，不能發揮游擊戰，而易受敵人的集中打擊，其餘兵力依戰爭發展，逐漸使用之。[24]

九、第一次南京談判

8月1日，蔣介石電邀毛澤東、朱德、周恩來到南京共商國防問題。3日，毛澤東來電指示在南京談判中要解決：

1. 發表國共合作宣言；
2. 確定政治綱領；
3. 決定國防計劃；
4. 發表紅軍指揮系統及確定初步補充數量；
5. 紅軍作戰方針。

8月9日，周恩來、朱德、葉劍英應邀到達南京。12日，與張沖、邵力子、康澤舉行第一次南京談判，商談《中共中央為公佈國共合作宣言》的內容。蔣介石原在廬山談判時，答允在中日全面戰爭開始，就發表中共宣言，但在平津失守後，仍壓着不發表。

13日，淞滬會戰開始，蔣介石為了調遣紅軍上抗日前線作戰，接受了中共有關軍事方面的條件。19日，雙方同意紅軍改編為國民革命軍第八路軍，設立總指揮部，統率三個師，任命朱德、彭德懷為正副總指揮。蔣介石答應國民黨不派參謀長、政治部主任，軍隊中的一切職務包括「各級之副，自副師長及至副排長人員」都由中國共產黨自行派配，南京政府對三個師和八路

---

24 《關於紅軍作戰原則的指示》（1937年8月1日），《中共中央文件選集》（十一），第 299 頁。

軍總指揮部各派一名聯絡參謀。達成協議後，周恩來、朱德即日返洛川。

22 日至 25 日，中共中央政治局在洛川召開擴大會議，討論軍事問題和國共關係問題，會議指出今後的任務是：動員一切力量爭取抗戰勝利。今天爭取抗戰勝利的中心關鍵，是使已經發動的抗戰發展為全面的全民族的抗戰。[25] 會議還決定紅軍接受國民革命軍第八路軍的番號，並堅持在敵人後方放手發動獨立自主的游擊戰爭。待發表國共合作宣言及解決邊區問題時，紅軍主力開赴抗日前線。

25 日，中共中央革命軍事委員會發佈命令，由於「南京已經開始對日抗戰，國共兩黨合作初步成功」，「紅軍改名為國民革命軍第八路軍」，「前總指揮部改為第八路軍總指揮部，以朱德為總指揮、彭德懷為副總指揮」，「總政治部改為第八路軍政治部，以任弼時為主任，鄧小平為副主任」，下轄三個師。命令還說明「改編為國民革命軍後，必須加強黨的領導，保持和發揮十年鬥爭的光榮傳統，堅持執行黨中央與軍委會的命令，保證紅軍在改編後成為共產黨的黨軍」。[26] 這是保證中共以平等地位和國民黨合作抗日、並在合作抗日中保持中共獨立地位的基礎。

蔣介石企圖用談判「收編」紅軍，「解決中共武裝」和「政治解決共黨」的計劃終於沒有實現。

十、第二次南京談判

9 月中旬，博古到達南京，同葉劍英與蔣介石、康澤進行第二次南京談

---

25 《中央關於目前形勢與黨的任務的決定》（1937 年 8 月 25 日洛川會議），《中共中央文件選集》（十一），第 324–326 頁。

26 《中央革命軍事委員會關於紅軍改編為國民革命軍第八路軍的命令》（1937 年 8 月 25 日），《中共中央文件選集》（十一），第 331–332 頁。

判。國共合作宣言稿的內容經過激烈爭執，最後雙方達成協議，宣言稿中寫進了中共提出的三項政治主張，博古代表共產黨，康澤代表國民黨在宣言稿上簽字。

9 月 21 日，蔣介石同意發表宣言。22 日，中央通訊社發表《中國共產黨為公佈國共合作宣言》。中國共產黨向全國鄭重申明發佈這個宣言是「為求得與國民黨的精誠團結」，「以便用統一團結的全國力量，抵抗外敵的侵略。」23 日，蔣介石發表《對中國共產黨宣言的談話》，認為「此次中國共產黨發表之宣言，即為民族意識勝過一切之例證」，表示國共雙方「已深切感覺存則俱存，亡則俱亡之意義。咸認整個民族之利害，終超出於一切個人一切團體利害之上也」。[27] 經過漫長的談判，國共第二次合作終於形成，停止內戰，團結抗日。

27　蔣介石：《對中國共產黨宣言的談話》（1937 年 9 月 23 日），《第二次國共合作的形成》，第 330－331 頁。

第十四章

八年抗戰之正面戰場

1　1931年9月8日，日本悍然發動「九一八事變」，派兵侵略中國東三省。

2　日本侵略者開始行動

3

4

5

6

3　　國軍大刀

4　　國軍大刀隊曾夜襲日軍，令喜峰口之戰成為「皇軍」的奇恥大辱。

5　　抗日小國軍

6　　百團大戰中中國軍隊拆毀日軍碉堡

7 中國遠征軍入緬作戰

8 仁安羌大捷後，國軍將領孫立人受勛。

9 史迪威與國民黨抗日將領廖耀湘

10 武漢會戰廣濟攻防戰

11 胡康河谷

12

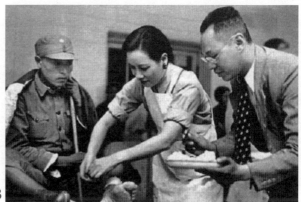

13

12　蔣介石在「七七事變」（1937 年 7 月 7 日爆發）後見記者
13　淞滬會戰宋美齡慰問傷兵

14

15

14　淞滬會戰被炸的上海火車站

15　長沙會戰期間百姓撤走

一、前言：抗日事關亞洲各國反法西斯之戰

八年抗戰是中華民族生死存亡之戰，也事關亞洲各國的反法西斯戰爭。日本帝國主義者不但侵略中國，還同時侵略朝鮮、越南、菲律賓、馬來西亞、印尼、緬甸等國家。日本帝國主義者被消滅之後，亞洲民族解放運動一發不可收拾，新殖民主義者雖然想重新壓迫亞洲人民，建立其殖民帝國，終究敵不過亞洲人民要求解放、反對侵略的洪流而失敗。新中國在抗日戰火中重生，成為抵抗殖民主義者的強大堡壘，為亞洲各國人民反抗侵略提供了重要援助。

鴉片戰爭的爆發原因，有人認為是鴉片問題，或是貿易問題、外交禮節、法律差異問題等等。但這些觀點解釋不了鴉片可以自由在中國販賣之後、洋人不必向中國皇帝下跪之後、洋貨可以自由輸入中國之後，而外國仍然繼續發動侵華戰爭的事實。

原因是甚麼？因為西方列強開始了全球的殖民地爭奪競賽，當非洲、南北美洲、太平洋各島嶼悉數被瓜分和佔領之後，亞洲成為它們最後侵略的地方，中國成為亞洲人民抵抗西方殖民主義者的最後堡壘、西方侵略亞洲的絆腳石。鴉片戰爭是中國近代抗擊西方殖民主義者侵略的第一仗，但不會是最後一仗，因為不把這個保護亞洲人民的堡壘徹底毀滅，它們不可能徹底征服亞洲各國。中國衰弱了，亞洲國家因失去中國的保護，相繼被西方國家吞併，成為其殖民地。安南三邦、緬甸、朝鮮和英、法、日等國沒有鴉片問題、沒有貿易問題、沒有外交禮節問題，為甚麼被侵略？因為侵略者就是要侵佔和奪取弱小民族的資源和土地。

日本原受中華文化影響甚深，因為中國的衰弱，在美國壓迫之下，轉投西方殖民主義者的陣營，它不但沒有協助亞洲各個被侵略的國家抵抗西方列強的侵略，反而成為侵略亞洲人民的急先鋒。

幸而，中華民族發奮圖強，堅決抵抗侵略者。擁有百多萬軍隊和現代化武器裝備的日軍，覆沒在中國人民的反侵略戰爭中，這事實告訴世界：中國

重新成為保護亞洲人民的堡壘，任何一個侵略國家企圖發動侵略戰爭，必定在中國支持的反侵略戰爭中吃盡苦頭。

二、日本侵華背景

1. 地理因素

日本地處亞洲島弧之上，地狹人稠，經濟不能自給，必須向外發展。但日本東鄰太平洋，無法發展，北望庫頁島及堪察加半島，氣候寒冷，難以開發。南為琉球、台灣，西為朝鮮半島，均屬中國勢力範圍。因此，日本除非不向外擴張，一擴張必然與中國發生衝突。十九世紀之前，中日共有三次大規模戰爭，唐明兩代中日戰爭結果，日本敗退；清代中日戰爭，中國戰敗，日本取得台灣，並控制朝鮮半島，以此為侵略中國的踏腳石。日本更成為侵略中國最兇殘的敵人。基於地理因素，日本一旦野心擴張，中國必然受害。

2. 中國積弱

中國自鴉片戰爭戰敗後，弱點盡露，自強運動又在甲午戰爭中一敗塗地，益啟日本侵華決心。民國成立後，中國不僅未因而富強，反因無法建立中央政府而四分五裂，政局動盪不安。北伐後國民政府定都南京，表面上統一中國，但新舊軍閥內鬥不息，不及一年國民黨新軍閥大混戰，各地反蔣戰爭此起彼伏。其中最大規模之內戰為 1930 年 3 月 10 日開始的「中原大戰」。閻錫山、馮玉祥、李宗仁、張發奎、韓復榘、石友三等領導 80 餘萬人與蔣介石的 60 餘萬中央軍展開大戰，至 11 月 1 日結束，此戰歷時八個月，共傷亡 25 萬人。參與其事者說：「戰區之廣，戰禍之烈，不特北伐之役未足與擬，即

民國以來，絕無其例，抑亦中國數十年來所未有。此誠中國之浩劫，而國民黨之奇痛。」河南為主要戰場，災民 1550 萬人，每日餓死 1000 人，十室十空。國民黨不斷內戰之際，中共乘機發展，紅軍遍佈大江南北及華中腹地。[1]

中國人自相殘殺，固然予日本挑撥離間、從中漁利的機會。中國也因此自傷元氣，無力抵抗外患。中原大戰之時，張學良率東北軍半數入關，日本乃乘東北防務空虛發動「九一八事變」。

3. 日本大陸政策的制訂

中國東北地廣人稀，資源豐富，有大豆、煤、鐵、石油、水電，引起日本侵佔野心。

日本自明治維新之後，國力漸強，於甲午戰爭和日俄戰爭中先後擊敗亞洲兩大強國，成為亞洲新興強國。於是日本野心勃勃，乘機在積弱的中國豪奪強搶。日本趁中國政局動盪不穩，不斷進行挑撥分化，以從中漁利。如一方面利用袁世凱稱帝野心，迫使袁同意其 21 條要求；同時又容許孫中山在日本組織中華革命黨，進行倒袁運動。日俄戰爭後，朝鮮半島成為日本之殖民地，東北成為日本之勢力範圍，日本積極支持東北軍閥張作霖為其爪牙，希望終將東北吞併。

1927 年 6 月 27 日日本在大連召開「東方會議」。日首相田中義一提出「滿蒙尤其東三省地區在國防上以及國民生存上均有重大利害關係」。會後田中義一整理會議內容，7 月 25 日上奏天皇，是為《田中奏摺》：「不幸自歐戰以來，內外情勢多所變化，東三省當局已瞿然覺醒，逐漸以帝國為榜樣，致力於庶政之革新與工業發展，進步之速，殊堪驚異，此實嚴重妨礙帝國勢力之擴張，並使吾人深蒙不利，致近來我歷屆當局對滿蒙之交涉迭告失敗。不特此也，華盛

1　郭廷以：《近代中國史綱》（香港，中文大學出版社，1979 年），第 599 — 607 頁。

頓會議簽訂之《九國公約》，亦對帝國在滿蒙之權益及特權大加限制，使吾人幾無自由可言，帝國之生存業已感受嚴重威脅。……結果所至，帝國臣民將無法在滿洲自由移殖，而中國人民則潮湧前來，彼等成群結隊逐年移入滿洲，數以百萬計，嚴重危害帝國在滿蒙之既得權益，使帝國每年近 80 萬之過剩人口，無處棲身。就此而觀，吾人不能不認為帝國調劑人口與糧食之努力，已告失敗。東三省在政治上為遠東一殘破不整之區域，帝國為自衛衛他計，非毅然採取『鐵血政策』決不能排除東亞之障礙，但採行此項政策，吾人非與美國衝突不可。……吾人若欲於將來控制中國，必先打倒美國。……吾人欲征服中國，必先征服滿蒙；欲征服世界，必先征服中國。……其尤極危險者，即中國人民將有一旦瞿然覺醒，甚至即在國際多事之今日，彼等仍能以其勤廉勞動，仿製帝國之商品以為代替，而妨礙帝國貿易之發展。試思中國乃吾人最大之主顧，該國一旦完成統一，實業發達，歐美復與吾人競爭，則帝國在華之貿易，必將歸於破產。」[2] 此奏摺力言滿蒙對日本之重要，又指出中國之統一及覺醒對日本之威脅，必須趁中國未有力量之際予以打擊，以確保日本利益。田中義一奏摺詳述侵華的計劃，以後日本乃按此逐步實施。

4. 世界經濟危機之影響

早在世界經濟危機爆發前，面臨統一的中國已開始對日本的經濟產生壓力。1926 年日本對華輸出由 1925 年的 4.85 億日元降低到 4.21 億日元。1927 年 3 月 21 日國民革命軍佔領上海，日本的股票市場立即暴跌。4 月 3 日由於日軍在漢口挑釁，同中國民眾衝突，更令日本爆發了金融危機，東京和橫濱許多中小銀行共有 31 家歇業，資金達 17,845 萬日元。

2　《田中奏摺原文》（1927 年 7 月 25 日），何應欽：《八年抗戰與台灣光復》（台北，黎明文化，1981 年），第 119 — 123 頁。

1929 年 10 月美國出現經濟危機，股票暴跌，迅速蔓延至世界各地。日本於是在 11 月宣佈自 1930 年 1 月 11 日起實行「黃金解禁」，試圖促進出口，振興經濟，但反而令日本黃金大量外流，只得在 1931 年 12 月再度禁止黃金輸出。同時，日本實行通貨緊縮政策，結果招致生產萎縮，股票下跌，全國 774 家銀行之中，有 58 家被迫停業。大量企業關門、大量工人失業。[3] 日本首相濱口幸雄遂大力提倡經濟軍事化政策，主張向外擴張，使日本軍國主義進一步發展。

辛亥革命之後，東北禁止漢人居住之禁令取消，於是大量貧民利用天津到東北奉天的鐵路移民到東北，20 年間，東北人口由五六百萬人激增到 3,000萬人，有力地增加了國人在東北的經濟能力，使日本藉大量移民來奪取東北權益的政策面臨重大挑戰。

此外，中國利用以夷制夷的政策，在東北引進美國力量來制衡日本。第一次世界大戰之後，美國召開華盛頓會議，通過九國公約，限制了日本在滿蒙的特權和利益，使日本難以獨霸東北，日本之「東北生命線」備受威脅。當時日本利用控制東北南滿鐵路的權益來達到將東北變成其勢力範圍的目的，但張學良歸順國民政府後，積極修建鐵路和營口港，以抵制日本。日本在東北的經濟利益和特權日趨萎縮，於是用軍事侵略的方式，侵略中國。

5. 日本法西斯之興起

日本自明治維新後，致力擴充軍備，又在《馬關條約》中向中國取得白銀 23,000 萬兩巨額賠款，遂用以發展軍火工業。日本財閥與軍閥互相勾結，軍閥發動戰爭為財閥取得市場和原料供應地；財閥則支持軍閥的侵略政策，

3　軍事科學院軍事歷史研究部：《中國抗日戰爭史》（上）（北京，解放軍出版社，1991年），第 39 — 41 頁。

擴充軍備，增加軍隊。日俄戰後，日本再次擊敗一個世界強國，軍人氣焰更為高漲。1919 年北一輝首先提出對日本實行法西斯主義的國家改造，1924 年北一輝與大川周明組建了日本第一個法西斯團體「猶存社」。「猶存社」其後衍生許多法西斯團體，大川周明經常到陸軍大學、陸軍士官學校講課，灌輸其擴張理論，煽動軍隊內部法西斯活動。20 年代日本經濟危機和政黨政治的腐敗，加速了軍隊的法西斯運動，軍隊中的法西斯分子如東條英機、板垣征四郎、岡村寧次等，先後成為了日本軍政首腦人物。[4]

　　日本關東軍發動「九一八事變」，侵佔東北，使日本暫時擺脫經濟危機，令法西斯運動在日本全國廣泛迅速發展。軍部勢力分為軍部幕僚組成的「統制派」和少壯軍官組成的「皇道派」，前者主張逐步取消憲法、議會、黨派，建立天皇制軍部法西斯的獨裁統治；後者主張以武裝政變的激進方式，打倒元老重臣、官僚財閥、政黨等特權階層，建立一君萬民的「皇道國家」和軍部法西斯的獨裁統治。兩者除方法手段不同外，目標完全一致。1936 年 2 月 26 日凌晨「皇道派」少壯軍人野中四郎、安藤輝三等 21 名軍官率領 1400 名士兵佔領東京政治中心永田町一帶，殺害了內大臣齋藤實、藏相高橋是清等人，槍傷侍從長鈴木貫太郎，要求準備建立法西斯軍事獨裁。早上 9 時，天皇裕仁大為憤怒，認為殺戮他的股肱老臣等於是譴責他，遂下令鎮壓叛軍，表示要親自率領近衛師平定叛亂。「統制派」認為叛變部隊的行動破壞了天皇制軍隊的基本秩序，如不加以制止，便意味着天皇制秩序的崩潰，並嚴重損害軍部的威信，同時，可以藉此機會鎮壓「皇道派」，確立「統制派」在軍部中央的領導權。於是，日軍進行了嚴厲的肅軍活動。7 月 5 日東京陸軍軍事法庭第一次判決，把叛軍全部首領 19 名判處死刑，其餘 70 名分判有期徒刑。此後連續三次撤免大批軍官，徹底清洗了陸軍中的「皇道派」勢力。「統制派」以對付叛軍威脅為藉口，全面控制政局，實行戰時警備，發佈東京市區戒嚴

4　軍事科學院軍事歷史研究部：《中國抗日戰爭史》（上），第 42 — 43 頁。

令，完全禁止一切政治集會結社，制定《危險印刷品管理法》、《思想犯保護觀察法》等一系列法西斯法律。於是法西斯軍人控制政權機構，確立法西斯軍部的統治地位，迫使政府成為法西斯侵略戰爭的工具。自此日本政府在法西斯軍部操縱下全面侵略中國，終於爆發中日大戰。[5]

6. 國際侵略集團的形成

日本企圖征服中國的同時，國際間也出現了侵略弱小的歪風。如義大利墨索里尼宣稱：「法西斯主義不相信持久和平的可能性與有益性。……同樣，一切國際性和社會性（和平）組織與法西斯主義的精神也是格格不入的。」1934 年墨索里尼藉口邊界問題，出兵進攻阿比西尼亞，阿國向國聯投訴，國聯認為義大利侵略弱小，決議對義大利實施經濟制裁，但卻無切實執行，使墨索里尼有恃無恐。1936 年 6 月，意軍攻入阿國首都，吞併阿比西尼亞。希特拉亦主張經濟只能依靠戰爭來推動，從來沒有一個國家是靠和平的經濟手段建立的。1933 年 10 月，希特拉當選首相，隨即宣佈退出國聯。1934 年，希特拉任元首，1935 年積極進行反蘇防共，宣佈廢除《凡爾賽條約》，把 10 萬陸軍擴充至 60 萬；1936 年，藉口法蘇訂立《互助協定》，進兵萊茵河非武裝地區，並宣佈廢除《洛加公約》，《巴黎和約》徹底被粉碎；同年，德國與義大利聯合出兵干涉西班牙內政，並於 10 月與義大利結盟，組成「羅馬、柏林軸心」。1937 年，德國與意、日締結《防共協定》。國際侵略集團逐漸形成，準備進行瓜分世界的侵略行動。英法美等國姑息養奸，結果不但導致日本發動侵華戰爭，也導致第二次世界大戰爆發。[6]

---

5 軍事科學院軍事歷史研究部：《中國抗日戰爭史》（上），第 525 — 530 頁。
6 軍事科學院軍事歷史研究部：《中國抗日戰爭史》（上），第 24 — 28 頁。

三、九一八事變的原因

　　1931 年的「九一八事變」在東北揭開八年抗戰的序幕，此後日本又發動「一‧二八事變」，成立偽滿洲國以及策動華北特殊化，盡顯日本的侵華野心，那麼，「九一八事變」的原因有哪些？

1. 日本分裂東北政策失敗

　　日本為侵略中國，極力想將東北從中國領土割裂出去。民國初年張作霖在日本支持下割據東北稱雄，但張絕不甘心把東北變成日本殖民地，反而全力保護中國在東北的主權。1928 年奉軍兵敗出關，日本乘機向張提出「滿蒙五路建築權」要求，為張拒絕，日本乃將張炸死於皇姑屯。[7] 其子張學良懍於國仇家恨，該年 12 月底宣佈東北易幟，效忠國民政府，中國完全統一。日本分裂東北政策失敗，乃用武力實施。

2. 中國積極發展東北威脅日本利益

　　日本視東北為其生命線，將其剩餘人口大量移民東北，每年約 80 萬，但中華民族覺醒，積極移民往東北，與日本競爭，年以百萬計，使日本殖民東北計劃失敗。此外中國積極修建營口港，於該地設海關及修築東四路及西四路鐵路網，與日本大連港和南滿鐵路競爭。1931 年中國鐵路由營口直達黑龍江，原定於 10 月 10 日開出北平至黑龍江列車，而「九一八事變」已經爆發。在此鐵路通車之前，南滿路每年收入由 50 萬降到 7 萬，大連商務亦受影響。

7　李毓澍：《戢翼翹先生訪問紀錄》（台灣，中央研究院近代史研究所，1985 年），第 60 — 62 頁。

所以日本因其在東北利益受威脅而發動侵略。[8]

3. 中國天災人禍予日本可乘之機

（1）天災

1931 年 7 月、8 月長江沿岸十六省洪水為災，災民達七八千萬人，佔全國總人口六分之一。江水屢漲，武昌城內水深六七尺，漢口市內深達一丈。武漢傳染病流行，日死 300 人。黃河、淮河和珠江流域同時發生水災，8 月 26 日立法院決議將賑災公債由 1,000 萬元增加為籌募 8,000 萬元。9 月 1 日國府下救災緊急令，由於水災嚴重，大量災民移到不受水災影響之東北，使日本進一步擔心東北人口大增。

（2）人禍

國民政府遷都南京，表面統一全國，實際分裂內戰較前更嚴重。1929 年 3 月 25 日討桂戰爭爆發，蔣親率 16 萬中央軍討伐桂系李宗仁、李濟深、白崇禧之 10 萬桂軍，結果桂軍敗退。同年 5 月至次年 1 月李宗仁、張發奎、宋哲元、唐生智組成護黨救國軍反對蔣介石，但被蔣擊敗。1930 年 3 月至 11 月閻錫山、馮玉祥、李宗仁、張發奎、韓復榘、石友三等聯合反蔣，以 80 萬眾與中央軍 60 萬在中原大戰，雙方共傷亡 25 萬人。1931 年 2 月 28 日胡漢民被幽禁於南京湯山，引起粵籍黨員不滿，5 月 27 日反蔣的中央委員在廣州召開非常會議，自立政府，與南京分裂。

國民黨內鬨之際，中共乘機壯大發展，1930 年 3 月成立江西中央蘇維埃區，兵力 6 萬餘，7 月起向外發展，27 日攻下長沙，震撼中外，引起蔣介石重視，開始調重兵圍剿。10 月 29 日第一次圍剿開始，國軍兵力 10 萬，12 月

8　　沈雲龍：《王奉瑞先生訪問紀錄》（台灣，中央研究院近代史研究所，1985 年），第 38 頁。

30 日中路軍 8000 人被共軍圍剿，總指揮張輝瓚被俘。三日後另一師在寧都、吉安間被消滅，第一次圍剿結束。1931 年 4 月第二次圍剿開始，20 萬國軍五次戰敗，損失二萬餘人，5 月 30 日行動結束。1931 年 7 月開始第三次圍剿，國軍兵力約 30 萬，並出動空軍助戰，蔣親到前線指揮，雙方各有勝負。因粵桂軍反蔣，北攻湖南，國軍主力自江西西調。不久「九一八事變」爆發，第三次圍剿結束。

要之，中國飽受天災人禍困擾，日本趁中國無力抵抗，遂發動「九一八事變」。

四、「不抵抗政策」的由來

中原大戰時張學良率領十萬東北軍入關觀戰，東北只餘十萬部隊，防務空虛。其後張留在北平，注意力轉向關內。日本加緊製造中國內亂，7 月煽動河北石友三叛亂，以飛機送流亡大連的閻錫山返山西，命與石友三合攻北平、天津，使張學良無暇回顧東北。同月長春萬寶山韓僑與當地農民衝突，日本間諜中村震太郎在遼寧洮南被殺。7 月 6 日張命瀋陽東北政務委員會盡力避免與日本衝突。蔣介石忙於第三次圍剿和應付兩廣事變，12 日致電張學良，說「現非對日作戰之時，以平定內亂為第一」；23 日通電全國，宣佈「攘外應先安內」。8 月中旬中國得知關東軍有意啟釁，但不知道其最後企圖是要吞併東北。

9 月 6 日張學良命瀋陽軍事負責人榮臻：「無論日人如何尋事，須萬分容忍，不予抵抗，以免事態擴大。」11 日蔣介石再次命張避免與日本衝突，此為「不抵抗政策」的由來。

原駐北大營之第 7 旅第 620 團團長王鐵漢自辯說：他在「九一八」之夜，接到旅長電話「不抵抗，等候交涉」；及東北邊防司令長官公署軍事廳長榮臻電，嚴令「不准抵抗，……否則你要負一切責任」。王認為當事發生初時，

日軍只是炮擊北大營，瀋陽其他各處都無變化，故榮臻以電話向張學良請示時，張以為日軍只是挑釁的演習行動，故令不予抵抗。當瀋陽發覺日軍大舉進攻，再向北平請示，電話線已被割斷，於是奉命行事。但王認為「尋事」與「佔領」乃兩情況，若知日欲佔全東北，是否仍不抵抗，實屬疑問。[9]

五、全面抗戰前的侵華事件

1931 年 9 月 18 日日本炮轟瀋陽北大營，展開侵華行動。蔣介石採取「先安內後攘外」政策，依靠國聯，用外交方式解決問題，步步退讓。但日本卻不斷進迫，「九一八事變」之後，又發動「一‧二八事變」，成立「偽滿洲國」，侵略華北。日軍不斷蠶食中國領土，侵佔中國資源，中國軍民義憤填膺，抗日救亡運動蔓延全國乃至全球華人社區，終於使國共兩黨和所有軍政力量團結一致，聯合抵抗日本，「七七事變」爆發，全面抗戰開始。

1.「九一八事變」

張學良歸順中央，令日本分割東北的政策失敗，1930 年 5 月關東軍石原莞爾中佐擬有「攻瀋要領」，準備以武力驅逐張學良。1931 年 5 月石原鼓吹滿蒙獨立。這時中國國民黨內鬨、國共內戰、水災為患，國際上歐美國家陷於經濟恐慌，日本認為是侵華的良機。6 月陸軍省與參謀本部擬成《解決滿洲問題方案》，關東軍加緊製造中國內亂。7 月，煽動石友三和閻錫山合攻平津，使張學良無暇顧及東北。同月，長春萬寶山韓僑與當地農民衝突，朝鮮

9　沈雲龍：《王鐵漢先生訪問紀錄》（台灣，中央研究院近代史研究所，1985 年），第 51 — 58 頁。

發生排華暴動。日本間諜中村震太郎潛入遼寧洮南，被捕處決，關東軍聲言報仇。1931 年 9 月 18 日晚上 10 時 30 分，關東軍炸毀瀋陽附近柳條溝鐵軌，指責是中國軍隊所為，隨即炮轟北大營，關東軍一萬餘人在八小時內佔領瀋陽城、軍營、兵工廠、飛機場。次日佔營口、安東等地。20 日佔長春，21 日佔吉林省城。11 月攻洮南，被黑龍江省政府代理主席馬占山擊退，馬占山成為抗日英雄。但由於孤立無援，馬力戰七日後，棄守齊齊哈爾城。1932 年 1 月 2 日，日軍攻入錦州，東三省全部淪陷！

2. 一・二八事變

「九一八事變」發生後，中國民情洶湧，一方面呼籲各種勢力團結抗日，一方面發起抗日救國運動，遊行演講，抵制日貨，各地發起捐款，援助東北抗日義勇軍。與此同時，駐上海之日本海軍亦企圖乘機侵佔上海，藉口日本僧人與中國工人毆鬥，要求上海市長吳鐵城取締抗日團體。1932 年 1 月 28 日下午 2 時吳鐵城全部接受要求，11 時 30 分，日本陸戰隊進攻北市、吳淞，十九路軍軍長蔡廷鍇起而應戰，國民政府宣佈遷都洛陽，以示不屈。日本加派陸軍，蔣介石先後派出裝備最佳的第五軍和江西剿共的國軍增援，奮戰月餘。3 月 2 日，國軍被迫後撤。因上海是國際商埠，日本意在吞併東北，乃在英、美諸國調解下，於 5 月 5 日與中國訂立停戰協定，日軍撤返原來駐地。

3. 偽滿洲國與李頓調查團

「九一八事變」之次日，中國即決定向國聯提出申訴。國聯一再令日本撤兵，日本均置之不理，國際聯盟乃於 12 月決定派李頓調查團（Lyton Commission）來華調查真相。日本為轉移中國和國際注意力，一方面發動「一二・八變」，同時又從天津接前清廢帝溥儀到東北，1932 年 3 月 9 日在長

春就任滿洲國執政，試圖用滿洲國這塊傀儡組織混淆調查團視聽。

李頓調查團結束調查後，在 10 月發表報告書，認為日本在東北的行動並非「自衛」，「滿洲國」亦非依民意而產生，主張不予承認；但是卻又主張東北自治，由中日政府及東三省代表、中立國觀察員合組顧問委員會，建立自治政體方案，南滿鐵路改為商營，中、日鐵路合而為一。這項方案，實際上給了日本特殊利益，中國僅保留名義上的「主權」。但日本仍拒絕接受這方案，並在 1933 年 3 月退出國聯。

4. 長城戰役與塘沽協定

關東軍為斷絕東北與關內的聯絡，於 1933 年 1 月初進佔山海關。1 月下旬進兵熱河，省主席湯玉麟不戰而退，2 月 4 日承德陷落，日軍長驅直入，南下長城。宋哲元部第 29 軍趙登禹旅，在 3 月 12 日派董升堂團長率領三營輕裝步兵，在喜峰口以大刀隊夜襲日軍第 27、28 兩聯隊，斬殺六七百人，再在羅文峪激戰，擊殺日軍植田支隊長，獲得勝利。當時日本報刊都不得不承認喜峰口之戰是「皇軍」的奇恥大辱。自此，「大刀隊的威名幾乎把現代化的精良火器都掩蓋了」。[10] 黃傑、劉戡等部血戰南天門，終以裝備不如人，後援不繼而失守。日軍於 4 月中進佔冀東，直逼北平近郊。

5 月 3 日，中央政府設置行政院駐北平政務委員會，以黃郛為委員長，負責應付華北局勢。黃郛與關東軍當局數度洽商，5 月 31 日，中、日簽訂《塘沽停戰協定》，中國軍隊自冀東二十餘縣撤退，名為非武裝區域，實同淪陷，日軍退至長城線。

10　董升堂：《夜襲喜峰口敵後》，中國人民政治協商會議全國委員會文史資料研究委員會《從九一八到七七事變》編審組：《從九一八到七七事變》（北京，中國文史出版社，1987 年），第 453 — 455 頁。

5. 何梅協定

1935 年 5 月，日本軍方藉口兩名親日報人在天津日本租界被暗殺，孫永勤熱河義勇軍曾逃至河北遵化縣（停戰區）並徵糧而去。天津日本駐屯軍司令梅津美治郎派員向北平軍委會分會代理委員長何應欽提出抗議，要求罷免冀省主席于學忠，撤掉北平憲兵團、河北省黨部、軍委會政治訓練處及河北境內的中央軍，否則即斷然處置。6 月 10 日，何應欽自動將中央軍撤出河北，並撤換抗日人員，然後函覆日軍，允諾撤軍等事，事為「何梅協定」。此後日本據此信禁止國軍再進入河北。[11]

6. 秦土協定

1935 年 1 月，關東軍指察東某地屬於偽滿之領土，強迫將察省主席宋哲元免職。6 月，又藉口四個日本特務人員在張家口被扣留，提出抗議。蔣介石將抗日有功的宋哲元免職。關東軍續向代理察省主席秦德純壓迫。6 月 27 日，秦德純接受了關東軍特務機關長土肥原賢二的條件，第 29 軍撤出張家口等六縣，撤掉察省國民黨黨部，解散反日機關，協助日人在內蒙活動，允許不向察省移民，是為所謂「秦土協定」。

7. 華北自治

日本隨即在華北五省（河北、山東、山西、察哈爾、綏遠）製造第二個傀儡組織。日本想盡辦法，壓迫華北各省軍政負責人宣佈「自治」，宋哲元、商震等均不為所動。11 月，「華北自治」的危機達到高潮。河北省薊縣行政督

11　軍事科學院軍事歷史研究部：《中國抗日戰爭史》（上），第 254 — 280 頁。

察專員殷汝耕，在通縣成立偽「冀東防共自治委員會」，宣佈脫離中央政府。

8. 廣田三原則

「秦土協定」簽訂後，國民政府仍不放棄用外交手段解決中日矛盾，命駐日大使蔣作賓與日本政府談判，日本外務大臣廣田弘毅與軍部所定的新政策是：一為中、日親善；二為中、日、滿經濟合作；三為共同防共。以上三點誠意實行時，再與中國建立親善提攜關係，此即所謂「廣田三原則」。換言之，日本是要求中國成為日本之附庸國，承認偽滿和日本在東亞的盟主地位，最終目的是控制整個中國。故交涉兩月餘，並無進展。

六、抗戰之準備

日本武力侵華的企圖在「九一八事變」中完全暴露，中日戰爭的爆發只是時間問題，但當時中國四分五裂，「九一八」之後，第三次圍剿結束，中共乘機在當年 11 月成立中華蘇維埃共和國臨時政府。國民黨又有南京與廣州的對立，加以中日軍力懸殊，中國實無勝利的機會，所以中國為取得最後勝利，必須暫時忍辱負重，爭取時間作抗戰的準備。蔣介石為應付戰爭，作了下面的努力。

1. 外交方面

為爭取時間準備戰爭，國民政府採取安內攘外政策。外交方面，對日之挑釁，極力局限於「地方性」，以免過早引起全面戰爭。將日本侵佔東三省和成立偽滿洲國的事提交國聯調處，讓國際不承認日本侵佔東北的事實。另一

方面則積極爭取盟國，以取得軍事經濟援助。1932 年 12 月 12 日中蘇復交，奠下中日戰爭初期取得蘇聯援助的基礎。

2. 內政方面

全力肅清國內動亂，1933 年 1 月 1 日展開第四次圍剿，無功而止。10 月 16 日展開第五次圍剿，以堡壘封鎖共區，逐步推進，終使中共放棄中央蘇區西走。另一方面蔣介石在 1931 年 12 月 15 日辭去國民政府主席及行政院長一職，以取得國民黨的團結；1934 年 2 月發起新生活運動及國民經濟建設運動，實施生聚教訓，培育國民作戰精神，作為全民抗戰的準備。

3. 軍事方面

1934 年國民政府制訂《整備中國國防的五年計劃》，統一陸軍編制，實行精兵主義，加強空軍，海軍則暫緩發展。修築長江以南鐵路，貫通南京與西部各省，興建沿江沿海要塞。1934 年 12 月蔣介石制訂 60 個陸軍師整軍計劃，1935 年 3 月在武昌設陸軍整理處，陳誠任處長，在德國協助下，每年訓練 20 個師，希望三年內整編 60 個師。又在 1938 年完成各特種部隊、機械化部隊。將全國重要戰略重點一律構築永久堅固工事，作為持久作戰之憑藉。1936 年起實行徵兵制度及壯丁訓練，以利戰時兵員補充。整頓軍事教育，舉辦廬山軍官訓練團，提高軍隊素質與軍事技能。在德國技術支援下，充實各軍需工廠設備，全面大戰爆發前，所有步槍、重機槍、迫擊炮、15 公分以內之炮彈、一千公斤以內之炸彈均能自製。此外尚有經濟資源開發、改善交通及空防等各項措施，為持久抗戰奠下了良好基礎。

七、開戰時中日國力、兵力及戰力之比較

1. 中日國力比較 [12]

<table>
<tr><th colspan="3">1937 年「七七事變」前中日兩國國力比較</th></tr>
<tr><th>國力</th><th>中</th><th>日</th></tr>
<tr><td>土地面積</td><td>11,418,174 方公里</td><td>369,661 方公里</td></tr>
<tr><td>人口</td><td>467,100,000 人</td><td>90,900,000 人</td></tr>
<tr><td>資源</td><td>煤鐵石油蘊藏豐富</td><td>少</td></tr>
<tr><td>科技</td><td>落後</td><td>與西方科技水準相當</td></tr>
<tr><td>教育</td><td>大部分文盲</td><td>教育普及</td></tr>
<tr><td>工業總產值</td><td>13.6 億美元</td><td>60 億美元</td></tr>
<tr><td>鋼鐵</td><td>4 萬噸</td><td>580 萬噸</td></tr>
<tr><td>煤</td><td>2800 萬噸</td><td>5070 萬噸</td></tr>
<tr><td>石油</td><td>1.31 萬噸</td><td>169 萬噸</td></tr>
<tr><td>銅</td><td>700 噸</td><td>8.7 萬噸</td></tr>
<tr><td>飛機</td><td>0</td><td>1580 架</td></tr>
<tr><td>大口徑火炮</td><td>0</td><td>744 門</td></tr>
<tr><td>坦克</td><td>0</td><td>330 輛</td></tr>
<tr><td>汽車</td><td>0</td><td>9500 輛（產能 3 萬輛）</td></tr>
<tr><td>造船能力</td><td>不詳</td><td>47.32 萬噸</td></tr>
</table>

12　劉庭華：《中國抗日戰爭與第二次世界大戰統計》（北京，解放軍出版社，2012 年），第 173 頁。

2. 兵力比較

兵力	中	日
戰鬥兵	170 餘萬	1,997,000 人
陸軍	191 個師 56 個旅	常備師團 17 個
海軍	5825 噸	190 餘萬噸
空軍	314 架飛機	2700 架飛機

3. 戰力比較

　　國軍因缺乏重武器裝備，步兵所用之步槍射程亦不如日本。中國步槍射程為 2,000 公尺，日本為 3,000 公尺。火力方面中日師級部隊的裝備為一比三，再加上作戰訓練、補給、海空軍的支援等因素，國軍師的戰力僅為日軍的三分之一、六分之一、九分之一以至十二分之一。1937 年冬之後國軍在重要戰區之部隊雖約有 100 個師，但其戰力僅與日軍 10 至 12 個師團約略相等。

中國與日本步兵師武器統計暨火力評分比較表					
	國軍二旅制步兵師		日軍二旅制步兵師		
名稱	數量	火力評分	數量	火力評分	火力評分基準
手槍	436	218			每枝以 0.5 計算
步槍	4212	4212	10074	10074	每枝以 1 點計算
馬槍	1443	1443			每枝以 1 點計算
輕機槍	234	1296	400	1600	每挺以 4 點計算
重機槍	72	432	163	972	每挺以 6 點計算
步兵炮	24	288	45	546	每門以 12 點計算

（續上表）

20 公釐戰炮			89	890	每門以 10 點計算
37 公釐速射炮			27	405	每門以 15 點計算
擲彈筒			400	1600	每門以 6 點計算
野（山）炮	12	120	36	360	每門以 10 點計算
火力評分合計		8009		17241	

附註：中日兩軍火力比較，如國軍師總火力為 1 時，則日軍火力為國軍之 2.15 倍。

中日陸軍編制			
名稱	**兵員**	**下屬單位**	**指揮**
軍區、戰區	250,000	無指定數目，至少 2—4 以上集團軍群	元帥、五星上將
集團軍、軍團，如：日本方面軍、方面隊	100,000	名義上 2—4 軍，通常約 5—10 師	四星上將
軍	30,000—60,000	無指定數目，通常 2 師以上	中將
師或師團	10,000—20,000	名義上 2—4 旅，通常 5—10 營加上其他支援部隊	少將
旅、旅團	2,000—5,000	無指定數目，通常 2 團以上、聯隊或其他同級單位，或者 3—7 營、大隊或其他同級單位	少將、准將、大校
團、聯隊	500—2,000	2 營、大隊或其他同級單位以上	上校
營、大隊	300—1,000	2—6 連、中隊或其他同級單位	中校
連、中隊	60—250	無指定數目，通常約 2—8 排、小隊或其他同級單位	主官：少校、大尉、上尉

（續上表）

排、小隊	25—40	無指定數目，通常約 2 班、組、分隊或其他同級單位以上	主官：中尉、少尉、準尉
班、組、分隊	7—13	2—3 伍、組或小組	上士、中士、下士
（沒有裝備輕機槍）班、組、分隊或其他同級單位	5—10	1—2 伍、組或小組	上士、中士、下士

註：上述數據只屬參考性質，因中日雙方軍隊編制均不斷因應戰爭需要而改變。

八、戰爭經過：正面戰場

西安事變後，蔣介石相信蘇聯有支持中國抗日的誠意，可以與之聯合，不必再對日退讓。而聯合蘇聯必須與中共和解，1937 年 1 月 5 日蔣介石首先裁撤西北剿匪司令部，以示誠意。日本見國共和解明朗化，中國日趨團結，期望中國內亂以乘機漁利的計劃落空，4 月增兵平津，決使華北成為防共、親日、親滿的地區，並開始演習，企圖以政治及軍事壓力驅逐第 29 軍。

八年抗戰有國軍的正面戰場，也有淪陷區的敵後游擊戰戰場，正面戰場可分為三個時期：

1. 初期戰役（1937 年 7 月至 1938 年 11 月）

從盧溝橋事變到武漢陷落為止，中國為顯示抗日決心，並掩護人員物資轉移到後方作持久戰準備，與日軍展開大規模之陣地攻防戰，集中了海陸空精銳部隊與日周旋，此期之主要會戰有：

（1）平津抗戰

盧溝橋（亦作盧溝橋）位於北京西南郊永定河上，是扼守平漢鐵路的咽喉，戰略位置十分重要。1937 年 5 月起，日軍頻繁地在盧溝橋附近進行挑釁性軍事演習，制造事端。7 月 7 日晚上 7 時 30 分日軍在盧溝橋北郊回龍廟附近演習，深夜 12 時，日本北平特務機關長松井久太郎打電話給冀察政務委員會，藉口走失士兵一名，要求率隊進宛平城檢查，北平市長兼第 29 軍副軍長秦德純拒絕。8 日凌晨 2 時，松井再次打電話給冀察政務委員會，堅持進城搜索，否則就派軍隊包圍宛平。秦德純一面派人與日方交涉，一面通知河北省政府主席兼第 37 師師長馮治安，馮治安立即通知駐宛平第 219 團團長吉星文：為維護國家主權與領土完整，寸土都不許退讓，可採取武力自衛及斷然處置。8 日凌晨，日軍第 3 大隊大隊長一木清直要求中國軍隊撤出宛平東門，讓日軍進城談判，遭吉星文團長嚴詞拒絕。4 時 50 分，一木清直下令向宛平城發動進攻，國軍奮起還擊，盧溝橋戰火遂燃點起保衛中華民族的聖戰。

當時駐守平津地區的第 29 軍總兵力約有 10 萬人，第 29 軍是馮玉祥西北軍舊部，長城抗戰時曾用大刀隊奇襲日軍，取得喜峰口大捷，著名的《大刀進行曲》就是歌頌第 29 軍大刀隊戰績的作品，所以，日軍連續發動兩次進攻，均被守軍擊退。7 時 30 分日軍一個大隊在 4 架戰機和 9 輛坦克的掩護下，進攻回龍廟和鐵路橋，守軍兩排人與敵人血戰後，全部殉國。黃昏前，日軍第三次進攻宛平城，守軍堅守至入夜，發動夜襲。駐守西苑第 37 師亦增援參戰，激戰至深夜，差不多全殲侵佔橋頭的一個中隊日軍，擊斃發動盧溝橋事變的一木清直大隊長。此後數日，陣地數度易手，兩軍成對峙態勢。

7 月 10 日上午，日本內閣五相會議正式通過杉山元陸相提出的派兵案，立即增兵華北。裕仁天皇任命香月清司中將為中國駐屯軍司令官，全面啟動侵華戰爭。日軍參謀本部迅速制定了《對華作戰要領》和《對華戰爭指導綱要》，把戰爭分為兩個階段進行：第一階段約兩個月，以優勢兵力擊潰中國第 29 軍，解決華北問題；第二階段約三四個月，以足夠兵力攻擊國民黨中央

軍，通過全面戰爭摧毀蔣介石政權，一舉解決中國問題。

七七事變後次日，中共立即發表《中國共產黨為日軍進攻盧溝橋通電》，號召國共合作和全民族團結，建立民族統一戰線，抵抗日本的侵略；請蔣嚴令第 29 軍保衞平津，動員全國驅逐日寇出中國，紅軍願在蔣委員長領導下為國效命。同日馮玉祥亦電勉第 29 軍將士為捍衞國家，勇敢奮鬥。7 月 9 日蔣介石從盧山電令第 29 軍長宋哲元積極準備抵抗，如談判，須不失主權。並派孫連仲部兩師、龐炳勛部一師、高桂滋師向石家莊保定集中。7 月 13 日，周恩來、博古、林伯渠向蔣介石遞交《中共中央為公佈國共合作宣言》。14 日，中共中央又致電南京政府表示，願在蔣介石指揮下努力抗戰，紅軍主力準備隨時出動抗日，已令各軍十天內準備完畢，擔負起平綏線的抗日任務。

7 月 17 日蔣介石在盧山談話會發表講話：「我們希望和平而不求苟安，準備應戰而決不求戰。我們知道全國應戰以後之局勢，就只有犧牲到底，無絲毫僥倖求免之理。如果戰端一開，那就是地無分南北，年無分老幼，無論何人，皆有守土抗戰之責任，皆抱定犧牲一切之決心。」這講話正式表明中國政府決心抗戰的嚴正立場，贏得了各黨派、團體和社會各界的擁護。

各政軍領袖紛紛表示擁護抗戰。16 日，劉湘、潘文華等川軍將領發表通電：將四川部隊，按照軍委會的「整軍方案，趕速改編，以期適於抗敵之用」。

21 日李宗仁、白崇禧等桂軍將領致電軍事委員會：「統率全體將士及廣西 1300 萬民眾，擁護委座抗戰主張，任何犧牲，在所不惜。」

山西閻錫山、青海馬鴻逵、雲南龍雲等地方軍人紛紛表態，擁護政府抗日。

盧溝橋的炮聲喚起了全國人民團結禦侮的抗戰精神，抗日救亡運動風起雲湧，各地愛國軍民紛紛行動起來，大力支援華北前線。北平各界救國聯合會、北平市學生聯合會等救亡團體，派代表到盧溝橋慰問抗日勇士；長辛店工人冒着槍林彈雨，趕赴宛平前線修築防禦工事；北平市民自發組織了戰地服務團、募捐團、慰勞團，到盧溝橋前線慰勞工兵、救護傷員，為守城戰士

們送水送飯；各地群眾紛紛組織抗敵後援會，發表宣言，支持第 29 軍的抗日行動，並致電、匯款、慰問前線將士。各地報刊也大量發表抗日言論，呼籲聲援盧溝橋抗戰。

中國各政黨、團體、各界愛國人士和各派武裝力量，基於民族大義，匯聚融合成為抵抗侵略者的無敵大軍。

7 月 22 日宋哲元知中央抗戰決策後，遂決定發動攻勢。26 日日軍佔領平津間的廊坊，但攻北平失敗。28 日日軍以 100 餘門大炮和 40 多架飛機全面進攻北平四郊，特別是第 29 軍司令部駐地南苑兵營，結果守軍在日軍飛機、大炮和坦克的聯合打擊下，傷亡慘重，第 29 軍副軍長佟麟閣、師長趙登禹陣亡。29 日北平棄守。

同日，天津張自忠第 38 師 5000 餘人在副師長李文田指揮下，主動進攻海光寺日軍司令部、天津總站及東局子日軍機場。日軍司令部因工事堅固，久攻不克。但第 38 師獨立第 26 旅在李致遠旅長指揮下，迅速攻佔了天津總站及東局子日軍機場，一舉燒毀了日機十餘架，並攻入航空兵團司令部，繳獲了大量機密文件。香月清司急令日軍大隊回援天津。30 日天津國軍主動撤退，爭取得駐通縣的偽軍起義，捉獲偽冀東自治政府主席殷汝耕，擊斃日軍特務機關長細木繁中佐及所屬日軍數十人，並消滅了日軍守備隊、汽車隊大部和全部日本顧問。

平津抗戰，第 29 軍傷亡將士 5000 餘人，斃傷日軍 1000 餘人。雖然平津兩大城市淪陷，但自此拉開了全國抗戰的序幕。[13]

（2）淞滬會戰

日本以為攻佔平津後，中國勢必屈服，不知中國已決定另闢戰場，全面抗戰。華北平原有利日本機械化部隊，江南河川縱橫，地形複雜，復有國防

13　孫繼業、孫志華：《正面戰場大會戰》（北京，團結出版社，2007 年），第 1—12 頁。

工事，對中國較有利，且上海為通商大埠，日軍較少，故中國決在此地一挫日軍銳氣。日本駐上海艦隊司令長谷川清亦躍躍欲試，7月下旬藉口一名陸戰隊員失蹤，在閘北佈防。8月9日日軍大山勇夫和齋藤與藏駕車強越虹橋軍用機場警戒線，開槍打死保安員時景哲，被機場守衛當場擊斃，事為淞滬大戰導火線。

1937年8月13日上午9時15分，日艦炮轟閘北保安隊，國軍奮起反擊，淞滬會戰爆發。14日國民政府發表《自衛抗戰聲明》，軍事委員會將京滬警備部隊改編為第9集團軍，張治中為總司令，兵力約5萬人，負責反擊市內日敵；蘇浙邊區改編為第8集團軍，張發奎任總司令，下轄4個師，兩個旅，負責守備杭州灣和浦東。15日日本正式下動員令，任命松井石根大將為司令官，此人口出狂言，聲言一個月之內佔領上海。

張治中出任總司令後，立即下達進攻命令，分別進攻虹口、楊樹浦之敵，不斷攻佔日軍陣地。19日，國軍突破日軍縱深陣地，向虹口日海軍陸戰隊司令部發起進攻。日軍司令部建築群由半米以上鋼筋混凝土築成，能經得起五百磅以上炸彈轟擊，外有高大圍牆和電網，內有明碉暗堡，守軍憑此堡壘群和海空軍支援死守，國軍將士雖然拚命進攻，傷亡慘重，仍難前進。

中國新成立的空軍也在這時候投入戰鬥，8月14日上午首次起飛轟炸日軍據點和艦艇，炸毀敵艦多艘。下午日軍飛機偷襲杭州和廣德機場，被大隊長高志航率領27架戰機攔截，以零傷亡的代價，一舉擊落日機6架。此日遂被定為中國空軍節。15日晨，日軍飛機60餘架分別空襲南京、杭州、嘉興等機場，中國空軍奮起迎戰，擊落日機34架。日本鹿屋航空隊18架飛機只餘下10架；木更津航空隊20架飛機更只餘下8架，隊長石井大佐因此羞憤自殺。19日拂曉，中國空軍出動20架襲擊白龍港敵艦隊，飛行員沈崇海駕機撞去日軍旗艦「出雲」號，令原已受損的船身再受重創，官兵傷亡慘重，在船上的日海軍司令長谷川清中將魂飛魄散。22日本三艘航空母艦趕到，與中國空軍展開制空權爭奪戰。雙方400多架飛機在上海爆發空中大戰，日機被

擊落 61 架，國軍損失 70 架。但國軍飛行員和飛機難以補充，自此制空權漸被日軍控制。[14]

8 月 16 日中國海軍兩艘魚雷快艇「史可法」號和「文天祥」號從江陰要塞祕密駛達上海，穿越排列成行的英、美、法、意等國軍艦，然後直撲黃浦江外灘日軍旗艦「出雲」號，連續發射兩枚魚雷，擊中船尾，使日艦受到重創。

8 月 23 日凌晨，日軍在 30 餘艘艦艇支援下，在川沙口、獅子林、吳淞鎮一帶強行登陸，並佔領吳淞炮台、寶山和羅店。羅店是戰略要衝，中日兩軍反覆爭奪，陣地上雙方軍隊屍積如山。9 月 17 日守軍撤至北站、江灣、羅店、瀏河第二道防線。日軍進展緩慢，松井石根要求增援。中國軍隊除中央軍外，桂、粵、湘、川等軍均萬里增援，加入戰鬥。奔赴抗日前線的將士，沿途受到民眾和各界愛國團體的熱烈歡迎。楊森率軍出川時，數萬民眾夾道相送，他激動地說：「我們川軍決不能辜負父老鄉親的期望，灑盡熱血，為國爭光！」至 9 月 5 日到達前線的部隊達 20 萬人。14 日日軍增援部隊亦到達上海，從羅店發動攻勢。陳誠率部頑強抵抗，15 日收復羅店。19 日夜張靈甫奇襲日軍後方輜重營地，一舉殲敵數百，毀輜重無數。進攻羅店的日軍連夜回防，被國軍伏擊，全殲磯藤旅團酒井聯隊千餘人，擊毀軍車 47 輛，取得羅店大捷。22 日日軍第 101 師團先遣隊到達上海，又向羅店展開猛烈攻勢，雙方反覆爭奪陣地，整營整連的將士倒在陣地上，整個羅店血流成河，屍橫遍地，日軍稱之為「血肉磨坊」。

9 月底日軍增援部隊又到達上海，總兵力已達 20 萬人。30 日向國軍發動第 4 次總攻。10 月 3 日，國軍撤往蘊藻濱、楊涇河、瀏河鎮一線。在強敵的飛機坦克大炮夾擊之下，國軍全憑血肉之軀阻擋敵人的炮火，結果傷亡慘

14　曾達池：《空軍抗戰紀實》，《八一三淞滬抗戰》（北京，中國文史出版社，1987 年），第 368 — 397 頁。

重，每天損失近一個師的兵力。但由於中國軍隊的拚死抵抗，日軍亦需付出重大代價。10 月 26 日日軍攻佔大場。蘇州河北岸中央軍腹背受敵，被迫撤往南岸。第 88 師師長孫元良派第 524 團副團長謝晉元率一團官兵堅守蘇州河北岸的四行倉庫，掩護主力部隊撤退。四行倉庫坐落於蘇州河北岸西藏路口，是 6 層鋼筋混凝土結構。在此守衛的兵力，實際只有一個加強營 452 人，轄一個機槍連、3 個步兵連和一個迫擊炮排。27 日日軍向四行倉庫發起攻擊。八百壯士孤軍奮戰，打退敵人多次進攻，激戰一晝夜，擊斃日軍 200 餘人。28 日晨日軍以平射炮重迫擊炮猛轟四行倉庫。一隊日軍衝破鐵絲網，潛至倉庫下企圖引爆炸藥包。敢死隊員陳樹生在身上綁滿手榴彈，拉燃導火索，從 6 樓窗口飛身躍下敵群，與十餘名敵人同歸於盡。[15]

八百壯士死守四行倉庫的事跡轟動上海，上海各界救國團體冒着日軍炮火，送來藥品、食物，慰勞守軍。14 歲女童軍楊慧敏乘夜游過蘇州河，爬過鐵絲網，向壯士送來一面國旗。29 日黎明守軍在四行倉庫六層平台上舉行了莊嚴的升旗儀式，中國國旗在戰場上迎風飄揚，展示着中華民族英勇不屈的姿采。[16]四行倉庫在日軍進攻數十次之後，仍然屹立不倒，中外記者於是紛紛湧到蘇州河畔戰地採訪，八百壯士的壯舉遂傳遍中國和國際。外國駐上海軍事觀察員和毗鄰租界內的國際人士亦為之肅然起敬。英國上海駐軍總司令史摩萊少將說：「我們都是經歷過歐戰的軍人，但我從來沒有看到過比中國敢死隊員更英勇、更壯烈的事了。」11 月 1 日謝晉元接到統帥部撤退命令，率部撤退，英軍同意撤入英租界內。

11 月 4 日日軍第 4 次增兵上海，5 日拂曉自杭州灣北岸登陸，上海市守軍側背受威脅，9 日國軍全線西撤，淞滬會戰至此結束。

淞滬會戰，日軍先後投入十餘個師團近 30 萬人的兵力、軍艦 130 餘艘、

15　陳德松：《殊死報國的四行孤軍》，《八一三淞滬抗戰》，第 164 — 169 頁。

16　《立報》，1937 年 10 月 29 日。

飛機 500 餘架、坦克 300 餘輛。國軍從全國各省千里赴援，先後到達 70 餘師 70 多萬人，雖訓練和裝備不如日軍，但都不怕犧牲，憑血肉之軀，拚死與日軍血戰三個月之久，以傷亡 25 萬餘人的慘重代價，換取日軍約 10 萬的傷亡。這次會戰極大地鼓舞了中國人民的抗日熱情，也為上海工廠內遷、保存經濟實力，乃至掩護國家轉入戰時體制贏得了時間，並且向全世界宣示了中國人不當亡國奴的反侵略決心，中國軍人英勇行為得到中外讚揚。日軍「三月亡華」的迷夢被中國軍民一戰粉碎！[17]

（3）南口張家口戰役

日軍侵佔平津後，為奪取整個華北，參謀本部令中國駐屯軍板垣征四郎率第 5 師團，關東軍派遣兵團司令官東條英機率所部和第 2 飛行集團為助攻，共計 4 萬餘人及偽軍一部，進攻南口和張家口。國軍以第 13 軍軍長湯恩伯為南口地區前敵總指揮，第 68 軍軍長劉汝明為張家口地區前敵總指揮，另以第 35 軍、騎兵第 1 軍集結於綏遠、集寧、興和地區，擔任戰役機動。總兵力約 8 萬人。

8 月 11 日，日軍獨立混成第 11 旅由北平沿平綏鐵路向南口、居庸關發起進攻。12 至 15 日，中日兩軍在南口、居庸關一帶展開激戰，南口鎮幾次易手。第 13 軍第 89 師在反覆爭奪龍虎台陣地中，給日軍以重創。13 日，第 14 軍由石家莊馳援南口，進至宛平門頭溝被日軍所阻。16 日起日軍增派第 5 師團主力向國軍南口、居庸關前線陣地右翼鎮邊城迂迴。湯恩伯急調第 4 師增援。17 日，傅作義率部由山西大同馳援南口，但張家口同時告急，兵力不敷應用。23 日，日軍第 5 師主力突破長城防線，向懷來突進。南口國軍右翼被突破，奉命在 25 日撤退。至 27 日，日軍佔領居庸關、八達嶺、延慶、懷來等地。20 日日軍亦同時向張家口發起攻擊，22 日，國軍第 143 師在萬全城

---

17 軍事科學院軍事歷史研究部：《中國抗日戰爭史》（中），第 141 — 152 頁；孫繼業、孫志華：《正面戰場大會戰》，第 16 — 29 頁

頑強抵抗後，次日退守張家口西南 15 公里處孔家莊一線高地，在此激戰三晝夜。因延慶、懷來相繼陷落，27 日劉汝明奉命撤退，張家口於當日失陷。南口張家口戰役，國軍傷亡近 4 萬人，斃傷日偽軍 2 萬餘人。[18]

(4) 忻口太原會戰

1937 年 9 月，板垣征四郎第 5 師團、東條英機關東軍察哈爾派遣兵團等共 4 個半師團 14 萬餘人，企圖攻佔太原，以便鞏固華北。閻錫山集中 6 個集團軍共 28 萬餘人迎敵。

東條英機兵團沿平綏路西進，9 月 13 日，佔領大同，向雁門關推進。板垣征四郎第 5 師團從河北宣化直插山西內長城防線，企圖突破平型關，包抄雁門關後路，然後夾擊太原。9 月 21 日板垣征四郎第 5 師團正面進攻平型關，被孫楚第 33 軍頑強抵抗，無法推進。閻錫山請求共軍協助夾擊日軍，24 日林彪 115 師在平型關東北關溝至東河南村長約十餘公里的公路兩側山地設伏，25 日拂曉，日軍第 21 聯隊第 3 大隊運輸隊進入伏擊圈，115 師全線出擊，激戰至午後，全殲日軍千餘人，擊毀汽車百餘輛、馬車 200 輛，繳獲步兵炮一門、輕重機槍 20 餘挺、步槍千餘支及大批軍用物資。日軍在平型關前受阻，於是奇襲茹越口，迂迴平型關背後。國軍在該區兵力薄弱，結果被日軍乘虛突破，10 月 1 日閻錫山下令長城線上各軍向五台山、雲中山、蘆芽山一線轉移。日軍隨即分兵合擊太原。

10 月 11 日國軍劉茂恩右翼兵團、郝夢齡中央兵團、李默庵左翼兵團三個兵團全部進入忻口陣地。衛立煌任總指揮、傅作義任副總指揮。13 日晨，板垣師團出動 5,000 餘兵力、在 30 餘架飛機、50 多輛坦克和 50 多門火炮的掩護下，猛攻南懷化陣地。國軍死守陣地，激戰至 11 月 1 日，日軍不斷增援，守軍傷亡已達三分之二以上，每天損耗兩團左右，陣地仍屹立不動。為減輕

18　軍事科學院軍事歷史研究部：《中國抗日戰爭史》（中），第 25 — 28 頁。

正面戰場壓力，第八路軍 120 師在雁門關附近不斷伏擊日軍運輸部隊，令日軍大同至忻口的補給大受影響。10 月 19 日第八路軍 129 師 769 團團長陳錫聯發現陽明堡有日軍機場，於是在當晚發動偷襲，一舉毀傷敵機 24 架，殲敵百餘人，削弱了日軍的空中支援力量。

10 月 26 日日軍攻佔娘子關，危及忻口側後安全。11 月 2 日忻口守軍全線撤退，保衛太原。6 日衛立煌決定暫避決戰、主力南撤，太原守軍僅留 19 個營的兵力，交由傅作義為守備司令。8 日晨日軍主力部隊第 5 師團兵臨城下，從東北兩面猛攻太原，戰至 9 時日軍攻入城內，與守軍展開激烈巷戰，血戰至黃昏，日傘兵空降城中大校場，發動夜襲，攻至總司令部。傅作義下令撤退，太原淪陷。太原會戰歷時近兩個月，郝夢齡陣亡，傷亡將士 10 萬人以上，斃傷日偽軍近 3 萬人。中國官兵英勇頑強，前仆後繼，表現出中華民族不屈不撓的愛國熱情。忻口、太原會戰是抗戰初期華北戰場上規模最大、戰鬥最激烈、持續時間最久、戰績最顯著的會戰之一，也是國共兩黨合作抗日配合較好的一次會戰。[19]

（5）南京保衛戰

1937 年 11 月 9 日上海失陷，日軍西進，企圖一舉攻佔南京，迫使國民政府屈服。12 月 1 日日本大本營正式下達「大陸第 8 號命令」，令「華中方面軍司令官與海軍協同，攻佔敵國首都南京」。松井石根立即調集 9 個師團 20 萬人分三路進攻南京。

淞滬戰爭進行時，南京外圍已經爆發衝突。中國海軍第一艦隊為阻止日軍溯江而上，在江陰要塞佈防，建立封鎖線。9 月 22 日起數十架日機連日轟炸第一艦隊，直至 25 日，第一艦隊雖然擊落不少日機，但最後高射炮彈耗

19　軍事科學院軍事歷史研究部：《中國抗日戰爭史》（中），第 84 — 98 頁；孫繼業、孫志華：《正面戰場大會戰》，第 30 — 40 頁。

盡，全部被炸沉或自行毀沉。12 月 1 日江陰要塞失陷。[20]

11 月中旬，國軍研究保衛南京問題，認為南京地形背水，不利防守，且上海至南京之間一路都是平原，無險可守。所以作戰廳長劉斐主張在南京作象徵性抵抗，然後主動撤退。白崇禧、何應欽、徐永昌等將領都主張放棄南京。蔣介石的德國軍事顧問也主張撤退，不作無謂犧牲性。但唐生智卻慷慨激昂地說：南京不僅是中國首都，國際觀瞻所繫，又是孫總理陵墓所在，如果不戰就放棄南京，將何以對總理在天之靈？不過，唐生智卻自辯說：所有在上海失利的人都被蔣介石罵過，他能違抗軍令不守南京嗎？他明知其不可為而為之，「世界上有些事也是要蠢人辦的」，「南京我明知不可守，這是任何稍有常識的人都會知道的。」「在當時的情況下，我雖患重病，還不得不擔任守南京的任務。」[21] 於是唐生智接受蔣介石任命守衛南京，指揮剛從淞滬戰場退下來的十餘萬疲兵保衛南京。

11 月 20 日國民政府宣佈遷都重慶，準備長期抗戰。12 月 3 日，各路日軍進逼南京外圍。5 日，南京保衛戰正式爆發，守軍在極度劣勢的情況下，拚死血戰。7 日防守淳化的第 74 軍第 51 師王耀武部，接連擊敗日軍第 18 旅團的十餘次進攻，擊毀日軍坦克 15 輛，斃傷日軍 500 餘人。第 301 團團長紀鴻儒以下官兵 1400 餘人傷亡，9 名連長全部殉國。10 日日軍炸毀光華門，國軍七次用刺刀把日軍打回去。午後，日軍再衝入光華門內，第 87 師 259 旅旅長易安華率部反擊，經過 8 個多小時血戰，全殲入侵日軍。紫金山、雨花台等地，國軍均與日軍拚命血戰。12 月 12 日凌晨，國軍決定撤退。日軍展開總攻，下午 4 時，日軍突入中華門、光華門、中山門。5 時，衛戍司令部下令各

---

20 歐陽景修：《江陰封江戰役紀實》，中國人民政治協商會議全國委員會文史資料研究委員會《南京保衛戰》編審組：《南京保衛戰》（北京，中國文史出版社，1987 年），第 53 — 56 頁。

21 唐生智：《衛戍南京之經過》，中國人民政治協商會議全國委員會文史資料研究委員會《南京保衛戰》編審組：《南京保衛戰》，第 2 — 5 頁。

部於當晚突圍。12 月 13 日南京淪陷。南京保衛戰歷時 8 天，中國軍隊以傷亡五萬餘人代價，斃傷日軍 12,000 餘人。

日軍侵佔南京後，持續進行了 6 個星期的燒殺搶輪姦婦女的暴行，遇害者達 30 萬人。日本欲以此威嚇中國屈服，反激起國人抗戰的決心。[22]

（6）徐州會戰

日軍侵佔南京後，計劃打通津浦路，使南北戰場連成一片。於是派華中派遣軍司令官畑俊六和華北方面軍司令官寺內壽一指揮 8 個師團另 3 個旅約 24 萬人，南北合擊徐州。李宗仁指揮 64 個師另 3 個旅約 60 餘萬人迎敵。

1938 年 1 月 18 日日軍進攻明光縣城，第 31 軍主動撤出。晚上軍長劉士毅率部突然殺回，激戰一晚，城內日軍大部被殲，僅逃出一百餘人。劉部又迅速撤退。2 月 3 日日軍強渡淮河，被于學忠部第 51 軍擊退，激戰至 11 日，日軍才推進至淮河以北。13 日李宗仁調張自忠第 59 軍增援，15 日收復淮河以北全部陣地。

3 月 16 日日軍第 33 旅團瀨谷支隊萬餘人在 20 餘架飛機、70 餘門大炮和 40 多輛坦克的掩護下，進攻藤縣。川軍王銘章第 122 師堅守一日，日軍突入城內，被守軍反擊消滅。17 日，日軍飛機和大炮猛擊之下，城牆盡毀，日軍在坦克掩護下衝進城內，王銘章指揮作戰時陣亡，餘部各自為戰，逐屋抵抗。直至 18 日中午，日軍才完全佔領藤縣。守軍除 200 餘人突圍外，全部壯烈殉國。

3 月 10 日板垣征四郎第 5 師團到達臨沂，以 35 門大炮和 31 輛坦克發動進攻。臨沂龐炳勛第 40 軍向李宗仁求援。李宗仁派張自忠率第 59 軍增援，12 日夜張自忠以一晝夜跑了 180 里急行軍趕到沂河西岸。14 日凌晨，第 59 軍從坂垣師團側背發起進攻，第 40 軍亦從正面殺出，日軍被迫後退。16 日，

22　孫繼業、孫志華：《正面戰場大會戰》，第 41 — 48 頁。

日軍援軍到達，雙方反覆衝殺。17 日，第 59 軍傷亡已達 6,000 餘人，連排長已全部易人。第五戰區參謀長徐祖詒建議李宗仁撤出該軍加以整補。此時日軍的傷亡亦甚大，故張自忠要求再戰一天一夜，看誰能堅持最後 5 分鐘。18 日，張自忠下令將所有山炮、野炮、迫擊炮推到第一線，將全部炮彈打向敵陣，然後集中全力進攻。激戰一夜，全殲河西大部日軍，擊斃第 11 聯隊隊長長野佐一郎大佐、第 3 大隊隊長牟田中佐以下日軍 3,000 餘人。27 日板垣征四郎向第 59 軍反擊，張自忠堅守至 29 日，援軍趕到，日軍撤退。臨沂保衛戰歷時一個月，第 59 軍和第 40 軍英勇作戰，官兵傷亡萬餘人，沉重打擊了號稱鐵軍的重機械化裝備的日軍第 5 師團，擊斃其 5,000 餘人，粉碎了日軍會師台兒莊的企圖，為台兒莊大捷奠定了基礎。

　　3 月 23 日瀨谷支隊由棗莊南下，守軍佯敗，退入城內，瀨谷進至台兒莊附近。24 日，日軍在飛機、大炮、坦克掩護下，發起進攻，一度突入城內，被池峰城第 31 師擊退。25 和 26 日，日軍兩度增援，27 日日軍再次猛攻台兒莊，突入城內，與國軍巷戰。28 日日軍集中兵力，在 30 餘輛坦克掩護下，與突入城內的日軍對台兒莊發動第三次猛攻。第 2 集團軍司令孫連仲除以第 31 師死守台兒莊主陣地外，派第 27 師、第 30 師及獨立 44 旅從台兒莊東、西兩側向日軍側翼及後方反擊。中國空軍亦出動 9 架戰機支援守軍作戰。29 日，日軍增派第 5 師團坂本支隊和第 10 師團瀨谷支隊主力增援台兒莊前線。同日，蔣介石亦下令死守台兒莊。李宗仁再次電令湯恩伯第 3 軍團迅速南下協助殲敵。激戰至 4 月 3 日莊內守軍傷亡已達 70%，全莊四分之三地方為日軍佔據。孫連仲電話請求李宗仁同意撤退到運河南岸，讓第 2 集團軍留點種子。李宗仁鼓勵他戰到最後 5 分鐘說：援軍明日中午可到，我本人也將於明晨來台兒莊督戰。你務必守至明天拂曉。蔣介石也在 5 日 12 時電催湯恩伯出擊，限第 3 集團軍於 4 月 5 日到達。4 月 6 日國軍全線進攻，日軍發現陷入重圍，立即倉皇撤退。國軍乘勝追擊，一舉消滅瀨谷支隊大部、坂本支部一部。

　　台兒莊戰役歷時半個月，日軍第 10 師團瀨谷支隊是重裝備機械化部隊，

又有空軍支援，以為可以輕易直搗徐州，豈料正中了李宗仁誘敵深入之計，自動進入國軍袋形陣地，受到孫連仲等部四面圍攻，經過十三天十二夜的血戰，中、日兩軍在台兒莊及附近的陣地之中，進行多重包圍與反包圍的廝殺。國軍以 19,500 人的傷亡，殲滅日軍 11,974 人。日方戰史說：第五師團戰死 1,281 人，傷 5,478 人；第十師團戰死 1,088 人，傷 4,137 人。此仗是日軍自明治維新成軍以來，在戰場上最大的一場敗仗。台兒莊戰役沉重地打擊了日本侵略者的兇焰，極大地鼓舞了全國軍民堅持抗戰必勝的信心，國軍因此重振南京失陷後之士氣。[23]

4 月 30 日，日本大本營認為台兒莊的敗退「有損陸軍的傳統」，撤銷了第 2 軍司令官西尾壽造和第 10 師團師團長磯谷廉介的職務，以並再次圍攻徐州，消滅國軍主力。5 月 15 日國民政府軍事委員會決定放棄徐州，16 日，李宗仁下令突圍，數十萬大軍有秩序地撤入豫皖邊界的山區。整個徐州會戰歷時 4 個多月，國軍傷亡十萬餘人，斃傷日軍 3 萬餘人，打破了日軍速戰速決的戰略企圖。[24]

（7）武漢會戰

1938 年 6 月 12 日安慶淪陷開始至 10 月 27 日漢陽陷落止，歷時近四個半月，中日兩軍在安徽、河南、江西、湖北等地區爆發大規模會戰。日軍直接參戰的有東久邇宮稔彥王第 2 集團軍和岡村寧次第 11 集團軍約 35 萬餘人，及海軍第 3 艦隊 120 艘艦艇，飛機 500 餘架，分四路進攻武漢。國軍動員陳誠第 9 戰區和李宗仁第 5 戰區 14 個集團軍 129 個師，約 100 萬人，艦艇 40 餘艘，230 架飛機參戰。這是抗戰以來戰線最長、規模最大、時間最長並具有

23　李宗仁：《台兒莊之戰》，李宗仁回述、唐德剛撰寫：《李宗仁回憶錄》（香港，南粵出版社，1986 年），第 470 — 484 頁。

24　軍事科學院軍事歷史研究部：《中國抗日戰爭史》（中），第 161 — 170 頁；孫繼業、孫志華：《正面戰場大會戰》，第 53 — 65 頁。

重要意義的一次會戰。

　　日軍在台兒莊大敗，令日本大本營大為震動，故企圖圍殲徐州國軍，以挽回顏面。但國軍卻全師而退，於是進攻當時國軍的軍事、政治、經濟中心——武漢，以迫使中國投降。中國則打消耗戰，藉此戰消耗日軍的人力物力資源。

　　1938 年 6 月 13 日岡村寧次第 11 軍登陸安慶，拉開了武漢會戰的序幕。28 日日軍攻陷馬當要塞。7 月 4 日岡村寧次第 9、第 27、第 101、第 106 師團 15 萬人分沿長江南北兩岸推進。7 月 22 日南路日軍登陸九江後，在南昌鋪、鳳凰嘴等地受阻。9 月中旬，岡村寧次企圖突破薛岳廬山防線，派第 106 師團迂迴薛岳後方，配合第 27、第 101 師團實施包圍。但被薛岳發現，立即調動十萬大軍把孤軍深入的第 106 師團包圍在萬家嶺一帶的十平方公里山嶺裏。岡村寧次從空軍的偵察中發現陷入國軍的口袋後，立即命第 106 師團向北轉進，向第 27 師團靠攏，同時命令第 101 師團增援。薛岳亦急調駐廬山第 66 軍增援阻擊，其他各部隊迅速進入指定位置。10 月 2 日十萬大軍同時出擊，第 106 師團發現陷入重圍後瘋狂突圍。戰至 6 日，傷亡過半，已無力突圍，只好死守待援。第 106 師團被圍待殲的消息傳至日本，朝野震驚。日皇下令要不惜一切代價，盡全力救出第 106 師團。9 日，日本華中派遣軍司令官畑俊六大將親自組織向萬家嶺地區空投了 200 多名聯隊長以下軍官及糧食彈藥。蔣介石亦下令在 9 日 24 時前殲滅敵人，作為「雙十」國慶獻禮。9 日下午薛岳命令各部隊選出勇士 200 至 500 人組成 13 支敢死隊，黃昏後一齊出擊，經一夜血戰，第 106 師團的防禦陣地徹底崩潰，只剩一千餘人負隅頑抗。由於日軍第 27 師團和第 17 師團已趕到萬家嶺附近，薛岳遂命各部隊撤出戰鬥。萬家嶺戰役幾乎全殲第 106 師團及第 101 師團一部，是抗戰以來的第三次大捷。

　　8 月 22 日日軍東久邇宮稔彥王率第 2 軍 12 萬人沿大別山向西進攻，9 月 2 日到達富金山，宋希濂第 71 軍頑強抵抗，日軍被迫從富金山以北繞行。9 月 12 日 71 軍奉令西撤，富金山棄守。富金山狙擊戰，國軍以 15,000 餘人代

價，斃傷日軍 6,000 餘人。

9 月 6 日岡村寧次江北日軍攻佔廣濟，隨即集中兵力進攻國軍長江最後一道防線田家鎮要塞。國軍李延年第 2 軍、施中誠第 57 師、鄭作民第 9 師和梅一平海軍守備隊，在艦隊支援下，利用要塞炮台，浴血死守。15 日，日軍出動 20 餘艘艦艇和飛機數十架輪番轟炸田家鎮要塞，陸戰隊強行在潘家灣、中廟、玻璃庵一帶登陸，被第 57 師擊退。同日日軍第 11 旅團突破第 9 師在鐵石墩的警戒陣地。由於傷亡慘重，18 日第 9 師逐步撤至竹影山一線。19 日日軍猛攻第 57 師烏龜山一線，第 5 戰區李品仙派蕭之楚第 26 軍增援，反包圍日軍第 11 旅團。20 日日軍急派第 36 旅團第 45 聯隊及第 23 聯隊增援，都被國軍阻截。但日軍竟然施放毒氣，令國軍傷亡慘重，烏龜山陣地被迫放棄。

24 日，長江南岸富池口要塞失陷；田家鎮要塞連日在日機反覆轟炸和艦炮猛烈轟擊下，中國艦隊幾乎全被炸沉，或自毀下沉以阻塞河道，要塞陣地幾全被炸平。28 日，日軍出動飛機 70 餘架、大炮 100 多門，陸海空協同猛攻田家鎮要塞核心區，激戰至下午，要塞陣地相繼陷落。當晚，李品仙下令守軍撤退，武漢的最後一道屏障田家鎮要塞陷落。

這時日軍對武漢已成合圍之勢，鑒於武漢物資、各單位和難民等已按計劃撤退完畢。10 月 24 日軍事委員會正式下令放棄武漢，主動撤退。10 月 27 日漢陽淪陷，武漢會戰結束。

是役估計殺傷日軍達十萬人，擊毀日機 78 架，擊傷船隻百餘艘，擊沉 40 餘艘。國軍死傷 254,628 人。蘇聯航空志願大隊也參加作戰，在「四二九」空戰中，中蘇混合編隊 67 架迎戰日機 39 架，以二損三傷的戰績擊落日機 21 架。武漢會戰是中日拚死之戰，經此戰後，日本暫時無法用武力征服中國，且兵力不敷分配，難以繼續進攻，遂改「速戰速決」為「以戰養戰」，暫緩軍事行動，改為政治進攻。1940 年 3 月，日本在南京扶植汪精衛成立政權，組織「國民政府」，藉以分化中國。11 月底，汪精衛與日本簽訂《中日關係基本條約》，接受中日親善、共同防共及經濟合作的條件，完全聽命於日本。

此外，1938 年 12 月 2 日日本決定組織「航空進攻作戰」，對中國陪都重慶、昆明等城市進行猛烈轟炸，企圖癱瘓中國的戰略及政治中樞、瓦解中國士氣。從 1939 年至 1941 年間，重慶先後被轟炸 268 次，城市嚴重毀壞，數千人被炸死。[25]

2. 中期戰役（1938 年 11 月至 1941 年 12 月）

從武漢會戰陷落到太平洋戰爭爆發，中國處於獨力艱苦作戰階段。武漢會戰結束標誌着中國抗戰開始進入戰略相持階段，這階段國軍已退入山嶽丘陵地帶，有地形之利對抗日本機械化部隊。於是正面戰場的壓力減輕，有利於正面戰線正規軍的補充整訓，逐步恢復戰鬥力，堅持長期抗戰。敵後戰場方面，日軍只能佔領城市和交通線，無法控制廣大的鄉村，於是集中兵力對付抗日根據地軍民，戰爭的規模和頻繁程度都超過以往。抗日游擊戰成為戰略相持階段的主要作戰形式，敵後戰場的地位和作用日益重要。此外，日軍為削弱中國的戰鬥力，戰爭開始便迅速佔領沿海港灣，阻止援華物資輸入。當時中國除從陸路取得蘇聯援助外，亦從滇越公路和滇緬公路取得軍火彈藥。1939 年 9 月歐戰爆發，法國迅速投降，日本乘機迫法國殖民地越南封鎖滇越公路，英國窮於應付德國，亦屈服於日本壓力，封鎖滇緬公路。中國由西方取得的物資和援助，從此中斷。此期主要戰役有：

（1）南昌會戰

武漢會戰後，中國仍有近百萬大軍在武漢周圍，日軍於是進攻南昌，以鞏固武漢。1939 年 2 月 6 日日軍岡村寧次指揮第 11 軍之第 6、第 101、第 106、第 116 師團及野戰重炮第 6 旅團和戰車第 5 大隊共 12 萬人會攻南昌。

25　軍事科學院軍事歷史研究部：《中國抗日戰爭史》（中），第 180 — 203 頁；孫繼業、孫志華：《正面戰場大會戰》，第 67 — 82 頁。

3月18日凌晨第101和第116師團一部，乘20餘艘汽艇偷越鄱陽湖進攻吳城，被宋肯堂第32軍迎頭痛擊，一舉擊沉汽艇7艘。激戰至23日，日軍在水上飛機和炮艦掩護下，三路圍攻吳城，並不斷投放燃燒彈和毒氣彈。24日，守軍被迫撤退。

3月20日，日軍向修水南岸推進。岡村寧次集中230多門火炮轟擊國軍陣地，並施放了15,000個毒氣彈，守軍缺乏防毒面具，大部分中毒身亡。27日日軍第101及戰車第5大隊合擊南昌，南昌國軍經激烈巷戰後撤退。日佔南昌後，蔣介石決定乘日本立足未穩，派羅卓英19集團軍反攻南昌。4月21日俞濟時74軍攻高安，日軍101師團不敵，於26日敗退。101師團師團長伊東政喜急電岡村寧次求援，岡村寧次於是從九江增援一個旅團至南昌。27日中日雙方在南昌東南、南部展開血戰。5月4日國軍攻入南昌機場，擊毀3架未及起飛的日機。由於日軍援兵源源不絕，5月9日，蔣介石下令停止進攻南昌。是戰中國官兵傷亡51,378人，斃傷日軍13,000餘人。[26]

（2）隨棗會戰

1939年5月，岡村寧次指揮第11軍第3、第13、第16師團和騎兵第2、第4旅團共12萬人，進攻棗陽第五戰區司令部，企圖殲滅第五戰區主力部隊。李宗仁指揮郭懺江防軍、張自忠右翼兵團、李品仙左翼兵團、湯恩伯機動兵團迎敵，兵力有16個軍、6個游擊縱隊約20餘萬人。

5月1日右翼日軍山脇正隆第3師團展開進攻，佔領郝家店。2日，佔塔兒灣，7日佔隨縣。左翼日軍第13、第16師團進攻棗陽，8日佔領棗陽，將第五戰區左右兩集團軍分割，日軍企圖把左翼集團軍的主力壓縮在隨縣至棗陽間地區圍殲，但被左集團軍跳出日軍合圍圈外。5月8日晨右翼集團軍總司令張自忠率部東渡襄河督戰，嚴令河東部隊全力反擊，10日伏擊消滅日軍輜

26　軍事科學院軍事歷史研究部：《中國抗日戰爭史》（中），第487 — 490頁；孫繼業、
　　孫志華：《正面戰場大會戰》，第83 — 91頁。

重部隊千餘人，繳獲日軍渡河橡皮艇、鋼板艇 30 餘艘，及大批彈藥物資。其他部隊也積極向日軍發動反攻，日軍第 13、第 16 師團後方補給線幾乎全部中斷，被迫停止進攻，確保補給線安全。此時，孫連仲第 2 集團軍和湯恩伯第 31 集團軍趕至，將日軍反包圍於襄東平原。15 日，第五戰區部隊全線反攻，19 日收復棗陽，23 日收復隨縣。日軍退回原來駐地。隨棗會戰，國軍傷亡 2 萬餘人，斃傷日軍 13,000 餘人。[27]

（3）第一次長沙會戰

湖南是中國重要穀倉，抗戰時期是國民政府糧食、兵源及工業資源的重要供給基地。

1939 年 9 月 13 日岡村寧次調集第 6、第 33、第 106 師團及第 3、第 13、第 101 師團一部共十萬人，在 100 餘架飛機、120 餘艘艦艇配合下，採取「分進合擊、正面突破、兩翼包抄」的戰術，三路會攻長沙。該地區由國軍第九戰區，7 個集團軍 47 個師 24 餘萬人防守，軍政部長陳誠兼司令長官，薛岳任代司令長官。薛岳定下誘敵深入而殲之戰略，指示各集團軍至少構築三線陣地，將部隊縱深梯次配備，準備逐次抵抗，消耗日軍後，適時轉入反擊，予以殲滅。又廣泛發動民眾破壞公路、鐵路，令日軍機械化部隊寸步難行。

9 月 14 日東路日軍第 106 師團進攻高安，守軍抗擊後在 18 日撤出。21 日國軍反攻，22 日收復高安。第 106 師團主力繼續向甘坊進攻，隨即陷入國軍包圍，至 10 月 13 日才在第 33 師團接應下，退回武寧等地。

9 月 21 日日軍第 33 師團向汨羅江上游進犯，在福石嶺地區被國軍第 27 集團軍和第 15 集團軍聯合阻擊，損失慘重。國軍在一次狙擊戰中繳獲一日軍作戰地圖，知道日軍企圖圍殲第 15 集團軍於汨羅江畔和會攻長沙的作戰計劃，於是調整作戰部署，圍攻第 33 師團。岡村寧次只得急調奈良支隊增援，

27　軍事科學院軍事歷史研究部：《中國抗日戰爭史》（中），第 490 — 493 頁；孫繼業、孫志華：《正面戰場大會戰》，第 92 — 96 頁。

一起且戰且退，10 月 11 日退回通城。

　　9 月 18 日，日軍主力第 6 師團及奈良支隊由岳陽出發，向新墻河陣地進攻，第 52 軍第 2 師胡春華營堅守金龍山、斗篷山陣地三晝夜，除 7 名負重傷士兵送出陣地外，全營奮勇死戰，全部陣亡。20 日堅守草鞋嶺的史思華營亦堅守陣地不退，全營壯烈犧牲。23 日拂曉，日軍用猛烈炮火和毒氣猛攻新墻河陣地，守軍第 2 師第 12 團血戰至中午，全部陣亡。26 日日軍在飛機炮火支援下，猛攻汨羅江南岸陣地，守軍頑強抵抗，當時日軍前鋒距第九戰區司令部駐地長沙只有 30 餘公里。這時，蔣介石告知薛岳可以棄守長沙，白崇禧也到長沙勸薛岳撤退。薛岳權衡戰場態勢後，決心在長沙與敵決戰。他在長沙附近設下布袋陣，部署重兵圍殲日軍。9 月 27 日日軍分路南進，沿途不斷受國軍側擊和伏擊。30 日上午，日軍架設浮橋渡河時，到河中央被國軍第 60 師和第 195 師猛烈掃射，傷亡慘重。9 月底日軍主力已迫近長沙，但被薛岳動員幾十萬群眾，挖斷新墻河至撈刀河之間的公路，全部炸毀沿途橋樑，切斷日軍後勤補給線，日軍只能靠空運補給。岡村寧次從空中偵察戰場形勢，發現中國軍隊源源不絕趕來增援，於是放棄進攻長沙計劃。10 月 1 日下令撤退，8 日日軍全部退回新墻河以北。第一次長沙會戰，國軍傷亡 3 萬餘人，斃傷日軍 2 萬餘。日軍承認「此次會戰與南昌、襄東兩次會戰相比，頗有決戰之勢。在部分戰場上，部分戰況之激烈超過了諾門坎」。這時歐戰爆發，英法聯軍在歐戰場兵敗如山倒，中國在亞洲卻擊退日本法西斯侵略軍，故備受國際傳媒注意。[28]

（4）桂南會戰

　　南寧是中國西南首府，境內有滇越鐵路和桂越公路直達越南，是中國取

28　軍事科學院軍事歷史研究部：《中國抗日戰爭史》（中），第 493 — 499 頁；孫繼業、孫志華：《正面戰場大會戰》，第 97 — 102 頁；賀執圭：《會戰的作戰方針與戰鬥經過》，全國政協《湖南四大會戰》編寫組：《湖南四大會戰》（北京，中國文史出版社，1995 年），第 24 — 29 頁。

得戰略物資的其中一條要道。1939 年 10 月 14 日日本大本營下達切斷南寧公路補給線的命令，派駐守廣東第 21 軍司令官藤利吉中將調集第 5 師團、台灣混成旅團和海軍第 5 艦隊、海軍第 3 聯合航空隊 3 萬餘人，飛機 100 餘架、航空母艦 2 艘、艦船 70 餘艘發動攻勢。這時擔任兩廣防務的第四戰區，共有 8 個軍 18 個師，人部集結在廣東，在南寧至桂南一帶只有 6 萬餘人。

　　11 月 15 日日軍開始在欽州灣登陸，守軍節節敗退。24 日日軍佔領南寧。12 月 4 日攻佔崑崙關，21 日攻陷龍州，截斷了桂越國際交通線。南寧失陷，直接危害大後方的安全，蔣介石派陳誠和李濟深到桂林協助白崇禧作戰，並急調 5 個集團軍 14 個師 15 萬兵力、100 餘架飛機增援廣西。日軍佔領崑崙關後，由第 5 師團防守，這師團是原來的板垣師團，是日軍第一流的重機械化部隊，號稱「鋼軍」。師團長今村均中將立即修築許多堡壘工事，以各種輕重武器組成嚴密火網。奉令收復崑崙關的是第 5 軍，有三個步兵師、一個坦克團、一個重炮團和一個工兵團，是中國第一支機械化部隊。12 月 10 日杜聿明調兵遣將，包圍崑崙關日軍。18 日凌晨，第 5 軍重炮和各師山炮猛轟日軍據點，日軍守崑崙關核心陣地。今村均急派三木吉之助指揮第 21 聯隊主力立即前來增援，但到九塘公路被早已埋伏的邱清泉新 22 師戰車伏擊，轟斷六塘至七塘間的全部橋樑，切斷日軍退路，接着坦克衝入日軍車群，把日軍打得潰不成軍。崑崙關內守軍立即出來接應，撤入關內。12 月 19 日日軍出動上百架飛機助戰，重新奪回幾個陣地。國軍亦出動空軍炸射日軍陣地，鄭洞國榮譽第 1 師曾一度攻克崑崙關，但日軍在大批飛機掩護下反攻，崑崙關又得而復失。

　　崑崙關戰役開始前，日軍在 12 月 12 日轟炸蔣介石故鄉溪口，蔣母墳墓被炸、元配夫人毛福梅不幸罹難，國仇家恨，使蔣介石下決心打好這一仗，他下令官兵如不積極進攻，以畏敵論罪。

　　今村均增派第 21 旅團長中村正雄率第 42 聯隊第 1、第 3 大隊及第 21 聯隊第 2 大隊增援，在五塘附近再受邱清泉新 22 師伏擊，死傷慘重，雖在飛機

支援下拚命向六塘推進，但都失敗。中村正雄企圖繞路而進，被國軍擊斃。今村均於是又調駐防欽州的台灣混成旅團林義雄的第 1 聯隊、渡邊信吉第 2 聯隊增援崑崙關。但在邕欽路上被馮璜第 175 師阻擊，激戰三日，無法通過，渡邊大佐被擊斃，殘部退回欽縣。23 日今村急調第 9 旅團從龍州增援崑崙關，又被賀維珍第 131 師和魏鎮第 188 師截擊，苦戰三日，方能突圍。12 月 25 日台灣混成旅團第二批援軍在八塘和六塘被圍。29 日凌晨，第 5 軍向崑崙關發動全面進攻，組織爆破手，逐次消滅地堡敵人。夜，國軍敢死隊潛入敵人陣地，等待拂曉炮轟停止後，立即躍入敵陣，用手榴彈消滅敵人的火力點，激戰 3 小時，將守敵全殲。31 日第 5 軍向崑崙關發起最後衝鋒，戰至 11 時，全部消滅關內日軍。

崑崙關大捷，是中國軍隊以空、炮、坦克、步等兵種協同配合，對日軍攻堅作戰的首次重大勝利，幾乎全殲日本號稱「鋼軍」的第 21 旅團，斃敵約 4000 餘人，包括第 21 旅團中村正雄少將、第 42 聯隊長坂田元一大佐等，俘日兵 102 人，繳獲山野炮 22 門、戰防炮 10 門、輕重機槍 182 挺、步槍 2,000 餘支。國軍也付出巨大的代價，僅第 5 軍便傷亡了 16,600 餘人。[29]

（5）冬季攻勢

1939 年底至 1940 年春，國軍在華北、華東、華中和華南的廣大地區內，向日軍展開大規模的攻勢作戰。

1939 年 12 月 12 日開始，顧祝同指揮第三戰區各部，分別從長江沿岸、南昌和杭州 3 個方面發起進攻，17 日突破日軍第 116 師團防線，到達長江沿岸，佈防水雷，一度切斷長江航運。

衛立煌指揮第一戰區在豫東和豫北發動攻勢，切斷了開封到蘭封縣之間的鐵路和公路，焚毀商丘日軍機場油庫，切斷平漢路。

29　軍事科學院軍事歷史研究部：《中國抗日戰爭史》（中），第 500 — 505 頁；孫繼業、孫志華：《正面戰場大會戰》，第 103 — 111 頁。

李宗仁指揮第五戰區進攻長江以北日軍，包圍許多日軍據點，切斷日軍交通線。薛岳第九戰區也向長江南岸發動攻勢，切斷日軍鐵路、公路。

整個冬季攻勢到 1940 年 2 月結束，給予日軍沉重打擊。日軍承認：「12月 12 日四周敵人一齊向集團軍的所有正面出擊而來。其規模之大還是未曾有過的。而經過 40 天的時間 · 直到 1 月 20 日左右，兩軍仍然不見勝負。在此期間，我第一線部隊幾乎都成了一個個孤立的部隊，在敵重兵包圍中孤軍作戰，缺糧少彈，傷亡很大。」[30]

（6）綏西作戰

為配合華中戰場的冬季攻勢，1939 年 12 月 15 日傅作義下令進攻包頭，以牽制華北日軍。19 日夜孫蘭峰師冒零下 30 多度的塞外寒風偷襲包頭，一舉全殲守衛西北門的日軍，激戰至天明，城內大部被國軍佔領。由於先頭部隊提前一天發動進攻，後續部隊未及趕到，讓日軍可以集結兵力負隅頑抗。激戰到 21日晚，傅作義知道日軍分別由大同、呼和浩特和張家口趕來增援，於是撤退。是戰消滅日偽軍 3,000 餘人，擊斃日軍聯隊長小村一男大佐以下軍官 20 多人。

包頭受到奇襲後，日軍駐蒙軍司令官岡部直三郎惱羞成怒，從平綏、同蒲路沿線抽調 3 萬餘人、1,000 餘輛汽車、數十輛坦克，以及偽蒙、偽綏軍各 3 個師，由第 26 師團長黑田重德中將指揮，摧毀第 35 軍綏西根據地。傅作義採用運動戰和游擊戰的戰術，伏擊日軍，打了就跑。2 月 3 日，日軍攻佔五原，但仍無法消滅傅作義主力，這時傅作義第 35 軍剩下不足萬人，轉戰於戈壁沙漠之中，給養困難。蔣介石下令傅作義到蘭州代理第八戰區司令長官，讓部隊後撤。傅作義拒絕，堅決與敵周旋到底。2 月 26 日傅作義與團以上幹部會議，分析敵我形勢後，決定收復五原。3 月 20 日夜，新 31 師師長孫蘭峰為攻城總指揮，與新 32 師同時奇襲五原新舊兩城。進攻新城的突襲隊，

30　軍事科學院軍事歷史研究部：《中國抗日戰爭史》（中），第 508 — 511 頁。

穿着敵人服裝，奪取了城門，突進了城內，主力部隊隨後攻入，攻佔大部分據點。日軍司令部圖藉鋼筋水泥工事頑抗，全體國軍前仆後繼，終於攻佔敵人最後據點，全殲守敵，當場擊斃日軍隊隊長大橋大佐、特務機關長桑原中佐。水川中將及偽軍司令王英，逃至烏梁素海被游擊隊擊斃。22 日，五原新城光復。進攻五原舊城的新 32 師遇到頑抗，戰況慘烈。董其武 101 師前往增援，激戰到 21 日，全殲守軍，克復五原舊城。

進攻五原時，日軍從包頭趕來增援，被董其武增援部隊頑強阻擊，無法推進。五原戰役速戰速決，僅用 3 天時間便收復五原，以 1,100 人的代價，殲滅日偽軍 4,600 餘人，擊斃日皇族水川伊夫中將及大橋大佐、桑原中佐，日本朝野為之震動！史稱五原大捷。[31]

（7）棗宜會戰

1940 年 4 月日軍發動棗宜會戰，企圖消滅第五戰區主力，派圓部和一郎代替岡村寧次為第 11 軍司令官，集中第 3、第 13、第 39 師團及第 33、第 34、第 40、第 46 師團各一部，共約 20 萬人，三面進攻棗陽，企圖奪取南陽、襄陽、樊城。李宗仁調集 6 個集團軍 56 個師兵力參戰。

5 月 1 日三路日軍用兩翼包抄、中間突破的戰法，企圖將第五戰區主力圍殲於棗陽地區。國軍在日軍合圍之前，撤出外線，8 日，放棄棗陽。隨即對日軍展開反攻，令第 2、第 31 集團軍及第 92 軍由北向南，第 29、第 33 集團軍由南向北，第 39、第 75 軍由西向東，三面對日軍包圍夾擊。日軍第 3 師團被分割圍困在樊城附近，第 3 師團長山脇正隆向圓部和一郎求救。由於湯恩伯不遵軍令，沒有配合出擊，讓日軍第 3 師團能在第 11 軍戰車團協助下突出重圍。16 日國軍收復棗陽。[32]

南線方面，第 33 集團軍司令張自忠親率部隊渡過襄河作戰，日軍破解國

31　孫繼業、孫志華：《正面戰場大會戰》，第 112 — 117 頁。

32　《李宗仁回憶錄》，第 502 — 504 頁。

軍通訊電碼，發現張自忠行蹤，5 月 11 日集中第 13 師團和第 39 師團，坦克部隊全力消滅張自忠部隊，14 日凌晨，張自忠被圍在張家集。日軍以十幾門大炮和十餘架飛機猛炸國軍陣地，隨行幕僚皆勸張自忠往後方轉移，但張自忠堅決以自己的生命激勵人民戰勝日本。「我死則國生，我生則國死。」16 日拂曉，日軍調集五六千人及 20 多門大炮、20 架飛機，猛攻第 33 集團軍司令部。張自忠左肩和右臂受傷。激戰至下午 1 時許，張自忠身邊的衛士和副官都已中彈身亡，他的右腿被炸傷。炮火過後，日軍再度衝鋒，張自忠拿起衝鋒槍射擊，最後中彈陣亡。日軍乘機進攻。21 日凌晨，日軍第 39 師團偷渡白河中伏，聯隊長神哲次郎等 300 餘人被擊斃。當日晚，第 11 軍司令官圓部和一郎決定各師團停止追擊，棗宜會戰於是結束。日軍統計，該會戰的傷亡僅約 7,000 人。國軍則有：陣亡 36,983 人，失蹤 23,000 人，負傷 50,509 人。[33]

(8) 豫南會戰

1941 年 1 月，日本第 11 軍為了打通平漢鐵路南段，解除國軍對信陽的威脅，調集步兵 7 個師團、騎兵 1 個旅團、戰車 3 個團的兵力，在司令官圓部和一郎的指揮下，分左、中、右三個兵團，向豫南發起進攻。第五戰區司令長官李宗仁指揮 3 個集團軍共 8 個軍組織防禦，採用避實擊虛的戰略，留少數兵力正面抗擊，主力轉向兩翼，待日軍進攻兵力分散之時，從其兩側及背後圍殲之。1 月 30 日，日軍中央兵團，協同兩翼兵團夾擊中國軍隊。31 日，日軍第 17 師團攻佔舞陽、上蔡，形成包圍圈。但國軍先行轉移，令日軍撲空。日軍側背開始受國軍攻擊，正陽被第 84 軍克復，後方交通受到威脅，遂於 2 月 1 日開始回撤。日軍第 3 師團從舞陽撤出後，在 4 日攻佔南陽，6 日放棄該城向唐河、泌陽方向撤退。國軍第 13 軍收復舞陽後，即向南陽方向追擊日軍。從舞陽南撤的日軍第 17 師團及第 15、第 4 師團各一部，在象河關附

33　軍事科學院軍事歷史研究部：《中國抗日戰爭史》（中），第 511 — 519 頁；孫繼業、孫志華：《正面戰場大會戰》，第 118 — 127 頁。

近遭到國軍截擊，傷亡慘重，向南撤退。至 2 月 7 日，各路日軍撤回信陽附近。此役，共斃傷日軍 9,000 餘人。[34]

（9）上高戰役

1941 年 3 月 14 日，第 11 軍司令官圓部和一郎集中了 6.5 萬人，配有戰車 40 輛、飛機 150 架，對第 19 集團軍發起了「鄱陽湖掃蕩戰」。北路日軍櫻井省三第 33 師團 15,000 人自安義武寧直撲奉新一帶國軍；南路池田直三第 20 旅團 8,000 餘人從義渡街出發，渡過錦江從後背打擊上高等地國軍；中路大賀茂第 34 師團 20,000 餘人則從西山、大城出發，向西一舉攻下高安、上高。

第 19 集團軍羅卓英將駐高安第 74 軍置於中路，李覺第 70 軍和劉多荃第 49 軍分置在 74 軍的左、右兩翼，誘敵至萬載、上高、分宜以東，贛江以西時，聯合圍殲。

3 月 15 日，北路日軍第 33 師團攻至下觀、苦竹塢一帶，陷入第 70 軍和韓全樸的第 72 軍圍攻，激戰兩日，被殲 2,000 餘人，急忙在 19 日突圍，退守奉新。南路日軍第 20 混成旅團在 16 日強渡錦江，與第 74 軍第 51 師激戰，被殲 1,600 餘人；19 日企圖偷渡贛江，被第 49 軍山炮營伏擊，船隻大部分被擊沉；繞道偷襲臨江，又被國軍佔據有利地形阻擊，血戰一天，被消滅 4,000 餘人。池田直三旅團長只好率殘部北上與中路日軍會合。

南路獨立混成第 20 旅團一部在獨城、經樓地區被國軍第 49 軍阻擊，主力被阻止在灰埠，被迫渡江北上與第 34 師團會合。

中路日軍大賀茂指揮第 34 師團在 3 月 16 日由南昌出發，佔領高安後，向上高方向進擊。3 月 22 日日軍在 30 多架飛機掩護下，猛攻第 74 軍主陣地雲頭山和白茅山，第 74 軍各師死守陣地，挫敗了日軍多次進攻。羅卓英命令第 70 軍、第 72 軍和第 49 軍迅速趕至，圍殲第 34 師團。26 日第 19 集團軍全

34　軍事科學院軍事歷史研究部：《中國抗日戰爭史》（下），第 169 — 171 頁；

線展開反攻，28 日第 74 軍收復官橋街，重傷第 34 師團參謀長岩永少將。31日國軍克復高安。4 月 1 日，日軍在飛機掩護下突圍，因連日大雨，道路泥濘，日軍重炮無法行動，炮兵第 8 中隊被全殲。上高會戰，歷時 26 天，國軍以 20,533 人傷亡代價，殲滅日軍 12,052 人。繳獲大炮 18 門、機槍 96 挺、步槍 2,000 餘支。擊潰日軍第 34 師團和第 20 混成旅團。第 34 師團參謀長櫻井德太郎大佐兵敗自殺，第 11 軍司令官圓部和一郎因戰敗被大本營免職。第 74軍因戰功卓越，獲頒「飛虎旗」一面，獲得「抗日鐵軍」的稱號。[35]

（10）中條山戰役

駐守中條山地區的部隊是原西北軍楊虎城的舊部 —— 孫蔚如的第四集團軍，日軍侵佔山西後，曾十三次進攻中條山失敗。1940 年後，第四集團軍因拒絕執行蔣介石封鎖延安的命令而被迫撤離到河南，第一戰區司令官衛立煌也因與共產黨關係密切而被軟禁在重慶。自此，中央軍接管了中條山的防務，由何應欽負責具體指揮。

1941 年上半年，日本組織 63 個大隊（相當於 7 個師團）約 10 餘萬人的兵力，由華北方面軍司令官多田駿中將指揮進攻。日軍事前周密部署，派漢奸潛入國軍陣地，查清國軍指揮部所在位置，並派特種部隊空降潛伏附近，戰爭爆發時，迅速攻佔國軍大部分指揮部，令國軍指揮系統大部分癱瘓，無法反擊。

1941 年 5 月 7 日，東線日軍原田雄吉中將指揮的第 35 師團主力、田中久一中將指揮的第 21 師團一部，以及騎兵第 4 獨立旅團一部，約 25,000 餘人，在偽軍張嵐峰、劉彥峰部的配合下，沿道清路西段分三路向濟源、孟縣進犯。守軍第 9 軍裴昌會所部，全線潰退。10 日攻佔西門口要隘。

西線是日軍的主攻方向，日安達二十三中將指揮的第 37 師團主力、井關

35　軍事科學院軍事歷史研究部：《中國抗日戰爭史》（下），第 171 — 174 頁；孫繼業、孫志華：《正面戰場大會戰》，第 129 — 133 頁。

仞中將指揮的第 36 師團一部、若松賓士少將指揮的獨立混成第 16 旅團，約 25000 餘人，自聞喜、夏縣東南向張店鎮進犯。7 日日軍猛攻孔令恂的第 80 軍和唐淮源的第 3 軍防線，8 日孔唐兩軍聯擊被切斷。9 日第 80 軍被擊潰，軍長孔令恂和第 165 師師長王治岐拋棄部隊，獨自渡過黃河逃走。殘部爭相競渡，傷亡慘重。12 日第 3 軍軍長及其所部在尖山陷入日軍重圍，三次突圍失敗後，自戕殉國。13 日第 3 軍第 12 師在胡家峪被圍，寸性奇師長中彈重傷，右腿被炸斷，亦拔槍自盡。

北線日軍清水規矩中將指揮的第 41 師團及池之上賢吉少將指揮的獨立混成第 9 旅團共約 30000 餘人，由橫嶺關方面向橫（橫嶺關）垣（垣曲）大道西側猛攻。8 日攻佔垣曲，截斷國軍與黃河南岸的聯擊，將中條山區國軍分割成兩半。11 日攻佔五福澗，將中條山守軍黃河沿線的補給線和退路完全截斷。

東北線日軍櫻井省三中將指揮的第 33 師團一部及獨立混成第 4 旅團一部，約萬餘人，於 7 日從陽城方面向董封鎮一線攻擊。第 14 集團軍激戰至 10 日，陷入日軍三面包圍，遂向北撤退。

日軍完全封鎖黃河北岸各渡口後，對中條山區國軍殘部反覆掃蕩，國軍傷亡慘重，直至 6 月 10 日國軍大部分退出中條山地區。中條山戰役前後歷時一個多月，據日方的統計資料，國軍被俘約 35,000 名，遺棄屍體 42,000 具，傷亡超過十萬。日軍損失計戰死 670 名，負傷 2292 名。日軍僅以 1：20 的極小代價「掃蕩」了中條山地區的所有國軍。此役國軍兵敗如山倒，被蔣介石稱為「抗戰史上最大之恥辱」！日軍認為：「作為蔣系中央軍擾亂治安基地的中條山脈據點，……實際上有名無實，拿它與共黨系統相比，它的活動是極其差勁的。」[36]

36　〔日〕防衞廳防衞研修所戰史部：《中國事變陸軍作戰》（3）（日本，朝雲新聞社，1983 年），第 372 頁。引自《中國抗日戰爭史》（下），第 183 — 186 頁；孫繼業、孫志華：《正面戰場大會戰》，第 134 — 139 頁。

（11）第二次長沙會戰

1941 年 9 月至 10 月，日軍第 11 軍在湘北岳陽以南地區集結了第 3、第 4、第 6、第 40 師團和 4 個旅團，總兵力達 12 萬餘人；軍艦 20 餘艘，汽艇 200 餘隻，飛機 100 餘架。在司令官阿南惟幾指揮下，向長沙進犯。第 9 戰區在司令長官薛岳指揮下，集中 40 個師、50 餘萬人，藉新牆河、汨羅江、撈刀河三線陣地，誘敵主力深入至長沙東北地區圍殲。

9 月 7 日，日軍第 6 師團向大雲山守軍發動進攻，國軍第 4 軍進行抗擊後撤守。10 日，第 58 軍增援大雲山，收復該地區。13 日，國軍與日軍第 40 師團在甘田地區遭遇發生激戰。17 日，日軍主力於新牆河北岸完成了對湘北攻擊的部署。18 日拂曉，日軍第 4 師團沿粵漢路向長沙前進；獨立第 14 混成旅團向洞庭湖南岸推進；第 3、第 6、第 40 師團由港口至新牆市一線強渡新牆河，迅速突破守軍正面防線，國軍在新牆河陣地阻擊後，向右翼山地轉移。

19 日，日軍進至汨羅北江岸地區。第 9 戰區電令第 37、第 99 軍堅守汨羅江南岸，阻擊日軍；第 20 軍協同第 58、第 4 軍於 19 日拂曉向日軍側擊；第 26 軍由金井向撈刀河以北急進。

24 日，日軍強渡汨羅江，企圖圍殲右翼守軍。前來增援之第 10 軍，遭日軍攻擊，苦戰至中午，陷於混亂，26 日，被迫突圍轉移至石鼓牛及天雷山之線。第 74 軍從江西趕來增援，在春華山、永安市附近地區與日軍遭遇，展開激戰，又遭日機襲擊，損失甚重，被迫向南撤退。

26 日日軍第 4 師團渡過撈刀河。27 日下午該師團一部渡過瀏陽河，並於傍晚從長沙城東南角衝入市內，28 日佔領長沙。29 日，日軍第 3 師團攻抵株洲附近。

這時從各方調集增援國軍部隊陸續趕至戰場投入戰鬥，將日軍包圍於撈刀河、瀏陽河之間。與此同時，第 3、第 5、第 6 戰區部隊分別向當面之日軍發動了攻勢。長沙被圍之日軍與後方聯絡線被切斷，補給十分困難，遂於 10 月 1 日傍晚向北撤退。2 日，第 9 戰區部隊全面追擊；5 日，中國截擊部隊在

汨羅江以南地區與日軍展開激戰，迫使其北渡汨水向新牆河以北退卻。6 日，追擊部隊渡過汨羅江；8 日，越新牆河，繼續向日軍攻擊。11 日，中國軍隊恢復了原陣地，與日軍對峙於新牆河，會戰結束。

此次會戰歷時 33 天，國軍以傷亡 5.4 萬人代價，斃傷日軍 2 萬餘人，擊落飛機 3 架，擊沉汽艇 7 艘。[37]

中期戰役時期，中國外援中斷，陷入艱苦作戰之局。但由於戰場轉入山地丘陵地帶的內陸，國軍擁有地利人和，故能爭取機會打擊日軍。日本這時戰線延長、戰區遼闊，兵源缺乏，資源大量消耗，陷入中國人民戰爭的汪洋之中，已無力攻佔中國土地，就算佔領之後，亦迅速撤退。

3. 後期戰役（1941 年 12 月至 1945 年 8 月）

日本發動侵略戰爭後，有兩個進攻戰略：一個是「北進」戰略，與納粹德國聯合進攻蘇聯，佔領西伯利亞，取得石油資源；另一個是「南下」戰略，佔領英法美太平洋殖民地。陸軍主張「北進」，海軍主張「南下」。1939 年 4 月 25 日，日本關東軍司令長官植田謙吉判斷蘇軍在斯大林大整肅運動的摧殘下，已經完全喪失戰鬥力，決定向蘇聯挑釁，藉機侵入西伯利亞。5 月 28 日，日軍步騎兵約 2,600 人、12 輛 94 式裝甲車，被蘇軍數十輛裝甲車和坦克全殲。但關東軍高層與陸軍大臣板垣征四郎沒有汲取教訓，反而認為是執行北進政策的絕佳時機，決定擴大事端。調集關東軍精銳組成的第 6 軍等部 75,000 人，越過哈拉哈河進攻。斯大林指派第 57 特別軍軍長朱可夫上將迎戰。朱可夫部隊擁有蘇聯當時最新式的坦克、火炮和戰機，裝甲和火力都比

---

37 趙子立、王光倫：《（第二次長沙）會戰兵力部署及戰鬥經過》，《湖南四大會戰》，第 111 — 121 頁；《中國抗日戰爭史》（下），第 174 — 178 頁；孫繼業、孫志華：《正面戰場大會戰》，第 140 — 146 頁。

日軍強。結果，首先擊落近 200 架日機，取得了制空權，接着以飛機火炮夷平日軍炮兵陣地和軍事設施，坦克裝甲兵團直插日軍防線，包圍追殲日軍。8月 30 日止，日軍第 6 軍除 2,000 人逃出外，13,000 多人被殲，史稱「諾門罕戰役」。日本報紙哀歎：「大量高級軍官如此集中的傷亡是日俄戰爭後從未有過的。」[38]

經此次教訓後，日軍認識到自己的陸軍力量不足以挑戰蘇軍，於是放棄「北進」戰略，改由海軍主導的「南下」戰略，發動太平洋戰爭，希望奪取南洋資源如石油等以支持其作戰，結果導致第二次世界大戰全面爆發，此後中國與英美盟國並肩作戰，免除了獨力作戰之苦。1942 年，蔣介石被盟國委任為中國戰區海陸空軍最高統帥，美國向中國提供武器彈藥等物資和貸款，派史迪威將軍為蔣介石的參謀長，派陳納德將軍率領美國第 14 航空隊（飛虎隊）協助中國作戰，使中國戰局轉危為安。此期主要戰役有：

（1）第三次長沙會戰

1941 年 12 月 8 日太平洋戰爭爆發，駐廣州的日軍第 23 軍進攻香港。日軍第 11 軍為牽制第 9 戰區，策應香港方面的作戰，決定第三次進攻長沙，企圖在汨羅江兩岸殲滅第 9 戰區主力。第 11 軍司令阿南惟畿率領第 3 師團、第 6 師團、第 40 師團及獨立混成第 9 旅團，共約 12 萬人，配以空軍、炮兵、坦克及海軍艦艇，從岳陽進攻長沙。同時，命第 34 師團和獨立第 14 旅團從南昌實行佯攻。

第 9 戰區薛岳根據前兩次會戰的經驗教訓，擬定了徹底破壞道路，在中間地帶堅壁清野，設置縱深的伏擊地區，誘敵深入，將敵圍而殲之的「天爐戰法」；集中 30 餘萬兵力於湘北方面，誘敵主力於撈刀河、瀏陽河之間地區，反擊而殲滅之。

38　《諾門罕戰役及其對二戰的意義》，《中國軍網》，網址：www.chinamil.com.cn/sklx/2011-07/28/content_4611056.htm。

12 月 24 日傍晚，日軍渡過新牆河，以一部圍攻國軍據點，主力分向大荊街、關王橋之線突進。第 20 軍奉令以一部堅守新牆河以南據點，主力向大荊街轉移。第 58 軍進出洪源洞、大荊塘之線，側擊南進日軍。

日軍第 34 師團與獨立混成第 9 旅團各一部，於 12 月 25 日，分由安義、箬溪等地向西攻擊，先後佔領高安、武寧等地，但在守軍奮勇阻擊下，於 1942 年 1 月 6 日前後，退回原防地。

26 日，日軍第 40 師團猛攻第 20 軍陣地，陷關王橋及陳家橋；日軍第 6 師團圍攻國軍黃沙街、龍鳳橋據點；第 3 師團主力推進至歸義附近汨羅江北岸。第 37 軍及第 99 軍主力固守汨羅江南岸陣地，阻敵渡河。

28 日，日軍第 6、第 40 師團分別在新市、長樂街附近強渡汨羅江，被第 37 軍阻止。日軍第 3 師團主力在歸義以西渡過汨羅江，第 99 軍主力被迫後退至牌樓鋪、大娘橋、新開市之線，逐次抵抗。第 37 軍第 140 師由金井向新開市北側地區馳援，阻敵東進，但受到日軍第 3 師團從左側的威脅，日軍第 6、第 40 師團乘勢在新市及長樂街附近渡過汨羅江南進。入夜，第 37 軍扼守新開市互汨羅江南岸之線，與日軍激戰。第 99 軍主力在營田、大娘橋之線與日軍第 3 師團激戰。29 日，日軍第 11 軍司令官阿南惟畿下令以主力向長沙方向「追擊」，令第 3 師團迅速攻擊長沙。

30 日，第 37 軍與日軍主力在新開市、鴨婆山、浯口一帶激戰，第 27、第 30、第 19 集團軍分別到達瀏陽、平江。薛岳決心在長沙地區與日軍決戰，令第 10、第 73 軍固守長沙；令第 19、第 30、第 27 集團軍及第 99 軍主力，分由株洲、瀏陽、更鼓台、甕江、清江口、三姐橋各附近，以長沙為目標，自南、東、北三個方向作向心攻勢。

31 日晨，日軍第 40 師團猛攻第 37 軍陣地；激戰至午，第 37 軍轉移至金井東北山地，日軍第 40 師團主力向金井突進。日軍第 6 師團乘第 37 軍向東轉移，由福臨鋪向朗梨市突進，第 3 師團乘夜在東山附近強渡瀏陽河進抵長沙近郊。第 9 戰區以日軍已逼近決戰地區，遂令各集團軍於 1942 年 1 月 1 日

子夜開始攻擊前進。

1942 年 1 月 1 日，日軍第 3 師團開始向長沙東南郊第 10 軍陣地發起進攻。2 日晚，日軍第 6 師團從長沙城東北方面加入戰鬥，協助第 3 師團攻打長沙。當日，第 10 軍堅守長沙城郊陣地，在嶽麓山重炮火支援下，擊退了日軍的反覆突擊，並將突入白沙嶺的日軍第 3 師團一部殲滅。第 9 戰區令第 73 軍以第 77 師渡湘江進入長沙，增援第 10 軍守城作戰。

3 日，日軍第 6 師團與第 3 師團合力猛攻長沙，但攻勢屢次受挫，彈藥將盡，而補給線已被切斷，只能依靠空投補給。第 9 戰區兵團逐步收緊包圍圈。至此，阿南惟畿被迫於當晚下達全軍「反轉」命令。4 日，日軍由長沙城外分別向東山、朗梨市撤退。第 9 戰區立即命令原準備在長沙附近的部隊改為堵擊、截擊和追擊日軍，力爭在汨羅江以南、撈刀河以北地區將其殲滅。

5 日，日軍集中第 1 飛行團飛機 50 餘架，掩護其地面部隊退卻。第 6 師團較快地退到了朗梨市；第 3 師團在長沙東南被第 4 軍截擊，傷亡慘重；退至東山附近時，又遭第 79 軍截擊。6 日，日軍第 3、第 6 師團遭第 26 軍及第 79 軍的截擊，死傷甚多。日軍沿途屢遭第 9 戰區追擊部隊攔截、側擊，12 日相繼渡過汨羅江，15 日日軍退過新牆河，固守原陣地，恢復會戰前態勢。

是戰國軍以傷亡官兵 29217 名的代價，斃傷日軍 56944 人，俘虜日軍中隊長松野榮吉以下官兵 139 人，繳獲步騎槍 1138 支、輕重機鎗 115 挺、山炮11 門、無線電台 9 架及其他軍用品。

長沙會戰是自珍珠港事件以來，同盟國的第一個偉大勝利。太平洋戰爭爆發後，英軍兵敗如山倒，香港駐軍抵抗 18 日投降，陣亡 1,200 餘人，被俘1 萬餘人，超過 80% 守軍投降。馬來西亞守軍 58,000 人，節節敗退，至 1942年 2 月 1 日退入新加坡，連原有守軍 88,600 人、威爾士親王號戰列艦為核心的新太平洋艦隊、空軍 150 架戰機，15 英吋巨炮炮台守備的「遠東直布羅陀」，守軍還未打到彈盡糧絕、死傷過半的情況，新加坡保衛戰 15 日便宣佈投降結束。12 萬英、澳、印聯軍投降，被俘率亦高達 80%。緬甸之戰更是窩

囊得很，英軍毫無鬥志，同古 7,000 守軍連記者、平民在內，被不滿千人的日軍包圍，竟無膽量應戰或突圍，最後靠中國遠征軍擊敗日軍解圍。美軍的表現亦可與英軍相比，1941 年 12 月 8 日日軍入侵菲律賓，1942 年 1 月 2 日，馬尼拉失守。3 月 11 日，麥克阿瑟先行撤往澳大利亞。4 月 9 日巴丹半島失守，約 7.5 萬美菲聯軍投降。5 月 6 日，科雷吉多島美軍總指揮溫萊特將軍率 1.5 萬美菲盟軍投降。至此，近 10 萬美菲盟軍被日軍俘虜。半年之內，菲律賓全部淪陷。

因此，英國《泰晤士報》評說：「12 月 7 日以來，同盟國軍惟一決定性之勝利係華軍之長沙大捷。」倫敦《每日電訊報》說：「際此遠東陰霧密佈中，惟長沙上空之雲彩確見光輝奪目。」美國記者福爾門採訪湘北戰場後，撰文說：「中國第三度的長沙大捷，證明了一個原則，那就是中國軍隊的配備若能與日軍相等，他們即可很輕易地擊敗日軍。」

國軍在長沙的出色戰鬥，提高了蔣介石在同盟國中的威望。長沙會戰還在激烈進行時，羅斯福致電蔣介石，建議將中國和英屬緬甸、法屬印度支那劃為中國戰區，成立中國戰區最高統帥部，請蔣介石擔任中國戰區盟軍最高統帥。1 日 3 日，蔣介石覆電美國總統，表示願意就任此職。當日，同盟國宣佈了蔣介石就任中國戰區最高統帥的決定，並委任美國陸軍中將史迪威為聯合國軍計劃參謀部參謀長，兼任美國駐華軍事代表，協助蔣介石指揮中國戰區的部隊作戰。

長沙大捷後的 22 天，美國政府宣佈：給中國五億美元的貸款，以援助中國抗戰。四年多的戰爭證明，中國人特別能戰鬥。這對於拖住日軍，緩解西、南太平洋美軍壓力，完成美國「先歐後亞」的軍事計劃都有極為重要的意義。在美國政府宣佈貸巨款予中國的當天，羅斯福致電蔣介石，讚揚中國武裝與非武裝人民在將近五年裏實行堅決的抵抗，以反對在裝備上遠為優越的敵人，他們面對巨大的差異所表現出來不屈不撓的精神，使其他聯合國家的戰鬥人員與人民全都受到激勵⋯⋯日軍中央統帥部認為，此次慘敗，使部

分將士的必勝信念發生了動搖，需要年餘始能恢復。[39]

（2）浙贛會戰

1942 年 4 月 18 日，美國航空母艦起飛的 16 架 B-25 轟炸機轟炸東京、大阪和名古屋等城市，然後在一架不損的情況下降落浙江衢州、玉山、麗水等國際機場。事情令日本國內人心惶惶，為防止美國飛行員安全降落及日後繼續遭受美機穿梭轟炸，日軍駐上海第 13 軍和駐漢口第 11 軍立即集結兵力向浙贛進攻，以徹底摧毀這些機場。當時，保衛浙贛地區的是顧祝同第三戰區 4 個集團軍 33 個師約 30 萬兵力。

5 月 14 日，日軍畑俊六指揮第 11 軍和第 13 軍共四個半師團的兵力、約 10 餘萬人發動攻勢。東線日軍第 13 軍 5 個師團由奉化、餘杭開始進攻。17 日晨，第 13 軍司令官澤田茂率部乘汽艇渡江時觸雷沉沒，指揮人員傷亡數十人，澤田茂幸而死裏逃生。各路日軍繼續推進，5 月 28 日攻佔金華。

25 日，日軍第 16 師團進攻蘭溪，遇上國軍第 63 師頑強抵抗。第 15 師團長酒井直次中將親率主力向蘭溪增援，在蘭溪城北踏中地雷，當場炸死。隨行日軍陷入地雷陣，傷亡慘重。日軍瘋狂報復，猛攻蘭溪，28 日第 63 師撤出蘭溪。6 月 3 日日軍集中第 32、第 116、第 15 和第 22 師團全線攻擊衢州。4 日，蔣介石為保存軍力，下令第三戰區避免與日軍決戰。6 月 6 日，國軍交互掩護撤退。7 日，日軍佔領衢州。6 月 7 日至 16 日，一直西進的日軍攻克玉山、廣豐、上饒、貴溪，並於 7 月 1 日在橫峰與進攻東南方的部隊會合。之後，轉為對機場、鐵路的破壞和對戰略物資的掠奪。

---

39 〔日〕防衛廳防衛研修所戰史室：《中國事變陸軍作戰》（3），第 478 頁，引自《中國抗日戰爭史》（下），第 178 — 183 頁；孫繼業、孫志華：《正面戰場大會戰》，第 147 — 154 頁；維基百科：《第三次長沙會戰》，網址：http://zh.wikipedia.org/ 第三次長沙會戰；維基百科：《馬來西亞戰役》，網址：http://zh.wikipedia.org/ 馬來西亞戰役；維基百科：《菲律賓戰役》，網址：http://zh.wikipedia.org/ 菲律賓戰役。

西線日軍第 11 軍在司令官阿南惟幾指揮下，5 月 31 日夜，兵分三路進攻進賢和臨川。該區國軍兵力薄弱，守至 6 月 5 日，臨川失陷。國軍沿途被日軍追擊，傷亡慘重。12 日南城失陷，16 日鷹潭被佔。7 月 1 日，日軍打通浙贛線，隨即大肆破壞機場，拆遷鐵路，掠奪物資。8 月 19 日日軍陸續撤回原防，第三戰區部隊隨後跟進，先後收復臨川、鷹潭、上饒、衢州等地。

此役國民政府丟失大片土地，浙贛兩省的機場被徹底破壞，國軍傷亡51,035。另外，日軍撤退時在沿途水井、水塘投放霍亂、鼠疫、傷寒、炭疽等病菌，令傳染病爆發，成千上萬無辜百姓遇害。日軍傷亡 17,148，內有第 13軍第 15 師團酒井直次中將，是日軍侵華以來第一個戰死的師團長。[40]

（3）遠征軍第一次入緬作戰

1941 年 12 月 10 日，英國武官鄧尼思受命向蔣介石提出請求，派中國軍隊入緬佈防。蔣同意，並下令第五、第六兩軍準備入緬。10 日、11 日，蔣介石兩度邀集英美等國大使武官，商討中、美、英、荷、澳五國聯合對日作戰計劃。15 日，美國軍事代表團長馬格魯德向蔣介石建議：鑒於英國在遠東節節失利，緬甸危在旦夕，希望中國軍隊從速入緬，保護仰光和滇緬路的安全。蔣介石即第二次下令第 5、第 6 兩軍準備入緬，同時向英國印緬戰區司令韋維爾將軍表示：「如有充分計劃，願以精兵八萬援緬。」韋維爾卻害怕中國軍隊入緬會促使「亞洲人的團結陰影越來越大」，竟斷然加以拒絕。

23 日，由蔣介石主持的東亞聯合軍事會議在重慶召開，中國的何應欽、徐永昌、朱世明、商震，美國的布里特、馬格魯德，英國的韋維爾、鄧尼思等參加會議，達成五點協定：1、組織五國聯合軍事委員會（又稱聯合參謀部），設於重慶，由美國主持。2、建立保衛緬甸的中英聯軍統帥部。3、調中國遠征軍 3 個軍入緬佈防。4、由美國向中國軍隊和空軍志願隊提供武器彈藥

40　軍事科學院軍事歷史研究部：《中國抗日戰爭史》（下），第 186 — 190 頁；孫繼業、孫志華：《正面戰場大會戰》，第 155 — 161 頁。

和燃料，並盡快實施「裝備訓練中國 30 個師」的計劃。5、派美國空軍協防緬甸和雲南。同日，韋維爾在重慶簽訂了《中英共同防禦滇緬路協定》。但英軍輕視中國軍隊的力量，過於高估自己，又不願外國軍隊深入自己的殖民地，仍然藉口交通補給尚無準備，拒絕中國軍隊入緬。

1942 年 1 月，日軍第 15 軍第 33 師團（步兵 6 個大隊為基幹，步兵 3 個大隊留置泰國），第 56 師團（步兵 5 個大隊為基幹，步兵 1 個大隊留置泰國）約 6 萬人，從泰國向緬甸進攻。到 2 月底，英緬軍 10 個步兵營被重創，8 個炮兵連差不多被全殲。英軍在緬甸雖然尚有 3 萬兵力，但已成為驚弓之鳥。3 月 8 日英軍放棄仰光，這時才請中國軍隊開赴緬甸戰場。但是，英國正窮於應付納粹德國，根本無意保衛緬甸，只是讓中國遠征軍掩護英軍撤退。

3 月 12 日，中國遠征軍第一路司令長官司令部正式成立，羅卓英任司令官，因未到任，由杜聿明任代理司令長官，中緬印戰區參謀長史迪威指揮當時國軍的精銳第 5、第 6 和第 66 三個軍約 10 萬人向緬甸進發。

1942 年 3 月 8 日第 5 軍第 200 師戴安瀾率部到達同古，立即在皮尤河南岸構築埋伏狙擊陣地，及在皮尤河大橋安裝炸藥。19 日晨，日軍追擊英軍冒進至遠征軍埋伏陣地，當日軍汽車數輛行至橋北端時，全橋炸毀陷落，敵車盡落河中。後續車輛霎時擁塞於南岸公路上，這時埋伏的軍隊同時開火，除少數日軍逃入森林外，大部被殲。

3 月 20 日起，日軍開始進攻同古，連日動用坦克、大炮配合飛機進攻，被國軍多次擊退。激戰至 29 日，杜聿明發現日軍增援部隊第 56 師團在仰光登陸，遠征軍缺乏空軍支援作戰，第 200 師已在同古連續戰鬥 12 日，補給中斷，所以決定令第 200 師在 29 日晚突圍。同古之戰，第 200 師以 2000 人代價，斃傷日軍 4000 餘人，擊斃橫田大佐，令日軍大為佩服。

4 月 5 日蔣介石攜羅卓英飛抵緬甸，決定集中兵力在平滿納與日軍決戰。但在西路方面，英軍不斷後撤，將中路平滿納地區的中國軍隊右翼完全暴露給日軍，東線方面由於中國軍隊兵力薄弱，陣地不斷失守，第 5 軍有被包圍

殲滅的危險。4月18日凌晨，史迪威和羅卓英決定放棄平滿納會戰。

這時英軍兵敗如山倒，被日軍第33師團窮追猛打。4月17日將英緬軍總司令亞歷山大率領的第1師及裝甲第7旅一部7000餘人包圍於仁安羌以北地區。英軍連夜急電中國遠征軍求救。中國遠征軍司令部立即派在曼德勒附近的第66軍孫立人新38師增援。19日凌晨，第38師副師長齊學啟和第113團團長劉放吾率部渡過賓河，突破日軍第一線陣地，與日軍在仁安羌油田區爆發激戰，在英軍配合下，終把日軍第213和第214兩個聯隊主力擊潰，救出被圍了3日的英緬軍總司令亞歷山大和士兵7000人，英國傳教士、新聞記者和被日軍俘虜的500餘名英軍戰俘。此事立即轟動英倫三島和美國，英王喬治六世和美國總統羅斯福分別授勛給第38師師長孫立人。

仁安羌解圍後，4月25日盟軍召開聯合軍事會議，史迪威和羅卓英仍主張在曼德勒進行會戰，但英軍亞歷山大已無心戀戰，且下令英緬軍開始西渡伊洛瓦底江向印度撤退。蔣介石亦打電報來主張先堅守臘戌，但史迪威和羅卓英仍然決定將遠征軍主力集中在曼德勒。29日日軍長途奔襲，攻佔臘戌，一舉切斷遠征軍退路。日軍第18師團和第55師團亦迫近曼德勒，這時，史迪威和羅卓英才決定取消曼德勒會戰計劃，下令遠征軍各部撤回國。

4月24日，東線第6軍放棄雷列姆之後，5月12日，退到薩爾溫江東面，隨後撤回國內。

中線第5軍軍部和所屬的新22師、第96師主力於5月1日全部撤至伊洛瓦底江西北地區。5月8日上午，日軍攻佔密支那，杜聿明決定仍按蔣介石7日的命令向國內撤退。9日，由於在傑沙發現日軍，擔心可能被日軍包圍，於是命令各部隊分路回國，自尋生路。新38師師長孫立人沒有聽從杜聿明的命令，向西撤往了印度，讓新38師能夠全師保全下來。

杜聿明率領第5軍直屬部隊和新22師，離開密瓦公路改道向西北方進入野人山原始森林，森林內十分潮濕，到處都是螞蝗、蚊蟲以及千奇百怪的小蟲。人被螞蝗叮咬後，隨即染上破傷風病。此外，還有瘧疾、回歸熱及其他

傳染病。一個發高熱的人若昏迷不醒，隨即被螞蝗吸血，螞蟻侵蝕，數小時內就只剩下一堆白骨。飢餓和山林瘴氣也不斷折磨毒害遠征軍官兵，因此，沿途屍骨遍野，慘絕人寰。這支部隊後來幸得一架美國飛機發現，空投了電台、糧食、藥品等補給品，使他們終於走出了野人山，由於沿途仍有不少日軍，最後只得改道去了印度。

5月18日，第200師分兵兩路通過細抹公路時，被日軍伏擊，傷亡過半，餘部突圍而出，師長戴安瀾胸腹中彈，延至5月26日不治。臨終前戴安瀾指示第598團團長鄭庭笈一定要把部隊帶回祖國。6月2日該團衝破日軍最後一道防線，通過南坎至八莫的公路，6月17日返抵騰沖。第200師至此只餘下4000餘人。

遠征軍第一次入緬作戰，出動103,000人，連200師師長戴安瀾在內，將士傷亡56,480人（絕大部分在胡康河谷、野人山餓病而死）。日軍傷亡約45,000人，英軍傷亡約13,000餘人。[41]

（4）鄂西會戰

1943年日軍橫山勇第11軍集結第3、13、39師團總兵力達10萬人，各型飛機248架，兵分3路向鄂西發起進攻，目的是消滅國軍江南部隊，並乘機劫掠停泊在宜昌江面上的中國船舶和江南糧倉，進而奪取川江第一門戶——石牌要塞，以威逼重慶。國軍第6戰區部署了第29、第10、第26、第33集團軍，連同江防軍及其他警備部隊等，有14個軍41個師，共計近30萬兵力。同時得到空軍第1、2、4和11這4個大隊及美國第14航空隊，共計飛機165架助戰。

41　軍事科學院軍事歷史研究部：《中國抗日戰爭史》（下），第214—256頁；孫繼業、孫志華：《正面戰場大會戰》，第162—171頁；維基百科：《中國遠征軍》，網址：http://zh.wikipedia.org/wiki/ 中國遠征軍；《中國遠征軍》，中國遠征軍網址：http://www.yuanzhengjun.cn/。

1943 年 5 月 4 日晚 8 時，第 3 師團之中畑部隊（步兵第 6 聯隊主力）先向第 10 集團軍 87 軍新 23 師張家祠、高河場一線陣地發起進攻，各路日軍同時在大批飛機支援下向安鄉進攻。蔣介石急電昆明中國遠征軍司令長官部，令陳誠回恩施督戰。

　　國軍拚命抵抗，日軍步兵第 234 聯隊阪田英大佐的第 3 大隊所屬的 6 個中隊長全部被擊斃或擊傷。日軍獨立第 90 大隊長舛尾芳治中佐在黃石咀爭奪戰亦被擊斃，這是該戰役被國軍擊斃的日軍第一個校級指揮官。7 日晚，日軍第 3 師團攻佔安鄉。73 軍主力 13,000 人傷亡慘重，與第 87、44 軍南渡常德東面的沅江、酉港整理。

　　日軍攻佔南縣後，在南縣廠窖進行了燒光、殺光和搶光的三光政策，3 日 3 夜內，共焚毀房屋 3,000 多間、船隻 2,500 多艘，殺害 32,800 多人，強姦婦女 2,400 多人。事為「廠窖大屠殺」。

　　5 月 7 日，日軍分兩路進攻公安，15 日攻佔公安，取得洞庭湖米糧倉。17 日，陳誠在太平溪召開全軍師長以上將領參加的軍事會議，決定遵照蔣介石的指示，將日軍誘至漁洋關至石牌要塞間聚殲。

　　13 日開始，日軍飛機對漁洋關狂轟濫炸，21 日攻佔。陳誠以漁洋關失陷，將會危害石牌要塞，立即抽調部隊收復漁洋關。因日軍只留下 1 個大隊駐守，該地被國軍收復，截斷了第 13 師團的後路。

　　5 月 21 日深夜 11 時開始，第 11 軍司令官橫山勇親率 6 萬人強攻石牌要塞，25 日下午 19 點，日軍向偏岩發起攻擊。第 5 師官兵奮力迎戰，阻擊日軍。殺傷日軍 3,000 餘人後，第 5 師撤出偏岩，日軍繼續追擊。28 日，第 5 師轉至高家堰，利用地形，繼續阻擊日軍。

　　27 日日軍第 13 師團渡過清江，分兵兩路：右縱隊（櫻井部隊）進入劉家塌；左縱隊（海福部隊）及中縱隊（師團本隊及新井部隊）便改道橫越天柱山北上，向木橋溪進犯。但攀越天柱山，被國軍伏擊，傷亡三四百人。

　　30 日下午敵 1,000 餘人在飛機支援下，進攻太史橋。該地兩岸高山夾峙，

中間一溪流過，狹窄不過 10 米，是地勢險要、易守難攻的天險。國軍為嚴防日軍西進，早就在左側六花田山上、正面老林坡和右側姚灣山口修築了大量堅固的鋼筋混凝土工事。日軍繼續以密集的縱隊向前直撲國軍陣地，結果被國軍三面夾擊，死傷無數。國軍更乘機殺出，與日軍展開白刃戰，與敵反覆衝殺肉搏。此戰以兩連守橋戰士全部壯烈殉國的代價，殲敵 1000 餘人。日軍無力再攻，於是撤退。「太史橋大捷」是石牌保衛戰主戰場徹底勝利的先聲！

石牌方圓 70 里，上有三斗坪，是當時的軍事重鎮，第六戰區前進指揮部、江防軍總部等均設於此，為整個江防軍的中樞所在。因此，蔣介石對石牌要塞的安危極為關注，多次發來電令：「石牌要塞應指定一師死守。」石牌乃中國的斯大林格勒，是關係陪都安危之要地。蔣嚴令江防軍胡璉等將領，英勇殺敵，堅守石牌要塞，勿失聚殲敵軍之良機。

胡璉善於山地作戰，利用石牌周圍山巒疊嶂、千溝萬壑的有利地形，加固要塞的工事，並在山隘要道層層設置碉堡，把主力隱蔽在石牌要塞附近的北斗沖、三官岩、四方灣一帶的山溝裏和岩洞中憑險據守。

5 月 25 日，日軍第 3、13、39 師團及野地支隊以 6 萬之眾開始向石牌推進，26 日，日軍攻擊 18 師陣地，師長胡璉親往前線指揮反擊，成功打退日軍。29 日，日軍第 39 師團主力向第 18 師全面進攻，當晚第 18 師放棄陣地撤退。

與此同時，日軍第 3 師團另一部向天台觀一線第 18 軍暫 34 師陣地進犯，但遇國軍頑抗，無法推進。日軍進入石牌外圍主陣地後，因這一帶崇山峻嶺，日軍失去機動優勢，攻擊不斷受挫。

在曹家畈附近的大小高家嶺上曾有 3 個小時聽不到槍聲，這不是雙方停戰，而是中日兩軍展開拚命的肉搏戰。兩軍在此彈丸之地用刺刀反覆衝殺，國軍浴血奮戰，擊斃日軍近 2,000 人，陣地前沿敵軍屍體疊成金字塔形。日軍一度鑽隙企圖迂迴到石牌側後方進攻，當即被埋伏的第 11 師主力突然圍住截擊，日軍 1,000 餘人全軍覆沒。第 11 師還派一些狙擊手到日軍的後方，專門

擊殺日軍的指揮官和機槍手。經歷了無數次慘烈的戰鬥，石牌一直被 11 師堅守。

5 月 30 日，橫山勇頓兵於堅固堡壘之下，損兵折將，見國軍援軍不斷到達，只得下令收兵北撤。5 月 31 日國軍下令吳奇偉率江防軍全線轉入反攻，追殲東逃之敵。6 月 17 日，國軍收復失地，恢復 5 月 5 日以前之原有態勢，鄂西會戰勝利結束。此次會戰從 5 月 4 日開始，6 月 14 日結束，歷時一個多月。日軍的傷亡至少達 15,000 人，甲種精銳師團第 13 師團元氣大傷，不再具備機動作戰能力。第 6 戰區共犧牲 23,550 人，負傷 18,295 人，失蹤 7,270 人，損失共 49,115 人。

鄂西會戰期間，中國空軍和美國空軍第 14 航空隊，自 5 月 19 日起，對漢口、荊門、沙市、宜昌等地的日軍機場及前線陣地，進行了猛烈攻擊，共出動驅逐機 326 架次、轟炸機 80 架次，擊落日機 41 架，炸毀日機 6 架，破壞日機場 5 處，炸毀日軍陣地及軍事設施 6 處，炸沉炸傷日軍艦船 23 艘，斃傷及毀壞人馬車輛甚多。此戰出現敵我空中優勢易手的徵兆。[42]

（5）常德會戰

1943 年 8 月 28 日，日本中國派遣軍制定了《1943 年秋季以後中國派遣軍作戰指導大綱》，計劃：「進攻常德附近，搜索並消滅中國軍的主力，摧毀中國第 6 戰區的根據地，削弱中國軍繼續抗戰的企圖，牽制可能調往雲南的中國軍兵力，以策應南洋方面的作戰。」[43]

9 月 28 日，日本派遣軍總司令部下令第 11 軍司令官橫山勇調集第 3、第

42　軍事科學院軍事歷史研究部：《中國抗日戰爭史》（下），第 288 — 291 頁；孫繼業、孫志華：《正面戰場大會戰》，第 172 — 183 頁；百度百科：《石牌保衛戰》，網址：http://api.baike.baidu.com/view/810210.htm。

43　〔日〕防衛廳防衛研修所戰史室：《1942、1943 年的中國派遣軍》（日本，朝雲新聞社，1983 年），第 450 頁。引自《中國抗日戰爭史》（下），第 456 — 457 頁。

13、第 39、第 68、第 116 這 5 個師團共 10 餘萬兵力,「進攻常德及附近,摧毀敵人的戰力」。

　　駐守常德的是第六戰區孫連仲部隊,共有第 10、第 29、第 26、第 33 這 4 個集團軍和王耀武兵團、李玉堂兵團、歐震兵團等共 28 個師近 20 萬兵力。制定了「將敵人主力引到澧水及沅水兩岸後,正面抵抗,再以外翼攻擊,然後把敵人消滅在洞庭湖畔」的戰略方針。

　　11 月 2 日夜,橫山勇指揮第 11 軍第 39 師團主力附古賀支隊、第 13 師團等部,攻擊守軍第 6 戰區第 10 集團軍 5 個師松滋方面的主力陣地;日軍第 116 師團、第 68 師團附戶田支隊及偽軍到洞庭湖北岸待命;日軍第 3 師團進攻公安地區的第 29 集團軍。激戰 5 日後,第 10 集團軍退守聶家河、棉馬城、暖水街、王家場一線陣地;第 29 集團軍退守永鎮河、新馬頭、安鄉一線。

　　12 日,橫山勇派第 13、第 3 師團轉攻石門。孫連仲急派第 29 集團軍王纘緒退守石門阻擋日軍。王纘緒派汪之斌第 73 軍主力守石門,第 44 軍守澧縣。但第 44 軍不戰而退,令石門側翼空虛。13 日夜,日軍猛攻第 73 軍陣地,第 77 師與第 15 師軍力薄弱,傷亡慘重,第 73 師指揮所更被日軍突入,陣勢大亂。14 日日軍總攻石門,晚第 73 軍撤退,被日軍截擊,各部各自突圍,汪之斌軍長率殘部退往慈利。15 日黃昏,暫 5 師撤出石門,被日軍圍殲。

　　19 日,日軍第 68 師團佔領漢壽,威脅常德東南;第 3 師團配合空降部隊襲取桃源,並向常德南面突進,截斷守軍後方交通線;21 日日軍第 116 師團從西北向常德包圍。這時防守常德的是第 74 軍第 57 師師長余程萬和轄下官兵 8529 人。這時蔣介石在開羅開會,拍電報指示余程萬:「保衛常德而與之共存亡。」余程萬接獲訓令後率領全師官兵在操場上宣誓「效忠黨國!保衛常德!」同日,日軍第 11 軍主力在常德外圍集結完畢,司令官橫山勇親赴常德指揮作戰。

　　22 日,日軍發動進攻。第 68 師團戶田部隊 4000 多人全力猛攻德山,第

63 師第 188 團團長鄧先鋒不戰而逃，只有 200 人死守陣地，與敵血戰三日三夜，最後全部殉國。同日，日軍第 116 師團第 120 聯隊 2000 餘人在山炮隊支援下，進攻狀山國軍第 171 團 2 營陣地，守軍奮勇抵抗，打退日軍連續八次衝鋒。激戰至翌日晨，日軍派出 24 架飛機低空轟炸，國軍陣地一片火海，營長阮志芳率領殘部向日軍逆襲，500 名官兵全部殉國；陣地上其餘重傷士兵，不願當俘虜，全部自殺成仁。[44] 23 日第 68 師團分五路進攻岩包，並一度突入。晚上 9 時柴意新團長親率預備隊一個連反攻，炮兵配合支援，打死日軍第 109 聯隊代理聯隊長鈴木、第 3 大隊大隊長馬村和日軍 400 多人，收復岩包。24 日，日機 16 架猛炸岩包，陣地盡成焦土，守軍被迫撤退。

日軍第 116 師團主力 15,000 人，在 30 餘門大炮支援下，猛攻城北。國軍頑抗，血戰一日，陣地全被炮火夷平，傷亡慘重，被迫退守沙港、新場一帶。

這時，國軍第 10 集團軍、第 29 集團軍和王耀武兵團增援常德，但被日軍第 39 師團、第 13 師團及第 3 師團阻擊，無法入圍。國軍增派第九戰區李玉堂兵團和方先覺第 10 軍向常德推進。

25 日，日軍第 3 師團第 6 聯隊進攻南門。被守軍伏擊，擊沉敵船 6 隻，擊斃武藤中隊長。中美空軍亦出動飛機 20 架，轟炸掃射南站日軍，炸死日軍第 6 聯隊隊長中畑大佐，炸傷第 3 大隊大隊長左衛門。凌晨 5 時，日軍第二次強攻水星樓陣地，兩排國軍全部陣亡後，該地被日軍佔領。第 171 團團長杜鼎率部反攻，血戰兩小時，消滅全部入侵日軍，收復陣地。

東門方面，日軍第 68 師團和第 116 師團共 10,000 人進攻東門，國軍與日軍展開逐室逐屋的爭奪戰。激戰至 26 日，東門外一帶房屋全被燒光，碉堡被炸平，國軍仍與入侵日軍肉搏血戰。

25 日深夜，日軍猛攻大西門，國軍 170 團配合炮兵固守陣地，打到天亮，日軍仍未能迫近城垣。於是調來 20 餘架飛機和山炮，猛轟大西門陣地。

44　王仲模：《常德保衛戰紀要》，《湖南四大會戰》，第 330 頁。

國軍利用斷壁殘垣死守，打退日軍多次衝鋒，最後用盡炮彈，被迫撤入大西門內。

26 日，日軍從東、西、北門發動空前規模的猛攻，但仍無法突入城內。27 日，日軍再次向三門猛攻，國軍誓死防守。余程萬師長不斷率部巡視各陣地，增援守軍，打退日軍多次進攻。這時孫連仲下令第一線兵團轉入反攻，全力擊破日軍第 39 師團與第 13 師團的阻擊陣線，第二線兵團亦全部出動，截斷日軍後路。

常德久攻不下，日皇大怒，限令第 11 軍兩天內進佔常德。橫山勇於是增兵至 8 個聯隊 3 萬餘人，強攻常德。29 日凌晨，日軍總攻常德，分別從西、東、北門突入城內，與國軍展開逐街逐屋的爭奪戰。這時，第 57 師各級指揮官傷亡已達 95%，士兵不足千人，重武器損失 90%，彈藥奇缺。余程萬師長組織所有人員投入戰鬥，士兵以二至三人為一組，分佈沿街各據點，各自為戰，盡力支撐危局，等待援軍。每組士兵把師指揮所附近的房屋都打通，並在每條街道口修築一個掩體，準備迎敵。[45] 30 日，日軍進攻師指揮所，被國軍擊退。12 月 1 日，國軍仍堅守中央銀行及周圍陣地。這時增援常德的方先覺第 10 軍到常德附近，但被日軍第 3 師團截擊，無法入城。[46] 2 日國軍繼續在常德城內拚命作戰，防禦陣地只有 400 公尺的狹小範圍，全師官兵僅餘 321 人。第 57 師已到全軍覆沒的關頭，3 日凌晨一點，余程萬師長決定分路乘夜突圍，迎接友軍入城。於是常德淪陷。由於各路國軍迫近常德，12 月 9 日，日軍下令撤退，國軍全線反攻，收復失地。

常德會戰歷時五十餘天，國軍傷亡包括許國璋、孫明瑾、彭士量 3 位師長在內的 4 萬餘人，日軍死傷 25,718 人，其中包括 5 名聯隊長。國軍擊毀敵機 63 架、敵汽車 75 輛、舟艇 122 艘。

45　李超：《（常德）巷戰中與日軍進行劈刺搏鬥》，《湖南四大會戰》，第 343 — 345 頁。

46　王仲模：《常德保衛戰紀要》，《湖南四大會戰》，第 332 頁。

八年抗戰時，國軍欠缺訓練、武器裝備落後和欠缺制空權，能堅守陣地一、二天都非常困難。但余程萬率領 8000 餘人，抵抗飛機、火炮支援的 4 萬精銳日軍，孤軍血戰 16 個晝夜，這本身已經是國軍的軍事奇跡。但蔣介石不但沒有讚賞，反而責難余程萬沒有死守常德，下令將其撤職、扣押，送交軍法處審判。消息傳出，常德民眾群情洶湧，6 萬多人簽名作保，求免余程萬一死。第 57 師的殘部更是感到千古奇冤！指揮官和全體官兵都已經死守了五十餘天，九成的戰友都埋在常德城內外的焦土裏，這還有處罰他們的理由嗎？

最後，余程萬被判囚兩年，實際監禁 4 個月後釋放。國共內戰後，余程萬遷居香港新界屏山種菜養雞，希望安度晚年。1955 年 8 月 27 日深夜，三個匪徒入屋行劫，二夫人和傭人全被綁起。余程萬剛巧回家，亦被匪徒控制。住在鄰屋的表弟甄銘鈺，發現後悄悄跑到二里外的警署報案，警員到達後與劫匪發生槍戰，余程萬竟在槍戰中被亂槍打死。劫匪一人被擊斃，兩人逃脫。警方公佈説，余程萬是被盜匪打死的。當時仍追隨余程萬的老部下鄺文清後來檢查遺體，發現其胸腹被一排子彈打中。他判斷是衝鋒槍或輕機槍所為，當時一般劫匪不會有這種裝備的。[47]

（6）緬北、滇西反攻作戰

中國遠征軍第一次出兵緬甸失利後，中國戰區參謀長史迪威建議，將退入印度的新 38 師、新 22 師組建中國駐印軍，在蘭姆珈訓練營受訓並進行整編，配備全副美式裝備，由英國提供給養。1942 年 10 月中國駐印軍改編為新編第 1 軍，鄭洞國任軍長，下轄孫立人的第 38 師和廖耀湘第新 22 師。又先後從國

47　軍事科學院軍事歷史研究部：《中國抗日戰爭史》（下），第 456 — 462 頁；孫繼業、孫志華：《正面戰場大會戰》，第 184 — 198 頁；互動百科：《常德會戰》，網址：http://www.baike.com/wiki/ 常德會戰；《常德會戰—余程萬突圍獲刑》，廣東《江門日報》，sina 全球新聞，網址：dailnews.sina.com/bg/chn/chnlocal/chinapress/20120208/02203127714.html。

內空運胡素的新 30 師、龍天武的第 14 師和潘裕昆的第 50 師入印度訓練。

從緬甸撤回國的遠征軍也重新組建，1943 年 2 月設立中國遠征軍司令長官部，由陳誠任司令長官，下轄宋希濂的第 11 集團軍和霍揆彰第 20 集團軍，在昆明進行訓練和更換美式裝備。11 月，遠征軍的 6 個軍編練和裝備基本完成。

1943 年 10 月，為配合中國戰場及太平洋地區的戰爭形勢，開闢中國昆明至印度利多的公路和敷設輸油管，中國駐印軍總指揮史迪威制定了一個代號為「人猿泰山」反攻緬北的作戰計劃。史迪威指揮中國駐印軍從印緬邊境發動攻勢，中國遠征軍司令長官衞立煌率領十萬大軍從中緬邊境發動進攻，分兩路東西對進，徹底打通滇緬公路。

這時日軍在緬甸駐守的是田中新一的第 18 師團，兵力 3.2 萬人。第 18 師團是日軍王牌部隊，也是南京大屠殺的元兇之一。

1943 年 3 月，新 38 師的 114 團首先開進野人山區，掩護中美部隊修築自印度列多到野人山區的中印公路。10 月下旬，雨季停止，10 月 24 日新 38 師第 112 團分三路向新平洋、寧邊、于邦進攻。29 日攻克新平洋，11 月 2 日佔寧邊，但攻于邦受阻。孫立人親率主力增援，12 月 24 日總攻于邦，激戰至 29 日，全殲日軍第 56 聯隊第 2 大隊，擊斃藤井小五郎聯隊長以下日軍 1000 餘人。贏得了緬北反攻作戰首個勝利。

1944 年 1 月左路孫立人第 38 師和右路廖耀湘新 22 師進攻大洛，28 日美機猛烈轟炸大洛，坦克掩護步兵攻佔日軍外圍陣地。31 日，坦克縱隊衝入大洛日軍第 18 師團司令部，擊斃日軍師團參謀長瀨尾少將、第 56 聯隊第 3 大隊長岡田等 700 餘人。2 月 1 日，佔領大白家。日軍第 18 師團退守胡康河谷戰略要地孟關。23 日，廖耀湘新 22 師直撲孟關，遇日軍頑強反抗，傷亡慘重。孫立人第 38 師迂迴包抄孟關背後的瓦魯班，3 月 3 日與美軍第 5307 團聯合進攻瓦魯班。田中新一發現後方受襲，集中全力向瓦魯班中美聯軍反擊。廖耀湘乘機猛攻孟關，5 日攻佔孟關，殲滅日軍第 18 師團作戰主任參謀官以下 1,000 餘

人。8 日，中美聯軍總攻瓦魯班，次日佔領。28 日攻佔傑布山天險，29 日佔沙杜渣，殲滅日軍近 6,000 人。至此，完全肅清胡康河谷所有日軍。

為了在雨季前消滅孟拱、加邁和密支那日軍，史迪威決定以新 22 師攻加邁，第 38 師攻孟拱，另以美軍第 5307 團和新到前線的第 30 師和第 50 師各一部繞道偷襲敵人後方重鎮密支那。田中新一見駐印軍連破日軍防線，急調日軍從密支那增援加邁和孟拱兩地。5 月 26 日凌晨，第 38 師第 112 團偷襲西通，激戰至 27 日，全殲守軍第 12 輜重聯隊、野戰重炮第 21 大隊共 700 餘人，繳獲 15 釐米榴彈炮 4 門、滿載軍需品卡車 75 輛、彈藥糧倉 11 座，切斷了加邁至孟拱間的交通聯絡。6 月 9 日第 38 師第 113 團攻佔加邁東岸的支遵，擊斃日軍 200 餘人，奪取彈藥糧倉 20 餘座。10 日，新 22 師主力到達加邁，與第 38 師聯合進攻，19 日田中新一率殘部向南敗退。

與此同時，史迪威派孫立人第 38 師主力協同英印軍第 36 師第 77 旅奇襲孟拱，21 日伏擊日軍第 53 炮兵聯隊，擊斃聯隊長高見量太郎。23 日攻克加邁的駐印軍到達，對孟拱形成三面包圍。24 日，全面總攻，激戰至 25 日，擊斃日軍 6,808 人，生俘原藤大尉以下官兵 108 人。田中新一師團長從地道逃出包圍。

5 月 17 日拂曉，美機轟炸密支那 3 個多小時，早已隱蔽在附近的中美聯軍乘機殺出，攻佔機場。下午運輸機運載大量增援部隊和武器彈藥到達，隨即控制機場周圍地區。駐守密支那的日軍約 5,000 人，早已在城裏城外、地上地下修建了大量永久性防禦工事，火力網交叉嚴密，進攻部隊因此傷亡慘重，寸步難行。6 月底，進攻孟拱、加邁的部隊趕來增援。直至 7 月 18 日中美聯軍仍然逐街逐巷爭奪前進。8 月 1 日，日軍被壓縮到城北最後陣地。3 日，各路部隊全線總攻，日軍全線崩潰，城防司令官水上源藏切腹自殺，殘部全部被殲。密支那戰役 80 天，中國駐印軍以 6,600 餘人代價，殲滅日軍 4,000 餘人，令日軍第 18 師團受到毀滅性的打擊。

1944 年 3 月初日軍糾集第 15 軍 3 個師團共 8 萬兵力進攻印度因帕爾英軍基地，印度和倫敦大為震驚，向中國緊急求援。為策應駐印軍的緬北作戰和

配合英軍作戰，中國發動滇西反攻，徹底打通中印公路。5 月 11 日霍揆章第 20 集團軍強渡怒江，12 日仰攻高黎貢山，血戰 9 日，才擊退日軍。7 月 2 日拂曉，全面進攻騰沖城，這時日軍已在城內外建築了大量明碉暗堡，戰壕坑道，堅固的軍事堡壘。26 日外圍據點掃清。8 月 2 日攻城戰展開，激戰十餘日，才清除城牆上所有堡壘群。8 月 14 日，第 20 集團軍以 4 個師的兵力逐街逐巷的推進，直至 9 月 14 日，全城盡毀，才盡殲日軍聯隊長藏重康美及以下官兵 6,000 餘人。國軍亦付出 18,309 人（4,800 人陣亡）的傷亡代價。

6 月 1 日，第 11 集團軍渡過怒江，第 71 軍和第 6 軍進攻龍陵，第 71 軍新 28 師進攻松山，4 日在美國 30 架轟炸機猛烈轟炸松山之後，迅速攻至山頂，但被日軍花了一年多的時間修建龐大的堡壘群阻擋，血戰至 6 月底，才掃清外圍陣地，但新 28 師已傷亡慘重，無力再戰。第 71 軍兩個師和第 6 軍一個師繞過松山進攻龍陵。日軍發現國軍渡過怒江後，亦急調第 56 師團主力 5 個大隊增援松山和龍陵，第 29 聯隊、第 119 聯隊截擊龍陵城外第 71 軍兩個師，於是中日兩軍在龍陵城外爆發激戰。衛立煌急派第 2、第 8 軍渡江增援，以第 2 軍和松山的新 28 師增援龍陵，第 8 軍接替新 28 師進攻松山。

7 月 5 日，第 8 軍 3 個師四面輪番進攻松山，但越接近山頂，地勢越是陡峭，攻山部隊攀爬時陷入日軍交叉火網，攻山部隊一堆堆地中彈滾下山。第 8 軍副軍長李彌於是派部隊用火焰噴射器和炸藥包從外圍一個個地堡的摧毀，才能迫近山頂地堡核心，但到 7 月下旬，仍無法攻佔主峰堡壘群。這時第 82 師師長王伯勛建議，用中國地道戰術對付日軍碉堡。美國技術顧問協助測量，第 8 軍工兵在炮火掩護下，把地道直接挖到日軍中央地堡下面，安放了整整 3 噸 TNT 炸藥。8 月 20 日上午 9 時，遠征軍一舉把主峰中央地堡炸掉。遠征軍立即迅速衝上山頂，與殘敵血戰，直至 9 月 7 日，才攻佔松山。是役歷時 95 天，先後投入 10 個團 2 萬兵力，以傷亡 7,763 人（其中陣亡 4,000 人）代價，擊斃日軍超過 1,250 人。

此時，龍陵爭奪戰亦在激烈進行中，中日雙方不斷派出增援部隊，飛

機、坦克、步兵等兵種，在城內城外反覆衝殺。9 月 5 日攻城部隊兩次攻入城內，但都被日軍逐出。7 日攻克松山，遠征軍部隊立即湧往龍陵前線。14 日第 20 集團軍攻佔騰沖，隨即合攻龍陵。10 月 29 日，第 11 集團軍發起總攻，11 月 3 日攻克龍陵，20 日攻克芒市，1945 年 1 月 19 日收復畹町，將滇西日軍全部趕出國門。1 月 28 日中國遠征軍與中國駐印軍及英美盟軍在芒友會師，整個緬北滇西反攻取得全面勝利。自此，中印公路打通，美援物資可以從陸路源源不絕運入內陸，大大加強了中國的抗戰能力。

緬北滇西會戰從 1943 年 10 月到 1945 年 3 月，歷時一年半，中國駐印軍傷亡 1.8 萬人，殲滅日軍 4.8 萬人，收復緬甸土地約 13 萬平方公里；滇西遠征軍傷亡 67,403 人，殲滅日軍 21,057 人。兩支國軍共殲滅了日軍第 18、第 56 兩個精銳師團，擊潰第 2、第 49、第 53 三個師團及第 24 混成旅團，收復緬北大小城鎮 50 餘座，滇西失地 8.3 萬平方公里。尤其是國人親自殲滅南京大屠殺的元兇日本第 18 集團軍，令南京大屠殺遇難同胞可以安息！[48]

1943 年冬日軍因太平洋戰事失利，海上交通受盟軍切斷威脅，乃集中全力，謀打通大陸縱貫鐵路沿線地區，並殲滅中國西部空軍基地和中國陸軍主力。於是出動約 50 萬人、10 萬匹戰馬、1 萬多輛汽車、坦克裝甲車 691 輛（內坦克 225 輛）、1,500 門大炮和 250 架飛機，在 1944 年 1 月下旬發動「一號作戰」計劃。因此，連續爆發了豫中會戰、長衡會戰和桂柳作戰（三次會戰合稱豫湘桂會戰）三次大規模會戰。

48　軍事科學院軍事歷史研究部：《中國抗日戰爭史》（下），第 423 — 453 頁；馬仲廉：《滇西反攻戰役述評》（北京，中國社會科學院近代史研究所），網址：http://jds.cass.cn/UploadFiles/zyqk/2010/12/201012141547589835.pdf；孫繼業、孫志華：《正面戰場大會戰》，第 208 — 223 頁；互動百科：《滇西抗戰》，網址：http://www.baike.com/wiki/滇西抗戰；國殤墓園：《中國遠征軍七十年祭》，網址：http://www.chinagsmy.com/China/yuanzhengjun/；維基百科：《中國遠征軍》，網址：http://zh.wikipedia.org/wiki/中國遠征軍。

（7）豫中會戰

1944 年 4 月，日軍華北方面軍司令官岡村寧次指揮第 12 集團軍共 5 個師又 3 個旅、1 個飛行團（飛機 168 架）、第 1 集團軍和方面軍直屬部隊各一部，共 14.8 萬餘人，在第 11、第 13 集團軍各一部配合下，以攻佔平漢鐵路（北平至漢口）南段為目標，向鄭州、洛陽地區發動進攻。中國第一戰區司令長官蔣鼎文指揮 8 個集團軍 1 個兵團共 17 個軍約 40 萬人抗敵。

4 月 18 日，日軍第 37 師向第 28 集團軍暫編第 15 軍河防陣地發起攻擊。19 日，日軍第 110、第 62 師由鄭州向第 28 集團軍第 85 軍邙山頭陣地發起攻擊。突破陣地後，至 23 日相繼攻陷鄭州、新鄭等地。25 日，日軍第 13 集團軍向河南漯河進攻，以牽制豫東守軍，打通平漢鐵路後撤回。30 日，日軍第 12 集團軍集中坦克和裝甲車，向許昌發起攻擊，5 月 1 日攻佔許昌。這支鐵甲洪流和騎兵沿平漢鐵路大平原迅速推進，第 31、第 4 集團軍無法抵抗，於 5、6 日分別撤往伏牛山、韓城。9 日，日軍東西分進圍攻洛陽。18 日，日軍菊兵團攻擊洛陽，守軍第 15 軍孤軍奮戰，25 日分路突圍，洛陽失守。日軍成功打通平漢鐵路，河南境內的隴海線也大都落入敵手。

是戰國軍傷亡 19,144 人，包括第 36 集團軍總司令李家鈺中將，斃傷日軍 3350 人，擊毀日機 160 餘架，汽車坦克 70 餘輛。[49]

（8）長衡會戰

1944 年 5 月，日軍繼續執行「一號作戰」第二階段作戰方案，第 11 集團軍司令官橫山勇指揮 8 個師、1 個飛行團和海軍一部，共 20 餘萬人，企圖攻佔湘桂鐵路，向長沙、衡陽地區進攻。中國第 9 戰區司令長官薛岳指揮 4 個集團軍（共 15 個軍）另 2 個軍共約 40 萬人抗敵。

5 月 27 日，日軍以 5 個師由湖南華容、岳陽以及湖北崇陽沿湘江兩岸和

49　軍事科學院軍事歷史研究部：《中國抗日戰爭史》（下），第 464 — 467 頁；孫繼業、孫志華：《正面戰場大會戰》，第 199 — 202 頁。

湘贛邊山區分三路發起攻擊。6月1日，日軍中、左路強渡汨羅江，突破河防陣地，分路向撈刀河、瀏陽河進攻。6日，日軍進抵長沙附近撈刀河北岸，國軍新牆河、瀏陽河防線相繼失守。14日，瀏陽淪陷，各路日軍相繼進至長沙周邊，17日發起總攻，嶽麓山陣地當日失守，19日，長沙淪陷。28日，日軍第68、第116師攻擊衡陽。守軍方先覺第10軍只有4個團的兵力，依託工事死守陣地，戰至7月2日，日軍攻勢受挫，暫停進攻。11日，日軍得到增援，第二次攻擊衡陽。守軍以固守陣地與機動防禦相結合，實施短促近戰和反衝鋒，戰至20日，迫敵再次停止攻擊。8月4日，日軍第11集團軍集中4個師第三次攻擊衡陽。守軍抗擊至8日，傷亡慘重，且彈盡糧絕，孤軍無援。為免日軍屠殺傷兵，方先覺被迫與日軍停戰，於是衡陽血戰47日後陷落。會戰結束。當年參加衡陽保衛戰老兵分析衡陽失守，與國軍解圍不力有關。當時派去衡陽解圍的部隊共有六個軍，實力雄厚。但各路援軍陽奉陰違，各自保存實力，觀望不前，甚至有的心存嫉妒，王耀武集團軍某個軍長說：「衡陽解了圍，方先覺豈不成了抗日英雄！」國軍的敗類把保衛國土的戰爭，視為個人的榮辱得失，這是許多國軍孤軍作戰全軍覆沒的一個原因。[50] 長衡會戰，國軍以傷亡90,577人的代價，傷斃日軍66,809人（內有13,186人在衡陽攻防戰），擊毀日機134架、汽車521輛、舟船1,360隻。[51]

（9）桂柳作戰

日軍侵佔湖南衡陽後，1944年9月10日，第6方面軍司令官岡村寧次指揮第11、第23集團軍、第2飛行團（飛機約150架）和第2遣華艦隊一部，共約16萬人，在南方軍一部配合下，向桂林、柳州進攻。中國第四戰區司令

50　曾京：《回顧衡陽保衛戰》，《湖南四大會戰》，第502—505頁。

51　軍事科學院軍事歷史研究部：《中國抗日戰爭史》（下），第470—475頁，孫繼業、孫志華：《正面戰場大會戰》，第202—205頁；求己齋：《青天白日勳章人物傳略129—119——方先覺》，網頁：《百度百科》，網址：http://bkso.baidu.com/view/64280.htm。

長官張發奎指揮 9 個軍、2 個桂綏縱隊、空軍一部（飛機 217 架），共約 20 萬人，在黔桂湘邊區總司令部的 3 個軍支援下，抗擊日軍。

　　9 月 14 日，日軍第 11 集團軍攻佔全州，準備進攻桂林。22 日，日軍第 23 集團軍陷梧州，10 月 28 日，逼近武宣。與此同時，日軍第 11 集團軍突破桂林、荔浦方面國軍的防禦陣地，11 月 4 日進抵桂林城郊，另一部向柳州進攻。7 日第 4 戰區將 3 個方面軍編組為左、中、右兵團，集中兵力保衛桂、柳。9 日，日軍向桂林和柳州發動總攻。11 日，防守桂林的第 31 軍大部陣亡，桂林陷落；堅守柳州的第 26 軍亦傷亡過半，奉命撤離，柳州失守。隨後，日軍第 3、第 13 師沿黔桂鐵路向西北進攻，24 日佔南寧。28 日，日軍南方軍第 21 師一部從越南突入中國，向廣西綏淥進攻。至此，日本打通從中國東北直至越南河內大陸交通線的「一號作戰」計劃完成。12 月 2 日攻至貴州獨山，逼近四川，震動重慶。12 月中旬，雙方逐漸形成對峙，會戰結束。國軍在桂林戰鬥中，陣亡 5,665 人，被俘 13,151 人。日軍攻佔桂林時，斃命 13,000 人，傷 19,000 人。

　　豫湘桂會戰是抗日戰爭勝利前國軍的一次嚴重挫敗，國軍一潰千里，在短短的 8 個月內，損兵 60 萬人，喪失了河南、湖南、湖北、廣西、廣東、福建等省大部和貴州、浙江的一部分，國土 20 餘萬平方公里，城市 146 座，失去空軍基地 7 個、飛機場 36 個，湘桂粵三省佔當時大後方工業三分之一的工廠也盡入敵手。[52]

　　有學者解析國軍在抗戰後期連續挫敗的原因，除政治腐敗士氣不振外，尚與美援缺乏有關。美國參戰後，採取「重歐輕亞戰略」，1943 年底，美軍在歐戰場有 140 萬人，在中印緬甸戰場不足十萬人，戰機在歐有 8,237 架，在中印

52　軍事科學院軍事歷史研究部：《中國抗日戰爭史》（下），第 467 — 470 頁，孫繼業、孫志華：《正面戰場大會戰》，第 205 — 207 頁；《豫湘桂會戰》，網頁：《百度百科》，網址：http://zh.wikipedia.org/wiki/ 豫湘桂會戰。

緬不足一千架，而用於中國戰場者更少。又史迪威為雪緬甸戰敗之恥，力主反攻緬甸，先後五次迫蔣介石派軍入緬。所以日軍發動一號作戰時，中國戰區精銳部隊和重要裝備，正在滇西緬北戰場作戰，國軍因軍力薄弱而受重大傷亡。[53]

（10）豫西鄂北會戰

為遏制中、美空軍對華北、華中主要交通幹線的襲擊，確保運輸安全，日軍令第 12 集團軍司令官內山英太郎（後為鷹森孝）指揮 5 個師團約 7 萬人，附坦克百餘輛，騎兵 2 千人，各型飛機 106 架，攻佔老河口航空基地。

國軍第 5 戰區司令長官劉峙指揮 3 個集團軍（共 8 個軍 20 個師），第 1 戰區代司令長官胡宗南指揮 2 個集團軍另 2 個軍（共 10 個軍 25 個師）迎戰；中、美部分空軍支援作戰。

3 月 21 日，日軍第 39 師等部由荊門地區向自忠、南漳、襄陽等地進攻，策應老河口作戰。攻佔南漳之後，與守軍爆發激烈爭奪戰，至 4 月 10 日，日軍放棄南漳。進抵谷城以南之日軍亦遇守軍頑抗，至 18 日退回原陣地。

3 月 22 日起，日軍第 12 集團軍向豫西進攻。24 日，迫使國軍放棄象河關至李青店一線陣地。26 日，日軍吉武支隊攻南陽，主力分向老河口、西峽等地進攻。27 日騎兵第 4 旅快速前進，攻佔老河口飛機場。28 日，日軍第 115 師主力進攻老河口，4 月 8 日老河口淪陷。此戰日軍以損失 1.6 萬人的代價佔領豫西並控制國軍老河口空軍基地。[54]

（11）湘西會戰

湘西會戰是八年抗戰的最後一次會戰。豫湘桂會戰之後，芷江成為中美空軍最後一個前進基地。1945 年 2 月 25 日，中美空軍自此基地起飛轟炸日本

53　郭榮趙：《中美戰時合作之悲劇》（台北，中國研究中心出版社，1979 年）；梁敬錞《史迪威事件》（台北，商務印書館，1982 年）。

54　孫繼業、孫志華：《正面戰場大會戰》，第 224 — 228 頁；《豫西鄂北會戰》，網頁：《百度百科》，網址：http://zh.wikipedia.org/wiki/ 豫西鄂北會戰。

皇宮，令日本大本營大為憤怒，下令攻佔芷江機場，保證東京和台灣安全，及湘桂鐵路、粵漢鐵路的暢通。日本派遣軍總司令岡村寧次於是派第 20 軍司令官坂西一郎調集 4 個師團及關根支隊等約 10 萬兵力進攻芷江。中國派陸軍總司令何應欽任總指揮，率領王耀武第 4 方面軍、王敬久第 10 集團軍、李玉堂第 27 集團軍約 20 萬人及中美空軍 400 餘架飛機抗敵。

4 月 9 日，日軍兵分三路發動攻勢，北路第 47 師團重廣支隊進擊雪峰山北麓；中路第 116 師團向雪峰山腹山進攻；南路第 20 軍第 68 師團關根支隊和第 11 軍第 34 師團進攻新寧、武岡。

第 47 師團重廣支隊集結時，被第 73 軍軍長韓璇先發制人，打了一個措手不及，令士氣嚴重受損。4 月 14 日日軍第 47 師團準備渡過資水，國軍略為抵抗後撤退，日軍於是大舉過江，當主力部隊剛渡過資水之後，突然被國軍重炮猛轟，空軍同時掃射尚在渡河的部隊，渡河的小船木筏被炸射得相繼沉沒，日軍傷亡慘重，無力再前進。30 日國軍奉令反守為攻，在空軍掩護下，攻入第 47 師團洋溪橋主陣地，日軍全線崩潰，退守黑回鋪、月光山、洋溪。

4 月 11 日，中路日軍主力 116 師團進攻守軍雪峰山陣地，國軍略作抗阻後，不斷撤退。第 116 師團長岩永汪以為國軍不堪一擊，決定與南北兩路日軍配合，圍殲雪峰山南麓洞口、武岡地區的第 74 軍。國軍見日軍中計，立即派王耀武第 4 方面軍第 100 軍、第 74 軍、第 73 軍，會同王敬久第 10 集團軍第 92 軍，胡璉第 18 軍，湯恩伯第 4 方面軍第 94 軍和第 26 軍雲集雪峰山一帶，將日軍包圍在雪峰山區一舉殲滅。

中路日軍第 109 聯隊於 4 月 16 日佔領青山界，進攻芙蓉山陣地受阻。21 日進攻國軍第 19 師陣地，被擊退。23 日，國軍第 51 師用重炮配合步兵進攻，109 聯隊被擊潰退入山區，搶佔附近山頭死守待援。坂西一郎立即命令第 47 師團主力全力搶救，但第 47 師團和其他日軍亦陷入國軍的包圍伏擊之中，無力營救。5 月 12 日 109 聯隊據點被國軍飛機、重炮、步兵炮和火箭炮逐點打擊消滅，至 13 日，主陣地被攻陷，聯隊長瀧寺保三郎被擊斃。18 日，躲藏

到山地的殘部被國軍發現，大隊長飯島被當場擊斃，至此 109 聯隊被全殲。

當日軍進攻芙蓉山陣地受阻時，第 116 師團主力繞過芙蓉山，4 月 29 日攻佔洞口，企圖佔領雪峰山通往芷江的要地 ── 江口。但該處地形險峻，兩山夾路，易守難攻。加上國軍換上美式武器，火力還優於日軍，又得到空軍支援，日軍傷亡了 2,000 多人，仍然無法攻下江口要隘。

4 月 15 日，南路日軍南路第 20 軍第 68 師團關根支隊和第 11 軍第 34 師團進攻新寧、武岡。16 日攻佔新寧，第 68 師團轉攻武陽，並在 29 日攻入城內。國軍 44 師立即火速增援武陽，突襲日軍。第 27 集團軍湯恩伯派第 94 軍從貴州火速馳援武陽，要全殲這支日軍。30 日，第 94 軍開始向武陽附近日軍發動總攻，在中美空軍炸射之下，日軍無力抵抗。5 月 1 日，武陽解圍。

與此同時，進攻武岡的日軍關根支隊也受到挫敗。4 月 27 日，日軍支隊長關根久太郎少將指揮日軍步兵和坦克，分東西、南三面猛攻武岡城，但一連三天都失敗。於是，組織 150 名步兵「特攻隊」，每人身綁百斤重炸藥，爬上城牆炸開缺口，為後續部隊打開通路。5 月 1 日，關根少將讓所有的炮兵、坦克一齊開炮掩護「特攻隊」衝擊西門。令城牆被炸開一個個洞。但守軍早有防範，立即用裝滿砂石的麻包將洞口堵住。「特工隊」又用繩梯爬上城牆，炸開更大的缺口，但爬到中途時，被守軍衝鋒槍、機槍狂掃，全掉下護城河裏。5 月 2 日，第 44 師一部進抵武岡城郊，關根支隊腹背受敵，只得撤往武陽至綏寧一帶。王耀武決心全殲這股日軍。首次派出兩個編隊的「野馬式」和 14 架「P─40 鯊魚式」戰機，投下美國凝固汽油彈，把茶山方圓不到一公里的日軍主陣地燒成一片火海。夜間，美空軍的「黑寡婦式」輕型轟炸機亦不斷轟炸日軍各據點。5 月 5 日拂曉，國軍發起總攻，關根久太郎率殘部向花園市方向逃竄，被國軍不斷堵截，大部被殲。5 月 6 日，何應欽向前來採訪的中外記者宣佈：「武陽之捷開湘西戰役勝利之先聲。」

這時，被困在洞口的第 116 師團，由於攻擊路線拉長，陸上有國軍阻截、天上有中美空軍轟炸，缺糧少彈，只得趕修工事防守，並請求司令部同

意撤退。岡村寧次見部隊被分割包圍，又無兵可派，不得不在 5 月 9 日下令中止芷江作戰。

5 月 8 日，國軍下令全線總反攻，所有火炮和空軍猛轟日軍陣地。第 116 師團被國軍堵截追擊，傷亡慘重，16 日午夜退至東圳地區；在國軍 9 個師的層層追擊下，激戰至 5 月 31 日，留下 3,000 多具屍體，僥倖逃脫被全殲的命運，撤至邵陽附近。關根支隊殘部於 5 月 6 日開始沿白家坊、黃土塘、李溪橋，向花園市撤退。沿途被埋伏打擊，6 月 1 日夜渡過資水，到九公橋附近。步兵第 115 大隊不斷受截擊，至 19 日，聯隊本部及一個步兵聯隊退至石壩江，其餘被殲滅。重廣支隊殘部經過苦戰，20 日到達後田。日第 86 混成旅團在洞口一帶被圍後，糧彈無法補給。21 日晨，旅團長上野原吉少將率少量人員突圍逃走，其餘官兵在陸空火力封鎖打擊下，大部被擊斃，小部樹起白旗，投降繳械。第 47 師團於 5 月 21 日向東撤退，6 月 1 日至 4 日渡過資江，6 月 2 日至 5 日退至省塘鋪、半邊街地區集結。

至 6 月中旬，參加湘西會戰的日軍各部隊基本上退回到原先的出發地域。此戰歷時兩個月，終以日軍潰退而結束。據中國軍隊公佈的材料，此役共殲敵 28,174，俘軍官 17、士兵 230 人，馬 1,286 匹，毀汽車 292 輛。國軍陣亡 7,737 人，傷 12,483 人。王耀武不相信有那麼多日軍俘虜，因為日軍認為當俘虜是恥辱，寧自殺也不投降。所以當王耀武看到乳臭未乾的日本娃娃兵，便說：「日本帝國死期已近，讓這些連鬍子都沒長出來的少年娃娃出來打仗，能不完蛋嗎？」

這場仗是 1944 年以來，中國正面戰場上打得較好的惟一大戰。岡村寧次經此戰受挫，全面收縮兵力，從廣西、廣東等地後撤，等待失敗的命運降臨。此時，「大日本帝國已經是盟國砧板上的一塊肉了」！[55]

55　軍事科學院軍事歷史研究部：《中國抗日戰爭史》（下），第 489 — 493 頁；孫繼業、孫志華：《正面戰場大會戰》，第 229 — 237 頁；《湘西會戰》，網頁：《百度百科》，網址：http://zh.wikipedia.org/wiki/ 湘西會戰。

（12）開始反攻

日軍雖然發動一號作戰打通了大陸的交通線，但未能實現預期戰役目的。1945 年 3 月日軍被逐出緬甸，同月，美軍攻佔硫璜島，5 月佔領沖繩，美軍轟炸機開始對日本本土進行轟炸，日軍不得不縮小在中國的佔領區，抽調兵力加強中國沿海地區和日本本土的守備。

中國戰區最高統帥部為適應軍事形勢的發展，與盟軍協同作戰，策定中國戰區總反攻計劃，代名為「白培計劃」，預定於是年秋，開始對盤據中國大陸之日軍實行總反攻，以割斷在華日軍與越南及其以南地區之陸上交通，並迅速奪取中國西南沿海諸港口，以增加中國戰區陸、空軍之物資供應，充實戰力，以便進行反攻。

1945 年 4 月桂林日軍開始撤退，國軍第一線部隊即尾敵前進，收復失地。5 月 27 日收復南寧，6 月 30 日收復柳州，7 月 27 日收復桂林。至此，中國軍隊向前推進 350 餘公里，將桂柳地區全部收復。[56]

56　軍事科學院軍事歷史研究部：《中國抗日戰爭史》（下），第 495 — 497 頁。

第十五章

敵後戰場與海外戰場

1　八路軍戰士
2　八路軍伏擊日軍
3　八路軍平型關作戰

4

5

4\5　1938 年紐約華人街頭巡遊募捐

6　在港進行過兩個月大屠殺的日軍司令官酒井隆（左一）

7　著名胸外科醫師白求恩大夫在華挽救了不少中國戰士的生命

6

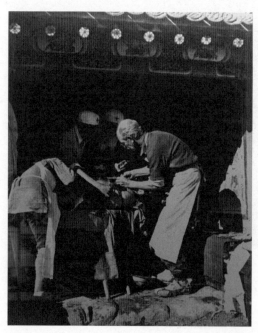

7

一、敵後戰場

有些學者專家否定敵後戰場對抗戰的貢獻，認為游擊隊在敵後的山林野嶺跑一跑，打幾槍冷槍，對戰爭毫無貢獻。這種偏見是否基於政治立場，不必探討。就學術的角度而言，這些學者大多數忽略中文史料的重要性！認為只是宣傳資料，對毛澤東、周恩來、朱德、劉伯承等游擊領導的文章不屑一顧，甚至對台灣出版的史料亦輕視不知，否則不會不知道蔣介石曾下令各戰區將其三分之一兵力用於本區游擊，不知道蔣介石曾邀請中共選派游擊戰教官到南嶽游擊幹部訓練班任教、國共聯合培訓國軍敵後游擊戰幹部的歷史。搞中國歷史，不看、不用中文資料，憑甚麼去評說中國敵後戰場的貢獻和歷史地位？

1. 敵後戰場的作用

為甚麼要開闢敵後戰場呢？劉伯承解釋游擊戰爭不是單純的軍事行動，它是在日軍肆意姦淫搶掠燒殺的戰地，尤其是敵後，中國民眾為保衛身家性命、國家民族而產生的。它的目的是要把日軍完全趕出中國去。它的基本任務是：

（1）公開或祕密地發展民眾抗戰的組織，特別是武裝的組織，來繁殖游擊戰爭；同時，揭破敵人的欺騙陰謀，剷除漢奸，瓦解敵人的傀儡政權，特別是偽軍，恢復我國已失去的領土和政權。

（2）配合正規軍隊，消滅或消耗敵人，取得最後的抗戰勝利。

具體地說，就是：

（1）從敵後伏擊敵人，使它腹背受敵，因而耗散兵力，造成敵人弱點，配合正規軍隊突擊之，並為正規軍查報敵情，同時封鎖消息，使敵人陷於聾瞎的狀態。

（2）破壞敵人交通，首先是鐵路公路，其次是土路。主要是破壞道路的技術工物，如橋樑山洞之類。使敵轉移兵力、輸送糧彈都感到困難，甚至被孤立起來，受着餓困，這對於戰爭全局有很大的作用。

（3）截毀敵人停留的或運送中的武器、軍用品及其他資材，特別是飛機場、彈藥庫、煤油池、糧食站，以及運送中的各種輜重。在敵人收集原料製造軍火的區域，如河北（棉花食鹽）、山西（煤鐵）等地，更要繁殖游擊戰爭，使敵人不能利用中國的資材來做殺中國人的工具。這就是從物質方面來加速消滅敵人侵略戰爭的實際辦法。[1]

2. 國共重視敵後戰場

盧溝橋事變爆發之後，毛澤東提出抗日十大救國綱領，主張：「武裝人民，發展抗日的游擊戰爭，配合主力軍作戰。」[2] 國民政府軍事委員會參謀本部也認識到游擊戰的重要性，1937 年 5 月擬定了《民國二十六年度作戰計劃》（甲案）建議：「作戰期間，應有專門機關指導民眾，組織義勇軍並別動隊，採游擊戰術，以牽制敵軍，並擾亂其後方。」[3]

1937 年 8 月 2 日蔣介石電召白崇禧到南京參與擬訂《對日軍作戰指導原則》，建議：「積小勝為大勝。一面在前線發動有限攻勢，與在敵後發動廣泛之游擊戰，消耗敵人之實力，並加強淪陷區之管制，盡全力阻止資助敵人之

---

1 劉伯承：《論游擊戰與運動戰》（1938 年 3 月），《劉伯承軍事文選》（北京，解放軍出版社，1992 年）。

2 毛澤東：《為動員一切力量爭取抗爭勝利而鬥爭》（1937 年 8 月 25 日），《毛澤東選集》（二），第 326 頁。

3 http://www.chinamil.com.cn/site1/ztpd/2005-08/22/content_278717.htm。

物資，迫使敵人困守點、線，破壞其以戰養戰之策略。」[4] 不過建議並沒有落實。抗戰全面爆發之後，淞滬會戰乃至武漢會戰，國軍都與日軍硬打死拚，但武器裝備和火力不如人，亦喪失制空權，結果每次會戰，國軍都傷亡慘重，元氣大傷。致令大片國土淪陷，中國海岸線北起渤海，南至南海，都被佔領，港口被封鎖；而華中、華南的陸上重要城市，都被其控制；平津、平漢、津浦、隴海（東段）、京滬杭等重要鐵路，亦全被日軍佔領。幸而日軍兵源有限，只能控制點和線，無法全面控制淪陷區。當時，日軍的前線，在華北進至包頭、太原、風陵渡；於華中進至開封、信陽、岳陽；華東進至杭州；華南進至廣州。

針對這個情況，1938 年 5 月毛澤東提出了抗日游擊戰爭的戰略問題，他說：「敵人在我們這個大國中佔地甚廣，但他們的國家是小國，兵力不足，在佔領區留了很多空虛的地方，因此抗日游擊戰爭就主要地不是在內線配合正規軍的戰役作戰，而是在外線單獨作戰。」「抗日游擊戰爭就不是小規模的，而是大規模的。」他又指出：中國抗戰是長期的，也是殘酷的。打游擊戰爭不應是戰術層面，應從戰略角度考慮。[5] 這時，共赴國難，國共在軍事方面的合作關係良好，國民政府改組軍事委員會，委任中共代表周恩來為政治部副部長。1938 年 3 月中旬，周恩來和葉劍英出席蔣介石召開的高級將領會議，討論華北戰局。

白崇禧在會議中提議：「應採游擊戰與正規戰配合，加強敵後游擊，擴大面的佔領，爭取淪陷區民眾，擾襲敵人，使敵侷促於點線之佔領。同時，打擊偽組織，由軍事戰發展為政治戰、經濟戰，再逐漸變為全面戰、總體戰，以收『積小勝為大勝，以空間換取時間』之效。」有國軍將領質疑是否可行，

4　陳存恭、陳三井：《白崇禧先生訪問紀錄》（上冊）（台北，中央研究院近代史研究所，1984 年），第 129 — 132 頁。

5　毛澤東：《抗日游擊戰爭的戰略問題》（1938 年 5 月），《毛澤東選集》（二）（北京，人民出版社，1969 年），第 374 頁。

白崇禧回答：中共可以打游擊，國軍當亦能打游擊。又有些將領認為打游擊只是保存實力，並非抗敵。白崇禧為他們分析説：在敵後游擊，任務極為艱巨！因補給困難，且多半以寡敵眾，以弱抵強。故將士必須加倍奮發、機警勇敢，絕非保存實力者所能勝任。游擊戰不打無把握之仗。這是曾任國民政府國防部長白崇禧對敵後游擊戰的客觀評價，不是中共的宣傳資料。結果蔣介石採納白崇禧的建議，通令各戰區加強游擊戰。

6 月 15 日，周恩來、陳紹禹和秦博古向國民政府建議：「以相當數量的正規軍配合廣大民眾，在敵人後方進行廣泛的游擊戰，則不僅敵人的交通運輸經常被切斷和破壞，不僅敵人的傀儡政權難以建立和穩固，不僅敵軍時時處處受我襲擊、被我攻擊，不僅使敵軍受到不斷的消耗和殲滅，而且從這種大規模的游擊戰中，可以大量培植我國的武力和廣泛恢復我國的失地和政權。造成敵人受前線和後方夾擊的危險，形成最後驅逐敵寇和戰勝敵寇的有利條件和基礎。」[6] 7 月，周恩來和葉劍英派軍事幹部到武漢大學等校舉辦的游擊戰爭訓練班，教導青年游擊戰爭的知識。武漢棄守時，周恩來向湖南撤退，遇上壞車的白崇禧，邀他上車同行。兩人途中長談抗戰的戰略和戰術問題，白崇禧對中共游擊戰的戰術思想和敵後的動員方法大為讚賞。1938 年 11 月初，周恩來參加軍事委員會在長沙召開的軍事會議，再次講述游擊戰爭等問題。

3. 國共合作主辦的南嶽游擊幹部訓練班

1938 年 11 月 8 日周恩來到湖南衡山會見蔣介石，蔣介石請周恩來寫一具體方案，並答允速辦一游擊幹部訓練班。25 至 28 日蔣介石召開南嶽軍事會

6　陳紹禹、周恩來、秦博古：《我們對於保衛武漢與第三期抗戰問題底意見》（1938 年 6 月 15 日），中央檔案館編：《中共中央文件選集》（第 10 冊）（北京，中共中央黨校出版社，1986 年），第 530 頁。

議，周恩來和葉劍英出席。會議檢討了前一期的抗戰工作，並展望二期抗戰形勢，確定自「七七」抗戰開始到武漢失守為第一期抗戰，以後為第二期抗戰。

蔣介石在會上指出，南嶽軍事會議最大的目的，就是要整頓軍隊。宣佈將「全國部隊分三期輪流整訓，限期完成」。辦法是「將全國現有部隊三分之一配備在游擊區域——敵軍的後方，擔任游擊，以三分之一佈置在前方，對敵抗戰，而抽調三分之一到後方整訓。……每期整訓期間，暫定為四個月；一年之內，即須將全國軍隊一律整訓完成」。[7] 會議決定第二期抗戰實行「游擊戰重於正規戰」的方針，決定仿效八路軍的戰鬥經驗，廣泛開展敵後游擊戰，「積小勝為大勝」，「以空間換時間」。會議上，白崇禧建議成立南嶽游擊幹部訓練班，選派部隊中下級幹部受訓，為期三個月，俾今後能在敵側後發動游擊戰，和正面的陣地戰密切配合。議案得到通過，蔣介石隨即致電中共中央，請派幹部到南嶽協助。

1939 年 2 月 15 日南嶽游擊幹部訓練班在湖南衡山正式開學，國民政府軍事委員會任命湯恩伯和葉劍英為游擊幹部訓練班正副主任。不久，改為由蔣介石兼任主任，白崇禧、陳誠兼任副主任，湯恩伯任教育長，葉劍英任副教育長。

訓練班設立的目的是為了適應游擊戰的需要，培養大批堅強有力的游擊幹部，領導和開展游擊戰。原來擬定招收學員的對象是各戰區營長以上的軍官和高級司令部的中級幕僚人員，要求以軍為單位，選派戰術修養較好，而又有作戰經驗的軍官參加訓練。到實際上課時，學員的軍銜大部為少校，部分為上校，甚至是上尉。他們多是黃埔軍校和南京軍校的畢業生，亦有軍校高級研究班的學員及保定軍校、雲南講武堂、東北講武堂等軍校的畢業生。訓練班舉辦了七期，中共選派教官 30 多人參加了前三期講課，共培養了 3,035 名抗日游擊戰人才，對開展游擊戰、打敗侵略者做了一定貢獻。這個訓

7　張其昀主編：《先總統蔣公全集》（第 1 冊）（台北，中國文化大學出版部，1984 年），第 1195 — 1197 頁。引自《中國抗日戰爭史》（中），第 426 頁。

練班是國共合作團結抗日的最佳例子之一。

1939 年，國軍改訂戰鬥序列，設立冀察、蘇魯兩個游擊戰區，將正規軍開至敵後游擊，並且規定各戰區應用三分之一的兵力，在本戰區內進行游擊，化敵人後方為前方。白崇禧編輯了《游擊戰綱要》一書，分發各戰區、各軍事學校，作為研討游擊戰的範本和實施游擊戰的依據。於是，敵後戰場迅速發展，淪陷區群眾紛紛加入游擊隊，令日軍窮於應付。[8]

由此可見，國共雙方都認識到淪陷區這個廣闊空間的重要性，派出游擊隊進入淪陷地區，建立游擊根據地，開闢敵後戰場。一方面可以破壞日軍「以戰養戰」的策略，與日軍爭奪淪陷地區人民、土地、糧食、礦產各種資源，同時可以令日軍必須派遣大軍應付游擊隊的威脅，有效地牽制日軍主力的行動。因此，敵後戰場與正面戰場都為驅逐日本侵略者做出了偉大的貢獻。

敵後戰場有國軍和共產黨領導的游擊隊。

二、國民政府領導的敵後戰場

國民政府領導的敵後戰場兵力在最高峰時達到 100 萬人，有冀察戰區、蘇魯戰區、山西游擊區和第 5 戰區游擊區。

1. 冀察戰區

冀察戰區在 1939 年 3 月成立，鹿鍾麟任總司令兼河北省府主席，統一指

8　中共廣東省委黨史研究室編：《中共中央南方局的軍事工作》（北京，中共黨史出版社，2009 年），第 37 — 44 頁；陳存恭、陳三井：《白崇禧先生訪問紀錄》（上冊）（台北，中央研究院近代史研究所，1984 年），第 352 — 353 頁；程思遠：《白崇禧傳》（香港，南粵出版社，1989 年），第 214 — 216 頁。

揮冀察境內游擊隊及地方團隊。盧溝橋事變後，第 1 戰區委任第 53 軍呂正操為獨立第 1 游擊支隊司令，李福和為獨立第 2 游擊支隊司令，孫殿英為冀西游擊司令，張蔭梧為河北民團總指揮。第 52 軍孫殿英部屢向邯鄲、磁縣游擊，一度攻入赤縣附近機場，毀壞敵機多架。1938 年春，張蔭梧部深入大名一帶，擊破敵軍聯隊，聲威大震。白崇禧讚譽之為奇跡。二三月間，日軍第 14 師團向道清鐵路進攻，第 1 戰區令 53 軍向陵川、林縣游擊，以騎兵 4 師與張、孫、呂各部游擊隊防守晉、冀、豫邊區，在太行山東南等地游擊，抗戰達五年之久。

鹿鍾麟在河北難以生存，退至邢台縣西邊之路羅鎮，十分危急。軍委會於是命第 69 軍石友三部、新編第 8 軍高樹勛部北調冀中，第 99 軍朱懷冰部由豫北調豫西增援。因無法建立游擊根據地，補給糧食斷絕，鹿鍾麟只得率第 99 軍於 3 月中旬退出河北。軍委會改任高樹勛為冀魯豫三省總司令，兼 39 集團軍總司令，以蹼縣為根據地。1942 年 4 月，日軍三個師團在鄆縣、南樂、繼澤地區，分路向高樹勛部進攻。高部激戰數次，戰力大減，且補給困難，退至皖北渦陽整補。

2. 蘇魯戰區

蘇魯戰區在 1939 年成立，于學忠為總司令，沈鴻烈為副總司令兼山東省府主席。沈鴻烈指揮海軍陸戰隊，暨保安新編第 4 師，第 51 軍牟中珩進駐山東沂蒙山區，另調 57 軍繆澄流進駐魯北日照，在山東地區游擊。韓德勤為蘇魯戰區副總司令兼江蘇省主席及第 24 集團軍總司令，指揮第 89 軍李守維與蘇北保安團隊，在蘇北地區游擊。

當時游擊軍控制了蘇北廣大淪陷區，日軍僅能控制點線。游擊軍不斷襲擊，破壞日軍鐵路交通。日軍於是沿鐵路農村組織護路村，構築據點工事，逐漸擴大向游擊區發展。游擊軍不斷襲擊日軍，牽制消耗了日軍不少兵力。

但國軍無法建立鞏固的游擊根據地，又與共軍衝突，發動「皖南事變」，企圖圍殲新四軍。此後，國共部隊不斷摩擦，讓日軍漁人得利，1941 年 3 月國軍游擊軍全部撤出蘇北。

山東方面，國民政府游擊軍曾經聲勢浩大，予日軍極大威脅。1939 年 6 月上旬，日軍集中第 5、11、114 師團各一部，分由膠濟、隴海、津浦各路，向魯南游擊根據地 —— 沂蒙山區與日照山山區圍攻，攻陷莒縣、沂水、蒙陰。游擊軍轉進沂蒙山、費縣、日照山區配合地方團隊，仍然控制廣大地區。當時，後方以飛機投糧食彈藥，依地面路線鑽隙補給，仍有緊密聯絡。1943 年 5 月上旬，日軍集中兵力圍攻沂蒙山區，游擊軍被迫向南突圍，僅保有壽光一區，山東游擊區，至此名存實亡。

3. 山西游擊區

山西游擊區屬第 2 戰區管轄，直轄部隊有第 6 集團軍楊愛源，第 7 集團軍趙承綬，第 8 集團軍孫楚，第 13 集團軍王潔國，合共 8 個軍，步兵 21 個師，騎兵 3 個師。另有 18 集團軍 3 師 —— 115 師林彪、120 師賀龍、129 師劉伯承，長官部直屬部隊 4 個炮兵團、2 個工兵團，實力甚為雄厚。

山西各部隊以太行、中條、呂梁、五台、恆山等山脈為游擊根據地，佔領廣大正面，不斷擾襲敵人，並壓迫其困守正太、同浦二鐵路沿線狹長地帶。1939 年春後，日軍曾八次攻中條，二次攻澤潞，但不成功。1939 年 4 月上旬，軍委會令各戰區發動「春季攻勢」，國軍曾攻擊聞喜、絳縣、橫嶺關等地區，並一度攻入日軍夏縣、解縣，旋即退出，主力仍退中條、呂梁根據地。1939 年 5 月日軍第 1 軍以第 20、37 師團主力，由運城、解縣分路南進，第八次進攻中條山，攻佔平陸及津渡口，被國軍側擊，於是撤退。7 月，又調集第 110、135、108、36 這四個師團，向國軍上黨根據地分進合擊。國軍避免決戰，將主力轉移至附近山地，待日軍沿白晉公路至晉東南各城市時，全

力發動側擊，日軍陸續後撤，國軍乘機收復已失城市。1939 年 10 月上旬，日軍 108 師團分路進攻呂梁山根據地，亦失敗退回原地。

日軍為摧毀第 2 戰區游擊區實力，集結 6 個師團 2 個旅團兵力，發動晉南會戰，攻佔國軍中條山根據地。中條山被佔後，太行山即呈孤立，日軍乘機在 1943 年 4 月上旬，以 5 萬多兵力，進攻太行山根據地。新 5 軍軍長孫殿英與第 24 集團軍總司令龐炳勛在臨洪鎮附近相繼被俘。新 5 軍無異全軍覆沒。日軍調集第 25、36 師團各一部，在 7 月上旬，繼續攻打太行山游擊區。軍委會派劉進接替龐炳勛任第 24 集團軍總司令，但部隊傷亡慘重，被迫撤出太行山。

4. 第 5 戰區（包括豫南、鄂北、蘇北、魯省東西南）游擊戰

第 5 戰區游擊戰可分魯東、蘇北、大別山三區，魯東、蘇北地區已如前述，今只介紹大別山地區。

大別山位於鄂、豫、皖三省交界處，崇山峻嶺，地形險要，縱深廣闊，在軍事上很有價值。徐州會戰後，軍事委員會定大別山為華中戰略要點，下令第 5 戰區負責籌劃確保。第 5 戰區以第 21 集團軍總司令廖磊兼安徽省主席，下轄第 7 軍、第 48 軍和第 39 軍 3 個軍，以及地方民眾武力。

廖磊到立煌後，積極建設大別山根據地，架設無線電，開闢山區交通，修築臨時飛機場，以便運輸彈藥軍餉，在各根據地屯糧儲彈備用。又在皖東津浦路東之五河、皖北之周家口、鄂東之麻城，分設若干游擊根據地，以加強游擊力量。1939 年冬廖磊病故，由第 5 戰區副司令李品仙接替職務。

這區游擊軍經常破壞平漢、津浦二路南段鐵路，並襲擊皖中、皖北日軍。1939 年 5 月上旬，第 48 軍 176 師，師長區壽年率其主力與林士珍之游擊支隊，奇襲日軍。與反正之郝文波夾攻敵人，焚毀其大量彈藥倉庫，安全撤

退。1941年春，第31軍138師師長莫德宏，破壞淮南鐵路南段，並襲擊守備日軍。日軍派兵5,000多人附炮30餘門，掃蕩莫德宏部，但無功而還。1942年12月8日日軍新任司令官塚田攻，由南京飛漢口，在大別山張家坪上空，被138師擊落，機毀人亡，許多重要文件被截獲。日軍為報復及尋覓塚田攻等屍骸，12月進攻大別山區。21集團軍以第44、48、39軍在大別山各要點阻擊敵人，1943年1月2日，日軍攻陷立煌，國軍撤退。1943年6月上旬，日軍退去，戰線恢復原狀。

　　抗戰八年，國軍始終保持大別山根據地。日軍雖佔領津浦路兩側要點與長江沿岸重要據點，但其佔領區域，僅限於平漢、津浦二路10公里之狹長地帶，安徽省完整縣70%以上仍被國軍掌握，因而牽制了日軍許多兵力。故日軍曾說：「大別山為南京之盲腸。」日軍對這支國軍隊伍無可奈何。

5. 其他各戰區之游擊戰

（1）第3戰區游擊戰

　　日軍佔領武漢後，以南京上海為補給地區，以長江為運輸幹線。第3戰區以截斷敵長江補給線為目的，1940年4月中旬，第32集團軍147師組織若干支隊，每隊配以炮兵、戰防炮與水雷等，潛往皖南長江南岸各交通要點或重要地區，襲擊敵艦，或掩護佈置水雷，或施放漂雷，或用炮擊，炸沉或擊毀多艘日艦。

　　游擊軍曾突襲馬當要塞，將磯田守備隊一部殲滅，焚毀日軍彈藥庫和司令部，迫使日軍需增派一個師團以上兵力守備長江交通線。

（2）第6戰區

　　第6戰區以王勁哉的128師為主幹，以沔陽為中心，江漢間的三角地帶為游擊根據地，該地鄰近武漢，威脅敵人，故日軍不斷掃蕩。直至1943年1

月下旬，游擊軍放棄沔陽，在敵後游擊。

（3）第 4、第 7 兩戰區

抗戰初期，第 4 戰區成立，轄廣東、廣西、海南三處，以張發奎為司令長官，至抗戰中期，又成立第 7 戰區，以余漢謀為司令長官。

海南保安司令王毅指揮第 11、15 兩團與第 7 自衛縱隊，守備海南。1939年 1 月，日軍第 21 軍攻佔海南島海口、榆林等處，王毅率部退守五指山，堅持苦戰到抗戰勝利。1941 年 5 月 5 日廣東中山縣游擊隊，在大赤坎附近，擊落日機一架，內有日本新任聯合艦隊司令海軍大將大角岑生和其隨員多人，繳獲日本發動太平洋戰爭的機密文件。

廣西境內多山，山皆有洞，地形險要，很多山地都可成為游擊根據地。廣西民眾自 1938 年起，凡成年壯丁皆納入組織，接受訓練，每一壯丁均會用槍，且以實彈射擊。廣西省民團組織嚴密，省主席兼保安司令，縣長兼民團司令，省府並委任軍人為副司令，輔助縣長指揮訓練壯丁。

1940 年 1 月下旬，日軍攻佔南寧。國軍在崑崙關殲滅日軍一個旅團，擊斃旅團長中村正雄。後日軍增援，雙方在邕江南北岸對峙。廣西動員邕江兩岸各縣民團萬人以上，有槍者拿槍，幫助國軍打游擊，無槍者荷鋤，擔任破路工作，把邕欽路徹底破壞。令日軍補給困難，難以久守，最後撤退。

1944 年 9 月上旬，日軍發動桂柳會戰，佔據桂林、柳州等要點。1945 年4 月下旬國軍反攻，廣西各地民團總動員協助反攻，到處擾襲日軍，於短時間內即將日軍逐出國境。

（4）第 9 戰區

第 9 戰區游擊戰以大雲山、九宮山、岷山、盧山等為根據地，在第一、二、三次長沙會戰時，協助國軍將汨羅河南北公路及湖南境內公路徹底破壞，使日軍重炮、野炮、戰防炮、卡車等皆不能通行。長沙三次會戰都獲勝利，其中一個原因是大量群眾協助破壞道路，令日軍補及困難，彈盡糧絕而

戰敗。[9]

三、中國共產黨領導的敵後戰場

1. 解放區戰場的創造

解放區戰場是由八路軍、新四軍和華南抗日縱隊創造出來，並負起獨特的作戰責任的。

1937 年 9 月，八路軍進入華北敵後。115 師進入晉察冀地區，120 師進入晉西北地區，129 師進入晉東南地區。1938 年游擊隊更向東進，一部進入冀魯豫平原和冀魯平原，一部進入冀中平原，一部更進到冀東。1938 年春，新四軍進入華中敵後，在長江兩岸發動游擊戰爭。同年冬，東江游擊隊於廣州淪陷後在當地起義。1939 年，瓊崖淪陷後，當地人民在中共領導之下組織游擊隊抗戰。八路軍初出征的時候，即在平型關打了一場漂亮的截擊戰。

國軍從華北、華中撤退後，中共游擊隊取而代之，建立敵後根據地，將敵後變成抗戰的最前線。游擊戰爭在敵後改變了國軍單純防禦方式，伺機出擊，因而牽制了日軍很多兵力，造成了使日軍不能全力西進的形勢，於是敵後變成游擊隊與日軍作戰的主要戰場。

2. 解放區抗戰的三個時期

（1）第一個時期 —— 創造與開闢時期
1937 年 9 月平型關首戰勝利，至 1940 年百團大戰為止，這個時期，八路

9　陳存恭、陳三井：《白崇禧先生訪問紀錄》（上冊）（台北，中央研究院近代史研究所，1984 年），第 375 — 391 頁。

軍、新四軍初期粉碎了日軍分進合擊的「掃蕩」戰術。1939 年以後，又連續粉碎了日軍司令官山下奉文和桑木師團長所提出的「封鎖」、「分割」、「掃蕩」三者並用的新戰術。

在第一時期初，國軍敵後的部隊，與八路軍、新四軍關係還不太壞。武漢失守後，由於蔣介石擔心中共力量迅速發展，爭取與之合併為一個大黨的企圖失敗，改變友好態度，頒佈了一系列限制「異黨」、「異軍」方案，掀起了三次反共高潮，經常進攻解放區。

這時期，八路軍由幾萬人發展到 40 萬，解放人口近 4,000 萬。新四軍由 12,000 人發展至 10 萬，解放人口 1,300 萬。

(2) 第二個時期 —— 空前嚴重時期

1940 年秋百團大戰暴露了游擊隊的實力，令日軍大為震動。日軍於是改換統帥，派岡村寧次為華北派遣軍總司令，集中兵力對華北解放區實施軍事、經濟、文化、特務「總力戰」。運用「鐵壁合圍、捕捉奇襲、縱橫掃蕩、反轉電擊、輾轉抉剔」等辦法來「掃蕩」解放區。日軍實行徹底對解放區人民燒光、殺光、搶光的「三光政策」，企圖建立「無人區」，以消滅游擊隊的生存條件。經常以十萬人左右的兵力對一個地區進行反覆「掃蕩」，每次連續三四個月之久。到 1942 年為止，解放區人口縮小至 5,000 萬以下，八路軍浴血苦戰，減員至 40 萬，這是空前嚴峻的局面。華中解放區戰鬥頻繁僅次於華北，幸而新四軍仍能維持着發展的局勢。

這時期敵後國軍游擊隊幾十萬大軍，經不起日軍「掃蕩」，1941 年中條山脈、1942 年浙贛地區、1943 年山東游擊區相繼崩潰。1941 年起，國民黨頑固派提出「曲線救國」主張，默許國軍將領在戰局不利時，「為保存實力，可暫時投降」，變成偽軍便可以確保原有駐地，不被共軍侵佔，並可同日軍聯合進攻中共解放區。於是許多經不起戰爭殘酷考驗的敵後國軍，叛國投敵，出現了大批投降的浪潮，他們將「投日反共」自辯為「曲線救國」。

（3）第三個時期 —— 發展期

1942 年冬，日軍繼續殘酷「掃蕩」。游擊隊於是採用「敵進我進戰略」，轉到敵後的敵後，去開闢新解放區，粉碎日軍進攻。這一戰略產生了極大效果，使解放區的發展，超過抗戰初期的紀錄。

在這個時期，中共中央在陝甘寧邊區發動整風運動和生產運動，各解放區隨即響應。各地再次深入減租減息，更加激起了群眾的抗日熱潮；三三制聯合政府新民主主義政權的建設，使各解放區內部更加團結起來；在軍事上，主力兵團更堅強，地方兵團日益擴大，民兵的普遍發動，又大大加強了各解放區的軍事力量。

這時期，龐炳勛、孫殿英等國軍投敵部隊近 50 萬人，將官投敵者六七十人，令偽軍數量迅速擴大，幫助日軍加強對解放區的「掃蕩」。[10]

3. 中共敵後游擊戰場的戰績

日偽軍在敵後戰場，不斷遭受無規律而準確的襲擊，無法施展其飛機大炮的長處。其傷亡於冷槍、冷炮、地雷的人馬，通常大於正規對戰的數目。因為日軍兵力如集結過大，游擊隊便分散隱藏，消耗大量資源卻勞而無功；如小部隊出擊，則易遭游擊隊集結重兵消滅。日軍中有一句諺語：「皇軍大大的去，八路軍小小的有；皇軍小小的去，八路軍大大的有。」這就是日寇無可奈何的呼聲。游擊戰爭威力並不只限於戰鬥，而且還有政治攻勢，政治攻勢不只是燃起了敵佔區同胞的抗日熱潮，而且也燃起了日軍反戰熱潮。[11] 讓日軍質疑是否應該為這場侵略戰爭拚死不降，於是投降開小差的人數不斷上升。

10　朱德：《論解放區戰場》（1945 年 4 月 25 日），中共中央文獻研究室編：《朱德選集》（北京，人民出版社，1983 年），第 137 — 149 頁。

11　劉伯承：《敵後抗戰的戰術問題》（1943 年 7 月 7 日），《劉伯承軍事文選》。

1945 年 4 月 25 日朱德在中共第七次全國代表大會上作軍事報告，介紹敵後戰場的戰績：八路軍、新四軍和華南抗日縱隊，在 1937 年 9 月到 1945 年 3 月的七年半（華南抗日縱隊缺 1943 年以前的數字）中，總計對敵大小戰鬥 115,000 餘次，擊斃和殺傷日偽軍計 96 萬餘名，俘虜日偽軍計 28 萬餘名，爭取投誠反正日偽軍計 10 萬餘名，日偽總共損失計 136 萬餘名。

繳獲：炮類共計 1,028 門，機槍共計 7,700 餘挺，步馬槍 43 萬餘枝，攻克碉堡 34,000 餘座，攻克據點 11,000 餘個，抗擊偽軍的 95%。

在侵華日軍（「滿洲」的不在內）40 個師團 58 萬人中，八路軍、新四軍和華南抗日縱隊所抗擊的仍有 22 個半師團，32 萬人，佔 56%，而所抗擊的偽軍則完全沒有變化。[12]

1943 年 6 月日本華北派遣軍總部公佈：「從今年 1 月到 5 月與共軍交戰次數為 5,524 次之多，其兵力達 567,424 人之眾。」又如，敵華北派遣軍司令部，1943 年即敵昭和十八年度，綜合戰果報道說：「敵大半為中共軍，與蔣軍相反，在本年交戰 15,000 次中，和中共的作戰佔七成五。在交戰的 200 萬敵軍中，半數以上也都是中共軍。在我方所收容的 199,000 具敵遺屍中，中共軍也佔半數。但與此相比較，在我所收容的 74,000 俘虜中，中共軍所佔的比率則只佔 15%。這一方面暴露了重慶軍的劣弱性，同時也說明了中共軍交戰意識的昂揚。⋯⋯ 因此，華北皇軍今後的任務是更增加其重要性了。只有對於為華北致命傷的中共軍的絕滅作戰，才是華北皇軍今後的重要使命。」

游擊隊在全國創造了遍於華北、華中、華南十九省地區的解放區，解放人口共計 9,550 萬。八路軍、新四軍及華南抗日縱隊全軍總數計 91 萬正規軍，民兵 220 萬以上。[13] 這背後，是犧牲了 20 萬以上的游擊幹部和戰士生命，是用鮮血、淚水和汗水鑄造出來的。有一位游擊戰士說：沒有槍、沒有

12　朱德：《論解放區戰場》（1945 年 4 月 25 日），《朱德選集》，第 147 — 148 頁。
13　朱德：《論解放區戰場》（1945 年 4 月 25 日），《朱德選集》，第 148 — 149 頁。

炮，自有敵人送上前。這首《游擊隊歌》詞填得很美，唱得悦耳動人。實際上每一顆子彈都是用戰士們的鮮血從敵人手上奪回來的。[14]

四、國共敵後游擊根據地此消彼長的原因

有些學者認為國軍領導的敵後根據地稍後夭折的原因有三點：

(1) 國民黨敵後戰場配合正面戰場，引來日軍瘋狂掃蕩；

(2) 國軍用打正規戰的方法去打游擊戰；

(3) 與中共部隊摩擦不斷，內耗嚴重。

這三點原因除第二點解釋比較合理之外，第一和三點是中共游擊隊同樣面對的問題，日軍沒有殘酷掃蕩中共游擊區嗎？百團大戰之後，日軍視八路軍為心腹大患，在淪陷區反覆掃蕩，推行殺光、燒光、搶光的「三光政策」，製造無人區，令解放區人口在 1942 年由 5,300 萬縮小至 5,000 萬以下，八路軍由 40 萬減員至 30 萬。日軍屠殺中國軍民、強姦婦女時，會分誰是國民黨，誰是共產黨嗎？

國共摩擦在抗戰時仍不斷發生，這是不爭的事實。敵後國軍在武器裝備和補給上，絕對比共軍要好，但為甚麼會爭不過共軍？總不能將原因推說為共軍與日軍有祕密停戰協議，故日軍只打國軍不打共軍。那麼「三光政策」、「無人區」是與中共游擊區無關嗎？誰是誰非？統計偽軍的來源，有多少數量來自國軍部隊，有多少來自中共游擊隊，便可得出答案。

第二點說國軍用打正規戰的方法打游擊戰，這是國軍不懂如何進行游擊戰的一個致命傷。在武器裝備和訓練等因素不如人的情況下，嚴令將士與陣地共存亡，結果全軍壯烈犧牲之後，大片土地亦隨之失陷。有生力量損失之

14　陳敬堂：《羅耀輝先生訪問紀錄》（2002 年 7 月 4 日）。

後，派誰去繼續抵抗敵人？如何達到「保存自己，消滅敵人」的軍事目的？

那麼，原因是甚麼？

我們看一看國共雙方游擊戰的理論書籍便可以找到答案。

白崇禧撰寫的《游擊戰綱要》一書，有介紹游擊隊的組織、根據地、政治工作、戰鬥、偵察、警戒、行軍、宿營、通信聯絡等項目。國民政府在「1939 年春成立戰地黨政委員會，各游擊區成立分會或區會。由各戰區最高軍事長官兼任主任委員，以期黨、政、軍一元化，確實合作，使力量集中，發揮總體戰、全面戰之效力，以打擊敵人，爭取最後之勝利」。[15] 這段文字內容就是國軍游擊戰場萎縮的答案。到抗戰爆發，國民黨思維仍然是「黨、政、軍一元化」，完全忽略人民的地位和價值，這樣國軍在敵後怎可能建立鞏固的游擊根據地？怎可能取得人民群眾的支持？沒有補給，沒有根據地，也沒有群眾的孤軍，可以支持多久？

共產黨很重視建立游擊根據地，認為這是游擊戰成敗的關鍵。毛澤東指出：處於敵後的游擊戰爭，先要建立根據地，沒有根據地是不能支持的。根據地是游擊戰爭賴以執行自己的戰略任務，達到保存和發展自己、消滅和驅逐敵人之目的的戰略基地。沒有這種戰略基地，一切戰略任務的執行和戰爭目的的實現就失掉了依託。毛澤東說建立根據地的基本條件有三個：

(1) 一個抗日的武裝部隊；

(2) 戰勝敵人；

(3) 用一切力量，包括武裝部隊的力量在內，去發動民眾的抗日鬥爭。[16]

國軍游擊隊也具備建立根據地的三個基本條件，也懂得用口和文字宣傳抗日，最終卻失去大部分游擊根據地。但是，八路軍、新四軍和華南抗日縱

15　陳存恭、陳三井：《白崇禧先生訪問紀錄》（上冊）（台北，中央研究院近代史研究所，1984 年），第 373 頁。

16　毛澤東：《抗日游擊戰爭的戰略問題》（1938 年 5 月），《毛澤東選集》（第二卷），第 387 頁。

隊既缺乏武器，特別是缺乏新式武器，又無外援，並且遭受了國民黨反動派的夾擊，為甚麼解放區在極殘酷的戰爭中，竟能日益壯大起來？

朱德曾為這問題提供了答案：

解放區在政治上，實現了孫中山先生的革命三民主義、新民主主義的政策。在各級解放區政權中實行「三三制」，即「在人員分配上，應規定為共產黨員佔三分之一，非黨的左派進步分子佔三分之一，不左不右的中間派佔三分之一」。解放區民眾分享聯合政府的政權，實現了全民總動員和鞏固的民族團結，合千百萬人之心為一心，同仇敵愾，造成人民戰爭的真正基礎。解放區人民享有政治權利，令他們的抗戰積極性和民族自信心發揚到最高度，縱使在敵人空前殘酷的燒光、殺光、搶光「三光」政策之下，戰鬥意志仍然能夠堅持下來。軍民和官兵高度團結，不管敵偽從外進攻或奸細特務從內挑撥，都打不散、挑不開這個團結。

經濟是政治、軍事、文化的基礎，改善人民的經濟生活，首先的和主要的，就是實行減租減息；而另一方面，又規定交租交息，這是保證農民佔人口百分之八十到九十的解放區在經濟上堅持抗戰的基礎，同時又不傷害富農、大地主，讓所有階層都支持抗戰。這種經濟政策，讓所有人都能在艱苦的抗戰歲月堅持下來。農民能負擔合理的田租，生產積極性因此發揮出來，縱使日軍不斷「掃蕩」，仍能維持生產。解放區推行精兵簡政，軍隊與農民一起勞動生產，節約開支減輕人民負擔，節省人力物力，以支持長期鬥爭。讓民力有喘息機會，使物力得到積蓄。各解放區在經濟上相互調劑，救災恤鄰，克服各種災荒。游擊隊全力幫助人民解決生活問題，救活民命數百萬，所以得到人民的支持，這才能達到持久戰鬥的目的。

軍事是和政治、經濟相關聯的。人民戰爭不是軍隊單獨進行的，而是要與人民大眾共同作戰來進行，是主力兵團與地方兵團、正規軍與游擊隊、民兵和人民自衛軍的配合作戰。這樣，游擊隊便能夠內線與外線結合靈活夾擊敵人，對日軍的侵略行動能夠實行反包圍、反掃蕩、反蠶食、反封鎖。擺脫

被動地位，而反轉逼敵處於被動。游擊隊的武裝工作隊更深入到日軍的心臟地區，進行刺殺破壞，有效地打擊敵人的士氣。[17]

在敵後進行游擊戰，必須得到淪陷區人民的支持。共產黨有系統有政策地進行游擊戰，並派出大量幹部，發動群眾參加抗戰，軍隊與人民融為一體，因而繁殖了大量游擊根據地，日偽軍花盡九牛二虎之力，也無法把根據地連根拔起。國民黨仍然視抗戰是其專利，不懂得推動人民參戰，也不願意與人民分享游擊區政權。游擊區仍然是官民兩個階層，國軍沒法融入群眾，好比附在荷葉上的露珠，風吹即散。

這裏用香港為例，介紹香港抗日游擊戰場的開闢和香港群眾的抗日英勇事跡。

五、戰前香港民間團體的活動

1. 香港是中國軍用品進口和戰略物資出口的轉口港

抗戰期間香港是外國軍火運進中國和中國鎢砂等戰略物資輸出的港口。據日本調查的資料顯示：1936 至 1939 年間，香港進口的軍火總值，分別是 5.25 億港元、10 億港元和 11 億港元以上。據英國調查資料，1937 年上半年通過香港輸華的軍火出口國，依次是德國、蘇聯、捷克、瑞士、比利時、美國、英國、義大利和法國。1937 年 7 月至 1938 年 11 月間，平均每月有 6 萬噸軍火經香港轉往中國，佔外國援華物資的 75%。1937 年 9 月 1 日至 11 月 13 日是「高峰期」，每日的運輸量達 38 萬噸。香港官方資料顯示，從 1938 年 1 月至 9 月期間，廣九鐵路每日平均運輸量大致維持在 140 噸至 400 噸之

17　朱德：《論解放區戰場》（1945 年 4 月 25 日），《朱德選集》，第 147 — 148 頁。

間，在 31 週內共向中國運輸了 52,835 噸軍火。德國供應的軍火數量最多，約佔同期的 60%。輸入物資包括炸彈、飛機和飛機零件、機槍、雷管、導火線、TNT 炸藥、子彈、高射炮、野戰炮、磷、甘油、火藥、魚雷、探照燈以及防毒面具等中國戰場急需的軍用品。廣九鐵路和粵漢鐵路成為最繁忙的交通線，行車最密時達 140 列，較少時也有 70 至 80 列，其補給量佔了中國補給物資的 80%。[18]

香港成為抗日軍需品的援華大道，日本雖然不斷向英國施壓，但被拒絕。1939 年 9 月 1 日，納粹德國發動戰爭，英國窮於應付。1940 年 7 月 18 日，英國首相邱吉爾在下議院表示接受日本要求，禁止軍火、卡車、汽油、鐵路器材通過緬甸及香港運往中國。日本仍不滿意，一直找機會佔領香港，截斷這條援華大道，以打擊中國軍民士氣。1941 年 12 月 8 日，太平洋戰爭爆發，日本立即揮軍攻入香港，要把這口眼中釘立即拔掉！

2. 香港淪陷前民間的愛國活動

（1）香港學生賑濟會的成立

盧溝橋烽火燃點起抗日衛國的聖戰火炬之後，香港愛國青年學生也行動起來，香港大學學生會首先組織中華醫藥救濟會，籌募捐款和藥物，支援前方抗戰，救助戰地受難同胞。學生會又發起組織全港性的學生抗日救災團體，邀請部分大、中學校派出學生代表出席。1937 年 9 月 20 日籌備會在香港大學舉行，出席的有香港大學、英皇書院、漢文中學、聖保羅女書院、華僑中學等二十四校，李政耀、黎民悅、石百恆、王式好、何敏柏等數十名代表一致贊同成立一個全港性的學生抗日救災團體，並將其定名為「香港學生賑

18　老冠祥：《國民政府與香港抗戰》，陳敬堂編：《香港抗戰》（香港，香港歷史博物館，2004 年），第 89 — 94 頁。

濟會」（簡稱「香港學賑會」），以團結全港的中、英文學校學生抗日救國。選出了港大、漢中、英皇、皇仁、華僑、女保羅、養中、女英華、女聖士提反九間學校代表為常委。香港學賑會得到港英政府批准註冊，是當時香港各界救亡團體中較早成立的一個。

9 月 22 日學賑會第一次常委會會議，決議：a.學賑會以抗日救國、救災扶危為宗旨，凡各校願意遵守章程者均得加入為會員。b. 聘請香港大學副監督韓尼路爵士為名譽會長，廣東銀行行長歐偉國為名譽司庫，何明華會督、羅文錦律師、胡素貞博士、劉景清、夏靜宜女士、歐鏡新女士等為顧問。c. 通過香港大學代表李政耀為主席，聖保羅女書院代表王式好為副主席，漢文中學代表石百恆為中文書記，英皇書院代表黎民悅為英文書記。d. 通過工作大綱，包括籌募款物，辦救護班。去函全港學校，號召報名參加學賑會。學賑會會址設在中環德輔道中 32 號三樓。到 1939 年，學賑會會員學校發展至六百多所，經常參加學賑會活動的學生有三千多人，工作骨幹有二百多人。

A. 籌款活動

香港同胞是愛國的，大家積極回應祖國「有錢出錢，有力出力」的號召。學賑會多次選定國難紀念日如「七七」、「九一八」、「八一三」或其他日子，組織成百上千的女學生上街賣花（或賣旗）。國人都願意買朵小花來支持祖國抗戰，外國人也樂意捐錢，把小紙花插上衣襟，表示自己是中國抗戰的同情者。這朵小花把全民抗戰的意識帶進入了千家萬戶，喚醒全港同胞一起承擔救國責任。

學賑會又多次舉辦籌款賣物遊藝會，1938 年元旦在聖保羅書院舉行第一次賣物遊藝會。學賑會預先向廠商、名人和社會各界募捐物品，如服裝、日用百貨、食品、工藝品、古董字畫等，集中在那一天舉行義賣。售價雖然高於市價，但人們以愛國為榮，樂於購買。如何香凝曾為籌款專門作畫義賣，被高價搶購。

1937 年 11 月，學賑會首次在香港大學禮堂舉行音樂籌賑會，12 月連續

舉辦了三場戲劇和音樂義演。當時在港或過港的著名音樂家、演員，如小提琴演奏家馬思聰、馬思宏兄弟，粵劇名演員馬師曾、譚蘭卿，電影演員吳楚帆，中華弦樂隊等都熱心地參加義演。

除學賑會之外，其他團體都熱烈籌款，拔萃男書院也曾舉行籌款音樂會。香港基督教青年會發起「一仙運動」，號召中小學校同學，在一定期限內每天捐一個仙的午餐費。這樣，就算是窮人家的孩子都能夠節省出他們微薄的午餐費，為支援祖國抗戰而奉獻出他們的心意！當年，香港有很多捐款救國的感人事跡。1938 年 6 月學賑會到長洲勸捐購買粵省救國公債，群眾踴躍捐輸，一名十歲小學生阮彩群拿出儲蓄金五百元買了公債。紀念「八一三」一週年義賣獻金時，六國飯店兩位月薪僅二三十元的女工，竟然捐獻了多年積蓄的五百港元。香港同胞的愛國熱情，實在不甘後人！

學賑會籌得的款項和物資，通過多種途徑及時送匯國內：匯寄國家銀行轉前線部隊；送給宋慶齡主持的保衛中國同盟轉給前線部隊；交由學賑會的回國服務團攜至服務地區作慰問、救濟之用；由學賑會負責人或慰問隊攜至廣州、深圳及珠江三角洲地區進行慰問救濟。

募捐活動的意義固然是用金錢物資直接支援抗戰，同時也是透過這些募捐活動來喚醒群眾、教育群眾。

B. 宣傳活動

在廣泛的募捐運動的同時，學賑會進行抗戰的宣傳教育工作，鼓舞群眾堅持抗戰的決心和打敗日本的信心。宣傳對象既包括青少年學生，也面向廣大香港市民。宣傳內容主要包括：揭露日軍屠殺人民、強姦婦女，令同胞家破人亡的暴行；介紹前線將士拚命奮戰保衛祖國的英雄事跡，如八百壯士堅守上海四行倉庫、台兒莊國軍浴血抗擊敵人、八路軍平型關伏擊阪垣師團的勝利等。

C. 歌詠運動

《義勇軍進行曲》和《松花江上》在抗戰開始之後，成為最受歡迎、最有

號召力的愛國歌曲。《保衛中華》、《全國總動員》、《救國軍歌》、《游擊隊之歌》、《大刀進行曲》、《中華民族不會亡》、《歌八百壯士》、《保衛黃河》等歌曲也迅速流行起來，學生們幾乎人人會唱。同學們在救亡歌曲中唱出心聲，唱出激情，唱出了滿眶熱淚。例如，武漢合唱團到香港演出後，《歌八百壯士》一曲迅速流行。它的歌詞悲壯，旋律激昂，歌中連續反覆十一遍的「中國不會亡」，喚出了廣大同胞心底無法抑制的抗日救亡激情。救亡歌曲能夠迅速在香港普及，除了學校老師教唱外，學賑會的提倡和推廣起了重大作用。學賑會骨幹大多是歌詠能手，有些還會指揮。學賑會利用假期舉辦歌詠幹部訓練班，培養「小先生」。一些規模小、學生少又缺少音樂教師的小學，特別歡迎學賑會到校教歌。1938 年在各段參加歌詠班的學生多達 1800 多人。

D. 短劇活動

以抗敵救亡為主題的活報劇、街頭劇能夠產生很好的宣傳效果，學賑會常派人到學校輔導或組織演出。演出最多的劇目有《放下你的鞭子》以及《中華兒女》、《在死亡線上掙扎》、《我們放開恩怨》、《三江好》等。

E. 紀念活動

學賑會號召組織各校學生參加全港統一的大型紀念活動。如 1938 年 7 月7 日抗戰一週年，當天全港機關團體普遍降下國旗，各屠宰場停止屠宰，市民主動素食，以悼念陣亡將士和死難同胞。正午 12 時，工廠、輪船汽笛齊鳴，全港同胞停止工作活動，就地肅立默哀三分鐘；同日，學賑會和其他團體還舉行賣花、義賣等募捐活動。

F. 宣傳抗日的演講會

學賑會經常邀請社會名流或教授、學者如何香凝、鄭振鐸、章乃器、謝冰心、金仲華、劉思慕、金山、王瑩等，作抗戰形勢或國際問題的演講。學賑會還組織過「學生賑災工作與救亡運動」、「抗戰中青年之苦悶問題」等專題座談會，深化青年學生愛國思想。

G. 報刊宣傳

學賑會成立不久，便在德輔道中總部辦起抗戰壁報。接着創辦了《學生呼聲》半月刊，共出版了二十期，發行三千多份。除香港外，少量發行到武漢、上海和南洋各地。其後在《大眾日報》上開闢《學生堡壘》和《火炬》專刊，在《珠江日報》出「青年呼聲」副刊。學賑會同香港的主要報刊保持密切聯繫，重大活動和號召都在各報刊上有反映。

H. 展覽會

1939 年 6 月底，學賑會舉辦了抗日戰爭兩週年成績展覽會，展出由同學們自己編寫、攝製和繪製的文章、漫畫、油畫、照片、統計圖表，還有募捐來的實物。會上還放映抗戰影片，演唱救亡歌曲。展覽會起了很大的宣傳作用。

（2）香港教育工作者和女同學的愛國活動

抗戰前夕，港英政府已推行了近一百年的殖民地教育和封建教育，但民間的教育工作者仍然鼓吹愛國教育，教導學生國家民族的思想。

九龍深水埗深愛女校（小學），創辦人兼校長張堅志，熱愛祖國。上地理課時在黑板上畫了形似海棠葉的中國地圖，講解祖國的山河如何被日本侵略者蠶食；國文教師為學生講「九一八事變」經過；美術教師教學生畫抗日英雄馬占山像；張校長的丈夫袁英俠是深愛堂牧師，他崇拜魯迅，熱心幫助妻子辦學，為深愛女校購置了《小學生文庫》和《少年文庫》給學生閱讀，上音樂課時教學生唱救亡歌曲。在校長夫婦愛國教育的薰陶下，深愛女校學生都很愛國。十一二歲的女生便會宣傳抵制日貨。1934 年小學畢業的陳家賢、袁惠慈等升上初中後，不久都參加了學生救亡運動；李潔貞畢業後和入廠做工的黃陽鳳、馮潔明、馮美坤等參加了工人的愛國活動，他們都成了抗戰時期香港學生運動和工人運動的骨幹。

灣仔正風女中，校長莫曼薇在教學中灌輸愛國思想，講抗日救亡的故

事。在她的薰陶培養下，1937、1938兩屆初中畢業生中，蔡錦屏、劉德容去廣州參加救亡工作，曹麗芳等二人奔赴延安和加入新四軍，在校的初三年級學生莫婉珍、董瓊玉等十人參加了學賑會工作。

當時香港的女子中學有數十間，大多數女中校長都支持學生參加抗日救亡工作。麗澤女中正、副校長梁逸芬、葉若昭派梁柯平作為代表參加學賑會工作，又組織大批學生參加賣花、賣旗等活動。葉若昭副校長還為那些因為參加救亡工作而誤課、誤考的同學補課、補考。陶秀女中副校長蘇若惠派14歲的何小冰為代表參加學賑會工作，並支持學生在校內辦賣物捐款和演劇宣傳。進修女中校長胡僑卿支援李惠文參加學賑會工作，還組織全校學生縫製棉衣支援前線。信修女中校長潘靜修先後派學生代表吳秀中、李夏湘參加學賑會工作，還邀請知名人士金仲華等到校演講。梅芳校長吳敏樺、漢文女師校長陳逸馨也支持學生參加救亡運動。

香港學賑會成立時，24所學校中有6所是女中。同年10月學賑會擴大選舉構成的四十四校執委中，女中代表佔了19名。女生在募捐和抗日救國宣傳中，參加節食、賣花、賣旗、賣物、歌詠等的人數不斷上升。她們都以參加救亡運動和參加學賑會工作為榮。

1939年暑假期間，學賑會的女學團組織了暑期女學生慰問隊，由李凜冰率領，前往廣東省惠陽縣淡水、坪山，慰問曾生領導的東江抗日游擊隊。慰問隊向部隊戰士宣傳抗日和演出話劇，鼓舞士氣。慰問活動結束後，隊長李凜冰和隊員唐麗華、吳玉珍、黃惠瓊四位女同學在抗日前線將士英勇殺敵精神感召下，毅然投筆從戎，成為東江前線光榮的抗日武裝女戰士。

香港女同學巾幗不讓鬚眉，學賑會兒童團團長方蘭在日佔香港後，留港堅持戰鬥，任港九大隊市區中隊隊長，領導大隊進行市區游擊戰。[19]

19　梁柯平：《抗日戰爭時期的香港學運》（香港，香港各界紀念抗戰活動籌委會，2005年），第69—89，103—104頁。

(3) 從救災籌款到投筆從戎

1938 年 10 月廣州淪陷，戰火逼近港澳。香港學生報國的激情已不能滿足於募捐和宣傳，許多人奮起要求到前線去，到敵後去。學賑會分析研究形勢後，提出回國服務、投身抗戰第一線的號召。學賑會的號召發出沒幾天，立即有百多名青年學生踴躍報名。1938 年 12 月至 1940 年 2 月，學賑會先後組織了四個回國服務團回國服務，團員共三百多人，大多是各校學生，也有青年教師和少數經考試錄取的社會青年。團員捨棄城市生活，告別父母親人，或是衝破家長的阻攔，瞞着父母毅然離家，奔赴農村或前線。四個團的活動範圍包括廣東省內很多位置偏遠的貧窮地方。

學賑會回國服務團各團以農村為陣地，進行抗日宣傳教育，動員農民參加抗日救亡運動，為農民群眾服務。他們白天與農民一起耕種，晚間在鄉村的祠堂開辦農民夜校，教農民讀書識字，教唱抗日歌曲；他們積極開展賑濟工作，把從港澳、南洋等地捐獻來的賑款和物資送到戰區難民和貧苦農民手裏；他們組織醫療小組，給農民贈醫施藥；他們以通俗易懂的語言作田頭宣傳，講形勢、開座談會、演活報劇、出壁報、貼標語等。

在支援抗戰的活動中，有團員為祖國奉獻出寶貴的生命。1939 年 9 月 14 日英皇書院同學關晃明在中山帶領民伕搶運糧食，途經大嶺村時遇上日機空襲，投下大量殺傷彈和燃燒彈。關晃明指揮大家在壕溝掩蔽，但仍有人驚慌失措，衝出壕溝奔跑。關晃明奮不顧身，衝出把民伕推回溝內。剛巧一顆炸彈在他身旁落下，關晃明當場遇難！噩耗傳到香港，學賑會和各救亡團體在香港島孔聖堂舉行隆重追悼大會。主祭人讀祭文時泣不成聲，全場啜泣之聲不絕。《大公報》發表社論，並以整版篇幅發表悼念消息和文章。

香港淪陷之後，不少愛國學生及青年以個別或小批的方式大量離港，投入東江游擊區及全國各地的抗日愛國運動。亦有不少同學在香港潛伏，加入港九大隊抗日，他們早已參加戰前各種學生抗日救亡運動和組織，是骨幹成

員和積極分子。[20] 香港大學、英皇書院、皇仁書院、漢文中學、聖保羅女書院、華僑中學、英華女書院、聖保祿女書院、梅芳女中、養中中學、華夏學院、華南中學、麗澤女中、清華書院、中華中學、庇理羅士書院、聖士提反女書院、華仁書院、英華中學、聖約瑟書院、德貞書院等學校的同學，我們的老學長、街坊鄰里都曾為抗戰作出犧牲和貢獻。

六、戰前香港的中國國民黨

1. 國民黨黨組織

中國國民黨（以下簡稱「國民黨」）在香港並無公開活動。1934 年，國民黨設駐港直屬支部。1939 年初，香港和澳門兩直屬支部合併為駐港澳總支部，下置香港、九龍和澳門三個支部，香港辦事處對外名為「榮記貿易公司」（有些資料稱為「榮記行」）。1940 年底，香港支部下轄分部 16 個、小組 104 個；九龍支部所屬分部 14 個、小組 41 個，包括中國文化協進會、西南圖書公司、華僑圖書館、港澳賑濟會等外圍組織。中國文化協進會於 1939 年 9 月成立，組織人是國民政府立法委員簡又文。三民主義青年團在香港建立分支組織，由高廷梓主持。中央賑濟委員會香港辦事處由上海清幫大亨杜月笙為常務委員，表面負責主持賑災，實際上是作為蔣介石的私人代表，用錢收買或接待一些失意政客和過時名士，如張鳴岐、章士釗、顏惠慶等，以免他們被日本和汪精衞收買利用。杜月笙曾策反過陶希聖、高宗武脫離「汪偽」。國民黨港澳總支部主任初由吳鐵城擔任，1941 年 4 月，改派陳策代理。淪陷

20　陳敬堂：《楊聲先生訪問紀錄》（2005 年 7 月 24 日）；梁柯平《香港學生的抗日救亡運動》，陳敬堂編：《香港抗戰》（香港，香港歷史博物館，2004 年），第 56 — 72 頁。

前，香港國民黨黨員數目超過 1 萬名。

2. 情報機構

（1）軍統局（簡稱「軍統」）

1938 年，軍統局在香港設有一個工作站，由郭壽華任香港區區長，繼任人有李崇詩和劉方雄。助理書記有劉方雄、沈介人和王方南等人。軍統局香港站外勤組設有三個情報組，在澳門、廣州、汕頭、瓊崖、海口和廣州灣各設一個組。王方南領導的組員，有香港政治部探員方水（又名廖獨航）、潘波、霍保，國民黨香港海員黨部總務科長馮中達、《星島日報》編輯沈秋雁、《珠江日報》編輯劉大炎等人。香港淪陷後，軍統香港站縮編，由劉方雄任站長。

軍統透過方水的關係，從香港政府內部取得有關蘇聯和中共在港活動的情報，也搜集工人、學生、激進文化人士、華南日軍調動的軍事情報等。此外，軍統局成立了西南運輸處，表面是民營機構，由陳質平任香港分處處長，兼管地下工作，搜集國際情報。1940 年蔣介石批准戴笠組織「人民動員委員會」，下設五個工作區，香港區由李福林、梅光培負責。香港淪陷期間，「委員會」協助護送了不少國民黨要人，如陶希聖、蔣伯誠、王新衡等撤離香港。

（2）中央組織委員會調查科（簡稱「中統」）

1934 年 11 月中統設立香港站，次年設置電台。後香港站改為華南中心站。1939 年，設置調查統計室，專責調查日軍、汪偽和中共活動。港九特派員由李蘇雲（原名追清漪）出任，1942 年 5 月任中統香港站站長。淪陷期間，香港站下轄 4 個情報組、1 個行動組和 3 個電台。其中一位情報站站長是著名老報人，其夫人留學日本，故能滲透日本同盟社香港分社，搜集很多日方重要情報。1943 年 4 月，國民黨香港祕密電台被日軍破獲，40 多人被捕，半年才能恢復活動。

（3）漢口國際問題研究所

以研究機構名義收集日本情報。香港負責人姓馬，曾搜集得日軍侵略廣東的情報，通知上級。但所長王芃生判斷日本決不敢進攻廣東，結果侍從室人員沒有將軍情送交蔣介石，讓日軍輕易在 1938 年 10 月 12 日登陸大亞灣，入侵廣州。

戰前和淪陷期間，國民政府在香港都有進行情報活動，今將其中三件介紹如下：

第一件是 1939 年 1 月「刺汪案」。1938 年 12 月汪精衛離開重慶，經過雲南到達越南河內，發表投降附敵的「艷電」。1939 年 1 月戴笠奉蔣介石處決汪精衛的命令後，飛往香港，在銅羅灣晚景樓一號公寓內策劃，派陳恭澍、王魯翹和陳邦國等人前往越南。3 月 21 日陳恭澍潛入河內高朗街 27 號，將曾仲鳴誤當作汪精衛處決。王魯翹撤退不及，被捕下獄，至日本投降，才被釋放回國。

第二件是 1939 年 1 月 17 日的「毆打林柏生事件」。林柏生原是中央宣傳部派駐香港特派員，在香港荷理活道 49 號開辦《華南日報》，為汪精衛宣傳。汪精衛親自起草的「艷電」，便是陳公博和周佛海從河內帶回香港，交給林柏生，於 1938 年 12 月 29 日在《華南日報》發表。31 日起，林柏生在報上發表社論「汪先生之重要建議」，《天演日報》、《自由日報》等汪派報刊配合鼓吹「投降」。軍統想處決林柏生，但恐事情在香港鬧大，最後只派人在香港島歷山大廈門前，將林柏生打至重傷。這漢奸大難不死，其後竟在日軍佔領香港當天發表談話，次日，還陪同陳璧君等汪偽人物出席日軍佔領香港舉行的慶祝會。

第三件是協助組建香港防空情報網。1940 年重慶成立「中英情報合作所」，向英國提供日軍在中國沿岸及大陸活動的情報。戴笠派陳一白率員赴港，建立第八工作組，對廣州、三灶島、海南島各地方敵機動態，作詳密的偵察報告。香港當局又聯同中國在廣東沿海組織防空情報網，加強香港防空能力。這小組的空防情報成績卓著，香港總督曾致電蔣介石道謝。香港淪陷

期間，中統特派員李蘇雲居住在香港半山區，監視香港海面日艦情況，並用密碼電告重慶本部，通知盟軍派飛機前來空襲。

3. 金融機構

香港淪陷前，廣州的金融機構，如新華信託儲蓄銀行廣州分行、廣州嘉華儲蓄銀行、中國國貨銀行廣州分行、中國農工銀行廣州分行、廣州實業銀行、絲業銀行、鹽業銀行廣州分行、上海商業儲蓄銀行廣州分行、中南銀行廣州分行、金城銀行廣州分行、東亞銀行廣州分行、香港國民商業儲蓄銀行、廣東銀行廣州分行等，都遷移來港。香港亦成為戰時中國黃金儲備的一個要地，到 1937 年 7 月 25 日為止，中國國銀存放在倫敦的黃金、交通銀行與廣東銀行存放在香港的黃金合共總值 10,414,304 元，佔中國銀行等 5 家中國主要銀行的黃金儲備總值 38,074,579 元（未計存在美國以美元計算的部分）的 27.35%。中國外匯亦交由香港辦理，規定內地銀行要購取外匯時，需要將申請書送交中央銀行總行或香港的辦事處辦理。戰時華僑若要寄匯至淪陷區，財政部規定要經由香港銀行代轉。這樣令香港兼負起外匯管制的重要功能。華僑和香港的捐款，經由中央銀行和其他銀行的香港辦事處轉交內地。這時，香港成為了戰時中國的金融中心。

4. 宣傳機構

抗戰爆發後，中宣部派鄧友德做駐港特派員，開展對外宣傳工作，以爭取外援。1937 年 11 月，成立國際宣傳處，處長曾虛白。1938 年 2 月，改隸軍委會宣傳部，由副部長董顯光負責。同年，國宣處在香港成立支部，是中國國際宣傳網七個聯絡站之一。1939 年擴大為辦事處，主任溫源寧。辦事處曾出版英文刊物《遠東鏡》月刊。日佔香港後，香港辦事處關閉，國宣處改

在美、加等地先後成立了 12 個辦事處。

戰前香港共出版了 38 份報章，其中屬國民黨直接發行的有：陳畬訓主持的《國民日報》、《香江晨報》、《現象日報》、《香港新聞報》、胡漢民出資創刊的《中興報》、與陳銘樞有關的《大眾報》、桂系出資的《珠江日報》等，香港淪陷後，除少部分轉移內地繼續出版外，餘均停刊。此外，有一批中國內地報章來港創刊，包括 1938 年 8 月 13 日在香港創辦的《大公報》香港版，同年 11 月還創辦了《大公晚報》，至香港淪陷才停刊。上海《立報》也在香港復刊，由茅盾擔任「言林版」主編。

電影方面，香港淪陷前拍攝了大批愛國電影，宣傳抗日。1937 年有《邊防血淚》和《回祖國去》兩部香港電影，得到國民政府「中央電影檢查委員會」的嘉獎。《最後關頭》一片被選為 100 部中國名片之一，是極具影響力的電影。

5. 賑災機構

「保衛中國同盟」由宋慶齡倡議成立，1938 年 6 月 14 日宋慶齡和宋子文在香港聯署發表宣言。宋子文任名譽會長，宋慶齡任主席，孫科任委員。因此，「保衛中國同盟」初創時屬於國民黨機構。辦公處由宋子文提供，設在香港西摩路 21 號。不過，「保衛中國同盟」的委員還有孫中山先生得力助手廖仲愷的兒子廖承志當祕書長，還有國際友人愛潑斯坦、塞爾溫・克拉克夫人、諾曼・弗朗斯等委員。他們熱烈向國際宣傳中國人民抗日戰爭的情況和需要，呼籲全世界愛好和平人士為抗日軍隊特別是在敵後抗戰的八路軍、新四軍募捐藥品、救護車、醫療器械和物資。把捐獻的物資大部分都交給八路軍香港辦事處，轉運到八路軍桂林辦事處，再轉送延安和前方。同時，也動員了不少華僑回國參加抗戰。宋子文無法阻止「保衛中國同盟」變成為中共的籌款機構，於是在 1941 年 5 月 30 日宣告退出同盟。香港淪陷前夕宋慶齡乘重慶派來的專機離開香港。

七、國民政府與香港抗戰

香港淪陷前，國民政府委派陳策出任國民黨駐港總支部主任委員兼國民政府駐香港軍事代表，負責領導香港的國民黨工作和與駐港英軍聯繫。陳策到港後，為免日本特務獲悉，在香港中環雲咸街亞細亞行二樓開設了一間「華記行」掩護活動。陳策祕密與香港總督和英國駐港陸軍司令聯絡，只有這兩人才知他的真正身份。他代表中方建議港英政府組織華人義勇軍，並與華南第七戰區余漢謀部協同作戰，共同防衛香港。但英方未予應允。

香港淪陷前，駐港英軍兵力薄弱，陸軍僅有 1.5 萬人；海軍驅逐艦 1 艘、炮艇 4 艘、魚雷快艇 8 艘和武裝巡邏艇數艘。空軍有魚雷轟炸機 3 架和水陸兩用戰鬥機 2 架。12 月 7 日（戰爭爆發前夕）英國更將其中 2 艘艦艇調往新加坡。雖然香港兵力空虛，但仍有些人如鍾士元在內，相信在英軍保護下，日本不會攻打香港。1941 年 12 月 8 日晨日軍攻入香港，晚上港督楊慕琦（Mark Young）通過香港電台發表廣播，表示港英當局願與中國人民聯合抗戰。這時，港英政府才重視陳策，請他代表中國發表回應港督廣播的談話，號召香港同胞共同起來保衛香港。又為爭取中國各種力量對抗日軍，迅速釋放了關在集中營的中國官兵。這批部隊早一年因戰況不利撤入香港，被英軍繳械，關入集中營。港英政府到這危急關頭才釋放他們，並發還軍械，讓他們到新界前線和英軍一起抵抗日軍。這時新界英軍節節敗退，國軍突然出擊，把日軍打得手忙腳亂。當國軍奮勇往前衝鋒時，卻發現英軍沒有跟隨衝殺，只得自行作戰，打回祖國去，最後歸隊繼續抗戰。

日軍突破新界醉酒灣防線後，英國派魏菲爾將軍向重慶緊急求援，獲得中國同意後，英軍卻拒絕為國軍提供海、空支援，甚至還堅持要限制進港國軍的活動範圍。12 月 13 日，陳策收到余漢謀的電報，說國軍增援香港的先頭部隊快要趕到，通知英軍死守待援。可是，港督楊慕琦放棄抵抗，奉令在 12 月 25 日向日軍無條件投降。

香港守軍宣佈投降當天，陳策率領 83 名中外人士，包括 26 名英國軍官和 35 名其他英國官員和平民，乘坐 5 艘魚雷快艇，在香港仔西部出發。航經昂船洲時，被日軍開火射擊，陳策所乘的快艇中彈沉沒，義足折斷，左手中彈負傷，被救上另一艘船繼續航程。最後越過大鵬灣登岸，經韶關返回重慶。此次突圍行動，有 16 人中彈死亡或被捕，只有 67 人逃離香港。[21]

簡而言之，香港淪陷前，國民黨在港有過萬黨員，眾多機構。但日軍佔領香港後，國民黨負責人立即率眾衝出重圍，其他黨國要人紛紛各自逃亡。除少數情報人員留港祕密活動外，並沒有組織游擊隊領導香港人民抗日。

八、戰前香港的中國共產黨

1. 戰前香港的中共黨組織

1922 年 1 月 12 日，香港海員因生活困難，向資方要求加薪被拒，海員工會聯合總會於是罷工。港英政府宣佈海員工會為「非法團體」，實行戒嚴，封閉海員工會會所，逮捕罷工領袖，用恐嚇、威脅手段對付罷工海員。當時，香港還沒有中共組織，但是，中國內地的共產黨在廣州組織了香港罷工後援會，全力支持香港海員罷工，又號召全國工人支援。香港各行業的中國工人亦在 2 月底實行總同盟罷工，支持海員鬥爭。3 月初，罷工總人數達十萬人，香港完全陷入癱瘓狀態。港英政府和資本家迫於形勢，只有屈服，答應海員工人的基本要求。3 月 8 日，歷時 56 天的香港海員大罷工宣告勝利結束。

1925 年，英、法帝國主義者在廣州沙面開槍開炮屠殺「五卅運動」示威

21　老冠祥：《國民政府與香港抗戰》，陳敬堂編：《香港抗戰》（香港，香港歷史博物館，2004 年），第 88 — 120 頁。

群眾，製造舉世震驚的「沙基慘案」，於是省港兩地工人罷工抗議，令港英政府蒙受巨大損失。1927 年國共分裂後，部分中共黨人撤退到香港。1928 年 1 月初，建立黨組織，但在 1929、1931 和 1934 年三次遭受嚴重破壞。[22]

1935 年 7 月，中共黨人劉達潮以文娛活動為掩護，籌組餘閒樂社，獲得港英政府批准註冊，在九龍彌敦道成立。[23] 香港淪陷之前，有多個中共組織存在，在堅持抗戰、支援解放區，以及營救文化人士的行動中發揮了重要作用。

（1）中共中央南方局

1939 年 1 月 16 日在重慶正式成立，由 13 名委員組成，書記周恩來，常委董必武、博古、王若飛，委員廖承志等。南方局一方面領導八路軍駐重慶、桂林、長沙、廣州、貴陽、香港的辦事處；另一方面領導南方國民黨統治區、日偽佔領區以及港澳地區的地下黨組織。這機構對外完全保密。[24]

1940 年 4 月 29 日，周恩來指出：廣東省委的工作中心，第一是在敵後建立政權和武裝，第二是國民黨統治區的工作，第三是香港、廣州等敵佔中心城市工作。[25] 其中關於建立政權和武裝的決定，為後來文化人士的撤離香港，提供了安全和可靠的保證。8 月 7 日、8 日，周恩來在中共中央政治局會議上報告工作，談到：國外工作以香港為中心，由廖承志管募捐，劉少文管統戰，潘漢年管情報、文化。9 月 7 日周恩來致電廖承志轉香港工委方方、張文彬並報中央，強調對香港的地方工作，應徹底執行中央的長期埋伏、積蓄力量、等待時機的方針。[26]

22　莫世祥：《抗戰初期中共組織在香港的恢復與發展》，《中共黨史研究》（2009 年第 1 期），第 68 頁。

23　曾生：《曾生回憶錄》（北京，解放軍出版社，1992 年），第 74 頁。

24　楊奇：《見證兩大歷史壯舉》（北京，人民出版社，2011 年），第 28 — 29 頁。

25　《周恩來年譜（1898—1949）》（北京，中央文獻出版社，1990 年），第 454 頁。

26　《周恩來年譜（1898—1949）》（北京，中央文獻出版社，1990 年），第 466 頁。

（2）中共南方工作委員會（簡稱「南委」）

1940 年 10 月 16 日南方局周恩來致電中共中央，建議由方方、張文彬、涂振農、王濤、郭潛五人組成南方工作委員會。中共中央表示同意。1941 年春南委正式成立，領導機關設在廣東大埔，書記方方，副書記兼組織部長張文彬，下轄三個省委、一個工委、五個特委。南委作為南方局派出機關，對廣東、廣西、江西、福建四省包括國統區、游擊區、淪陷區和港澳地區的黨組，實行分別領導。[27]

（3）中共粵北委員會和中共粵南委員會

1940 年 6 月，南方局指示將廣東省委劃分為粵北和粵南兩個省委。粵北省委書記張文彬，組織部長李大林，宣傳部長涂振農，青年部長陳能興，婦女部長朱瑞瑤，領導機關設在韶關。粵南省委領導香港市委、澳門和廣東淪陷區的地下黨，書記梁廣，組織部長王鈞予，宣傳部長石闢瀾，婦女部長鄧戈明，領導機關設在香港和九龍市區內。[28]

（4）中共香港市委

1941 年五六月間，根據中共粵南省委指示，恢復設立香港市委，書記楊康華，組織部長張餘，宣傳部長吳超炯，婦女部長曾珍，青年部長陳達明，職工部長黃施民。市委機關設在九龍。[29]

（5）八路軍駐香港辦事處

抗戰期間，中共在香港公開活動與外界接觸交往最多的單位是八路軍駐香港辦事處。1938 年 1 月周恩來同英國駐華大使阿奇博爾德·克拉克·卡爾爵士（Sir Archibald Clark Kerr）商談，中共要在香港建立八路軍辦事處，以

27　楊奇：《見證兩大歷史壯舉》（北京，人民出版社，2011 年），第 29 頁。

28　《周恩來年譜（1898—1949）》，第 457 頁；楊奇：《見證兩大歷史壯舉》，第 29 頁。

29　楊奇：《見證兩大歷史壯舉》，第 29 — 30 頁。

便接受、轉運華僑及外國友人對八路軍、新四軍的捐贈，請他幫助。於是香港總督批准在香港皇后大道中 18 號 2 樓，成立八路軍辦事處。為照顧英國和香港政府的「中立地位」，辦事處不公開掛出招牌，用「粵華公司」名義經營茶葉生意作掩護，老闆是連貫，實際由廖承志負責。廖承志到港後便同早已在香港從事隱蔽戰線工作的潘漢年取得聯繫，兩人一起工作，為八路軍、新四軍募捐的工作做出了很大成績。由於港英和國民黨特務監視，為免影響到訪人士的安全，廖承志和潘漢年兩人從 1939 年 1 月起，便不再到「粵華公司」辦公。八路軍辦事處真正辦公的地方在銅鑼灣耀華街一幢兩層的樓房，內設有劉少文負責同中共中央聯絡的祕密電台。[30] 淞滬會戰爆發後，周恩來安排八路軍駐上海辦事處疏散人員，部分撤到香港，增加了香港辦事處的力量。

（6）其他黨組織

中共中央南方局直接派遣到香港從事隱蔽工作的幹部，主要有潘漢年、劉少文、李少石等，以八路軍駐香港辦事處名義對外活動。另外還有活動和任務的，如劉少文掌管惟一同中共中央和南方局直接聯絡的祕密電台，潘漢年負責周恩來指派的隱蔽戰線工作。[31] 中共其他系統和廣東人民抗日游擊隊都有派人在香港開展工作。[32]

2. 抗日游擊隊的成立

1938 年 10 月 12 日凌晨，日軍 4 萬餘人在大亞灣澳頭至岩前涌一帶海岸登陸，21 日攻佔廣州。日軍在大亞灣登陸翌日，中共中央即電示中共廣東省

30　楊奇：《見證兩大歷史壯舉》，第 17 — 19 頁。陳敬堂：《楊奇先生訪問紀錄》（2013年 3 月 20 日）。

31　陳敬堂：《楊奇先生訪問紀錄》（2013 年 3 月 20 日）。

32　楊奇：《見證兩大歷史壯舉》，第 30 頁。

委和八路軍駐香港辦事處：組織抗日武裝，建立抗日根據地，開展游擊戰爭。10 月中旬，廖承志召集吳有恆、曾生、周伯明開會，決定在廣東敵後建立抗日武裝隊伍，並派曾生、周伯明、謝鶴籌到惠陽縣坪山組織人民抗日武裝。12 月 2 日惠寶人民抗日游擊總隊在惠陽淡水周田村正式成立，共 100 餘人，總隊長曾生、政委周伯鳴。在此之前，東莞縣委已在 10 月 15 日成立了東莞模範壯丁團，隊員 100 多人，隊長王作堯，政訓員袁鑒文。兩支部隊經過多次襲擊日偽軍之後，屢立戰功，聲名大振，人數增加到 800 多人。但隨即引起國民黨注意，圍殲曾、王兩部。曾、王兩部東移海陸豐，傷亡慘重，隊員銳減到 100 餘人。1940 年 5 月 8 日周恩來電報批評東移戰略是「在政治上是絕對錯誤的，軍事上也必歸失敗」，指示曾、王兩部應回東寶惠敵後地區，堅持抗戰。[33] 6 月 10 日至 12 日，大嶺山百花洞一戰，兩部擊斃日軍大隊長長瀨和日敵五六十人，聲威大振。9 月，曾、王兩部改稱「廣東人民抗日游擊隊」，分別開創了大嶺山和羊台山抗日根據地，部隊人數發展到 1,000 多人。[34]

3. 香港淪陷前中共的活動

「皖南事變」後，文化人士被國民黨打壓迫害。周恩來親自策劃和安排文化界群英分批撤離和疏散。茅盾、葉以群、金山、杜國庠、柳亞子、夏衍、鄒韜奮、張友漁、范長江、戈寶權等撤到香港。

1940 年夏，南方局文化工作委員會（簡稱「文委」）建立，香港的文化工作，先由中共南方臨時工作委員會香港文化支部負責，後由香港八路軍辦事處和中共香港市委共同領導。1941 年 5 月中共香港文化工作委員會成立。由廖承志、夏衍、潘漢年、胡繩、張友漁 5 人組成，下設文藝、學術、新聞 3

33　曾生：《曾生回憶錄》（北京，解放軍出版社，1992 年），第 158 頁。

34　曾生：《曾生回憶錄》，第 168 — 206 頁。

個小組。各組經常開座談會，如文藝座談會、戲劇座談會、學術座談會、新聞座談會、國際問題座談會、婦女座談會等等。團結香港文化藝術界人士，積極開展各項抗日愛國活動，繼續為挽救中華民族的危亡而貢獻自己的力量。

　　這時，香港新的文化、藝術、教育團體不斷湧現，報紙刊物更是有如雨後春筍，如宋慶齡領導的保衞中國同盟所出版的英文半月刊《新聞通訊》，梁漱溟任社長、俞頌華任總編輯的《光明報》，救國會全人辦的《救國月刊》，周鯨文主編的《時代批評》，茅盾主編的《筆談》，郁風主編的《耕耘》，張明養主編的《世界知識》，張鐵生主編的《青年知識》，馬國亮主編的《大地畫報》等等，紛紛出版發行。鄒韜奮主編的《大眾生活》也在香港復刊了，茅盾、夏衍、金仲華、喬冠華、胡繩、千家駒等名家成為這個刊物的編輯委員。與此同時，夏衍、黃藥眠等創辦了「國際新聞社」，喬冠華、胡一聲等也創辦了「香港中國通訊社」。中共主辦的《華商報》也創辦了，胡仲持任總編輯，范長江任副總經理，主持日常工作；來自祖國各地的作家、教授每天都在這張報紙上發表文章，韜奮還為它撰寫了 20 萬字的《抗戰以來》，對國民黨消極抗日積極內戰的種種行為，作了無情的揭露。著名漫畫家葉淺予、丁聰、胡考等人在許多報刊上開闢了陣地，每天都有抗日、進步的時事漫畫發表。

　　戲劇界方面，金山、王瑩率領的中國救亡劇團、唐槐秋領導的中國旅行劇團、歐陽予倩領導的中華劇社，以及夏衍、于伶、宋之的、司徒慧敏等組成的旅港劇人協會，先後演出了《台兒莊之春》、《放下你的鞭子》、《霧重慶》、《希特拉的傑作》、《北京人》等劇目。歌詠團體經常演唱聶耳、冼星海、賀綠汀等人創作的抗日救亡歌曲。電影方面，有蔡楚生執導《孤島天堂》、許幸之參與拍攝的《阿 Q 正傳》等等。

　　上述文化界人士對於促進全國的抗日救亡運動和推動香港的新文化運動，作出了重要的建樹。

九、香港大營救

1. 周恩來的部署

　　1940 年 9 月 27 日德、意、日在柏林簽訂德意日三國同盟條約，29 日周恩來便指出：「日寇在其解決中國問題的迷夢幻滅以後，不得不更積極的南進，以求解決國內矛盾和國防上的資源供給。」判斷日本新任首相近衞文麿將會不顧一切的發動太平洋戰爭。[35] 1941 年 10 月 19 日，周恩來在《太平洋戰爭的新危機》一文，預言太平洋戰爭將要爆發。[36] 是年冬天，周恩來致電香港張友漁，指出日美有開戰可能，要求他做好準備。[37] 11 月初，中共游擊隊發現日軍第 36 師團在沿廣九鐵路南段及惠寶沿海一帶集結，準備進攻香港。游擊隊政委尹林平立即去香港向廖承志報告和請示，廖承志即刻通知游擊隊領導曾生，要求作好應變的準備，一旦戰事發生，立即派部隊進入港九地區，開展敵後游擊戰。日本侵港行動已經如箭在弦，一觸即發，很多人仍然說香港太平盛世，沒有半點戰爭的氣息，根本是缺乏危機感、政治智慧！試想，1938 年年底，日軍攻佔廣州，戰火已經燒到深圳河北岸；部分國軍亦被迫撤入香港，被香港英軍繳械關入集中營；香港抗日救亡運動進行得如火如荼，部分港人亦回鄉支援抗戰，戰火已經火燒眼眉，甚麼人才會相信日本不會進攻香港而不早作安排？

　　12 月 8 日，太平洋戰爭爆發，中共中央從延安、周恩來自重慶同時發來電報，指示廖承志迅速做好應變準備，要不惜任何代價，將聚居香港的大批

35　周恩來：《國際形勢與中國抗戰》（1940 年 9 月 29 日），中共中央文獻研究室、中國人民解放軍軍事科學院編：《周恩來軍事文選》（二）（北京，人民出版社，1997 年），第 270 — 273 頁。

36　周恩來：《太平洋戰爭的新危機》，《新華日報》（1941 年 10 月 19 日）。

37　《周恩來年譜（1898—1949）》（北京，中央文獻出版社，1990 年），第 520 頁。

愛國民主人士和文化界人士搶救出來，經澳門、廣州灣或東江轉入大後方。[38]
9 日，中共中央發出指示：建立與開展太平洋各民族反日反法西斯的廣泛統
一戰線；努力開展華南敵佔區、海南島、越南及日本在南洋一切佔領區域的
抗日游擊戰爭，盡可能與各抗日友軍及英美等抗日友邦的軍事行動協同一
致。[39] 同口，周恩來再度急電廖承志指示部署工作。又就香港文化界人士如何
安置，朋友是否已撤出以及對新、菲兩島有無聯絡辦法等問題電詢廖承志。
1941 年 12 月 19 日致電廖承志、潘漢年、劉少文並報中共中央書記處，詳細
佈置營救工作：將困留在香港的愛國人士接至澳門轉廣州灣然後集中桂林；
即刻派人告梅龔彬、胡西民，並轉告在柳州的左洪濤，要他們接待；政治活
動人物可留桂林，文化界可先到桂林新華日報社，戈寶權等來重慶；對戲劇
界朋友可能要夏衍組織一旅行劇團，轉赴西南各地，暫不來重慶；留港的
少數人必須符合祕密條件；存款全部取出，一切疏散和幫助朋友的費用均由
你們開支；與港府商定，如他們派軍隊護送人物及軍火至海南島，可送一批
人去，並破壞日機場和倉庫交通線；派人幫助孫、廖兩夫人和柳亞子、鄒韜
奮、梁漱溟等離港。[40]

2. 香港大營救

　　日軍進攻香港時，很多文化人都是住在九龍半島，所以廖承志收到疏散
文化人的電報後，先派葉以群通知住在九龍半島的文化人士先搬到香港島，
立即緊張地進行營救工作。廖承志將香港島方面的營救任務交給劉少文。劉

38　曾生：《曾生回憶錄》（北京，解放軍出版社，1992 年），第 215 頁。

39　《中共中央關於太平洋反日統一戰線的指示》（1941 年 12 月 9 日），中央檔案館
　　編：《中共中央文件選集》（第 11 冊）（北京，中共中央黨校出版社，1986 年），第
　　788 — 789 頁。

40　《周恩來年譜（1898 — 1949）》，第 523 頁。

少文派八路軍辦事處潘靜安具體執行任務。當時文化人因逃避戰火，多次搬家，失掉聯絡，很難聯繫。潘靜安找到生活書店的徐伯昕和《華商報》的總編輯張友漁幫忙，因他們與茅盾、鄒韜奮等聯絡比較多。就這樣，查查找找，一個聯繫一個，一批聯繫一批，終於全部聯絡到了。潘靜安等人分別走訪這些人，轉告他們廖承志的意見：要把他們先送離香港島，通過九龍半島的新界，到達東江游擊區。鑒於日本人封鎖了維多利亞港，晚上市區戒嚴禁止夜行，廖安祥租了兩條駁船，放在維多利亞港銅鑼灣避風塘對開的海面，讓偷渡的文化人先到此暫住一晚，破曉時才偷渡到九龍去。

第一批離開香港的是廖承志、連貫和喬冠華三個人。廖承志、連貫先走一步考察和安排營救文化人沿途各站的工作；喬冠華在香港寫了很多抗日的軍事論文，十分精彩，故被列入日本搜捕的黑名單，必須撤走。另外一個原因是喬冠華有一個同學趙玉軍，在余漢謀的十二集團軍當參謀長，駐在韶關。廖承志考慮到把韶關作為一個轉運站，可以利用這一社會關係。所以三個人在元旦晚上，就睡在維多利亞港海面的駁艇上，等到天亮，就轉乘小艇，避過日軍的監視，在紅磡火車站的東邊上岸，由游擊隊的幹部李健行帶他們與九龍的尹林平見面，商量營救的部署。當時已經擬訂一個初步的方案，香港歸劉少文負責，九龍交尹林平負責，粵東各縣由連貫負責，韶關讓喬冠華負責。

散會後，廖承志三人由李健行陪同，短槍隊暗中護送，到了西貢的大環頭村，由游擊隊短槍隊負責人蔡國樑、黃冠芳接待後，隨即登上劉培指揮的兩隻武裝護航漁船，駛往東江游擊區的沙魚涌。[41] 1942 年 1 月 2 日早上 5 時抵埗，惠陽大隊長高健等十多人，隨即護送他們經過坪山、淡水、惠州，在 1 月底到達龍川縣的重鎮老隆。廖承志把連貫留下在老隆坐鎮指揮，自己和喬冠華則趕

41　陳敬堂：《劉培先生訪問紀錄》，2002 年 8 月 18 日；李健行：《成功搶救香港文化界人士》，《勝利大營救》，第 75 — 76 頁。

往韶關，繼續安排轉送文化人的工作。由於有了從香港到東江游擊區，再經國統區老隆、韶關這條路線的實踐，説明這條營救路線是可以成功的。

營救路線分東路和西路。當時香港缺乏糧食，日軍要驅趕 100 萬香港居民離港回鄉。游擊隊便利用這機會把文化人士救出香港。游擊隊分批通知文化人出發日期，先到香港島灣仔駱克道（舊名洛克道）一層樓集中。一般來説在下午 6 時，吃過晚飯，帶着輕便行李，穿上故衣店買來的唐裝，把墨水筆收起來，眼鏡也盡可能不戴，化裝成為一般老百姓，扮成「難民」的樣子，讓人看不出他們是文化人。[42] 在游擊隊的帶領和護送下，他們戒嚴之前登上銅鑼灣的駁船，暫住一個晚上，破曉時便乘坐小艇偷渡到九龍去。再經新界荃灣、元朗，登上大帽山，翻過梅林坳，到達寶安游擊區。這是絕大多數文化人到游擊區的主要路線。東路屬水路，從新界大埔坐木船，到游擊區的沙魚涌，再到惠陽或寶安游擊區，少數人走這條路。東西兩路都有短槍隊暗中保護。

何香凝和柳亞子兩個老人家不可能走山路，潘靜安安排他們在香港島香港仔上船，再到海豐，該地仍由國軍控制，從那裏到韶關，再轉到桂林。因為逆風逆水，花了八天才到達海豐，故以後不再用這條路線了。

亦有從香港島干諾道西坐船出發，經長洲到澳門，再分水陸兩路經過中山，或坐木船到江門，然後到廣西梧州，再到桂林，前後約有六七十人走這條路。1942 年 1 月 5 日，夏衍便是這樣帶着司徒慧敏、金山、王瑩、蔡楚生，以及金仲華、郁風等 21 人經澳門轉輾回到內地。

3. 大營救的意義

香港大營救是在很困難的情況下展開的，一開始就動員八路軍駐港辦事處、完全祕密的香港中共市委黨員、東江抗日游擊隊，以及寶安、惠陽到韶

42　潘靜安：《虎口救精英》，《勝利大營救》，第 81 頁。

關沿途的中共地下組織，參與了營救工作。先後救出的文化人士、民主人士和他們的家屬共有 800 人，沒有一人被日敵截獲。

「香港大營救」本身是一次重要的統一戰線行動，充分體現了抗戰時期中共同革命知識分子患難與共的親密關係。文化人在游擊區停留的時間，短的半個月到一個月，長的四個月。對游擊隊員而言，難得有此機會接待全國第一流的文化精英，直接向他們學習和請教。另一方面，文化精英都是生活在大城市，從來沒有到過農村，現在有機會直接考察游擊區各種狀況，親身感受到游擊隊資源十分缺乏，人少、地小、槍少。缺乏經費的游擊隊為了照顧他們，減少了一半菜金來節省開支。文化人士的菜金比戰士增加一倍，雖然如此，增加一倍後的標準仍然很差。飯：全部吃飽為止，無限量；生油，文化人一日一兩花生油；買菜買肉錢二毛錢。戰士們則一日半兩生油，一毛錢菜金，米則是 16 兩秤的 12 兩，即 0.75 斤一天，6 兩米一餐是吃不飽的。

中共游擊隊和黨人先從香港日軍魔爪下拯救文化界精英逃出生天，再保護他們逃避國民黨的追殺，最後悉心安排護送到安全地方。游擊隊在軍事、經濟條件極惡劣的情況下進行大營救，讓八百多名愛國人士、文化精英和他們的家眷衷心感激中共的救命之恩。最重要的是創造了一個讓游擊隊員和文化人互相教育和學習的機會，鄒韜奮到達游擊區時說：我這次是跟文化游擊隊一齊回來，你們有的是槍，可以打日本，保衛國家；我們有的是筆，可以宣傳抗日。跟着他強調一句：「筆桿子要同槍桿子結合起來。」他們感受到游擊區群眾無怨無悔地支持抗日、支持革命；戰士和青年艱苦地學習，對革命前途充滿信心。這一切，都讓文化人士看到中國的光明前途。茅盾在《脫險雜記》一文這樣描述：「五六天的時日雖不算多，可是已經足夠使我們親眼看到游擊隊幹部們的生活如何艱苦。他們經常吃的是雜糧，病了簡直沒有醫藥；國民黨軍隊對游擊隊的封鎖之嚴密和他們對敵人走私之包庇，正好是一個強烈的對照，使得最糊塗的人也認清了誰是人民之友，而誰是藉了抗戰的

招牌在無惡不作的！」[43]

　　八年抗戰期間，國民黨不單掉了中國大半土地，更重要的是掉了文化界精英的心！中共成功地進行了大營救，進行了一次重要的民族抗日統一戰線行動。中共不只是拯救了這八百人（連家屬計）的性命，更重要的是讓這批文化精界有機會到達游擊區，親身感受游擊區戰士和群眾的革命精神，看到新中國的希望，願意一起承擔拯救中國的偉大使命。這八百人成為八百部宣傳機器，他們的作品激起全國乃至海外青年的革命激情，投奔延安！延安取代廣州成為中國的革命聖地！[44]

十、香港敵後戰場

1. 香港敵後戰場的開拓

　　日本侵佔香港前，已被英國殖民統治近一百年之久，但英軍投降後，英國在香港的影響力煙消雲散，英軍戰俘逃離香港也需要請求游擊隊協助。國民黨在香港也財雄勢大，但英軍投降之日，國民黨駐港黨代表和軍事代表立即率眾突圍而走，沒有留下組織游擊隊繼續抗日。其餘國民黨人亦各自設法逃離香港或潛伏隱藏，沒有考慮在敵後抗戰的問題，陷入敵人魔掌的香港同胞還可以靠誰？

　　中共游擊隊卻在這時開展敵後游擊戰場。香港敵後游擊戰場是按照毛澤

43　茅盾：《脫險雜記》，《勝利大營救》，第 250 頁。

44　陳敬堂：《周恩來與香港大營救》（2013 年 10 月），在天津南開大學第四屆周恩來研究國際學術研討會發表。

東游擊戰理論逐步完成的。[45] 日軍進攻香港的同一日，廣東人民抗日游擊隊調派一支武裝部隊尾隨日軍進入香港新界地區，自此，香港敵後出現了一個抗日的武裝部隊。這是第一個基本條件。

接着下來，游擊隊不斷襲擊土匪、漢奸、特務和日軍，並取得勝利。游擊隊進入香港後，一方面積極搶救文化界精英，同時執行清除土匪任務，以保證交通線的安全和鄉民的生命財產。陸上方面，西貢黃冠芳、劉黑仔短槍隊在最初的大半年期間，共肅清了十多股土匪。最著名的有：陳乃壽二十多人，鄧芳十多人，張明仔二十多人，鐮仔佬十二人，黃福一百人，李觀姐六十人，謝天帶一股土匪。[46] 元朗曾鴻文短槍隊在十八鄉捉拿漢奸、敵特、地霸。抓到罪大惡極的就當場槍斃，一連幾天，每天都槍殺一兩個作惡的漢奸，最多的一天，除掉 6 個。「曾大哥」的名字傳遍當地，土匪漢奸都不敢再來。曾鴻文在兩排游擊隊武裝的支持下，邀請百餘名土匪代表在山上開了一次「聯誼會」。勸各人好兔不吃窩邊草，不要傷害這裏的窮百姓，要打就去打日本鬼子！誰不這樣做，就應該把他趕出這個地面！曾鴻文激發了土匪的民族感情，都同意不再傷害當地鄉民。游擊隊自此大受當地群眾愛戴，為營救文化人士奠下基礎。盤據大帽山兩邊的土匪，在曾鴻文提出讓出地盤的要求後，都願意自動撤離。[47]

海上方面，劉培的護航隊在一年期間，經過連場海戰，消滅了大鵬灣黃福仔、黃祥仔、莫仔、吳仔、何聯芳、陳乃秀、鄧芳仔等十餘股海盜，並繳

45　陳敬堂：〈中共中央領導的香港抗日游擊戰〉，中共中央文獻研究室、中央檔案館：《黨的文獻》（2015 年 5 期），第 83 — 89 頁。

46　黃冠芳、鄧斌：《虎膽英雄 —— 劉黑仔的故事》，未刊稿；張子燮：《英雄劉黑仔》，未刊稿；陳敬堂：《張婉華女士訪問紀錄》，2002 年 2 月 2 日；陳敬堂：《詹雲飛先生訪問紀錄》，2002 年 5 月 5 日。

47　曾鴻文：《打開大帽山通道》，《勝利大營救》，第 134 — 136 頁。

獲了四條船。[48] 游擊隊肅清海陸盜匪，保護了人民群眾的利益，在人民群眾中間建立了威信，讓老百姓認識到游擊隊不是一般欺壓他們的兵痞土匪，而是一支有政治信念和教養、保護他們的人民子弟兵。游擊隊不計代價、不取報酬拯救英美盟軍，在千多名日軍大舉搜索圍捕之下，救出了美國飛行員克爾中尉，這都是戰勝敵人的重要勝利。第二個基本條件也達到了。

2. 香港敵後戰場的鞏固

港九大隊用盡力量去組織民眾團體，除工人、農民、青年、婦女、兒童、商人、自由職業者等群眾外，另外也十分重視香港特有的漁民和海員群眾，漁民和海員是海上游擊戰的重要支柱。[49] 港九大隊除了武工隊之外，有一支活躍在香港、九龍、新界各區和海港的民運隊伍，負責團結群眾和宣傳抗日。他（她）們在一兩個月之內便學會了客家話，（當時港九市區講廣州白話，新界居民多數講客家話。）並和群眾「三同」，即同食、同住、同勞動。白天與群眾上山砍柴、割草，農忙下田插秧、收割，收工回來後，還和群眾一齊割豬草餵牲口、餵雞鴨鵝「三鳥」。[50]

游擊隊很重視人民的經濟生活，如何能協助老百姓在這艱難的戰火歲月活下去，這是游擊隊必須面對的客觀問題，光叫「團結抗日」的口號是得不到人民支持的。1943 年香港大饑荒，人民生活非常困難，游擊隊就發動群眾生產自救，或上山砍柴，挑到墟上去賣，換回糧食；或自行生產。若群眾沒有豬苗，部隊就借給豬苗；沒有穀種，就借給穀種。又組織互助合作社，到香港九龍購買棉紗、布疋、煤油、火柴、西藥，運到內地去賣。買回生產資

48　陳敬堂：《劉培先生訪問紀錄》，2002 年 8 月 10 日；劉培口述、李宇光整理：《從茜坑、馬鞍嶺自衛隊到護航大隊戰鬥歷程》，未刊稿。

49　中共中央文獻研究室：《周恩來年譜（1898 — 1949）》，第 422 頁。

50　楊慶：《英雄的元朗人民》，陳敬堂編：《香港抗戰》，第 209 頁。

料和米油等生活必需品，然後廉價供應群眾。這時，香港實行糧食配給，每人六兩四米，根本吃不飽，現得到廉價米糧供應，人民非常感激游擊隊。[51]

國民黨的資料說中共游擊隊用分田分地和沒收財產的辦法來爭取人民，這在抗戰時期是禁止的。中共《中央關於南方各游擊區域工作的指示》（1937年8月1日）已指示：停止沒收地主土地財產，注意改善群眾的日常生活。盡可能利用一切合法的鬥爭方式，求得群眾生活的改善。如增加工資，改良待遇，減租、減息、減稅等。[52] 劉少奇在1938年解釋，游擊戰爭的經濟政策是保護各人的私有財產，保護商人的營業自由、工廠的開工及地主土地的私有。奸商是應該取締的，但需很慎重的來執行。劉少奇強調：「為了共同抗日，應該設法減少中國人民內部的摩擦與相互的鬥爭，以免被日寇所利用；應該號召人民團結起來共同抗日，應該去調解人民之間的鬥爭與摩擦。」[53]

因此，東江縱隊（1944年廣東人民游擊隊更改番號為東江縱隊）和港九大隊都是執行中共中央指示來處理奸商和群眾的關係，不是盲目採取「大鋤奸」、「鎮壓」的手段。例如護航大隊劉培收到漁民的投訴：

沙魚涌的黃珍記魚欄嚴重欺壓漁民，規定漁民的漁獲只能賣給他；漁民所需的煤油、網具和日常用品，卻只可到他那裏買。但他大秤入小秤出，賣100斤魚只秤得80斤；買他一斤米，只有14兩。因此，令漁民極為憤恨，紛紛向劉培投訴。為保護漁民利益，劉培於是派出工作組，向商店宣傳游擊隊的經商政策，召集各店主開會，宣佈買賣自由，不准缺秤短兩。嚴肅批評

---

51 陳敬堂：《香港抗戰英雄譜》（香港，中華書局，2014年），第30頁；黃雲鵬：《港九大隊在香港抗日戰爭中的地位和作用》，陳敬堂編：《香港抗戰》，第166—167頁。

52 《中央關於南方各游擊區域工作的指示》（1937年8月1日），中央檔案館編：《中共中央文件選集》（1936—1938），第10冊（中共中央黨校出版社，1985年），第298頁。

53 劉少奇：《關於抗日游擊戰爭中的政策問題》（1938年2月5日），《中共中央文件選集》第10冊，第433—435頁。

黃珍記，要他改正過去的不法行為。自此，工作組經常到各店鋪檢查，漁民可以自由買賣，不受欺壓。[54] 港九大隊海上隊王錦處理魚欄檔主對漁民剝削問題，也是勸他們廢除各種苛捐雜稅，減輕漁民負擔。[55] 游擊隊只是維持正常貿易秩序，勸諭奸商，沒有打壓和槍斃奸商。

經過小心和耐心工作，游擊隊員成為了人民群眾的一分子，成為了香港人民的子弟兵。人民群眾也成為了游擊隊的一分子，與游擊隊員骨肉相連，不少香港、九龍和新界各區的男女老少，為了保衛游擊隊員，寧願忍受敵人的酷刑毒打，死也不肯出賣半點情報。如大嶼山寶蓮寺筏可大師雖受日軍毒打、軍刀架頸迫供，仍堅決不肯泄露游擊隊副大隊長魯風的行蹤。[56] 西貢烏蛟騰村長李世藩與游擊隊相熟，知道游擊隊的軍械藏在哪裏，雖被日軍嚴刑拷問，灌水吊打，至死也沒有吐露半點情報。[57] 元朗山下村村民 8 人為保護游擊隊員，寧死不屈，被日軍毒打折磨，亦拒絕供出游擊隊的情報。村民張金福不幸被打死在地牢裏，犧牲時年僅 20 歲！[58] 西貢黃毛應全村男丁被日軍關在教堂內毒打火燒，村民鄧德安被打死，鄧福被打到重傷，全部都沒有供出游擊隊的情報！[59] 和尚與村民雖然都不是游擊隊，但都願意為國家民族而犧牲！

游擊戰爭是人民的戰爭，有了人民的支持，游擊戰爭才能堅持下去。第三個基本條件具備了，香港抗日根據地就是這樣建立起來的！1942 年 2 月底港九大隊成立，在香港島、九龍半島和新界進行游擊戰。1944 年港九大隊已經建立了元朗、大嶼山、沙頭角、西貢、市區、海上六個中隊。游擊隊為了進一步團結群眾，決定成立政權組織。為免日軍注意，引來掃蕩，這組織沒

54　陳敬堂：《香港抗戰英雄譜》（香港，中華書局，2014 年），第 53 — 54 頁。

55　陳敬堂：《香港抗戰英雄譜》，第 90 — 91 頁。

56　陳達明：《大嶼山抗日游擊隊》（香港各界文化促進會，2002 年），第 96 頁。

57　陳敬堂：《李坤先生訪問紀錄》，2002 年 7 月 23 日。

58　楊慶：《英雄的元朗人民》，陳敬堂編：《香港抗戰》，第 210 頁。

59　陳敬堂：《香港抗戰英雄譜》，第 28 頁。

有採用政府名稱，只稱為「聯防會」。當時只有西貢中隊成立聯防會，其他中隊並無這種初期地方政權形式的組織。港九大隊把西貢控制的地方，分為三個區域。正式西貢範圍的，屬新一區聯防會，坑口範圍屬新二區聯防會，沙田範圍屬新三區聯防會。聯防會按照團結各階層人士共同抗日原則，由鄉村士紳、基層群眾代表、游擊隊成員聯合組成。

正副會長由群眾大會民主投票產生，選舉的辦法簡單而隆重：先在參選人的背後放置一個碗，群眾把獲派的兩粒黃豆，放進候選人背後的碗裏。獲得黃豆最多的參選人任正會長（職銜稱為主任），其次任副會長。結果選出：新一區聯防會主任鄧振南，新二區聯防會主任成連，新三區聯防會主任許達章，他在香港淪陷前是學校視學官。

每區聯防會設一主任，區之下有村，亦經民主選舉產生村長。聯防會工作人員雖然只有五六人，由於是一個政權組織，故各有分工。聯防會主要任務是保衛家鄉，設有軍事委員，經濟小組等。

3. 香港敵後戰場的特色

香港地方小，居民缺乏空間供大規模遷徙來逃避敵人，故在香港進行游擊戰時情況便與華北有很大分別，華北平原和太行山山區，游擊隊打完仗後可以帶同鄰近村民全部撤退，逃跑一空，敵人尋不着報復的對象。香港面積不過一千平方公里，游擊隊可以打完就跑，但附近村民可以跑到哪裏去？故為免連累村民，游擊隊在市郊農村活動時，一般白天在村，晚上便到山頭上住宿。如非必要，游擊隊禁止在村內與日軍漢奸特務發生軍事衝突，避免連累村民遭受報復。[60]

1944 年 2 月 11 日美國飛行員克爾中尉率機隊空襲啟德機場，座機中彈着

60　陳敬堂：《陳達明先生訪問紀錄》，2005 年 8 月 26 日。

火，跳傘降落九龍上空，地面的日軍正仰望天空等待捉俘時，一陣大風，把克爾中尉吹過了九龍獅子山，落到沙田，被游擊隊員救獲躲在山洞隱藏，日軍遍尋不獲，動員過千人在沙田大舉掃蕩，要把美國飛行員捕獲。游擊隊採取圍魏救趙戰略，先後在九龍塘槍殺漢奸陸通譯、炸毀啟德機場日軍戰機和汽油庫、爆破九龍市區窩打老道火車鐵橋、在香港市區散發大量宣傳品等，讓日軍以為游擊隊將要進攻市區要地，立即調回在沙田進行掃蕩的軍隊，克爾中尉於是得以脫險送離香港返回桂林。[61] 港九大隊拯救美國飛行員一事引起了美國對東江縱隊的重視，派人前來要求合作。不過，中央另有考慮，6 月 21 日周恩來致電東江縱隊政委尹林平：為了避免引起敵人過多注意和保全城市地下工作，目前在香港、九龍市區散發大量宣傳品和採取所謂軍事攻勢都不合適，這些做法會「引起敵對我之嚴重掃蕩」。「依目前情勢，當不應採取此過份的暴露行動。」[62] 7 月 25 日中共（周恩來擬稿）再指示尹林平：「在港九市上的武裝鬥爭有成績，但不宜常做，免致引起敵人對我過多報復和進攻，並妨礙我城市祕密和搶救工作。」[63] 在大城市進行游擊戰，既要打擊敵人，消滅敵人的有生力量和戰略物資，又要不暴露實力，免受敵人報復和掃蕩，這游擊戰怎樣打？

幸好，由於克爾中尉脫離虎口，美國 14 航空隊司令陳納德將軍認為東江縱隊可以幫助拯救遇難的飛行員，以及提供日軍情報以有效打擊，主動派人到東縱司令部，要求與游擊隊合作。最後雙方協議：港九大隊負責拯救被擊落的美機飛行員和提供日軍艦艇、基地、機場和戰略物資倉庫、空襲結果等情報，盟軍負責空襲打擊。游擊隊藉盟軍力量，達到了打擊日軍，又隱藏游擊隊實力的目的。

香港游擊戰打得很好，是國際抗日反法西斯統一戰線的結果。游擊隊在

61　陳達明：《香港抗日游擊隊》，第 67 — 69，131 — 138 頁。

62　中共中央文獻研究室編：《周恩來年譜（1898 — 1949）》，第 577 頁。

63　《中央關於東江縱隊開展敵後游擊戰的指示》，東江縱隊誌編輯委員會：《東江縱隊誌》（北京，解放軍出版社，2003 年），第 512 頁。

市區活動，主要搞情報工作，處決漢奸走狗，令他們不敢過份作惡；為盟軍提供日軍軍事基地、彈藥庫、艦艇等情報，藉盟軍飛機空襲，達到消滅日軍目的。在香港外海則進行海上游擊戰，盟機炸沉了香港港內和近海日軍大部分大型艦艇和貨船，迫使日軍改用大木船作近岸運輸工具。這些大木船正好成為海上游擊隊的獵物，港九大隊海上中隊（未計東江縱隊的護航大隊）在王錦指揮下，從 1944 年 8 月至 1945 年 8 月的一年時間裏，香港海上游擊戰有輝煌的戰績：

   繳獲敵船 8 條，其中機動船 2 條、木船 6 條，另炸沉 4 條。

   繳獲敵走私船：木船 4 條，其中炸沉 1 條。

   俘敵：63 人，其中中國偽船員 25 人。

   斃敵：65 人，其中黃竹角 25 人、水頭沙 2 人、大浪口 38 人。

   繳獲各種武器：輕機槍 3 挺、衝鋒槍 4 支、步槍 36 支、手槍 4 支、電台一部、指揮刀一把、山炮 1 門。

   繳獲走私物資：高麗參四百多斤、鹽五百多擔。

   以上物品既解決了東江縱隊當時物資短缺，特別是藥品、醫藥器材、軍需用品等困難，也解決了經濟上的困難。[64]

十一、香港游擊戰的勝利結束

   1945 年 8 月 15 日，日本宣佈無條件投降，延安總部朱德總司令下令日軍向附近的游擊隊投降。東江縱隊司令部發出緊急命令，指示各部隊立即開到附近敵佔據點，解除日偽武裝。港九大隊大隊長黃冠芳、政委黃雲鵬立即在黃宜洲（又名黃泥洲）召開西貢中隊幹部會議，研究如何執行中央命令。最

64　王錦：《港九大隊海上游擊隊》（未刊稿）。

後決定派人與日軍談判，向西貢墟日軍發出通牒，限期三至五日之內，向中共部隊投降。鄧振南奉令到西貢墟中央茶樓二樓與日軍談判，日軍代表說要向九龍司令部請示。結果，日軍回覆拒絕投降。於是游擊隊決定消滅西貢日軍，派黃冠芳指揮游擊隊武力解放西貢墟。

8月17日早上，天還沒有亮，游擊隊集中了兩個中隊和西貢游擊隊，約50餘人，把西貢墟場（上有一間教堂學校）包圍起來，分別在離墟場後山的制高點，架起一挺重機槍，居高臨下，距離日軍約800公尺。山腰又架起一條風龍重機槍，離日軍約400公尺。在敵人的東北邊200公尺處佈置了短槍隊和爆破組隱蔽待機。日軍正面的楊洲島，有海隊派來的一艘船參戰，兵力約10人。上架平射炮（實際是平射機槍）一支，威力算是最大，但爆破力不強，與日軍陣地相距約1,000公尺。西貢墟內的日本憲兵20多人，警備隊50多人，合計70至80人，兵力比游擊隊略多，更有堅固碉堡防守。

游擊隊本來可以在日軍早操時發動攻勢，那時日軍在操場上運動，暴露在游擊隊的火力射程之內，但指揮官梁超說要等到8時預定發動攻擊時間才開火。結果日軍早操結束，返回碉堡，游擊隊準時發動攻勢，火力已經無法摧毀日軍碉堡。打了一個多小時，日軍固守。短槍隊隊長李伙勝拚死衝往大門，想炸開鐵門讓部隊衝進，可惜頭部中彈犧牲。游擊隊沒有重武器，久攻不克，只有下令撤退。日軍知道游擊隊一定會捲土重來，而且日皇已經宣佈投降，故無心戀戰，翌日（8月18日）主動撤退，放棄西貢。日軍撤退後，港九大隊入城，接管西貢墟。西貢墟人民熱淚盈眶，熱烈歡呼西貢解放。西貢是由中國人民自己解放的土地！[65]

中共領導的游擊隊應該最有資格接受日本投降的，但中共並沒有因而乘機佔據香港。當時中國局勢嚴峻，內戰有爆發危機，中共中央為處理國內嚴峻的國共衝突問題，決定游擊隊自十個抗日根據地撤出，以示和平誠意。港

65　陳敬堂：《香港抗戰英雄譜》，第 34 — 36 頁。

九大隊亦奉令，撤出奮戰了三年零八個月的戰場。1945 年 8 月 23 日英軍夏愨旅團長率兩營英軍進駐香港，因兵力薄弱，派出一個上尉到沙頭角找游擊隊，找到黃雲鵬政委，要求游擊隊派代表和他們談判。消息轉到延安後，9 月 18 日中共中央派袁庚以上校軍銜為代表，黃作梅為首席翻譯，譚幹、黃雲鵬、羅汝澄等人為談判成員。

9 月底，英國已在香港正式舉行受降儀式，袁庚等人到達香港半島酒店，英軍總司令夏愨在七樓司令部與袁庚會面，提出新界面積很大，英軍兵力薄弱，無法管理的問題，請求游擊隊留下協助維持治安。袁庚雖然很想留下，但出發前，曾生和尹林平已經說了，中央有指示：要將港九大隊撤出香港，公佈《告香港同胞書》。故袁庚無權答應留下部隊，告訴夏愨：港九大隊已經宣佈撤出香港，不能留下。戰爭期間游擊隊已經在新界各地建立鄉村政權，只要你們接上頭，可以很快恢復地方行政。治安方面可以聘請復員的游擊隊員，發給槍支，組成自衛隊，協助英軍維持治安。夏愨接受建議。

袁庚又說游擊隊在三年零八個月有很多傷亡，那些家屬要撫恤、要幫助，因此要設立一個辦事處。夏愨馬上同意，袁庚當時很想設立在半島酒店。夏愨推說不方便，因國民黨余少琪少將也住在那裏，並笑說若你們在這裏打架便不好，請袁庚隨便挑一個地方，那地方屬於日偽漢奸，或者空置，便可以使用。袁庚和黃作梅最後選到彌敦道 172 號二樓和三樓，設立「東江縱隊辦事處」。袁庚任辦事處主任，此辦事處後為新華社社址。[66]

1945 年 10 月上旬，黃雲鵬、譚幹到元朗帶何發去見當時的英國皇家海軍陸戰隊（Royal Marine Commando）營長，英方當時說明：按照中英雙方協議，將在新界北部地區的元朗、上水、沙頭角、西貢四個地區成立鄉村守衛員（Village Guards），每個地區設六個組，每組四人，裝備為每人一支步槍、20 發子彈，每月工資 60 元港幣。當時按照何發提供的元朗地區人員的名單，

66　陳敬堂：《袁庚先生訪問紀錄》，2002 年 3 月 23 日。

開出持槍證明 24 張。槍證是油印件，內有步槍號碼、子彈數量、持槍人姓名。英方的意圖很清楚：每個地區的各組也是互不關聯的。中共自己內部的做法，則是明確四個地區為四個隊。內部是統一由黨領導，每個隊設支部或黨小組，分別由隊長兼支部書記或小組長。自衛隊成立後，曾經捕捉盜賊，發揮維持治安的功能。[67] 1946 年 9 月，港英當局的統治結構逐步恢復，於是新界四個地區的自衛隊亦光榮結束任務。

十二、香港敵後戰場的歷史地位

香港主權回歸之前，港英政府的宣傳一般都說香港在日治時期的三年零八個月是黑暗時代、悲慘歲月。不錯，香港市民在日軍殘暴統治下，死亡、飢餓、疾病、強姦⋯⋯每一天都在折磨着香港市民。但這黑暗歲月時期也是香港歷史上最光輝的一頁，許多香港市民參加了神聖的保家衛國戰爭。香港和內地許多地方一樣，都有抵抗日軍的敵後游擊戰。香港市民雖然沒有受過軍事訓練，但都會參加抗日鬥爭，使香港成為抗日戰爭史上一個重要的敵後戰場。

讀者或者會質疑：香港不過一千餘平方公里，游擊隊人數只有千餘人，與日偽軍的直接武裝衝突規模，也沒有超過百人以上的。這麼小的游擊區和兵力，怎麼可能說成是一個重要的敵後戰場？

香港敵後戰場的重要性，不在於其規模，而在於其國際性、政治性和軍事性。

67　何發、梁少達：《日本投降後的新界自衛隊》，陳敬堂編：《香港抗戰》（香港，香港歷史博物館，2004 年），第 258 — 262 頁。

1. 香港敵後戰場的國際性

毛澤東發表《論持久戰》的講演時，指出中國在三個條件之下，能戰勝並消滅日本帝國主義的實力。其中兩個條件是：「第一是中國抗日統一戰線的完成；第二是國際抗日統一戰線的完成。」[68]

香港敵後戰場位於中國和國際兩條抗日統一戰線的交會點，香港抗日游擊隊從成立之日開始，便肩負起團結中國群眾和國際友人，配合盟軍軍事行動的「國際抗日反法西斯統一戰線」的責任。

太平洋戰爭爆發翌日，1941 年 12 月 9 日，中共中央發出指示：建立與開展太平洋各民族反日反法西斯的廣泛統一戰線。同日，周恩來急電廖承志，詳細指示轉移在港民主人士和文化界精英的方法和路線。[69] 廖承志立即組織香港和鄰近游擊區的游擊隊員、中共黨員展開營救行動，成功地營救了何香凝、柳亞子、鄒韜奮等文化人士及其家屬，共 800 多人離開香港。這行動在促進中國民族抗日統一戰線起了很大作用，中共成功地爭取了這 800 多名中國文化精英和家屬的心。

游擊隊同時成立了國際工作小組，專責營救盟軍和國際友人，據不完全統計，先後救出英國軍官、美國飛行員等 111 名國際友人。於是，英國和美國先後要求和游擊隊合作。英國特別在桂林成立了英軍服務團，與港九大隊合作在九龍砵蘭街成立一個情報站，展開援救英軍人員、互通軍事情報。港九大隊是中共游擊隊中最早與盟軍合作的隊伍。1944 年 4 月港九大隊又把美國 14 航空隊飛行員克爾中尉救離香港，陳納德將軍和華盛頓因此重視港

68　毛澤東：《論持久戰》（1938 年 5 月），《毛澤東選集》（第二卷）（北京，人民出版社，1966 年），第 411 頁。

69　周恩來：《轉移在港各界朋友 —— 致廖承志、潘漢年等》（1941 年 12 月），中共中央文獻研究室編：《周恩來書信選集》（北京，中央文獻出版社，1988 年），第 210 — 211 頁；《曾生回憶錄》，第 215 頁。

九大隊在香港敵後戰場的力量，決定不理會國民政府的反對，主動前往東江縱隊要求合作，請游擊隊協助拯救美軍遇難飛行員和提供情報。港九大隊與英美盟軍的合作，不僅建立了中共部隊與盟軍合作的國際抗日反法西斯統一戰線，也突破了蔣介石對中共的封鎖，影響了美國戰後的對華決策。英美盟軍和游擊隊合作，當然不會支持蔣介石打壓中共及其領導的游擊隊。香港游擊隊在敵後戰場實現了國際抗日反法西斯統一戰線，打破了國民黨的外交孤立，實現了毛澤東的戰略構想。從這個角度看：東江縱隊和港九大隊的貢獻是十分巨大的！

2. 香港敵後戰場的政治性

太平洋戰爭爆發時，香港已經被英國殖民統治了九十九年。日軍佔領香港之後，香港居民的游擊戰不是由英軍組織和領導，而是由中國共產黨人領導。英軍在香港搜集情報和營救戰俘，都需要請求游擊隊幫忙，這説明了甚麼問題？

戰前和抗戰期間，國民黨在香港擁有龐大人力、物力和財力，黨員人數約有一萬人之多。香港淪陷後，國民黨卻沒有組織香港居民抗日，讓中國共產黨領導香港市民抗戰。這説明了甚麼問題？

這説明了英軍和國民黨人都不懂得怎樣去打游擊戰，沒有打游擊戰的能力。不少人甚至是軍事專家都認為中共游擊戰的祕訣是避實擊虛，「敵進我退，敵駐我擾，敵疲我打，敵退我追。」以為只要有武器和金錢便可以組織游擊隊，便可以輕鬆打游擊戰。實際上，這些人完全不懂得如何進行游擊戰。毛澤東指出：處於敵後的游擊戰爭，先要建立根據地，沒有根據地是不能支持的。根據地是游擊戰爭賴以執行自己的戰略任務，達到保存和發展自己、消滅和驅逐敵人之目的的戰略基地。沒有這種戰略基地，一切戰略任務的執行和戰爭目的的實現就失掉了依託。

香港游擊戰場的發展史，驗證了毛澤東抗日游擊戰爭理論的正確。因為領導香港敵後戰場的游擊隊領導人張文彬、梁廣和尹林平都是來自江西中央蘇區，毛澤東麾下的老紅軍，有豐富游擊戰和創立游擊根據地的實踐經驗。他們嚴格根據毛澤東開闢游擊根據地理論的三個步驟，在香港按照程序執行，結果成功地在香港這個小小的敵後戰場，進行了城市游擊戰，並堅持了三年零八個月之久，最後更解放了部分香港土地——西貢。

游擊戰是人民戰爭，沒有老百姓的參加、支持和保護的游擊根據地，游擊隊怎能生存？沒有老百姓當游擊隊的耳目，游擊隊怎能避實擊虛？游擊隊與老百姓的關係是魚和水，沒有老百姓的海洋，游擊隊這條魚可以游到哪裏去？香港敵後戰場的歷史，不光是中共領導游擊隊在香港抗戰的歷史，也是香港人民英勇保家衛國的光榮歷史。這些英雄都是來自一般學生、青年、農民和工人。[70] 文天祥說：「時窮節乃現，一一垂丹青。」香港人民抗戰歷史，與全國同胞一樣，可以光輝照日月！

3. 香港敵後戰場的軍事性

香港是中國國際大城市進行游擊戰的惟一戰場，也是全中國沿海港灣中惟一有海上游擊戰的地方。

毛澤東曾指出：「依據河湖港汊發展游擊戰爭，並建立根據地的可能性，客觀上說來是較之平原地帶為大，僅次於山嶽地帶一等。……不過，各個抗日黨派和抗日人民，至今尚少注意這一方面。……缺少了這一方面，無異供給敵人以水上交通的便利，是抗日戰爭戰略計劃的一個缺陷，應該及時地補

70　參閱陳敬堂：《香港抗戰英雄譜》。

足之。」[71] 1938 年 10 月 12 日周恩來就日軍進攻廣東，曾向國民黨軍事當局提出《對日寇進攻華南的初步分析及建議》。主張「加緊動員廣大民眾，特別是沿海人民及漁民，發揚廣東革命精神，配合軍隊，實行自衛。」[72]

游擊隊領導曾生負責組織海員工作，知道海洋航運的重要性，開闢了海上游擊戰戰場，配合陸上游擊戰。先後成立護航大隊和港九大隊的海上中隊，將大鵬灣和大亞灣海域開闢為海上游擊戰場。多次沉重打擊日偽海軍和截斷其近岸海上運輸航線，海上游擊戰是香港游擊戰場的主要戰鬥形式，有力地打擊了香港鄰近海域的敵人水上交通，填補了毛澤東所説的戰略缺陷。

此外，香港城市游擊戰的戰鬥模式與山地游擊戰、平原游擊戰、鐵路游擊戰和海上游擊戰有很大的差別。在人煙稠密的市區與敵人發生軍事衝突，一方面會誤傷同胞的生命和財產；另一方面更可能會導致敵人的瘋狂報復，在市區進行大規模的圍捕和搜索，甚至像南京大屠殺一樣的胡亂燒殺姦搶，因此，港九大隊在香港市區的軍事行動便有所節制。幸好，美軍要求與東江縱隊合作，最後雙方協議：港九大隊負責拯救被擊落的美機飛行員和提供日軍艦艇、基地、機場和戰略物資倉庫、空襲結果等情報，盟軍負責空襲打擊。於是，游擊隊藉盟軍力量，達到了打擊日軍，又隱藏游擊隊實力的目的。香港城市游擊戰打得很好，是國際抗日反法西斯統一戰線的結果。

香港敵後戰場很小，但在軍事方面的成就可不小，除別具特色的海上游擊戰、城市游擊戰、情報工作外，根據不完全的統計：新中國共有二十多名海陸空特種兵的軍、師級將領來自香港游擊戰場。[73]

抗戰期間，香港是中國和國際抗日統一戰線交會的戰場，中共游擊隊在

71　毛澤東：《抗日游擊戰爭的戰略問題》（1938 年 5 月），《毛澤東選集》（第二卷），第 388 — 390 頁。

72　中共中央文獻研究室編：《周恩來年譜（1898—1949）》，第 422 頁。

73　陳敬堂：《香港歷史博物館東江縱隊港九獨立大隊口述歷史計劃工作報告》，陳敬堂編：《香港抗戰》，頁 399。

香港同時爭取了中國文化精英和盟軍的同情和支持，完成了發展中國抗日統一戰線和國際抗日統一戰線的任務，也是中國惟一一個有游擊隊活動的敵後國際城市。中共游擊隊在鄉村抗敵的事例很多，但在大城市抗日活動的地區只有香港。香港敵後戰場在抗日戰爭中的歷史地位，不是很獨特和意義深遠嗎？[74]

十三、海外戰場對抗戰的貢獻

抗戰史學者魏宏運教授認為：八年抗戰有正面戰場和敵後戰場之外，還有一個「海外戰場」。這戰場是由世界各地華僑開闢的，範圍更為廣大。雖然不是炮火連天、白刃血拚，但是鬥爭也極為激烈，是抗日戰爭的重要組成部分。[75]

1. 華僑人數

華僑遍佈世界各個角落，估計旅外僑胞總數當在 1000 萬人以上。

國民黨僑委會編印的《僑務十五年》說，抗戰前華僑總數在 870 多萬。陳嘉庚的《南僑回憶錄》中，有時講僅南洋華僑就有 800 萬，有時講 1,000 萬。其中南洋華僑是最多的。

當時估計：

馬來西亞華僑佔 270 餘萬，新加坡 59 萬，印度尼西亞的蘇門答臘有 40 多萬人，爪哇約 8、9 萬人，菲律賓約 20 萬人，緬甸 40 萬人，越南 40 多萬

74　陳敬堂：〈香港游擊戰場的歷史地位〉，中國人民抗日戰爭紀念館：《中國抗戰研究動態》（2007 年 4 期），第 24 — 30 頁。

75　魏宏運：《華僑對抗戰的貢獻》，陳敬堂編：《跨世紀：七七事變六十週年紀念專號》，（香港，1997 年），第 123 頁。

人，暹羅（1939 年 6 月 24 日改稱泰國）約 250 萬人到 300 萬人，婆羅洲 8 萬餘人，香港據 1941 年春香港當局調查為 142 萬人，包括 15 萬多漁民在內。

美洲，有 22 萬多人，其中美國有 8 萬至 10 萬人。加拿大華僑約 5 萬人，祕魯有華僑 6,000 人。墨西哥首都有華僑 1,100 餘人。歐洲有華僑 5 萬多人，東北亞地區的日本、朝鮮也有一些華僑，蘇聯赤塔有華僑 1 萬人。

以以上粗略數字計，華僑總數約在 800 萬到 1,000 萬。

2. 華僑救亡團體和報刊

近代中國國弱民貧，華僑在異鄉飽受歧視欺凌，所以熱切希望祖國富強。辛亥革命時，他們已把自己的命運和祖國聯繫在一起，抗日戰爭更激發了他們的愛國熱情。散居世界各地的華僑，無論貧富老幼，都相繼投入抗日救亡運動，為祖國的獨立和自由奔走呼號，貢獻自己的所有力量。以往閩幫、粵幫、潮洲幫、廣肇幫、海南幫、客幫等各幫派語言地域觀念嚴重，各幫派之間相互對立，但是，抗日戰爭浪潮衝擊和打破了這一觀念，許多團體為了救鄉、救國，過去的畛域和隔膜從此消失了。各地名目繁多的愛國救亡團體紛紛成立，一時間極為振奮人心。

歐洲華僑因吳玉章的推動，早在 1936 年 9 月就組成了全歐華僑抗日聯合會，會址設於巴黎，其成員包括法、英、荷、德等國華人。

美國各大城市均有華僑抗日群眾組織，其中最有影響的是司徒美堂發起組織的紐約華僑抗日籌餉總會。他是廣東開平人，14 歲赴美後加入洪門致公堂，這組織遍佈美洲各國，共有二百餘個機關，十萬人。美國華僑四分之三均屬洪門兄弟，因此，司徒美堂領導的紐約華僑抗日總會，幹出很大的成績。

南洋的抗日救亡組織更是蓬勃發展，如新加坡、馬六甲、檳榔嶼、吉隆坡等地都有一個中華商會，抗戰開始各商會都另行組織了一個籌賑會，專做救亡工作。此外有馬來西亞各界抗日後援會、中華民族解放先鋒隊、中華少

年先鋒隊、青年會、客族商會等組織。各學校有校友會，各地方有戲劇社等，都積極參加抗日活動。

新加坡華僑在陳嘉庚、侯西反、郭新、符致逢等人的推動下，組成新加坡華僑籌賑祖國難民委員會。還有華僑抗敵後援會、援八（八路軍）委員會等組織。

越南西貢有抗敵救國總會、縮食會、西貢喚群茶店工會、五四週報社等，主要負責人是張長、顧子俊、陳肇基、陶笏廷，除張長外都是殷實富商。

緬甸有全緬救災總會、抵制仇貨委員會、船隻建設協會、傷兵之友社等。

菲律賓有中華抗敵會、中國之友社、航運會菲分會、福建難民救濟會、國防劇社、八一三話劇團、中華嚶鳴社等。

暹羅親日排華，華僑難以開展救國活動，但在旅暹華僑文化界與教育界的努力推動下，還是成立了籌賑會、華僑學生界抗戰救國聯合會等組織。

自上海淪陷後，周恩來安排上海八路軍辦事處部分幹部和文化界進步人士移居香港，各種救亡組織更為旗幟鮮明。除了各行業的賑濟會，還有宋慶齡領導的保衛中國同盟、工合國際委員會等。各類商會、同鄉會也成為抗日活動的有力組織，如瓊崖華僑救鄉聯會總會，統一了南洋各地的瓊籍華僑組織。

據國民政府僑務委員會統計，截至 1940 年底，海外華僑組織的大型救國團體有 649 個。華僑的報刊雜誌也紛紛創辦，如巴黎的《救國時報》，紐約的《華僑日報》、《五洲公報》、《大美晚報》、《新報》、《先鋒報》、《民氣日報》，舊金山的《世界日報》，都是很有影響的。新加坡的報紙有《星洲日報》、《星中日報》、《總匯報》、《南洋商報》、《新國民日報》。菲律賓馬尼拉的報紙有《中山日報》、《華僑商報》、《新聞日報》、《新中國報》和《公理報》等。全世界華僑報紙的總數在 70 種以上，其共同的特色就是突出地報道了祖國的抗日動態，設立「祖國消息」和「華僑救亡運動」等專欄。香港更是華僑報紙的總匯，共出版了十多種。

3. 募捐籌款

僑胞在支援祖國抗戰的力量上，最集中地表現在募捐籌款、抵制日貨和回國服務等方面。

僑胞發動籌款、捐贈方式豐富多采，有私人自由捐款、團體捐款、常月固定捐款、各種義賣活動以及公債等。

南洋華僑籌款的辦法，可分三種，即特別捐、月捐和義賣運動。

特別捐，多半是僑胞中最有錢的人參加，一次特別捐，最多可出到幾十萬元。常月捐是一種長期固定的捐款，籌賑總會根據各地區人數和經濟狀況確定月捐數目。如新加坡召集南洋僑領開會時，認定：

新加坡月捐國幣 40 萬元，馬來西亞月捐國幣 130 餘萬元，東爪哇泗水月捐國幣 15 萬元，蘇門答臘月捐國幣 6 萬元，緬甸月捐國幣 30 萬元，越南月捐國幣 20 萬元等等。

各地區動員各機關社團工廠商店職員，依據自己的經濟狀況，捐出自己薪金之一部分。一些地方的救亡團體還派員調查各華人商店薪水的多寡，來確定月捐數量的標準。從最大的實業家、銀行家，直到工人小販都節衣縮食，為支援祖國抗戰而奉獻。

香港《華商報》報道：「從抗戰開始至今（1941 年 4 月），沒有間斷。陳嘉庚先生全部精神花在籌賑工作上，最近且賣掉了僅有的餅乾廠來償清他老人家每月認繳的 600 元叻幣的月捐，各州府、各山巴（農村），為了負責籌賑會的工作而賣掉樹膠園，賣掉汽車，甚至於傾家蕩產的動人事跡，在南洋看得很平常了。」[76]

菲律賓華僑的捐款是長期性質的，各機關社團學校工廠商店的職員，都樂意拿出百分之二十的薪金貢獻國家。近年由於生活程度高漲，減為百分之

76　奇卓：《星港來客話香港》，《華商報》，1941 年 4 月 11 日。

十，但整個捐款的數量有增無減。一般資本家的捐款，還較過去增加了一倍。[77]

緬甸華僑有月捐及特別捐。暹羅華僑好多商店都有按月抽薪水百分之五。

香港最初沒有賑籌會組織，月捐起步較晚。1938 年底，每月月捐總計二萬餘元。

美國華僑從抗戰第二年起，制定出嚴密的長期捐輸辦法，每人每月限購公債 5 元，折合當時法幣 70 元。

捐款聲勢最大，也頗有成效的辦法是義賣、賣花、舉行遊藝會等。

義賣是 1939 年 4 月、5 月間由香港傳到新加坡的。每逢節日，女工、女理髮師、妓女、女傭組織了賣花隊，上街去勸買，人們都熱心捐助，以買花為榮。好多商店門前插着以幾十元、幾百元買來的一朵花。這朵小小的花載滿着僑胞對祖國的心意。

各行各業都參加義賣，如報販義賣、油條店義賣、小販攤義賣、音樂會義賣、球賽門票義賣、書法義賣、孫中山畫像及抗戰將領像義賣、旅行船票義賣等等。《申報》有一篇特約通訊，對馬來西亞的獻金運動有一段親自見聞的描寫：

> 「有錢出錢，有力出力」，這是在抗戰期中每個中華兒女應負的職責。而馬來西亞的僑胞更切實地負起這種使命。除購 1,500 萬元公債（照財政部分配原額，馬來西亞為 1,000 萬元，結果超出 500 萬元）和每月捐約有 200 多萬元以外，還有繼續不斷的特別捐獻一日薪，小販、咖啡店、炒賣店、酒館一日所賣全數報效籌賑。至於學生是推動着一日一元運動捐。在新加坡的大世界遊藝場，每逢星期六、星期日兩晚更舉行義賣賑濟難童。還有快樂世界和新世界遊藝場，每兩月必報效三

77　炎川：《菲行夜話》，《華商報》，1941 年 10 月 4 日。

天，將所收入的錢，盡獻給祖國。每次成績約有 10 萬元、5 萬元不等（國幣）。遇到節日或紀念日，街頭巷尾，都貼滿了警惕標語、漫畫、宣言，雄壯的歌聲到處飄揚，動人的話劇在山巴（農村）、在馬路旁演着。一隊隊的青年學生、工人，拿着一朵朵的血花、救國花、國恥花，向行人、商店、工廠、住戶義賣，每一次奔走的隊伍，約八九百隊，每隊約有十人或八人不等。他們在強烈的陽光下，努力的活躍着花的世界，佈滿了全市，每次的成績總在國幣 30 至 50 萬元左右。[78]

只要是為了祖國，任何籌款活動都會獲得成功。武漢合唱團在陳嘉庚的幫助下，在馬來西亞等地演出六十餘次，獲得 10 萬元。金山、王瑩所率領的新中央劇團曾在香港及越南兩地舉行多次大規模籌款義演，上演抗戰戲劇，救濟祖國難民，成績卓著。1940 年 6 月到馬來西亞，與南僑籌賑總會合作，歷經柔佛、馬六甲、森美蘭、雪蘭峨各區大小二十餘地，為期六個月，義演 27 次，大小 80 餘場，籌得賑款達叻幣 700 餘萬元。[79] 國防劇社為籌款慰勞前方抗戰將士，到菲律賓義演國防名劇《鳳凰城》，三天之內動員全社社員售券籌得菲幣 1,500 元。

華僑極為喜愛名畫，1938 年底國畫大師徐悲鴻在新加坡等地舉行畫展，將其全部收入 50 多萬元，全數捐助難民，使華僑大受感動，更加踴躍捐輸。歷次畫展均極成功：1939 年 3 月在新加坡的畫展收入 13,700 叻幣，合國幣十二萬餘元；1941 年 2 月在吉隆坡的畫展，收入 17,800 叻幣，合國幣十五萬餘元；1941 年 3 月在怡保城舉行畫展，收入叻幣一萬元，合國幣八萬元；1941 年 4 月在檳榔嶼舉行畫展，收入 12,000 叻幣，合國幣十萬餘元。他的畫展收入創當時中國個人畫展收入之空前紀錄。這固然因為他的藝術造詣為各

78　楊揚：《救亡運動在馬來西亞》，《申報》，1941 年 6 月 29 日。
79　《新華日報》，1941 年 2 月 10 日。

抗日戰爭時期歷年華僑捐款數統計表	
年份	捐款數目（單位：元）
1937	16,696,740
1938	41,672,186
1939	65,368,147
1940	123,804,871
1941	106,481,499
1942	69,677,147
1943	102,206,536
1944	212,374,205
1945	584,251,331
總計	1,322,532,662

界景仰，也由於僑胞熱心救國，踴躍捐助。至於徐的私人旅費、生活費，乃至各畫之裱工等，皆由他自己籌措。這種報國熱情更令人特別尊敬。[80]

捐款救國是華僑歷史上最偉大的一次運動。當時中央社報道：「各地捐款最多者為馬來半島，人數少而捐款多者為英國、菲律賓及南非三地僑胞。個人捐款最多者為胡文虎，最熱心者為仰光僑胞葉秋蓮女士。該女士盡將所有首飾財產變賣，以捐助政府，而自己則入寺為尼。團體最熱心者為僑美致公會。該會曾以會所六處拍賣，得價全數捐政府。此外，爪哇萬隆埠僑胞四十人，合購債券 6.8 萬元；加屬之佔尾、利市兩地僑胞，每人平均捐 650 元。美國匪匿埠平均每人捐 500 元。香港僑胞捐款情形，尤為熱烈。該地之捐款，

---

80 《徐悲鴻在南洋》，《申報》，1941 年 5 月 13 日。

初起係由苦力及小買賣發動，以後漸次推行於各大商店。現在各大小商店一致盡力捐款。各商店之捐款方法，尤為別開生面，將每日之捐款，懸諸店門前，以昭眾信。」[81]

國民政府海外事務委員會統計：自 1937 年 7 月至 1939 年 2 月，海外華僑至少已捐款一億元，充實中國軍費，由委員會經手者，佔此數中之 6,850 萬元。海峽殖民地與荷屬東印度兩地華僑較多，所捐之數，佔數亦最巨。總數之中計海峽殖民地華僑捐 2,600 萬元，爪哇 100 萬元，菲律賓 450 萬元，蘇門答臘 350 萬元，緬甸 250 萬元，英國 25 萬元，美國 278.7 萬元，加拿大 123.8 萬元，夏威夷 40 萬元，澳州 35.7 萬元，新西蘭 53.4 萬元。[82]

世界各地華僑捐獻的平均數目，據《新華日報》1938 年 12 月 2 日一則消息説，美國僑胞捐款救國，從購公債及匯回救濟、購機、購藥等款，已達美金 500 萬元，約合國幣 1,500 萬元，平均每一僑胞約捐國幣 250 元。

加拿大僑胞約捐 300 餘萬元，古巴、墨西哥、中南美洲等地僑胞，約捐 100 萬元，共合國幣 1,200 萬元。總計全美洲僑胞賑款捐款，已達國幣 2,700 萬元。

中美洲華僑人數較少，墨京僑胞有力捐款者僅五百餘人，總計籌得墨幣 18 萬餘元，平均每人約捐 170 元之巨。[83]

陳嘉庚根據 1939 年到 1941 年南洋各屬華僑逐月捐輸，得出的平均數是：「菲律賓每月平均國幣 70 萬元，每人平均 5 元；馬來西亞每月平均國幣 420 萬元，每人平均 1.75 元；緬甸每月平均國幣 54 萬元，每人平均 1.2 元；荷印每月平均 160 萬元，每人 1 元；安南每月平均國幣 20 餘萬元，每人 0.5 元；英婆羅洲及暹屬小埠，每月平均 10 餘萬元。以上各地華僑 500 餘萬人，

---

81 《新華日報》，1939 年 1 月 22 日。

82 《申報》，1939 年 4 月 28 日。

83 《華僑先鋒》，第 1 卷 8 期，1939 年。

每月平均捐輸國幣 734 萬元。」[84]

華僑的捐助在穩定戰時中國金融方面起了巨大作用。何應欽在國民參政會上報告說，1939 年全年戰費，共開國幣 18 億元，而華僑義捐可當三分之一。到 1940 年上半年，華僑捐助總數已達 8 億元至 10 億元。

各地華僑在徵募寒衣、醫藥、車輛、飛機等方面也不遺餘力。巴達維亞中華總商會主席丘元榮主持籌捐事宜，兼任該埠籌賑會主席，出錢出力。他自己已捐數十萬元，1940 年又發動印尼華僑捐獻金雞納霜丸，獲得 595 萬粒，計裝 119 箱，寄香港中國紅十字會轉交祖國。舊金山華僑捐助醫藥助華會美金 12.5 萬元，辦理賑濟事宜。美國、加拿大、古巴及南洋各地僑胞在捐助寒衣及車輛方面，都很突出，如 1939 年 10 月加拿大安大略省華僑捐軍氈萬條，1940 年緬甸華僑捐獻汽車百輛等。華僑的捐款和物資從海外四面八方湧向祖國，有力支援了祖國的艱苦抗戰。

4. 罷工和抵制日貨

華僑在世界各地舉行的抗日示威和罷工活動，贏得了所在國人民對中國抗戰的同情和支持。

世界所有通商口岸的華人當其港口有輪船運載戰略物資到日本時，總是舉行罷工，阻止不道德的貿易，不替日本運輸。1938 年 12 月，舊金山華僑組成二千多個糾察隊，並得到很多美國工人、教士及愛好和平者的參加，阻止了該埠輪船運送軍火赴日。許多運貨往日本的輪船因而不能開出。運動大有普及美國西部整個海岸的趨勢。[85] 隨後美洲太平洋沿岸各埠均開展了禁止運輸軍需品到日本的活動，有時是中美人民聯合舉行。如匹斯利亞港「有廢鐵一

84　陳嘉庚：《南僑回憶錄》，第 344 頁。

85　《僑胞在開展援華制日運動中的作用》，《新華日報》，1938 年 12 月 23 日。

批，準備運往日本，多數市民聞訊之後，即結隊舉行示威運動，阻止裝運出口，其口號為制止日本屠殺中國無辜平民」。[86]

1939 年 8 月 15 日倫敦華籍船員靜坐罷工，阻止運鐵赴日。《每日電訊報》報道：「上週末，有中國的侍者及僕役數千人，在預備裝運破鐵赴日之某輪船所泊碼頭舉行靜坐罷工，聞各方表示同情者紛紛，以飲料及三明治等供給各罷工者。此項封鎖輪船之罷工，已於昨日獲得勝利，碼頭主人已允禁止裝載此次貨物」。[87] 華僑這種抗議行動，打破了日本向世界搜刮戰略物資的計劃。

抵制日貨最激烈、最徹底的是南洋一帶。日本依靠南洋的豐富資源，經營龐大的商業，開設了各種工廠，開採馬來西亞、柔佛、吉寧丹、丁加奴等地的鐵礦，每年生產鐵礦砂達 150 餘萬噸。但那裏每一間工廠的工人差不多全是閩粵兩省的華僑，全面抗戰爆發後，龍運礦山三千華工拒絕為日人生產製造殺害自己同胞的利器，舉行罷工，致使該礦廠倒閉。麻埠、巴抹巴轄、柔佛、新山等地的日人礦山，也完全停頓。日人在亞洲僅有的一間鋁廠，被日本資本家和軍方視為珍寶，全部機器被化作灰燼。

新加坡發動的大規模抵制日貨運動，很快蔓延全馬。抵貨運動以商會為執行的最高機關，廣泛的群眾成為推動力量。凡私賣日貨的商店，都要被處罰，罰金自三百元至二千元不等，所有罰款，都撥充救國捐款，這運動執行得非常嚴厲而有效。無數愛國青年如在碼頭發現一批日貨到了，立即調查承購的商店，先給以書面警告，隨即到商會去告發，請執行罰款。商會立即派代表去和該商號交涉，如該商號老板置之不理，那商號的招牌便馬上被群眾扯下來，塗上黑煤油，這個商店便再無人去買他的東西。如仍執迷不悟，便有被割去耳朵的危險。1939 年 2 月 26 日路透社通訊說：「兩星期內，新加坡華僑四人被割耳，內有二起係同夜發生，聞華僑祕密團體決定使新加坡全

---

86 《申報》，1939 年 2 月 27 日。
87 《申報》，1939 年 8 月 16 日。

體華僑一致採取強硬反日態度，採取割耳行動，以為警戒。」[88] 至 1939 年止，在馬來西亞已有二三十人受處罰。暹羅一些有血性的青年也組織了祕密團體，對情節嚴重、不聽勸告的奸商，採取直接行動，「所以抗戰以來，奸商的耳朵被割，或面部被砍，或甚而至於生命被結束的，已成為數見不鮮之事。」[89] 這種手段雖然過火，可是為了維護國家民族的利益，不懲治這些厚顏無恥的漢奸，不足以收打擊日本經濟之效。透過這樣的行動，以南洋為經濟侵略根據地的三菱洋行和三井洋行，先後宣佈倒閉。

抵貨運動產生了巨大的效果，新加坡英國商會委員會向英國海外貿易部提出的報告，以 1937 和 1938 年作對比，「馬來群島華僑甚眾，屬行抵制日貨頗著成效，日貨輸入馬來群島者，其價值以新加坡貨幣計之，在 1937 年為 40,482,000 元，至 1938 年即已減至 12,426,000 元，其中煤炭減去一半，水泥減去三分之二，石棉自 1229 噸減至 1 噸，棉紗與棉織品價值自 7,406,000 元減至 2,787,000 元，毛織品價值自 652,000 減至 218,000 元，絲織品價值自 3,492,000 元減至 1,021,000 元，鋼鐵與鋼鐵製品價值自 3,361,000 元減至 305,000 元。」[90] 菲律賓僑胞對於仇貨不販不賣不運，給予敵人以致命的打擊，就海關數字稽考，日本運菲的麵粉、魚類、棉織品大為減少，日本在菲的百貨公司因此不支倒閉。[91] 自抗戰開始至 1939 年底，兩年半來，日本對南洋群島的輸出一落千丈，日本大藏省哀歎對南洋的輸出已不及戰前三分之一。日本從馬來西亞輸入的鐵礦減少達百分之九十以上。

88　《申報》，1939 年 2 月 27 日。

89　魯君：《暹羅與暹羅華僑》，《大公報》，1939 年 8 月 13 日。

90　《申報》，1939 年 7 月 27 日。

91　《大公報》，1939 年 1 目 9 日。

5. 回國服務和投資

　　支持長期抗戰，有賴開發資源，充實經濟力量。1938年和1939年國民政府兩次頒佈獎勵辦法，鼓勵華僑回國投資建設。陳嘉庚與陳守明等聯合其他各地僑商，投資五百萬元，組織華西墾殖公司，從事各種農礦業的建設；胡文虎投資五千元到雲南，開發西南的礦產。

　　這時全世界的華僑青年熱血沸騰，他（她）們有男有女，有些雖然連中文都看不懂，寫不出一個字。但為了響應抗日救亡的號召，伸手拯救祖國同胞的苦難，毅然放棄優閒富裕安定的生活，回歸祖國服務，形成盛極一時的回國運動。[92]

　　有數以千計的華僑青年回國報考軍校，畢業後奔赴抗日前線殺敵報國。如中央陸軍軍官學校17期26總隊第8隊旅泰僑生共有二十人畢業。美洲華僑航空救國會在波蘭特市舉辦的航校共培訓了飛行員和技師七十餘人。美國、加拿大和南洋地區的華僑，也積極向祖國輸送飛行員。華僑飛行員在保衛祖國的空戰中，創造了振奮人心的戰績。1937年8月14日，日軍王牌鹿屋航空隊18架飛機由台灣起飛，進入廣德、杭州等地上空，企圖襲擊中國空軍基地。歸僑飛行員陳瑞鈿、雷炎均、黃泮揚、蘇英祥、黃新瑞等與中國空軍一起駕機迎戰，以三比零大勝日機，一時名震中外。華僑飛行員人數很多，僅美國一地即有200人左右，他們補充了國軍的陣亡空軍，成為了空軍的作戰主力。

　　南僑籌賑總會組織的機工回國服務團和救護人員，菲島華僑青年組織的救國義勇隊回國隨軍服務團，大部分進入敵後。香港組成的有義賑會青年回國服務團、遠東青年回國服務團、中國青年救護隊、中華救護團、惠陽回鄉

92　陳敬堂：《江群好女士訪問紀錄》（2002年7月21日）；陳敬堂：《區德士先生訪問紀錄》（2002年7月23日）。

工作團、東江回鄉服務團、瓊崖回鄉服務團等，還有一支華僑西北服務團，他們把帶回來的救護車一部贈給八路軍，一部贈給新四軍，駕駛其餘的一部，從九龍半島一直駛到延安，全長 3,500 多公里。隨後又到了晉東南，並深入到許多游擊區的腹地去。還有許多華僑直接加入正面或敵後戰場，僅廣東籍的歸僑參軍的就有 4 萬多人。海外僑胞為神州大地奉獻出他（她）們寶貴的生命！[93]

6. 感動國際聲援

華僑支援抗戰的工作，時常因在地當局屈服於日本的壓力，被限制和阻攔。海峽殖民地總巡撫賴得說：「海峽殖民地之華人⋯⋯ 常對中國表示同情與支持，常作種種示威運動及抵制日貨之運動，常與殖民地警務人員發生衝突。頗使殖民地政府陷入為難之地步。」[94] 更嚴重的是，暹羅親日排華，1938 年 2 月曾在一夜之間大捕華僑一萬人左右，後因曼谷所有拘留所毫無容身之地，始行罷手。這些被拘華僑，除部分得到保釋，其餘全被遞解出境。1939 年 7 月 27 日暹羅政府搜查華僑、廣東兩銀行，掠去大批賬款收據，說他們不應該收匯僑胞的獻金和捐款。日本的特務機關還開了一張華僑重要愛國分子的名單，命令暹羅政府逮捕，華僑因而被捕三千餘人。華人報館全被封閉停辦，華人學校四十餘所被查封，迫使華僑紛紛回國，移居雲南等地。

但華僑的愛國舉動感動了愛好和平的國際友人。各國人民或聲援華僑，或與之並肩戰鬥。在荷屬印尼，有土生的荷蘭人熱情地幫助華人義賣。在馬來西亞半島，不管是馬來西亞人、新加坡人，只要幫忙載運了日貨，馬上受到中國或馬來西亞工頭的處分，以後沒法再找到工作。

---

93 軍事科學院軍事歷史研究部：《中國抗日戰爭史》（中），第 310 — 320 頁。
94 《申報》，1939 年 8 月 16 日。

1938 年 11 月、12 月間澳大利亞堪培拉碼頭工人拒絕為達爾佛蘭汽船裝運碎鐵前往日本。堪培拉鐵器廠破山公司 3,500 工人為支援碼頭工人的援華運動而被開除，澳大利亞各地工人和各界人士紛紛起來援助這三千多名失業工人。新南威爾士工會用無線電廣播聲援碼頭工人，但該地郵務局長卡媚絨竟封閉工會的無線電台，結果激起澳州 58 個職工協會群起抗議。澳大利亞各界，如昆士蘭與塔斯馬尼亞總督古爾水、亞密達而主教、大司鋒加恩塞、南威爾士大部分國會議員和報紙，一致抨擊卡媚絨。最後，當局登報道歉，撤銷封閉工會無線電台。全澳各埠工人更推行不買日貨，不替日本運鐵的運動。

1938 年聖誕節前，英法兩國反侵略運動分會加強宣傳抵制日貨，在倫敦及巴黎街頭舉着標語遊行，如「勿購日貨，俾中國兒童得以生存」等，引起一般人士注意日本的侵略戰爭。英國援華運動委員會，從 1938 年底至 1939 年春組織各界捐款，平均每月可得 400 英鎊。同時開展的抵貨運動，令 1938 年日貨輸英較 1937 年減少 22%。英國和瑞典還派醫生來華，加入國際紅十字會工作。

1939 年 4 月 22 日至 23 日，加拿大溫哥華援華委員會及藥品募捐委員會召開西北太平洋會議，聯合華盛頓、哥倫比亞及利勒州各界，實行禁止由太平洋各埠運輸軍需品至日運動。當時溫哥華儲有 2000 噸準備運往日本之廢鐵，該市市民分隊到碼頭勸說汽車司機將廢鐵運回倉庫，汽車司機表示支持，並保證此後絕不再為日本搬運廢鐵。[95]

美國人民組織了許多團體，如募集醫藥援華會、援華制日委員會、抵制日貨委員會、不參加侵略委員會、救濟傷兵難民委員會等，熱情的為中國抗日努力宣傳捐募工作給予了正義的聲援。美國醫藥助華會發起的「一碗飯」募捐運動，歷年均以舊金山旅美華僑統一義捐救國總會居第一位。美國人抵制日貨很普遍，如婦女不買日本的絲襪，使日絲在美銷情冷清下來。許多美國人聯合起來，到各大商店購物，故意找日貨，但又拒絕購賣。令商人知

---

95 《大公報》，1939 年 3 月 3 日。

道顧客厭惡日貨，以後就再不出售日貨。這種抵制日貨的方法，在美國遍地開花，影響極大。美國工人組織協會，與紐約各百貨商店簽訂合同，各商店應拒絕售日、德、意貨物。更受到全世界稱讚的是，曾擔任過國務卿的史汀生、哈佛大學名譽教授羅威爾、美前任駐漢口總領事格林、耶穌教會聯合會前任主席斯皮爾等美國有識之士，於 1939 年 1 月 29 日在紐約成立的「不參加日本侵略行動委員會」，督促國會通過法案，禁止廢鐵、鋼、軍火輸日，其發表的宣言為：「日本侵略中國，對於一般平民，橫加殘害，全美人民一致表示憤慨。自戰爭爆發以來，美國繼續以軍火輸日，此若非由於愚昧，即係由於漠不關心態度所致。吾人一方面以日本軍事機構所必需之材料供給日本，並以載重汽車及汽油等供給日本，增加日軍之機動性，並坐聽日本以廢鐵及機器等改為殺人之軍火。他方面吾人復籌撥千萬巨款，增加軍備，防止外國之侵略，此豈非自相矛盾之現象乎？」[96] 這宣言擊中了美國政府政策的要害，美國出售軍火供日的政策，逐漸受到全美輿論的制裁。當時出現了一種極流行的口號：「勿使中國人民的血，染了美國人之手。」美國太平洋西岸各港，相繼出現了拒運鋼鐵赴日的強大聲勢。中央社記述了這一情景：「阻止鋼鐵運往日本一項運動，在美國已卓著成效。近有鋼鐵 21 車，將在本港（阿斯托里亞港）由日本貨船挪威丸運往該國，本港碼頭工人拒不為之裝卸，罷工迄今 8 日，未能運出。同時距此 160 公里之波特爾港，亦有鋼鐵 7,000 噸，將由希臘貨船斯泰都斯托號裝運日本，為本港中國婦孺之糾察隊所知，概予以阻止，本港當局鑒此情形，深恐引起意外糾紛，爰即決定自明日起，禁止運往日本。此外，麻區斐爾特港（在此間南面 300 公里）亦有希臘貨船哥斯蒂號，由糾察隊阻止裝運鋼鐵出口，各港類似問題接踵而起。」[97]

　　日本在南京肆意屠殺中國平民百姓時，西方記者和傳教士已將日軍暴行

96　《大公報》，1939 年 1 月 21 日。
97　《大公報》，1939 年 3 月 6 日。

以文字和電影紀錄下來，向美國大眾和國會報告。美國政府不但袖手旁觀，沒有主持正義，制止日軍暴行，反而惟利是圖，繼續源源不絕的向日本供應石油、廢鐵和銅等軍需品，實際上是日本侵華的幫兇！各地僑胞在美加澳英等地罷工示威抗議，引起當地有良心的人士關注，迫使美國政府檢討供應戰略物資給侵略國的政策，最終禁運石油廢鐵，令日本向美英發動太平洋戰爭，中國自此免除孤軍作戰之苦。全世界各地華僑開闢的海外戰場，實在贏了漂亮的一仗，為抗戰做出了重要的貢獻！[98]

98　魏宏運：《華僑對抗戰的貢獻》，陳敬堂編：《跨世紀：七七事變六十週年紀念專號》（香港，1997 年），第 123 頁。

第十六章

日軍在華暴行及中國的損失

1

2

3

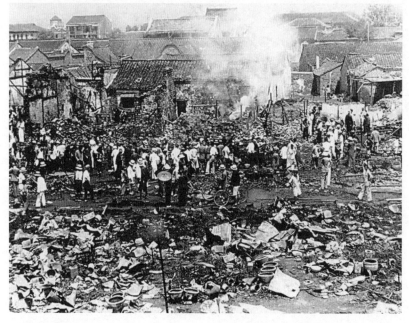

4

1　南京大屠殺中，兩名日本軍官比賽誰殺人多。

2　日本兵把中國人當練習刺殺的活靶子

3　目睹了南京大屠殺的《紐約時報》記者蒂爾曼‧德丁曾報道：日本兵會「憑一時高興
　　而從背後開槍擊斃」中國老百姓。

4　日機濫炸南京

5　南京大屠殺中，河岸邊全是被日軍殺戮的中國人屍骸。

6　華裔女作家張純如與她的作品《南京暴行：被遺忘的大屠殺》（*The Rape of Nanking*）

7　南京大屠殺太平門遇難同胞紀念碑

8　日軍掠奪中國的牛羊

9　日軍通過在華強行發行軍票，給中國造成巨大的財產損失

10　日軍搜掠物資

11

12

14

13

11 淞滬會戰中，無辜平民傷亡慘重
12 日軍多次轟炸重慶，國人只得逃往防空洞。
13 戰亂中飢寒交迫的中國兒童
14 淞滬會戰中的中國孤兒

今天，日本侵略者餘孽仍然死不悔改，否認南京大屠殺的暴行和慰安婦的醜事。但是，暴行滔天，鐵證如山，無論日本侵略者找甚麼藉口辯護，都只是再一次暴露其醜惡的嘴臉。侵華日軍的暴行慘絕人寰、令人髮指，根本不是「人」的行為，罵牠是禽獸也是侮辱了牠們。動物也有良知，懂得照顧同類弱小，何況是「人」？試想一想，有「人」性的戰士怎會一而再、再而三的去殺戮手無寸鐵的老弱婦孺？怎會集體輪姦婦女，再將她們折磨致死？這些惡魔所為不單發生在南京一地，而是普遍發生在中國淪陷的 26 個省份的 1500 餘個市縣，被日軍侵佔的南洋各地亦無一倖免。這段歷史噁心到極，令人不願執筆！但面對今天喜愛吃日本菜和到日本旅遊的年輕一代，作為一個負責任的歷史工作者又不能不寫，否則，無法令衛國犧牲的戰士和遇難同胞安息！最重要的是如果不將這一段歷史訴他（她）們，讓他（她）們看清楚日本的真面目，警惕日本惡魔正在復活，我們中國年輕的一代若不居安思危，作好準備，將會再一次經歷前人的災難！

一、違犯國際公法

侵華日軍暴行罄竹難書，這些暴行互有關連，同時發生。如日軍姦淫婦女時，她們的丈夫、父母必然會拚命阻止，日軍會先擊殺其丈夫、父母，再侵犯婦女。這便是犯下屠殺及姦淫罪，最後更會搶掠所有財產糧食，然後放火燒屋，毀屍滅跡。這暴行完全是違犯當時公認的國際法。我們看看《日內瓦四公約》及其附加議定書的內容：

第一公約（《改善戰地武裝部隊傷者病者境遇之〈日內瓦公約〉》），即《1949 年日內瓦第一公約》。共有 64 條正文及兩個附件，主要內容是：確認敵對雙方傷病員在任何情況下應該無區別地予以人道待遇的原則；禁止對傷病員的生命和人身施加任何危害或暴行，特別是禁止謀殺、酷刑、供生物學

實驗或故意不給予醫療救助及照顧；醫療單位及其建築物、器材和人員不受侵犯，但應有明顯的白底紅十字或紅新月及紅獅與日標誌。

第三公約（《關於戰俘待遇的〈日內瓦公約〉》），即《1949 年日內瓦第三公約》。共有 143 條正文和 5 個附件，是對 1929 年同名公約的修訂和補充。它擴大了公約的適用範圍和保護對象。主要內容是：戰俘係處在敵國國家權力管轄之下，而非處在俘獲他的個人或軍事單位的權力之下，故拘留國應對戰俘負責，並給予人道待遇和保護；戰俘的自用物品，除武器、馬匹、軍事裝備和軍事文件外，應仍歸戰俘保有；戰俘的住宿、飲食及衛生醫療照顧等應得到保障；對戰俘可以拘禁，但除適用刑事和紀律制裁外不得監禁；不得命令戰俘從事危險性和屈辱性的勞動；戰事停止後，應立即釋放或遣返戰俘，不得遲延；在任何情況下，戰俘均不得放棄公約所賦予的一部分或全部權利；在對某人是否具有戰俘地位發生疑問的情況下，未經主管法庭作出決定之前，此人應享有本公約的保護。

第四公約（《關於戰時保護平民之〈日內瓦公約〉》），即《1949 年日內瓦第四公約》。共有 159 條正文和 3 個附件。在 1899 年《海牙第二公約》和《1907 年海牙第四公約》附件中只有一些零散的保護平民的條文。此公約是對這些條文的補充和發展。其主要內容是：處於衝突一方權力下的敵方平民應受到保護和人道待遇，包括准予安全離境、保障未被遣返的平民的基本權利等；禁止破壞不設防的城鎮、鄉村；禁止殺害、脅迫、虐待和驅逐和平居民；禁止體罰和酷刑；和平居民的人身、家庭、榮譽、財產、宗教信仰和風俗習慣，應受到尊重；禁止集體懲罰和扣押人質等。[1]

現將侵華日軍暴行分類簡介如下，看看日軍犯了多少條國際公法。

1　《中文在線百科》，網址：www.zwbk.org/MyLemmaShow.aspx?zh=zh-tw&lid=95439。

二、肆意屠殺

日軍暴虐無道，屢次屠殺已經放下武器的中國軍人和手無寸鐵的平民百姓，故意轟炸平民密集的地方。日軍反覆對中國軍民進行了大屠殺，從舉世震驚的南京大屠殺，到小規模隨時隨地無處不在的殺戮，神州大地各處都是血跡斑斑。據統計，抗戰期間中國軍民傷亡達 3,500 萬人，約為當時中國人口的十分之一。其中除 380 萬名軍人外，平民百姓佔絕大多數，其中慘死在日本槍炮炸彈和屠刀下的又佔了很大的一部分。

從上世紀七十年代開始，日本國內出現了一連串對南京大屠殺的翻案文章，竭力否認日軍在南京的暴行。其中主要有：鈴木明在 1973 年出版的《南京大屠殺的虛妄性》一書，此書其中三篇採訪報道獲得了日本《文藝春秋》的大宅壯一報道文學獎，被「大東亞戰爭肯定論」者奉為圭臬。1975 年山本七平出版的《我方的日本軍》更說：「南京大屠殺是無稽之談。」1984 年拓殖大學講師田中正明的《「南京大屠殺」之虛構》一書，全面否定南京大屠殺的存在，把侵略戰爭的責任推卸給中國。更嚴重的是日本文部省在 1982 年 7 月強行修改高等學校教科書，把 1945 年前日本對中國大陸的「侵略」，描述成「進入」，並盡量淡化南京大屠殺的暴行，為日本的兇殘罪行辯護。例如有一本教科書原文是：

> 在佔領南京時，日本軍隊殺死了大量中國士兵和平民，進行襲擊、搶掠和焚燒，並因南京大屠殺而受到世界的譴責。據說中國受害者達 20 萬人。

文部省修改後，成為：

> 在進攻南京的混亂中，日本軍隊殺死了大量中國士兵和平民，並因

南京屠殺而受到世界的譴責。

1990 年日本眾議員、前運輸大臣石原慎太郎在美國雜誌《花花公子》10 月號上發表談話，公然說南京大屠殺「是中國人捏造的謊言」。10 月 14 日《人民日報》立即發表了冬明寫的《謊言掩蓋不住血寫的事實》一文加以駁斥。但石原慎太郎繼續口出狂言，11 月 10 日又對共同社記者說：「我不認為發生過所謂的（南京）大屠殺，把沒有的說成有，這不是謊言嗎？」他還說：「請去問問自民黨的政治家看，幾乎所有的人都不相信有過『南京大屠殺』這回事。」

全世界有良知的人士，尤其是我們中國人，可以容忍這種顛倒是非黑白的言論嗎？

何謂大屠殺？大屠殺的英文是 massacre，即毫無差別地殺死很多人的意思。南京大屠殺事件，被稱為暴行（atrocity），這是包括屠殺一般手無寸鐵的平民百姓的更嚴重罪行。日軍在南京有組織、有計劃地殺害了許多降兵、戰俘和便衣兵，殺害已經放棄武器及沒有抵抗意思的人。這不僅違犯國際公法，更是不人道的。再者，把逃入難民區穿便服的兵役適齡者挑出來，不經審訊和法律程序，就予以處決，這當然是屠殺。南京失陷時尚有數十萬市民，日軍對這些非戰鬥人員，極盡虐待、殘殺、強姦、掠奪、縱火之能事。令人髮指的是，很多沒有直接參加戰鬥的婦女、老人、幼童、嬰兒，也被惡意殺害。

因此，「南京大屠殺」長期以來一直被全世界公認為第二次世界大戰中最臭名昭著的日軍暴行。1937 年 12 月 13 日侵華日軍攻佔南京，瘋狂地開始了長達六週（有些歷史學者認為是三個月的大屠殺、三個月的小屠殺，為期長達六個月）的燒、殺、姦、掠等慘絕人寰的暴行，三十多萬名南京軍民慘遭殺害，不計其數的婦女被姦污，無數的住宅、商店和倉庫遭受劫掠，全市約有三分之一的房屋被焚毀，南京成為了惡魔肆虐的人間地獄。

淞滬會戰後，二十萬日軍分兵六路進迫南京，一路殺人放火、姦淫虜

掠，無惡不作。蘇州、無錫、常州、鎮江等長江下游城鎮均被毀滅。1937 年
12 月 9 日，日軍攻至南京外圍。12 日晨攻陷城西南中華門，下午 5 時負責保
衛南京之唐生智宣佈撤退，隨即渡江北逃。12 月 13 日晨 9 時，日軍從中華門
及中山門湧入市區，為期三個月的「南京大屠殺」隨即開始。南京大屠殺中
最兇殘、殺人最多的是松井石根指揮的中島今朝吾第 16 師團，其次是柳川平
助指揮的第 10 軍團轄下的谷壽夫第 6 師團。大屠殺基本可分作兩類，即集體
屠殺和分散屠殺。

1985 年 2 月南京市人民政府在興建「侵華日軍南京大屠殺遇難同胞紀念
館」的同時，也在當年日軍屠殺人數眾多或埋屍集中的遺址 15 處立碑。以悼
念遇難同胞，教育後人，永遠不忘這段民族的悲慘歷史。至 2007 年止，未計
民間修建的紀念建築物，南京市政府共在 19 處建有紀念碑，顯示日軍在南京
市各地普遍進行大屠殺。現以南京大屠殺遺址紀念碑介紹集體屠殺的概況：

1. 燕子磯江灘遇難同胞紀念碑

1937 年 12 月，南京難民逃難到燕子磯江灘，準備渡江北逃。前被日艦封
鎖，後被大隊日軍包圍，猛開機槍殺害，立即屍橫荒灘，血染長江，被殺者
總數達五萬餘人。

2. 侵華日軍南京大屠殺草鞋峽遇難同胞紀念碑

1937 年 12 月 13 日，逃到下關沿江待渡的大批難民和棄械的國軍共
57,000 餘人，遭日軍捕獲，悉數被集中囚禁在幕府山下的村莊。部分軍民已
因備受凌虐和凍餓而死，18 日夜日軍將之全數捆綁，押解至草鞋峽，用機槍
集體射殺。日軍發現若有少數傷而未死者，再用刺刀悉數戳斃；然後縱火焚
屍，殘骸棄於江中。

3. 侵華日軍南京大屠殺魚雷營遇難同胞紀念碑

1937 年 12 月 15 日夜，日軍將搜獲之平民和棄械國軍兵九千餘人，押至

魚雷營，以機槍集體射殺。同月，又在魚雷營、寶塔橋一帶再次殺害我軍民三萬餘人。

4. 侵華日軍南京大屠殺煤炭港遇難同胞紀念碑

1937 年 12 月 17 日，日軍從各處搜捕已棄械國軍及平民三千餘人，拘禁於煤炭港下游江邊，以機槍射殺；而傷未死者，均被押往附近茅屋縱火燒死。

5. 侵華日軍南京大屠殺中山碼頭遇難同胞紀念碑

1937 年 12 月 16 日傍晚，日軍從避居於原華僑招待所之難民中，搜捕所謂有「當兵」嫌疑者五千餘人，押解到中山碼頭，用機槍集體射殺後，棄屍江中。18 日，日軍又從避居於大方巷之難民中，搜捕青年四千餘名押解於此，復用機槍射殺。日軍在南通路北麥地和九甲墟江邊，槍殺難民八百餘人。在此區共有萬人以上被殺。

6. 侵華日軍南京大屠殺遇難同胞挹江門叢葬地紀念碑

1937 年 12 月到 1938 年 5 月，南京崇善堂、紅卍字會等慈善團體在挹江門東城根及其附近之姜家園、石榴園等地，先後六批埋葬死難者遺骸 5100 多具。

7. 侵華日軍南京大屠殺漢中門外遇難同胞紀念碑

1937 年 12 月 15 日下午，避難於「國際安全區」之南京市民和已解除武裝之軍警共二千餘人，遭日軍搜捕後，被押赴漢中門外，用機槍掃射殺害；其傷而未死者，仍被亂刀補戮，或縱火燒死。

8. 侵華日軍南京大屠殺上新河地區遇難同胞紀念碑

1937 年 12 月，日軍在此殺害大批棄械國軍和難民共 28,730 餘人。日軍屠殺手段極其殘酷，或縛之以溺水，或積薪而活焚，槍擊刀劈，無所不用其極。對婦女乃至女童，均先姦後殺。1938 年 1 月至 5 月，經南京紅卍字會在

上新河一帶收埋死難者遺屍計十四批，共 8459 具。

9. 侵華日軍南京大屠殺清涼山遇難同胞紀念碑

1937 年 12 月，侵華日軍在今南京海河大學校園內，即清涼山附近之吳家巷、韓家橋等地殺害數以千計的難民。

10. 侵華日軍南京大屠殺江東門遇難同胞紀念碑

1937 年 12 月 16 日，日軍把國軍俘虜和平民萬餘人，囚禁於原陸軍監獄院內，傍晚押至江東門以輕重機槍射殺，迅即遺屍遍野，漂浮江中。數月之後，南京慈善團體收屍萬餘具，掩埋於就近兩大土坑內，故稱「萬人坑」。該地現建有「侵華日軍南京大屠殺遇難同胞紀念館」以茲紀念，及教育人民。

11. 侵華日軍南京大屠殺東郊叢葬地紀念碑

1937 年 12 月，南京東郊一帶，屍積如山，因無人收埋，故腐爛腥臭。至 1938 年 4 月，始由崇善堂等慈善團體收殮，計從中山門外至馬群鎮一帶，收屍 33,000 餘具，就地掩埋。1938 年 12 月偽南京政府衛生局又於馬群、茆山、馬鞍、靈谷寺等處，收集死難者遺骸叢葬於靈谷寺之東。

12. 侵華日軍南京大屠殺中華門外花神廟集體屠殺場地

1937 年 12 月 22 日至 1938 年 4 月 18 日，南京兩個慈善團體在中華門外花神廟、雨花台、望江磯一帶，共掩埋遇難同胞屍體 27,239 具；南京市民芮芳緣、楊廣才等組織難民 30 餘人，於 1938 年 1 月至 2 月的 40 餘日內，在花神廟一帶掩埋了軍民屍體 7,000 餘具，其中難民屍體 5,000 餘具。

13. 侵華日軍南京大屠殺太平門遇難同胞紀念碑

1937 年 12 月 13 日，侵華日軍第 16 師團 33 聯隊第 6 中隊等部隊在南京太平門附近將 1,300 多名國軍俘虜和無辜平民用鐵絲網圍住，再用事先埋好的地雷引爆、機槍掃射，汽油焚燒。次日，日軍檢查屍體，對瀕死者再用刺刀

戮斃。太平門集體屠殺無人能倖存。

14. 侵華日軍南京大屠殺北極閣附近遇難同胞紀念碑

1937 年 12 月，日軍在市內鼓樓至北極閣、太平門、富貴山、珠江路等地，見人就殺，屍橫遍地，血流成河。翌年一二月間，由崇善堂將各地屍體收殮葬於北極閣山及近山城牆根附近一帶。

15. 侵華日軍南京大屠殺正覺寺遇難同胞紀念碑

一般人以為日人信奉佛教，僧侶可倖免於難，事實上日軍已經魔性大發，毫無人性，僧侶尼姑如普通百姓同遭毒手。1937 年 12 月 13 日，侵華日軍在武定門正覺寺，集體槍殺該寺僧人慧兆等十七人。同日，又在中華門外將尼姑真行等三人姦殺。[2]

16. 侵華日軍南京大屠殺遇難同胞普德寺叢葬地紀念碑

普德寺係遇難同胞屍骨叢葬地之一，經南京紅卍字會先後埋葬於此者共達 9721 具，故亦稱「萬人坑」。

17. 侵華日軍南京大屠殺遇難同胞五台山叢葬地紀念碑

五台山一帶是我受害同胞屍骨叢葬地之一，崇善堂和紅卍字會等慈善團體在 1937 年 12 月至 1938 年 2 月，曾先後四批埋葬被害同胞屍骨共 254 具。

18. 金陵大學難民收容所及遇難同胞紀念碑

日軍佔領南京時，留在南京的外僑代表拉貝等，以原金陵大學等處為中心，設立了「國際安全區」，佔地 3.86 平方公里，內設 25 個難民收容所，收容難民約 25 萬人。原金陵大學校園收容難民多達三萬餘人。1937 年 12 月 26 日，日軍以辦理難民「登記」為由，將避難於原金陵大學圖書館內之兩千餘

---

2 段月萍：《侵華日軍南京大屠殺遺址紀念碑》，《抗日戰爭研究》（1994 年第 2 期）（北京，近代史研究雜誌社，1994 年），第 92 — 101 頁。

名難民，驅趕到網球場，從中搜捕了三百餘名青壯年，驅至五台山及漢中門外殺害。

據當時慈善團體紅十字會埋屍資料記載，1938 年 1 月、2 月間，該會曾先後在城北各處收殮，在原金陵大學農場及陰陽營南秀村（今南京大學天文台）埋葬遇難者屍體達 774 具。

19. 仙鶴門遇難同胞紀念碑

1937 年 12 月 13 日，日軍攻佔南京東郊馬群、仙鶴門一帶，俘獲國軍及民眾 15,000 餘人。18 日，日軍分散多處將 4,000 多名手無寸鐵的平民和俘虜集體屠殺。翌年春，仙鶴村附近尚有大批屍體橫躺在村外麥地裏，村民們自發將遇難同胞的屍骨約七百具，分別就近掩埋於一座「大墳」內。

分散屠殺是日軍對戰俘或平民的肆意殺戮，如 1937 年 11 月底至 12 月 10 日，兩名日本軍官向井敏明少尉和野田毅少尉以誰先殺滿 100 個中國人者為勝的競賽。這殘酷的殺戮經由《東京日日新聞》（即現在的《每日新聞》）四名隨軍記者淺海、光本、安田、鈴木分別從中國常州、丹陽、句容、南京等地作現場報道，日本政府及軍方並無譴責並予處罰，說明日本全國上下認同這種殘殺中國人的暴行。

當年美國合眾社記者愛潑斯坦的報道成為了歷史的見證：「南京於 1937 年 12 月 13 日陷落於日軍鐵蹄之下，日本人有計劃地對它進行燒殺姦淫。大約 30 萬放下武器的俘虜和手無寸鐵的平民慘遭殺戮：日本用繩把他們捆在一起，用機槍對他們進行掃射，把他們扔進長江裏淹死；把他們砍頭或活埋；把他們作為練習刺殺的靶子。總之：想盡各種各樣的辦法來殺害他們。」[3]

南京大屠殺並不是日軍犯下的惟一血案，僅數目大的血案就有很多很多。

早在甲午戰爭日軍的兇殘就被暴露出來了！1894 年 11 月 21 日，日軍攻

---

3 伊斯雷爾·愛潑斯坦：《歷史不應忘記》（北京，五洲傳播出版社，2005 年），第 44 頁。

佔旅順後，進行了四天三夜的屠殺，除負責埋屍的 36 名華人之外，全市二萬多人遇害。英國詹姆士·艾倫（James Allan）在其著作《龍旗翻捲之下》描述日軍極之殘暴：「日軍用刺刀穿透婦女的胸腔，將不滿兩歲的幼兒串起來，故意舉向高空，讓人觀看。」「小孩子被捅到刺刀上，他高高的挑起槍來，搖了幾搖，當作玩耍的東西。」美國報紙批評：「日本為蒙着文明皮膚、具野蠻筋骨之怪獸。」[4]

1932 年 9 月 16 日，日軍在撫順搜捕游擊隊不獲，把平頂山全部村民驅趕到山崖上，開機關槍射殺，死者包括老人、婦女和孩子。日軍發現若有人未死，便用刺刀捅死。當天日軍迅速焚燒屍體，將山崖炸崩以掩埋殘骸，又焚毀附近村莊 800 多間房屋，企圖徹底毀屍滅跡。

1937 年 12 月 8 日下午，日軍第十三師團天谷、安達兩部隊，攻陷江蘇鎮江後，屠殺過萬名居民，縱火焚毀房舍 16,700 多間，強姦當地婦女幾千人。

1941 年 1 月 25 日，日軍在河北省豐潤縣潘家峪村屠殺村民 1,230 人（其中婦女、兒童 658 人），燒毀房屋約 1,000 間；

1942 年 12 月 5 日，日軍在河北灤縣潘家戴莊殘害和平居民 1,280 餘人，燒毀民房 1,000 多間；

1943 年 5 月，日軍華中派遣軍總司令畑俊六率部在湖南廠窖地區屠殺中國民眾 3 萬餘人，強姦婦女千多人；

1943 年秋，日本侵略軍以 4 萬兵力對河北省阜平縣平陽村一帶農村進行瘋狂的「掃蕩」，持續 87 天，用刀砍、活埋等手段殘殺村民 700 多人。

日軍入侵香港後一樣肆意屠殺香港平民百姓，對英籍和歐美人士亦絕不留手。1941 年 12 月 26 日上午，酒井隆騎馬在皇后大道舉行入城式後，對香港進行了兩個月血腥大屠殺。為報復香港的華人和英軍的抵抗，酒井隆命令日軍以搜捕反日分子為名，瘋狂地進行大屠殺：凡是可疑的人，都開槍射殺；見婦女

4　維基百科：《旅順大屠殺》，網址：zh.wikipedia.org/wiki/ 旅順大屠殺。

就強姦，遇財物就搶劫。令香港、九龍屍橫遍地，血流成河。日軍肆意虐殺、侮辱俘虜，如將英國炮手麥當諾、加拿大槍手麥克等俘虜，挖眼睛，割舌頭，凌遲處死，「倒臥（香港）紅十字醫院病榻療傷之英籍病俘，悉遭刺殺或梟首，刀劍砰轟與呻吟哀號齊鳴。紅十字會英籍女護士戈登等並遭輪姦。」

1942 年 2 月 20 日，香港佔領地總督部正式建立，磯谷廉介被任命為香港總督。磯谷廉介把他的總督府設在香港原匯豐銀行 15 樓，在大廈前懸掛着香港佔領地總督部的招牌。又命令副總督平野茂制定了血腥屠殺香港人民的法令，可以隨意給香港居民扣上對敵提供情報的罪名，將之逮捕、拷打。可以打成殘廢，甚至打死。亦可找個藉口當作「地下工作者」送上軍法會議處死。香港淪陷後長時間屍骸遍地，日軍經常屠殺無辜，使整個香港成為極度恐怖的人間地獄。[5] 日軍在侵佔的東南亞地區亦犯下累累血債，舉世受害，怎能否認和掩蓋得了？

三、強姦婦女、殘害兒童

伴隨着殺戮的同時，日軍還瘋狂地姦污婦女，然後進行變態虐殺。南京的強姦事件尤為令人矚目，據遠東國際軍事法庭認定，「日軍在攻佔南京的一個月中，在南京市內發生了 2 萬起左右的強姦事件。」日軍且在姦污凌辱之後，將她們殘忍地迫害。當時南京國際安全區主席納粹黨員拉貝在給希特拉的報告中證實：「他們（日軍）不停地對婦女和姑娘施以殘暴，並隨心所欲地殺死任何人，包括表示反抗、試圖逃跑以及碰巧是在不適當的場合、不恰當的時間出現的人。上至年過七旬的老嫗，下至不到 8 歲的幼女，都很難逃脫姦污的

5　王俊彥：《警惕日本 —— 昨日的侵略與今日的擴張》，網頁：《龍騰世紀》，網址：www.millionbook.net/jun/xs/jingtrb/index.html。

厄運，事後日本兵還以最野蠻的方法，對她們施以毒打或殘害。」在日軍佔領下的地區，到處都不斷發生姦污婦女的事情。日軍的獸行臭名昭著，凡日軍所到之處，婦女們無不膽戰心驚，極力將自己臉上塗得很污髒，穿得很破爛，以逃避日軍的注意力。有女眷的人家，都將婦女藏起來。香港淪陷時，情況也相同，香港家家緊閉門戶，路上行人絕跡。婦女害怕被強姦，雉髮改扮男裝以避兇險，不少婦女為了逃避被姦辱的厄運，穿上普通老百姓的衣服，加上補丁，臉上用墨或用泥塗黑，盡快逃離香港。但很多婦女仍然難逃魔爪！

香港淪陷時，日軍佔領香港島南部聖士提反學校的傷兵醫院，殺死所有傷兵和醫生後，悉數強姦在內的女護士。[6] 經歷當年苦難的長者說，日軍在香港島強姦許多婦女後，便推她們到灣仔海旁，用刀斬殺，然後踢落大海。曾參加香港學賑會的梁柯平女士說：離開香港這麼多年，她都不想再回來！因為香港淪陷時，她的家人有很悲慘的遭遇，令她想起香港 —— 她可愛的家 —— 也感到痛苦！她只好用國內同胞的慘況來安慰自己，她還不算是最悲慘的一人！[7]

「慰安婦」制度是日本政府毫無羞恥創造的國家制度，用各種辦法強迫或誘騙婦女為日軍提供性服務、充當性奴隸。這種制度普遍在日本佔領的地方包括中國、韓國和菲律賓等地實行，顯示日本法西斯完全到達窮兇極惡的巔峰。中國是日本慰安婦制度的最大受害國，據中國學者研究，被日軍擄掠充當慰安婦的婦女在 20 萬人以上。日軍知道自己罪行嚴重，投降之前曾試圖殺害所有慰安婦，所以能苟存性命的很少。另外，因被同胞誤解、難以啟齒等因素，慰安婦只能在痛苦中沉默地掙扎求存。由於時代進步，她們的經歷獲得社會同情和諒解，於是勇敢地站出來控訴侵華日軍的罪行。

日軍濫殺無辜，對兒童亦不放過，無數兒童固然橫死在日軍的轟炸和炮

6　凱姆本：《香港淪陷與加拿大戰俘》（北京，同心出版社，2005 年），第 28 頁。

7　陳敬堂：《梁柯平女士訪問紀錄》（2004 年 6 月 24 日）。

火之下，日軍攻佔地方後殺人放火，對兒童亦不會手下留情。日軍「掃蕩」敵後抗日根據地時，甚至用兒童威脅群眾提供游擊隊的情報，讓兒童在親人目睹下慘死。

日軍因勞動力不足，便強迫兒童工作，令弱小的兒童為其背煤、採礦，做超乎其體力的勞動，結果許多童工因衣不蔽體，食不果腹，疲病交加而死。

四、「三光」政策

日本侵略中國時幾乎每天都燒殺搶，其破壞範圍之廣，劫掠時間之長、屠殺人數之多，使用手段之殘忍以及造成損失之重，實屬人類文明史上最野蠻、最殘酷的一頁。1940 年 8 月「百團大戰」之後，日軍連續發動對晉東南、冀西、冀中的大規模掃蕩，對抗日軍民瘋狂報復，進行「燒光」、「殺光」、「搶光」戰術。同年 11 月 16 日，八路軍向全國揭露日軍「殺光、燒光、搶光」的三光政策及其野蠻暴行，這是「三光政策」的最早記錄。其實，日軍方面並未有「三光作戰」或「三光政策」這一作戰術語，而是用「徹底的掃蕩」、「徹底毀滅」、「徹底擊滅」、「燼滅作戰」、「徹底的肅正作戰」等語，但就其含義與實際效果來看，與中共所稱的「三光政策」別無二致。1940 年 4 月，華北方面軍制定了《華北思想戰指導要綱附屬書》，特別列出「討伐行動當以重點指向共產軍匪，對其游擊隊作徹底地掃蕩覆滅」。[8] 隨着中共游擊隊勢力的發展，這種「三光作戰」的規模越來越大，手段越來越兇殘。[9]

1946 年 12 月延安《解放日報》揭露，日軍在晉察冀、晉綏、山東、冀魯

8　李恩涵《日軍對晉東北、冀西、冀中的「三光作戰」考實》，《抗日戰爭研究》1993 年第 4 期。

9　李金錚：《日寇「三光作戰」及其暴行之真相 —— 以晉察冀邊區為例》，陳敬堂編：《香港抗戰》（香港，香港歷史博物館，2004 年），第 12 — 13 頁。

豫、太行、蘇皖、淮海等根據地就屠殺了中國人 304 萬餘人，搶走或焚毀糧食 61,700 餘萬石，燒毀房屋 1780 餘萬間。就晉察冀邊區而言，如下表所見，人口死亡近 71 萬，糧食損失 133 億餘公斤，房屋損失 257 萬間，牛馬驢騾豬羊損失 376 萬餘頭（隻）等。又據不完全統計，在河北省，一次屠殺 200 至 500 人的慘案有 23 例，500 人以上的大慘案有 18 例，殺害 1,000 人以上的有 10 例。[10] 許多地區人口大大減少，如興隆縣 1941 年有 16 萬餘人，到 1945 年日本投降時減至 10 萬人；平山縣減少 3.5 萬人。[11]

晉察冀邊區抗戰以來損失統計表（1946 年 1 月 20 日）（不包括部隊死亡）

類別	冀晉區	冀察區	冀中區	冀熱遼區	合計
人口死亡（人）	152,099	100,800	232,000	225,000	709,899
損失糧食（公斤）	1,001,452,506	3,224,629,462	3,939,775,200	5,156,352,000	13,322,209,168
房屋損失（間）	1,006,195	390,500	480,000	690,000	2,566,695
牛馬驢騾損失（頭）	205,222	215,000	150,000	60,000	630,222
豬羊損失（隻）	507,886	801,200	378,000	2,016,000	3,703,086
農具家具損失（件）	6,311,357	6,100,000	12,000,000	1,800,000	26,211,357
被服損失（件）	3,987,530	4,125,000	13,020,000	2,200,000	24,332,530
敵抓走壯丁（人）	60,000	65,000	120,000	260,000	505,000
碉堡公路溝牆佔地（公畝）	1,228,800	528,384	6,451,200	6,844,416	15,052,800

資料來源：[12]

---

10 據中共河北省委黨史資料徵集編審委員會編：《侵華日軍暴行錄》（二）（石家莊，1985 年），頁 366 — 378，整理而得。

11 《侵華日軍暴行錄》（二），第 30、341 頁。

12 魏宏運主編：《抗日戰爭時期晉察冀財政經濟史資料選編》（天津，南開大學出版社 1984 年版），第 844 頁。

五、無人區

「九一八事變」之後，日軍為對付抗日力量，拆毀、燒毀無數村莊，將500餘萬中國民眾強制遷入深溝高壘、看守嚴密的「集團部落」。從1934到1939年，全東北總計建成13,451個「集團部落」。

1939年起日軍開始在長城兩側和熱南山區大規模推行「集家併村」和「焦土」政策，將百姓世代居住的村莊一律焚毀，把他們集中到「集團部落」裏（百姓稱之為「人圈」）。「人圈」裏的群眾，生活無着，害蟲肆虐，疾疫流行，簡直就是人間地獄。興隆縣僅1943年夏就因發生瘟疫而死亡6,000多人；青龍縣宮廠「人圈」有2,400人，兩年內就死了530多人。日偽當局還經常對這裏的人們進行大檢舉，屠殺青壯年，如1942年初在興隆縣進行第一次大檢舉，逮捕2,000人，殺害400多人。[13] 為切斷八路軍與群眾的聯繫，切斷根據地與游擊區、敵佔區的聯繫，到1944年，形成了從古北口到山海關長35餘公里、寬125公里，面積437平方公里的地區，禁止任何人居住或進入。日軍還經常到「無人區」進行三光掃蕩。日本戰犯、原駐唐山的日軍第27步兵團團長玲木啟久回憶道：「飛機沿着長城向西飛行再折向南邊，不久就飛到遷安縣北部地區上空。這裏原來青色的森林出現了一塊塊的紅色和黑色的燒毀和燒焦的痕跡。我想：『到了，從這裏起就是我所製造的無人地帶了。』」「農家一戶也不剩了。原來地上和平寧靜，一片美麗風光的村莊，如今找不到一戶完整的人家。到處是燒焦的木頭，變黑的斷垣和頹壁。」[14]

看，日軍慘無人道地製造「無人區」，就是要滅絕中華民族，八年抗戰就

13　鄧一民主編：《熱河革命史稿》（北京，文化藝術出版社，1988年），第142、148頁；中共興隆縣委黨史資料徵集辦公室：《興隆「無人區」裏的抗日根據地》（河北興隆縣，1985年），第20 — 22頁。

14（日）原烏修一等：《日本戰犯回憶錄》（香港，四海出版社，1975年），轉引自《侵華日軍暴行錄》（一），第358 — 359頁。

是中華民族生死存亡之戰，打輸了就是亡國滅種！

六、細菌戰與化學戰

細菌生物和化學武器，是嚴重違反人類的生命、具有擴散性和不可控性的極端危險武器，早已被國際社會嚴格禁止。1925 年 6 月日本在日內瓦國際會議制訂了《禁止在戰爭中使用窒息性、毒性或其他氣體和細菌戰方法的議定書》上簽字。但是，日本公然違反國際法，在中國以及日本國內組建了大批生化武器的研究、生產和作戰部門，在侵華戰爭中大量使用生化武器，進行殘酷的細菌戰與化學戰。日本政府和軍部直接參與實施了對中國的細菌戰和化學戰。如 1937 年的日軍參謀總長載仁親王下達實施化學戰「在華各軍可以使用紅彈、紅筒和綠筒」的《大陸指第 345 號指示》。

日軍將大批中國人（包括兒童）用作細菌實驗和毒氣試驗的實驗品，將他們殘害致死；還對中國平民施放毒氣，在河流、湖泊、水井中投毒，以毀滅中國人的生存條件。據不完全統計，中國軍民因遭受日軍細菌戰和細菌實驗而死亡的人數至少在十萬以上；日軍使用化學武器多達 2,000 餘次，中國軍民直接中毒傷亡人數近十萬人。戰後，至今還遺棄在中國的 200 萬發毒氣彈，繼續給中國人民造成嚴重傷害。

1. 細菌戰

侵華日軍細菌部隊及實施細菌戰的部隊，主要有哈爾濱 731 部隊、廣州「波」字第 8604 部隊、南京「榮」字第 1644 部隊、北平北支甲第 1855 部隊、長春滿洲第 100 部隊。

731 部隊為了準備細菌戰爭，研究製造鼠疫、傷寒、霍亂、炭疽、班疹等

數十種傳染病菌，其生產能力極大。1940 年 10 月至 1945 年 8 月，日軍多次在浙江衢州各地撒放鼠疫、霍亂、傷寒、副傷寒、痢疾、炭疽等細菌，造成當地疫病大流行，至 1948 年末，累計發病 30 餘萬人，死亡 5 萬餘人。1940 至 1942 年日軍在浙東作戰和湖南常德作戰中進行細菌戰，使 1 萬多名中國民眾受到傷害。日軍「圍剿」山東魯西北抗日根據地，施放霍亂菌，造成中國民眾 20 多萬人罹難。日軍對雲南保山地區實施細菌戰，造成 20 多萬名民眾受到細菌傷害。日本戰敗後，遺棄大批細菌，致使當地不斷發生傳染病。例如 731 部隊所在的平房地區連年爆發鼠疫，1947 年的鼠疫就奪走 3 萬多人的生命，在內蒙古東部的王爺廟等地區也因鼠疫流行死亡 4 萬多人等等。直至現在還不斷有人受到傷害。

活體實驗是 731 部隊的嚴重暴行，日軍為了準備細菌戰，兇殘地用中國戰俘和平民進行活體實驗，死於活體實驗的就達 3000 多人。731 部隊也有對太平洋戰爭中虜獲的英美戰俘進行細菌實驗。

2. 化學戰

1937 年 7 月 28 日，日軍參謀總長載仁下達准予在侵華戰爭中使用化學武器的命令，揭開了日軍對華實施化學戰的序幕。據中國方面統計，侵華日軍在中國實施化學戰達 2,000 次之多，有 9 萬餘中國軍民受害，1 萬餘人中毒死亡。至今仍有化學武器 200 萬枚、毒氣 100 多噸遺留在中國，造成平民中毒事件不斷發生。(有關日軍使用毒氣作戰情況，請參閱正面戰場一章。)

3. 活體實驗

日軍 731 部隊在哈爾濱平房本部的實驗室裏進行了大量的各種細菌感染實驗、凍傷實驗、壓力實驗、毒氣實驗等活體實驗。731 部隊川島清少將供

認：731 部隊每年用於活體實驗的人數為 400 至 600。據此推算，有 3,000 人死於 731 部隊活體實驗。這一數字沒有包括 1941 年以前被該部隊殺害的人數。在日本侵略中國期間，有 5,000 至 6,000 人被害於由石井四郎直接控制的（北京、南京、廣州）細菌戰死亡工廠裏，這還不包括 1945 年 8 月 731 部隊敗逃時屠殺的準備用於活體實驗的人。

日軍又大量進行活體解剖實驗作醫學教學實習。據日軍山西潞安陸軍醫院軍醫湯淺謙供認：根據華北方面軍的命令，各師團為進行軍醫教學，一年做兩次手術演習。湯淺謙共參與了 7 次人體活體解剖，每次 1 至 4 人。僅日本華北方面軍就有 20 多個陸軍醫院、軍醫數千人，其活體解剖殺害的數字是很大的。

侵華日軍細菌、化武部隊戰敗撤離中國時，銷毀了大量罪證，但仍將那些用活人做細菌生物化學實驗取得的絕密資料帶回了日本，並以此為交換條件，與駐日美軍進行了交易，美軍為得到日本細菌戰化學戰研究的資料，隱瞞了石井四郎等 731 部隊戰犯的罪行，使他們逃脫了軍事法庭的審判。

七、狂轟濫炸

中國缺乏飛機和防空武器，失去了制空權，讓日軍的飛機可以肆虐中國領空。日軍除轟炸戰鬥人員、車輪和軍事設備外，更狂轟濫炸不設防城市和大量非軍事目標，甚至是人群，企圖用殘酷轟炸手段，來摧毀中國人民的抗日意志。

中國共有 900 餘座城市和無數的鄉村遭到日軍的轟炸。1937 年 8 月 28 日，日機轟炸上海南站，當場炸死 200 餘人，傷者不計其數。向南京推進途中，江蘇各地均被日機炸為廢墟。南京南起中華門，北到下關，三分之一的城區化為廢墟。

重慶是中國抗戰時的陪都，是二次大戰時遭受日機轟炸次數最多、規模最大、持續時間最長、損失最慘重的城市。據不完全統計，從 1938 年至 1943 年，侵入重慶上空的日機共達 9,513 架次，投彈 21,593 枚，炸死市民 11,889 名，炸傷市民 14,100 名，炸毀房屋 17,608 幢。1941 年 6 月 5 日傍晚，24 架日機分 3 批侵入重慶，持續近 4 小時，使重慶較場口防空大隧道內發生數千人窒息死亡的大慘案，從大隧道中拖出的遇難者屍積如山，令人慘不忍睹。

八、財物資源劫掠

1931 年「九一八事變」至日本無條件投降，全中國有 26 個省份的 1,500 餘市縣淪陷，淪陷區民眾在 2.6 億人以上。

侵華日軍在中國大肆搶劫和掠奪，是一個組織嚴密、計劃周密的強盜集團。站在個別士兵的層面而言，所劫掠的是中國人的個人財寶。所到之處，十室十空，雞犬不留。日軍每攻佔一城市，為方便洗劫公私財物，先進行大屠殺，將所有物品劫掠一空後，縱火毀滅證據才離去。如在無錫、蕪湖、南京、武漢、上海等地，日軍將中國工廠、機關、商店的設備財物等盡數掠走，或運回日本，或留作己用；而對一般住家，更明火打劫，日軍更設郵局以方便官兵將其搶得的贓款匯回國內。攻佔南京後，數萬入城官兵立即展開了瘋狂的劫殺搶掠，軍用卡車、騾馬車、自行車，甚至連兒童車也成為其運載贓物的工具。據英記者田伯烈所著《外人目睹中之日軍暴行》記載，全城所有私人住宅，大的小的，中國人或外僑的，都被日軍劫掠一空，即使美國、英國、德國的使館和大使住宅也未能倖免。城市商店，他們對所有貨物、器皿、珍寶任意搶劫，把搶劫到的東西裝上大汽車，他們的長官幫助照料，彷彿在搬家，而一般中國市民則往往在被搶時遭到殺害。日軍把一座繁華的南京城徹底洗劫和屠殺之後，更放火焚燒，毀滅罪證，大火 39 天不熄，所有商

業區均成廢墟。據不完全統計，日軍造成南京市財物損失 2.46 億元。[15]

　　站在日本政府的層面而言，其發動侵華戰爭的目的就是佔領中國土地、掠奪中國龐大的資源。東北、華北、華中三地是日本掠奪的重災區。日本早已視東北為其「生命圈」，東北地大物博、人口稀少，在 130 餘萬平方公里的土地上，人口只有 3,000 餘萬，擁有極為豐富的農、林、牧資源和金、鐵、煤、石油等重要礦藏。撫順煤很早就被日本海軍作為特別規定來使用，日本最大的海軍工廠吳工廠，幾乎全部使用撫順煤。據說，製造大炮和軍艦甲板的用鋼，必須用撫順煤來冶煉，其他的煤都不行。撫順煤運往日本國內的數量佔煤礦總輸出量的 50%，佔日本煤炭進口總量的 60%—70%。

　　東北蘊藏日本極為需要的石油資源，故全面掠奪天然石油、頁岩油和人造石油的資源，撫順頁岩油在煤層的頂端，藏量達 55 億噸，是其主要掠奪對象。1931 年東北生產的粗油有 6.3 萬餘噸。1935 年年產粗油能力至 14.5 萬噸。1942 年，撫順煤礦兩製油廠的設備能力是年產粗油 30 萬噸。而在 1944 年實際粗油產量是 20.4 萬噸。

　　日本佔領東北後，扶植偽滿政權為其開採礦產運回日本。「七七事變」之後，向日本運送 112 萬噸鋼、152.2 萬噸生鐵、600 萬噸煤炭、145.3 萬噸揮發油、1.625 萬噸鋁。

　　另外，日本在華北開採和掠走鋁礬土礦 300 萬噸左右，鎢錳精礦石 21.9565 萬噸，鐵礦石 450 萬噸以上，煤炭 12,000 萬噸以上。華北地區還盛產多種經濟作物，是中國小麥和棉花的主產區，並擁有天津、青島等中國重要的港口和商埠及東亞最重要的海鹽場。

15　《日本侵略中國時候到底掠奪了多少資源和財富？》，《百度文庫》，網址：wenku.baidu.com/view/031ace78f242336c1eb95e38.html。

九、金融劫掠

　　東北、華北、華中地區是中國經濟資源最為豐富的地區，佔了全國工業的 90%，而上海則是中國的金融中心。日本在這些地區通過搶佔銀行、票號，掠取現金，印製、強迫使用軍用票，偽造法幣，在佔領區開設日偽銀行等手段，大量掠奪中國的金融資源。

　　「九一八事變」的第二天，日本關東軍就派兵佔領東三省官銀號、邊業銀行、吉林永衡官銀行、黑龍江省官銀行等東北四大銀行。日軍把各銀行洗劫一空，搶走東三省官銀號庫存黃金 16 萬斤，搶走張學良存在邊業銀行中私有黃金七八千兩和古玩字畫等。有日本侵略者供認，從「四行號」中掠取資金達 1.4 億元。1932 年 7 月 1 日，偽滿中央銀行正式開業，發行大量偽幣，到 1945 年蘇聯進軍東北前夕，發行偽幣 80 億元，為 1937 年的 26 倍、1932 年的 52 倍。

　　同時，中國工業的重要地區幾乎全部在戰爭中遭受了嚴重破壞。中國金融中心的上海在戰爭中受重創，閘北區損失為 100%，虹口與楊樹浦為 70%。全上海達 52%，南京 80%，杭州 28%，無錫 64%，武漢 12%，廣東 31%，湖北十六區 22%。中國經濟最活躍的沿海重要地區資產損失慘重。

　　1937 年 10 月 22 日，日本內閣會議決定《軍用手票發行要領》，作為「支那派遣軍的軍人、軍屬的俸給以外的支付」。1938 年 9 月，日本內閣會議決定修改《軍用手票發行要領》，將發行軍票的目的擴大為「一切軍費的支付」。軍票不編號，要發行多少就發行多少。1937 年末，發行額為 137 萬日元；一年後猛增到 3,680 萬日元，1942 年 12 月，發行額已達 5 億日元；到 1943 年 4 月，軍票才停止發行。日軍用暴力強制規定軍票與法幣的比價，不斷使軍票升值。1939 年 8 月規定法幣與軍票等價，1940 年 5 月成為 100：77。太平洋戰爭爆發後，軍票價值扶搖直上，1942 年 5 月法幣與軍票的比價降為 100:8。

　　日本侵佔香港後也發行了大量的軍票，在禁止其他貨幣流通的同時，強迫香港市民以港幣、外幣、黃金、實物等兌換軍票。最初以 2 港元兌換 1 元

軍票，1942 年 7 月 24 日開始以 4 港元兌換 1 元軍票。日軍侵佔香港 3 年零 8 個月共發行軍票 19 億元。日本戰敗撤出香港，卻沒有從香港市民手中收回軍票，香港 3,500 多戶市民手中仍持有約 5 億 4 千萬元軍票。香港市民決心向日本討還被掠奪的財產，為此組成了「香港索償協會」。1993 年 8 月 13 日香港索償協會代表持有軍票的香港市民，向日本法院提起訴訟控告日本政府發行貨幣，卻未能履行兌換現通貨幣的義務。1999 年 6 月 17 日，經過 28 次開庭聆訊，日本東京地方法院做出了判決。判決書承認日軍在香港強制發行軍票掠奪香港市民財富的罪行，但仍以日本沒有「賠償法」，無法可依而判香港索償協會敗訴。香港索償協會上訴至東京高等法院，高等法院維持地方法院的原判。香港索償協會再上訴至日本終審法院，並交納印花稅辦理了上訴手續。2001 年 7 月日本終審法院於受理後，一再拖延開庭日期，至今不開庭、不答覆、不解釋、不退款。[16]

日本為了支付其巨額軍費開支，在中國淪陷區發行了大量公債，日本戰後殘留在中國的公債約為 471 億日元，這還不包括日本在抗日根據地周邊和偽蒙疆地區發行的公債、日偽發行的變相公債、在台灣發行的郵政儲蓄券等。

據估計，日本給中國造成的財產損失達 6,000 億美元！損失之巨，是日本難以償還的。1972 年中日建交時，新中國政府以德報怨，竟宣佈放棄對日本的戰爭賠償。今天日本好戰分子復活，戰爭危機更迫在眼前！

十、毀滅中華文化

大量中國文化建築、珍貴圖書文獻毀於戰火之中，這是日本有計劃進行

16　中國人民抗日戰爭紀念館：《軍票——經濟統制和掠奪的工具》，網址：
　　www.1937china.com/kzls/sszx/20120522/680.shtml。

的謀陰。日軍攻佔中國 600 餘萬平方公里的土地後，對各地學校、博物館、圖書館、印書館等文化單位大肆摧殘，焚燒、掠奪中國各地圖書文獻，藉此來徹底摧毀中國人民的民族精神，斬斷中華民族五千年文化傳統，造成中華文化的空白，讓淪陷區人民服服帖帖地接受侵略者的統治，心甘情願地做亡國奴。

因此，侵華日軍對中國各地圖書文獻進行了大肆掠奪和瘋狂破壞。1931年 10 月，黑龍江省立圖書館毀於日軍炮火。次年「一二·八事變」爆發，1 月上海商務印書館毀於戰火，東方圖書館被波及。2 月 1 日，日軍再派人祕密潛入東方圖書館館區縱火，館內所藏書刊、方誌及善本書 40 餘萬冊頓成灰燼。同時國立中央大學商學院、國立中央大學醫學院、國立暨南大學、國立同濟大學等 14 所專科以上學校及其附設圖書館亦遭受日軍炮火摧殘。

1937 年 7 月底，天津市立圖書館、南開大學圖書館遭日軍飛機轟炸，損失圖書 15 萬冊。8 月 13 日，日軍進攻上海，市內各級各類圖書館受難者達173 家，損失書刊約 40 萬冊。8 月 15 日開始，日機空襲南京，南京市立圖書館、中央大學、金陵女子學院等一大批院校圖書館受嚴重破壞，所有書刊損失殆盡。1938 年 4 月 10 日下午 2 時，湖南大學圖書館被炸毀，損失圖書 4.8萬冊。同年 6 月，日軍攻佔安徽潛山縣，將縣民眾教育館藏書 40,000 多冊予以焚毀。1938 年 11 月 8 日，日軍佔湖南陸城，「城內藏書最多為葛、易、教、丁、吳幾家書樓，各有典籍累千冊。其中善本書不少，還有海內外孤本、名人手跡」等，統統被日軍付之一炬。1944 年日軍轟炸桂林圖書館，炸毀各種圖書約 20 萬冊。至 1945 年 8 月日軍戰敗投降，除西藏、新疆、青海等少數邊遠地區基本未受戰火侵擾外，全國大多數地區圖書館及圖書收藏處所損失慘重。據《中國圖書館協會會報》記載，在七七事變後的一年時間內，全國有 2166 所縣級以上圖書館遭到日軍炮火侵犯，其中 80% 以上損失慘重，其他圖書收藏處所亦未能倖免。日本炸毀中國公私藏書的地方外，縱火燒毀一般圖書和抗日書籍，又劫掠中國珍貴典籍。

1934 年 2 月，日軍將瀋陽文淵閣所收藏的《四庫全書》1 萬餘卷運往日本。1937 年 8 月，搶去北京大學圖書館藏圖書萬餘冊，1938 年 8 月，日軍將北平市立圖書館所藏 7 萬餘冊圖書清查篩選，焚毀所有抗日愛國思想的圖書，餘下圖書期刊則洗劫一空。北平之外、浙江、廣州等地公私立和大學圖書館館藏都被日軍搶掠、毀壞。

日軍對南京地區各大學校、各級政府機關、科研機構等一切可能收藏圖書文獻或文物的場所，摸清地址，一一登記在冊，隨時準備劫奪或焚毀。佔領南京後便立即設立由日軍特務部組成的「佔領地區圖書文獻接收委員會」，在日軍最高當局的特許和指使下，大肆從事毀滅中國文化工作。1938 年 1 月 22 日開始，對南京 70 餘處可能收藏重要圖書或珍貴文獻的重點目標，如國民政府及其所屬各部門、中央研究院、中央大學、省立國學圖書館、地質調查部、地質學會、中國農村建設社、中山文化教育館、中央政治學校、國立編譯館、紫金山天文台、國立中央博物院籌備處等單位進行實地調查清理。同年 3 月 6 日，派特務機關、憲兵隊等協助日本圖書文獻收集人員，對上述單位的圖書文獻進行為時一個月的大規模掠奪。先後動用卡車 310 輛次、日本專家 330 人、日軍士兵 367 人、中國苦力 830 人。將掠奪來的全部圖書集中堆放於舊實業部地質調查所，隨後由日軍總部、滿鐵上海事務所、東亞同文書院、上海自然科學研究所等單位代表組成的所謂「中支文化關係處理委員會」，進行清理甄別，最後所得清點數為 880,399 冊，比當時日本最大的圖書館帝國圖書館藏書還多 3 萬冊，其中中日文單行本書約 245,000 冊，西文單行本書約 34,000 冊，中文雜誌及公報約 120,000 冊，西文雜誌約 45,000 冊，日文雜誌約 4,000 冊、報紙 5,621 冊，古籍約 420,000 冊，清實錄 6778 冊。在約 420,000 冊古籍中，許多為善本珍貴圖書，如宋版書等約 400 種，還有十套完整的《古今圖書集成》，江蘇省立國學圖書館珍藏的范氏犀香館藏書 8,000 卷等。上述圖書經「清理」後，大多被日軍搶奪，掠奪之餘，復以焚毀，如清季江南各公署檔案 6,000 餘卷、國學圖書館各種日報 1,894 大冊又 19 捆，均

被日軍當局及其下屬變賣、焚燒或破壞，88 萬餘冊書刊最後蕩然無存。這 88 萬餘冊圖書只是南京公共圖書館、政府部門及學校藏書，尚不包括私人收藏家及普通百姓的圖書。

1946 年 6 月，教育部第五次即最後一次編制的《全國各級學校及教育機關戰時財產損失統計表》中所列全國各大中小學圖書損失金額（歷年損失數之和）分別為：

(1) 全國公私立專科以上學校 1,866,209,902 元；

(2) 全國中等學校 5,577,197,770 元；

(3) 全國初等學校 1,927,626,686 元。

以上各級學校歷年圖書損失數之和為 9,371,034,358 元，折合戰前國幣約 14,056,551 元。此項數字結合《中國戰時文物損失數量及估價總目》中「具有歷史藝術價值」的圖書每冊約值戰前國幣 1 元左右，而二十世紀三十年代市面上各類圖書如自然科學、社會科學及一般教科書、識字課本等，平均價格在 5 角以下，據此推算，戰時全國各大中小學校損失圖書當在 2,800 萬冊以上。

1946 年中央圖書館館長蔣復璁先生統計，自「七七事變」至日本無條件投降，僅東南各省圖書館損失的書刊在 1,000 萬冊以上；而據中央研究院韓啟桐先生分析，1937 年到 1943 年「中國各類圖書損失在 1,500 萬冊以上，內中含不少珍稀古籍」。抗戰全面爆發後，戰區內大部分圖書館和高等院校雖然大都加入了西遷的行列，但由於時間緊迫、運輸工具的陳舊與缺乏，搶運出的圖書只佔圖書總數的一部分。最早開始圖書遷移的國立北平圖書館最終也僅運出圖書 10%，滯留戰區未及運出的大量圖書或毀於戰火，或遭日軍搶奪、偷竊，或被蟲蛀、腐爛，或為日軍焚毀、變賣。戰前中國戰區各公共圖書館藏書在 2,500 萬冊以上，除已運出十分之一外，尚有約 2,200 萬冊書刊遭戰火摧殘或日軍掠奪、破壞，一般損失都在 80% 以上，即至少有 1,700 萬冊圖書蒙受損失。

中國是文明禮儀之邦，私人收藏各種典籍成為歷代時尚，且世代相傳。

私人收藏家大多分佈在中原地區和沿海一帶，即戰爭最激烈地區。江浙地區私人收藏者收藏圖書之珍貴，往往令許多國立圖書館只能望其項背。早在抗日戰爭爆發前日本文化特務即對各地私人收藏家詳細調查，並繪製了藏書分佈圖。日軍每攻佔一地，立即按圖索驥，進行大肆掠奪或焚毀。南京盧冀野家藏書萬餘冊，大多為祖傳珍本。南京淪陷後，盧氏所藏被日軍洗劫一空。蘇州潘氏滂喜齋元代刻本 3,000 多種 5,000 餘冊，常州瞿氏鐵琴銅劍樓善本圖書 1,000 多種 3,000 多冊，吳興嘉業堂、天津木犀軒、杭州東方藏書樓等所藏珍貴書籍亦被日軍掠奪殆盡。

教授、學者大多藏書甚豐，1946 年 3 月 9 日，燕京大學校長陸志韋向有關調查部門報告該校教授、歷史學家顧頡剛圖書文物損失數為：普通書籍和一般雜誌 3 萬冊，明清善本書 6,000 冊，抄本書 500 冊，小說唱本 3,000 冊，史料 500 冊，稿本書 300 冊，碑帖 30 件，印譜 20 部，金石拓本 100 種，書畫 40 件，印章 150 方，古錢 650 枚，古鏡 3 枚，石刀 2 柄，古經 2 卷。由此可見，學者教授圖書損失僅數量而言，亦相當嚴重。[17]

日軍焚燒、破壞和搶掠中國圖書典籍，對中華文化造成難以補救的浩劫！

十一、強擄勞工

日本侵華期間，為了掠奪資源、修建軍事工程等目的，利用騙招、抓捕等手段強徵數千萬中國勞工在東北、華北、華東、華中、華南等地從事繁重的勞動。在日本侵略者的殘酷壓榨下，勞工過着牛馬不如的生活。他們住在破爛的工棚裏，衣不蔽體，食不果腹，長年遭受非人的奴役，受盡了常人難以想像的痛苦，許多人不堪忍受非人的折磨而慘死。遍佈中國各地的「千人

17　戴雄：《抗戰時期中國圖書損失概況》，網址：http://www.balujun.org。

墳」、「萬人坑」是日本強制奴役中國勞工的見證！

遼寧省撫順煤礦，日本前後奴役勞工近百萬，留下「萬人坑」30 餘個，死難者至少 25 萬人；在遼寧省阜新煤礦，留下「萬人坑」4 處，死難礦工 13 萬；在黑龍江省雞西煤礦，留下「萬人坑」7 處，修建煉人爐 5 座，遇害勞工 10 萬左右；在吉林市豐滿水電站，勞工總數超過 12 萬人，且大量死亡；在黑龍江省沿中蘇邊境，日軍強制奴役中國勞工 200 餘萬人修築了大量軍事要塞，大批勞工死亡；1936 年，日軍為防止泄密將修築軍事設施的中國工人全部殺害，製造了駭人聽聞的「海河浮屍案」；1941 年，日軍在上海江灣五角場修建龐大的軍事基地，祕密開掘隧道，後以保密為名將全部勞工殺害；山西在日軍「以人換煤」的政策下，大批中國礦工死亡，死亡總數高達 6 萬人；大同南溝共有 14 處萬人坑，是日軍活埋煤礦工人的地方。

戰爭後期，日本為解決國內 35 家企業所屬的 135 個作業場所勞動力嚴重不足問題，大規模強徵中國勞工到日本做苦役，以從中國 25 個省區用騙招或強擄的辦法，將 4 萬左右的中國戰俘和普通百姓送到日本從事礦山開採、裝卸車船等苦役。1943 年至 1945 年間，日本強擄被迫害致死者 6,800 多人，日本投降後，倖存者們才得以回國。1943 年日軍抓捕 1,500 餘人，押解到巴布亞新幾內亞，為日軍的軍事工程服苦役。日本投降時，僅剩 700 餘人。

凡被日軍俘虜的士兵被折磨至死，或強徵勞役的情況，十分普遍，英美盟軍的戰俘亦不例外。香港淪陷時，東江游擊隊在營救中國文化界精英撤離香港時，亦營救了部分英軍和國際友人離港。集中營內的英軍已和游擊隊取得聯繫，[18] 但拒絕了游擊隊的好意，相信日本很快戰敗，寧願留在集中營等待和平。結果不少留營的英軍戰俘被疾病飢餓苦工折磨而死，部分更被遠送到日本當苦工。其中一批英軍戰俘乘坐「里斯本丸」號前往日本，途中被美國

---

18 陳敬堂：《香港抗戰英雄譜》（香港，中華書局，2014 年），第 245 頁；凱姆本：《香港淪陷與加拿大戰俘》（北京，同心出版社，2005 年），第 36 頁。

潛艇擊沉，傷亡慘重。那些企圖從艙裏逃出來的戰俘，大多數被日軍開槍打死。[19] 少部分被定海漁民拯救上岸，得以生還，但仍被日軍搜獲，送到日本繼續當苦役。

此外，日軍在 1942 年 6 月強迫盟軍戰俘及東南亞、中國等地勞工約 40 萬人，從泰國西部至緬甸東部山區修築一條鐵路方便運送軍事物資。這條鐵路經過泰緬邊境的熱帶雨林區，地形險峻、氣候惡劣、瘴癘流行，勞動條件極差，大批勞工和戰俘在日軍的刺刀和皮鞭下苦役而死。結果 1.2 萬餘名戰俘和 25 萬餘名勞工在苦役中身亡。鐵路全長約 415 公里，平均每修築 1 公里鐵路，就有 600 多人死亡。這條被稱為「死亡鐵路」的路，是日軍對全世界人民施虐的罪證。[20]

十二、奴化教育與鴉片毒害

日軍為了進行殖民統治，宣傳「中日親善」，以減輕佔領區內民眾的抗日意志，為其侵略戰爭服務。日據台灣時期，通過教育剝奪台灣的母語、文化、歷史和民族意識，企圖使他們成為日本馴服的殖民地奴隸。日本殖民當局推行皇民化運動，強制台灣人民放棄母語，逼迫使用日語。強制廢除台灣同胞的民間信仰，令其改拜日本人信奉的神社神道，生活、服飾全面日本化。

日本佔領東北後大肆宣揚「民族協和」、「日滿一德一心」。為了徹底消除中國人民的民族意識，使中國學生忘記自己祖國的語言、文字和歷史，日偽教育機關在東北強行規定日語和滿語同為國語，在實際教學中則以日語為

19　《香港淪陷與加拿大戰俘》，第 45 頁。

20　八路軍太行紀念館：《「死亡鐵路」——日本侵略軍野蠻罪行的見證》。網址：www.balujun.org 2010-05-05。

主，並發行奴化教育的各種報刊和書籍。甚至在偽滿皇宮中，都修建了供奉「天照大神」的建國神廟。

甚麼叫殖民地教育？經歷香港殖民統治的同胞，對日本的奴化教育，當然有很深刻的體會！

日本還對中國人民實施了罪惡的鴉片毒害政策。《美國國務院禁煙備忘錄》（1943 年 9 月 21 日）中說：「自 1936 年以來，全球只有一個國家，其領導人鼓勵種植鴉片及製造煙毒以供吸食和其他用途，這個國家就是日本。日本入侵之處，即伴隨着鴉片交易。」日本通過鴉片來榨取巨額經濟利益，以達到「以戰養戰」的目的。日本在淪陷區有計劃地栽種鴉片，並就近銷售。在中國設置鴉片工廠，製造毒品。日本侵略者為了掠奪財富，毒害中國人民，實行鴉片統制政策，成立了毒品專賣機構。蒙疆地區是日偽的鴉片供應地，所種罌粟漫山遍野。日軍還強迫熱河農民種植罌粟。日本興亞院每年都要擬訂年度中國鴉片供給計劃數量。通過毒品，對中國人民進行精神和肉體的毒害和摧殘，從而削弱和瓦解中國人民的反抗意志。日偽統治下的平津毒品泛濫，煙館林立。從 1939 年至 1944 年，僅偽滿地區因鴉片中毒而死亡的人數高達 74,000 人。[21]

十三、中國同胞生命和財產損失的粗略估計數字

1947 年 2 月，國民政府行政院《關於抗戰損失和日本賠償問題報告》中全國軍民人口傷亡統計：

國軍官兵——

21　中國人民抗日戰爭紀念館：《日本法西斯慘絕人寰的暴行》，中國網，2005 年 5 月 31 日。網址：http://big5.china.com.cn/chinese/MATERIAL/876830.htm。

陣亡：1,328,501 人

負傷：1,769,299 人

失蹤：130,126 人

小計：3,227,926 人

傷病殘廢之官兵：1,380,957 人

平民——

死亡：4,397,504 人

負傷：4,739,065 人

小計：9,134,569 人

全國軍民合計：12,784,974 人

此數目不包括台灣省、東北地區和解放區軍民的傷亡數。

根據《抗日戰爭八年敵我兵力損失統計》：

中共軍隊——

陣亡：160,000 人

負傷：290,000 人

失蹤： 87,000 人

被俘： 46,000 人

小計：583,000 人

1946 年 4 月，《中國解放區抗戰八年中人口損失初步統計表》統計：據初步統計：晉察冀、晉綏、晉冀魯豫、冀熱遼、山東、蘇皖、中原 7 個解放區在抗戰期間共計：

平民——

死亡：3,176,123 人

被捕：2,760,227 人

鰥寡孤獨及肢體傷殘：2,963,582 人

1991 年 10 月國務院新聞辦公室發表的《中國的人權狀況》白皮書中，對

日本侵華戰爭造成的中國軍民傷亡有如下的概略統計數字：「在 1937 年開始的日本帝國主義的全面侵華戰爭中，2,100 餘萬人被打死打傷，1,000 餘萬人被殘害致死。」

另外，軍費支出：995,425,311,371 元，財產損失：約 6,000 億。

老百姓家破人亡、毀村滅族、痛失家園和親人更是無法彌補的傷痛！

十四、審判日本戰犯

1. 遠東國際軍事法庭審判

1946 年 1 月 19 日，盟國授權駐日盟軍最高統帥麥克阿瑟頒佈《特別通告》及《遠東國際軍事法庭憲章》，宣佈在東京正式成立遠東國際軍事法庭（International Military Tribunal for the Far East）。甲級罪行專為參與或謀劃開戰的罪犯而設，而相關國家的最高決策機關的成員也會被定甲級罪行；乙級罪行就是為有「計劃、命令、允許、或在指揮機關的上層未有盡力防止類似罪行」的罪犯而設；丙級罪行是為犯下傳統暴行或違反人道罪的罪犯而設。由美國、中國、英國、蘇聯、加拿大、法國、澳大利亞、荷蘭、印度、新西蘭和菲律賓這些勝利的同盟國共同任命法官審理。

4 月 29 日，遠東國際軍事法庭對東條英機等 28 名甲級戰犯正式起訴。5 月 3 日，法庭開始審理東條英機等戰犯的罪行。3 至 4 日，首席檢察官基南宣讀 42 頁的起訴書，歷數了自 1928 年 1 月 1 日至 1945 年 9 月 2 日期間，被告所犯的反和平罪、戰爭罪和違反人道罪等。

東京審判從 1946 年 5 月 3 日開始，到 1948 年 11 月 12 日結束，前後持續兩年多，共開庭 818 次，有 419 名證人出庭作證，受理證據 4336 份，英文審判記錄 48,412 頁。整個審判耗資 750 萬美元。從 1948 年 11 月 4 日起宣讀

遠東國際軍事法庭法官		
參與國家	法官	備註
中國	梅汝璈	律師；國民政府立法院第四屆立法委員
澳大利亞	威廉·韋伯爵士	澳大利亞最高法院法官；法官團主席
加拿大聯邦	愛德華·史都華·麥克杜加	加拿大魁北克省上訴法院法官
法國	亨利·伯納德	巴黎第一軍事法庭首席檢察官
英屬印度	拉達賓諾德·巴爾	加爾各答大學法學院講師，加爾各答高等法院法官
荷蘭	伯特·羅林教授	烏特勒支大學法學教授
新西蘭	哈維·諾斯克羅夫特	新西蘭最高法院法官
菲律賓自治領	德爾芬·哈那尼拉	總檢察長；最高法院成員
英國	派翠克法官	蘇格蘭大法官、蘇格蘭司法學院理事會成員
美國	約翰·派屈克·希金斯	麻省最高法院首席法官
	密朗·C·克萊墨爾少將	於 1946 年 7 月代替希金斯
蘇聯	伊凡·密切葉維支·柴揚諾夫少將	最高軍事法院成員

長達 1231 頁的判決書，到 12 日才讀完。判決書肯定日本的內外政策在受審查的時期（1928—1945 年）內都是旨在準備和發動侵略戰爭。

被告最初是 28 人，但前外交大臣松岡洋右和前海軍大將永野修身病死，為日本侵略炮製法西斯理論根據的大川周明因發狂被診斷為精神病而中止受審。遠東國際軍事法庭最後只對 25 人進行了審判和判決。對東條英機、廣田弘毅、土肥原賢二、板垣征四郎、木村兵太郎、松井石根、武藤章 7 人處以

絞刑；1948 年 12 月 23 日凌晨，東條英機等 7 名戰犯在東京巢鴨監獄死刑架上被絞死。

荒木貞夫、橋本欣五郎、畑俊六、平沼騏一郎、星野直樹、賀屋興宣、木戶幸一、小磯國昭、南次郎、岡敬純、大島浩、佐藤賢了、嶋田繁太郎、白鳥敏夫、梅津美治郎、鈴木貞一 16 人被判決終生監禁。其中小磯國昭、白鳥敏夫、梅津美治郎 3 人死於獄中，而其他的戰犯在 1955 年假釋出獄。處以有期徒刑的有 2 人：東鄉茂德 20 年，重光葵 7 年。

日本戰犯資料	
姓名	**註記**
東條英機	陸軍大將，日本前關東遠征軍指揮官、前陸軍大臣、前內閣總理大臣
板垣征四郎	陸軍大將，日本陸軍大臣、前關東軍參謀長、前中國派遣軍參謀長
木村兵太郎	陸軍大將，前駐緬甸日軍總司令
土肥原賢二	陸軍大將，特務、日本陸軍參謀本部軍官
廣田弘毅	男爵，日本前內閣總理大臣
松井石根	陸軍大將，日本前華中派遣軍總司令
武藤章	陸軍中將，日本前第 14 師團參謀長、前陸軍省軍務局局長

遠東國際軍事法庭對日本主要戰犯作出正義和公正的判決，具有重大的歷史意義。通過這次審判，核實了大量史實，揭發和列舉了戰犯的戰爭罪行，肯定了日本從「九一八事變」到太平洋戰爭期間所進行的是侵略戰爭，並懲辦了戰爭的策劃者。另外，遠東盟軍最高統帥總部的《特別通告》和《遠東國際軍事法庭憲章》，是各國公認的關於戰爭的重要的國際法文件，它肯定了反和平罪、戰爭罪、反人道罪等都是違反國際法的罪行。

但是，由於冷戰開始，美國為抗蘇聯和遏制新中國的崛起，迅速扶植日

本來保護其在亞洲和遠東地區的利益，保留天皇制度來在日本維持一個反共政權，結果發動戰爭的主犯 —— 裕仁天皇，及指揮南京大屠殺的朝香宮鳩彥王等日本皇族戰犯，逃過應有的審判和處罰。美國還陸續釋放正在服刑的甲級戰犯，並讓日本政府「赦免」其罪行。由於遠東國際軍事法庭並無徹底懲罰日本戰犯，導致了日本始終沒有徹底反省其在二戰的罪行，讓日本好戰分子有機會再度復活。[22] 東京審判外，盟國還在馬尼拉、新加坡、仰光、西貢、伯力等地，對乙、丙級戰犯進行了審判。據統計，被盟國起訴的日本各類戰犯總數為 5,423 人，被判刑者 4,226 人，其中被判處死刑者 941 人。

2. 中國審判戰犯

　　從 1945 年 8 月到 1947 年 5 月，中國各地共逮捕日本戰犯 2357 名，相繼在北平、南京、上海、漢口、廣州、太原、徐州、濟南、台北、瀋陽等地，設立審判戰犯的軍事法庭。經過審判後，35 名戰犯被執行死刑，遣返回日本者 933 名，引渡出國者 27 名，尚有在押戰犯 1137 名，轉移到司法機關者 100 名。為統一審判在華日本戰犯，中國於 1946 年 2 月 15 日正式成立國防部審判戰犯軍事法庭，任命石美瑜為庭長，王家楣為主任檢察官，李波、徐乃坤、高碩仁、施泳等為檢察官，陸起、李元慶、林建鵬、葉在增、孫建中、龍鐘煌、張體坤等為審判官，統一審判由中國駐日代表團引渡和從全國各地法庭移交的日本戰犯。各軍事法庭共受理戰犯案件 2435 件，已判決的 318 件，不起訴的 661 件，經國防部核定判處死刑的 110 件，判處徒刑的 208 件，宣告無罪的 283 件。

　　對南京大屠殺元兇第 6 師團長谷壽夫、在香港進行兩個月大屠殺的第 23

22　《遠東國際軍事法庭》，《維基百科》，網址：http://zh.wikipedia.org/zh-cn/ 遠東國際軍事法庭；《審判日本戰犯》，《新華網》，網址：www.XINHUANET.com。

軍司令官酒井隆、日軍第 10 師團長、香港總督磯谷廉介、殘殺 300 多個中國人的乙級戰犯田中軍吉、在南京紫金山下進行「殺人比賽」的向井敏明和野田岩、第 23 軍司令官兼香港總督田中久一（1944 年 10 月 24 日撤銷香港總督部，改為香港防衛司令部，隸屬日軍第 23 軍建制，田中久一兼任香港佔領地總督）等侵華禍首進行正義審判，並處以極刑。見聞惡貫滿盈的戰犯被正法的消息，大部分中國同胞都一解心頭之恨，但迅即怒火又湧上心頭。

3. 失盡人心的戰犯審判

作為頭號戰犯的岡村寧次，推行「三光政策」殺人無數，屠村滅族，竟然被蔣介石包庇，逃過中國法律制裁，在萬人唾罵之下，釋放回國。岡村寧次老奸巨滑，知道國共內戰即將爆發，於是決心「賣力反共，戴罪立功」，把侵華日軍的優良武器裝備交給國民政府，以及他多年侵華對付共產黨的四五十份祕密文件呈送給蔣介石，還向何應欽獻上反共之計：「中國最大的內患，是共軍部隊實力龐大，不可小視。現華中長江與黃河之間尚有 30 萬日軍，建議暫不繳械，由我本人率領，在貴司令的統一指揮下幫助國軍剿滅共軍。貴方只需負責供應給養，其他武器、彈藥、醫務方面概由我們自己解決。」何應欽對此極為欣賞，馬上報告蔣介石請求批准。

蔣介石、何應欽為了反共，竟然勾結日軍頭號戰犯岡村寧次，不顧國際和國人要求審判岡村寧次的強烈呼聲，宣佈岡村寧次為「中國戰區日本官兵善後聯絡部長官」，委其以協助投降、維持治安和幫助遣返日俘日僑的重任，後來又讓其改任與國民政府的「聯絡班長」，實際暗中當國軍軍事顧問。1945年 11 月，中國共產黨在延安宣佈，把推行「三光政策」的岡村寧次列為頭號戰犯。蔣介石、何應欽則指示南京和國統區各地報紙，禁登這一消息。不過，蔣介石能夠壓制國內輿論，卻無法制止國際輿論的強烈譴責。1946 年 11月 23 日，遠東國際軍事法庭要求岡村寧次到東京出庭作證。國民政府仍然包

庇岡村寧次，藉口他健康有問題予以拒絕，把岡村寧次從南京移到上海戰犯監獄候審，給予重點保護。拖延到 1948 年 7 月 12 日，中國上海軍事法庭才對岡村寧次正式進行偵訊審理。法庭採取五人合議制。審判長為國防部審判戰犯軍事法庭少將庭長石美瑜，審判官為四個上校銜專職法官：葉在增、陸起、林健鵬、張體坤。8 月 23 日正式開始公審岡村寧次。

1949 年 1 月 26 日，四位法官一致認為岡村寧次是國人憤恨的頭號戰犯，為伸張正義，維護民族尊嚴，為百姓報仇雪恨，應該將岡村寧次處以極刑。可是審判長石美瑜在蔣介石脅迫下，被迫向四位法官施壓，一起在只有六個字的「岡村寧次無罪」判決書上簽名。這五位可憐的法官向淫威低頭，背叛了國家民族的尊嚴，也背叛了神聖法律的尊嚴！當天下午四時，法庭宣判「岡村寧次無罪」時，法庭頓時大亂。法庭員警極力揮舞棍棒維持秩序，才使石美瑜讀完判決書。不過石美瑜勉強宣判完畢，法庭秩序更加混亂，強烈憤怒的新聞記者提出種種責問。石美瑜無法回答，立即宣佈退庭，躲進庭長室。[23]

28 日，毛澤東代表中共中央發表嚴正聲明，譴責國民黨當局宣判岡村寧次無罪，要求必須將岡村寧次重新逮捕監禁。中共立即通過新華社發表文章，向國民黨政府提出抗議。在國共和談中提出要求引渡岡村寧次，並以此作為維持國內和平的條件之一。全國輿論也一致表示譴責，上海各處出現了「不許把日本戰犯運走」的標語。蔣介石勾結瘋狂屠殺中國人民的頭號戰犯，妄想藉日軍的屠刀來對付中共，完全漠視人民的感情，結果民心盡失！

23　王俊彥：《警惕日本——昨日的侵略與今日的擴張》，網頁：龍騰世紀，網址：www.millionbook.net/jun/xs/jingtrb/index.html。

第十七章

中外關係與抗戰勝利

1

2

3

1　日軍投降前其中國戰區最高負責人岡村寧次步入投降儀式會場
2　在港的日本侵略者投降
3　岡村寧次向何應欽遞交降書
4　日本投降之戰俘

4

一、戰時中外關係

歷史往往受政治因素影響，難以說真話。但如果我們盡量搜集資料，然後小心分析，還是可以接近事情的真相。

1937 年 7 月 7 日盧溝橋事變爆發，同年 12 月 13 日日軍攻陷南京，虐殺降兵，大規模屠殺手無寸鐵的平民百姓。南京作為中國首都，有眾多外國領使館和外國記者。日軍這種毫無人性的殘酷暴行，全世界不知情嗎？英、美、法這些民主國家知道後，有甚麼反應？德、蘇這些極權國家的反應又是怎麼樣？患難見真情，目睹屍橫遍野、聽聞痛苦哀號，當時，哪一個國家曾經站出來主持正義、嚴肅地譴責日軍暴行？甚至是伸張正義，協助中國抵抗侵略者？還是趁火打劫，與侵略者分一杯羹？八年抗戰不單是中華民族的聖戰，也是中外關係的照妖鏡，據此可以分辨出哪一個國家是正義和值得尊敬的；而坐視日軍燒、殺、搶和強姦婦女，卻袖手旁觀，就是助長日本侵略者氣焰的懦夫！繼續以戰略物資供應日本，方便日軍製造現代化武器屠殺中國軍民的就是幫兇！

我們可以用下列問題，評估哪一個國家是中國的朋友。

（1）哪一個國家首先運送軍火武器援助中國？

（2）哪一個國家繼續售賣軍火武器給中國？

（3）哪一個國家首先給予中國經濟援助？

（4）哪一個國家首先派遣志願空軍來華助中國抗日？

（5）主持南京安全區，庇護二十萬名中國難民，多次向日軍抗議其士兵強姦中國婦女的拉貝先生，是哪一個國家的公民？

（6）哪一個國家的報紙首先報道南京大屠殺？

如果你的答案從 1 到 5 都是美國的話，那麼你真的很可愛！不過，絕對不適合從政，否則下場會很悲慘！只有第 6 個問題的答案是美國，其餘依次序，是蘇聯、德國、蘇聯、蘇聯和德國。這個答案結果是否有點出人意料之外？許多現代史的書籍都只是說美國大力援助中國抗戰，蔣介石和國民黨是堅決反共

的，有甚麼可能會得到共產主義國家蘇聯援助？中國不是與英美結盟嗎？為甚麼中國的軍火不是由英美供應，反而由納粹德國供應？研究教學和學習歷史的困難就在這裏。國民黨被中共打敗撤退到台灣之後，無法解釋 400 多萬美式裝備的國軍被裝備落後的 100 萬共軍打敗的原因，只好推說共軍接受了蘇聯大量的軍事援助，在聯合國控訴蘇聯支持中共革命。那麼蔣介石如何解釋他也曾受蘇聯經濟和軍事援助，蘇聯甚至派空軍飛行員來華參戰的事實？太平洋戰爭爆發之後，中英美成為對付德日意法西斯的盟國，讓歷史告訴人民蔣介石曾經是希特拉的好朋友，似乎有點難以開口，還是忘記他比較好一點。

國民黨敗退台灣之後，依靠美國保護，自認是美國忠實盟友。搞清季抗美運動的學者也被特務拉入監牢，何況指責美國在南京大屠殺之後，繼續售賣石油、廢鐵給日本，成為日本的侵華幫兇的歷史，絕對不能說。日本投降前夕，美蘇簽訂《雅爾塔密約》：以中國主權——外蒙獨立、旅順大連交予蘇聯——換取蘇軍參戰，這段喪權辱國的歷史更不能說。否則美國盟友的形象在中國人的心中便徹底崩潰了！

不過，歷史是為國家民族而寫，這些問題如果交待不清，牽涉當代的許多問題都無法解釋。最重要的是莫讓國人盲目相信那些所謂「盟國」！

1. 德國

由於英美拒絕援助中國，蔣介石與德國軍事合作，以中國的鎢砂交換德國協助練兵和提供武器、機器與國防工業技術。戰前中國進口軍火武器，已經有 80% 由德國供應。1928 至 1933 年期間，德國軍火一直居各國對華軍火輸出國的前三位。[1] 以 1929 年德國輸華軍火指數為 100 計算，1930 至 1934 年中國進口的德國軍火指數分別是 361.88、318.25、1179.91、405.52 和

1　王揚：《魏瑪德國對華政策簡析》，《華中師範大學學報》（人文社會科學版），第 81 頁。

210.50。1935 年至 1937 年 3 年間，德國輸華的軍火價值佔其出口軍火總值，由 8.1% 升至 37%。[2] 抗戰爆發後，中國對日作戰的軍火，約有 80% 是來自來德國。[3] 截至 1938 年 7 月底，德國輸華軍火仍超過英國。1937 年「七七事變」後，德國透過海路將大批戰爭物資輸往中國，演化成德日間的外交事件。[4] 德國政府對於日本的抗議採取了比較強硬的態度，8 月 16 日希特拉表示：原則上要堅持同日本合作，但是在目前的中日衝突中，德國仍然要保持中立的態度。關於中國經過合同所訂購的物資，只要是通過外匯購買或是向德國提供相應的原料的，這些物資仍然應當向中國出口。[5]

德國透過香港輸入中國內地的軍火：1937 年 11 月，一批德械經新加坡由英輪運來香港，得香港海軍設法保護。12 月，3 批共價值 5500 萬馬克的軍火，包括各式槍炮和炮彈，經香港運抵中國。1938 年春，德國下令禁止軍火輸往中國，並於 5 月 21 日下令駐華的德國軍事顧問全部返國，德國軍火和機器仍從香港流入中國大後方。1938 年 2 月，12 架德國的轟炸機和戰鬥機運抵香港，轉往內地。3 月，一批價值 3,000 多萬馬克（約合 1,000 多萬美元）的軍火由德國船隻運到香港。[6] 據中國駐德國大使館商務參贊譚伯羽給孔祥熙的報告，7 月仍有克魯伯廠生產的 15 釐米榴彈炮炮彈 6,000 發、伯勒廠生產的 47 釐米炮彈 18,000 發、毛瑟步槍 5,000 支，假名芬蘭訂貨，自漢堡起運，經香港轉往

2　馬振犢：《德國軍火與中國抗戰》，台北《慶祝抗戰勝利五十週年兩岸術研討會論文集》，第 628、634 頁；陳方孟：《論中日戰爭初期德國的對華政策》，《抗日戰爭研究季刊》（1996 年第二期），第 163 頁。

3　張水木：《對日抗戰期間的中德關係》，台北《近代中國》雙月刊第 35 期（1983 年6 月號），第 187 頁。

4　《魏澤克備忘錄》（柏林，1937 年 7 月 22 日），《德國外交文件》（第 4 輯第 1 卷），第 737—738 頁，引自章伯鋒、庄建平主編：《抗日戰爭》（第四卷）《外交》（上冊），第 917 頁。

5　沈慶林：《中國抗戰時期的國際援助》（上海，上海人民出版社，2000 年），第 126 頁。

6　陶文釗：《抗日戰爭時期中國對外關係》，第 105 頁；王建朗：《抗戰初期的遠東國際關係》（台北，東大圖書公司，1996 年），第 163 頁。

內地，預計 8 月 20 日可到。[7] 10 月 19 日，德國經濟部長馮克（Walter Funk）的親信、「國社黨對華經濟顧問」佛德（Hellmuth Woidt）代表德國在重慶簽訂新的貿易協議後，大批德國軍火再源源運往香港，轉至中國抗戰前線。[8] 直至 1941 年，納粹德國承認汪偽政權後，中德斷交，兩國貿易才告全面停頓。

德國為中國訓練的現代化陸軍、建設的兵工廠和供應的彈藥武器，在抗戰初期抗擊日軍的戰鬥裏發揮了重要作用。

2. 蘇聯

抗戰初期，蘇聯是中國主要的軍火供應國，蘇聯的軍火也有部分是經香港轉運往中國。蔣介石派宋子良成立西南運輸處，統一軍火轉運工作。1938 年 1 月 31 日宋子良到香港開展有關工作。[9] 4 月 9 日運港的聯蘇軍火數量十分龐大，包括馬克沁機關槍 300 挺、輕機槍 207 箱 600 挺、37 平射炮 160 門、7.62 平射炮 20 門、76 野炮 80 門、115 輕榴炮 80 門、115 炮車和附件全套、坦克車 50 輛及各式炮彈一批。另外，待抵達香港的蘇聯軍火有馬克沁機槍 300 挺、輕機槍 600 挺、76 野炮 80 門、115 輕榴炮 80 門、115 炮車及附件全套和各式炮彈一批。[10] 1938 年中國向蘇聯訂購的第二批軍火，包括 20 師軍火和 60 架雙翼機，也是透過水、陸兩路運回中國。這批重要的軍備，對中國保衛武漢十分重要。[11]

7　《譚伯羽致孔祥熙》（柏林，1938 年 7 月 8 日），引自章伯鋒、庄建平前引書第四卷《外交》上冊，頁 957—958；沈慶林：《中國抗戰時期的國際援助》，第 127 頁。

8　馬振犢前引文，第 653 頁。

9　王正華前引文，第 401—403 頁。

10　王正華前引文，第 418—419 頁附表。

11　《蔣委員長自漢口致伏羅希洛夫元帥並轉史達林委員長請將所允救濟之武器於九月中旬如數運到電》（1938 年 8 月 17 日），《戰時外交》（第二冊），第 503 頁。

蘇聯政府除在道義上、物質上給中國以大量援助外，還給予人力資源的極大支持，大量派遣軍事顧問團、軍事技術專家和志願空軍來華直接參戰。1938 年 6 月，蘇聯使館武官德拉季文率領第一批軍事顧問和專家 27 人到達中國，此後在華的蘇聯顧問總共有 300 多人，國軍各戰區和兵種都有蘇聯顧問，他們協助國軍制訂作戰方案和培訓空軍、炮兵與坦克部隊等各類軍事人員 9 萬多人，有力地支援了中國的抗戰，尤以蘇聯空軍的來華更為中國空軍注入了一線生機。

八一三淞滬抗戰，中國空軍傷亡慘重，到南京陷落前，僅存 30 架能夠作戰的飛機。1937 年 12 月 1 日，第一批蘇聯志願空軍駕駛戰機飛抵南京，隨即參加南京保衛戰，此戰中蘇飛行員共擊落日機 20 架。此後，蘇聯在長沙、衡陽、南昌、漢口、成都、重慶、廣州和桂林修建了新機場，派駐了蘇聯轟炸機和殲擊機，令中國空軍力量大為增強。自 1937 年至 1941 年蘇聯共向中國提供各型號飛機 1,250 架，在中國參戰的飛行員 700 多人。他們與中國空軍聯合保衛南京、武漢、粵北、廣州、南昌、重慶、成都、蘭州和西安等地領空，擊落日機 1,049 架，給日本王牌航空隊「空中武士」、「四大天王」、「木更津」、「佐世保」予毀滅性打擊。更遠征台灣，突襲炸毀了機場上約 40 架飛機和 3 年的油料儲備。在近 4 年的空戰裏，犧牲了包括空軍大隊長庫里申科、赫曼諾夫在內的近 200 名蘇聯空軍志願將士。[12] 這時，蘇聯的援助有力地鼓舞了孤軍作戰的中國。

斯大林為消除蔣介石的疑慮，抗戰期間，一粒子彈和一支槍都沒有送交中共部隊，送給延安的只有共產主義書籍，在精神上支持中共抗戰。當然，國民黨發動反共高潮，用武力消滅共產黨部隊時，蘇聯曾用停止援助的手段，迫使國民黨停止內鬥，同時也勸阻中共採取軍事報復行動，認為國共內

12　朱敏彥：《試評抗日戰爭時期蘇聯對華政策》，《民國檔案》，1990 年第 4 期；汪金國：《戰時蘇聯對華政策》（武漢，武漢大學出版社，2010 年），第 80 — 88 頁。

鬥，只會對日本有利。

此時，蘇聯對中國抗戰是扮演友好的角色，不過，消滅納粹德國、希特拉自殺之後，中國的利用價值也消失了。斯大林乘美國請求他參加對日戰爭時，與美國簽訂《雅爾塔密約》，恢復帝俄時期在華利益，再次取得了旅順大連和讓蘇聯控制下的外蒙古獨立。這個支持中國抗戰的「盟國」，在抗戰還沒有取得最後勝利時，便這樣嚴重傷害了中國的領土主權！

3. 美國

英國的外交家說：只有永遠的利益，沒有永遠的朋友。國際上，每一個國家的外交政策與行動，都是維護自己國家的利益。美國沒有例外，它的對華政策，是隨着利害關係的轉移而改變。抗日戰爭前後，美國的對華政策，從縱日侵華，到援華抗日，從扶蔣用共，到扶蔣反共，這些政策的演變，始終都奠基於維護美國的國家利益。盧溝橋事變之前，美國政府袖手旁觀日本軍國主義瘋狂侵略中國，它當時採取的政策是：「不干涉主義」，嚴守中立，避免同日本衝突，以保住美國在華利益。1937 年 7 月 16 日美國國務卿赫爾（Cordell Hull）發表聲明，勸告一切國家堅持國際條約，信守和平與不侵略原則。[13] 絲毫沒有譴責日本瘋狂侵略中國的罪行。美國國務院同駐東京和駐南京的兩位大使通信中主張：「應該告訴中國的官員，不要指望美國會有重大的經濟、政治或軍事援助。」[14]

10 月 5 日，美國總統羅斯福（Franklin D. Roosevelt）在芝加哥發表「檢疫隔離」演說，表示美國積極致力於尋求和平。於是，其他國家就要求美國

13　《赫爾聲明備忘錄（1937 年 7 月 16 日）》，《美國對外關係文件集（1937 年）》，第一卷，第 697 頁。

14　邁克爾·沙勒：《美國十字軍在中國》（北京，商務印書館，1982 年），第 16 頁。

在對抗日本中起帶頭作用，但羅斯福並不表態。11 月 3 日，華盛頓會議九國公約簽字國在布魯塞爾開會，討論遠東危機，羅斯福不願採取得罪日本和激怒美國孤立主義者的行動，指示美國代表團團長諾曼·戴維斯：不准採取任何帶頭反對日本的立場。

美國輸日物品		
類別	1939 年 1 月至 11 月	1940 年 1 月至 11 月
銅	215,599,000 磅	225,017,000 磅
汽油	1,040,000 桶	2,515,000 桶
洋松	38,145,000 尺	42,332,000 尺
馬口鐵	511,000 磅	20,695,000 磅
鐵條、鋼條	52,164,000 磅	231,094,000 磅
鐵板、鋼板	1,613,000 磅	6,901,000 磅
鋼塊	69,000 噸	235,000 噸
鋼皮	691,000 磅	18,862,000 噸
鐵片、鋼片	890,000 磅	39,677,000 磅

12 月 13 日日軍在南京開始了三個月的大屠殺。12 月 18 日美國《紐約時報》在頭版顯著的位置刊登了記者德丁南京大屠殺慘況的報道，美國人首先知道日本的暴行。美國聖公會約翰·馬吉牧師更冒着生命危險，把南京大屠殺的慘況用攝錄機紀錄下來。這些電影片成為已知留存至今惟一反映大屠殺事件的原始動態畫面。[15] 馬吉牧師親自送了一部拷貝給德國大使館，並附上各

---

15 謝雪橋：《對旅日愛國華僑楊啟樵教授駁斥日本「南京大屠殺」案否定派的介紹與補充》，《抗日戰爭研究》，1994 年第 4 期（北京，近代史研究雜誌社，1994 年），第 84 — 85 頁。

個剪接圖像的英文解說詞。德國駐華大使館留守南京辦事處政務祕書喬治．羅森（George Roson）致函給其外交部説：「解説詞和影片本身都是一部令人震驚的時代文獻。」請求把這部電影放映給元首和總理一看。[16] 這電影也被偷運到美國去。人們感到影片中顯示的那些殘缺不全的屍體、濺滿血跡的房屋和挑在刺刀上的嬰兒實在慘不忍睹，不堪公演。可惜這套影片並沒有刺激起美國政府的良心，令他們停止售賣戰略物資予日本，反而被孤立主義者利用，説明美國捲入外國事務是無益的！[17]

美國繼續售賣戰略物資給日本，提供了日本作戰所需的80%。據一位日本人説：日本國內所生產的石油，不過一成，此外有八成需要從美輸入。廢鐵需求量的五成需要從外國輸入，美國佔其中十分之九。日本進口的銅，百分之九十以上自美輸入，無法自他處購得。工具機械也靠輸入。日汽車自給六成，其他四成也依靠從美輸入。1940 年日本陸軍少佐田中島松三在《日本評論》説：日本四十餘次空襲重慶所消耗石油，全部都是美國石油。日本國防本身，可以説從來依存英美。[18] 日本就是依靠美國的戰略物資，才能發動侵華戰爭的。美國只管賺錢，縱容日本軍國主義惡魔，為中國人民帶來了巨大災難。

1938 年 8 月 23 日宋慶齡向在美國召開的世界青年大會第二屆年會發表廣播講話時指出：美國與英國的輸出業者，把軍火供給日本，沒有了這些，日本就不能在中國進行它的屠殺。日本軍閥是坐在美國製造的軍用卡車與鐵甲車衝入我國的，他們是駕駛了裝着美國引擎的坦克車衝入我國的，他們靠了煤油的力量運兵到我國，即是美國煤油。因為你們的國家供給日本以全部煤油輸入中的 64%。日本在中國投下的炸彈，是用着美國的屑鐵與鋼做的，因為你們國家供給日本以鐵的輸入中的 33%。日本飛機把死亡帶給我們的城

16　《德國檔案館中有關侵華日軍南京大屠殺的檔案資料》，《抗日戰爭研究》，1991 年第 2 期，第 174 頁。

17　洞富雄：《南京大屠殺》，第 351 頁。

18　《新華日報》，1940 年 11 月 22 日。

市，這些飛機是用着美國製造的零件，或者是美國製造業者所賣給日本廠中所造成的。[19] 1938 年 12 月 21 日《新新聞旬刊》譴責：「日寇對我們的暴行，美國有幫兇行為。」[20] 不單只中國輿論譴責美國是日本侵華幫兇，美國歷史學者道格拉斯（Henry H. Douglas）也指責：「美國是日本侵略中國的伙伴。」[21] 有些美國人考慮到不干預政策會傷害美國的利益。1937 年 12 月 18 日詹森（Nelson T. Johnson）大使致函赫爾國務卿，警告：由於美國對中國局勢採取了無動於衷的態度，而蘇聯已經向中國提供貸款和裝備，因此中國有親蘇的可能。[22] 美國亞洲艦隊司令亞內爾上將也警告：中國的命運、菲律賓以及整個亞洲未來的經濟機會是同一個問題，如果允許日本征服中國，那就等於放棄亞洲大陸及對太平洋的控制權。亞內爾主張：美國必須援助中國，這不僅是為了那些高尚的道義和政治上的緣故，而且也為了有機會進行真正大規模的貿易，因為在這樣的援助下形成的穩定局面會帶來擴大的市場。[23] 美國看到它在華利益不斷受侵蝕的同時，也看到在歐洲的危機，法西斯納粹德國的崛興，歐洲有爆發大戰的可能，英法將無力東顧，在太平洋岸能抵抗日本的，就只有中美兩國。為了維護美國自身的安全，美國開始考慮制定新政策，企圖利用中國遏制日本擴張。亞內爾認為，「挫敗日本擴張圖謀的惟一辦法是援助蔣介石，維護他的當權地位，同時開始對日本進行貿易制裁。美國最重要的盟友——它在亞洲的防禦保壘——非國民黨中國莫屬。」[24]

---

19 《抗戰文獻》第 21 期，1938 年 9 月 1 日。

20 《新新聞旬刊》第 17 期。

21 Henry H. Douglas, *Japan and the United States : Partners in Aggression*, China Today, July 1939, P. 10.

22 《詹森致赫爾函（1937 年 12 月 18 日）》，美國國務院藏，《十位數分類檔案，中國部分》，第 893.00/14192 號。

23 邁克爾·沙勒：《美國十字軍在中國》（北京，商務印書館，1982 年），第 22 — 23 頁。

24 邁克爾·沙勒：《美國十字軍在中國》，第 22 頁。

1938 年 11 月底，蘇聯大量軍事援助中國，美國財政部長摩根索（Henry Morgenthan）勸告羅斯福：拖延給中國貸款差不多等於是驅使蔣介石落入「俄國的手掌」和共產主義的懷抱。[25] 羅斯福才採取了較積極的對華政策。12 月 15 日，美國批准中國以桐油作抵押借款 2,500 萬美元；1940 年 3 月 7 日，美國聯邦進出口銀行核准中國以滇錫作抵押，借款 2,000 萬美元；9 月 26 日進出口銀行再給予 2,500 萬美元貸款，中國以鎢砂作抵押。11 月 29 日汪精衛在南京成立偽國民黨政府，羅斯福在 12 月 1 日宣佈給中國貸款一億美元，表示援助中國抵抗侵略。[26]

　　此時，歐戰已經爆發，法國迅速投降，只餘英國苦戰支撐，並屢次要求美國援助。1941 年 1 月 10 日，羅斯福向美國國會提出了《軍火租借法案》，經美國眾、參兩院相繼通過後。4 月 18 日美國批准第一批價值 4500 萬美元之軍援器材給中國。同年 8 月 1 日，陳納德領導之美國空軍志願隊在昆明成立，提供空中打擊力量。美國政府在經濟上亦給日本施加壓力，1939 年 7 月 26 日美國宣佈廢止《美日商約》；1940 年 7 月 25 日美國財政部宣佈實行限制所有石油和廢金屬的出口；1941 年 8 月 1 日，美國對日本實行汽油禁運。但是，美國抑制日本擴張的措施，是採取抑制和謹慎的態度，如限制石油品出口時，日本仍可取得 60% 的使用量。[27]

　　1941 年 12 月 7 日，日軍偷襲珍珠港，進攻東南亞，太平洋戰爭爆發。美國無力兩面作戰，採取重歐輕亞、先德後日戰略。[28] 雖然美國需要中國堅持

25　邁克爾・沙勒：《美國十字軍在中國》，第 28 — 30 頁。

26　秦孝儀編：《中華民國重要史料初編 —— 對日抗戰時期　第三編：戰時外交》（一）（台北，中國國民黨中央委員會黨史委員會，1981 年），第 30 — 33 頁。以下簡稱為《戰時外交》。

27　《羅斯福與美國對外政策（1932 — 1945）》上冊，第 348 — 349 頁。

28　郭榮趙：《中美戰時合作之悲劇》（第三章）（台北，中國研究中心出版社，1979 年），此章解釋了美國採取「重歐輕亞」戰略之因；梁敬錞：《史迪威事件》（台北，商務印書館，1982 年），第 1 頁。

抗戰，拖住大批日軍，以利太平洋上對日作戰，美國卻瞧不起蔣介石，沒有把蔣視為可靠的盟友。盟軍制訂對日戰略時，沒有和中國商討。如英美參謀長聯合會議（Combined Chiefs of Staff）負責制訂太平洋作戰計劃，選擇進攻路線，與中國抗戰有密切關係，卻不邀請中國參加。雖然蔣介石數度爭取參加，均受拒絕。[29] 當中太平洋被選為攻日主要戰場，中印緬戰區降為中太平洋戰場輔助地時，中國仍不知情。又如開羅會議召開時，斯大林已承諾對日參戰，邱吉爾定期出擊孟加拉灣安得曼群島（Andaman Island）之計劃，兩事均與中國戰局有密切關係，羅斯福均不通知中國，更不願將對日作戰之具體計劃和地點詳告。[30]

　　軍援方面，從「七七事變」到「珍珠港事變」的四年內，美國給中國貸款四次，共計 17,000 萬美元，而中國均需用桐油、滇錫、鎢砂作抵，只及蘇聯給中國三億美元貸款的半數。[31] 中美同盟抗日後，美國給中國的援助亦少，英美參謀長聯合會議轄下的軍火分配局（Munitions Assignment Board）拒絕中國參加，使中國不能爭取軍火的分配。軍援的優先次序，中國列在蘇聯英國之後，申請軍援的物資並且常受美國陸軍部刁難、阻擾、劫奪挪用。1942 年美國決定將第 10 航空隊基地移往中國戰場。6 月 21 日利比亞多布魯克（Tobruk）失陷，開羅告警，埃及震動。馬歇爾決定：（1）第 10 航空隊及其所有重轟炸機，立即調往中東；（2）將正在運往中國途中的一中隊輕轟炸機，截留埃及，轉交英國；（3）將若干正在從事駝峰運輸的人員與運輸機，

29　梁敬錞：《中美關係起落之分水嶺》，《中美關係論文集》（台北，聯經出版事業公司，1982 年）；《戰時外交》（一），《蔣委員長在重慶接見居里先生對中國不得參加英美聯合參謀會議表示遺憾及對中美邦交日漸隔閡之原因有所探討談話紀錄》，第 635 頁；《美國總統羅斯福自華盛頓致蔣委員長說明派居里先生再度來華之用意及從戰略形勢之觀察解釋對中國戰區並無輕視之意函》，第 627 頁。

30　梁敬錞：《開羅會議》（台北，商務印書館，1978 年），第 188 — 197 頁；梁敬錞：《史迪威事件》，第 191 — 194，218 — 225 頁。

31《戰時外交》（二），第 295 頁。

調往中東。這決定直接削弱了對華空中支援的計劃，間接傷害了華軍的抗戰能力。[32] 再就美軍的佈置而言，直到 1943 年底，美軍在歐洲戰場數達 140 萬人，在中印緬戰場則只有 95,000 人。至於飛機，在歐洲戰場數達 8,237 架，在中印緬戰場只有 933 架。分配到中國戰場的更是微不足道。[33]

美國政府在制訂對華政策的時候，掌握國共雙方的詳盡情報。羅斯福很清楚中共的潛力，估計中共將不斷壯大乃至可以執掌政權，他擔心美國將無法在中國取得特殊權益，也無法令中國在國際事務中追隨美國的指揮棒。由於資本主義和共產主義意識形態的對立，美國不願見到一個共產主義中國的出現。美國和中共雖然曾有合作關係，但只是利用中共抗日，並非真心與中共合作。

太平洋戰爭爆發，日本迅速攻佔菲律賓，美菲聯軍 3 萬人傷亡，11 萬人被俘，英軍也是兵敗如山倒。因此，中國堅持抗日對盟國十分重要，美國陸軍部長史汀生對財政部長摩根索說，「我們要不惜一切代價使中國繼續戰爭」。[34] 羅斯福與軍方將領有相同的看法。1943 年 9 月，他對副國務卿韋爾斯說：「儘管蔣介石的軍事眼光可能有局限，他的軍隊仗打得不好，但他是使中國軍隊能在戰場上打日本人的惟一領袖。」[35]

羅斯福並非特別厚愛蔣介石，他曾考慮找人取代蔣。1943 年 12 月 6 日開羅會議期間，羅斯福指示史迪威：「吾人須再覓別人或別派繼續進行。」史迪威自開羅返回中國後，便密令助手多恩（Frank Dorn）在一週內擬具暗殺蔣介石的方法密呈候擇。多恩擬定了「用毒、兵變、墮機」三種方法。呈經史迪

---

32 《中美戰時合作之悲劇》（第七章）（台北，中國研究中心出版社，1979 年），《中國是不受重視的戰場》。

33 《中美戰時合作之悲劇》（第七章），《中國是不被尊重的盟邦》。

34 赫伯特・菲斯：《中國的糾葛》（北京，北京大學出版社，1989 年），第 24 頁。

35 韋爾斯：《形成歷史的七項決定》（Summer Welles：*Seven Decisions that Shaped History*），紐約 1951 年版，第 151 頁。

威選擇「墮機」一種，令他準備候令施行。[36] 但美國沒法找得到一個能夠取代蔣介石的人選，冒險除去蔣，可能使中國局勢無法收拾。於是，美國只有採取扶蔣政策，繼續支持蔣介石的領袖地位，使中國繼續與日軍對峙下去。

另外，羅斯福謀求世界「領導」地位的構想中，一個「穩定的」、對美國「友好的」中國是不可缺少的，他將作為美國最密切的盟國，對付太平洋地區的其他大國：蘇聯、英國以及東山再起的日本。[37] 羅斯福計劃把中國納入他的勢力範圍之內，使中國服務於他的戰略目標，成為聽從它的指揮棒轉的小伙伴，做它政治上的附庸。[38] 不過，中共察覺了美國的企圖，毛澤東在 1945 年 4 月中共第七次全國代表大會的政治報告《論聯合政府》中，對於第二次世界大戰後的世界新形勢，作了下列的預測：「反法西斯侵略戰爭的陣營中存在着反民主的和壓迫其他民族的勢力，他們仍然要壓迫各國人民和各殖民地半殖民地。」[39] 這個「勢力」是誰呢？陸定一闡釋就是美國，戰後美國的政策「就是要把它們變為美國的殖民地與附屬國」。[40]

美國的外交文件清楚地說，美國的對華政策，無論是戰前戰後，都是絕對維護美國利益，而不會特別愛護中國，尊重中國主權。蘇聯和美國對中國的援助都不是無私的，他們都是想藉中國消滅他們的大敵後再從中國奪取利益。美國害怕登陸日本本土作戰，會令美軍有過百萬人的重大傷亡，又不知

36　梁敬錞：《史迪威事件》（台北，商務印書館，1982 年增訂版），第 195 — 197 頁；
　　 The Stilwell Papers, Edited by Theodore H. White; William Sloane Associates, New York, 1948；Frank Dorn: *Walkout with Stilwell in Burma,* New York, Thomas Y. Crowell, 1971, pp.75-79.

37　梁敬錞：《開羅會議》，第 612 頁。

38　陶文釗：《馬歇爾使華與杜魯門政府對華政策》，《世界歷史》，1986 年第 2 期，第 47 — 48 頁。

39　毛澤東：《論聯合政府》（1945 年 4 月 24 日），《毛澤東選集》（卷三）（北京，人民出版社，1969 年），第 932 頁。

40　陸定一：《對於戰後國際形勢中幾個基本問題的解釋》，《中共中央文件選集》（第 16 冊）（北京，中共中央黨校，1991 年），第 713 — 726 頁。

原子彈的威力有多大，故極力遊說蘇聯參加對日作戰。1945 年 2 月 11 日，羅斯福與斯大林簽訂《雅爾塔密約》，拿中國的東北主權與斯大林交易，允諾支持蘇聯在中國東北取得一塊勢力範圍，恢復 1904 年沙俄在日俄戰爭所損失的「權利」，這些「優先利益」包括控制中東鐵路和旅順大連港口設施。此外，還保證受蘇聯支配的外蒙古現狀得以維持。隨後美國迫蔣介石承認此密約，蔣介石只能夠派宋子文到莫斯科與斯大林談判，追認美國此條出賣盟國的條約，以承認外蒙古獨立，交換取回東北主權和蘇聯不支持中共革命。

太平洋戰爭爆發前後，美國曾經提供經濟和軍事援助，派遣空軍前來中國助戰，消解中國孤軍作戰之苦，但相比美國作為日軍侵華的頭號幫兇，以及損害中國外蒙古主權和東北權益，國人是否應該重新評估這位盟友？

4. 英國

盧溝橋事變發生後英國對日採取綏靖政策，以中國的主權和利益換取日本和平。1938 年 5 月 2 日，英、日簽署《關於中國海關之協定》，放棄其對中國海關的控制權，將中國海關變成日本收錢的代理人。1939 年 7 月 24 日，又與日本簽署《有田 — 克萊琪協定》，承認日本侵略中國為合法。1940 年 6 月，英國不顧中國政府的強烈反對，將中國在淪陷區天津所存白銀 5,350 萬餘兩交給日本監督；7 月 18 日，又在日本壓力之下，封鎖了中國最重要的外援通道 —— 滇緬公路，斬斷西方國家對中國的物資供應。隨着日本侵華步伐的擴大，英國在華利益不斷受蠶食，英、日矛盾加深，於是，英國一面綏靖日本，同時又暗中援助中國抗戰，逐步加強援華制日，如表示不承認汪偽國民政府、重開滇緬路。[41]

顧維鈞指出英國對華政策「只把中國視為它帝國主義全球政策中的一

41　岳謙厚：《戰時英國對日之綏靖政策與中英關係》，陳敬堂編：《香港抗戰》，第 53 頁。

環」。[42] 這時第二次世界大戰歐洲戰場戰爭爆發，英國遠征軍被德軍打敗，狼狽自鄧苟克撤回英國，英倫三島正艱苦抵擋德軍，哪還有餘力應付遠東局勢？邱吉爾在下議院坦白地說：「本政府亦須顧及目前之國際形勢，不能忽視一種主要之事實，即吾國正在作存亡絕續之苦鬥是也。本國對遠東戰亂之一般政策，業經迭次明確聲明，『希望中國確保其自由獨立』，同時吾人亦屢次表示，願與日本改善邦交。……吾人不願與遠東任何國家發生爭議。吾人『希望中國確保其地位，維持其完整』，同時吾人希望日本國家繁榮。」[43]

綏靖妥協當然無法保障英國在華權益，其薄弱的軍力自然不能應付日軍的進攻，因此太平洋戰爭爆發時，英國在亞洲兵敗如山倒，香港、馬來西亞、新加坡迅速淪陷，大批英聯邦軍隊被殺和被俘。英國甚至要求中國派出遠征軍入緬作戰，其目的不是聯合抵抗日軍，而是讓國軍作為後盾，掩護英軍撤退。結果遠征軍孤軍深入異域，補給線被截斷，指揮官又不能隨機應變，堅持撤回國土，結果傷亡慘重！

許多書籍評述戰時中外關係時，均讚揚美英盟國放棄在華的特殊權益。事實是日本佔領了中國半壁江山，美英在華所有租界和軍事、經濟、法律等特權已經不再存在，他們只是放棄已經不存在的東西。

二、外國民間援助

除了盟國的經濟、軍事援助之外，世界各國民眾都有伸出援手，幫助中國渡過艱苦的歲月。這些中國朋友有在華居住和工作的國際友人，亦有遠自萬里之外奔赴中國的。他（她）們或大義凜然、威武不屈地與兇殘的日軍周

42　顧維鈞：《顧維鈞回憶錄》（第 5 分冊）（北京，中華書局，1987 年），第 9、11 頁。
43　1940 年 7 月 18 日邱吉爾在下院的報告，《新華日報》1940 年 7 月 20 日。

旋，阻止日軍向中國人民施暴；或不怕艱辛勞苦，為中國軍民服務，他（她）們有些犧牲在中國的大地裏，他（她）們是值得中國人民永遠懷念和感激的朋友。以下簡略介紹他（她）們的資料。

1. 《紐約時報》記者蒂爾曼·德丁

德丁到 1937 年 12 月 15 日為止一直留在南京。他報道南京市區所發生的慘況説：「在南京的馬路上，屍體累累。有時還得先移開屍體，汽車才能通行。……許多未能從市內南部和西部逃出來的中國普通市民都被殺害。其總數恐怕與中國戰鬥人員的死亡總數大致相同。」「時常見到有老人趴在馬路上，很明顯，他們個個都是被日本兵憑一時高興而從背後開槍擊斃的。」[44] 15日德丁離開南京乘船到上海，前往下關碼頭，他親眼目睹日軍的暴行：「本記者在乘上開往上海的輪船前，在江邊看到兩百個人被處決。這次殘殺前後花了十分鐘時間，兩百個人在牆邊排成一行，然後遭到了槍殺。隨後，許多佩戴手槍的日本兵在橫七豎八地躺着的中國人屍體旁邊，滿不在乎地走動着，還踩在屍體上面，一旦發現還有人未斷氣，手腳在抽動，便再補上一槍。」[45]德丁到達上海後，立即把南京大屠殺慘況公諸於世。

1937 年 12 月 18 日全世界第一張報紙 —— 美國《紐約時報》，在頭版顯著的位置，用憾人的標題報道了日軍在南京屠殺了戰俘和平民：

The New York Times: December 18，1937

Butchery Marked Capture of Nanking

All CAPTIVES SLAIN

Civilians Also Killed as the Japanese Spread Terror in Nanking

---

44　洞富雄：《南京大屠殺》（上海，上海譯文出版社，1987 年），第 33、132 頁。

45　洞富雄：《南京大屠殺》，第 353 — 354 頁。

U. S. EMBASSY IS RAIDED

Capital's Fall Laid to Poor Tactics of Chiang Kai-shek and Leaders' Fight

By F. Tillman Durdin

2. 南京安全區國際委員會

1937 年 11 月僑居南京的外僑為應付日軍空襲，商議設置中國人和外僑可以避難的安全區，並希望得到中日兩國承認。不久，成立了南京安全區國際委員會 (The International Committee of the Nanking Safety Zone)，主席約翰‧拉貝、祕書斯邁思博士、馬吉牧師、貝茨博士等委員。南京淪陷後，兇殘的日軍四處捕殺男丁，強姦婦女。國際委員會眾人費盡心血與日寇斡旋，維護和照料那些走投無路的難民，估計約有 25 萬名難民聚集在面積約兩平方英里 (3.88 平方公里) 的安全區內，得到庇護。他（她）們共有 24 人，是當時南京人民的活菩薩，他（她）們的恩情是值得中國人民永遠懷念和感激的！

（1）南京安全區國際委員會主席拉貝

約翰‧拉貝 (John H. D. Rabe) 先生是德國西門子中國公司駐南京代表，他雖然是納粹黨人，卻利用這身份與日軍周旋，費盡心血保護中國難民，不斷抗議和制止日軍侵入安全區對女難民施暴。故被南京人們稱呼為「洋菩薩」。拉貝先生把他所見所聞，和與日軍交涉的紀錄，都記載在他的日記裏。華裔美國學者張純如搜集和訪問了南京大屠殺的倖存者，並在德國發現了拉貝先生的日記。1997 年《拉貝日記》出版，被譯為中、英、日、德四種語言，是目前紀錄日軍南京大屠殺最重要、最詳實的文獻。由於是中日以外第三者的當年紀錄，客觀紀錄了日軍暴行，成為了指控日軍暴行的「鐵證」！為了感謝和緬懷拉貝先生，向他所代表的國際人道主義精神致敬，2013 年 12 月 11 日中國南京市政府出資重修了位於柏林西郊的拉貝紀念墓園。

（2）馬吉牧師

1912 年約翰·馬吉牧師被美國聖公會派往中國傳教，到 1937 年底日軍佔領南京前，馬吉一直在南京聖公會道勝堂傳教。日軍攻陷南京後，國際紅十字會南京分會隨即成立，馬吉擔任主席，設立紅十字會難民醫院，承擔起了照料傷兵的人道使命。馬吉又是南京安全區國際委員會委員，他的道勝堂是美國財產，日軍尚有所顧忌，因此成了中國婦女的避難所，住滿了來尋求庇護和他從日軍魔爪下拯救出來的中國婦女。

侵華日軍在南京犯下的滔天暴行，極度震撼了他善良的心靈，於是他冒着生命危險，祕密將日軍在南京犯下的暴行拍攝下來。影片紀錄了日軍的坦克和大炮正瘋狂地炮擊南京城，城內到處是殘垣斷壁；機關槍射殺成群的市民，街道上、水塘中到處是被日軍殘殺的平民屍體；其中很多是被日軍先姦後殺的中國婦女。1937 年 12 月 21 日，馬吉在南京鼓樓醫院拍攝了許多被日軍殘害的市民，他們中有些人成了控訴南京大屠殺「活的證據」。如當年懷有 6 個月身孕的李秀英，因反抗日軍對她強暴，被刺了 37 刀。馬吉除了拍攝日軍的暴行外，同時也記錄了德國人京特和丹麥人辛德貝爾救援難民的事跡，他們在江南水泥廠收容了一萬多中國難民。

馬吉先後拍攝了 4 盤膠片，總時間為 105 分鐘。1938 年初，馬吉委託國際安全區委員會副總幹事、美國人喬治·費奇祕密攜帶這 4 盤膠片到上海。費奇與英國記者田伯烈一起到上海柯達公司沖曬，並進行後期編輯製作，加上英文說明。後來製成 4 部樣片，其中 1 部送到了英國，1 部送到了德國，2 部送到美國。這套紀錄片是留存至今的有關侵華日軍南京大屠殺的惟一動態畫面，是全世界最早、最多的有關這段歷史的影像血證。[46] 世界各地出版發行

46　謝雪橋：《對旅日愛國華僑楊啟樵教授駁斥日本「南京大屠殺」案否定派的介紹與補充》，《抗日戰爭研究》1994 年第 4 期（北京，近代史研究雜誌社，1994 年），第 84 — 85 頁。

的有關南京大屠殺的書籍、影帶或舉辦的展覽等，所用圖片幾乎都採用過他的史料。1946 年遠東國際軍事法庭審判日本戰犯，馬吉正義凜然地走向證人席，向法官陳述了他在南京親身經歷日軍的各種暴行。1947 年初，南京軍事法庭審判谷壽夫等南京大屠殺戰犯時，又當庭播放了馬吉的紀錄片。鐵證之下，日本戰犯受到應有的懲罰。

(3) 明妮・魏特琳

明妮・魏特琳（Minnie Vantrin），1912 年基督會任命她為傳教士並派她前往中國，1916 年金陵女子文理學院成立教育系，由她出任主任。日軍佔領南京期間，她開放校園作為婦女和孩子們的難民營，在高峰時曾收容近 1 萬人，使許多婦女免遭日軍強暴。

當時在南京協助拯救中國難民的還有：W.P. 米爾士、愛德華・施佩林、M.S. 貝茨、劉易斯 S.C. 斯邁思、查爾斯 H. 里格斯、C.S. 特里默、克拉、波德希沃洛夫、A. 齊阿爾、歐內斯特・福斯特、R. 黑姆佩爾、休伯特 L. 索恩、格雷特・鮑爾、詹姆斯 H. 麥卡勒姆牧師、R. 魯佩特・哈茨、伊娃・海因茲、羅伯特・威爾遜。[47]

3. 國際反侵略運動總會

1936 年 9 月 3 至 6 日國際反侵略運動（International Peace Campaign）第一次代表大會在比利時首都布魯塞爾召開，有 35 個國家的 4,000 餘位代表出席。中國派出了 14 人的代表團出席，中國代表王禮錫在會上介紹了中國反對日本侵略的形勢。會後大會派出了由 150 人組成的代表團赴日內瓦向國際聯盟請願，要求國際聯盟主持正義，維護和平。國際反侵略運動總會成立後，

47　約翰・拉貝：《拉貝日記》（南京，江蘇人民出版社，1997 年），第 420 — 421 頁。

曾在倫敦、日內瓦和巴黎召開了三次較大規模的會議，聲援中國抗戰。

會議除號召抵制日貨、譴責日軍狂轟濫炸平民的暴行外，更在中國建立國際和平醫院，直接救助中國難民。國際反侵略運動總會派了英國女作家何登夫人（Charlotte Haldane）與宋慶齡保衛中國同盟合作，在晉察冀邊區建立了第一所國際和平醫院，白求恩醫生擔任首任院長。反侵略運動總會又通過援華決議，呼籲各國加緊援華運動，抵制日貨，禁止軍火運銷日本，募捐藥品援助中國。

4. 國際工會聯合會

「七七事變」兩個月後，國際工會聯合會即宣告：國際工人將誓為中國後盾。國際工會聯合會多次開會商討如何擴大抵制日貨運動，對日實行經濟制裁，拒運軍用原料往日本。1938 年 10 至 11 月國際運輸工會聯合會代表大會在盧森堡召開會議，通過援華決議：「本會組織之各會員國運輸工人，人人應負起道義的責任，以精神的物質的及政治上之種種力量，援助中國人民抵抗侵略，並應即日停止裝運軍需品赴日，以免助長日本之侵略。」會後，英、美、法、比、荷、澳等國工會都組織工人進行了拒運日貨的運動。

5. 世界學生聯合會

1938 年 5 月世界學生聯合會派代表柯樂滿、佛洛特、馬蘭·雅德和雷克難 4 人來華考察，表達對中國的同情。他們回到歐美之後，在各大學巡迴演說，介紹中國抗戰情況。10 月，世界學生聯合會執委會作出援華決議：

（1）物資的援助：募集推進中國建設的經費和「臨時大學」經費；開展贈送中國醫藥用品的運動；

（2）抵制日貨和禁運軍火及一切戰爭原料和用品；

（3）宣傳及出版。

世界學生聯合會所屬的國際學生服務部中，專門設置了中國學生專款管理委員會，負責管理對中國的捐款。世界學生聯合會推動了世界各地的學生援助中國和同情中國抗戰，在輿論和道德層面上壓迫他們的政府和商人停止售賣軍火和原料給侵略者。[48]

6. 保衞中國同盟

1938 年 6 月 14 日宋慶齡、宋子文、孫科、馮玉祥、顏惠慶等在香港發起成立保衞中國同盟（簡稱「保盟」），會長由宋子文出任，宋慶齡擔任主席，醫務總監司徒永覺夫人希爾達‧沙爾文—克拉克（Hilda Selwyn-Clarke）出任名譽祕書，香港大學的諾曼‧法蘭士（Norman France）教授出任名譽司庫，鄧文釗任司庫，愛潑斯坦（Israel Epstein，美國國際合眾社記者）任宣傳，廖承志、廖夢醒（廖承志胞姊）、鄒韜奮、許乃波、鄧文釗（華比銀行副總經理）、詹姆斯‧貝特蘭（新西蘭記者）等為中央委員。

「保盟」的辦公地點設在香港西摩道 21 號。愛潑斯坦説宋慶齡選擇在香港成立「保盟」的原因是要打破雙重封鎖。一重封鎖是由於日本侵略者控制了海岸線；另一重正在發展的封鎖是蔣介石政府禁止向中共領導的抗日力量和根據地供應物資，甚至醫療用品也不讓供應，用以壓制報道他們在軍事上和政治上取得的種種勝利和成就。「保盟」的任務是打破這兩種封鎖，保證任何一方都不至於被不公正地剝奪通向外界並使外界聽到它的聲音的權利。而香港 —— 當時仍能同世界大部分地區聯繫 —— 則是發揮這一作用的最好「窗口」。宋慶齡跟周恩來商量後，決定赴港並協助把香港變成一條同外界聯繫的

48　沈慶林：《中國抗戰時期的國際援助》（上海，上海人民出版社，2000 年），第178 — 191 頁。

渠道，以便取得全世界反法西斯力量和海外華僑的支持，其目的是加強國共兩黨的統一戰線和全國人民的抗日鬥爭。[49]

經常駐會工作的是廖夢醒和柳亞子的女兒柳無垢。「保盟」的成立宣言明確宣佈其目標是：「一、在現階段抗日戰爭中鼓勵全世界所有愛好和平民主的人士進一步努力以醫藥、救濟物資供應中國。二、集中精力，密切配合，以加強此種努力所獲得的效果。」宣言指出：「外國朋友所得到的關於遠東的真實情況，是極不充分的，因此他們對中國的同情和支援也就遭到阻礙。在我國分配物資時，既未能根據最危急的需要，又未能按照捐獻人的意見做到合理。」為加強和擴大國外援華工作，「保盟」表示願意和所有願意同保盟合作的機構取得聯繫。

為便於開展工作，「保盟」於 1941 年成立了四個小組委員會：法朗士負責財政委員會、麥克斯・比爾頓負責運輸委員會、鄒韜奮負責宣傳出版委員會、瑪麗恩・苔德莉負責促進委員會。

「保盟」的工作大體有以下幾個方面：（1）對外宣傳，介紹中國抗戰的形勢和需要，呼籲援助中國。宋慶齡多次著文，發表演說，呼籲援華。「保盟」印刷出版了許多宣傳品，如 1939 年 4 月 1 日出版的《保衛中國同盟新聞通訊》英文半月刊，多次發出爭取援助的呼籲，如第 1 期刊呼籲援助新四軍，第 2 期呼籲向華北抗日根據地募集 5,000 條毛毯，第 3 期呼籲為新四軍募集 20,000 條毛毯，並為在華東作戰的川軍募集醫藥品，第 4 期發表《請援助西北》的通訊，呼籲援助陝甘寧邊區的醫院、醫藥工廠、孤兒院、抗日軍政大學等等。為了使援助物資適合中國的需要，「保盟」通過外籍戰地記者調查情況，提出了非常具體的要求，如保盟《通訊》第 13 期上刊登了一份國際和平醫院需要的外科器械單子，列出了非常具體的項目、型號、尺寸。

（2）發起募捐、義賣、義演活動，收轉捐款捐物。1939 年初，「保盟」在

49　伊斯雷爾・愛潑斯坦：《歷史不應忘記》（北京，五洲傳播出版社，2005 年），第 78 頁。

香港的全國婦女救援會、中國婦女士兵救濟會、中國婦女俱樂部、中國基督教女青年會和廣東婦女新生活運動會的幫助下，募集了 4,500 多件中國藝術珍品，在紐約、倫敦和巴黎義賣，所得收入將用於中國的醫療救濟事業。在紐約的義賣由美國的中國人民之友社主持，得到佛蘭克林·D·羅斯福夫人的贊助，由她牽頭。在倫敦，由英國援華會安排。在巴黎，由法國的中國人民之友社負責。美國全美航運公司、英國的半島和東方航運公司、法國郵船公司則免費將這批藝術品運至紐約、倫敦和馬賽。1939 年和 1941 年，「保盟」在香港發起「一碗飯運動」，由宋慶齡任名譽主席，香港立法局華人首席議員羅文錦任主席，「保盟」名譽祕書克拉克夫人任副主席。活動得到香港總督和香港主教、英國駐華陸、海軍司令等許多知名人士支持。1941 年共收入港幣 22,144.95 元、法幣 615 元，充作了援華基金。

「保盟」成立後第一個年度報告統計，在從 1938 年 6 月至 1939 年 6 月的近 13 個月中，各國援華團體和個人通過「保盟」捐助的現金就有 25 萬港元，還有大量的物資。自 1939 年 4 月至 1941 年 11 月，「保盟」收到的現款有 810,879.93 元國幣、185,640.11 元港幣、54,437.65 美元、3,417 英鎊 8 先令 9 便士、3,059.15 加拿大元、1,032.32 比索、38.75 西班牙比塞塔、7 荷蘭盾，以及 X 光機、顯微鏡、手術器械、理療設備、醫學書籍、藥品、敷料、毛毯、衣服、奶粉、維他命、罐頭食品等。

「保盟」捐助的重點在敵後抗日根據地，一是醫療機構，二是戰爭孤兒，三是中國工業合作運動，四是戰災和天災的災民。國際反侵略總會代表何登夫人與「保盟」商議，在晉察冀邊區的五台山建立了第一所國際和平醫院，以後又在晉東南、陝北和皖南建立了三所國際和平醫院。1940 年 2 月，「保盟」中央委員會作出決定，利用國外捐款每月向上述四所國際和平醫院病員撥伙食費和衣物費 1,500 元，並向中國工業合作協會西北辦事處訂購大批棉背心、擔架帆布、脫脂棉花、紗布供給西北的醫療單位。「保盟」向新四軍贈送了大批醫療用品，至 1939 年底，新四軍得到了價值 15 萬元的藥物。

「保盟」又開展了救濟戰災兒童的工作，在陝西、廣西和四川建立孤兒院。由於美國洛杉磯的援華團體和華僑的大力支持，在延安建立了一所託兒所。為紀念這種國際主義和愛國主義精神，延安將之命名為洛杉磯託兒所。

1939 年初，桂南、貴陽等地城市被炸，災情嚴重；1940 年西北地方發生水災；1942 年冬至 1943 年春，河南發生嚴重旱災，數百萬人死亡，廣東也有數百萬人受災。「保盟」都有發起籌款賑災活動。

另外為了增加工業生產支援抗戰和救濟傷兵難民，宋慶齡和路易·艾黎、愛德格·斯諾發起中國工業合作運動，「保盟」和當時香港的「中國工合國際委員會」合作，開展了捐助中國工業合作運動的活動。

中國紅十字會是通過「保盟」接受援華醫藥援助的另一個主要團體。它擁有 200 名醫生和 22 名外國志願人員，總部設在貴陽。國際紅十字會駐華委員會也設在這裏。該委員會同英國赴華救濟隊合作進行了一系列的救濟工作。波蘭醫生萊昂·卡米涅茨基、傅拉都、德國醫生卡爾·考泰勒、保加利亞醫生甘揚道、英國醫生高田宜、羅馬尼亞醫生雅各·克蘭茲道夫等都曾在中國紅十字會救護隊工作，高田宜醫生更在中國獻出了寶貴生命。

1941 年 12 月太平洋戰爭爆發，「保盟」中央委員先後自香港轉移到重慶。1942 年 8 月，「保盟」在重慶恢復工作。「保盟」的辦公地點就設在宋慶齡的家裏。「保盟」持續不斷得到國外的捐助，美國的勞工團體，如國際裘皮製革廠工會、美國全國海員工會，都向「保盟」提供了大量捐款。同「保盟」保持聯繫、支援「保盟」工作的國際援華組織和慈善團體很多，如英國援華委員會、倫敦的中國醫療援華委員會、英國救濟基金會、蘇格蘭紅十字會、英國矯形協會、美國紅十字會、美國援華委員會、美國醫療援華委員會、美國三藩市援華會、美國紐約援華會、美國費城援華會、美國的中國人民之友社、加拿大不列顛哥倫比亞援華會、加拿大溫哥華醫療援華委員會、加拿大不列顛哥倫比亞韋爾農中國戰爭救濟會、加拿大維多利亞醫療援華會、菲律賓中國救濟會、澳大利亞婦女聯合會、澳大利亞—中國合作委員會、國際紅

十字會、新西蘭左派圖書俱樂部、法國的中國人民之友社、加拿大及澳大利亞的和平與民主同盟、香港 C.S. 橡膠出口公司等。

「保盟」聯繫了許多國際友人，他們很多是醫務工作者，如白求恩、柯棣華、米勒、巴蘇、布朗、哈里森等醫生，都是通過宋慶齡的介紹到解放區工作的。其他直接或間接參加「保盟」或支援「保盟」工作的有：耿麗淑（女，美國人，負責保盟上海分會的工作）；詹姆斯·貝特蘭（新西蘭記者、香港淪陷時曾被關進集中營）；馬海德（「保盟」駐國際和平醫院代表）；邱茉莉（愛潑斯坦未婚妻，香港淪陷時曾被關進集中營）；王安娜（女，保盟最早成員之一）；依法特·巴傑爾（英國援華救濟會成員）；菲利浦·萊特（英國援華救濟會成員）；約翰·福斯特（保盟中央遷重慶後的保盟司庫）；史迪威（中印緬戰區美軍總司令兼中國戰區參謀長，曾幫助保盟向抗日根據地運送物資）；凱薩琳·賀爾（中國紅十字會外籍人士後備隊成員，曾同白求恩一起在五台山國際和平醫院工作）；考泰依醫生（美國醫療援華會副主席）；露絲·基普琳（女，加拿大醫藥援華會成員）；約翰·尼格爾斯（美國紅十字會駐重慶代表）；李蒙夫婦（法國記者）；霍爾曼醫生（瑞典救護傷兵委員會成員）；哈利·泰博特醫生；保爾·德翰醫生；安德魯·A·羅易（美國基督教學生運動代表）；威廉·B·德加格（國民基督會副總會長）；喬蕙·赫美（女，基督教會關於中國救濟活動的撰稿人）；瑪格麗特·波（女，國民聯合醫療中心理療師）；愛德格·安塞爾·穆勒（著名記者）；威尼費雷德·加爾布雷思（女，參加中國紅十字會工作）；戈登·湯姆遜（英國救濟中國災民基金會祕書）；白樂夫（中國紅十字會醫療救護隊顧問）；何明華（香港主教）；傑克·貝爾敦（美國戰地記者，寫有《新四軍》的小冊子）；洛登凱澤（傳教士，德裔加拿大人）；J·B·普健斯特萊（英國著名作家）等等。這些都是值得中國人永遠懷念和尊敬的國際友人！[50]

50　沈慶林：《中國抗戰時期的國際援助》，第 197 — 211 頁。

7. 中國工業合作運動

「七七事變」後，被日軍佔領的地區及戰火威脅的地區，大批工廠遷往大後方重建，恢復生產，支援抗戰，這些內遷企業和原來在大後方的企業成為支持抗戰、爭取最後勝利的主要經濟力量。安置自淪陷區撤退的大批技術工人，一方面有助大後方的經濟建設，打擊日本以戰養戰的政策；同時救濟千百萬喪失家園、貧苦無助的難民和解決傷兵的勞動就業，是大後方面對的嚴重社會問題。將這些人力資源轉化為生產力，讓他們生產自救，便是一舉兩得的解決方法。1937 年 11 月國際友人斯諾夫婦、路易・艾黎和胡愈之等在上海推動工業合作運動，通過組織工業合作社來組織生產，支持戰時經濟，同時可以安置難民和傷殘戰士。計劃得到國民政府支持，財政部長孔祥熙批准撥款 500 萬元國幣作為資金。1938 年 8 月 5 日，「中國工業合作協會」（簡稱「中國工合」）在武漢成立，年底在重慶正式建立了組織機構。名譽理事長宋美齡、理事長孔祥熙、祕書長劉廣沛、總工程師和技術部主任林福裕、技術總顧問路易・艾黎。協會的理事除國民黨人士外，也有非黨派和共黨人士在內，如林伯渠、董必武、鄧穎超、王世杰、邵力子、黃炎培、莫德惠等。

中國工合和保盟是抗戰時期爭取國際援助的兩個重要組織。中國工業合作運動對於發展抗戰經濟、安置難民和傷兵起了一定作用。它的經費來源一靠政府撥款和銀行貸款，二靠國際援助。據統計：自 1938 年末到 1945 年底，政府撥款為 45,217,622.38 元，銀行貸款為 2,427,550 元，美國的捐款為 121,888,312.48 元。[51]

為爭取國際援助，1939 年 1 月，「工業合作協會國際促進委員會」在香港成立，宋慶齡任名譽主席，香港華南聖公會主教英國人何明華（R O Hall）任主席，陳翰笙任執行祕書，斯諾、艾黎、宋子文等為委員，許乃波為技術顧

51　沈慶林：《中國抗戰時期的國際援助》，第 214 頁。

問。同時。宋慶齡在國外建立了「工合促進委員會」，菲律賓華僑婦女救濟協會等團體立刻籌款 20 餘萬元，並籌募 50 萬元作為「工合」基金。印尼一個華僑富商一次就向「工合」捐助 10 萬元巨款。美國人為「工合」捐助了 5,000 萬元。從 1938 年到 1945 年，「工合」獲得貸款和專款共計 1 億 8 千萬元。

「工合」網羅人才，艱苦創業，許乃波在 1939 年帶領美國機械工程師 Vanness 和新聞記者 Sindan 到江西贛州、瑞金等地，發展機械合作社。1940 年香港大學電機系畢業生葉蘭蓀到江西「工合」服務。許多英國、美國、新西蘭人以及來自美國、英國、加拿大、菲律賓、泰國等地的華僑青年工程技術人員遠自萬里來到中國服務。「工合」在許多地方建立生產合作社，它首先在西北，其次在東南、西南建立起來。全國各地的「工合」1938 年底僅有 69 個，1939 年底發展到 1,284 個，1942 年達到 1,590 個，月產值達 2,400 多萬元。在抗戰期間，以西北「工合」為主，各地「工合」總共供應軍毯超過 500 萬條。「工合」業務種類繁多，從棉紡織到服裝鞋帽，從日用雜貨到食品加工，從文具印刷到醫藥化工，從五金機械到採礦交通，共 50 餘種。本來以手工業為主的「工合」發展到半機械及機械化的工業合作社。「工合」在後方重建工業，發展生產，供應戰時軍需民用，建立鞏固的國防經濟堡壘，支持長期抗戰等方面，也做出了不可磨滅的貢獻。[52]

上述國際友人與團體在中國最困難的時候，伸出援手，出錢出力，甚至在中國大地獻上了寶貴的生命，他（她）們對中國無私奉獻，是值得中國人民永遠感謝和懷念的！

52　許乃波：《回憶抗日戰爭時期的宋慶齡》，《抗日戰爭研究》（1992 年第 1 期），第 182 — 187 頁。

三、毛澤東分析中國勝利條件

日本在「七七事變」以後，曾揚言可在三個月內迅速滅亡中國。中國有些失敗主義者也提出亡國論，認為中國會亡。不過，毛澤東在 1938 年 5 月 26 日至 6 月 3 日在延安抗日戰爭研究會上講演，駁斥了亡國論，指出中國會取得勝利。他比較中日雙方的特點，指出：

日本方面：一、日本是一個強的帝國主義國家，它的軍力、經濟力和政治組織力在東方是一等的，在世界也是五六個著名的帝國主義國家中的一個。二、這帝國主義國家發動的戰爭是退步的和野蠻的，由於內外矛盾，使它發動大規模的冒險戰爭，走到最後崩潰的前夜。這冒險戰爭不會為日本帶來興旺，反而導致它死亡，這就是日本戰爭的退步性。由於日本侵略戰爭的野蠻性，導致它國內階級的對立，中國民族的對立，日本和世界大多數國家的對立。所以，日本必然失敗。三、日本發動戰爭的基礎是有強大的軍力、經濟力和政治組織力。但日本地方小，人力、軍力、財力、物力都感缺乏，經不起長期戰爭的消耗。日本想藉戰爭來解決地小資源少的問題，結果因戰爭而增加困難，連原有的資源也消耗掉。四、日本雖然得到法西斯國家的援助，但卻同時遇到更多反法西斯的國家的力量，後者把前者的力量抵消，更對日本施加壓力。這是失道寡助。

中國方面：一、中國是一個半殖民地半封建的弱國，軍力、經濟力和政治組織力都不如敵人，所以被日本侵略。二、中國近百年的解放運動累積到了今日，已經不同於任何歷史時期。今日中國的軍事、經濟、政治、文化雖不如日本之強，但在中國自己比較起來，卻比任何一個歷史時期更為進步。中國是如日方升的國家，與日本帝國主義的沒落狀態恰好相反。中國的戰爭是進步的、正義的，所以能喚起全國

的團結，激起全世界人民的同情，爭取世界多數國家的援助。三、中國是一個很大的國家，地大、物博、人多、兵多，能夠支持長期的戰爭，這同日本相反。四、中國戰爭的進步性、正義性，產生出來的國際廣大援助，同日本失道寡助恰好相反。[53]

四、中國抗戰勝利的原因

抗日開始時，毛澤東已科學地分析日本戰敗和中國能夠獲勝的原因。現再補充數點如下：

1. 國人鬥志高昂

鴉片戰爭之後，中國經歷百年的改革圖強，國人民族意識不斷高漲，多次愛國運動都普遍得到學生、商人、工人等各界的支持和參加。九一八事變之後，日本侵華野心盡露，抗日救亡運動蔓延全國各界，乃至全球華僑。國人明白抗日乃民族存亡的關頭，軍人鬥志激昂，抱必死的決心，以血肉之軀力抗日軍現代化武器的進攻，絕不退縮。「七七事變」時，盧溝橋回龍廟和鐵路橋守軍兩排人與敵人血戰，全部陣亡殉國，沒有一個人怕死逃走。淞滬會戰時，謝晉元團長率領八百壯士，抱必死的決心，死守四行倉庫。這類壯烈犧牲、英勇報國的例子，數不勝數。中國就是憑着這種頑強鬥志取得了最後勝利。其他士農工商男女老幼，或參與宣傳抗日，或募捐籌款，中華民族在抗日救亡的大旗下團結一致，不少無名英雄，為抗日奉獻所有財產乃至生

53　毛澤東：《論持久戰》（1938 年 5 月），《毛澤東選集》（二）（北京，人民出版社，1969 年），第 415 — 417 頁。

命。這種無私奉獻、全力支持抗戰的愛國情懷，是抗戰取得最後勝利的關鍵。

2. 全國團結抗敵

日本膽敢侵略中國的一個重要原因是看到中國內鬨嚴重，以為中國各政黨和軍事派系仍會坐視國土淪亡，甘心當亡國奴。豈料盧溝橋抗日聖火燃點之後，國共第二次合作，在民族統一戰線之下，各個政黨和軍事力量都能同仇敵愾，聯合抗敵。如中共立即通電全國呼籲團結抗日，並致電蔣介石，表示「願在委員長領導之下，為國效命，與敵周旋，以達保土衛國之目的」。其他曾經反對蔣介石的軍事和政治領袖，亦支持蔣介石為領導中國抗戰的領袖。為了抗日，軍人都能放下昔日舊仇，如台兒莊大戰期間，張自忠率部急行軍一日一夜，跑了原需跑三天的路程，增援曾有宿怨的龐炳勛，在臨沂殺日軍一個措手不及。這種不分黨派、全國參與的「抗日民族統一戰線」，同心協力抗敵，是抗戰勝利的重要原因。

此外，全世界各地華僑不分籍貫、不分所在國都踴躍捐輸，為祖國抗戰傾盡全力。有些更自千里之外放棄原本舒適安逸的生活，投奔祖國，為祖國各領域服務，甚至直接參加保衛祖國的聖戰。國內外同胞眾志成城，是打敗日寇的重要原因。

3. 蔣介石忍辱負重

蔣介石曾經留學日本學習軍事，知道敵強我弱，中國暫時無法與日本硬碰。「九一八事變」後，蔣介石知道中日一戰，無法避免，為爭取時間準備戰爭，乃採取「先安內、後攘外」政策。對日之侵略，忍辱負重，委曲求全，雖喪權辱國，亦避免與日本即時決裂全面開戰。蔣介石致力團結國內各黨派，一方面團結國民黨內的不同派系，另一方面對共產黨採取剿撫並用的策

略，先後發動五次圍剿，削弱共產黨的武裝力量；但又與蘇聯恢復邦交，爭取蘇聯支持抗日，及解決與中共的紛爭。蔣介石接受蘇聯建議，派員與中共談判，祕密派人到蘇聯莫斯科，找得中共駐共產國際代表直接談判，謀求合作抗日，為國共第二次合作打開了大門。西安事變時，國共雙方代表正在南京舉行祕密談判，這是西安事變和平解決的原因之一。

為應付戰爭需要，蔣介石爭取時間擴充軍備，如請德國協助訓練陸軍60個師和興建大量兵工廠、義大利協助訓練飛行員和製造飛機、蘇聯協助調處國共衝突，並提供軍事經濟援助。戰爭爆發時，雖然只訓練完成了30個師德式裝備陸軍，這批精銳部隊在抵抗日軍發揮了重要貢獻。「七七事變」之前，蔣介石的「先安內、後攘外」政策，喪權辱國，備受各方愛國人士的譴責，但他祕密積極備戰，對抗戰勝利的貢獻亦不應否定。

4. 戰略得宜

日本企圖憑藉其優勢武器和兵力，速戰速決，三個月之內征服中國。蔣介石則定下持久戰略——「以空間換取時間」，與敵進行消耗戰，戰爭初期放棄沿海的平原，轉入湖南、貴州、雲南、廣西等山嶽地帶，使日本戰線拖長，兵力分薄，顧此失彼。又尋找機會與日本進行淞滬、武漢等大規模的會戰，消耗日軍的兵力和資源，等待國際局勢的變化，俟世界大戰全面爆發，英美參戰，中國取得盟軍的協助，從而打敗日本。此外，國民政府接受中共建議，派正規部隊到敵後開展游擊戰，並請中共派員到南嶽主持訓練班，教導軍官打游擊戰的理論和技巧。國軍的游擊軍與中共領導的八路軍和新四軍，在華北、華中與華南開闢敵後戰場，配合正面戰場作戰。令日軍腹背受敵。中國的「持久戰」及「游擊戰術」最終戰勝日本的「速戰速決」、「以戰養戰」，獲得抗戰的最後勝利。

5. 地理形勢有利

　　中國的地勢是西高東低，在東部，自北至南分佈着東北平原、華北平原、長江中下游平原，這些地區只有一部分是低山和丘陵，地勢較為平坦。日本從中國東部開始侵略，有海空支援，機械化部隊容易推進，故能迅速攻佔許多地方。而中西部省份，如山西、河南、湖南、湖北、甘肅、四川、雲南、貴州等省則山高林密，易守難攻，故日軍攻勢因而受阻。且中國面積廣闊，日軍佔領的區域愈多，要維持的交通線愈長，所需的兵力亦愈多。抗戰中期，日本調集到中國的兵員雖有 128 萬，但僅能控制大中城市和交通要道，若干小型城市和廣大農村，日軍無法控制。於是形成了游擊隊活躍的敵後戰場，日軍需要調派大軍保護後方和交通線的安全，兵力大受牽制。進入抗戰第二階段後，戰場移到山區，日軍的機械化裝備前進困難、補給困難，喪失了機動性，難以發揮戰力，優勢盡失。

6. 日本資源貧乏

　　日本乃一島國，資源缺乏，九成以上的石油、鐵和銅等戰略物資均需從外國進口，故侵華戰爭只能速戰速決。及後發現陷入中國正面戰場的消耗戰和敵後游擊戰的汪洋之中，日本人力物力各種資源無法支援。於是，日本企圖侵略西伯利亞，但被蘇軍擊敗，放棄北進；改採南進政策，發動太平洋戰爭，希望奪取該區的資源以應付侵華戰爭，但卻因此增加英美兩個敵人，海空軍兵源和飛機戰艦大量消耗，無法補充，遂在盟軍的聯合打擊下，兵敗投降。

1931—1945 年日本人口構成及兵力與勞動力比例							
年度		總人口	15 歲以上人口	勞動力人口	役齡男子	兵力	兵力：勞動力
1931	萬人	6546	4140	2930		30.8	1：94.1
	百分率	100%	63.30%	44.80%		0.50%	
1937	萬人	7063	4499	3225	1693	108.4	1：28.8
	百分率	100%	63.70%	46.10%	24.00%	1.50%	
1941	萬人	7222	4755	3500	1827	242.2	1：13.5
	百分率	100%	65.90%	48.50%	25.30%	3.40%	
1942	萬人	7288	4840	3543	1708	282.9	1：11.5
	百分率	100%	66.50%	48.70%	23.40%	3.90%	
1943	萬人	7390	4910	3618	1752	380.8	1：8.5
	百分率	100%	66.50%	48.90%	23.70%	5.20%	
1944	萬人	7443	4950	3716	1844	536.5	1：5.9
	百分率	100%	66.50%	49.90%	24.80%	7.20%	
1945	萬人	7251	4900	3972	1741	719.3	1：4.5
	百分率	100%	67.90%	55.00%	24.10%	9.90%	

1931—1945 年日本國民生產總值軍費統計表							
	1931	1937	1941	1942	1943	1944	1945
生產總值（億日元）	125	234	449	543	638	745	
軍費（億日元）	4.6	32.7	125	188	298	735	170
軍費佔生產總值比例	3.76%	14%	28%	34.6%	46.7%	98.5%	

7. 盟國協同作戰

從「七七事變」爆發開始，中國在少量蘇聯援助下與日本苦戰四年多。日本偷襲珍珠港後，美、英對日宣戰。中國與美、英、蘇結盟，聯合抵抗德、意、日等法西斯侵略國。美國參戰後，日本失去美國供應的石油、廢鐵等戰略物資，又需與強大的美國作戰，海空軍力不斷削弱。情況相反的是，中國自此獲得美國的經濟、戰略物資、軍械的援助，戰鬥力不斷增強，故此能在抗戰後期逐漸扭轉形勢，屢挫日軍。美國在太平洋逐島反攻，消滅日本海空軍和截斷其資源供給，使中國戰場在後期已重奪制空權。最後美國在廣島、長崎兩地投下原子彈；蘇軍進入中國東北，殲滅日軍關東軍。日本遂被迫接受無條件投降。

五、中國在抗戰的收獲

1. 恢復民族自信心，免除外患威脅

中國自鴉片戰後，國勢積弱，外患日急，民族國脈危亡，經此八年苦戰，中華民族愛國心極度高漲，團結一致，國人皆抱抗戰必勝的信心，最後終將日本打敗。自此列強對中國民族意識重新評估，不敢妄想侵略。如戰後國共衝突演變成內戰，美蘇兩國均不敢直接派兵參戰，乃認為中華民族已經覺醒，不敢輕易以武力干涉中國內政。

2. 廢除不平等條約

抗戰期間，國軍堅守上海三月之久，一方面粉碎日軍三個月亡華的狂

言，同時中華民族的軍事潛力，亦令列強另眼相看。及至太平洋戰爭爆發，英美在特殊權益已經喪失，為對中國示好，1942 年雙十節蔣介石宣佈英美放棄在華一切特權，1943 年 1 月 11 日中英、中美平等新約分別在重慶和華盛頓簽字。束縛中國達百年的不平等條約至此完全取消。中國取得國際地位平等。

3. 躍居世界五強之一

中國獨力抵抗日本侵略達四年之久，中華民族的戰鬥力比起英法兩國，實在是毫不遜色。法國軍隊訓練和裝備與德軍相差不大，但開戰不過一月，便宣告投降；英軍在亞洲抵抗日軍之進攻時，在香港、新加坡、馬來西亞等地兵敗如山倒，在緬甸之英軍，更請求中國派遠征軍入緬，將之救出重圍。

1931—1945 年日本主要戰略物資進口變化表

區分	總進口	原油		鐵礦		廢鐵		鐵矾土		
年份	萬噸	進口	百分率	進口	百分率	進口	百分率	進口	百分率	
1931	2232	61.6	66.8%	172.7	89.2%	29.7				
1937	3706	192.2	83.0%	331.3	84.6%	244.8	73%	10.1	100%	
1940	3322	229.2	87.4%	512.9	82%	139.8	61.6%	28	100%	
1941	3007	69.4	70.7%	567.7	81.9%	21	17%	14.7	100%	
1942		56	68%	436.3	70.8%	4.4	3.4%	45	100%	
1943		98	78.3%	376.6	60%	3	2.7%	82.1	100%	
1944		20.9	43.9%	150.3	33.4%	22.2	14.3%	34.7	100%	
1945				7.8	4.50%			0.2	100%	

中國軍隊揚威異域，開始成為世界新興的強國。

　　1943 年 10 月 31 日，中、英、美、蘇四國在莫斯科簽訂《四國協定》，發表《共同安全宣言》，向德、意、日三軸心國宣戰，直至其無條件投降為止。中國晉身世界四強之一。同年 11 月，中、英、美三國又在開羅召開會議，蔣介石與美國羅斯福總統、英國邱吉爾首相平起平坐。會後發表《開羅宣言》，中英美制訂聯合作戰的策略，以及戰後國際局勢的安排。1945 年 10 月聯合國成立，中國成為聯合國安全理事會五名常任理事之一，擁有否決權。至此，中國成為國際政治舞台上五大強國之一。

（續左表）

磷礦石		煤		鹽		橡膠		棉花		糧食	
進口	百分率	進口	百分率	進口	百分率	進口	百分率	進口	百分率	進口	百分率
41.2	95.1%	269	8.7%	45.4	46.4%	4.4	100%	66.9	100%	263	
92.2	90.0%	443	8.9%	168.1	76.4%	6.4	100%	82.6	100%	224	14.8%
71	89.2%	517	8.4%	172.5	75%	4.1	100%	46.6	100%	212	14.4%
39.7	83.4%	527	8.5%	150.6	79.4%	7.3	100%	35.8	100%	257	18.4%
10.4	53.9%	525	8.9%	153.3	76.3%	4.4	100%	12.2	100%	254	16.3%
11.2	46.1%	449	7.5%	141	77.2%	4.8	100%	9.3	100%	178	13.1%
7.1	58.2%	225	4.1%	94.4	72.8%	2.6	100%	3.1	100%	88	6.9%
2.4	92.3%	50	1.6%	45.7	71.7%	1.8	100%	0.9	100%	34	4%

第十八章

抗戰時期的國共談判

1 葉劍英多次參加與國民黨的談判

2 張治中與毛澤東

3 何應欽

4 張治中多次主導、參與國共談判

一、抗戰時期的國共關係

抗戰初期，在抗日民族統一戰線的旗幟下，全國各黨派、軍隊、人民團結一致，積極抵抗日本的侵略。這時國軍奮勇作戰，消耗了大量的敵軍，粉碎了日軍「三月亡華」的誑言。八路軍和新四軍利用擅長的游擊戰術，開闢敵後戰場，牽制了大量日軍。1938 年 10 月廣州、武漢失守後，抗戰進入戰略相持階段。日本無法迅速亡華，改變了侵華戰略，停止向正面戰場的戰略性進攻，逐漸將其主力移到游擊戰場；同時，針對國民黨的失敗情緒，實施政治誘降，將賣國賊汪精衛誘出重慶，在南京成立了偽政府。從這時起，重慶國民政府開始了政策上的變化，將重點由抗日轉移到反共方面，採取了對日消極作戰的政策，保存軍事實力，而把作戰的重擔放在敵後戰場上，讓日寇大舉進攻游擊區，自己則坐山觀虎鬥。[1] 同時，消滅共產黨的念頭又在蔣介石腦海裏浮現出來。他提出「一個領袖、一個主義、一個黨」的口號，想把中共併入國民黨裏，加以溶化，把這叫作「溶共政策」。

1938 年 12 月 6 日，蔣介石在桂林約見周恩來，提出：中共既信三民主義，最好與國民黨合併成一個組織，力量可以加倍發展。如果同意，就約毛澤東面談。如果共產黨全體加入做不到，可否以一部分黨員加入國民黨，而不跨黨？周恩來立即拒絕說：「要求全體共產黨員加入國民黨而退出共產黨，這不可能也做不到。少數人退出共產黨而加入國民黨，不僅是失節、失信仰，於國民黨也有害而無益。」蔣介石失望地說：「如果你考慮合併事不可能，就不必電約毛澤東到西安會談了。」[2]

12 月 12 日蔣介石在重慶再向王明、博古等中共赴渝國民參政會代表提

1　毛澤東：《論聯合政府》（1945 年 4 月 24 日），《毛澤東選集》（第三卷）（北京，人民出版社，1969 年），第 943 頁。

2　《周恩來致中共中央書記處的電報》（1938 年 12 月 6 日），引自金沖及《周恩來傳（1898 — 1949）》（北京，中央文獻出版社，1989 年），第 433 — 434 頁。

出同樣要求，亦受到嚴辭拒絕。於是蔣介石改變爭取為打擊手段。1939 年 1 月 21 日至 30 日國民黨召開五屆五中全會，主要議題是「整頓黨務」，研究如何發展與強化國民黨，以與共產黨作積極鬥爭，務使「違反主義之思想無從流佈於社會，而於戰區及敵人後方，尤應特別注意」；「吾人絕不願見領導革命之本黨發生二種黨籍之事實，更不忍中國實行三民主義完成革命建國一貫之志業，因信仰不篤與意志不堅，致生頓挫。」[3] 會議通過了《黨務報告決議案》，確定了「溶共、防共、限共、反共」的方針，並設置了專門的「防共委員會」。五屆五中全會之後，國民黨陸續擬訂了《限制異黨活動辦法》、《共黨問題處理辦法》等一系列反共文件，詳盡地說明「溶共、防共、限共、反共」的方針、策略和具體辦法。從此，國民黨頑固派在全國各地製造了一連串分裂抗日陣營、破壞抗日統一戰線的反共摩擦事件。據不完全的統計，從 1938 年至 1944 年春，反共頑固派對邊區發動的武裝進攻達 275 次，搶劫騷擾 457 次，暗殺、誘逃、拘捕人員 295 次，並派遣 40 萬精銳從北、西、南三面封鎖邊區。[4] 自此，國民黨頑固派放棄全力抗日，反而破壞團結，掀起了三次反共高潮。

（1）第一次反共高潮

1939 年 12 月中旬，國共在山西衝突，國軍受到損失。蘇聯介入調停，希望國共團結抗日，解除了這次內戰危機。

（2）第二次反共高潮

1940 年 10 月 19 日，蔣介石派國民黨正、副參謀長何應欽、白崇禧向朱德、彭德懷、葉挺、項英發出「皓電」，命令新四軍開赴黃河以北作戰。1941

3　榮孟源主編：《中國國民黨歷次代表大會及中央全會資料》（下）（北京，光明日報出版社，1985 年），第 547，554 頁。

4　馬齊彬：《國共兩黨關係史》（北京，中共中央黨校出版社，1995 年），第 706 — 711 頁。

年 1 月 4 日，新四軍 9,000 餘人奉命北移，6 日抵達茂林地區時遭到國軍伏擊。軍長葉挺前去談判被扣。全軍除約 2,000 人突圍外，大部分犧牲。1 月 17 日，蔣介石通令宣佈新四軍為「叛軍」，取消新四軍番號，是為「皖南事變」。至此，國民黨第二次反共高潮達到頂點，國共有爆發內戰危險。

蘇聯再次調停國共衝突，1941 年 1 月 15 日，蘇聯駐華全權代表潘友新會見了周恩來和葉劍英，制止中共採取報復行動。潘友新說：「目前，中國共產黨的主要敵人仍然是日本。」如果中共報復，只會爆發內戰，不利於抗日，「無論如何要與國民黨保持合作」。25 日，潘友新要求蔣介石和平解決內部衝突。28 日，蘇聯對中國駐蘇大使邵力子說：皖南事變是內戰的開端，內戰會削弱抗戰。經過蘇聯的斡旋，加之中共的克制和全國的反對內戰，3 月 8 日，蔣介石在國民參政會上表示皖南事變「不牽涉黨派政治」，保證「以後決無剿共的軍事」。第二次反共高潮至此結束。

（3）第三次反共高潮

1943 年 3 月蔣介石發表《中國之命運》一書，鼓吹法西斯理論，指責中共部隊是「新式軍閥」。5 月，國民黨乘共產國際解散的機會，發動了一場反共輿論攻勢。6 月，胡宗南調集幾十萬大軍，準備攻擊延安。中共在《解放日報》發表文章駁斥蔣介石的反共言論，同時嚴陣以待。蘇聯請美國政府出面說服蔣介石克制，7 月 10 日，蔣介石被迫停止軍事行動，並覆電朱德，稱無進攻邊區之意。第三次反共高潮被制止。

中共中央分析了當時的形勢：日寇除軍事進攻外，加緊其誘降活動，積極策動國民黨內一切投降份子，圖達其瓦解抗戰陣線的目的，國民黨的反共運動就是準備投降的一個組成部分：對共產黨的壓迫，對八路軍、新四軍的攻擊與摩擦，對邊區的挑釁，對抗日民族統一戰線與國共合作的破壞等，都是準備投降的步驟。為了繼續抗日，中共決定更親密地與一切愛國進步份子及國民黨黨員群眾聯繫，向他們說明投降是主要危險，反共即準備投降。反

對投降與反共的最好方法就是鞏固國共合作，不給民族統一戰線的破裂造成藉口。[5] 為了鞏固國共關係，1939 年 6 月 10 日，周恩來、葉劍英約蔣介石面談，他對蔣介石說：中共誠意抗戰，並擁護蔣委員長，而國民黨卻在抗戰中實行反共溶共剿共政策，這只能幫助敵偽。蔣介石說：抗戰團結都是有決心的，國共間的一切問題都可以解決，但軍事上須服從命令。周恩來認為不應拿命令脅迫。最後，蔣表示國共關係問題可以商談。此後，國共兩黨在重慶開始第一次正式談判。

二、第一次國共談判

1940 年 1 月 4 日何應欽與葉劍英在重慶軍事委員會進行會談，雙方就隴東衝突、邊區問題、自由行動、山西新軍事件、冀南紙幣等問題交換了意見。6 月中旬周恩來在重慶與何應欽、白崇禧談判，主要就「黨的合法、邊區的承認、軍隊的增加、作戰地區的劃分」四項進行了磋商。關於陝甘寧邊區問題，周提出以現在的 23 個縣的區域劃界；國民黨只承認 18 個縣。關於八路軍和新四軍的編制問題，周提出八路軍編 3 個軍 9 個師 22 萬人，月餉 440 萬元，新四軍編 3 個師 5 萬人，月餉 100 萬元；國民黨只准八路軍編 3 個軍 6 個師加 3 個團，每月發餉 60 萬元，新四軍編 2 個師，每月發餉 8 萬元。關於防區的劃分問題，國民黨要求八路軍、新四軍全部開到黃河以北，不讓新四軍在長江以南。中共原則上同意劃分防區，但要求各黨派在全國有合法地位。同時只答應皖南部隊退到長江以北，要求劃給八路軍、新四軍在華北五省有足夠地區和足夠的補給、承認中共冀察之行政領導及其他游擊區

5　《中央關於反對投降危險的指示》（1939 年 6 月 7 日），《中共中央文件選集》（第 11 冊）（張家口，中共中央黨校出版社，1986 年），第 72 頁。

之行政權。[6]

7 月 16 日國民黨軍事委員會提出一個《中央提示案》，內容主要四點：

（1）劃定陝甘寧邊區範圍（准其包括十八縣）。

（2）劃定第十八集團軍及新四軍作戰地區。將冀察戰區取消，將冀察兩省及魯省黃河以北，併入第二戰區，仍以閻錫山為戰區司令長官。

（3）第十八集團軍及新四軍於奉令後一個月內，全部開列到前條規定地區之內。

（4）第十八集團軍准編為 3 軍 6 師，另 5 個補充團。新四軍准編為 2 個師。[7]

這個提示案內容等於拒絕了中共提出的要求，使談判陷入僵局。但為了團結抗戰大局，周恩來表示願意攜帶此提示案回延安。中共中央經過研究後，認為在此局勢下國共談判，有利於解決某些局部問題，以促變化。8 月中旬，周恩來又回到重慶，將中共對提示案的覆案及以自己名義提出的《調整游擊區域及游擊部隊辦法三項》的建議，一併交給國民黨談判聯絡代表張沖轉交蔣介石，要求國民黨：（1）擴大第二戰區至山東全省及綏遠一部；（2）按照十八集團軍及各地游擊隊全數發餉；（3）各游擊隊留在各戰區，劃定作戰界線，分頭擊敵。間接拒絕國民政府 7 月 16 日的提示案。[8] 國民黨沒有讓步，不久皖南事變爆發，第一次談判遂完全停止。

6　《中央關於邊區等問題與國民黨談判的方針給南方局的指示》（1940 年 1 月 10 日）；《中央關於邊區與擴軍問題同國民黨的談判條件給南方局的指示》（1940 年 1 月 11 日），《中共中央文件選集》（第 11 冊），第 245 — 247，248 — 249 頁。

7　秦孝儀編：《中華民國重要史料初編 —— 對日抗戰時期第五編：中共活動真相》（四）（台北，中國國民黨中央委員會黨史委員會出版，1985 年），第 227 — 230 頁。本書以下簡稱《中共活動真相》。

8　王功安、毛磊：《國共兩黨關係通史》（武漢，武漢大學出版社，1991 年），第 661 頁。

三、第二次國共談判

中共為堅持與鞏固在華中的根據地，進一步支援新四軍，1940 年五六月間，派八路軍黃克誠率第 115 師第 344 旅、新 2 旅等部隊 12,000 餘人，到達豫皖蘇邊區；八路軍蘇魯豫支隊也南下皖東北。8 月，上述兩個地區的八路軍和新四軍部隊統一整編為彭雪楓第 4 縱隊和黃克誠第 5 縱隊兩個縱隊。[9]

國民政府統帥部藉口共軍在山東江蘇各地襲擊國軍，破壞抗日，在 10 月 19 日，由何應欽、白崇禧以正副參謀總長的名義致電朱德、彭德懷、葉挺等人，重申《中央提示案》的內容，限新四軍在 11 月底以前，開赴指定戰區作戰。這皓電（19 日代碼）成為國民黨發動第二次反共高潮的正式信號。中共中央接受周恩來的建議：「軟硬兩用，表面讓步，實際自幹。」11 月 9 日用朱德、彭德懷、項英、葉挺名義發表佳電（9 日代碼），駁斥皓電對八路軍和新四軍的造謠和攻擊，另一方面又採取緩和態度，申明為了顧全大局，決定將江南正規部隊遵命北移。1940 年 12 月 10 日，蔣介石密令顧祝同部按照原定計劃將新四軍在皖南解決。1941 年 1 月 6 日，新四軍被國民黨十多萬軍隊包圍，激戰至 14 日，除 2,000 餘人突圍外，60,00 多人戰死，17 日軍事委員會下令取消新四軍番號。[10]

新四軍事件後，中共判斷蔣介石在反共方面，就算反到皖南事變和 1 月 17 日的命令那種地步，也不願意最後破裂，依然是一種一打一拉的政策。故中共的方針是「以打對打，以拉對拉」。[11] 在「堅持原則，堅持鬥爭」的同時，在策略上作了某些緩和與讓步，「不主動向一切國民黨軍隊進攻，不在國民

9　軍事科學院軍事歷史研究部：《中國人民解放軍戰史》（第二卷）（北京，軍事科學出版社，1987 年），第 226 — 227 頁。

10　同前書，頁 267 — 270。

11　毛澤東：《關於打退第二次反共高潮的總結》（1941 年 5 月 8 日），《毛澤東選集》（第二卷），第 739 — 740 頁。

黨後方發動反蔣游擊戰爭。」[12] 再加上蘇聯積極調處，勸中共不要進行報復攻勢；同時停止軍援向蔣介石施加壓力。美國也表示關注，全國各黨派各團體都要求團結抗日，於是國民黨第二次反共高潮被迫結束。

1942 年 4 月底滇緬路切斷，美國援華物資大幅減少，戰事不利，迫使蔣介石採取親蘇和共政策，謀求改善國共關係。11 月 12 日至 27 日蔣召開國民黨五屆十中全會，通過了《特種研究委員會報告本黨今後對共產黨政策之研究結果案》，決定「對共產黨仍本寬大政策，可與全國軍民一視同仁」。[13] 對共產黨問題，由「軍事解決」轉到「政治解決」。

1942 年七七抗戰五周年紀念，中共發表宣言，呼籲團結：「中國各抗日黨派不但在抗戰中應是團結的，而且在抗戰後也應是團結的。」重申：承認蔣介石不僅是抗戰的領導者，而且是戰後新中國建設的領導者。「為着上述目的，必須按照合理原則改善國共及一切抗日黨派間的關係，加強國內團結，不給日寇以任何挑撥離間的機會。我們願盡自己的能力來與國民黨當局商討解決過去國共兩黨間的爭論問題，來與國民黨及各抗日黨派商討爭取抗戰最後勝利及建設戰後新中國的一切有關問題。」[14] 7 月 21 日蔣介石約見周恩來，說已指定張治中和劉為章為談判代表，國民黨的聯絡參謀也將去延安。8 月 14 日，蔣介石第二次約見周恩來，表示想解決國內問題，並希望周轉告延安，他想與毛澤東在西安一晤。周恩來立即將蔣介石的邀請電告毛澤東，經多次電報往來商討後，周恩來認為毛澤東見蔣時機不成熟，建議派林彪去見，獲毛澤東同意。10 月 7 日林彪從西安到達重慶，開始了戰時國共第二次談判。[15]

10 月 13 日林彪在重慶曾家岩第一次與蔣介石談話，林彪轉達了中共對於

12　何理：《皖南事變》，《近代史研究》，1980 年第 4 期。

13　榮孟源主編：《中國國民黨歷次代表大會及中央全會資料》（下），第 793 — 794 頁。

14　《中國共產黨中央委員會為紀念抗戰五周年宣言》（1942 年 7 月 7 日），《中共中央文件選集》（第 12 冊），第 104 — 108 頁。

15　童小鵬：《風雨四十年》，第 320 — 324 頁。

抗戰建國之觀察，與國內統一團結問題，以及對於蔣介石之期望。最後林彪強調有人希望挑起內戰，若然如此，將令抗戰建國前功盡棄，並婉言勸告蔣介石，人心希望和平，萬一內戰不能避免，中共有餘裕之迴旋餘地，經濟糧食可以自給。「總之，無論就中國之社會、地理、經濟與軍事各方面而論，皆希望中國從此能統一團結，而不可發生內戰。」[16] 10 月 16 日林彪與周恩來會見了張治中，林彪提出要求國民黨政府實行三停（停止捉人、停止打邊區、停止封鎖）、三發（釋放新四軍被俘人員、發餉、發彈）、兩編（擴編八路軍和新四軍為兩個集團軍）。張治中迴避問題，建議林彪先同各方面談。周恩來判斷：通過談判來解決兩黨具體問題的時機尚不成熟，向中共中央提出同國民黨談判的方針應是：「盡力所能及將兩方面關係先在表面上弄和，再談根本問題。從原則上說服國民黨改變他們的觀念（如軍隊、政權等），至少使他們當面不能反駁。」10 月 28 日毛澤東覆電：「同意所提方針，重在緩和關係，重開談判之門，一切不宜在目前提出的問題均不提。」此後談判停頓近一個月。

12 月 16 日林彪第二次見蔣介石，說中共中央擁護國民黨五屆十中全會宣言與決議的文件，贊成這次會議精神，接着提出要蔣徹底實行三停三發兩編。蔣介石表示不讓中共吃虧，不會偏私。但對新四軍問題絕不讓步。其後，蔣介石指定張治中同周恩來、林彪談判。12 月 24 日林彪、周恩來與張治中開始談判，提出了四項要求：

（1）黨的問題：中共在抗戰建國綱領下取得合法地位，並實行三民主義，國民黨亦可在中共區辦黨辦報。

（2）軍隊問題：希望編四軍十二師，請按中央軍隊待遇。

（3）陝北邊區：照原地區改為行政區，其他各地區另行改組，實行中央法令。

---

16 《蔣委員長召見第 115 師師長林彪談話紀錄》（1942 年 10 月 13 日），《中共活動真相》（四），第 236 — 242 頁。

（4）作戰區域：原則上接受中央開往黃河以北之規定，但現在只能作準備佈置，戰事完畢保證立即實施，如戰時情況可能（如總反攻時），亦可商承移動。[17]

12 月 31 日何應欽研究中共提案後，認為：

> 中共此次所提四項要求，其目的在對於黨政軍各方面皆欲取得合法地位，不能認為有悔過誠意。
>
> 國民黨政策之真正作用，應為瓦解中共，絕非培養中共，故林、周所提四項，不能作為商談基礎。
>
> 如須商談，則中共不應有軍隊，不應在各地方擅立非法政府。以上兩項辦到後，始可予中共以合法地位。[18]

1943 年 1 月 9 日，張治中約見周恩來、林彪，說國方仍以《中央提示案》為談判基礎，並說將由何應欽主持談判。3 月 28 日周恩來、林彪與何應欽會談，何應欽重申皓電提示案的原則。周恩來表示原則上中共已接受，不過請中央考慮開赴黃河以北時間和軍隊擴編數量問題。[19] 何應欽據此報告蔣介石，蔣認為中共「有服從事實之表現，方可與之具體談話，照現時情形無從談起，如其不來談，則可不必再覆」。[20] 這時蔣介石的《中國之命運》發表，強調反對共產主義和自由主義，暗示二年內將把「變相的軍閥和新式的軍閥」全部鏟除，

---

17 《林彪、周恩來與張部長談話後所提要求四項》（1942 年 12 月 26 日），《中共活動真相》（四），第 248 頁。

18 《參謀總長何應欽呈蔣委員長就林彪周恩來所提要求四項排列並附具研究意見列表簽呈鑒核》（1942 年 12 月 31 日），《中共活動真相》（四），第 243 — 246 頁。

19 《1943 年 3 月 28 日何總長與周恩來、林彪談話紀要》，《中共活動真相》（四），第 249 — 251 頁。

20 《參謀總長何應欽簽呈蔣委員長報告與周恩來、林彪晤談情形》（1943 年 4 月 2 日），《中共活動真相》（四），第 247 頁。

鋒芒直指中共。此後，兩黨軍事摩擦再度頻繁起來。隨着 5 月共產國際宣告解散，國民黨估計中共將陷於嚴重困難，更無意與中共談判來解決問題。6 月 4 日，張治中正式通知周恩來：談判「須擱一擱」。至此，國共談判停止。

四、第三次國共談判

1943 年 9 月國民黨召開的五屆十一中全會上，蔣介石表示要在抗戰結束一年後實行「憲政」，並說「中共問題為一個政治問題，應用政治方法解決」。9 月下旬，國民參政會召開三屆二次會議，蔣介石在演講中表示願意實行民主政治，組織憲政促進會與黨派協進會。對於蔣介石的這些言論，延安也作出了反應。10 月 5 日，毛澤東在《評國民黨十一中全會和三屆二次國民參政會》中提出：「全國人民仍然要警戒極端嚴重的投降危險和內戰危險。」同時，也保證繼續實踐自己的諾言，「在蔣先生和國民黨願意之下，我們願意隨時恢復兩黨的談判」。[21] 毛澤東致電在重慶的董必武，對國民黨要採取緩和態度。15 日，董必武出席國民參政會駐會委員會會議，兩黨關係又開始出現緩和的局面。

1943 年底開羅會議期間，羅斯福反對蔣介石封鎖中共，主張國共合作。蔣介石遂歡迎延安派人來談判。國民黨駐延安聯絡參謀郭仲容向毛澤東表示：要求林伯渠、朱德和周恩來前往重慶談判。1944 年 1 月 16 日，毛澤東約見郭仲容，告訴他中共擬在周恩來、林伯渠、朱德三人中選一人，或三人同行，到重慶與國民黨談判。3 月 1 日，中共中央發出《關於憲政問題的指示》，決定「我黨參加此種憲政運動，以期吸引一切可能的民主份子於自己的

21　毛澤東：《評國民黨十一中全會和三屆二次國民參政會》（1943 年 10 月 5 日），《毛澤東選集》（第三卷），第 881 頁。

周圍，達到戰勝日寇與建立民主國家之目的」。[22] 3 月 5 日，中共中央召開政治局會議，討論憲政運動問題。周恩來在會上說：我們的態度是要堅持新民主主義的原則，參加憲政運動，表明我們願從政治上解決。3 月 12 日，周恩來在延安各界紀念孫中山逝世十九周年大會上，作了《關於憲政與團結問題》的講演。他說：國民黨及其政府如果要實施憲政，就必須真正拿革命三民主義做基礎，必須首先實行保障人民自由、開放黨禁和地方自治這三個最重要的先決條件。如果真願用政治方式合理解決國共關係，就應該承認中共在全國的合法地位，承認邊區及各抗日根據地為其地方政府，承認八路軍、新四軍及一切敵後武裝為其所管轄所接濟的部隊，恢復新四軍番號，撤消對陝甘寧邊區及各抗日根據地的封鎖和包圍。周恩來還說，我們很希望國共關係能夠恢復到孫中山先生在世之日的那樣密切的合作，但只有做到了上述各點，國共團結了，才具備實施憲政的先決條件。[23]

4 月 29 日，林伯渠離開延安前，周恩來提出了這次談判的方針：不提方案，目的只在和緩國共關係，表示與國民黨合作，擴大我黨的政治影響，擴大對社會各界的活動。5 月 2 日，張治中、王世杰與林伯渠，王若飛、伍雲甫同日到西安，3 日初步會晤，自 4 日至 11 日，在西安會談五次。會談開始時，林祖涵提出周恩來的演說內容作為談判基礎，總共 4 項 17 點：

1. 關於軍事者

（1）第十八集團軍暨原屬「新四軍」之部隊，服從軍事委員會之命令。

（2）前項部隊之編制，最低限度照去年林彪所提出 4 軍 12 師之數。

（3）前項部隊編定後，仍守原地抗戰，但須受其所在地區司令長官之指

22　《中央關於憲政問題的指示》（1944 年 3 月 1 日），《中共中央文件選集》（第 12 冊），第 427 頁。

23　周恩來：《關於憲政與團結問題》（1944 年 3 月 12 日），《中共中央文件選集》（第 12 冊），第 433 — 439 頁。

揮，一俟抗戰勝利後，應遵照中央命令移動，以守指定集中之防地。

(4) 前項軍隊改編後，其人事准由其長官依照中央人事法規呈報請委。

(5) 前項軍隊改編後，其軍需照中央所屬其他軍隊同樣辦法，同等待遇。

2. 關於陝甘寧邊區者

(1) 名稱可改為陝北行政區。

(2) 該行政區直隸行政院，不屬陝西省政府管轄。

(3) 區域以原有地區為範圍（附地圖），並由中央派員同勘定。

(4) 該行政區當實行三民主義，實行抗戰建國綱領，行中央法令，其因地方特殊情形而需要之法令，可呈報中央核定實行。

(5) 該行政區預算，當逐年編呈中央核定。

(6) 該行政區及第十八集團軍等部隊，經中央編定發給經費後不得發行鈔票，其已發之鈔票，由財政部妥定辦法處理。

(7) 該行政區內，國民黨可以去辦黨、辦報，並在延安設電台；同時國民黨也承認中共在全國的合法地位，並允許在重慶設電台，以利兩黨能經常交換意見。

(8) 陝甘寧邊區現行組織，暫不予變更。

3. 關於黨的問題者

依照抗戰建國綱領之規定，予中共以合法地位，停捕人，停扣書報，開放言論，推進民治，立即釋放因新四軍事件而被捕之人員及一切在獄之共產黨員，如廖承志、張文彬等。並通令保護第十八集團軍及新四軍之軍人家屬。

4. 其他

(1) 中共表示繼續忠實實行四項諾言，擁護蔣介石領導抗戰，並領導建國；國民黨表示願由政治途徑公平合理的解決兩黨關係問題。

(2) 撤除陝甘寧邊區之軍事封鎖，現在對於商業交通，即先予以便利。

（3）敵後游擊區的軍事、政治、經濟問題，服從國民政府及軍事委員會的領導，一切按有利抗戰的原則去解決。[24]

但張治中與王世杰不贊成，主張先談軍事及邊區問題。於是林祖涵提出請中央將共軍編為 6 個軍 18 個師，因為中共領導在敵後抗戰的正規部隊有477,500 人。張王只同意 4 個軍 12 師的編制。[25]

5 月 17 日，林祖涵到重慶繼續談判，中共隨即致電提出 20 項意見，由林祖涵在 5 月 22 日交張治中、王世杰，張治中以內容與西安談判時中共所表示的意見出入甚大，拒絕接受，交林收回。[26] 國民黨政府根據林祖涵在西安所提的 17 點意見，擬就《中央對中共問題政治解決提示案》，由張治中在 6 月 5日面交林祖涵。這提示案共分 3 項 18 點，內容如下：

1. 關於軍事問題

（1）第十八集團軍及其在各地之一切部隊，合共編為 4 個軍 10 個師，其番號以命令定之。

（2）該集團軍應服從軍事委員會命令。

（3）該集團軍之員額，按照國軍通行編制（由軍政部頒發），不得在編制外另設縱隊、支隊或其他名目，以前所有者應照中央核定之限期取消。

（4）該集團軍之人事准予按照人事法規呈報請委。

（5）該集團軍之軍費，由中央按照國軍一般給予規定發給，並須按照經理法規辦理，實行軍需獨立。

（6）該集團軍之教育，應照中央頒行之教育綱領、教育訓令實施，並由

24　《政治部長張治中宣傳部長王世杰自西安呈蔣委員長報告與中共代表林祖涵商談情形電》（1944 年 5 月 12 日），《中共活動真相》（四），第 257 — 259 頁。

25　《林祖涵報告國共談判經過》，《重慶新華日報》（1944 年 9 月 17 日）。

26　張治中：《關於國共談判的報告》，孟廣涵編：《國民參政會紀實（1938 — 1948）》（下卷）（重慶，重慶出版社，1985 年），第 1356 頁。

中央隨時派員校閱。

（7）該集團軍之各部隊應限期集中使用，集中以前，凡其在各戰區內之部隊，應歸其所在地戰區司令長官整訓指揮。

2. 關於陝甘寧邊區問題

（1）該邊區之名稱，定為陝北行政區，其行政機構稱為陝北行政公署。

（2）該行政區區域，以其現有地區為範圍，但須經中央派員會同勘定。

（3）該行政區公署直隸行政院。

（4）該行政區須實行中央法令，其因地方特殊情形而需要之法令，應呈報中央核定施行。

（5）該行政區之主席，由中央任免，其所轄專員縣長等，得由該主席提請中央委派。

（6）該行政區之組織與規程應呈請中央核准。

（7）該行政區預算，逐年編呈中央核定。

（8）該行政區暨十八集團軍所屬部隊駐在地區，概不得發行鈔票，其已發之鈔票應與財政部妥商辦法處理。

（9）其他各地區，所有中共自行設立之行政機構，應一律由各該省政府派員接管處理。

3. 關於黨的問題

（1）在抗戰期內依照抗戰建國綱領之規定辦理；在戰爭結束後，依照中央決議，召開國民大會制定憲法實施憲政，中國共產黨當與其他政黨，遵守國家法律，享受同等待遇。

（2）中國共產黨，應再表示忠實實行其四項諾言。[27]

27　張治中：《關於國共談判的報告》，孟廣涵編：《國民參政會紀實（1938 — 1948）》
　　（下卷），第 1356 頁。

中共以 5 月 22 日所提條件被拒，乃將 20 條改為 12 條，其餘 8 條改為口頭要求，在 6 月 5 日張治中致送國民政府提示案的同時遞交，請張治中轉呈國民黨中央執行委員會。這文件名為《中國共產黨中央委員會向中國國民黨中央執行委員會提出關於解決目前若干急切問題的意見》，內容分為兩項：

1. 關於全國政治

（1）請政府實行民主政治，保證言論出版集會結社及人身自由。

（2）請政府開放黨禁，承認中共及抗日黨派的合法地位，釋放愛國政治犯。

（3）請政府允許實行名副其實的人民地方自治。

2. 關於兩黨懸案

（1）請政府對中共軍隊，編 16 個軍 47 個師，每師 10,000 人，為委曲求全計，目前至少給予 5 個軍 16 個師的番號。

（2）請政府承認陝甘寧邊區，及華北根據地民選抗日政府為合法的地方政府。

（3）中共軍隊防地，抗戰期間維持原狀，抗戰結束後，另行商定。

（4）請政府在物資上，充分接濟十八集團軍及新四軍。

（5）同盟國援助中國之武器、彈藥、藥品，應請政府公平分配予中國各軍，十八集團軍及新四軍，應獲得其應得之一部。

（6）請政府飭令軍事機關，停止對華中新四軍及廣東游擊隊的軍事攻擊。

（7）請政府飭令軍政機關取消對於陝甘寧邊區及各抗日根據地的軍事封鎖與經濟封鎖。

（8）請政府飭令黨政機關，釋放各地被捕人員。

（9）請政府允許中共在全國各地辦黨辦報，中共亦允許國民黨在陝甘寧邊區，及敵後各抗日民主邊區辦黨辦報。

國共雙方繼續據自己提案與對方談判，及以書信往還形式討論問題，終

以雙方條件距離太遠，不獲協議。張治中認為：「距離遠的原因，不外是因中共的要求與時俱增，林祖涵先生在西安所提的較去年林（彪）師長所提的多，中共所提的 12 條又較先生在西安所提的多，此次來函又於 12 條以外，加上所謂『口頭八條』，要求既與時俱增，距離乃不能不遠。」[28] 不過中共已估計談判不會獲得結果。6 月 5 日，林伯渠、董必武和王若飛聯名致電毛澤東說：蔣介石絕無解決問題的誠意，今天只是作出談判姿態給中外看。我們的態度是「不閉談判之門，也不存急切解決之想」，而把主要精力用在宣傳我黨實行民主抗戰的成績及力量上，用在推動國民黨內外一切不滿現狀的人積極起來爭取民主運動，並使這一運動互相配合。雙方意見分歧甚大，因此沒有成果。

不過，美國希望國共能解決分歧全力抗日。美國駐重慶外交官幾一致認為惟有聯合政府，才是解決國共問題的良方。[29] 美國國務院遠東司長在開羅會議前夕建議羅斯福總統：「美國應切告中國，成立國共合作政府。」故羅斯福總統在開羅會議期間（1943 年 11 月 24 日）請蔣介石在抗日戰事結束前，邀請中共組織統一而更民主之政府。[30] 中共知道美國的態度後，制定了「聯合政府」這個鬥爭目標，向國民黨的統治地位挑戰。[31] 因為這主張容易被中間階級所接受，也容易被國民黨中的民主派所接受。同時也可以爭取美國，阻止國民黨用軍事方式解決國共糾紛。

1944 年 4 月起，日軍發起了打通大陸交通線的「一號作戰」攻勢，4 月開始，先後攻佔了鄭州、許昌，打通了平漢線。6 月 19 日佔領長沙，8 月 8 日再陷衡陽。日軍隨即進攻廣西，桂林、柳州、南寧相繼淪陷，國軍兵敗如山倒，舉國上下大為震動。在全世界反法西斯戰爭的大好形勢下，中國正面戰

28　張治中：《關於國共談判的報告》，孟廣涵編：《國民參政會紀實（1938 — 1948）》
　　（下卷），第 1356 頁。

29　梁敬錞：《中美關係論文集》，第 69 頁。

30　梁敬錞：《開羅會議》，第 115 頁。

31　關中：《戰時國共商談》，《台灣，東亞季刊》，第 7 卷 2、3 期。

場卻出現這樣驚人的軍事失利，相對敵後游擊戰場的不斷勝利，國共雙方的軍事成就成了鮮明的對照。為了挽救抗戰危局，許多人要求國民黨立即放棄一黨專政，實行憲政。

這時，國民參政會第三屆第三次會議在重慶召開，9月4日中共中央拍電報給出席代表林伯渠、董必武、王若飛：「目前我黨向國民黨及國內外提出改組政府主張的時機已經成熟，其方案為要求國民政府即召集各黨、各派、各軍、各地方政府、各民眾團體代表，開國事會議，改組中央政府，廢除一黨統治，然後，由新政府召開國民大會，實施憲政，貫徹抗戰國策，實行反攻。」電報明確地強調：「這一主張，應成為今後中國人民的政治鬥爭目標。」[32]

9月15日，中共代表林伯渠在國民參政會上發言：「我們認為挽救目前抗戰危機準備反攻的救急辦法，必須對政府的機構人事政策迅速來一個改弦更張。⋯⋯希望國民黨立即結束一黨統治的局面，由國民政府召開各黨各派、各抗日部隊、各地方政府、各人民團體的代表，開國事會議，組織各抗日黨派聯合政府。」這樣才能「一新天下耳目，振奮全國人心，鼓勵前方士氣，以加強全國團結，集中全國人材，集中全國力量」，配合盟軍反攻，將日寇打垮。[33]「國事會議」稍後便發展成為「政治協商會議」，會議的目的就是商討組織「聯合政府」。

10月10日，周恩來在延安發表《如何解決》的演講，解釋組織聯合政府的原因：「目前戰爭情況，是歐戰節節勝利，不久便可直搗柏林，太平洋戰爭亦着着前進。可是，我們中國，正面戰場與敵後戰場，卻成相反的對照：在正面是節節敗退，在敵後是節節勝利。為甚麼我們正面戰場這樣不能

32 《中央關於提出改組國民政府的主張及其實施方案給林伯渠、董必武、王若飛的指示》（1944年9月4日），《中共中央文件選集》（第12冊），第580頁。

33 《林祖涵在國民參政會上關於國共談判的報告》（1944年9月15日），《中共中央文件選集》（第12冊），第588—589頁。

配合盟國勝利呢？」「現在中國正面戰場，是處在嚴重的失敗之中。河南戰役，四十四天工夫，失掉了四十五個城市。湘桂戰役，又連失長沙、衡陽、零陵、寶慶、肇慶、梧州等這樣多的大城市，敵人現在已逼近桂林，威脅柳州，甚至昆明、貴陽亦成為敵人窺伺的目標。沿海戰役，溫州、福州相繼失陷，從此沿海較大的港口，都不在我們手裏了。這一連串失敗的事情，為甚麼今年會連續發生呢？」「這是由於國民黨在其統治區域實施一黨專政、排除異己、壓迫人民、橫徵暴斂的法西斯主義的政策所造成。……致使國民黨統治的區域遂在敵人進攻的面前，呈現出抗戰以來空前所未有的軍事、政治、經濟、文化各方面的嚴重危機。」

為挽救目前危機，為配合盟邦作戰，並切實準備反攻起見，中國共產黨人主張由國民政府立即召集全國各方代表，開緊急國事會議，取消一黨專政，成立聯合政府，改弦更張，以一新天下之耳目。

這一主張具體的實施，中共認為應該採取下列步驟：

第一，這各方代表，應由各抗日黨派、各抗日軍隊、各地方政府、各民眾團體自己推選代表，人數應根據各方所代表的實際力量按比例規定。代表總額，為適應時局急需和便於召集，可不必太多。

第二，國民政府應於最近期召開國事會議，以免延誤事機。

第三，在國事會議上，根據孫中山革命的三民主義的原則，必須通過切合時要、挽救危機的施政綱領，以徹底改變現在國民政府所執行的軍事、政治、經濟、文化等錯誤政策。

第四，在眾所公認的共同施政綱領的基礎上，成立各黨派的聯合政府，以代替目前的一黨專政的政府，吸收全國堅持抗戰、民主、團結的各方領導人物，罷免失敗主義、法西斯主義的份子，以保證真正民主政治的實現。

第五，聯合政府須有權改組統帥部，延納各主要軍隊代表加入，成

立聯合統帥部，以保證抗戰的勝利。

第六，在聯合政府成立後，應即重新着手籌備真正人民普選的國民大會，準備於最短期間召開，以保證憲政的實施。

只有這樣的國事會議和聯合政府，才是全國民主的真正起點。只有這樣的聯合統帥部，才能聽命政府，協和盟邦，擊退敵人的進攻，配合盟國的反攻。[34]

「聯合政府」口號一提出來，立即在國內外引起強烈反響，國統區內掀起了一場以要求建立民主聯合政府為目標的廣泛的民主運動。9、10月間，各界紛紛召開會議。愛國民主人士、民主黨派、中國共產黨以及國民黨內的民主派的代表董必武、張瀾、沈鈞儒、馮玉祥等 500 餘人舉行會議，要求實行民主，結束國民黨一黨專政。中國民主同盟發表了《對抗戰最後階段的政治主張》，要求「立即結束一黨專政，建立各黨派之聯合政權，實行民主政治」。重慶、成都、昆明等地人民團體也紛紛集會，通電全國，呼籲成立聯合政府，如：10 月 4 日，成都的四川大學、金陵大學、燕京大學等五所大學的七個學術團體發起在華西壩體育館舉行國事座談會，到會 2,000 餘人，張瀾在會上高呼「結束一黨專政，成立聯合政府！」這是 1940 年「搶米事件」以來成都第一次公開舉行的大型集會。即使在國民黨領導集團內部，不少有識之士也認為成立聯合政府的主張合情合理，主張「作真誠的讓步以求團結各方人士」。這些情況表明，在中國共產黨爭取民主的旗幟下，國統區出現了進步力量更加團結，中間力量在政治上活躍並趨向進步的新局面，也標誌着抗日民族統一戰線已發展到一個新階段。

---

34 周恩來：《如何解決》（1944 年 10 月 10 日），中共中央文獻研究室：《周恩來軍事文選》（第 2 卷）（北京，人民出版社，1997 年），第 453 — 458 頁。

五、第四次國共談判

第三次國共談判雖然不獲任何協議，但中共卻取得很大的收穫，「聯合政府」的提出，不僅取得震撼性的政治效果，且鼓勵了美國進一步介入國共糾紛，起了抑制蔣介石的作用。這時美蔣關係惡化，史迪威因國軍兵敗如山倒，要求武裝及指揮包括共軍在內之所有中國軍隊，蔣介石嚴加反對。兩人勢成水火，美國政府為調停史蔣衝突，在 8 月 19 日派赫爾利將軍（General Patriek J. Hurley）為羅斯福總統私人代表來華。[35] 9 月 6 日赫爾利經莫斯科、新德里抵重慶。

這時，中共對美國的政策是：既願同美國友好和在美國調處下與國民黨談判，又反對美國支持蔣介石的反動政策。赫爾利奉派來華時，他的使命是：

(1) 防止國民政府崩潰；

(2) 支持蔣介石任共和國總統和軍隊統帥；

(3) 協調委員長與美軍指揮官的關係；

(4) 促進中國戰爭物資的生產和防止經濟崩潰；

(5) 為打敗日本統一所有中國軍隊。[36]

10 月 12 日，赫爾利向蔣介石提出了一個改造中國的十點建議，其中最主要一點在於改善中蘇關係以鞏固國民政府之地位，同時在蔣領導下統一軍隊，並在民主的基礎上實現政治統一。10 月 17 日，赫爾利約請中共駐重慶代表林伯渠和董必武去其住處會談。赫爾利表示：蔣的態度已變緩和了。他聲稱，中共武裝組織訓練都好，力量強大，是決定中國命運的一種因素，而中國現政府確不民主，需要改進，但蔣現為抗日的領袖，這是全國人民公認

35　梁敬錞：《史迪威事件》，第 275 頁。

36　《美國駐華大使赫爾利致國務卿》，孟廣涵：《抗戰時期國共合作紀實》（下卷），第 403 頁。

的事實。因此，國共兩黨仍應加強團結，他就是羅斯福總統派來幫助中國團結的。他決不會偏袒任何一方。18 日，赫爾利又約林、董再度會談，赫爾利説：蔣的態度已經變好，可以在此基礎上談判實現合作，國共合作後，中共應取得合法地位，有言論出版集會等自由，在軍事領導機關中也應有中共黨員參加，分配軍事物資也不應偏於哪一黨派。他計劃求得雙方合作的基礎，最後蔣、毛見面，發表宣言，實現合作。23 日，董必武、林伯渠同赫爾利進行了第三次會談。

但蔣對共產黨的態度並無改變，就在赫爾利向中共代表保證蔣已轉變態度的兩天之後，蔣即發佈手令，要淪陷區的國民黨人迅速發展武裝與共黨鬥爭。10 月 21 日蔣將方案交給赫爾利時，赫爾利即時發覺蔣的態度仍然過於苛刻，當場退回方案説：「如果我是共黨，我也不會接受。」

28 日，赫爾利向蔣介石提出了五點建議：

（1）中國政府與中國共產黨將共同合作，求得國內軍隊之統一，以便迅速打敗日本和解放中國；

（2）中國政府與中國共產黨均承認蔣介石為中華民國的總統及所有中國軍隊的統帥；

（3）中國政府及中國共產黨均擁護孫中山之主義，在中國建立民有、民治、民享之政府，雙方將實行各種政策，以期促進和發展民主政治；

（4）中國政府承認中國共產黨為合法政黨，所有國內之各政黨，均予以平等、自由及合法之地位；

（5）中國只有一個中央政府和一個軍隊，所有官兵不論屬於中共軍隊還是屬於政府軍隊，均將根據其等級得到同等的待遇，各部隊在裝備及供應的分配方面，均將得到同等對待。[37]

---

37 《赫爾利 10 月 28 日提出的五點建議》，孟廣涵：《抗戰時期國共合作紀實》（下卷），第 373 頁。

赫爾利完全是按照美國的法律公式和政治原則來考慮問題，而對國共關係的實情卻全不了解。甚至當 11 月 7 日蔣介石把一個經過實質性變動，實際上已經是國民黨的方案交給他時，他完全沒法分辨出兩者之間的本質區別。新的方案內容如下：

（1）中國政府與中國共產黨將共同合作，求得國內軍隊之統一，以便迅速打敗日本和重建中國；

（2）中國共產黨之軍隊應服從並執行中央政府及其軍事委員會之命令；

（3）中國政府及中國共產黨均擁護孫中山之主義，在中國建立民有、民治、民享之政府，雙方將實行各種政策，以期促進和發展民主政治之程序；

（4）中國只有一個中央政府和一個軍隊，中共軍隊經中央政府整編後，其官兵的薪俸和給養按等級享受與政府軍隊同等待遇，其各部隊裝備和軍需品之分配亦將得到同等待遇；

（5）中國政府承認中國共產黨並將使之為合法政黨，所有國內之各政黨，均將得到合法之地位。

新方案把原方案之「解放中國」改為「重建中國」，其意顯然在肯定國民政府過去之統治秩序；把雙方「承認蔣介石為中華民國的總統及所有中國軍隊的統帥」，改為單方面要求中共軍隊「應服從中央政府及其軍事委員會之命令」，自然是不讓共產黨與國民黨具有平等地位，並重申軍令政令之統一；其強調中共軍隊經中央政府整編後始得平等待遇，更是突出表明了其必欲取得中共軍隊指揮權的強硬態度；至於其把「促進和發展民主政治」改為「促進和發展民主政治之程序」，取消原案中給予各黨派「平等、自由」的規定，清楚說明了國民黨絲毫不改其一黨專政的決心。

11 月 7 日，赫爾利乘專機飛抵延安。次日上午 10 時半，雙方開始進行正式的談判。赫爾利首先說明了自己的使命，是幫助中國一切軍事力量實現統一，來與美國合作擊敗日本；進而說明蔣曾向他表示，願意與中共取得諒解並承認共產黨的合法地位，甚至同意考慮吸收共產黨人參加軍事委員會，及

其在公平的基礎上成立統一機構等問題。

下午 3 時，雙方繼續談判。毛澤東提出，要實現中國的團結統一，配合盟國迅速打敗日本，關鍵在於「必須改組現在的國民政府，建立包含一切抗日黨派和無黨派人士的聯合政府，同時，現在政府的不適合於團結全中國人民打日本的老政策，必須有所改變，而代之以適合於團結全國人民打日本的政策」，否則的話，不足以挽救國民黨「直接統治區域的軍事、政治、財政、經濟各方面的嚴重危機」。毛明確指出：「國民黨統治區域的危機來源於國民黨的錯誤政策與腐敗機構，而不在於共產黨的存在。」毛批評赫爾利上午所宣讀的方案中有關由國民政府改編中共軍隊的條款説：「這一條主要的恐怕是蔣先生自己寫的。我認為應當改組的是喪失戰鬥力、不聽命令、腐敗不堪、一打就散的軍隊，如湯恩伯、胡宗南的軍隊，而不是英勇善戰的八路軍、新四軍。」毛澤東的激烈批評使充滿幻想的赫爾利深感意外。為達成諒解，赫爾利大幅改變國民黨的方案，並且從自己的方案上後退，贊同毛澤東關於廢除國民黨一黨專政，成立聯合政府的主張，並共同擬定了《中國國民政府中國國民黨與中國共產黨協定（草案）》。[38] 全文如下：

中國政府、中國國民黨，及中國共產黨一致合作，以期統一中國所有軍隊，迅速擊潰日本，並建設中國。

改組現在之國民政府為聯合國民政府，包括所有抗日政黨代表及無黨派之政治團體，立即宣佈一新民主政策，規定軍事政治經濟及文化事業之改革，並使其發生實效。軍事委員會應同時改組為聯合軍事委員會，由所有抗日軍隊之代表組成之。

聯合國民政府，擁護孫逸仙之主義，建立一民治民有民享政府，

---

38 《美國總統特使赫爾利與毛澤東會談紀錄》（1944 年 11 月 8 日至 10 日），孟廣涵：《抗戰時期國共合作紀實》（下卷），第 352 — 369 頁。

實施各項政策，以資促成進步及民主，並建立正義，及信仰自由、出版自由、言論自由、集會結社自由、向政府訴願權、保障身體自由權、居住權，並使無所恐懼之自由，不虞匱乏之自由，兩種權利，實行有效。

聯合國民政府及聯合軍事委員會，承認所有抗日軍隊，應遵守並執行其命令。自外國取得供應品應公平分配之。

聯合國民政府承認中國國民黨、中國共產黨及一切抗日團體之合法地位。[39]

10 日上午，毛澤東與赫爾利分別在一式兩份的文本上簽字，還留下給蔣介石簽字的空白位置。簽字前，毛澤東對赫爾利說：「我們決定派周恩來和你同去（重慶），因為估計對於許多細節，蔣先生會有意見。」當日下午，周恩來與赫爾利一同乘機到重慶，準備同國民黨商談實現協定的具體事宜。

蔣介石收到《協定草案》後，次日（11 日）即與宋子文、陳誠商談，眾人對赫爾利視此為延安訪問所獲致的結果，都深感驚愕。蔣介石批評赫爾利說：「初認為赫爾利之經驗與老成，與中共交涉，必不如其他智識淺薄者流，易為共黨所誘惑。殊不知竟大謬不然。尤其將毛澤東所要求之條件簽字，竟將其攜回也。」赫爾利連日與蔣介石談延安交涉經過，勸說蔣介石接納協議。蔣介石對赫爾利的調處大感失望。13 日，當赫爾利來訪時，蔣介石指他被中共聯合政府宣傳所迷惑。15 日，蔣介石在日記憤憤不平地說：「而今美國竟視（中共）為中國抗戰之重心，強迫我政府非與其妥協不可，天下事之顛倒是非、淆亂邪正有如此之甚者，實屬夢想不到，恐為有史以來所罕有之怪事。」18 日，與赫爾利會談後，召集重要幹部會談對中共協商事，蔣介石決定放棄

---

39 《中共毛澤東提交赫爾利將軍之國共合作條件》（1944 年 11 月 10 日），《中共活動真相》（四），第 293 頁。

美援也不對中共妥協。他在日記中說:「今日美國要求我與共黨妥協,而欲犧牲我國體與人格,若我無限度的一意遷就,此乃由我自棄,烏乎可!故決示以最後之界限,至於美國將來是否接濟,則概可不論。」19日,蔣介石拒絕接納協定草案,蔣介石與赫爾利談對中共交涉方案,坦白告訴赫爾利:「此案對我國家前途與中國國民革命方針之影響甚巨,以及今後因此所發生軍事、政治、社會上之危險,亦可想像得之,故決不宜掉以輕心。」結果蔣介石說服了赫爾利,讓他改變立場,依照蔣介石的意見進行協商。[40]

過了十天,蔣介石對協定草案遲遲不表態。11月20日,周恩來致電毛澤東說:「蔣在目前至多只能接受聯合統帥部、請客式政府,決不會答覆協定。我們須以聯合政府及解放區委員會去逼求,最後關鍵恐在華盛頓。」周恩來預料的情況果然發生了。蔣介石拒絕了「協定草案」,赫爾利也改變態度,支持蔣介石的意見,背棄了他在延安的諾言。11月21日上午,赫爾利約見周恩來,遞交了蔣介石提出的三條反建議案,它的要點是:

> 國民政府為達成中國境內軍事力量之集中與統一,以期實現迅速擊潰日本,及戰後建國之目的,允將中國共產黨軍隊加以整編,列為正規國軍,其軍隊餉械及其他補給,與其他部隊受同等待遇。國民政府並承認中國共產黨為合法政黨。
>
> 中國共產黨對於國民政府之抗戰及戰後建國,應盡全力擁護之,並將其一切軍隊移交國民政府軍事委員會統轄。國民政府並指派中共將領以委員資格參加軍事委員會。
>
> 國民政府之目標本為中國共產黨所贊同,即為實現孫總理之三民主義,建立民有民享民治之國家,並促進民主化政治之進步及其發展之

---

40 秦孝儀:《總統蔣公大事長編初稿》(第四卷上冊)(台北,中國國民黨黨史委員會出版,1978年),第634—641頁。

政策。[41]

　　這三條反建議，堅持國民黨的一黨專政，否定中共軍隊和政權的存在，實際上就是要全部取消中共在抗戰中取得成果和賴以奪取抗戰勝利的基本力量。因此，周恩來看完後，立刻一針見血地提出：「蔣介石對聯合政府態度如何？」赫爾利回答：「啊，這件事情已經過去了。」周恩來明確指出：「對於國民黨方面建議我們參加軍事委員會做委員這件事，我有兩個意見：軍事委員會的委員都是掛名的，不但沒有實權，而且從不開會，馮玉祥和李濟深就是例子。而且我自己做過政治部的副部長，知道得很清楚，此其一。其次，只要共產黨參加軍事委員會而不參加政府，你知道，蔣委員長一切以命令行事，因而我們仍不能參加決策。」赫爾利說，蔣介石告訴他允許共產黨參加政府，但不願寫在建議上。

　　下午，繼續會談，由於赫爾利同蔣介石商談後已背信棄義，周恩來認為自己再繼續留在重慶已毫無意義，要求中印緬戰區司令部提供飛機送他返回延安。赫爾利建議周恩來在行前見一見王世杰、張治中。周答應了。

　　第二天上午，周恩來、董必武到赫爾利寓所，王世杰、宋子文已在座。周恩來問王世杰：「政府準備何種措施使黨派合法？」王世杰回答：「並無具體計劃。」周恩來又提出國民政府一黨專政，中共代表如參加政府和軍事委員會，是否有職有權？王世杰的回答都含糊其辭，不着邊際。王世杰提出請毛先生和蔣先生見面的問題。周恩來回答：毛澤東同志很願出來，但出來必須能夠解決問題，而不是為了辯論，現在民主政府問題不能解決，所以還不是他出來的時候。[42]

---

41 《中央宣傳部長王世杰奉命提交赫爾利將軍轉交周恩來修正國共協議之條件三項》（1944 年 11 月 21 日），《中共活動真相》（四），第 294 頁。

42 《周恩來、董必武與國民黨代表王世杰談話紀要》，孟廣涵：《抗戰時期國共合作紀實》（下卷），第 380 — 384 頁。

當天，周恩來又同蔣介石會面。蔣介石表示希望毛澤東和朱德來重慶。周恩來開門見山地説：「我們對於聯合政府的主張，是仍堅持的，並願為它奮鬥到底。」但他也留了餘地：「民主聯合政府是指政府的性質，並非要改國民政府的名稱。」蔣介石連忙説：「好，我們革命黨就是為實現民主的，我做的就是民主。不要要求，我自會做的。如果要以要求來給我做，那就不好了。」「政府的尊嚴，國家的威信，不能損害。」周恩來毫不退讓地指出：「我應該聲明，對三民主義國家及實行三民主義的元首是應該尊重的；但政府並非國家，政府是內閣，政府不稱職是應該調換的、改組的。提到要求，一個政黨總有自己的要求，不能向政府直接要求時，只有向人民公開説話。」[43] 會後，蔣介石歎息：「觀周之態度，已不如從前之恭順矣！彼等當危急之際，忽得美國意外之拯救，乃自認為此次交涉已完全勝利。蓋其十餘年來所企求者為國共合作，而今竟將達其目的。」[44] 因為，這協定明確肯定了共產黨與國民黨的平等地位，根本上否認了國民黨的一黨專政，對於共產黨人無疑是一種空前的勝利。故毛澤東在協定簽訂當天致羅斯福總統的感謝信中，明確宣稱：「這一協定的精神和方向，是我們中國共產黨和中國人民八年來在抗日統一戰線中所追求的目的之所在。」

　　12 月 2 日，周恩來將毛澤東來電中提出的三點意見轉告赫爾利，該電指出：政府所提三條與延安簽定的五條距離太遠，我黨認為成立聯合政府與聯合統帥部是解決目前時局問題的關鍵。此問題既不能獲得蔣介石的同意，因此無法挽救危局。

　　12 月 4 日，赫爾利、魏德邁、麥克盧爾、包瑞德再次與周恩來會談，試圖盡力說服周恩來接受蔣介石的三項建議，周恩來寸步不讓，赫爾利也不好再提甚麼了。7 日，周恩來和董必武、包瑞德同機飛返延安。

43　童小鵬：《風雨四十年》，第 340 — 343 頁。
44　秦孝儀：《總統蔣公大事長編初稿》（第四卷上冊），第 642 頁。

中共與美國仍保持接觸，周恩來寫信給赫爾利，指出：國民黨方面「對我們最低限度五項建議之拒絕，即明白表示不同意我們成立一個聯合政府和聯合統帥部的建議。同時又提出他的三點反建議案，這樣就阻止了我回到重慶從事進一步談判的可能。我們發覺在這些新建議裏面，不可能找到基本的共同基礎。我們認為，為了告知民眾，並使政府改變其態度，現有公佈我們五點建議案的必要」。12 月 11 日赫爾利覆電周恩來說，他將雙方的建議都看成談判中的步驟，他不相信談判已經終結，希望中共不要公佈五點建議，並希望周恩來能再次來渝談判。[45]

12 月 12 日，毛澤東、周恩來致電王若飛，囑他轉告已回重慶的包瑞德：「我們毫無與美方決裂之意」，並聲明：「犧牲聯合政府，犧牲民主原則，去幾個人到重慶做官，這種廉價出賣人民的勾當，我們決不能幹。這種原則立場我黨歷來如此，希望美國朋友不要硬拉我們如此做，我們所拒絕者僅僅這一點，其他一切都是好商量的。」[46] 這就既堅持了原則，也沒有把國共談判的大門完全關閉。

六、第五次國共談判

1944 年 12 月 21 日，赫爾利再次電邀周恩來到重慶商談，28 日周恩來致函赫爾利，說明中共不願在聯合政府問題上繼續進行抽象討論，因此提出了釋放一切政治犯，如張學良、楊虎城、葉挺、廖承志及其他大批被監禁的愛國志士；撤退包圍陝甘寧邊區及進攻新四軍、華南抗日縱隊的國民黨大軍；

45 《美國駐華大使赫爾利致周恩來先生》（1944 年 12 月 11 日），《抗戰時期國共合作紀實》（下卷），第 391 — 392 頁。

46 《關於我黨同國民黨談判的原則立場》（1944 年 12 月 12 日），《中共中央文件選集》（第 12 冊），第 641 頁。

取消限制人民自由的各種禁令；停止一切特務活動四點要求。並請赫爾利轉告國民黨當局，「看他們有否決心實行民主和團結」。為促使雙方再度商談，赫爾利在周不願前往重慶的情況下，提議：

1. 行政院宋代院長子文、王世杰博士、張治中將軍及余本人，同赴延安，作短期之勾留，與閣下面商一切；

2. 若原則上已獲同意，則毛主席及周將軍應與吾人同回重慶，以完成協定。[47]

1945 年 1 月 1 日，蔣介石發表元旦公告，宣佈他將要「還政於民」，準備在戰爭結束前即召開國民大會，以此來對抗中共的聯合政府主張；並研究組織「戰時行政會議」，以此來包容各黨派代表。11 日，毛澤東致電赫爾利，婉拒宋子文、赫爾利等到延安談判的提議，建議在重慶召開國事會議的籌備會，國共兩黨、民盟代表三方參加，各黨派代表有平等地位及往返自由。此議如獲國方接受，周恩來將前往重慶磋商。[48] 赫爾利以為國民黨已經作出重要妥協，而中共竟然拒絕，使他大惑不解。不久，赫爾利找到原因，原來中共想繞過他直接與華盛頓建立軍事和政治聯繫。[49] 1944 年 12 月 15 日迪克西使團團長（Commander of Dixie Mission）包瑞德上校（Colonel David Barret）和美國戰略情報局（Office of Strategic Service）的伯爾特上校（Colonel Willis H. Bird）各自帶同進行游擊戰的方案飛到延安。包瑞德所攜的是麥克羅（General Robert B. McClure）計劃，用降落傘部隊 7500 名連同炸藥軍火空降於長江

47　《赫爾利將軍致毛澤東周恩來對其來電表示遺憾特提議宋子文王世杰張治中同來延安面商一切函》（1944 年 12 月 30 日），《中共活動真相》（四），第 297 — 298 頁。

48　《毛澤東致美國駐華大使赫爾利》（1945 年 1 月 11 日），《抗戰時期國共合作紀實》（下卷），第 397 頁。

49　邁克爾・沙勒：《美國十字軍在中國》（北京，商務印書館，1982 年），第 198 頁。

以南的中共游擊區域，備作炸毀日敵碉堡或據點，建築機場與庇護所之用。伯爾特的方案是訓練中共游擊隊 25,000 人，供給步槍 10 萬支，武器彈藥通訊器材，運輸工具等。約定所有中共 60 萬部隊與 250 萬民兵，均應受魏德邁（General Albert Wedemeyer）指揮。[50] 中共並進一步爭取美國。1945 年 1 月 9 日毛澤東交給戰略情報局羅伊·克羅姆利少校（Major Roy Cromley, Acting Commander of Dixie Mission）一封信，請他直接轉送華盛頓，稱「如羅斯福總統把他們看作中國一個主要政黨的領袖而願意接待他們，毛澤東和周恩來就決定往訪華盛頓」。赫爾利知道此事後，趕緊在 1945 年 1 月 14 日致電羅斯福，指出「上述軍事計劃，向他們（中共）提出了他們真正需要的東西，給予承認並提供租借物資，摧毀國民政府。如果作為一個武裝政黨的共產黨能成功地與美軍實現這種安排，那麼我們為挽救中國國民政府所作的努力就將付諸東流」。[51] 赫爾利在致國務卿的報告說：「如果美國接受上述毛澤東和周恩來的要求（啟程赴華盛頓），結果將是承認中共是一個武裝的交戰國。……這項計劃中的行動與政府的政策相抵觸，這將破壞美國扶持國民政府的政策。我的觀點是，如果我們軍隊承認共產黨為武裝交戰國，立刻會在中國引起混亂和內戰，導致美國對華政策的失敗。」[52] 羅斯福表示繼續支持蔣介石的地位，下令赫爾利與魏德邁各自通告所屬，不得私向任何黨派或部隊商談軍援或經援，說美國只承認國民政府，讓赫爾利將所有和這事情有牽連的軍官和駐華外交官調走。

20 日，赫爾利致函毛澤東，說明了在國民黨政府計劃中的某些變更，並估計這些都不可能得到中共同意，但希望中共不要馬上予以拒絕，建議派周

50　邁克爾·沙勒：《美國十字軍在中國》，第 203 頁。

51　《美國駐華大使赫爾利致羅斯福總統》（1945 年 1 月 14 日），《抗戰時期國共合作紀實》（下卷），第 413 頁。

52　《美國駐華大使赫爾利致國務卿》（1945 年 2 月 7 日），《抗戰時期國共合作紀實》（下卷），第 425 — 426 頁。

恩來或其他代表到重慶「作一短期訪問」。[53] 在這種情況下，中共決定派周恩來再次到重慶。

1 月 24 日，周恩來到達重慶，與國民黨展開會談，國民黨政府代表為宋子文、王世杰、張治中；中共代表為周恩來，赫爾利被邀列席。會談開始時，王世杰首先說明國民黨政府態度，除 1944 年 11 月 22 日三原則外，並準備實施下列三項步驟：

1. 在行政院設置戰時內閣性之機構，其人數約為七人至九人，俾為行政院決定政策之機關，並將使中國共產黨及其他黨派人士參加其組織。

2. 關於中共軍隊之編制及軍械補給等，軍事委員會將指派中國軍官二人，其中一人為現時中共軍隊之將領，暨美國軍官一人，隨時擬具辦法提請軍事委員會委員長核定。

3. 在對日抗戰期間，軍事委員會委員長將指派本國軍官二人，其中一人為現時中共軍隊將領，暨美國將領一人，為原屬中共軍隊之指揮官。並以美國將領為總指揮官，中國將領二人副之，該總指揮官對軍事委員會委員長直接負責，在其所屬戰地之軍令政令皆須統一於中央。[54]

周恩來立即表示不能接受，說：「這次我來重慶，是為了召開黨派會議。上次我曾聲明，我們要求成立聯合政府的主張並不放棄，並聲明要繼續為這個主張而奮鬥。有了主張，沒有步驟不行，因而提出召開黨派會議。聯合政府是立場，黨派會議是方針，一個是立場，一個是方針，必須弄清楚。」他明確指出：「國民黨主張在行政院之下設立一個新機構，但是整個系統不變，這個系統，就是一黨專政。新機構屬於行政院，行政院屬國防最高委員會管

---

53 《美國駐華大使赫爾利致毛澤東、周恩來先生》（1945 年 1 月 7 日）；《毛澤東致美國駐華大使赫爾利》（1945 年 1 月 11 日）；《美國駐華大使赫爾利致毛澤東先生》（1945 年 1 月 20 日）。《抗戰時期國共合作紀實》（下卷），第 395，397，398 頁。

54 《除政府原提三項原則外政府並準備實行次列三項辦法》，《中共活動真相》（四），第 294 — 295 頁。

轄，國防最高委員會又屬國民黨中常委管轄。蔣主席也不是人民選舉的，是國民黨中常會推選的。這一系統不改變，我們也無法參加政府。」[55]

1月25日，赫爾利告訴周恩來，昨晚同國民政府方面人士商談了五點：

1. 去年11月22日的三條仍要做；

2. 行政院設各黨派參加的戰時內閣性的新機構；

3. 成立有國民黨、共產黨和美國各一人參加的整編委員會，整編中共軍隊；

4. 為中共設一美國軍官作總司令；

5. 國民政府承認中共合法。

這是企圖將中共軍隊完全置於美國的控制之下，周恩來立即斷然拒絕這種無理主張。他指出，這個建議的實質，是取消全國人民關於改組國民政府為聯合政府的主張，取消八路軍和新四軍，這是美國政府干涉中國內政的具體表現。[56] 對周恩來的答覆，毛澤東十分滿意。他在來電中説：你拒絕了赫爾利的辦法是很對的，「這是將中國的軍隊，尤其是我黨軍隊隸屬於外國，變為殖民地軍隊的惡毒政策，我們絕對不能同意。」

1月30日、31日周恩來同王世杰、宋子文、張治中繼續談判，均無結果。2月2日，周恩來把他起草的一份關於黨派會議的協定草案交給王世杰，向國民政府、中國國民黨、中國民主同盟提議，先召開黨派會議，作為國事會議的預備會議，討論和解決如何結束黨治，改組政府，使之成為民主聯合政府，並起草共同施政綱領。內容如下：

1. 黨派會議應包括國民黨、共產黨及民主同盟三方代表，會議由國民政府負責召集。代表由各方自己推出。

---

55 《周恩來與宋子文等的談話紀錄》（1945年1月24日），引自金沖及：《周恩來傳（1898—1949）》，第582頁。

56 《周恩來與赫爾利談話紀錄》（1945年1月25日），引自金沖及《周恩來傳（1898—1949）》，第582頁。

2. 黨派會議有權討論和決定如何結束黨治，如何改組政府，使之成為民主的聯合政府，並起草共同施政綱領。

3. 黨派會議的決定和施政綱領草案，在通過於將來國民政府召開的國是會議，方能成為國家的法案。

4. 黨派會議應公開進行，並保證各代表有平等地位及來往自由。[57]

國民黨政府拒絕此建議，但在赫爾利的調處下，2月3日提出一新的草案，內容如下：

1. 為增強本國對敵作戰之力量，並促進中國統一起見，吾人同意國民政府應邀國民黨代表、其他各政黨代表及無黨派領袖參加一協商會議。此會議定名為「政治協商會議」，其會員不得超過若干人。

2. 此會議之任務在考慮：（1）從事結束訓政時期，以建立憲政政府之步驟；（2）將來共同遵行之政治決策及軍隊之一元化；（3）國民黨以外各黨派參加國民政府之方式。

3. 如政治協商會議獲得全體一致之結論，是項結論將提交國民政府考慮並執行。於政治協商會議進行期間，各黨派必須停止一切責難。[58]

周恩來看完後，立刻指出方案裏沒有改組政府的字樣，主張仍以協定草案作為討論的基礎。王世杰辯説：「以國民黨外黨派參加政府，即為改組政府的實質。」[59] 雙方意見仍有很大分歧。2月10日會談，周恩來提議實行放人等

---

57 《周恩來1945年2月2日提交關於黨派會議協定草案》，《抗戰時期國共合作紀實》（下卷），第454頁。

58 《王世杰1945年2月3日提交赫爾利關於政治協商會議草案》，《抗戰時期國共合作紀實》（下卷），第455頁。

59 《周恩來致毛澤東的電報》（1945年2月3日），引自金沖及《周恩來傳1898—1949》，第583頁。

四項主張以改善談判氣氛，受拒絕，會議無結果。

2月13日，周恩來由赫爾利陪同，會見蔣介石。蔣介石與周恩來就「黨派會議」與「聯合政府」問題展開激烈辯論。最後蔣對周說：「聯合政府是推翻政府，黨派會議是分贓會議。」周恩來怒不可遏，會談不歡而散，周恩來決定立即返回延安。[60] 15日，他就國共談判問題發表聲明，駁斥前一天王世杰在招待外國記者時發表的歪曲事實的談話，說明由於國民黨政府在談判中堅持要中共交出軍隊，堅持不結束一黨專政，反對民主聯合政府，所以使談判毫無結果。2月16日，周恩來自重慶返回延安，臨行告知赫爾利：同意將來召開一「政治協商會議」，以便成立「聯合政府」。[61]

為了同中共和各民主黨派的主張相對抗，3月1日，蔣介石在憲政實施協進會上發表演說，公然宣稱：他不能結束黨治，也不同意成立聯合政府，並宣佈將在11月12日召集國民黨主持的「國民大會」。蔣介石的立場激起了國統區各界人士的強烈不滿。1945年上半年，國統區的民主黨派和群眾以重慶、昆明、成都為中心，發表宣言，舉行集會和示威遊行。這場民主運動使國民黨面對結束一黨專政的挑戰，揭開了戰後中國兩種命運、兩個前途決戰的序幕。

七、小結

抗戰期間，國民黨迫於無奈才與中共合作抗日，但蔣介石從未放棄消滅中共的念頭，故談判之初極力限制中共的發展、軍隊的數量、邊區的範圍，同時也不准許共產黨公開活動。可是中共積極向敵後發展，軍隊和根據地迅

---

60 秦孝儀：《總統蔣公大事長編初稿》（第四卷上冊），第 676 頁。
61 秦孝儀：《總統蔣公大事長編初稿》（第四卷上冊），第 678 頁。

速增加，使蔣介石意識到中共的威脅較諸日本還要嚴重。於是總是找機會打擊和削弱共產黨，在國難當前的時候，國民黨仍發動了三次反共高潮，並派大軍封鎖邊區，積極內戰，消極抗日。中共一方面打退了國民黨的進攻，同時也盡力維持抗日民族統一戰線，團結抗日。蔣介石在軍事上達不到反共目的時，便與中共談判，希望拖延局勢到有利時機。中共則利用談判的機會，與國民黨展開有理、有利、有節的鬥爭，並乘機宣傳抗日民族統一戰線，推動民主運動；最後更提出了「成立民主的聯合政府」，主張改組國民政府，廢止一黨專政，反擊國民黨對中共的不承認政策，使國民黨在國內外民主人士面前暴露了假民主真獨裁的面目，失去同情。所以周恩來說：「談判是為了勝利，為了民主，為了團結。」[62]

62　周恩來：《論統一戰線》，《周恩來選集》（上卷），第 206 — 207 頁。

第十九章

重慶談判

1　重慶談判時，蔣介石、毛澤東舉杯。
2　周恩來
3　重慶談判時，毛澤東與美軍。

一、重慶談判的背景

　　第二次世界大戰結束的時候，德意日軸心國隨着軍事、經濟力量的崩潰，退出了國際政治舞台，英法深受戰火打擊，還要面對戰後殖民地紛紛獨立的窘局，國際政治影響力式微。中國打敗日本，結束了列強侵略的時代，成為一股新興力量，足以影響世界的局勢，可惜，國內政局動盪，內戰隨時爆發。美蘇兩個超級強國在大戰中崛起，成為主導戰後國際局勢的重要力量，美蘇爭霸時代開始，他們都想爭取中國加入自己的陣營，以壯大自己的力量。中國政府是由國民黨還是共產黨執政，將決定中國的外交策略，於是國共鬥爭成為美蘇全球爭霸的一個重要戰場。

　　爭奪殖民地導致世界大戰的教訓，使美蘇兩國在重劃世界政治版圖的鬥爭中盡量克制，避免直接軍事對抗，以免惡化為世界大戰。尤其是原子彈這毀滅性武器的發明，美蘇兩國領袖明白到第三次世界大戰的結果，是美蘇乃至地球各國都同歸於盡。二戰後美蘇兩國所參與的都是「有限度戰爭」，把戰爭局限於某一地區和國家參加，當美蘇其中一國出兵參戰時，另一方只提供武器援助對手，在幕後支援而不出兵，盡量避免美蘇兩軍直接交戰。戰後國共鬥爭就是在美蘇兩國的對峙和制衡之下展開的，美蘇各自爭取國共的友好關係，國共兩黨又分別爭取美蘇的支持，並破壞對方的國際關係，使對方陷於孤立。這是一場複雜的政治鬥爭，戰後國共談判就是一場驚心動魄的國際和國內的政治、外交戰爭。

　　第二次世界大戰末期，美蘇展開了在中國的角逐。德意相繼投降後，只餘下日本垂死掙扎。1945 年 8 月 6 日美國用第一枚原子彈轟炸日本廣島，全城 90% 被夷為平地，25 萬人死亡。8 日，蘇聯外長莫洛托夫通知日使佐藤尚武，自明日起，蘇聯與日本處於交戰狀態；日本天皇召見外相東鄉，商議停戰。9 日，美國用第二枚原子彈轟炸人口 63 萬之長崎，全城盡毀；同日，蘇聯對日開戰，兵分三路攻入中國東北，另派軍隊進入內蒙；毛澤東發表《對

日寇的最後一戰》的聲明。10 日，日本託瑞士、瑞典以照會分轉致中美英蘇四國，請求投降。蔣介石下令各戰區國軍以主力挺進解除敵軍武裝，策動偽軍反正，控制要地以等待國軍到達。中共延安總部下令各地共軍迅速佔領其包圍之大小城鎮交通要道，收繳日偽軍槍械，及策動偽軍反正，接受改編。11 日，延安總部朱德連下六道命令，指揮呂正操、張學思、萬毅、李運昌、賀龍、聶榮臻、武亭、朴孝三等部由山西、綏遠、河北、山東向察哈爾、熱河、遼寧進發，以配合蘇軍及外蒙軍作戰，並為應付可能爆發的內戰，各戰略區編組「超地方性的正規兵團」。

同一天，美國國務卿貝爾納斯代表中英美蘇四國政府答允接受日本投降。蔣介石下令：

(1) 各戰區司令長官依照計劃推進；

(2) 第十八集團軍總司令朱德就原地駐防待命，勿再擅自行動；

(3) 各地下軍及偽軍維持治安，不得擅自遷移駐地，或受任何部隊收編。

換言之是拒絕承認中共有權接受日偽投降，企圖獨佔勝利果實，並命令日偽軍繼續抵抗中共。12 日，遠東盟軍總司令麥克阿瑟指定中國戰區（東三省除外）及台灣、越南北部日軍向蔣介石投降。即是説美國支持蔣介石，不承認中共部隊有權受降。13 日，毛澤東在延安幹部會議講演《抗日戰爭勝利後的時局和我們的方針》，警告「全國規模的內戰隨時爆發」，要採取「針鋒相對、寸土必爭」的方針，準備內戰。朱德同時致電蔣介石堅決拒絕「駐防待命」。14 日，日本天皇宣告正式接受無條件投降，同日，《中蘇友好同盟條約》在莫斯科簽字。蔣介石隨即致電毛澤東，邀請他到重慶共商國是。他的目的不是為了和平，而是為了準備發動內戰。因為國際方面，美蘇都希望中國局勢緩和，美國估計腐敗無能的國民黨軍隊不能在內戰中取得勝利，故不希望國民黨向中共挑釁；蘇聯對中共力量存疑，又恐美全力助蔣，亦勸阻毛澤東革命。國內方面，全國人民渴望已久的和平剛到來，誰要破壞和平，肯定大失民心。且蔣介石的主力還在遙遠的西南方，未能立即發動內戰。

毛澤東很清楚蔣介石的陰謀，也準備用武力保衛解放區。不過，軍力有限，解放區尚未鞏固，國統區民心尚需爭取，能爭取片刻和平，延遲戰爭爆發，當然有利。於是國共雙方開始了重慶談判，此後談談打打，內戰不斷擴大。美國為免中國內戰惡化成第三次世界大戰，及阻止國民黨軍事崩潰，派馬歇爾來華調處國共衝突，開始了三人會議商談，但邊談邊打情況依然，1947 年 1 月，美國放棄調處，國共談判終止，內戰爆發。

現分別從三國四方的關係說明戰後談判的背景：

1. 美國的扶蔣政策

珍珠港事變之後，中美合作抗日，美國開始參與中國事務，調處國共關係，因為若中國爆發內戰，便會停止抗日，令美國需付出更大的代價來結束戰爭。美國根據所搜集的情報分析，評估蔣介石極可能在內戰中被中共擊敗，結果產生一個敵視美國而傾向蘇聯的新中國。這不單令蘇聯取代美國在華的地位，更可能引起美蘇衝突，進而演變為第三次世界大戰，美國並無信心打敗蘇聯。為了維持亞洲的勢力均衡，防止蘇聯擴張在華勢力，美國採取了調處國共衝突的辦法，避免國共內戰爆發。

1944 年 11 月 7 日，赫爾利奉命調處國共關係失敗。羅斯福遂改而尋求同斯大林協商解決中國問題。1945 年 2 月 11 日，羅斯福與斯大林簽訂《雅爾塔密約》，未經中國同意，私自拿中國的東北主權與斯大林交易，承諾支持蘇聯在中國東北取得一塊勢力範圍，恢復 1904 年沙俄在日俄戰爭所損失的「權利」，控制中東鐵路和旅順大連。此外，還保證蘇聯支配的外蒙古維持現狀。[1] 羅斯福的策略是釜底抽薪，除去中共的支持者蘇聯，使斯大林為了保障

1　王永祥：《雅爾達密約與中蘇日蘇關係》（台北，東大圖書公司，2003 年），第 55 — 56 頁。

在華既得利益，繼續支持蔣介石政權，限制中共革命。[2]

美國新總統杜魯門繼續執行羅斯福對華政策，一方面迫蔣接受美蘇雅爾塔協議，同時又明確地進行扶蔣政策。1945 年 4 月 2 日，美國駐華大使赫爾利在華盛頓記者招待會上宣佈：美國政府全力支持蔣介石政府，而不支持任何軍閥或武裝的政黨。

8 月 10 日，日本請求投降，美國政府採取了三管齊下的措施：

（1）1945 年 8 月 15 日，杜魯門向駐日盟軍司令麥克阿瑟發佈第一號命令，所有在中國的（東北除外）日本軍隊和偽軍都堅守原地，作為「衞戌部隊」，抵抗八路軍、新四軍受降，等待蔣介石軍隊的到來，只能向他們投降。

（2）指示駐華美軍司令魏德邁，「控制中國戰場的關鍵港口和交通樞紐」。8 月 18 日起 55,000 名美國海軍陸戰隊在上海、廣州、天津、青島等地登陸，控制了中國的關鍵港口、機場、礦山和全國的鐵路和交通樞紐，交由蔣介石軍隊接收。1945 年秋冬，駐華美軍最多時達 113,000 人。[3]

（3）魏德邁調派了美國空軍第 10 和第 14 航空隊所有可供使用的運輸機、軍艦等各種交通工具，幫助國民黨調兵遣將，把部隊從大西南運到華東、華北和東北。[4]

杜魯門很清楚這種措施很容易介入國共內戰，於是又很明確地通知蔣介石：美方人員及物資將不捲入中國內戰。[5] 因為美國差不多是舉國一致都不願派遣美軍干預國共內戰，認為直接捲入中國內戰，是不符合美國的傳統對華

2　羅伯特・梅斯爾：《羅斯福、杜魯門和中國》，《中美關係史上沉重的一頁》（北京，北京大學出版社，1989 年），第 104 — 105 頁。

3　《馬歇爾使華》（北京，中華書局，1981 年），第 398 — 399 頁。

4　牛大勇：《影響中國前途和命運的一次戰略空運》，《第二次世界大戰與戰後世界的發展》（北京大學歷史學系，1995 年），第 57 頁。

5　華路譯：《美國軍事檔案 NO — CFX4082：1945 年 8 月 9 日，魏德邁致陸軍參謀長備忘錄》，《黨史研究資料》，1991 年第 11 期，第 24 頁。

政策，不符合美國利益的。[6] 美國歷史學家肯尼恩‧徹恩指出了杜魯門政府的境遇：「美國領導人又不想招致國內的政治災難或去冒與蘇聯發生軍事衝突的危險⋯⋯在這種情況下，保衛美國利益的惟一途徑便是說服蘇聯領導人，蘇美兩國的在華利益是可以調和的。」[7] 其次杜魯門面對美軍力量大降的問題，陸軍人數因復員而銳減。德國投降時約有 8,290,000 人，1946 年 6 月 30 日蔣介石全面進攻中原解放區時，下降到只有 1,889,690 人。馬歇爾說在 1947 年 3 月，國共關係破裂時，美國本土軍隊只有一又三分一個師的兵力，美國本身的軍事力量是軟弱的，拿甚麼來干涉國共內戰？[8] 杜魯門承認他在中國的選擇是有限的，他只能一方面派馬歇爾使華，調處國共衝突，試圖找出一個國共都能接受的和平方案；另一方面，在阻延中國全面內戰爆發的時候，協助國民黨推行政治改革，爭取民心，並派出軍事顧問團，訓練及裝備國民黨 39 個師，使蔣介石能夠自己在內戰中取得勝利。

2. 蘇聯的利己主義

斯大林的對華政策是從本國利益出發，蘇聯援華抗日是讓中國牽制日本，以便全力抵抗德國的入侵，並非特別愛護中國；反法西斯戰爭即將勝利時，他便再次侵略中國。1943 年 11 月，德黑蘭會議期間，美英兩國向斯大林試探蘇聯參加對日作戰的條件。英國首相邱吉爾主動提出給蘇聯一個不凍港。美國總統羅斯福便試探提出將大連闢為自由港，斯大林對此很讚賞。1944 年 12 月，美國駐蘇聯大使哈里曼向斯大林探詢對日作戰的條件。斯大林提出：「千島群島和庫頁島南部應歸還蘇聯。」接着，他指着地圖在包括旅順

---

6   鄒讜：《美國在中國的失敗》，第 310 — 317 頁。

7   威廉‧斯圖克：《馬歇爾與魏德邁使華》，《中美關係史上沉重的一頁》，第 148 — 153 頁。

8   鄒讜：《美國在中國的失敗》，第 319 頁。

港和大連在內的遼東半島南部畫了個圈說：「蘇聯希望再次租借這些港口及其周圍地區」，並且還希望租借貫穿整個東北地區的中東鐵路，另外，要求「承認外蒙古獨立」。二個月後，斯大林在雅爾塔會議正式並明確地告訴羅斯福，「如果這些條件不能得到滿足，他和莫洛托夫就難於向蘇聯人民解釋，為甚麼蘇聯要參加對日作戰。」[9] 羅斯福估計美軍登陸日本作戰會傷亡 100 萬人，為了減少這個傷亡代價，就以中國的領土主權，換取蘇聯出兵。

蘇聯不僅再次在中國霸佔勢力範圍，而且拿中共作為與蔣介石談判的籌碼，以拉攏蔣介石，承認《雅爾塔密約》許諾給予蘇聯的特殊權益，並阻止美國勢力伸入東北和外蒙。1945 年 7 月 2 日，斯大林與宋子文在莫斯科就《雅爾塔密約》進行第二次會談，蔣介石知道斯大林堅持要求外蒙獨立後，7月 7 日指示宋子文提出兩項要求，作為交換條件，該兩項要求是：（1）東三省領土、主權及行政之完整。（2）蘇聯今後不再支持中共與新疆之匪亂。[10]

宋子文轉達蔣介石交換條件的要求後，斯大林十分滿意，答允此後援助中國一切武器及其他物資，均以南京政府為惟一對象，不供給武器予中共。7月 9 日，斯大林重申：「關於中國共產黨，吾人並不予以支持，亦並無支持彼等之意向，吾人認為中國只有一個政府，如在中國國內有另一政府，自稱為政府，此當應由中國自身解決之問題。」斯大林笑問宋子文：「然則閣下尚有何希望？欲余派軍助君解除共產黨武裝否？」[11]

1945 年 8 月 14 日，《中蘇友好同盟條約》簽訂當天，蔣介石便電邀毛澤

9　《德黑蘭、雅爾塔、波茨坦會議紀錄摘編》（上海，上海人民出版社，1974 年），第162 頁。

10　《蔣主席自重慶致行政院長宋子文指示必須以東北領土、主權與行政之完整及蘇聯不再支持中共與新疆匪亂為我國允許外蒙戰後獨立之交換條件電》，秦孝儀編：《中華民國重要史料初編 —— 對日抗戰時期第三編：戰時外交》（二）（台北，中國國民黨中央委員會黨史委員會，1981 年），第 596 頁。以下簡稱為《戰時外交》。

11　《斯大林統帥與宋子文院長第四次談話紀錄》（1945 年 7 月 9 日下午 9 時至 10 時40 分），《戰時外交》（二），第 610 — 620 頁。

東赴渝談判，準備迫他簽訂城下之盟，因為斯大林已經出賣了中共，默許蔣介石「自身解決之問題」。不過，蘇聯也利用中共牽制蔣介石，以確保東北由親蘇的力量控制，徹底排擠美國勢力。蘇聯阻撓國軍進入東北，拒絕把關東軍武器移交予國軍；但默許中共軍政幹部和部隊大量開入東北，接收軍火庫，發展武裝力量，目的是保留中共這個與蔣介石談判的籌碼，爭取蔣介石作更大的讓步。

3. 蔣介石的考慮

（1）受降問題

打，還是不打？蔣介石當時的想法是怎樣的？

勝利前夕，蔣介石已考慮這個問題。就軍事而言，嫡系部隊主力部署在西南地區，淪陷區和東北地區全無他的軍隊。要接收東北、華北及東南沿海地區，都依靠美國協助運送。若立即發動內戰，已表示不參與中國內戰的美國，將停止協助運送蔣軍和為他防守戰略要地，這對受降，特別是東北、華北地區的受降，會產生很嚴重的困難。[12]

（2）外交孤立中共，再武力解決

經八年抗戰，中共的實力已較抗戰前大為增加，其領導的野戰軍 61 萬餘人，地方軍 66 萬餘人，總兵力約 127 萬人。解放區土地面積約 230 萬平方公里，約佔全國面積的四分之一；人口 13,600 萬人，約佔全國人口的三分之一；

---

12 根據《美國對華外交關係白皮書》《美國對華政策 G 項》：「美國將繼續以軍事物資援助國民黨政府。續運華軍使其得以重新建立其解放地區 —— 包括滿洲在內 —— 之統治。為便利停戰安排與政治協商起見，美國將不運送華軍於妨礙此兩目的之地域，例如華北。」美國為免牽涉入國共內戰，已不將華軍運送到國共衝突的地區，所以若蔣介石發動內戰，必然影響美國協助蔣軍的運送。

城市 506 座。蔣介石雖想消滅中共，並不容易，這將是一場大規模的內戰。[13]

　　蔣介石站在美蘇全球爭霸的角度來考慮如何解決中共問題，計劃利用美蘇矛盾，採取中立外交，同時維持美蘇友好關係，以孤立中共。1945 年 7 月 28 日他的日記這樣寫道：蘇聯視美國為假想敵，不能不以中國為其外交政策重大之目標，如中國能利用美蘇矛盾，保持中立，則可與蘇聯維持友好關係。否則，蘇聯必不擇手段使中國永無寧日，甚至承認中共來分裂中國。若用武力消滅中共，蘇聯必在滿蒙邊境收容中共殘部，製造傀儡政權。如因此與蘇一戰，則並無把握。且國內軍閥餘孽未消，國民黨紛亂、組織蕩然，軍隊並未現代化，實為統一之障礙。故暫與蘇聯維持友好關係，孤立中共，用國際形勢與政治力量制服中共，希望取得二三年時間實現國內之統一，奠立建設基礎，再解決中共。[14]

（3）解決雜牌軍

　　一般人忽略了蔣介石除了中共之外，還有其他心腹之患，他還有另一場仗要打。這場仗就是統一國民黨之戰，蔣先要清除國民黨內的異己，才調轉槍頭對付中共。抗戰之前，蔣介石即面臨馮玉祥、閻錫山、李宗仁等國民黨的內部異己的不斷挑戰，曾爆發了多次國民黨軍閥大混戰。國民黨各派系為了抗日而停止內鬥，承認蔣為領袖。現在勝利來臨，陸軍有半數仍為異己部隊，[15] 各派領袖還會聽命嗎？這是一個嚴重的問題！況且，史迪威與蔣介石矛盾惡化時，美國曾考慮暗殺蔣介石，找龍雲和李濟深取代他的地位。[16] 國民黨

13　軍事科學院軍事歷史研究部：《中國人民解放軍戰史》（第三卷）（北京，軍事科學出版社，1987 年），第 9 — 12 頁。

14　秦孝儀：《總統蔣公大事長編初稿》（第五卷下冊），第 771 頁。

15　李宗仁：《李宗仁回憶錄》（香港，南粵出版社，1986 年），第 555 頁。

16　梁敬錞：《史迪威事件》（台北，商務印書館，1982 年增訂版），第 195 — 197 頁；*The Stilwel Papers*, Edited by Theodore H. White; William Sloane Associates, New York, 1948；Frank Dorn: *Walkout with Stilwell in Burma*, New York, Thomas Y. Crowell, 1971, pp.75-79.

內的異己一旦在外國勢力支持下發動政變，蔣介石旦夕間便立即失去一切。故國民黨內的異己比中共的威脅還要大。國共衝突不單純是國內的事，而是美蘇關注的國際問題。與中共談判，緩和氣氛，蔣便可以先解決不受國際關注的雜牌部隊。如重慶談判時，全國都陶醉在和平氣氛，把龍雲主力部隊派出國門，前往越南受降，讓他風光，高興幾天。隨即密令杜聿明在 10 月 2 日圍攻昆明九華山，一舉突襲成功，順利解決龍雲。[17] 與此同時，國民黨又解決高樹勛，派他沿平漢路越過劉伯承的解放區往華北受降，卻不發給足夠彈藥，圖借刀殺人，讓高樹勛與共軍互相殘殺。高樹勛被迫在 10 月 30 日率部投共。[18] 這都是重慶談判前後發生的事。

　　蔣介石利用和談的機會，整編全國軍隊，將大部分地方部隊裁減縮編，留下嫡系部隊接受美式訓練和武器，這樣便輕而易舉地達到他全國統一和軍隊現代化的目的。蔣介石邀請毛澤東到重慶談判是有雙重作用的，若毛澤東不來，就可以宣傳是中共拒絕和平，把內戰的責任推到中共身上；[19] 如果來了，就可以用「和談」來麻痺中共和雜牌部隊，在和平氣氛之下，解決不了中共部隊，也可以無聲無息的解決雜牌軍。

4. 中共的策略

　　第二次世界大戰期間，美國曾不顧蔣介石反對，與中共合作抗日。這時的對華政策是「扶蔣用共」，其後因太平洋戰爭順利，中國戰場重要性下降，美

17　江南：《龍雲傳》（香港，星辰出版社，1987 年），第 100 — 120 頁；《李宗仁回憶錄》，第 549 頁。

18　《孫仿魯（連仲）先生述集》（台北，孫仿魯先生九秩華誕籌備委員會，1981），第 106 — 107 頁；《李宗仁回憶錄》，第 523 頁。

19　金沖及：《周恩來傳（1898 — 1949）》（北京，中央文獻出版社，1989 年），第 591 頁。

國便不再考慮統一中國力量抗日的問題，而是考慮如何在中國培植一個傀儡，以維護戰後美國在華利益。於是美國對中共態度轉變，成為「扶蔣反共」。毛澤東批評：以「赫爾利為代表的美國對華政策，越來越明顯地造成了中國內戰的危機」。[20] 8 月 13 日，毛澤東在延安幹部會議上分析整個形勢說：「美國帝國主義要幫助蔣介石打內戰」，「蔣介石要發動全國規模的內戰，他的方針已經定了，我們對此要有準備。全國性的內戰不論那一天爆發，我們都要準備好。」[21]

8 月 14 日《中蘇友好同盟條約》公佈，蔣介石在當天電邀毛澤東到重慶共商國是。這邀請出乎毛澤東的意料，視之為「鴻門宴」。20 日，蔣介石發出第二封邀請電報，23 日接着發出第三封邀請電報，同日魏德邁致電報延安表示，赫爾利願繼續在國共兩黨之間進行調解並願履行從前的允諾。

和談邀請是一張政治牌，蔣介石企圖「不戰而屈人之兵」；如果毛澤東拒絕，那就意味着讓蔣介石有藉口發動內戰。[22] 23 日下午，中共中央政治局在棗園召開擴大會議。

毛澤東分析戰後形勢說：我們曾經可能在兩種不同的情況下進入和平階段：一種是可以得到一部分大城市，一種是得不到。現在，只能在得不到大城市的情況下進入和平階段。在今後的鬥爭中，蔣介石的有利方面是他有合法地位與大城市，不利方面是在他面前擺着強大的解放區。他有內部矛盾，他不能滿足人民的民主民生的要求。我黨有利的方面是抗日的功勞蔣介石不能磨滅，我黨在全國人民中的地位為大革命與內戰時期所沒有過，廣大解放區的存在使國民黨無法封鎖，為民主民生而奮鬥的綱領能解決蔣介石所不能解決的問題；

---

20 毛澤東：《評赫爾利政策的危險》（1945 年 7 月 12 日），《毛澤東選集》（第三卷），第 1014 頁。

21 毛澤東：《抗日戰爭勝利後的時局和我們的方針》（1945 年 8 月 13 日），《毛澤東選集》，第四卷，第 1028 — 1032 頁。

22 章百家：《對重慶談判一些問題的探討》，《近代史研究》，1993 年第 5 期，第 7 — 9 頁。

不利的方面是，沒有大城市，沒有機械化的軍隊，沒有合法地位。

毛澤東繼續分析：抗戰期間，美國沒有幫助我們，赫爾利的政策勝利了，現在，蘇聯為了中蘇條約和國際和平，不可能也不適於幫助我們。美國不公開幫助蔣介石，決定蘇聯也不能公開幫助我們。蘇如助我，美必助蔣，大戰即爆發，和平不能取得。目前我們要這樣看，蘇聯不幫我們比幫我們對中國人民更有利。

第三個關於內戰與和平問題。毛澤東說，我們現在的口號是「和平、民主、團結」，這三大口號是有現實基礎的，是能得到國內外的廣大同情的。這是因為：蘇美英需要和平，不贊成中國內戰；中國需要和平，過去是大敵當前，現在是瘡痍滿目；前方各解放區損失很大，人民需要和平，我們需要和平；國民黨也不能下決心打內戰，因攤子沒擺好，兵力分散，內部有矛盾。雖然蔣介石想消滅共產黨的方針沒有改變，也不會改變；但由於上述諸條件，他可能只好暫取和平，以便醫好傷疤，壯大力量，將來等待機會消滅我們。我們要利用他這個暫時的和平。

關於即將到來的國共談判，毛澤東講了三個方面的問題：

第一，關於談判的步驟和安排。首先由中共中央委員會發表一個聲明，以表明中共的和平、民主、團結姿態；重慶來的飛機一到，周恩來立即動身去談判，兩天後回來，實際是先進行一輪預備性談判；然後，毛澤東由赫爾利陪同前往重慶。毛澤東強調說：「這回不能拖，應該去，而且估計也不會有甚麼危險。」

第二，關於中共的基本要求，於 8 月 25 日在《中共中央對目前時局宣言》中發表。毛澤東預計，談判開始後，雙方力爭的是最現實的承認解放區和解放軍的問題，可能要打打停停，甚至可能要打得蔣痛，才能逼他讓步。

第三，關於談判期間各條戰線、各方面工作的部署和配合。毛澤東說明，在宣傳方面，對國民黨的批評，這次會議後要逐漸緩和下來。以後，中共的方針仍是「蔣反我亦反，蔣停我亦停，以鬥爭達團結，有理有利有節」。

在軍事方面，毛澤東着重指出，今後還要奪取更多的中小城市；今冬要整訓軍隊，擺出內戰不好打的姿態給蔣介石和美國看，以便於在談判中取得比較有利於我的解決；談判未成功，國民黨進攻解放區應該回擊，但條件是打勝仗，無把握的不打。

最後，會議由毛澤東作了總結：第一，和平是可能的、必須的，今天的方針是反內戰方針的繼續。第二，我們現在是在和平中進攻，但會有部分退卻，我們準備以數量上的讓步，以局部的讓步換取全國的合法地位，養精蓄銳，迎接新形勢。第三，和平時期是一個新環境，我黨很需要這樣一個時期來教育人民，鍛煉自己，學會合法鬥爭，學會利用國會講壇，學會做城市工作。第四，談判未成功，國民黨進攻我們，應予回擊，條件是打勝仗。[23]

毛澤東親赴重慶的決定使中共黨內相當多的高級幹部感到意外，許多解放區的負責人為他的安全計，認為不去為好。這時周恩來力排眾議主張毛澤東赴渝。周恩來認為，毛澤東赴渝的好處是可以同蔣介石直接談判，爭取有利於人民的談判成果，並向國統區的廣大人民宣傳中共要求實現和平民主的政治主張，打破蔣介石的讕言；同時，他估計在共方有強大的力量作後盾和美方作為「調解人」的情況下，國民黨特務不敢隨便動手，毛澤東的安全基本是有保障的。[24]

8 月 22 日（或 23 日），蘇聯也打來兩封電報促成重慶談判，電報說，中國一定不能打內戰，如果打內戰中華民族就要毀滅。過了兩三天。斯大林打來第二封電報，主要內容是：世界要和平，中國也要和平；儘管蔣介石想打內戰消滅你們，但是他已再三邀請毛去重慶協商國是，你們一味拒絕，國內、國際各方面將不能理解。如內戰爆發，必須考慮由誰承擔戰爭責任的問題。[25]

23　章百家：《對重慶談判一些問題的探討》，第 9 — 17 頁。

24　李維漢：《回憶與研究》（下冊）（北京，中共黨史資料出版社，1986 年），第 628 頁。

25　師哲：《在歷史巨人身邊》（北京，中央文獻出版社，1991 年），第 308 頁。

25 日晚，中央政治局七人再次召開會議，經徹夜討論，就有關重慶談判的幾個關鍵問題作出了最後決定。26 日，棗園召開政治局會議，毛澤東宣佈了決定，主要有三點：第一，毛澤東決定前往重慶，這樣可以取得主動權。要充分估計到城下之盟的可能性，但簽字之手在我。第二，我方必須作一定的讓步，在不傷害雙方根本利益的條件下才能得到妥協。我們讓步的第一批資本是廣東至河南；第二批資本是江南；第三批是江北，在有利條件下可以考慮讓步。如果做了這些還不行，那麼就「城下不盟，準備坐班房」。第三，為鞏固中共地位，把現有軍事力量收縮集中到華北、山東和隴海路以北至外蒙古一帶，並力爭東北。將來可能需要派遣更多的同志到延安以外的地區去工作，但領導核心仍留在延安。關於談判的結果，毛澤東當時說：「國共反映美蘇」，「國際壓力是不利於蔣介石獨裁的」，「由於有我們的力量，全國的人心，蔣介石自己的困難，外國的干涉四個條件，這次是可以解決一些問題的。」

　　毛澤東分析他赴渝的益處在於：第一，增大實現和平的機會。中國當時「人心厭亂，兵心厭戰」，誰要戰爭，誰便要失人心。第二，可與蔣介石直接談判，有可能爭取到更有利一些的條件。第三，便於爭取中間派和國內外輿論的同情。各黨派都「要求停內戰，行民主，寧可贊成聯合政府，重選國大，而不熱心於為解放區爭幾個省和幾師軍隊」。[26] 第四，國際方面，美蘇均不贊成中國打內戰，故蔣介石雖有滅共的企圖，但也不可能立即發動內戰。和談有利於開展外交鬥爭，避免給美國提供大規模援蔣的口實。第五，提出「和平、民主、團結」三大口號與國民黨談判，爭取民心的支持，讓他們認清蔣介石和談的騙局。在爆發內戰的情況下，使蔣介石無法轉嫁發動內戰的責任。總之，無論在何種情況下，只有毛澤東赴渝，才有利於中共贏得政治上的主動地位。[27]

26　周恩來：《關於國共談判》（1945 年 12 月 5 日），《周恩來一九四六年談判文選》（北京，中央文獻出版社，1996 年），第 9 頁。

27　章百家《對重慶談判一些問題的探討》，第 9 — 17 頁。

5. 國人祈求和平

　　清末以來，戰禍不斷，中國再經歷八年艱苦作戰，元氣大傷。正面戰場的統計數字：中國官兵陣亡 1,319,950 人，負傷 1,761,335 人，失蹤 130,126 人，合計 3,211,411 人。另因傷病殘廢而損耗的官兵有 1,380,957 人，軍費支出合國幣 995,425,311,371 元，至 1941 年估計的財產損失已約值 449 億 4,700 萬元，敵後戰場和百姓的傷亡與損失尚不計其數。[28] 久戰兵疲，軍民厭戰，這是蔣介石必須考慮的因素。同時各黨各派及國民黨內部都強烈反對內戰，這也是蔣介石的另一顧慮。[29] 1941 年 3 月中國民主同盟在重慶正式成立，它是國共兩黨以外若干黨派的一種結合，包括國家社會黨、中國青年黨、第三黨、救國會、職教派、鄉建派。他們深感為促進抗戰勝利，實有全國團結必要，故民主同盟是以民主、團結、抗戰為中心主張，絕對反對國共內戰。[30] 抗戰期間，民盟已不斷呼籲團結抗戰，反對國共內戰。[31] 抗戰勝利後，民盟要求國共立即停止衝突，召開黨派會議，從事談判。民盟主席張瀾說：「目前最緊的，更是希望國共兩黨軍隊趕快停止各地足以促成大規模內戰的一切摩擦，並即立刻召開黨派會議，從事團結商談，以使內部的政治糾紛能迅速而徹底的得

28　何應欽：《日軍侵華八年抗戰史》，附表統計數字（台北，黎明文化事業有限公司，1982 年）。

29　《中國國民黨歷次全國代表大會重要決議案彙編》（上），秦孝儀編：《革命文獻》（第 76 輯）（台北，中國國民黨黨史委員會，1978 年），第 412 頁。

30　《中國民主同盟主席張瀾在招待外國記者會上的談話》（1945 年 8 月 3 日），中國民主同盟中央文史資料委員會編：《中國民主同盟歷史文獻》（北京，文史資料出版社，1983 年），第 52 — 56 頁。

31　《中國民主政團同盟成立宣言》（1941 年 10 月 10 日）；《中國民主政團同盟主席張瀾致蔣介石書》（1943 年）；《中國民主政團同盟對目前時局的看法與主張》（1944 年 5 月）；《中國民主同盟發言人對最近國內民主與團結問題發表談話》（1945 年 3 月 10 日）；《中國民主同盟雲南省支部為紀念抗戰八週年敬告國人書》（1945 年 7 月 7 日）。上述各文件參見《中國民主同盟歷史文獻》，第 8 — 48 頁。

到總解決。我們的勝利，是上千萬同胞以無數的血、淚、汗換來的，來得不容易。內戰足以毀滅一切成果，我們大聲疾呼，我們是堅決反對。……我們認為只有停止內戰，立刻團結，才能統一建國，保持勝利成果。」[32] 這時全國軍民都厭戰，國共兩黨都不願承擔發動內戰的罪名，只能先進行談判，再找機會讓對方承擔破壞和平的責任。

二、重慶談判始末

1. 重慶談判的經過

1945 年 8 月 14 日，國民政府外交部長王世杰與蘇聯外交人民委員部部長莫洛托夫在莫斯科簽訂《中蘇友好同盟條約》。同日，蔣介石致電毛澤東：「舉凡國際國內各種重要問題，亟待解決，特請先生克日惠臨陪都，共同商討，事關國家大計，幸勿吝駕，臨電不勝迫切懸盼之至。」[33] 16 日毛澤東覆信，請蔣介石對同日朱德電報表示意見後，再考慮會見的問題。[34] 朱德在電報中批評蔣介石給第十八集團軍的「駐防待命」命令非常無理；同時，國軍以收繳敵人槍械為藉口大舉向解放區壓迫，內戰危機空前嚴重，因此，提出六項要求，請蔣介石早日回答，內容簡介如下：

（1）南京政府和統帥部在接受日偽投降、締結受降後的一切協定和條約時，須事先和中共商量，取得一致意見。

（2）中國解放區和一切抗日武裝力量，有權根據《波茨坦公告》和同盟

32　《中國民主同盟主席張瀾對抗戰勝利結束後發表談話》（1945 年 8 月 12 日），《中國民主同盟歷史文獻》，第 57 — 59 頁。

33　重慶《中央日報》，1945 年 8 月 16 日。

34　重慶《新華日報》，1945 年 8 月 21 日。

國規定的受降辦法，接受所包圍的日偽軍投降，收繳其武器資材。

（3）中國解放區和一切抗日武裝力量，有權派遣自己的代表參加同盟國接受敵人的投降，以及處理敵國投降後的工作。

（4）中國解放區和一切抗日武裝力量，有權選出自己的代表團，參加將來關於處理日本的和平會議和聯合國會議。

（5）制止內戰。其辦法是國共各部隊接受其包圍的敵偽軍投降。

（6）立即廢止一黨專政，召開各黨派會議，成立民主的聯合政府。[35]

電報語氣強硬，使全國人民擔心內戰爆發迫在眉睫。[36] 20 日，蔣介石再次致電毛澤東説：「抗戰八年，全國同胞日在水深火熱之中，一旦解放，必須有以安輯之而鼓舞之，未可蹉跎延誤。大戰方告終結，內爭不容再有。深望足下體念國家之艱危，憫懷人民之疾苦，共同戮力，從事建設。如何以建國之功收抗戰之果，甚有賴於先生之惠然一行，共定大計，則受益拜惠，豈僅個人而已哉！」[37] 重慶《大公報》稱這番話「藹然誠坦，溢於言表」，並説「相信全國同胞的心情，都與蔣主席相同，殷切盼望毛先生不吝此一行，以定國家之大計」。[38] 除報界公開呼籲國共兩黨以國是為重，避免內戰外，社會人士亦呼籲和平。24 日，胡適致函毛澤東説：「中共領袖諸公今日宜審察世界形勢，愛惜中國前途，努力忘卻過去，瞻望將來，痛下決心，放棄武力，準備為中國建立一個不靠武裝的第二大政黨。公等若能有此決心，則國內十八年糾紛一朝解決，而公等廿餘年之努力皆可不致因內戰而完全消滅。」[39] 此時，全國人民都關注延安的態度，如中共拒絕邀請，可能背上發動內戰的罪名，

35　《第十八集團軍總司令給蔣介石的兩個電報》，《毛澤東選集》（第四卷），第1041 — 1043 頁。

36　重慶《新蜀報》社論，1945 年 8 月 29 日。

37　重慶《中央日報》，1945 年 8 月 21 日。

38　《讀蔣主席再致延安電》，重慶《大公報》，1945 年 8 月 21 日。

39　《胡適電毛澤東》，重慶《大公報》，1945 年 9 月 2 日。

盡失人心。一位名范增華的讀者致函新華日報説:「老實説,大多數老百姓,對於是國是共,向無成見,他們只問誰對他們好,是為他們謀利益的。」[40] 23日,蔣介石第三次致電毛澤東説:「目前各種重要問題,均待與先生面商,時機迫切,仍盼先生能與恩來先生惠然偕臨,則重要問題,方得迅速解決,國家前途實利賴之。茲已準備飛機迎迓,特再馳電速駕!」[41]

24日,毛澤東覆電蔣介石説:「鄙人亟願與先生會見,共商和平建國之大計,俟飛機到,恩來同志立即赴渝進謁,弟亦準備隨即赴渝。」[42] 毛澤東出發前,發表《中共中央關於同國民黨進行和平談判的通知》,下令共軍力爭華北,「凡能爭得者應用全力爭之」,「凡能控制者均控制之,那怕暫時也好。同時以必要力量,盡量廣佔鄉村和府城縣城小市鎮。」所處地位較困難的共軍則自尋生路,絕對不要依靠談判。[43] 27日,美使赫爾利與國民政府代表張治中飛往延安陪同毛澤東前赴重慶,28日下午3時45分,毛澤東、王若飛和周恩來到達重慶。毛下機後發表演説:「目前最迫切者,為保證國內和平,實施民主政治,鞏固國內團結。國內政治上軍事上所存在的各項迫切問題,應在和平、民主、團結的基礎上加以合理解決,以期實現全國之統一,建設獨立、自由與富強的新中國。」[44] 在這191個字簡短談話裏,毛澤東先後説了三次「和平」、四次「團結」,使全國對此次國共談判感到樂觀,寄予厚望。

重慶《大公報》歡呼:「大家都認為這是中國的一件大喜事!」[45]

40　《國共談判之我見》,《新華日報》,1945年9月28日。

41　《蔣介石給毛澤東同志的第三封電報》,《重慶談判紀實》,第36頁。原載重慶《中央日報》,1945年8月25日。

42　《毛澤東同志給蔣介石的第三封覆電》,《重慶談判紀實》,第37頁。原載重慶《大公報》1945年8月26日。

43　《中共中央關於同國民黨進行和平談判的通知》(1945年8月26日),《毛澤東選集》(第四卷),第1050 — 1053頁。

44　《毛澤東在重慶飛機場向記者的談話》,重慶《新華日報》,1945年8月29日。

45　《社評:毛澤東先生來了!》,重慶《大公報》,1945年8月29日。

重慶《新民報》認為：「這是一切關心國事的人所歡迎的消息。」[46]

重慶《新蜀報》說：「我們人民都寄託了他一種希望，……國事將大有可為，內戰將消於無形，民主將得以實現。」[47]

成都《華西晚報》說：「這是一個比之日本突然宣佈無條件投降更使人欣喜的消息。」[48]

西安《秦風日報工商日報聯合版》讚歎：「自日本投降以後，這真是令世人興奮的消息！」[49]

昆明《雲南日報》指出毛澤東率團到重慶，「實予國人以極大的安慰」。[50]

蔣介石預料不到毛澤東敢到重慶跟他談判，根本沒有準備議題，毛澤東到達之後，蔣才對其談判代表指示解決中共之方針：「政治與軍事應整個解決，但對政治之要求予以極度之寬容，而對軍事則嚴格之統一，不稍遷就。」[51] 29 日，蔣介石再考慮與中共的談判方針：「（1）不得於現在政府法統之外來談改組政府問題；（2）不得分期或局部解決，必須現時整個解決一切問題；（3）歸結於政令、軍令之統一，一切問題，必須以此為中心。」[52]

毛澤東在重慶 45 天（自 8 月 28 日至 10 月 11 日），與蔣介石會晤 8 次，簡況如下：

（1）8 月 29 日毛澤東在林園先後同蔣介石和張治中、張群、王世杰、邵力子進行初步商談。

46　《社評：迫切的期待》，重慶《新民報》，1945 年 8 月 29 日。

47　《社論：力爭和平、爭取民主》，重慶《新蜀報》，1945 年 8 月 29 日。

48　《社評：毛澤東到了重慶》，成都《華西晚報》，1945 年 8 月 29 日。

49　《社論：團結在望、國家之光 —— 欣聞毛澤東先生抵達重慶》，西安《秦風日報工商日報聯合版》，1945 年 8 月 29 日。

50　《社論：團結第一》，昆明《雲南日報》，1945 年 8 月 30 日。

51　秦孝儀：《總統蔣公大事長編初稿》（第五卷下冊）（台北，中國國民黨中央委員會黨史委員會，1978 年），第 815 頁。

52　秦孝儀：《總統蔣公大事長編初稿》（第五卷下冊），第 816 頁。

（2）9月2日晚和蔣介石在委員長官邸就中共軍隊組編數目、軍隊駐地、解放區、政治會議、國民大會之舊代表等問題進行商談。

（3）9月4日下午與蔣介石在軍事委員會進行會談。

（4）9月12日毛澤東和周恩來到蔣介石官邸，並和蔣介石、邵力子、張厲生就軍隊整編數目問題進行商談。

（5）9月17日與蔣介石、赫爾利大使就軍事問題進行商談。

（6）10月9日和蔣介石在其官邸就兩黨合作問題進行商談。蔣介石仍然提出要中共改變對國內政策方針，放棄軍隊和解放區。毛澤東對此不能同意。

（7）10月10日晚毛澤東、周恩來和王若飛到山洞林園蔣介石官邸辭行，並和蔣介石就政治會議和國民大會問題進行商談。毛澤東提出延緩召開政治會議，於明年召開國民大會。蔣介石回答，如政治會議能在今年11月召開，召開國大問題可以考慮。

（8）10月11日晨毛澤東與蔣介石作最後商談。蔣表示在解放區問題上決不再作讓步。為解決《雙十會談紀要》未能解決的問題，毛澤東派周恩來、王若飛續留重慶和國民政府進行談判。[53]

國共雙方除領導人直接商談外，雙方代表又展開41天（自8月30日至10月9日）四個階段的會談。

2. 第一階段會談經過

由8月30日至9月3日，連續進行五天五次會議。[54] 兩黨各就政治軍事問題作一般性商談，普遍交換意見。共方談判代表主要是周恩來和王若飛，

53　中共重慶市委黨史工作委員會等編：《重慶談判紀實（1945年8至10月）》（重慶，重慶出版社，1983年），第189—228頁。以下簡稱《重慶談判紀實》。

54　邵力子在政治協商會議上說是四天。參見1946年1月13日《新華日報》，《政府代表邵力子在政治協商會議上報告國共會談經過（1946年1月12日）》。

國方代表是王世杰、張群、張治中、邵力子。每次出席代表略有不同。

第一至三次會議雙方進行一般性商談，9 月 2 日毛澤東約王世杰到桂園（張治中將自己在曾家岩的住所桂園供毛澤東作重慶市內辦公地點）進行第四次會議，提出了八項談判原則性意見：

（1）在國共兩黨談判有結果時，應召開有各黨各派和無黨派人士代表參加的政治會議。

（2）在國民大會問題上，如國民黨堅持舊代表有效，中共將不能與國民黨成立協議。

（3）應給人民以一般民主國家人民在平時所享有之自由，現行法令當依此原則予以廢止或修正。

（4）應予各黨派以合法地位。

（5）應釋放一切政治犯，並列入共同聲明中。

（6）應承認解放區及一切收復區內的民選政權。

（7）中共軍隊需改編為 48 個師，並在北平成立行營和政治委員會，由中共將領主持，負責指揮魯、蘇、冀、察、熱、綏等地方之軍隊。

（8）中共應參加分區受降。

接着周恩來同王世杰繼續進行商談。[55]

第五次會議在 9 月 3 日下午 5 時半舉行，由於國民黨根本沒有準備談判方案，為方便進行談判，周恩來將中共擬定的談判方案交付國民黨代表轉交蔣介石。談判方案共 11 項，內容如下：

（1）確定和平建國方針，以和平、團結、民主為統一的基礎，實行三民主義（以民國十三年第一次代表大會之宣言為標準）。

（2）擁護蔣主席之領導地位。

（3）承認各黨派合法平等地位，並長期合作和平建國。

---

55 《重慶談判紀實》，第 190 頁。

（4）承認解放區政權及抗日部隊。

（5）嚴懲漢奸，解散偽軍。

（6）重劃受降地區，參加受降工作。

（7）停止一切武裝衝突，令各部隊原地待命。

（8）結束黨治過程中，迅速採取各項必要措施，實行政治民主化，軍隊國家化，黨派平等合作。

（9）政治民主化之必要辦法：

A. 政治會議即黨派協商會議，以各黨派代表及若干無黨派人士組成之，由國民政府召集，討論事項如下：

和平建國大計；

民主實施綱領；

各黨派參加政府問題；

重選國民大會；

復員善後問題。

B. 確定省縣自治，實行普選，其程序應由下而上。

C. 解放區解決辦法：

陝甘寧邊區及山西、山東、河北、熱河、察哈爾五省主席及委員由中共推薦；

綏遠、河南、安徽、江蘇、湖北、廣東六省由中共推薦副主席；

北平、天津、青島、上海四直轄市由中共推薦副市長；

參加東北行政組織；

實施善後緊急救濟。

（10）軍隊國家化之必要辦法：

A. 公平合理整編全國軍隊，分期實施。中共部隊改編為 16 軍 48 個師。

B. 重劃軍區，實施徵補制度。中共軍隊集中淮河流域（蘇北、皖北）及隴海路以北地區（即中共現駐地區）。

C. 保障整編後各級官佐。

D. 參加軍事委員會及其所屬各部工作。

E. 設北平行營及北平政治委員會，由中共推薦人員分任。

F. 安置編餘官佐。

G. 解放區民兵由地方編作自衛隊。

H. 實行公平合理之補給制度。

I. 確定政治教育計劃。

（11）黨派平等合作之必要辦法：

A. 釋放政治犯。

B. 保障各項自由，取消一切不合理的禁令。

C. 取消特務機關（中統、軍統等）。[56]

至此，兩黨普遍交換意見告一段落，國共第一階段的會談到此結束。

3. 第二階段商談經過

由 9 月 4 日至 21 日，共有八次會談。此階段商談國共雙方實際分歧問題，開始時便發現有難以解決的困難，也即是會談紀要中第九項軍隊國家化問題和第十項關於解放區政府問題，雙方均不願讓步。只同意成立由軍令部、軍政部、第十八集團軍，各派代表一人組成三人小組，繼續商談軍事問題，待取得初步協議後，再交國共雙方作更高層次的商討。惟地方政權（解放區）問題終未獲得解決，幾乎使會談擱淺。[57] 第二階段會談概況如下：

56　秦孝儀：《中華民國重要史料初編 —— 對日抗戰時期第七編：戰後中國》（二）（台北，中國國民黨中央委員會黨史委員會出版，1981 年），第 39 — 41 頁。此書以下簡稱《戰後中國》。

57　《政府代表邵力子在政治協商會議上報告國共會談經過（1946 年 1 月 12 日）》，1946 年 1 月 13 日《新華日報》。

（1）第一次會議

9月4日上午9時，蔣介石在德安里官邸接見張群、張治中、邵力子，聽取他們與中共代表周恩來、王若飛進行談判的經過報告。蔣介石詳細指示對中共談判要點：中共代表昨日提出之方案，實無一駁之價值。倘該方案之第一、二兩條，具有誠意，則其以下各條在內容上與精神上與此完全矛盾者，即不應提出。我方可根據日前我與毛澤東談話的要點，作成方案，對中共提出。必要時可將雙方所提方案，一併發表，隨時將兩方談話情形，作成紀錄，通知美國與蘇聯大使。我日前與毛澤東談話要點如下：

軍隊問題：關於中共軍隊之編組，12師之數，乃中央所能允許之最高限度。至於軍隊駐地問題，可由中共方面提出具體方案，經雙方商討決定。

解放區問題：中共方面所提解放區，為事實所絕對行不通者。只要中共對於軍令政令之統一，能真誠做到，即省政人員如主席，中央亦本「用人惟才」之旨，延引中共人士參加。

政治問題：擬改組國防最高委員會為政治會議，由各黨各派人士參加，共同參與政治。至於中央政府之組織與人事，因國民大會即時召開，擬暫不變動。中共方面如現在即欲參加中央政府，中央亦可予以考慮。

國民大會問題：已經當選之國民大會代表仍應有效，中共方面如欲增加代表，則除已當選者外，可以酌量增加名額。[58]

蔣介石正式指派張群、王世杰、邵力子、張治中為國方談判代表。同日晚上9時至12時，共方代表周恩來、王若飛與國方談判代表張群、邵力子、張治中在中山四路德安里101號，就實質性問題進行商談，而中共軍隊及解放區問題成為雙方爭論要點。

邵力子首先承認中共「此次商談已有若干讓步」，但堅持中共所提出的九（政治民主化）、十（軍隊國家化）兩項不能答應，亦不能考慮北平行營一事。

---

58 《戰後中國》（二），第44—45頁。

張群說：「軍隊駐地，與軍隊數目有連帶關係，軍隊數目多，自然駐地廣，反之，駐地小。」並說，解放區變成另外一種政權，會使國家領土分割，人民分裂；重劃省區而治，會導致國家分崩離析。

周恩來逐點反駁，強調所提建議之九、十兩項皆與原則相符，今後急待解決者，為省市區域與軍隊的數目而已。

邵力子指責中共這種要求將形成為南北朝。王若飛說今日客觀的事實是中共擁有 120 萬軍隊，19 個解放區政權，「此種事實如不承認，而要用武力解決，則不僅為今日之國情所不容許，而且為我黨所堅決反對。」

周恩來補充說：「我黨不僅事實上擁有敵後軍隊與解放區政權，而且擁有百餘萬黨員，此百餘萬黨員如何安置？必須有一過渡辦法，我黨之所以要求幾個省與幾個市即係為此。」王若飛也說：「如無此安置之辦法，則我黨即無以對全體之官兵與黨員民眾。」

邵力子繼續反對：解放區是戰時狀態，現在戰時已經結束，不應再提出。張群柔中帶剛地說：政治地位不必與解放區相提並論。中共承認國民黨為第一大黨，自居於第二大黨地位，他們亦承認中共之政治地位。中共之政治地位係抗戰所造成，如在抗戰初期或抗戰以前，國民黨與政府不會承認中共有此地位。即如國民大會問題，蔣介石已允諾俾中共有代表參加，則中共不必據有其所謂解放區，始能選出代表。故中共欲增進其政治地位，不必以為有了解放區作政治基礎，始有其政治地位。

王若飛不受張群那一套：「承認中共之政治地位，必須承認中共解放區之事實及其軍隊與人民所樹立之政權等，否則恐難期問題之解決。」

這時，張治中才開始發言：一切措施決不可再蹈軍閥時代的覆轍。軍隊不可恃其武裝，向中央要求地盤。他問：「就中共立場而言，中共是否必須爭地盤爭軍隊，始保證其地位？」他接着說國民黨酬謝抗戰將領，只敍功勛，「決不能學古代的裂土封侯」。邵力子語帶恐嚇說：「即使中共軍隊再多些，亦決不能打倒國民黨。」

周恩來立即反駁張治中的言論:「兄等以封建軍閥割據來比擬中共,我不能承認。我們兩黨之擁有武裝,且有十八年之鬥爭歷史,此乃革命事實發展之結果。今日我等商談,即在設法避免雙方武裝鬥爭,而以民主之和平的方式為政治上之競爭。」並說,「我們現在皆認定『打』是內外情勢所不容許的,所以只能以政治解決」,根據這個宗旨,中共已提出解決方案,請國民黨拿出解決問題的具體方案回答。[59]

(2) 第二次會議

9月8日會議續就軍隊組編數目和省區劃分問題進行商談。會上張群將國方擬定的《對於中共9月3日提案之答覆案》交給共方代表。

周恩來開始便說:中共主張召集黨派會議,成立聯合政府,結束黨治,實行普選,便可以解決軍隊整編和省區等問題。但因未獲國方同意,所以這次不再提,而改提日前之十一項建議。中共已作很大的讓步,周恩來追問究竟國方對於這些問題如何想法?此外如軍隊數目,蔣介石所定的12個師,是否固定不變?其他政治會議、國民大會與自由問題等,皆未獲答覆,希望國方能夠對此有所說明,俾中共得詳加考慮。

張治中批評中共第九項關於省區的要求,猶如分割地盤,他們不敢贊同;第十項關於軍隊,要求16個軍48個師,數字太大,也不能接受。

周恩來說:如不能承認中共現有之地區,即可實行普選。

國方沒有回應,張治中仍然只就軍隊數目爭辯說:「前年林彪來渝,中共要求10至12個師;去年林祖涵來渝,則要求6個軍15個師,時間只相差一年多,已增了4個師。此次兄等來渝,則要求16個軍48個師,較之一年前更增加了32個師,兄等軍隊之擴充,何如此之快?」

王若飛說:「今要解決國共兩黨問題,必須承認現實 —— 即兩黨皆有軍

59　《重慶會談:第一次談話紀錄》,《戰後中國》(二),第 45 — 55 頁。

隊，皆有政權，而且做法不同。」「彼此互相承認，正視現實，始能求得問題之解決。否則便無法再談了！」

張治中反覆說：劃出五省歸中共的辦法，實在違反現代國家之要求。

邵力子也說：要求分割省區，與國家之統一原則不符。

周恩來說：這是痛定思痛中想出辦法，如今國民黨既不進行普選，又不遷就事實，如何能走上和平建國的坦途？

張群建議為增進諒解，不如依照文字紀載來商談。雙方對於理論商討，可以告一結束，今後應討論具體問題，以期一次會談有一次之進步，並將國方擬定的《對於中共 9 月 3 日提案之答覆案》交與周恩來，請他收閱考慮。[60]

(3) 第三次會議

9 月 10 日會議就召開政治會議和國民大會問題進行商談。雙方對此問題無大爭執。

周恩來首先說：「在軍事、政治、黨派三大項目中，最重要者為政治與軍事，而政治方面所包括者有三大問題：(1) 政治會議，(2) 國民大會，(3) 省區。軍事方面所包括者有兩大問題：(1) 重劃受降區，(2) 縮編軍隊。至於黨派問題，彼此意見，略相接近，易於解決。」「政治會議，即是黨派協商會議。」「在顧全國民政府法統原則之下，就各黨派推出之代表以及政府所遴選之無黨派人士，事先經過兩黨協商決定，即由國民政府召集之。政治會議所協商之事項有五：(1) 和平建國大計，(2) 施政綱領，(3) 各黨派參加政府問題，(4) 國民大會問題，(5) 復員善後問題。凡此五項皆由兩黨事先協商，獲得一致結果，即由蔣主席名義提出政治會議討論，通過後，再送請政府接受辦理。此項會議，實係兼顧法統與事實，而為結束黨治過程中所必要者，其與改組國防最高委員會以後所成立之政治會議性質完全不同，前者為政府

60　《重慶會談：第二次談話紀錄》，《戰後中國》(二)，第 55 — 60 頁。

380　寫給香港人的中國現代史（下冊）·從西安事變到新中國成立

以外之協商組織，以求得協商一致為目的。後者為政府以內之權力機關，以多數表決為通過。」

張群詢問：此項政治會議是經常的，抑或是臨時的？

周恩來解釋：「此項會議完全為協議上述五項問題而召集。此五項問題獲得協議得到解決，則會議的任務即算終了。因此，倘對此五項問題在一次會議中即可全部解決，則一次會議後，即可結束，不必再開。故此項會議完全為各黨派臨時協商之性質。」

周恩來並就會議的組織和人數等問題作出說明。政治會議由四方面人員組成之：中國國民黨之代表；中國共產黨之代表；其他黨派（包括青年黨、民主同盟等）之代表；無黨派人士。人數方面建議四方面各推選代表 9 人，另請蔣主席參加，共計 37 人組織之。

張治中建議：「此次會議可稱為政治協商會議，不必稱為黨派會議。其參加人員可由兩黨協商名單，送請國民政府召集之。」

關於政治會議協議之內容，周恩來續說除前述五項問題外，可提出報告關於國共談判經過情形。雙方對政治協商會議沒有很大爭論。

對於國民大會問題，中共主張重選代表，並延期舉行。

張群反對說：「必須於維持舊有代表的原則之下，來想補救之辦法，如兩方互不相讓，則此問題即無法再談。」張群提出補救方法是：「於應選而未選出之代表名額中，由各黨派分配選出，或於原定代表人數之外，再增加若干名額。」

周恩來接着建議國民大會為慎重計，不如延期舉行，俾得完成手續，實行普選。張群重申國民黨與政府的立場：政府要貫徹法令，故不能不促使國民大會依法及早召集。且國民黨負責訓政，更希望早日卸下仔肩，還政於民，以俯順社會輿論，實施憲政之要求。並說倘今日商談尚不能作一決定，則擬留待明日繼續商討，並可請國民大會負責主持之葉楚傖、張厲生兩先生

參加説明。[61]

（4）第四次會議

9 月 11 日，周恩來、王若飛與張群、邵力子、葉楚傖、張厲生等就國民大會的代表及延期問題進行商談。雙方對國民大會代表增選問題未能取得一致意見。

首先由葉楚傖介紹國民大會的情況：國民大會區域與職業代表應選出者共 1,200 名（中委與政府遴選者在外）。現已選出者區域與職業合計 956 人。未選出者 244 人。此 956 人中，死亡及犯刑事者，57 人，依法應由候補者遞補。國民大會開會之法定人數平時為二分之一，制憲時為三分之二。故現已選出之代表，已足開會之法定人數。現區域代表尚未選出者，有冀、察、平津、東北三省、熱河、新疆、台灣、西藏及內蒙之伊盟。總之，區域與職業未選出及國府遴選未定之代表名額共計尚有 480 名。

張群自己也承認：民意主張冀、察、平津等地，即行選舉。東北、台灣尚未收復，國民大會若如期舉行，則二處之代表亦惟有遴選之一法。

葉楚傖附和説：「如期開會，恐冀、察、平津等省市亦來不及選舉。」

張群雖同意基於事實上之困難，國民大會不能不延期，但把延期的責任推由眾人商討解決。

周恩來説：「國民大會之代表不經普選，則我黨一貫的不敢苟同，故要我等承認已選之代表，殊為困難。倘然如此，則不如由兩黨提出一聯合名單，承認國民黨為第一大黨，而其他黨派亦各派代表若干名。」

張群婉拒説，你們主張國民大會應慎重其事延期召開，主張重選代表，在原則上不無理由。但你們都同意國民大會代表如重行改選，國民黨仍佔多數；提出聯合名單，國民黨亦為第一大黨，則事實始終未變，又何必重選。

61　《重慶會談：第三次談話紀錄》，《戰後中國》（二），第 60 — 67 頁。

張群建議不如在承認原有代表的原則之下，另想補救之法。此補救辦法，即在 240 名中央名額與其他 480 名代表名額之中，以求得適當之解決。

邵力子表示：如採此辦法，國民黨已作最大之讓步，而同時顧到中共之主張。[62]

（5）第五次會議

9 月 12 日下午 3 時 30 分，周恩來、王若飛與張群、邵力子、張厲生等進行商談。主要議題為：國民大會；政治會議；施政綱領；各黨派參加政府；承認解放區。所談五項均無進展。

A. 國民大會問題

張群：「倘吾人承認被選之代表應予保留，則可於區域職業尚未選出之 240 名及國府遴選之 240 名代表中求得補救之辦法，前者包括東北各省及冀、察、平津各省市以及工程界應選出之代表，後者為救選舉之窮，擬由政府遴選者。大概對婦女界與新聞界請求增加之代表，均將於此項名額中分配之。」

周恩來：「現在我等對於國民大會問題，就事實上之籌備與協議之進行，勢須延期召開，此點想兄等或亦承認。至於重選代表一點，我等亦諒解政府之困難。但不知國民大會之組織法與選舉法是否可以修改？」

張群：「在承認已當選的代表的原則之下，國民大會之組織法與選舉法，亦可酌予變通辦理，以期雙方願望皆可達到。」

B. 政治會議問題

周恩來：「政治會議之人數，為容納各方面之人士，及便於召開起見，我主張國共雙方之人數不妨減少一點，而保留較多之名額延攬各黨派與無黨派之人士參加，其協議之事項，須事先由兩黨商得一致之結論，再由政府提出政治會議，經會議決定一致而執行之。」張群同意。

62　《重慶會談：第四次談話紀錄》，《戰後中國》（二），第 67—73 頁。

周恩來闡明政治會議之意義，在訓政結束之過程中，使各黨派由協商而趨於合作，一改過去一黨在野一黨在朝之方式，亦非以此黨代替彼黨之方式，乃求黨派合作，共同參加政府，以求全國政治之安定。

王若飛指出政治會議即黨派協商會議，由蔣介石召集。在國民黨結束訓政，實施憲政之過程中，政府之組織與措施，皆可由此一會議以協議之方式求得一致之決定，然後通過蔣介石由政府執行之。所謂協議之方式，在求得各黨派間意見之一致，而非以多數表決也。

C. 共同施政綱領問題

周恩來說毛澤東在《論聯合政府》一文中，提出「我們共同的要求」，即是中共所希望通過之共同施政綱領。希望國民黨政府方面亦提出方案共同協商，及早決定，以便提付政治會議協議。

D. 參加政府問題

邵力子：參加政府之方式有二，即參加國防最高委員會或參加行政院。

周恩來補充說：還可以參加軍事委員會。

張厲生：主張各黨派可參加國防最高委員會，而不主張參加行政院。因前者為決策機關，而後者為執行機關。

張群：蔣介石之原意，擬開放國防最高委員會與行政院容納各黨派參加政府，並擬在行政院內設立政務委員會。上次王世杰主張：在國民大會開會以前，將政治會議改為經常的。各黨各派均得參加。各項問題經該會協議一致，即由蔣介石提交政府執行。如此，則國防會不必改組，法令亦不必修改，政府經常組織亦不必變更。邵力子支持此議。

E. 解放區問題

周恩來：現在中共控制之下有 19 個解放區。政治上已實行減息減租、民選政府。「我們如不採取此一辦法，即可實行普選，自省縣以迄區鄉之行政官吏，均可在中央與各黨派監督之下，實行民選，以選舉之結果，提請中央任命。此種由下而上之選舉，最為公開而徹底，也不許一黨包辦。」

王若飛：「關於解放區問題，並非我方要求政府重劃地區或分割省區，而是我方已有此種區域存在，且其所實行之減租減息與民選之制度，亦已為當地人民所擁護。」

張群：民主同盟主張在各收復區成立人事整理機構，亦不失為解決地區問題之一法。[63]

（6）第六次會議

9 月 15 日下午 3 時至 6 時 30 分，周恩來、王若飛與張群、邵力子就省區劃分、地方政府人選的推選、軍隊縮編和軍隊駐地等問題進行商談。

張群表示今天中午蔣介石之指示仍然如前，並無改變。周恩來在 9 月 3 日建議案內關於省區之擬議與國家政令之統一不符，礙難考慮。故此一問題，至今已經擱住。張群表示他們已想不出任何方法，請周恩來等給予意見。

周恩來建議任命中共人員的辦法：「或由下而上，根據民選之結果，呈請政府任命，或由中共推薦人員，請政府核委。二者似可擇一而行。如嫌我方提案太具體，則只須兩黨協商定妥，亦可不見諸文字。」例如山東全省 119 縣，何思源能治理者不過三數縣，而中共解放區已有 80 餘縣，皆有民選之縣長進駐各該縣城，中央即可承認加委。或採用由下而上之辦法，實行民選政府，呈請中央任命。

接着張群問有何具體辦法解決軍隊與解放區問題。

周恩來重申規定省區並協商省政府的建議，如某幾省由中共任主席，某幾省由中共任副主席。張群反對說：此乃有違政令之統一，不能接受。「即令人事上特殊情形，須予照顧，亦不能以此作為談判條件，以此條件限制政府。」

周恩來回答，這建議案是國民大會召開以前的過渡辦法。國民大會以

---

63 《重慶會談：第五次談話紀錄》，《戰後中國》（二），第 73 — 78 頁。

後，憲政實施，便可實行普選。王若飛也説，剛收復的東北與台灣，用人行政亦採取因地制宜的辦法。

張群説，為了要貫徹政令統一，不能完全承認中共所謂既成事實。重申立場，「凡國境以內，不容有兩套相反之法令制度，同時並行。」

周恩來説：中共已作重大之讓步，「承認國民黨為中國第一大黨」，故希望國民黨亦必須為中共打算，方能使國共兩黨各得其所。

邵力子又就中共的軍隊問題，要求中共編為 12 個師。

周恩來明確拒絕：「我方 120 萬軍隊，若要一旦即裁減為 12 個師，實不可能，故必須分期實施。我等盼望本月份內，雙方談判能將問題解決，問題解決之後，執行時間至少要三個月。」

張群忽然説國民黨內並未就國共分歧的問題進行討論，亦未準備任何方案與中共談判，只是盡量聽取中共意見和了解中共的困難，但現在發現中共所提軍隊數量與蔣介石規定的相差甚遠；蔣介石對解放區問題的態度亦不能再有變更，故此二者均未能獲得協議。張群坦白告訴周恩來：此次與他會談，是蔣介石指派，他們「實不能再作任何主張」，故建議「或者蔣主席與毛先生直接商量，較易獲得結果」。周恩來同意。

最後張群要求中共重新考慮軍隊駐地與解放區問題，「並盼轉告毛先生可否提出修正案」。[64]

（7）第七次會議

9 月 19 日下午 3 時，周恩來、王若飛與張群、邵力子、張治中等就軍隊縮編及駐地問題進行商談。

周恩來説，昨晚與今日上午我和毛澤東同志討論之結果，有二事奉告：

一是關於軍隊數目：赫爾利大使擬議中共軍隊之比例為五分之一，中共

64　《重慶會談：第六次談話紀錄》，《戰後中國》（二），第 78 — 86 頁。

願讓至七分之一,即中央現在有 263 個師,中共應編為 43 個師。以後中央軍隊縮編,中共亦依此比例裁編。如中央軍隊縮編為 60 個師,中共應為 10 個師。中央軍隊縮編為 120 個師,中共應為 20 個師。

二是關於軍隊、軍隊駐地與解放區三者:中共擬將海南島、山東、浙江、蘇南、皖南、湖北、湖南、河南境內,黃河以南八個地區之軍隊撤退,集中於蘇北、皖北及隴海路以北地區,此為第一步。第二步再將蘇北、皖北、豫北地區之軍隊撤退,而將中共所有之 43 個師集中駐防於山東、河北、察哈爾、熱河與山西之大部分、綏遠之小部分,與陝甘寧邊區七個地區。

解放區亦隨軍隊駐地之規定而合一,換言之,即山東、河北、察哈爾、熱河四省與陝甘寧邊區(中共亦要求劃為一省)之主席由中共推薦,山西、綏遠兩省之副主席,天津、北平、青島三特別市之副市長,亦由中共推薦人員充任。但對於蘇北、皖北、豫北三地區中共軍隊尚未撤退以前,其專員、縣長,仍由中共委任。北平行營亦由中共主持,並仿東北行營例,設政治委員會,由中共負責。

張群回應:「兄等所提此新方案,甚難考慮,余等亦無何意見,候轉呈蔣主席請示。」

張治中則指責中共在軍隊問題要求太過分,不必再討價還價。他認為這問題,不是距離之大小問題,而為根本觀點之不同的問題。「中共之觀點,總以為必有軍隊,有地盤,控制軍政機關,始有保障;而中央則認為軍令政令必須統一,於此原則之下始可解決問題。」又質疑:「中共軍隊悉數撤退至黃河以北,而據有黃河以北之地區,是無異分疆而治,欲三分天下有其一。」就軍隊數字而言,現要求增至 48 個師,較之抗戰初起之 3 個師,已增加 16 倍。中共要求與中央所能允許 12 師的距離是如此大,實無法再討論。

王若飛十分憤怒:「現在我方官兵都極憤慨,漢奸軍隊都已獲得中央之委任,而中共抗日部隊反而不能得到中央之承認。須知中共軍隊,即令不獲中

央之承認，不獲中央之接濟，亦能生存發展。」[65] 談判至此，劍拔弩張，瀕於破裂，於是休會。[66]

（8）第八次會議

9 月 21 日會議續就軍隊和解放區問題進行商談。會談一開始便充滿火藥味，張治中首先就昨日的爭辯對中共展開攻訐，說昨晚曾邀請政府軍事上各部門負責人商討，「大家對中共之過分要求，尤深為憤慨，覺得國家於抗戰結束之後，軍隊正須整頓縮編，而中共尚要求擴充數額，政府殊難予以考慮。」軍隊數字，至多亦不能超過中共去年之所提出的 5 個軍 16 個師的限額。其次，關於軍事指揮機構，北平行營之人事不能更改。再次，關於軍隊駐地，張治中更責難中共「所提華北四省主席應由中共推薦，省政由中共主持，此何異乎割據地盤，是否中共欲由此四省以北聯外蒙，東北聯東三省，果如此，則兄等究係作何打算？作何準備？」

王若飛立即回應：「那麼，中央將我黨軍隊都消滅好了！」

張治中：「既係商談，我等即應本溫和之態度從容協商。」

周恩來指出國共分歧的原因：「雖然今日我等之商談，係出於平等之態度，然而國民黨之觀念是自大的，是不以平等待中共的，故國民黨及其政府皆視我黨為被統治者，為投降者。自西安事變以來，即一貫如此。但吾人今日既言民主團結，彼此即應立於平等地位，如謂『我的是我的，你的亦應交給我』，此即非民主。」周恩來嚴正聲明：國民黨不能以領導者自居，而以被統治者視中共，否則，必惹起中共之憤怒。周恩來並說明中共並非不願交出所有軍隊政權，只要國民黨接納中共去年的提案，召開黨派會議，成立聯合政府，成立聯合統帥部，則中共一切軍隊與政權皆可交予政府處理。但現在政府尚在國民黨黨治時期，中共怎能將軍隊政權交與一黨之政府。

65 《重慶談判紀實》，第 213 頁。

66 《重慶會談：第七次談話紀錄》，《戰後中國》（二），第 86 — 89 頁。

王若飛也說：「軍隊國家化，所謂『國家』乃人民的國家，而非一黨的國家。如能召開黨派會議，成立聯合政府與聯合統帥部，則一切軍事政治皆可解決。國民黨所謂『統一』，乃是『服從』。」他認為國共之間不是平等協商，互相尊重彼此。王若飛又抗議：「漢奸偽軍已獲得委任，而抗日軍隊反不獲承認，反不能取得其應有的地位，其地位反不如漢奸偽軍。過去人民從敵人手中取得政權，而現在中央要從人民手中取回政權。」所以現在抗日部隊都很不滿。

張群解釋：「漢奸偽軍已獲委任，這是因為他們在抗戰期間反正投降過來，將功抵罪。」接着重申要求中共部隊「必須脫離黨派關係，打破地盤觀念」，並說如中共不接受，以後蔣介石即無法再與毛澤東談判了。

王若飛指責張群：「你所持的觀點，仍然是偏於你一方面的立場，而沒有承認我方的事實。」

張群回答：「我並非不承認中共之事實，我的意見，正是顧全現實，只求將軍隊數字商定，使軍隊與省區及省地方政治不要混聯一起。」接着雙方產生爭論。

王若飛指責國民黨不民主：「你們國民黨做了些甚麼？今日的問題，要看全國的民主實行到何程度，如能實行民主，問題即易解決。」

張治中回應：「國民黨領導國民革命，推翻滿清專制，創造中華民國，彼時中國共產黨尚不知在何地方。」

張群亦問王若飛：「你的意思，你們中共解放區一切都不能改動，中央一切法令規章都不能進去？！」

談判至此，已無法取得任何進展。第二階段談判至此乃告結束。[67]

經過三個星期的談判，中共「調子低，讓步大，表示委曲求全」；國民黨則乘機高壓，破壞聯合公報。因此中共在政治上處於有利地位，一切中間派

67　《重慶會談：第八次談話紀錄》，《戰後中國》（二），第 89 — 97 頁。

均為中共抱不平，認為中共已經做到仁至義盡，同情中共的主張。[68] 國民黨無法施壓令中共屈服，又恐談判破裂或無結果而散，他們向國內外都難以作出交代，於是談判中斷三天後，便主動找中共要求重開談判，27 日開始，雙方又進行了四次會談。[69]

4. 第三階段會談經過及結果

9 月 27 日至 10 月 5 日，共有四次會談，概況如下：

(1) 第一次會議

9 月 27 日上午 10 時會議續就軍隊縮編和解放區問題進行商談。開始時張治中說：中共現有之軍隊要縮編至規定之數字，尚須經過相當之程序與步驟。此中技術上之問題可否由軍令軍政兩部及中共派員另組小組會議，以便提供材料，共同商討？此議獲周恩來贊同。

關於解放區問題，周恩來提出暫維現狀，即現在各省政府所能治理之地，由省府治理；省府不能治理者由解放區治理之。此辦法若尚不能同意，則交由政治協商會議解決。張群表示這問題仍沒有真正的解決。

邵力子又就受降問題，要求中共注意下述事實：山東河北一帶重要城市如濟南、青島、北平、天津等，中央軍隊正空運前往受降，中共軍隊未能佔領；中共在山東河北雖佔有廣大地區，但交通線向在日軍控制之下，將來自亦歸中央接收，中央必須運用；及中共不能阻止中央在河北、山東一帶駐軍等。周恩來立即反對，說：「在商談未獲結果之前，中央除海空運輸部隊以外，若尚要利用鐵道，則我方決不能同意。……若胡宗南、閻錫山、李延年

68　《中央關於和國民黨談判的第二次祕密通知》（1945 年 9 月 26 日），《中共中央文件選集》（第 15 冊），第 293 頁。

69　金沖及：《周恩來傳（1898 — 1949）》（北京，人民出版社，1989 年），第 600 頁。

之部隊要利用新黃河以北之鐵路向前推進，我方不能不懷疑其有武力解決解放區之企圖，自然不能坐視。」[70]

（2）第二次會議

9月28日上午10時，商談開始，雙方互報派出參加軍隊整編技術小組人員。國民政府方面為軍政部次長林蔚和軍令部次長劉斐，中共方面為八路軍參謀長葉劍英。周恩來在政治協商會議上稱此小組為「三人軍事小組」。[71] 此小組並未召開過會談，馬歇爾使華後，由國共美三方成立「軍事三人小組」，負責整編軍隊問題，其源出於此。[72] 接着國共雙方就召開政治會議代表人選、協議方式等具體問題進行商討。張群提議會議人數25人，可伸縮至29人。周恩來提議：代表人數定為37人，國、共、民盟和無黨派每方9人，加一名主席。會議的方式應是平等的、自由的、一致的、公開的，協議結果應有最後拘束力。雙方無大爭論。[73]

（3）第三次會議

10月2日會議就政治協商會議商談，張群提出青年黨嫌代表人數太少。周恩來願將中共名額由9人減至7人，讓出兩名，給青年黨和民主黨派。此外，並談及如何避免衝突、受降、進兵等問題。周恩來提出，雙方可協商規定若干大都市由中央受降，若干地區中央不進兵，則鐵路運輸的恢復是容易的。張群說，中共破壞交通之目的在阻止中央進兵。周恩來解釋現時敵偽常利用交通線向解放區進攻，故不得不破壞。商談結束前，周恩來建議將近一

70　《重慶談判紀實》，第219—222頁；張九如：《和談覆轍在中國》（台北，聯經出版事業公司，1981年），第134—137頁。

71　《周恩來在政治協商會議上報告國共會談經過》（1946年1月12日），《新華日報》（1946年1月13日）。

72　《馬歇爾使華》，第56—57頁。

73　《重慶談判紀實》，第222—223頁。

個月來的談話紀錄整理出來，其中總的方針、軍事問題、政治會議等等，或已雙方同意，或彼此意見接近，擇其能發表者發表之，以解人民之渴望。國民黨代表表示同意。[74]

（4）第四次會議

10月5日，雙方先就政治會議的有關問題交換意見，接着又為解放區問題發生激辯。邵力子說：「中日戰爭發生之近因，乃因日軍要求華北五省之特殊化。今抗戰結束，兄等又有此要求，政府將何以向國民解釋？」周恩來立即嚴肅反駁：「以日本帝國主義比我中共很不適當，我黨提出關於承認解放區問題與日本帝國主義關於華北五省特殊化問題之要求根本不同。」由於兩方意見無法靠攏，周恩來於是指出，毛澤東來此已一月多，擬於下週返回延安。[75] 第三階段談判於是結束。

5. 第四階段會談經過

由10月8日至10日，共兩次（毛澤東與蔣介石之會談不算在內）。仍無突破發展。

第一次會議：10月8日，雙方就周恩來草擬的《會談紀要》交換意見。

第二次會議：10月10日下午，周恩來、王若飛與王世杰、邵力子、張治中在桂園客廳進行簡單商談後，共同簽署了《國民政府與中共代表會談紀要》。《會談紀要》共12項，內容如下：

中國國民政府蔣主席於抗戰勝利後，邀請中國共產黨中央委員會主席毛澤東先生，商討國家大計，毛先生於8月28日應邀來渝，進見蔣

---

74 《重慶談判紀實》，第223—224頁
75 《重慶談判紀實》，第224—227頁。

主席，曾作多次會談。同時雙方各派出代表，政府方面為王世杰、張群、張治中、邵力子四先生。中共方面為周恩來、王若飛兩先生。迭在友好、和諧的空氣中進行商談，已獲得左列之結果；並仍將在互信、互讓之基礎上繼續商談，求得圓滿之解決，茲特發表會談紀要如下：

（1）關於和平建國的基本方針：一致認為中國抗日戰爭業已勝利結束，和平建國的新階段即將開始，必須共同努力，以和平、民主、團結、統一為基礎；並在蔣主席領導之下，長期合作，堅決避免內戰，建設獨立、自由和富強的新中國，徹底實行三民主義。雙方又認同蔣主席所倡導之政治民主化、軍隊國家化及黨派平等合法，為達到和平建國必由之途徑。

（2）關於政治民主化問題：一致認為應迅速結束訓政，實施憲政，並應先採必要步驟，由國民政府召開政治協商會議，邀集各黨派代表及社會賢達，協商國是，討論和平建國方案及召開國民大會各項問題。現雙方正與各方洽商政治協商會議名額、組織及其職權等項問題，雙方同意一俟洽商完畢，政治協商會議即應迅速召開。

（3）關於國民大會問題：中共方面提出重選國民大會代表，延緩國民大會召開日期及修改國民大會組織法、選舉法和五五憲法草案等三項主張。政府方面表示，國民大會已選出之代表，應為有效，其名額可使之合理的增加和合法的解決，五五憲法草案原曾發動各界研討貢獻修改意見，因此雙方未能成立協議。但中共方面聲明，中共不願見因此項問題之爭論而破裂團結，同時雙方均同意將此問題提交政治協商會議解決。

（4）關於人民自由問題：一致認為政府應保證人民享受一切民主國家人民在平時應享受身體、信仰、言論、出版、集會、結社之自由：現行法令，當依此原則，分別予以廢止或修正。

（5）關於黨派合法問題：中共方面提出政府應承認國民黨、共產

黨及一切黨派的平等、合法地位；政府方面表示，各黨派在法律之前平等，本為憲政常軌，今可即行承認。

（6）關於特務機關問題：雙方同意政府應嚴禁司法和警察以外機關有拘捕、審訊和處罰人民之權。

（7）關於釋放政治犯問題：中共方面提出除漢奸以外之政治犯政府應一律釋放；政府方面表示，政府準備自動辦理，中共可將應釋放之人提出名單。

（8）關於地方自治問題：雙方同意各地應積極推行地方自治，實行由下而上的普選，惟政府希望不以此影響國民大會之召開。

（9）關於軍隊國家化問題：中共方面提出政府應公平、合理地整編全國軍隊，確定分期實施計劃；並重劃軍區，確定徵補制度，以謀軍令之統一。在此計劃下，中共願將其所領導的抗日軍隊，由現有數目縮編至24個師至少20個師的數目；並表示可迅速將其所領導而散佈在廣東、浙江、蘇南、皖南、皖中、湖南、湖北、河南（豫北不在內）8個地區的抗日軍隊着手復員；並從上述地區逐步撤退應整編的部隊至隴海路以北及蘇北、皖北的解放區集中。政府方面表示，全國整編計劃正在進行。此次提出商談之各項問題果能全盤解決，則中共所領導的抗日軍隊縮編為20個師的數目可以考慮。關於駐地問題，可由中共方面提出方案，討論決定。中共方面提出：中共及地方軍事人員應參加軍事委員會及其各部的工作，政府應保障人事制度，任用原部隊人員為整編後的部隊的各級官佐，編餘官佐應實行分區訓練；設立公平合理的補給制度，並確定政治教育計劃。政府方面表示：所提各項均無問題，亦願商談詳細辦法。中共方面提出：解放區民兵應一律編為地方自衛隊。政府方面表示：祇能視地方情勢，有必要與可能時，酌量編置。為具體計劃本項所述各問題起見，雙方同意組織三人小組（軍令部、軍政部及第十八集團軍各派一人）進行之。

（10）關於解放區地方政府問題：中共方面提出：政府應承認解放區各級民選政府的合法地位。政府方面表示：解放區名詞，自日本無條件投降以後，應成為過去，全國政令必須統一。中共方面開始提出的方案為：依照現有十八個解放區的情形，重劃省區和行政區；並即以原由民選之各級地方政府名單呈請中央加委，以謀政令之統一。政府方面表示：重劃省區變動太大，必須通盤籌劃，非短時間所能決定；同時政府方面表示，依據蔣主席曾向毛先生表示在全國軍令政令統一之後，中央可考慮中共推薦之行政人選。收復區內原任抗戰行政工作人員，政府可依其工作能力與成績，酌量使其繼續為地方服務，不因黨派關係，而有所差別。於是，中共方面提出第二種解決方案：請中央於陝、甘、寧邊區及熱河、察哈爾、河北、山東、山西五省委任中共推選之人員，為省府主席及委員，於綏遠、河南、江蘇、安徽、湖北、廣東六省，委任中共推選之人為省府副主席及委員（因以上十一省或有廣大解放區或有部分解放區）；於北平、天津、青島、上海四特別市，委任中共推選之人為副市長；於東北各省容許中共推選之人參加行政。此事討論多次後，中共方面對上述提議有所修改，請委省府主席及委員者，改為陝甘寧邊區及熱、察、冀、魯四省；請委省府副主席及委員者，改為晉、綏兩省；請委副市長者，改為平、津、青島三特別市。政府方面對此表示：中共對於其抗戰卓著勛勞，且在政治上具有能力之同志，可提請政府決定任用；倘要由中共推薦某某省主席及委員、某某省副主席等，則非真誠做到軍令、政令之統一。於是中共方面表示：可放棄第二種主張，改提第三種解決方案，由解放區各級民選政府，重新舉行人民普選；在政治協商會議派員監督之下，歡迎各黨派各界人士還鄉參加選舉。凡一縣有過半數區鄉已實行民選者，即舉行縣級民選。凡一省或一行政區有過半數縣已實行民選者，即舉行省級或行政區級民選。選出之省區縣級政府，一律呈請中

央加委，以謀政令之統一。政府方面表示：此種省區加委方式，乃非謀政令之統一，惟縣級民選加委可以考慮；而省級民選須待憲法頒佈，省的地位確定後，方可實施。目前只能由中央任命之省政府前往各地接管行政，俾即恢復常態。至此中共方面提出第四種解決方案，各解放區暫維現狀不變，留待憲法規定民選省級政府實施後，再行解決；而目前則規定臨時辦法，以保護和平秩序之恢復；同時中央方面認為可將此項問題提交政治協商會議解決。政府方面則以政令統一，必須提前實現。此項問題久懸不決，慮為和平建設之障礙，乃亟盼能商得具體解決方案；中共方面亦同意繼續商談。

（11）關於奸偽問題：中共方面提出嚴懲漢奸、解散偽軍。政府方面表示：此在原則上自無問題，惟懲治漢奸要依法律行之；解散偽軍亦須妥慎辦理，以免影響當地安寧。

（12）關於受降問題：中共方面提出：重劃受降地區，參加受降工作。政府方面表示：參加受降工作在已接受中央命令之後，自可考慮。

十二項條款中，第三、九、十等三項尚未獲協議，猶待續談。其後遂成國共爭議之焦點。第十二項受降問題規定中共接受中央命令之後，政府可以考慮其參加受降。換言之，中共不接受中央命令不能參加受降，國民黨仍然拒絕中共有受降權。

國共雙方除對上述三個問題無法取得協議外，當時爭執最激烈的是國軍陸路進兵接管日軍佔領地問題。國軍要求開赴一切敵佔區受降，而中共則懷疑其用武力侵佔解放區，故要求在受降問題解決之前，雙方部隊都暫駐原地。因爭執劇烈，故會談紀要沒有列入，嗣後雙方衝突，便因這問題而擴大。

三、國共對重慶談判結果的評估

1. 中共方面

毛澤東到重慶談判的目的是：爭取有利於人民的談判成果，並向國統區的廣大人民宣傳中共要求實現和平民主的政治主張，打破蔣介石的讕言。目的基本上都達到了。毛澤東認為經過重慶談判，中共取得了下列收穫：

第一，取得了平等地位。國民黨從來不肯承認共產黨的平等地位，現在也只好承認了。雙方採用平等的方式，正式簽訂協定，這是歷史上未有過的。

第二，有成議的六條，都是有益於人民的。[76] 周恩來在 1946 年也說：「我們並不因為蔣破壞了這些協定，就以為沒有了收穫。因為全中國人民都承認了這樣的事，認為中共的地位是不容抹殺的。國民黨雖背叛了協議，但也還不敢放棄黨派協商。」[77] 這次會談和達成的協議，有力地推動了中國的民主運動。

第三，中共的聲望大為提高。毛澤東到重慶之後，了解到中共在全國、全世界有很多朋友，中共不是孤立的。反對中國內戰，主張和平、民主的，不只是解放區的人民，還有大後方的廣大人民和全世界的廣大人民。他們不滿意國民黨政府，把希望寄託在中共方面。毛澤東到重慶發揮了很大的宣傳和統戰作用，蔣介石對此恨得要命，知道無法與中共和平競爭，決定以武力消滅中共。[78]

第四，毛澤東赴重慶談判，擊破了國民黨說共產黨不要和平、不要團結的謠言。在談判中間，提出了第一條中國要和平，第二條中國要民主。蔣介

76　毛澤東：《關於重慶談判》（1945 年 10 月 17 日），《毛澤東選集》（第四卷），第
　　1054 — 1061 頁。

77　周恩來：《一年來的談判及前途》，《周恩來選集》（上卷）（北京，人民出版社，
　　1980 年），第 254 頁。

78　秦孝儀：《總統蔣公大事長編初稿》（第五卷下冊），第 838 — 839 頁。

石沒有理由反對，被迫承認和平團結的方針，以後若發動內戰，就在全國和全世界面前輸了理，使中共更有理由採取自衛戰爭，粉碎國民黨的進攻。

第五，中共讓出八個解放區，擊破了國民黨內戰陰謀，以及共產黨就是要地盤、不肯讓步的惡毒宣傳，取得了國內外廣大中間份子的同情，在全國人民和全世界人民面前，使國民黨的謠言完全破產。[79]

當然，毛澤東知道，「已經達成的協議，還只是紙上的東西，紙上的東西並不等於現實的東西。」「國民黨一方面同我們談判，另一方面又在積極進攻解放區。包圍陝甘寧邊區的軍隊不算，直接進攻解放區的國民黨軍隊已經有80萬人。……它的主意老早定了，就是要消滅人民的力量，消滅我們。」所以毛澤東指示各局並轉區黨委：「大規模的軍事衝突仍不可避免，……戰勝這些進攻，絕對不可鬆懈。」「解放區——這個極端重要的問題不解決，全部和平建國的局面即不能出現。」[80]

毛澤東指示中共的任務就是堅持這個《雙十協定》，要國民黨兌現，繼續爭取和平；但也準備應付內戰，如國民黨要打，就把他們徹底消滅。

2. 國民黨方面

重慶談判對蔣介石而言是失敗的，他完全沒有達到邀請毛澤東到重慶談判的目的——使中共不戰而降。國民黨不能透過談判達到政令、軍令統一的目的，無法削減中共軍隊的數量，無法控制中共部隊的人事任命，無法令中共交出解放區政權，也無法令中共同意如期召開國民大會；反而被迫承認了中共和其他黨派合法化和地位平等，召開政治協商會議等。由於談判未能

---

79 毛澤東：《關於重慶談判》（1945 年 10 月 17 日），《毛澤東選集》（第四卷），第1054 — 1061 頁。

80 毛澤東：《中央關於雙十協定後我黨任務與方針的指示》（1945 年 10 月 12 日），《中共中央文件集》（第 15 冊），第 324 - 325 頁。

如願，蔣介石對中共的痛恨與日俱增。談判期間他在日記裏經常大罵中共，9月3日，他指責「毛共誠不可理喻也」。20日，蔣介石研究共黨問題，認為「目前最重大的問題，為共毛問題，國家存亡，革命成敗，皆在於此」；「其惡貫滿盈，死有餘辜」。24日，知道中共計劃召集人民代表大會，以對抗他的國民大會，大罵中共「陰毒極矣！」27日，毛澤東接受路透社記者訪問，向全世界和國統區的廣大人民宣傳中共要求實現和平民主的政治主張，徹底瓦解國民黨對中共消息的封鎖，使蔣介石氣得痛罵中共「勾結敵軍」、「叛國殃民」、「變相之漢奸」，咬牙切齒地說：「如欲不懲罰漢奸，處置叛逆則已，否則，非從懲治此害國殃民、勾敵構亂之第一罪魁禍首，實無以折服軍民，澄清國本也。⋯⋯ 如不加懲治，何以對我為抗戰而死亡軍民在天之靈耶！」29日，蔣介石列舉中共十項罪惡。10月2日，分析國共談判時中共所持的態度，又大罵：「共黨反盜為主，其到重慶在軍事政治上作各種無理要求，猶在其次，而且要將國民政府一切法令與組織根本推翻，不加承認，甚至實施憲政之日期，與依法所選舉之國民大會代表，亦欲徹底推翻重選，而代之以共黨之法令與組織，必使中國非依照其主張受其完全控制，而成為純一共黨之中國，不甘其心。」11日，毛澤東親到林園辭行，蔣介石表面以禮歡迎，在他的日記中則大罵：「共黨不僅無信義，且無人格，誠禽獸之不若矣。」「共黨之不可與同群也。」[81] 重慶談判期間，蔣介石天天都暗地裏大罵中共，殺機盡露。因此，無論談判簽訂甚麼協議，除非中共徹底降服，否則內戰是不可避免的了。

81　秦孝儀：《總統蔣公大事長編初稿》（第五卷下冊），第 816 — 856 頁。

第二十章

馬歇爾調處國共衝突

1

2

3

1   馬歇爾三人小組到延安
2   北平軍事調處執行部
3   馬歇爾與宋美齡、蔣介石

雙十《會談紀要》簽署三日後，10 月 13 日，蔣介石向各戰區下達「剿匪」密令，嚴令部下「努力進剿，迅速完成任務」。[1] 國軍沿着平漢、同蒲（大同到蒲州風陵渡）、正太（正定到太原）、平綏（北平至綏遠）、津浦（天津至南京浦口）四條鐵路線向解放區推進。從 10 月初到 11 月初的一個多月中，國共發生了上黨、邯鄲、綏包和津浦路徐州段四次大規模的戰鬥，國軍全部戰敗，無法從陸路推進受降，只能依靠美國海空運輸，進駐了北平、天津、濟南和青島等大城市。山東、河北、江蘇等地廣大地區幾全受共軍控制。東北方面，共軍在華北乘地利之便，分水陸兩路搶先出關。國軍需等待美國軍艦運送，延至 10 月 30 日才登陸秦皇島出關，但沿途受共軍阻擊，延至次年 3 月 16 日才到達瀋陽。[2]

一、重慶談判後之國共談判

國共衝突範圍遍及各地，規模不斷擴大，內戰面臨全面爆發。但這時中共的兵力和火力尚不足與國軍硬拚，解放區不穩，勝利後佔領之淪陷區未固，東北立腳未定，新四軍第五師及東江縱隊未撤，形勢對中共頗為不利，為達到「北進南防」的戰略，中共一方面發動自衛戰爭，阻止國軍進攻解放區；一方面繼續爭取和平，指責國民黨破壞《會談紀要》，[3] 希望正義的人士和國家出面調停，使中國恢復和平。11 月 5 日，中共呼籲全國人民動員起來，

1　《胡宗南 10 月 24 日致高樹勛電》，《新華社太行（1945 年 11 月 6 日電）》。

2　國防部史政編譯局編：《戡亂戰史》（三）（台北，國防部史政編譯局，1981 年），第 16 — 19 頁；軍事科學院軍事歷史研究部編：《中國人民解放軍戰史》（第三卷）（北京，軍事科學出版社，1978 年），第 16 — 27 頁。

3　《解放日報》社論，1945 年 10 月 30 日。

用一切方法制止內戰。[4] 14 日，延安《解放日報》社論以《再一次呼籲和平》為題，說「和平有百利，實在必要；內戰有百害，實在要不得」。[5] 16 日，中共又說國民黨調動 200 萬大軍發動全面內戰，並說「中共決心追隨在全國人民與全世界關切中國和平民主人士之後，隨時追求一切恢復和平的希望」。[6]

國民黨一方面以受降名義進攻解放區；同時也表示和平，願和中共談判。10 月 20 日，周恩來、王若飛同張群、王世杰、邵力子就政治協商會議進行簽訂《會談紀要》後的第一次國共談判。21 日，周恩來指出：國民黨軍進犯解放區已達 70 萬人，再前進，必引起內戰。要求國方停止進兵，承認各邊區政府。

22 日，周恩來在談判時提出：規定雙方停止攻擊，各守原防不動；規定受降區，各自執行，不得相犯。23 日，周恩來指出：孫連仲部向河北、閻錫山部向大同、胡宗南部向石家莊前進，抗戰初期這些地區早已劃歸第十八集團軍。現在國軍進兵，使衝突無法避免。26 日，國方代表向中共代表提出三點：

1. 鐵路交通必須恢復。

2. 中共軍隊撤退至鐵路線以外，其已佔領之區域暫維現狀。

3. 中共軍事代表葉劍英應早日來渝，進行軍事小組會議，商談中共軍隊整編及駐地問題。

周恩來說，在解放區問題未解決，受降區沒有重劃以前，國軍進兵，即為進攻；必須停止進兵，才能恢復交通。雙方就進兵問題反覆磋商，無法取得實質協議。[7] 25 日，周恩來飛返延安。

4　毛澤東：《國民黨進攻的真相》（1945 年 11 月 5 日），《毛澤東選集》（第四卷），第 1064 — 1066 頁。

5　延安《解放日報》社論，1945 年 11 月 14 日。

6　《國民黨調動二百萬大軍發動全面內戰的真相》，重慶《新華日報》，1945 年 11 月 16 日。

7　中共中央文獻研究室：《周恩來年譜（1898 — 1949）》（北京，中央文獻出版社，1990 年），第 624 — 627 頁；《向馬歇爾特使提出之中國共產黨問題節略》，台灣《近代中國》，第九期。

二、馬歇爾使華方針的擬定

美國密切注視中國局勢，11月4日，美國駐重慶大使館致電美國總統杜魯門說：「中國內戰看來將要爆發了！」27日，杜魯門與赫爾利在白宮討論中國局勢，一致認為，赫爾利最好立即返回重慶。赫爾利當時同意，但相隔不到兩小時，卻公開辭職。事因赫爾利與外交官艾契遜、范宣德關係惡劣。杜魯門繼任總統後，艾契遜升任副國務卿，范宣德升遠東司司長，赫爾利遂不安於位。另外，他又違背與毛澤東在延安達成的協議，被毛澤東發表《赫爾利和蔣介石的雙簧已經破產》和《評赫爾利政策的危險》兩篇文章，點名批判。重慶談判時他充當國共雙方的調解人，但欠缺公正，更以暗示回國作為要脅。毛澤東、周恩來說「中國人的事中國人自己辦」，讓赫爾利自討沒趣，在9月22日返美；[8] 返美後便表示不願回任，兩次要求辭職，但分別被杜魯門和國務卿貝爾納斯慰留。11月27日晨，閱下議員 Hugh Delacy 批評他的報道，憤而在中午12時之全國新聞俱樂部記者招待會公開辭職，責備美國駐華外交人員站在中共一邊，並攻擊美國之失策。[9] 杜魯門擔心此事會給予共和黨人攻擊的藉口，為平息此事的震盪，於是派無黨派色彩但聲望資歷均超過赫爾利的馬歇爾使華，調解國共糾紛。[10]

1880年12月31日，馬歇爾（George Catlett Marshall）在美國賓夕法尼亞州聯邦鎮出世，1901年在維珍尼亞軍事學院畢業，先後在菲律賓、歐洲戰場和中國天津服役。1927年出任喬治亞州本寧堡步兵學校副校長，1939年被羅斯

8　童小鵬：《風雨四十年》（第一部）（北京，中央文獻出版社，1994年），第361頁。

9　*The China White Paper*, August 1949（California, Stanford University Press, 1979），p. 581-584.

10　梁敬錞：《馬歇爾奉使來華》，《中美關係論文集》（台北，聯經出版事業公司，1982年），第110頁；資中筠：《美國對華政策的緣起和發展（1945 — 1950）》，（重慶，重慶出版社，1987年），第62 — 63頁。

福提升為陸軍參謀長，第二次世界大戰期間，策劃後勤，制定先歐後亞戰略，結果先敗德意，再平日本。戰爭結束時，晉升五星上將，威望達到頂點。[11]

馬歇爾使華代表了美國計劃：讓中國在一個非共產黨政權下保持穩定，並以此防止整個東亞混亂和蘇聯擴張。狹義地看，馬歇爾使華的原因，是杜魯門力圖平息赫爾利辭職的政治震盪，然而從宏觀的角度看，促進中國的穩定是符合美國利益的。因為二戰之後，德、日、英、法在中國的勢力完全被清除或大大削弱，只有美國保持對中國巨大的影響力，可望獨霸中國市場和壟斷原料供應。此外美蘇爭霸局面形成，中國可在遠東幫助美國抵制蘇聯。羅斯福向英國外交大臣艾登坦率地表示：「在與蘇聯的任何嚴重的政策衝突中」，「國民黨中國將站在我們一邊」。[12]

當時，美國視中共只是蘇聯的代言人和進行擴張的工具，認為「如果中國共產黨勝利，則中國無疑將變成蘇聯的傀儡」，[13] 所以支持蔣介石來防蘇，加之美軍大量復員，難以進行軍事介入，因此，杜魯門派遣馬歇爾使華，調處國共衝突，讓蔣介石可以統一中國。[14] 最低限度，延遲中國內戰爆發，爭取時間進行美式培訓及裝備國民黨海陸空三軍，[15] 協助蔣介石控制戰略要衝，在全面內戰爆發時佔據有利地位。

馬歇爾使華的任務實際上是支持蔣介石和制止中國內戰。這兩點本身互

11　莫士萊（Leonard Mosley）：《馬歇爾傳》（*Marshall: Hero For Our Times*）（台灣，商務印書館，1987 年），第 1 — 174 頁。

12　羅伯特·舍伍德（Robert Shetwoad）：《羅斯福與霍普金斯》（*Roosevelt and Hopkins*），紐約 1948 年版，第 718 頁。

13　《美國外交關係》，1945 年，第 7 卷，第 633、659 頁。

14　威廉·斯圖克：《馬歇爾與魏德邁使華》，《中美關係史上沉重的一頁》（北京，北京大學出版社，1989 年），第 147 頁；楊奎松：《1946 年國共兩黨鬥爭與馬歇爾調處》，《歷史研究》，1990 年第 5 期，第 53 頁。

15　資中筠：《美國對華政策的緣起和發展 1945 — 1950》（重慶，重慶出版社，1987 年），第 414 — 424 頁。

相矛盾，當時國軍正進攻解放區，支持蔣介石就等於鼓勵他發動內戰，破壞和平。若兩者不能共存時，如何取捨？另外，美軍正協助運送國軍到衝突前線，為蔣守衛港口、倉庫和戰略要點，已經間接支持了蔣介石打內戰。這些行動與美國不願捲入中國內戰的政策相矛盾，破壞了美國作為衝突調停人的中立地位。在各種矛盾中，馬歇爾如何行動，需要有一個政策性的指示。美國最高當局經討論後，最後擬定一份公開文件：《杜魯門對華政策聲明》；另有一份不發表的、供內部掌握的備忘錄。

馬歇爾任命發表後，杜魯門即命白宮參謀長李海（William Leahy）草擬使華訓令。國務院遠東司范宣德（John Vincent）已經擬具對華事務處理大綱（Outline of Suggested Course of Action in China），由國務卿貝爾納斯（James Byrnes）面交馬歇爾。馬歇爾與郝爾（John Hull）中將、克萊（Howard Craig）少將研究後，認為范宣德所擬的文件不盡適用，故根據范稿在 11 月 30 日另擬一稿。

1945 年 12 月 7 日至 14 日，貝爾納斯、馬歇爾、李海與杜魯門多次連續討論美國對華政策，內容包括談判若失敗，美國將怎麼辦。

杜魯門與貝爾納斯對馬歇爾表示：如果中共不肯作出美國認為是合理的讓步，以致談判失敗，馬歇爾將獲授權助蔣向華北運軍隊；但如果是蔣介石不肯作合理的讓步，在此情況下，美國如果放棄支持蔣，蘇聯便可能控制東北，結果會令美國在太平洋作戰的主要目的失敗。換言之，不管談判是否成功，美國都會支持蔣介石，準備不顧體面地違背承諾，改變已宣佈的所謂不支持中國內戰的政策。貝爾納斯補充說，只是美國不再增派軍隊到中國去。[16]

12 月 14 日，杜魯門親自交給馬歇爾一封由他簽署的信和對華政策聲明的最後定稿，作為其使華的指示。馬歇爾再次提出這個問題，並據此寫成了他自己擬的備忘錄：

16　FRUS，1945，Vol.7，p.767 — 769.

「設若不能得到委員長之合作，美國政府通過我仍宜對蔣委員長的政府，在已宣佈的美國政策範圍內予以支持。」[17]

另外還有一個重要問題，也是國共和談中的癥結所在，就是政治民主化與統一軍隊孰先孰後的問題。馬歇爾修正了范宣德的稿文為：

> 認識到這就需要修改中華民國國父所建立的一黨「訓政」制度。……與廣泛代議制政府的建立*同時並進*，自治軍隊應予取消，一切中國武裝部隊應有效地合併成為中國國民政府軍。

國務院建議取消「*同時並進*」字樣，軍方堅持保留。理由是：廣泛的代議制政府的建立實際上是一件曠日持久的事，如軍隊一體化不同時進行，等於「自治軍隊」（指共軍）將保留下去。最後，接納了馬歇爾修改稿，但是把「*同時並進*」改為模稜兩可的「*在廣泛代議制政府建立之時*」。

上述決策過程說明了杜魯門、馬歇爾以及其他當時參與決策的美國政府人士對中國當時的情況、國共兩黨分歧癥結所在，以及美國政策可能產生的後果，都是清楚的，並經過反覆考慮，並非如後來某些人所說，是對中國情況認識不足，糊裏糊塗給捲進去的。

蔣介石和許多台灣學者解釋他們掉了大陸的主要原因：是馬歇爾偏袒中共。馬歇爾因為蔣介石革退他的好友兼部下史迪威而心懷怨恨，美國軍方視之為奇恥大辱，於是利用調處國共關係的機會，扶持中共，阻止國軍利用軍事優勢消滅中共，又執行軍火禁運，打擊國軍戰鬥力和削弱軍隊士氣，使軍事形勢惡化，最後被中共打敗。蔣介石的著作對馬歇爾惡評如潮，認為馬歇爾是令國民黨掉了大陸的罪魁禍首！但若細看美國擬定對華政策的過程，馬歇爾代表的軍方主張援蔣甚力，不管蔣介石對和談態度如何，也要支持到

17　FRUS，1945，Vol.7，p.767 — 770.

底。他本人在決策中也起了極重要的作用。最後的總統指示，也是他一手推動下，自己起草的。如說馬歇爾反蔣扶共，這裏找不到證據，相反只有扶蔣反共的鐵證！就是被蔣介石一併批評的范宣德，也只是站在美國的利益考慮，擔心美國捲入中國內戰的不利後果而已，沒有證據說明范宣德是基於個人好惡而主張反蔣扶共。

通過馬歇爾使華的政策討論，自抗戰末期一直存在於美國政府對華政策的內部分歧，逐漸統一到更加積極扶蔣反共的政策上來。

三、馬歇爾初度折衝

1945 年 12 月 15 日，杜魯門發表美國對華政策聲明（全文）：

　　美國政府認為：在這個新的未開拓的時代，世界的和平與繁榮要靠主權國家一致協力，在聯合國組織中為集體安全而努力。

　　美國政府堅信：一個強盛、團結和民主的中國，對於聯合國組織的成功和世界和平，是極端重要的。不論由於外國侵略，如日本做的那樣，或由於劇烈的內爭，而使中國變成為紊亂的、分裂的中國，那麼，它在現在和將來都將是一種危及世界穩定與和平的力量。

　　美國久已信守主權國家的內部事件應該由那裏的人民負責處理的原則。本世紀以來的事件，都指明了：如果任何地方的和平被破壞了，那麼全世界的和平都會遭到威脅。因此，為了美國和全體聯合國家最重大的利益，中國人民應不放過以迅速的和平談判的方法解決內部分歧的機會。

美國政府認為下列措施非常重要：

一、為了能完成全中國復歸於中國的有效的控制，包括立即撤退日軍在內，國民政府軍隊與中國共產黨及其他各種意見不同的武裝力量間，應即設法停止敵對行動。

　　二、應召集包括各主要政治力量的代表的全國會議。籌商早日解決目前的內爭的辦法 —— 一種足以達成中國的團結的辦法。

　　美國與其他聯合國國家，都承認現在的中華民國國民政府是中國惟一合法政府。它也是達到中國團結統一這個目的之適當機構。

　　英美兩國根據 1943 年開羅會議的宣言，蘇聯依據其所參加之 7 月間的《波茨坦宣言》和 1945 年 8 月簽訂的中蘇條約和諸協定，對中國的解放，包括將滿洲歸還中國在內，都有一定的約定。以上這些協定都是和中國國民政府訂立的。

　　為了在進行這次戰爭中繼續和中華民國國民政府不斷的親密的合作，為了執行《波茨坦宣言》，以及消除日本勢力保留在中國的可能，美國在解除日本軍隊武裝，以及撤退日軍方面，擔負了確定的義務。

　　因此美國不但已經協助，而且還將繼續協助中華民國國民政府，使解放區中日軍的解除武裝和撤退得以實現。美國海軍陸戰隊駐在華北，就是為了這個目的。

　　美國承認並將繼續承認中國的國民政府，特別是在清除日本在華勢力這方面要與它合作。美國相信，為了有效地達成這個目的，就必須迅速設法停止敵對行動。

　　美國的支持將不致發展為軍事干涉，以致左右中國任何內爭的發展。

　　為了恢復首先由日本侵略滿洲而破壞之和平，美國已經被迫付出巨大的代價。除非日本在華勢力全部被掃除，除非中國成為一個團結、民主、和平的國家，並取日本地位而代之，否則，太平洋的和平就是不被破壞，也要遭逢危機了。美國的海陸軍所以要暫時駐在中國，就是為了這個目的。

美國知道目前的中國國民政府是一黨政府；同時相信，假使這個政府擴大其基礎，容納國內其他政治力量的份子，那麼中國的和平、團結和民主的改革才能推進。所以美國堅決主張，中國各主要政治力量的代表的全國會議，應該對於使這些政治力量在中國國民政府中，都能得到公平和有效的代表權的諸辦法，成立協議。

一般公認，此舉亟需修改一黨訓政，這種一黨訓政乃是中國國父孫中山先生在全國推行民主的過程中所創立的過渡辦法。

自主性軍隊的存在，如共產黨軍隊，不但與中國政治團結不符合，並實際上促使它不可能實現。在一個有廣泛的代表性的政府成立後，自主性質的軍隊應當取消，而全中國的武裝部隊都應有效地編入中國的國軍。

美國政府根據它一貫表示的關於民族自決的意見，認為關於中國的團結的詳細的必要步驟，必須由中國人民自己擬定出來，任何外國政府對這些事情的干涉，都是不適當的。

美國政府覺得：中國對其他聯合國家負着一個明確的責任，就是消弭國內的武裝衝突，因為那是對世界安定與和平的一種威脅。這個責任是國民政府和一切政治和軍事的集團都要共同擔負的。

當中國由上述的途徑走向和平與團結的時候，美國將準備用各種合理的辦法，來協助國民政府復興中國，改進農業和工業經濟，並建立一個力足對維持和平及秩序盡其本國及國際責任之軍事組織。

為了增進這種援助，美國政府將準備對中國要求信用貸款及借款，以便進行在全國發展健全的經濟及中美間健全的貿易關係的計劃一事，在合理條件之下給予善意的考慮。[18]

---

18 《美國總統杜魯門對華政策聲明》（1945 年 12 月 15 日），中共代表團梅園新村紀念館編：《國共談判文獻資料選輯 1945.8 — 1947.3》（南京，江蘇人民出版社，1980 年），第 9 — 11 頁。引自《新華日報》（1945 年 12 月 17 日）。

同日，馬歇爾自美出發赴華。17 日，中共就杜魯門聲明發表談話，要求「中國內戰之立時的、全面的與無保留的終止，並要求即將在重慶召集政治協商會議，執行各黨派代表會議的職權，結束一黨專政與改組國民政府」。並希望美方終止「超過了解除日軍武裝的範圍」。[19] 21 日，馬歇爾在南京與蔣介石初度會談，蔣介石告訴馬歇爾：「中國所以不能統一，乃由中共擁兵割據，仰承蘇聯鼻息，其同意和談乃在爭取時間，政府必須迅速收復華北，方能促使中共言和。」馬歇爾回答：「美國人民不願干涉他國內政，此種情緒，相當強烈，足以左右杜魯門總統之行動。」坦率表明希望看到中國早日實現統一與和平，否則美國人民將不允許總統繼續對中國提供軍事和經濟援助。[20] 並再三告訴蔣介石，「國民黨對共黨愈謙讓，而共黨愈驕矜，則杜魯門總統助華之目的愈易達成。」[21] 暗示若由中共導致和談失敗，則國民黨可獲美國大力支持。不過蔣介石並不領悟馬歇爾的話中玄機，以為馬歇爾只是阻他向中共動武。

22 日，馬歇爾至重慶，次日下午 4 時，周恩來、葉劍英、董必武往訪馬歇爾，周恩來先表示歡迎，並說中共的政策是和羅斯福總統相同的，即用民主的方法解決國內的一切問題。周恩來讚揚杜魯門聲明，並對其中的主要論點予以解釋，即：

（1）中國不能內戰：中共已經提議立即無條件停戰，然後再談一切。因為戰事不停，則會談不易獲結果，而且會引起新的問題。

（2）民主政治：現在政府是一黨政府，政府軍隊也屬一黨的軍隊，所以中共被迫拿起武器自衛。中共一向主張軍隊國家化的，但這個國家必須是一個有憲法的國家，中國現尚無憲法。

19　《中共中央發言人關於杜魯門對華政策聲明的談話》（1945 年 12 月 17 日），《中共中央文件選集》（第 15 冊），第 496 — 497 頁。

20　中國社會科學院近代史研究所翻譯室譯：《馬歇爾使華》（北京，中華書局，1981 年），第 29 至 30 頁。

21　秦孝儀：《總統蔣公大事長編初稿》（第五卷下冊），第 907 頁。

（3）中共主張現在成立一個臨時性的民主聯合政府：希望這次政治協商會議能夠產生這樣的政府，草擬憲法，再由改組了的政府籌備國民大會，通過憲法，使中國走入憲政的國家。[22]

這一番話合情合理，消除了馬歇爾對中共有關杜魯門政策的憂慮，遂令馬歇爾欣然邀周恩來乾杯，認為他的任務可順利完成，如有阻梗必來自國民黨政府。[23] 國民黨與馬歇爾的關係一開始便不融洽，陳立夫反對請馬歇爾調處，認為任何人都比馬歇爾好，陳立夫對蔣介石說：國共問題，調解成功之機會極少，「馬歇爾將軍英雄人物，為世所稱，此番出任調人，只能成功，不能失敗，一旦失敗，如何下場？」此外又說馬歇爾到華不久，便顯示了他對國民黨的偏見，在政府為他而設的洗塵宴上竟以殖民地總督式的口吻，批評政府官員，令赴會的文武百官甚為不悅。蔣介石又曾介紹王寵惠、吳鐵城、陳立夫予馬歇爾認識，說有關政府黨政資料可與他們接洽，王、吳、陳三人在 12 月 25 日禮貌拜訪馬歇爾一次，此後便從未接到馬歇爾的電話或通知約見。[24]

12 月 30 日，蔣介石與張群、王世杰商談中共問題，蔣介石考慮馬歇爾參加調處之問題：「1. 馬歇爾主張共軍改編時，應與政府軍混合編成，以免共軍割據地盤之顧慮；彼果有此主張，則可信任其參加三人小組會議，使能負責調處。2. 對共條件應着重在軍隊統一與統轄於中央，而對政治方面盡量開放為主，如馬歇爾能參加，則當信任之，交其主持。」[25]

1946 年 1 月 1 日，馬歇爾同周恩來會談，建議國、共、美三方各出一人組成委員會，處理有關停戰、恢復交通和受降事宜，取一致協議方式，每方都有否決權。一切決議須送國、共最高當局核准後始生效。三人委員會可在

22　周恩來：《歡迎馬歇爾來華促進中國和平》（1945 年 12 月 23 日），《周恩來一九四六年談判文選》，第 22 — 24 頁。

23　梁敬錞：《馬歇爾使華報告書箋註》，未刊稿，第 49 — 50 頁。

24　陳立夫：《我與馬歇爾將軍》，《近代中國》，1977 年 12 月，第四期，第 109 頁。

25　秦孝儀：《總統蔣公大事長編初稿》（第五卷下冊），第 910 頁。

離衝突地區較近的地方設一機構處理有關的一切具體問題。周恩來表示：「中共歡迎杜魯門總統的聲明、三國外長會議的公告和你今天的表示。中共一方面希望盟國過問中國的內爭，但同時也希望盟國能恪守『不干涉中國內政』的諾言。」[26] 3 日，周恩來向馬歇爾轉告中共中央歡迎他參加協商。馬歇爾詳細解釋他的調處計劃：在北平設軍事調處執行部（簡稱執行部或軍調部），執行已取得協議的政策，監視停戰，公正地作調處。執行部由國、共、美三人委員會組成，一切行動須根據一致協議。下設四個交通中心、八個小組；並解釋美國有義務幫助國民黨運兵去東北。周恩來表示承認東北有其特殊性，但該處不僅關係美軍遣送日軍回國的義務，而且關係中蘇條約中所規定的義務。故對東北問題，還要考慮。[27] 5 日晚上 6 時，中共代表周恩來、董必武、王若飛、葉劍英與國民黨代表張群、王世杰、邵力子，就停止軍事衝突、恢復交通問題進行商談，終於獲得協議，擬定《關於停止國內軍事衝突的協議》，內容如下：

（1）停止國內各地一切軍事衝突，並恢復一切交通。關於停止衝突及恢復交通之命令，依第二條規定商定之。

（2）因國內軍事衝突及交通阻塞等事，與我國對盟邦所負有之受降及遣送敵俘等義務有關，故應由政府與中共各派代表一人，會同馬歇爾將軍從速商定辦法，提請政府實施。

（3）由國民參政會駐會委員會及政治協商會議各推定國共兩黨當事人以外之公正人士八人，組織軍事考察團，會同國共雙方代表，分

26　周恩來：《歡迎外來的友誼協助，希望盟國不干涉中國內政》（1946 年 1 月 1 日），《周恩來一九四六年談判文選》，第 28 頁。

27　周恩來：《停戰協定中如何規定東北問題還要考慮》（1946 年 1 月 3 日），《周恩來一九四六年談判文選》，第 29 頁；中共中央文獻研究室編：《周恩來年譜（1898 — 1949）》，第 634 頁。

赴全國發生衝突區域考察軍事狀況，交通情形，以及其他與國內和平恢復有關事項，隨時將事實真相，提出報告並公佈之。[28]

國共雙方根據協議之第二項，各自推定張群和周恩來商議實施辦法，並正式肯定了馬歇爾的調停人身份與成立三人會議，說明其職責是商定停止衝突、恢復交通、受降和遣俘等辦法。第三項協議其後發展成軍事調處執行部的執行小組，分赴各衝突地區調處衝突及恢復交通。協議達成後，正式展開了馬歇爾的調處工作。

四、三人會議的商談經過

1946 年 1 月 7 日，到 1947 年 1 月 29 日美國宣佈與三人會議解除關係為止，期間三人會議商談的經過，可分為四個階段：

第一階段：1946 年 1 月 7 日至 3 月 10 日。三人會議分別就停戰命令、恢復交通和軍隊整編三個問題進行商談，先後達成《關於停止國內軍事衝突、恢復交通的命令和聲明》（簡稱「停戰命令」）、《和字第四號命令（恢復交通協議）》和《關於軍隊整編及統編中共部隊為國軍之基本方案》（簡稱「整軍方案」）三個協議。根據停戰命令，1 月 14 日三人會議在北平設立「軍事調處執行部」，由國共美三方各派出代表組成，處理一切有關具體問題。軍事調處執行部先後派遣 36 個執行小組到國共嚴重衝突的地區，監督停戰命令實施，制止國共衝突。執行小組其中有 29 個屬停戰小組，負責制止衝突，維持和平；其餘 7 個小組屬交通小組，監督修復交通線的工作，及防止破壞交通。取得初

---

28 《國共雙方關於停止國內軍事衝突辦法達成的協議》，《新華日報》，1946 年 1 月 11 日。

步成果後，馬歇爾、張治中、周恩來隨即巡視華北，監督停戰命令的執行。

第二階段：1946 年 3 月 11 日至 4 月 17 日。這時東北局勢日趨緊張，馬歇爾建議派遣執行小組前赴東北，三人會議遂就東北停戰及接收主權等問題進行商談。這時馬歇爾返美述職，三人會議在馬歇爾缺席的情況下仍達成東北停戰協議，但蔣介石阻撓執行，於是局勢惡化。4 月 15 日，共軍攻佔長春，蔣介石決意奪回長春，於是東北大戰，談判停頓。

第三階段：1946 年 4 月 18 日至 6 月 30 日。馬歇爾再度來華，默許蔣介石在東北大打內戰，5 月 23 日，國軍重佔長春。6 月 6 日，蔣介石在馬歇爾壓力下，同意停戰。自此，國共雙方邊談邊打，續就停戰、恢復交通與軍隊整編問題進行談判。雖獲協議，但蔣介石拒絕簽署。30 日，蔣介石單方面宣佈的停戰限期屆滿，國軍全面向中共發動進攻。

第四階段：1946 年 7 月 1 日至 1947 年 1 月 31 日。這階段戰火在全國燎原，美國無法制止戰爭之餘，竟繼續給予大量軍事物資予蔣介石，縱容蔣介石大打內戰。同時，誘使蔣介石簽訂極之喪權辱國的《中美商約》，令中國變成美國的殖民地，無法不令人質疑美國調處的真正企圖。7 月 11 日，美國任命司徒雷登為駐華大使，協助馬歇爾進行調處。兩人雖盡力奔走，仍無法結束戰爭，國軍先後攻佔中原解放區和張家口，並單方面召開國民大會，令國共關係徹底破裂。馬歇爾因此失去召開三人會議的信心，中國第三勢力曾經為爭取和平作最後努力，但亦失敗。最後，馬歇爾放棄調處返美，宣佈與三人會議解除關係。國共關係破裂，內戰全面爆發。

五、馬歇爾調處的主要內容

由於會議的類別和次數太多，現以重點方式簡介馬歇爾調處的主要內容。

1. 赤峰、多倫受降之爭

赤峰、多倫分屬熱河和察哈爾兩省，如被中共控制，則能保證其華北與東北的交通，及為東北共軍提供戰略屏障；若被國軍佔領，便可以包圍華北解放區，孤立東北共軍。故兩地為國共雙方勢所必爭的戰略要衝。[29]

1946 年 1 月 7 日開始舉行會議，國共雙方就接收赤峰和多倫的問題展開激辯。張群說根據中蘇協定，政府應接收所有蘇軍佔領之區域，包括赤峰、多倫。周恩來說東北問題既與蘇聯有關，則蘇聯應加入討論該問題。但張群沒有回應。周恩來說：兩地主權已由第八路軍接收，八路軍亦為中國軍隊，所以不了解政府為何忙於用武力接收各該區域？[30] 國共雙方為此爭論不休，馬歇爾考慮到停戰令其他條款的討論進展都相當順利，若為此問題爭執不下，便無法得到協議，會阻礙全國停戰，於是尋求國共任何一方作出讓步，先派助手薛蒲萊前往遊說周恩來，但失敗。[31] 9 日，周恩來往見馬歇爾說：停戰的條件已經一切具備，現如僅赤峰、多倫兩地之爭而致無法停戰，我們恕難負責。我先來和你單獨會談，「便是希望能得到你的幫助達到立即停戰，公佈命令，以符合全中國人民的利益和世界的希望」。最後，周恩來總結說：「一句話，我的意思是希望停戰命令立即公佈。明天政治協商會議即將開幕，蔣委員長將致詞。停戰命令公佈了，也能給他一個很好的基礎。」[32]

周恩來一方面嚴正堅持中共的立場，表明無法退讓；另一方面，掌握了

29　台灣國防部史政編譯局編：《戡亂戰史》（四）（台北，國防部史政編譯局，1984 年），第 178 — 179 頁；易飛先：《1946 年初國共圍繞赤峰、多倫歸屬權的鬥爭》，《黨史研究資料》，1992 年第 2 期，第 17 頁。

30　《國共會談紀錄：三人會議》，第一卷。

31　周恩來：《要我讓出赤峰、多倫的方案無法考慮》（1946 年 1 月 8 日下午 2 時 3 刻），《周恩來一九四六年談判文選》，第 41 頁。

32　周恩來：《首要問題是立即停戰》（1946 年 1 月 9 日上午），《周恩來一九四六年談判文選》，第 47 — 49 頁。

馬歇爾輸不起的心理，反遊說馬歇爾支持中共。現在他的努力成功在望，沒理由為了區區兩塊地方而功虧一簣。而且若蔣介石讓步，在翌日召開的政治協商會議上同時公佈停戰命令，是可以收到十分震撼的政治效果。蔣介石固然有面子，他的功勞更是舉世推崇。周恩來讓馬歇爾只能在成功和失敗之間作一選擇。時間不多，馬歇爾連考慮多一天的時間也沒有。結果，這番話打動了馬歇爾，讓他反過來勸說蔣介石讓步。

蔣介石需依靠美國運兵，迫於無奈，答應馬歇爾的要求。[33] 其時杜聿明部隊已經推進到赤峰附近，停止進軍遂失去攻佔的良機。1946 年 1 月 12 日，蔣介石在日記抱怨說：「熱河之赤峰可以進佔而中途停止。在軍事上最為失算，但為國家前途計，此時只有忍辱負重耳。」[34] 這段日記反映了周恩來在談判的貢獻，三言兩語便阻止了國軍進攻，保存了赤峰。

2. 停戰命令頒佈的意義

1946 年 1 月 10 日，周恩來與張群簽署《停戰命令》，並由雙方分別向所屬部隊頒發下列命令：

> 國共雙方領導下的一切部隊，不論正規部隊、民團、非正規部隊或游擊隊，應即在本年 1 月 13 日下午 12 時之前停止一切戰鬥行動；除另有規定者外，所有中國境內軍事調動一律停止；停止破壞與阻礙一切交通線，拆除所有阻礙該項交通線的障礙物；在北平設一軍事調處執行部以實行停戰協定。[35]

33　秦孝儀：《總統蔣公大事長編初稿》（第六卷上冊），第 8 頁。
34　秦孝儀：《總統蔣公大事長編初稿》（第六卷上冊），第 13 頁。
35　《軍調部重要命令彙集》，台北，《國防部國軍檔案》，檔號 543.9/3750.11。

雙方並聲明：軍事調處執行部之一切協定，建議及指示只涉及停止衝突所引起之直接問題。

經歷了殘酷的世界大戰，世界各國人民都希望和平，厭倦戰爭。中國人民所經歷的戰亂時間更長，因此，更熱切追求和平，反對戰爭。國共達成的《停戰命令》確是使戰爭在全中國範圍內暫時停止了，給中國人民帶來一個和平的希望。輿論高度評價《停戰命令》，《解放日報》指出：「中國在民國以來的三十五年間，每年不是內戰，就是外戰，或是內外同時並作。人民長時期望國內和平，……國共停戰協定，不但是結束了過去五個月的軍事衝突，而且是開始了整個中國現代歷史中前所未有的和平發展的新階段。」[36] 中國人民渴望和平，因此對締造中國和平的馬歇爾衷心感激，推崇備至，並要求馬歇爾繼續本着公正的態度來幫助協定的確切執行。[37] 由於民意和輿論的關注，馬歇爾此後便要繼續本着公正客觀的態度來調處國共衝突，以維護他在世人心目中的崇高聲譽。每當周恩來向他抗議美國幫助國民黨打內戰時，馬歇爾都要採取適當行動，如禁運軍火、要求蔣介石停止攻勢等，以表示美國的中立態度。換言之，達成了停戰命令，不但使國軍暫停攻勢，更重要的是使美國保持「中立」，不直接介入內戰。「中立美國」策略是中共革命成功的重要策略之一，周恩來指出對美政策是「力求在某種程度上中立它，不挑釁。對其錯誤的政策必須給以適當批評，對其武裝干涉中國內政必須以嚴正抗議，對其武裝進攻必須以堅決抵抗」。[38] 蔣介石發動內戰之後，周恩來反對美國大力援蔣，但仍盡力維繫與馬歇爾的友誼，對事不對人，使美國難以找到藉口來參加中國內戰。周恩來支持馬歇爾的建議，成立執行停戰命令的軍事調處

36　《社論：和平實現》，《解放日報》，1946 年 1 月 12 日。

37　《馬歇爾——我國史上空前的貴賓》，天津《大公報》，1946 年 3 月 1 日；《社論：和平實現》，《解放日報》，1946 年 1 月 12 日。

38　周恩來：《關於國共談判》（1945 年 12 月 5 日），《周恩來一九四六年談判文選》，第 6 頁。

執行部，以後便根據停戰命令，要求軍調部派遣美軍參加的執行小組前往發生衝突的地區調處，分隔衝突雙方，平息戰禍。美軍執行維持和平任務，當然不能參加內戰，無形中減輕了共軍的壓力。最後，馬歇爾宣佈結束調處返國，美軍也隨之撤退。蔣介石對美軍不能在內戰中協助他十分失望。他在《蘇俄在中國》一書中三番四次歎息「中立主義」、「中立戰術」孤立了政府，說中共接受美國調處的真正目的就是要破壞美蔣關係。[39] 學者章文晉論述停戰談判的意義時說：國、共、美停戰談判就是一種控制、反控制；干涉、反干涉的鬥爭。中共接受美國的調解，實際就掌握了一個牽制美國的手段，剝奪了美國援蔣大打內戰的藉口，推遲了戰爭。即使到了談判後期，美國採取了援蔣內戰的政策，但他在一些具體做法上也還不能不有所顧忌。[40]

3. 蔣介石美蘇外交中立政策的失敗

抗戰勝利前夕，蔣介石擬訂外交中立政策，希望利用美蘇矛盾，保持中立，企圖漁翁得利，孤立中共。但是這個中立政策很難平衡美蘇在華利益，他需要美國協助他運兵受降，取得大量的經濟和軍事援助，令他無法不徹底依靠美國，婉拒斯大林的示好，以免觸怒美國。尤其是蘇聯視東北的工礦企業設備為戰利品，全數拆下運走；對國軍接收東北又不予方便，禁止美機運送國軍進入東北內陸，又不准國軍在旅順大連登陸，令國軍需在秦皇島登陸，然後出關受降。又不等國軍到達，蘇軍便突然撤走，讓國軍無法接防，蔣介石認為「無異以其撤出地區交與共軍」，[41] 令他對斯大林不支持中共的承

---

39 蔣介石：《蘇俄在中國》（台北，中央文物供應社，1973 年），第 67、154、158、166、189、367、380、386 頁。

40 章文晉：《周恩來與馬歇爾使華》，《周恩來研究學術討論會論文集》（北京，中央文獻出版社，1988 年），第 260 頁。

41 秦孝儀：《總統蔣公大事長編初稿》（第六卷上冊），第 78 頁。

諾深表懷疑。1945 年 12 月 15 日馬歇爾來華，25 日斯大林便邀請蔣經國訪問蘇聯，30 日斯大林向蔣經國明確表示如將美國勢力排擠出東北，蘇聯可作必要之讓步。[42] 蘇聯爭取他，美國支持他，保持中立，還是一邊倒向美國？蔣介石沒有貫徹推行外交中立政策，疏遠蘇聯，讓中共有機可乘。

三人會議開始時，張群便引用中蘇條約，滿以為可以嚇倒周恩來。豈料，反被周恩來利用美蘇矛盾，展開反擊，當着馬歇爾面前追問中蘇條約有甚麼尚未公佈的內容，若條約與蘇聯有關，便邀請蘇聯加入討論，讓張群在馬歇爾面前交代中蘇關係，迫使拿着美援的蔣介石表態：親蘇還是親美？結果蔣介石走不了中立鋼線，選擇疏遠蘇聯，向美國一邊倒，不能再利用蘇聯壓迫中共。外交中立政策，遂被周恩來破壞。

周恩來了解蘇聯「絕不願美軍開入東北，也不願國民黨派過多的兵駐紮長春鐵路」，蘇聯「不能不以國民政府為對手，而堅守中蘇條約」，[43] 將東北大城市交給國軍接收。但蘇聯對華政策也徘徊於國共之間，可能為爭取蔣介石對付美國而犧牲中共，也可能為抗衡蔣介石的親美政策而支持中共。於是周恩來利用東北惡戰，不斷要求馬歇爾派執行小組到東北執行停戰命令、維持和平。結果，美軍隨着執行小組進入東北各地，危害蘇聯在東北建立勢力範圍的計劃。

蘇聯發現被蔣介石疏遠之後，中共又可能親美，因為商談整軍方案時，馬歇爾答允周恩來在 4 月 15 日於張家口設立軍事學校，訓練及裝備中共十個師，並為這學校在北平儲存了預備的軍事物資。只是因周恩來請求延期到 7 月開辦，才擱置下來。因為，這是周恩來的策略，一方面可令蔣介石嚇了一跳，同時，也令斯大林大為震驚！蔣介石已經倒向美國，若中共也成為了美

---

42 蔣經國：《負重致遠》（台北，幼獅文化事業公司，1976 年），第 71 頁。

43 周恩來：《關於國共談判》（1945 年 12 月 5 日），《周恩來一九四六年談判文選》，第 6 頁。

國的伙伴，那麼整個中國都聽美國的！這不花本錢的一招，令斯大林不能不拉攏中共。

這次停戰談判，周恩來反客為主，不但使張群無法引用中蘇條約限制中共進入東北，更破壞了蔣介石美蘇外交中立的策略，使蔣介石陷於孤立，取得巨大勝利。

4. 整軍方案之商談

1945 年 12 月 18 日，周恩來提出了「停止內戰、軍隊國家化、政治民主化」的主張，得到了各政黨和社會人士的響應。中國民主同盟和中國青年黨均在政治協商會議上提出了軍隊國家化的議案，主張全國所有軍隊脫離任何黨派關係，而歸屬於國家。[44] 1946 年 1 月 31 日，政治協商會議通過《軍事問題案》，方案的主要精神在於軍隊國家化，軍隊屬於國家所擁有，不能成為黨派權力鬥爭、干涉政治的工具。在行政院之下成立國防部，統一管轄全國部隊，再由立法院審核軍費，以作制衡。如果這方案能夠徹底實行，是有助防止蔣介石國民黨軍事獨裁、一黨專政。

抗日戰爭時，軍費龐大，國力難以負擔。1945 年中國財政總支出為 12,953 億元，軍費共支出 8,249 億元，佔國家總支出 69.1%。[45] 1944 年 12 月底全國軍隊約 600 萬人，1945 年底實施整編，裁減軍額約三分之一，仍餘 400 萬左右。為節省經費，1946 年 2 月行政院擬定了國軍整建復員計劃。其後馬歇爾擬就《關於軍隊整編及統編中共部隊為國軍之基本方案》時，也參照了

44 張瀾：《中國民主同盟提出實現軍隊國家化並大量裁兵案》，重慶《新華日報》，1946 年 1 月 17 日；曾琦：《中國青年黨提出停止軍事衝突實行軍隊國家化案》，重慶《新華日報》，1946 年 1 月 16 日。

45 《抗戰期間歷年軍費支出與國家總支出比較統計表》，何應欽：《日軍侵華八年抗戰史》（台灣，黎明文化事業有限公司，1982 年）。

這個復員計劃。[46] 此方案以下簡稱為《整軍方案》。

三人會議達成停戰協定後，張群堅決不肯再充當代表與周恩來談判。蔣介石於是指定張治中繼任。[47] 馬歇爾、周恩來和張治中組成的軍事三人小組自1946 年 2 月 14 日起，共舉行六次會議，結果通過並簽署《整軍方案》。會議在重慶中山四路上清寺堯盧國民政府參軍處主任辦公廳進行。國共雙方對《整軍方案》沒有太激烈的爭議，於 2 月 25 日下午 4 時舉行簽字典禮。[48]

這時期馬歇爾的態度尚算是客觀公正的，他希望把美國軍政分離的理想引入中國。他對周恩來說：「我們美國最反對軍人干政。」[49] 他不斷向國共雙方談判代表傳達一個訊息：中國應該遵循西方軍事傳統，建立一支國家的、不干預政治的軍隊；用以作為一支民主的軍隊，而不是爭實權的工具。[50] 馬歇爾指出他草擬的整軍方案的精神是「軍隊與政治分離」。方案規定了最高統帥需要經由國防部行使其統帥權，對統帥權作出了明確的規定。這些條款如能真正實施，對蔣介石的軍事權力有很大的約束。周恩來在整軍方案簽字儀式高度讚揚此方案，認為：「這一方案的實施，將使十八年來武裝紛爭的局面為之改變，將為中國實現和平民主團結統一，將使中國走入近代工業化的

---

46 史政編譯局：《戡亂戰史》（第二冊）（台灣，史政編譯局出版，1981 年），第 171 頁。

47 《國共會談紀錄：軍事三人小組會議》，台北，《國防部國軍檔案》，檔號 003.5/6015。按「軍事三人小組」和「三人小組」一詞常被混淆，當年的一些檔案、文獻、報刊都隨意使用這兩名詞，將商談停戰問題的三人會議，也名之為軍事三人小組會議。嚴格來說，軍事三人小組會議是三人小組眾多會議中，專門商談《關於軍隊整編及統編中共部隊為國軍之基本方案》的一次會議，議程主要為軍事問題，故檔案特別把這次三人小組會議稱為「軍事三人小組會議」。負責商談停戰問題者是三人會議。

48 郭汝瑰：《在停戰談判中》，第 1698 — 1699 頁。

49 楊奎松譯：《馬歇爾將軍與周恩來將軍會談紀錄》，1946 年 2 月 15 日。《政治協商會議紀實》（下卷），第 1022 頁。

50 謝春濤譯：《馬歇爾與周恩來會談紀要》，1946 年 2 月 1 日；《美國對外關係》（1946年 9 卷），《政治協商會議紀實》（下卷），第 1015 頁。

國家。」周恩來代表中國共產黨向全國人民、向世界友邦保證：「凡我們簽定的文件，特別要包含這次簽定的整軍基本方案，我都要使它百分之百的實現。」[51] 周恩來對這方案表示滿意，他認為中共在整軍方案取得了三個成果：

（1）中共部隊的十個師可以得到美國裝備。

（2）中共達到地方自治的目的。整編後的 60 個師只是用在國防上的，地方自治要依靠人民的武裝的自衛，解放區不需要國家的軍隊來防匪，這樣就保障了解放區的武裝不受國家軍隊的干涉。

（3）在整軍方案中，中共在軍事上取得了與國軍的平等地位。[52]

輿論對《整軍方案》大多表示讚許，天津《大公報》社評指出：1 月 10 日國共協議的停戰命令頒佈，只是不打了，雙方軍隊依然是對立的局面。政治協商會議通過了軍隊國家化的決議來解決這個問題，但實現軍隊國家化與政治民主化互有關聯，非一蹴可就，其間需要一個過渡的辦法，先消解這對立的局面，然後才能促進軍隊之國家化，結束十八年來的流血悲劇，讓國家好好走上和平建設之途。[53] 香港《華商報》社論認為這方案是軍隊國家化之一大成功，同時是和平統一、民主建國之一大保障。這方案之最大意義之一是保障政治不受軍隊干涉；其次是保障軍隊不為一人一系所利用；最後就是盡量減輕國家對於軍費之負擔，使有餘力以從事於經濟、政治、文化、教育等建設。[54]

蔣介石的態度如何？他是不滿意的，認為馬歇爾對中國內情及中共陰謀

51　《中共代表周恩來在整軍方案簽字儀式上致詞》，重慶《新華日報》，1946 年 2 月 26 日。

52　周恩來：《一年來的談判及前途》，《周恩來選集》（上卷）（北京，人民出版社，1980 年），第 256 至 257 頁。

53　《社評：全國整軍協議成立》，天津《大公報》，1946 年 2 月 27 日。

54　《社論：論整軍方案》，香港《華商報》，1946 年 2 月 27 日。

並無了解，終將誤大事。[55] 1946 年 1 月 25 日，張治中把馬歇爾提出的整軍草案交給蔣介石，草案准予共軍和國軍成一與二之比。而海、空軍是中共當時所沒有的，中共也從未提過這種要求，現突然取得了 30% 的兵力，當然令蔣介石不滿。[56] 此外，草案主張甘、陝、寧、綏、晉、豫各省民團皆由國共各派二人共同處理，蔣介石認為過份偏袒中共，十分憤慨。到《整軍方案》獲致協議，正式簽訂公佈，蔣介石再詳細研究條文，認為不妥之處甚多。「乃全照共黨之意見而定，又華北五省，政府只可駐 7 個軍，而中共反可駐 4 個軍。」大罵張治中誤事。[57]

馬歇爾希望用《整軍方案》傳播美國軍事傳統思想，在中國建立一支國家的、不干預政治的軍隊；一支民主的軍隊，而不是爭權的工具。中國輿論也普遍希望實施《整軍方案》，使軍隊國家化，政治民主化。不過，理想和現實有一條鴻溝，蔣介石不可能讓一份文件就剝奪了他用鮮血取得的權力，白紙黑字的文件只是一堆中看不中用的紙張而已！

5. 東北停戰的談判

兵敗大陸之後，蔣介石把失敗的原因歸究東北的調處，認為是國共兵力消長的重要關鍵，「第二次停戰令之結果，就是政府在東北最後失敗之惟一關鍵。當時已進至雙城附近之追擊部隊（距離哈爾濱不足一百公里），若不停止追擊，直佔中東鐵路戰略中心之哈爾濱，則北滿的『散匪』，自不難次第肅清，而東北全境亦可拱手而定。若此共匪既不能在北滿立足，而其蘇俄亦無法對共匪補充，則東北問題自可根本解決，共匪在東北亦無死灰復燃之

55　秦孝儀編：《總統蔣公大事長編初稿》（第六卷上冊），第 24 頁。

56　張治中：《張治中回憶錄》（下冊）（北京，文史資料出版社，1985 年），第 739 至
　　740 頁。

57　秦孝儀編：《總統蔣公大事長編初稿》（第六卷上冊），第 27、56 頁。

可能。故 1948 年冬季國軍最後在東北之失敗，其種因全在於這第二次停戰令所招致的後果。」又説：「從此東北國軍士氣就日漸低落，所有軍事行動，亦陷於被動地位。」[58] 國民黨情報認為是項命令的頒發，中共應感激馬歇爾調停之功，同時亦係周恩來活動的成功。因周出席協商會議以來始終控制美方代表，使馬歇爾對中共有相當之同情，為其不可估量之功績。[59] 不過，我們應該注意時間的差距：1946 年 6 月 6 日蔣介石頒佈第二次停戰命令，這時內戰尚未爆發。若如蔣介石所説國軍士氣已經崩潰，那麼還繼續發動戰爭，是愚不可及！還有，自此之後，蔣介石經常遊説馬歇爾停止調處，説有信心在一年之內消滅中共，不必擔心。即是説蔣介石到馬歇爾放棄調處時，仍然是有信心全面內戰後會取得勝利的。所以第二次停戰命令影響國軍士氣，並不成立。停止追擊共軍是否失去全殲東北共軍的機會？當時馬歇爾對長春一戰已有分析，共軍是撤退而非潰退。

東北停戰調處是否國軍在東北戰敗的惟一關鍵？馬歇爾在調處中的態度，究竟是支持國民黨打內戰、偏袒中共，還只是執行美國的既定政策？周恩來是否影響了馬歇爾的態度？這些問題，在事情的發展過程可以得到答案。

國共因受降問題在東北激烈衝突，1946 年 2 月 21 日周恩來告訴馬歇爾延安的態度是：（1）歡迎你到東北去；（2）東北應停止衝突；（3）整軍應包括東北在內。[60] 此後，多次請美國去東北看清楚情況。[61] 3 月 10 日馬歇爾告訴周恩來昨晚蔣介石同意派執行小組至東北。蔣雖在不願意之下答允，但要求中

58　蔣中正：《蘇俄在中國》，第 172 — 173 頁。

59　《軍事調處期間中共動態資料彙輯》，台北，《國防部國軍檔案》，檔號 543.9/3750.15。

60　《延安關於整軍和東北問題的意見》（1946 年 2 月 21 日），《周恩來一九四六年談判文選》，第 113 頁。

61　《東北問題我們一向把對內和對外分開》（1946 年 3 月 9 日），《周恩來一九四六年談判文選》，第 122 — 123 頁。

共從東北全面撤退，周恩來表示決不能答應。11 日馬歇爾、張治中、周恩來就東北問題正式舉行第一次會議。馬歇爾提出《關於派遣執行小組赴東北授予軍調部命令草案》。經國共雙方討論後，未獲協議，馬歇爾便返美述職。[62]

2 月下旬國民黨連日藉張莘夫案，在重慶發動抗議蘇軍延不撤兵遊行，於是蘇軍迅速自東北撤兵（實情是蘇軍應蔣介石要求延遲撤軍的），讓共軍進入其駐地。蔣介石以形勢不利，急欲談判解決東北問題。中共則認為時機有利，建議周恩來回延安住四五天後再返重慶。[63] 3 月 13 日，美方代表吉倫將軍（A. C. Gillen，一譯「齊蘭」）暫代馬歇爾主持三人會議，周恩來批評廣東當局仍舊拒絕執行停戰命令，繼續攻擊中共東江縱隊。同時，中共有六萬人員在漢口北部地區仍被包圍，中共曾要求撤退被拒，目前急需糧食。張治中認為周恩來沒有必要在這裏對政府提出許多指責，他認為沒有必要就指責一一進行答覆。[64] 周恩來隨即返回延安，調處於是暫停。

美方派人到延安邀請後，3 月 25 日，周恩來回到重慶，同意派執行小組去進行調處以停止衝突，但明確要求美國停止運送國軍到東北，以維持其公正人的身份。[65] 經過六次會議，3 月 27 日，張治中、周恩來、吉倫的三人小組達成協議，簽署《關於派遣執行小組前往東北調處衝突的協定》，此文件又稱

62　《國共會談紀錄：三人會議商談東北問題經過概要，第一次會議》，《國防部國軍檔案》，檔號 003.5/3015；《軍事三人小組會談紀錄》，《政治協商會議紀實》（下卷），第 1140 — 1150 頁。

63　《中央關於東北問題的談判方針給東北局和中共赴渝談判代表團的指示》（1946 年3 月 13 日），《中共中央檔選集》（第 16 冊）（北京，中共中央黨校出版社，1992年），第 89 — 91 頁。

64　《國共會談紀錄：三人會議商談東北問題經過概要，第四次會議》，《國防部國軍檔案》，檔號 003.5/3015；《軍事三人小組會談紀錄》，《政治協商會議紀實》（下卷），第 1161 — 1166。

65　《東北實行停戰之後，美國應停止運兵》（1946 年 3 月 25 日），《周恩來一九四六年談判文選》，第 165 — 167 頁。

為《東北停戰協定》。但四天之後，3 月 31 日，國軍向營口、本溪、四平街等地大舉進攻。周恩來立即以備忘錄致美方代表吉倫抗議：

「現時政府軍隊在東北者實已超過 5 個軍之預定數目，而達到 7 個軍之數目，且其中絕大部分均為美械師。」

「美軍總部將再運 4 個軍進入東北。東北將有 11 個政府軍進駐。這不論從任何方面說來，都不能不說是違背協定的精神與原則，助長東北內戰的危機，使已簽定的停戰協定必將成為廢紙。」

「如果美軍總部仍不停止運送政府軍隊繼續進入東北，則我方將認為美國對華政策已有改變，而政府方面決不願東北真正停戰，我方亦不得不嚴重考慮對策。」[66]

4 月 1 日，蔣介石在國民參政會上指責：中共「民主聯軍」阻礙接收主權，「民選政府」是非法組織，決不能承認。「軍事衝突的調處，只有在不影響政府接收主權行使國家權力的前提之下進行。」[67] 蔣介石公開撕毀東北停戰協定，否定調處，破壞停戰。次日，國軍又在瀋陽機場扣留軍調部派往東北四個執行小組中共代表組員 40 餘人，嚴重打擊軍調部威信，稍後又阻止小組行使調處職權，令小組無法調處。8 日，國民黨北平當局逮捕北平解放報社職員 39 人。

面對國民黨的步步進迫，4 月 2 日，周恩來致電中共中央和東北局：建議「打得頑痛，以利談判」。[68] 同時繼續與美方保持密切聯繫。5 日，周恩來與吉倫會談，指出東北國軍將達 15 個軍，共計將超過 50 萬人。這都是準備衝突

66 《美國繼續運兵到東北將表明美國對華政策已有改變》（1946 年 3 月 31 日），《周恩來一九四六年談判文選》，第 182 — 183 頁。

67 《蔣介石在國民參政會第四屆第二次會議的政治報告》，重慶《中央日報》（1946 年 4 月 4 日）。

68 《東北應以消滅頑軍為主守城為次》（1946 年 4 月 1 日），《周恩來一九四六年談判文選》，第 189 頁。

的計劃。周恩來強調：「如果小組去了衝突仍繼續，小組僅是去觀戰，則其去是多餘的。」[69] 因並無成果，周恩來致電延安發出警告：「東北情況在張治中走後便是拖，陳誠故意不積極，瀋陽小組派不出，……吉倫亦改口強調國方接收被破壞，只好打進長、哈，掃清南滿。」請東北局準備大打，決勿幻想東北能讓步。[70] 4 月 8 日，三人會議舉行，國方代表由陳誠正式代替張治中，會談無進展。周恩來通知延安，主張用武力一挫美蔣的銳氣，「非打不足以殺其鋒」。[71] 9 日舉行會議時，陳誠主張規定「政府軍隊有權自由進至長春」，才能免除雙方衝突。周恩來反對。[72] 13 日，周恩來在記者招待會上警告：「由於國民黨當局破壞政協決議、停戰協定與整軍方案，運輸大批美械軍隊前往東北，向中共領導的民主聯軍發動大規模進攻，已使東北陷入內戰狀態。」14 日蘇軍自長春撤退，一小時後共軍以坦克大炮等重武器圍攻長春，兵力火力，均遠較守軍優越。[73] 15 日共軍攻下長春市內主要據點，16 日在四平街全殲國軍第 87 師，18 日佔領長春。

同時，馬歇爾自美國再到重慶。次日蔣介石對馬歇爾說，不能對中共妥協，要求美國再運送兩個軍到東北。[74] 馬歇爾拒絕，認為政府阻礙派遣執行小組進入東北，說中共贊同全中國適用停戰令，政府卻堅持東北例外。政府軍

69　《根據停戰命令和 3 月 27 日指令東北應首先停止衝突》（1946 年 4 月 5 日），《周恩來一九四六年談判文選》，第 214 — 222 頁。

70　《東北問題決勿幻想國民黨能讓步》（1946 年 4 月 5 日），《周恩來一九四六年談判文選》，第 223 — 224 頁。

71　《美企圖助蔣接收長春路，非打不足以殺其鋒》（1946 年 4 月 8 日），《周恩來一九四六年談判文選》，第 229 — 230 頁。

72　《國共會談紀錄：三人會議商談東北問題經過概要，第八次會議》，《國防部國軍檔案》，檔號 003.5/3015；《不要抽象爭論，先把衝突停下來》（1946 年 4 月 9 日），《周恩來一九四六年談判文選》，第 235 — 238 頁。

73　《民國日報》，1946 年 5 月 8 日。

74　秦孝儀：《中共活動真相》（四），第 198 頁。

更妄想消滅關內共軍，國軍將領判斷力低劣，在許多事例中給中共提供了指責國民黨缺乏誠意的機會。如：

(1) 集結大軍包圍中原共軍；

(2) 違犯停戰令向熱河省赤峰移動；

(3) 廣州張發奎拒絕承認該區共軍，並拒絕軍調部和政府的命令；

(4) 何應欽的陸軍總部沒有依照停戰令中明白的規定，提出關於長江以南軍隊調動的每日報告；

(5) 在北平搜查中共人員的住所並封閉中共的報社；

(6) 政府飛機在延安飛機場上空偵察；

(7) 在瀋陽飛機場扣留中共執行小組人員。

馬歇爾認為全部事件都是對政府沒有裨益的愚蠢行為，激發了中共對政府意圖的懷疑。政府曾有過在東北獲致和平的機會，但是並沒有利用。[75]

22 日，周恩來同馬歇爾會談，詳細告知自他返美後的國民黨特務橫行、破壞停戰、收編敵偽和東北衝突等問題。說中共是願意實現 3 月 27 日的停戰指令，而國民黨則不願，反而侵佔了中共七個城市，國民黨既然不遵守停戰協議，中共便沒有遵守條約的義務，於是被迫自衛進佔長春。國民黨的中心思想是「不承認」中共部隊，誣指為土匪，一定要訴諸武力，於是戰爭持續；重申延安依然是主張無條件停戰的，希望美國停止運兵。同時，蘇軍即將撤退完畢，東北便變成為純內政的問題。[76] 間接批評了美國把東北建立成為反蘇基地的企圖，並暗示美國若再幫國民黨運兵東北，會演變成美國干預中國內戰，也可能會導致美蘇直接衝突。馬歇爾努力澄清美國的地位，告訴周恩來，按照整軍方案，至 6 月 1 日預定完成運送的日期，美國將運送共計

75 《馬歇爾使華》（北京，中華書局，1981 年），第 113 — 118 頁。

76 《當前的政治情形和東北問題》（1946 年 4 月 22 日），《周恩來一九四六年談判文選》，第 250 — 264 頁。

228,000 名國軍到東北，總兵力約為 24 萬人。[77] 會後，馬歇爾對張君勱、羅隆基說，周恩來是他從未遇到過的對手。[78] 馬歇爾同樣對顧維鈞稱讚周恩來是一位談判能手，他所曾遇過的非常狡猾的英國人，也比不上周的聰明。[79]

馬歇爾隨即與蔣介石會談，表示停止運送國軍到東北，請蔣與中共妥協。蔣介石認為他剛在東北受挫，此時妥協，無異屈服，絕難忍受，很不滿馬歇爾用中止運兵來逼他妥協。[80] 4 月 23 日，馬歇爾繼續勸蔣介石再作讓步，指出東北國軍處於險境，戰線過長，兵力日益分散。[81] 蔣介石提出警告：美方協助運兵到東北不力，使後方聯絡線有隨時斷絕之慮，故東北軍心不安，士氣低落，與共軍後方根據地交通暢行無阻相比，更形捉襟見肘，要求馬歇爾同意運足 9 個軍到東北。[82]

4 月 25 日，蔣介石提出停止衝突的主要條件，共軍撤出長春並由國軍佔領，然後由三人小組來考慮軍事和政治局勢等各種問題。27 日，周恩來對馬歇爾說：「蔣先生是要打下了長春再談。」重申中共的意見是應該先停戰。周恩來說明白馬歇爾處境困難，沒有把握說服蔣；他自己也情況相同，簡直無迴旋餘地了。最後，周恩來建議馬歇爾再勸蔣停戰，並願與他再交換意見，想些辦法，使他覺得有把握勸說蔣。[83] 但翌日馬歇爾與蔣介石商談東北局勢時，蔣介石卻不是商討和平方案，而是遊說馬歇爾積極支持他打內戰。若美

77　《馬歇爾使華》，第 119 頁。

78　《請準備關於東北整軍計劃和駐軍比例的具體意見》（1946 年 4 月 27 日），《周恩來一九四六年談判文選》，第 274 頁。

79　《顧維鈞回憶錄》（第五分冊）（北京，中華書局，1987 年），第 705 頁。

80　秦孝儀：《中共活動真相》（四），第 198 頁。

81　《馬歇爾提出立即停止東北衝突草案》（1946 年 4 月 23 日），孟廣涵主編：《政治協商會議紀實》（下卷），第 1272 頁。

82　秦孝儀：《中共活動真相》（四），第 198 — 199 頁。

83　《主要的環子是停戰》（1946 年 4 月 27 日），《周恩來一九四六年談判文選》，第 270 — 273 頁。

國不幫助他打內戰，便聲譽掃地。蔣介石認為馬歇爾畏共心理嚴重，已完全受中共控制。[84] 蔣介石好戰求戰的心態，與周恩來尋求和平的態度，給馬歇爾一個強烈的對比。

4 月 29 日，周恩來告訴馬歇爾可以接受蔣介石提出在談判以前佔領長春的建議。馬歇爾頹喪地向周恩來表示：我看不出再進行調解還能有甚麼作用！馬歇爾坦白地說，國民黨官員譏諷他能達成任何協議，但這些協議都是不會履行的。因此，他試圖說服蔣介石時，遇到了很大的阻力。周恩來一方面鼓勵馬歇爾，推崇他代表美國為中國實現和平民主安定的努力是空前的、從未有過的，但又提醒馬歇爾：美國是要幫助中國，使之變成和平民主安定的中國，但若再運兵借款，則會得到相反結果。周恩來說延安和各解放區是願意和美國做朋友的。最後，重申先停戰再談一切。[85]

馬歇爾隨即向蔣介石表示將不願再任調停人，蔣介石反遊說馬歇爾放棄調處，協助他消滅中共。否則，美國在東亞的領導聲望，絕難維持，而第三次世界大戰亦必因此而爆發。[86] 國民政府將首都由重慶搬回南京，5 月 3 日，周恩來率中共談判代表團抵達南京，入住總統府旁的梅園新村後，以備忘錄正式要求馬歇爾：運用立即停止幫助政府運兵及軍火去東北這資本，以增加他對政府的影響力來促成停戰，並請馬歇爾充分考慮如何更有效地實行杜魯門總統的聲明和莫斯科三國公告兩項聲明。

5 月 13 日，馬歇爾正式向周恩來提出了「中共撤離長春」作為談判條件，

84　秦孝儀：《總統蔣公大事長編初稿》（第六卷上冊），第 124 頁。

85　《馬歇爾使華》，第 121 頁；《先打下長春再談判的想法行不通》（1946 年 4 月 29 日），《周恩來一九四六年談判文選》，第 276 — 280 頁；《馬歇爾揚言停止調解要我接受蔣介石的意見》（1946 年 4 月 30 日），《周恩來一九四六年談判文選》，第 281 — 282 頁；《馬歇爾與周恩來會談紀錄》（1946 年 4 月 29 日），《政治協商會議紀實》（下卷），第 1360 — 1368 頁。

86　秦孝儀：《總統蔣公大事長編初稿》（第六卷上冊），第 126 頁。

並轉述了蔣介石的談判條件。共軍經抵抗後撤離長春，5月23日，國軍進入長春，卻沒有停止推進，繼續沿鐵路線往北向哈爾濱、往東向吉林推進。蔣介石親至瀋陽視察。[87] 同日周恩來對馬歇爾說：「蔣對你的建議沒有回答，而他卻到了前方，當地將領一定是說可以武力解決。」蔣介石避免在此地同馬歇爾見面，使他的努力又被迫停頓。馬歇爾認為這情況嚴重損害了他以後談判中的地位，便用無線電向蔣介石緊急呼籲下令停止進攻行動。蔣介石認為「馬歇爾不問我國之利害禍福，亦不顧其本國政策之能否實現，而惟以其個人之功利成敗是圖，一意對共黨遷就，以致揚湯止沸，勞而無功。……對我軍進佔長春，甚不贊同，此乃其一貫之錯誤政策」。[88] 對馬歇爾的呼籲置之不理。5月25日，周恩來與馬歇爾會談，指熊式輝、杜聿明在三日前曾有提議給軍調部，說國軍進入長春後即可和平解決；24日又要求共軍須退出哈爾濱及鐵路沿線。他曾說過，國民黨軍多佔一地之後，即會有進一步的要求，這樣戰事便不會停。同時會彼此互相報復，造成大規模的衝突。周恩來建議在長春設立軍調部的分部以解決東北問題。[89] 不過，蔣介石對此建議並不贊成。他在5月25日分析東北局勢，估計他在東北已取得決定性勝利，應該乘勝追擊，擴大戰果。執行小組阻礙他的軍事行動，以緩和為宜。「東北共軍主力既經擊潰，應速定收復東北全境之方針，令杜聿明長官部向哈爾濱兼程挺進，必先佔領該戰略據點，東北軍事方得告一段落，然後再策定第二期計劃。至於調處執行部自以不來東北對我為有利，以免共軍藉其掩護，獲得喘息之機會。」[90] 蔣介石隨即親筆致函宋子文，囑向馬歇爾說明國軍進入長春的效益，「只要東北共軍之主力消滅，則關

87　《戡亂戰史》（四），第一章《東北地區作戰》。

88　秦孝儀：《總統蔣公大事長編初稿》（第六卷上冊），第150頁。

89　《政府軍得寸進尺，戰事無法停下來》（1946年5月25日），《周恩來一九四六年談判文選》，第356 — 358頁。

90　秦孝儀：《總統蔣公大事長編初稿》（卷六上），第151 — 152頁。

內關外之事，皆易為力，已作慎密之處置，請勿過慮。」[91]

馬歇爾聽過宋子文轉述蔣介石的效益論後，為宋子文分析東北軍事形勢：根據他的情報，這次共軍死傷 12,000 人，俘虜只有 400 餘人，顯示共軍主力並未擊潰。共軍現在避戰，若國軍跟蹤推進，戰線一定延長，給共軍一個處處可以截擊的機會。[92] 蔣介石沒有接受馬歇爾的忠告，看到他的信件後非常惱怒，認為馬歇爾「一如往日，只希望我立即下令停戰，俾其個人任務，得以迅速達成，而不顧我國脈民命之存亡絕續，為可慨也！」[93] 蔣介石沒有直接回信，5 月 28 日，宋美齡從瀋陽寫信給馬歇爾，轉告蔣介石的話：如果你和政府立場堅決，中共就會讓步。萬一中共不讓步，剩下的惟一辦法是佔領東北各戰略中心，這樣中共就將被迫履行協定。[94] 這信明確地請美國站到國民黨的一方參與國共內戰，而非制止衝突。

馬歇爾鑒於蔣介石對他的呼籲置之不理，國軍又繼續進攻，破壞和平，感到必須澄清他對於目前局勢的立場，29 日，他請宋子文電報轉告蔣介石：東北國軍繼續不斷向前推進，使我的調停工作極端困難，且「可使鄙人之調停，實際上成為不可能之事」。[95] 30 日，周恩來對馬歇爾強調：「佔領長春之後，是停戰的時候了。」「這是中國歷史的關鍵：打下去還是停下來。」[96] 周恩來多次對馬歇爾說他被蔣介石欺騙了，又間接指責美國幫國民黨打內戰。雖然沒有直接指責馬歇爾，但馬歇爾明白到美國的誠信和他個人的人格正受到中共的質疑。同日，周恩來給馬歇爾一份備忘錄，聲明由於美方代表調處

91　秦孝儀：《總統蔣公大事長編初稿》（第六卷上冊），第 150 — 151 頁。

92　秦孝儀：《總統蔣公大事長編初稿》（第六卷上冊），第 153 頁。

93　秦孝儀：《總統蔣公大事長編初稿》（第六卷上冊，第 154 頁。

94　《馬歇爾使華》，第 140 頁。

95　秦孝儀：《總統蔣公大事長編初稿》（第六卷上冊），第 164 頁。

96　《政府軍佔領長春後是停戰的時候了》（1946 年 5 月 30 日），《周恩來一九四六年談判文選》，第 370 — 374 頁。

不公正，因此美方代表在三人會議和軍調部不能有最後決定權。（因執行小組
國共代表在進行調處時，意見對立，無法達成一致意見來執行停戰命令。於
是國方提出美方代表有最後決定權。）譯文發出的時間在 5 月 31 日。馬歇爾
認為這是非常嚴重的指控，立即經宋子文發給蔣介石一份措辭嚴厲的急電：
「鄙人茲特重向鈞座聲述：政府在東北軍隊之繼續前進，不但使本人之調處急
趨困難，即鄙人之信用人格，亦已大為動搖。因之鄙人特再懇請鈞座，立即
下令停止國軍之前進攻擊與追擊，並請准許調處執行部前進人員立赴長春。」
蔣介石原定仍留北平二三日，宋子文見事態嚴重，請蔣介石即日返回南京，
以便當面商量。[97]

6 月 1 日，蔣介石覆電馬歇爾說願盡力促成和保證調解成功。同日周恩來
以備忘錄致馬歇爾指控國軍各種破壞停戰協定事項，警告：若不立即在東北
停戰，勢將演成全國範圍之衝突；重申建議：在東北立即無條件停戰，迅速
派遣執行分部到長春，實行 3 月 27 日的指令，才能有助於停止關內衝突。[98]

3 日，周恩來與馬歇爾會談，周恩來先表明和馬歇爾共事五個月，對他個
人很信任，站在朋友的立場與他談美國的政策。周恩來認為美國對中國有好
的和黯淡的二重政策，馬歇爾執行好的一方面，而且取得了很大的成功。另
一方面美國不等待中國的民主化，便給國民黨大量軍事援助，使國民黨能利
用美國的幫助擴大內戰，使內戰很難真正停止。周恩來又表明不贊成把停戰
問題變成爭論美國最後決定權問題，認為這是蔣介石在轉移目標，用各種方
法欺騙美國，把美國推到與中共對立的地位上。周恩來以朋友關係遊說馬歇
爾，希望他能改變美國對華的二重政策，用影響力阻止國民黨發動內戰。[99]

97　秦孝儀：《總統蔣公大事長編初稿》（卷六上冊），第 166 頁。

98　《東北立即停戰，速謀全盤解決》（1946 年 6 月 1 日），《周恩來一九四六年談判文
選》，第 380 — 384 頁。

99　《美國的二重政策很難使中國內戰停止》（1946 年 6 月 3 日），《周恩來一九四六年
談判文選》，第 385 — 395 頁。

6 月 5 日，延安《解放日報》發表《美國應即停止助長中國內戰》社論，指出「中國人民今天的災難，根本上乃是美國反動分子製造與助長中國內戰的政策所賜與。美國的軍事干涉，使杜魯門聲明中許多莊嚴詞句，變為不能令人信任，使美國對中國內戰的調解地位令人懷疑」。[100] 猛烈抨擊美國對華政策。同日，馬歇爾致周恩來備忘錄：蔣介石已准許立刻派遣軍調部前進指揮部到長春，準備執行為停止衝突可能達成的任何協定。蔣介石願意立即向在東北的軍隊發佈停止前進、攻擊和追擊的命令，為期十天，給予共產黨就下列各點與政府完成談判的機會。後經周恩來要求，蔣介石同意把期限延長為十五天。[101]

1946 年 6 月 6 日，蔣介石宣佈第二次停戰命令，周恩來亦在同日發表公報，同意這一休戰十五天的辦法，並願盡一切努力，謀取談判成功。[102] 早一天（6 月 5 日）三人小組宣佈設立「軍事調處執行部長春分部」。但是三日後，9 日國軍攻佔瀋陽西北的法庫。事件導致雙方交互指責，局勢惡化。尤其令人失望的是美國採取了火上加油的措施，杜魯門漠視中共呼籲，反而向國會提交軍事援華法案，13 日，杜魯門向國會解釋，援華法案的目的在協助中國驅除殘餘日軍，美國決不用武力干涉中國內戰。次日美國與國民政府簽訂《中美處置租借法案物資協定》，向蔣介石提供 6,000 萬美元軍用物資。國軍用美援武器打內戰已是不爭的事實，在這個和戰的關頭，給美援予蔣介石，豈不是煽動他打內戰，加強了他發動內戰的決心，從而給中國內戰火上澆油？馬歇爾還能夠讓人再相信美國的中立和公正的態度嗎？

同日，徐永昌再次致函周恩來及馬歇爾提出「美方代表最後決定權問題」，要求解決。周恩來以建議背離了軍調部及其執行小組從一開始就實行的

100《社論：美國應即停止助長中國內戰》，延安《解放日報》，1946 年 6 月 5 日。
101《馬歇爾使華》，第 144 頁；《要使談判有成，停戰十天太短》（1946 年 6 月 4 日），
　　《周恩來一九四六年談判文選》，第 398 — 399 頁。
102《周恩來關於東北停戰的聲明》，《新華日報》（1946 年 6 月 8 日）。

一致同意的原則，予以反對。6 月 15 日，周恩來與白魯德談其起草的軍調部長春前進分部的組織草案，説軍調部自 1 月 10 日以來一直實行一致協議制，同時，中共在北平和各地的下級人員常常提到美方處事不公正，故不能給美方代表有最後決定權。[103] 16 日，周恩來正式書面答覆徐永昌和馬歇爾，拒絕給美方代表最後決定權。[104]

17 日，蔣介石通過馬歇爾向中共提出《結束東北之戰事》、《軍隊整編及統編中共部隊為國軍之修正事項》，方案提出六項要求，要中共部隊自察哈爾、熱河、煙台、威海衛、蘇北和東北大部地區退出。周恩來向馬歇爾表示政府的態度不是尋求解決問題，而是找尋開戰的藉口。[105] 19 日，美國代國務卿艾契遜在國會宣佈繼續軍事援華，助編國軍為 60 師，共軍 10 師需統編後始能裝備。美國不顧中共反對，大力援助蔣介石，當然無法制止中國內戰。

6. 湖北與廣東問題的談判

停戰命令頒佈後，國軍繼續調兵遣將，在花園設立「武漢行轅前線指揮所」，集中 30 萬兵力準備圍殲湖北中原部隊，經葉劍英強烈要求後，1946 年 1 月 20 日，第 9 執行小組派駐漢口，進行調處，23 日成立羅山協定。不過，國軍繼續進攻，佔領村鎮千餘處，並構築 6,000 多座碉堡圍困宣化店，分割、封鎖、斷絕醫藥糧食供應，企圖困餓、圍殲中原部隊。廣東方面，廣州行營主任張發奎聲明境內只有零星散匪，並無中共部隊，拒絕執行停戰命令，調

---

103 《最後決定權會使美方處於困難地位》（1946 年 6 月 15 日），《周恩來一九四六年談判文選》，第 431 — 433 頁。

104 《關於中共不同意賦予美方代表最後決定權的書面答覆》（1946 年 6 月 16 日），《周恩來一九四六年談判文選》，第 434 — 436 頁。

105 《國民黨積極準備大打，希望馬歇爾繼續居間努力爭取和平》（1946 年 6 月 10 日），《周恩來一九四六年談判文選》，第 408 — 413 頁；《馬歇爾使華》，第 149 — 151 頁。

動重兵和飛機進攻東江縱隊，先後攻佔鹽田、惠陽、坪山、葵涌、沙魚涌和龍崗等地。中共要求調處後，軍調部派第 8 執行小組到廣州調處，但國軍仍然否認廣東有中共部隊。周恩來與馬歇爾商議，決定把東江縱隊撤出。馬歇爾回國後，兩地問題仍未解決。於是周恩來利用吉倫派人來延安邀請他返重慶談判的機會，向美國施加壓力，3 月 23 日對來邀的考伊説：如我得到吉倫、張治中、滕代遠三位將軍的電告説這兩個問題已經解決了，那麼東北問題也可以談。[106] 3 月 25 日，周恩來到重慶與吉倫會談，強調廣東和湖北的事需要解決。[107] 27 日，三人會議舉行時，周恩來分別就廣東和湖北問題發言，要求政府下令指示張發奎。在政府給張發奎指令後，如果未照辦，就應該問政府。最後，三人會議同意派美國考伊上校陪同中共尹林平將軍去廣州解決問題。[108] 3 月 29 日，蔣介石電令張發奎：中共在粵的 2,000 至 3,000 共軍，以一個月為限，集中在大鵬半島予以安全北撤。31 日，國方代表皮宗敢、共方代表廖承志、美方代表考伊組成的小組由重慶飛抵廣州，與廣州行營代表王衡及第 8 執行小組協商，舉行聯席會議，反覆討論，4 月 2 日獲得東江縱隊協議，將廣東中共部隊撤至煙台。[109]

5 月 1 日，周恩來獲悉白崇禧準備在 4 至 9 日全面進攻中原解放區，立即找馬歇爾説，此事將會引發全面內戰。表示：「我們最好能自行先去阻止。」[110] 周恩來得馬歇爾同意，立即派三人小組到漢口制止大戰爆發。5 日下午 6 時，

---

106 《鄂粵問題未得解決增加了東北問題的困難》（1946 年 3 月 23 日），《周恩來一九四六年談判文選》，第 159 — 164 頁。

107 《東北實行停戰之後，美國應停止運兵》（1946 年 3 月 25 日），《周恩來一九四六年談判文選》，第 165 頁。

108 《政府應指令張發奎明確承認廣東中共軍隊的地位》（1946 年 3 月 27 日），《周恩來一九四六年談判文選》，第 175 — 178 頁。

109 林孝玉、許繼哲、王宏恕編：《和談紀實》（上冊），第 90 — 91 頁。

110 《堅決阻止政府軍發動對中原軍區的進攻》（1946 年 5 月 4 日），《周恩來一九四六年談判文選》，第 289 — 290 頁。

國方委員徐永昌、共方委員周恩來、美方委員白魯德到達漢口，立即召開三人小組會議。8 日三人小組在宣化店召開會議，10 日獲得協議，徐永昌、周恩來和白魯德三人在漢口楊森花園簽字，《漢口協議》同意停止衝突，停止移動軍隊，停止修築碉堡，派遣聯絡官；同意中共撤出傷病眷屬共 1,160 人，交換被俘人員，保證中共復員人員的安全。但是，協議無法阻止國軍行動，6 月 26 日，中原部隊被迫突圍。國軍進攻中原解放區，標誌全面內戰爆發。

7. 張家口停戰調處

9 月 26 日，蔣介石從盧山回到南京，繼續邊打邊談。一方面與中共談判，同時又發動大規模內戰，差不多攻佔了全條膠濟路；奪取了蘇北大運河沿岸的幾個重要城市；佔領了承德及準備攻佔承德以南的地方，並開始進攻中共的政治、軍事中心 —— 張家口，企圖用軍事進攻迫使中共政治投降 —— 交出參加國民大會的代表名單。

國軍以中共圍攻大同為藉口，部署進攻張家口。中共為消除這一藉口，自大同附近撤圍。但國軍並無採取相應行動，更在 9 月 30 日宣佈已開始進攻張家口。中共分別致函蔣介石及以備忘錄致馬歇爾說：「如果政府不立即停止對張家口及其周圍的一切軍事行動，中共不能不認為政府業已公然宣告全面破裂，並已最後放棄政治解決的方針。」[111] 民盟政協代表張瀾、沈鈞儒、黃炎培、張君勱、張東蓀、張申府、章伯鈞、梁漱溟、羅隆基等致電蔣介石，指出在此兵連禍結的情形下，國共雙方代表實無法平心靜氣，來討論國家基本大法；呼籲「必須立即終止內戰，立即恢復和平，而後舉行全國擁護之國民

111《中共代表團致蔣介石函》（1946 年 9 月 30 日），《國共談判文獻資料選輯（1945.8 — 1947.3）》，第 397 — 398 頁。原載《群眾》週刊第 12 卷第 11 期；《中共代表致蔣介石、馬歇爾備忘錄》（1946 年 9 月 30 日），《中共中央文件選集》（16），第 301 — 302 頁。原載《解放日報》1946 年 10 月 12 日。

大會，制定真正民主之憲法，以實現國家之和平統一民主」。[112] 馬歇爾對蔣介石表示堅決主張立即停戰，否則即中止調停人身份。蔣介石認為停戰不確實有效，便無考慮餘地。

10 月 1 日，馬歇爾致蔣介石備忘錄，申明應即獲得停止衝突協議之基礎，而不再彼此提出條件及反條件，而致拖延談判之進行。否則他計劃向杜魯門總統建議將他召回，並中止美國之調處工作。蔣介石認為「馬歇爾固執成見，專以壓力加之政府，而不明瞭共黨蓄意破壞美國調處之陰謀」。[113]

馬歇爾亦告訴董必武説：局勢使他不能繼續充當調停人。董必武説，如不停止進攻張家口，中共便不出席三人與五人小組會議。周恩來在上海招待記者，報告國共談判及內戰演變概況，指責國民黨政府拿召開國大的事來進行分裂與壓迫，一隻手拿着刀子進攻張家口，另一隻手又拖你去開會。在這種情形下，不僅中共絕對不能交出國大名單，即政協中其他真正民主黨派分子也不會參加。今天民盟致蔣介石主席電，也反對在炮火連天中召開國大。周恩來並猛烈抨擊美國對華政策，強調：「必須立即撤退駐華美軍，停止任何片面的軍援，以便有助於制止中國內戰。否則，表面上是調解，實際上是倒在一方，幫助國民黨政府大打內戰，必使馬歇爾將軍司徒大使陷於今天這樣困難的尷尬地位。」[114]

2 日，馬歇爾向宋子文強調，在國民黨進行軍事行動期間，他將不繼續調處。下午，蔣介石以備忘錄答覆馬歇爾 10 月 1 日備忘錄，指責中共屢次藉談判機會，擴充武力，攻擊國軍。蔣介石又約見司徒雷登大使，一俟佔領張家

---

112 《民盟政協代表致蔣介石電》（1946 年 9 月 30 日），《國共談判文獻資料選輯（1945.8 — 1947.3）》，第 401 — 402 頁。

113 《馬歇爾致蔣委員長備忘錄》（1946 年 10 月 1 日），秦孝儀：《總統蔣公大事長編初稿》（第六卷上），第 263 — 264 頁。

114 《周恩來在上海對中外記者發表談話》（1946 年 10 月 1 日），《國共談判文獻資料選輯（1945.8 — 1947.3）》，第 403 — 411 頁。原載《群眾》週刊第 12 卷第 11 期。

口後，即可自動宣告停戰，並囑其將此意轉告馬歇爾特使。[115]

4日，蔣介石向馬歇爾解釋張家口距離北平僅150英里，是屏障整個華北的重鎮，為顧及安全，不得不佔領該地；佔領張家口後，政府願意於此時宣佈無條件停戰，絕不贊成他回美。馬歇爾説政府在6月談判中，曾應允將張家口劃歸共軍駐守，現政府堅欲收復張家口，他無權作批評，但他處於調停人的地位，在戰事延及整個華北的情況下，實無法調停，亦無再留之必要。馬歇爾提醒蔣介石，美國對華政策只有兩個可能途徑：（1）盡力協助國民政府消滅共產黨；（2）採取公正態度調處雙方異見，促進雙方的合作。第一項絕非美國之政策，若執行第二項，則希望戰爭停止。不然，則將招致美國政府表面參加調處，而實際與國民政府合作進行戰事之批評。他代表美國政府，不希望因他的處置與地位，使美國政府在國際上擔負道義上的責任。故戰事不停，惟一的辦法，他只有請求回國。[116] 馬歇爾愈來愈相信美國政府正被置於其公正行動成為疑問的地位。因此，他一定要向總統提議將他召回。[117] 5日，中共代表王炳南向司徒雷登提出：請停止進攻張家口，作為重開和談之條件，否則中共即認為國民黨政府有意造成破裂之局面。

蔣介石認為馬歇爾性躁心急，不易解釋，於是暫時置之不理。[118] 馬歇爾致電美總統和代理國務卿，建議終止其使命，並立即將他召回，電文説：「我相信這是惟一的途徑，藉以停止軍事攻勢並消除國民政府將領們的明顯的信念，以為他們在進行武力的進攻中，可以把美國拉在一起。」[119] 晚上蔣介石通知司徒雷登，表示願意停止進攻張家口五天，此休戰期並可延長。

6日，蔣介石約見馬歇爾、司徒雷登商談。馬歇爾指出政府計劃宣佈短期

---

115 秦孝儀：《總統蔣公大事長編初稿》（第六卷上冊），第 266 — 269 頁。

116 秦孝儀：《總統蔣公大事長編初稿》（第六卷上冊），第 271 — 274 頁。

117《馬歇爾使華》，頁 303 — 305。

118 秦孝儀：《總統蔣公大事長編初稿》（第六卷上冊），第 274 — 275 頁。

119《馬歇爾使華》，第 298 — 305 頁。

休戰，停止進攻張家口，而以協商方式進駐張家口，這樣不過是在兵臨城下之日，以談判代替武力來達到目標，中共必然拒絕，故停戰之舉，恐難得結果。蔣介石擔心這時宣佈停戰會影響士氣。馬歇爾補充説他並非主張無條件停戰，中共必須接受該項條件，始宣佈停戰。

蔣介石對以上意見表示全部同意，但期限以不超過十日為限，並不得延長。馬歇爾通知中共代表王炳南，告以政府已決定對張家口休戰十日，以促使進行調停。[120] 馬歇爾致電其在國務院的代表取消他前一天的電信中有關結束其任務並將他召回的部分。[121] 中共南京代表口頭回覆司徒雷登，拒絕了這項休戰建議。

8 日，下午董必武往訪馬歇爾、司徒雷登，解釋中共拒絕休戰建議的原因。馬歇爾聽了後，「很着急很生氣，氣得雙手發抖，頓足大怒」，[122] 大吼：「當司徒雷登和我施加一切壓力盡力使政府停止進攻張家口時，政府曾屢次告誡我們，共產黨的反應必將是使情況進一步複雜。我曾否定這種説法，因為據我看來共產黨似乎明顯地希望停止對張家口的作戰。然而從這次的答覆判斷，我顯然是錯了。……這項十天休戰建議體現了司徒雷登和我為得到周恩來所要求的東西而做出的進一步努力，這種努力是根據通訊和共產黨的聲明而設想的：共產黨希望立即停止對張家口的進攻。……我目前的疑問是：你們目前期望於司徒雷登和我的到底是甚麼？」董必武解釋中共希望全面停止國民政府對張家口的進攻，而不是十天的休戰，在此十天裏，政府可以增援它的軍隊，如果中共不接受他們的條件，就可恢復進攻。董必武重申，政府

---

120 秦孝儀：《總統蔣公大事長編初稿》（第六卷上冊），第 275 — 279 頁；《馬歇爾致司徒雷登備忘錄》（1946 年 10 月 6 日），《國共談判文獻資料選輯（1945.8 — 1947.3）》，第 426 — 427 頁。

121 《馬歇爾使華》，第 306—307 頁。

122 梁漱溟：《我所參加的國共談》，重慶市政協文史資料研究委員會編：《政治協商會議紀實》（下卷），第 1653 — 1654 頁。

442　寫給香港人的中國現代史（下冊）·從西安事變到新中國成立

表示誠意的惟一途徑，是將它的軍隊撤回原地，並希望美國政府停止其對國軍單方面援助。[123]

9日，馬歇爾從南京到上海和周恩來會談，周恩來一口拒絕蔣介石的方案，並對馬歇爾責難兩點：

（1）中共對於美國政府於內戰進行間所給予國民政府的支援，不能同意；至於美國駐華軍隊之不能如諾撤退，更為反對。

（2）我更注意閣下與司徒雷登大使每次發表聲明，輒在共黨拒絕政府條件之後，而絕不在政府拒絕共黨條件之時。閣下聲明文內，對共黨雖無顯明的譴責；但其發出的時機，實易使外界人士產生誤會。

馬歇爾表示痛惜周恩來堅持認為蔣介石的休戰計劃另有陰謀，這是他花了四五天的時間試圖說服蔣介石停止戰爭的，不能認為停戰是政府為贏得時間以調動軍隊和軍火而作的努力。馬歇爾感到失望，他覺得他對調停所作的努力是徒然的，他看不到採取任何其他行動的實際基礎。於是立即離開上海返回南京。[124]

馬歇爾覺得自己深受委屈，費了很大的勁兒，包括用結束調處、召他回國的方法，才迫使蔣介石答應休戰十天，滿以為這努力會得到周恩來的認同，豈料周恩來不僅一口拒絕，反而誤會這是美蔣聯合的緩兵之計，迫中共接受蔣介石條件的騙局。與周恩來吵了一架之後，感到中共不再信任他，沮喪之餘，只好暫時退出談判，讓中國人處理自己的問題。

123《馬歇爾使華》，第311—312頁。
124《馬歇爾使華》，第317—322頁。

8. 第三方面斡旋

中共代表團曾在 7 月 7 日書面抗議國民黨單方面決定召開國民大會，認為這是破壞政協決議、企圖分裂的態度。9 月 30 日又發表嚴正聲明，警告國民黨政府如不停止進攻張家口，便認為是公然宣告全面破裂。國民黨徹底達到了中共的兩項指責，10 月 11 日攻下張家口，並宣佈恢復全國範圍的徵兵。下午蔣介石宣告國民大會將依照預定日期在 11 月 12 日召開。面對這位製造分裂的蔣介石，談判實際上已經破裂了，和平亦不存在希望。但由於國共兩黨之外的第三方面，試圖在馬歇爾調處失敗之後，盡一點國人制止內戰的責任，知其不可為而為之，「死馬當作活馬醫」，希望能在國共內戰全面爆發的黑夜裏找得一絲和平的曙光，於是，協商繼續進行。美國馬歇爾、司徒雷登看了中共 10 月 9 日的備忘錄後，認為中共並未徹底拒絕和談，於是請第三方面協助調處，增加和平的機會。[125] 國民黨為爭取第三方面孤立中共，也派出了吳鐵城、邵力子、雷震到上海，分別與第三方面的各派系接頭，表示信任第三方面的力量。中共為了爭取第三方面的多數乃至全體都不參加制憲國大，將國民黨孤立；同時，為教育第三方面懂得談判不會有結果，就同意他們調解。[126]

這時，國民黨迫切希望如期召開國民大會，各黨派都來參加。若在野各黨派都不提出名單，大會無法召開，就是國民黨一大失敗；反之，若各黨派參加國大而中共不參加，中共頓形孤立，便是它政治上的一大失敗。[127] 於是，第三方面是否參加國大，便成為了第三方面斡旋國共關係的惟一武器，而爭取第三方面是否參加國民大會，便成為國共交鋒的新項目。

---

125 梁漱溟：《我所參加的國共會談》，《政治協商會議紀實》（下卷），第 1656 頁。

126 周恩來《一年來的談判及前途》，《周恩來選集》（上卷），第 259 頁；李璜：《學鈍室回憶錄》（增訂本下卷）（香港，明報月刊社，1982 年），第 615 頁。

127 梁漱溟：《我所參加的國共會談》，《政治協商會議紀實》（下卷），第 1655 — 1656 頁。

國民黨為爭取第三方面，10月8日開始，孫科與第三方面連日接觸。10日，民盟祕書長梁漱溟到上海勸周恩來回京商談，周恩來並未堅決拒絕。梁漱溟頗為興奮，以為可以促成國共恢復談判，在11日夜車回京。但次晨在南京車站下車時，看到早報登載國軍攻下張家口的消息，大為失望，向記者驚歎地說：「一覺醒來，和平已經死了！」同日，《解放日報》發表《緊急動員起來保衞陝甘寧》社論。上海第三方面代表遂中止入京。13日，蔣介石派雷震赴上海晤各黨派代表。15日清晨，雷震到上海向民盟代表說國民黨願意同中共重開和談，以達到永久停戰的目的，政府要請留滬的政協代表，包括中共的代表，都到南京去。當日下午，張君勱、黃炎培、沈鈞儒、章伯鈞、羅隆基等到上海馬斯南路中共上海辦事處，勸說周恩來回京。商談結果是要國民黨申明停戰誠意，並派高級人員至上海談判。[128]

16日，蔣介石發表《關於處理目前時局的聲明》，提出八項停戰建議，於17日交馬歇爾，請轉送共方代表，一俟共黨同意，即可下令停戰。延安表示對聲明中所提示的八項辦法，不能接受。蔣介石認為這是中共「決心刁惡，完全拒絕調解」。[129]

18日，中共中央發表對時局聲明：今日一切會談如欲其有真實結果，必須承認停戰、政協兩協定的神聖效力，即承認恢復1月13日國共雙方軍事位置為一切軍事商談的準則，承認實行政協一切決議為一切政治商談的準則。本黨認為：蔣介石與馬歇爾應該重視自己的信義和人格，沒有任何理由推翻自己所簽字的神聖協定，只要他們有這種最低限度的誠意，本黨一定繼續與他們通力合作，以求和平的真正實現，民主的真正開始。[130]

---

128 羅隆基：《第三方面南京和談內幕》，《政治協商會議紀實》（下卷），第1668—1669頁。

129 秦孝儀：《總統蔣公大事長編初稿》（第六卷上冊），第284頁。

130《中共中央關於時局的聲明》（1946年10月18日），《中共中央文件選集》（16），第313—316頁。

19 日，蔣介石看過中共發表的聲明後，以中共態度強硬，致電上海吳鐵城、邵力子即回京覆命。[131] 20 日，中共上海發言人陳家康發表繼續和談聲明，説國共之外各黨及無黨派代表抱着「死馬當作活馬醫」的精神，為民主和平呼號奔走，將談判之門重開，現為事實上方便，定於 21 日將此種談判移往南京繼續舉行。中國共產黨願追隨各黨派代表社會賢達及全國人民之後，一致努力爭取；宣佈周恩來將於 21 日到南京繼續和談。[132]

21 日，周恩來與第三方面代表飛抵南京。蔣介石歡迎他們説：「我等你們很久了，你們趕快商談吧。政府方面由孫科作代表。我原定前兩天去台灣，為了等你們，今天才能走。」説完便走了，等於是向遠道而來的代表們迎頭潑來一盆冰水，使第三方面代表的調停熱情涼了一大截。[133] 同日，中共代表團發言人梅益批評國方八項辦法，無疑是最後通牒、無理要求。中共過去既未承認，將來也決不承認；重申要求雙方軍事位置，關內恢復 1 月 13 日前態勢，東北恢復 6 月 7 日前態勢。[134] 24 日，周恩來通知司徒雷登，不能接受國民黨政府之八項建議。

第三方面調處期間，國民黨繼續發動軍事攻勢，計劃進攻安東。宋子文勸阻，以免引起馬歇爾的不滿。蔣介石説收復安東計劃早已決定，不能因馬歇爾個人的喜怒愛惡，而阻撓他接收東北之大計。[135] 25 日，周恩來接待梁漱溟、李璜、莫德惠時，得知國民黨軍佔領安東，氣憤地説：不談了，我們要回延安了，共產黨是不怕壓的！梁等竭力勸留，説第三方面今後將和中共加

131 秦孝儀：《總統蔣公大事長編初稿》（第六卷上冊），第 285 頁。
132 《中共上海發言人發表繼續和談聲明》（1946 年 10 月 20 日），《國共談判文獻資料選輯（1945.8 — 1947.3）》，第 457 頁。原載《新華日報》（1946 年 10 月 21 日）。
133 羅隆基：《第三方面南京和談內幕》，《政治協商會議紀實》（下卷），第 1672 頁；梁漱溟：《我所參加的國共和談》，《政治協商會議紀實》（下卷），第 1657 頁。
134 《中共代表團發言人發表重要談話》（1946 年 10 月 21 日），《國共談判文獻資料選輯（1945.8 — 1947.3）》，第 458 — 459 頁。原載《新華日報》（1946 年 10 月 23 日）。
135 秦孝儀：《總統蔣公大事長編初稿》（第六卷上冊），第 286 — 287 頁。

強合作，如有重要主張和行動，必先同中共協商，並徵得同意。[136] 27 日，第三方面代表告馬歇爾：因國軍佔領安東，中共將中止所有談判。

梁漱溟熱心解決東北駐地的問題，特別邀請東北元老莫德惠和善於考慮技術問題的黃炎培，三人關起門來，用一日一夜之力，寫出方案並附圖表，說明兩個具體建議：一是指定齊齊哈爾、北安、佳木斯三地為中共駐軍地方；二是沿東北鐵路四十一縣，當時還有二十縣在中共手裏，請中共交出，由政府派縣長帶警察前往接收。各代表也覺得有此具體方案，總算盡了心，便將前所決議的三條與這一具體方案各抄三份，每份之後，由當場出席的人都簽了名，在 28 日送交國共兩方和馬歇爾。

周恩來聽了梁漱溟讀完了方案的第二條，便痛心地阻止梁繼續讀下去，說：不用再往下講了！我的心都碎了！怎麼國民黨壓迫我們還不算，你們第三方面也一同壓迫我們？今天和平破裂，即先對你們破裂。十年交情從此算完。「我是信任你們的，你們為甚麼不再事先關照？」梁漱溟自知理短，不知所措。李璜立即打圓場說：「不要緊，趕緊把文件從各方收回再說。」於是立即向美蔣兩方索回建議書。原因是這方案雖說客觀，但對中共實在不利。因國軍剛攻佔了很多地方，就地停戰即承認蔣可以繼續佔據那些新佔地區，而非中共要求的關內恢復 1 月 13 日前態勢，關外恢復 6 月 7 日前態勢。又國民黨可派警察接收中長鐵路 20 個縣，即是准許戴笠的特務可以進入解放區，這一點又是中共在恢復交通協議時所堅決反對的。其次，梁漱溟剛答允和周恩來今後加強合作，如有重要主張和行動，必先和他協商，並徵得同意。若梁漱溟按既定程序，先與國共磋商折衷方案，修正錯誤，再提交出來，或不致鬧出笑話，把第三方面的顏面都損害了。梁漱溟急於求成，第三方面其他代

136《周恩來年譜（1898 — 1949）》，第 701 頁。

表亦犯了疏忽之責，沒有詳細考慮方案內容而誤事。[137]

蔣介石在馬歇爾催促下回到南京，30日，邀請梁漱溟、曾琦、李璜、莫德惠等第三方面代表，談話歷四小時之久。蔣介石一見面，即嘲笑第三方面說：「你們諸位真是書生！怎麼拿起筆來在地圖上劃割國土！我豈能向共產黨割地求和！何況共產黨所要的領土何止那幾塊！」第三方面跑來跑去，結果自討沒趣。於是，各人意興闌珊，紛紛藉故陸續返回上海。[138] 經過這次教訓，民盟祕書長梁漱溟知道自己不行，下決心走開，其他代表也無人再肯為國共調處而散去。[139] 第三方面代表往訪馬歇爾，承認調解失敗，要求馬歇爾再度參加談判。

9. 召開國民大會的爭論

11月8日，和談無進展，而國大又召開在即，蔣介石單方面頒佈第三次停戰令：自本月11日正午12時起，全國軍隊一律停止戰鬥。另聲明國民大會不能再延期，以增加政治、軍事之不安。重申在軍事上必須使任何政黨皆不能擁有軍隊，而任何軍隊均應為國家之軍隊。[140] 中共代表團聲明，國民黨政府單方面所宣佈之停止軍事行動，事前未與中共協商，政治方面所提一切辦法均與政協決議及其程序相違背，遂書面正式拒絕蔣介石10月16日建議。第三方面以蔣介石聲明行政院須在國民大會以後改組，亦支持中共，表示反

---

137 梁漱溟：《我所參加的國共會談》，《政治協商會議紀實》（下卷），第 1661 — 1665 頁；李璜：《學鈍室回憶錄》（增訂本下卷），第 617 — 620 頁。

138 秦孝儀：《總統蔣公大事長編初稿》（第六卷上冊），第 294 頁；李璜：《學鈍室回憶錄》（增訂本下卷），第 620 頁。

139 梁漱溟：《我所參加的國共會談》，《政治協商會議紀實》（下卷），第 1665 頁；李璜：《學鈍室回憶錄》（增訂本下卷），第 620 — 621 頁。

140 秦孝儀：《總統蔣公大事長編初稿》（第六卷上冊），第 297 — 298 頁。

對。[141] 是日晚上 9 時半，第三方面沈鈞儒、羅隆基、張申府在交通銀行舉行記者招待會，質疑蔣介石的聲明：

（1）制憲既為百年大計，國民代表有保留名額之舉，不只開世界制憲史上未有之先例，且有失立法會議之尊嚴。

（2）憲草由協議而來，現憲草協議既未完成，遂交國大決定，恐貽未來無限糾紛。

（3）憲法修改應在憲法內規定修改手續，今法尚未定，即預留六個月後即行修改之餘地，此種搖擺不定之根本大法，又何能堅全國人民之信守。[142]

10 日，司徒雷登與蔣會談，促蔣應第三方面要求，展延國民大會開會日期。蔣解釋不能展期的理由，但可考慮將開會日期展延數日。中共發言人廖承志發表聲明指責蔣介石：一方面，召開分裂的御用的國大；一方面，一百個旅打進解放區，如此而欲人們相信蔣氏片面的一紙命令具有誠意，就連小孩子也欺騙不了。[143]

11 日上午 10 時，南京馬歇爾官邸舉行非正式三人會議，出席代表為陳誠、周恩來和馬歇爾。會議主題為商討停戰辦法。周恩來說政府片面宣佈停戰，實際上大打，現在擺出一個進攻前的形勢，使人懷疑它是大打前的停戰。還有一個更重要的政治原因，國民黨宣佈的國大在明天開幕，這個國大不是根據政協決議或通過協商來召開的，一開即表示政治是分裂了。希望國

---

141 秦孝儀：《總統蔣公大事長編初稿》（第六卷上冊），第 299 — 300 頁。

142《第三方面代表發表書面談話》（1946 年 11 月 8 日），《國共談判文獻資料選輯（1945.8 — 1947.3）》，第 474 頁。原載《新華日報》（1946 年 11 月 9 日）。

143《中共中央發言人廖承志關於揭穿蔣介石繼續大打陰謀的聲明》（1946 年 11 月 10 日），《中共中央文件選集》（16），第 330 — 331 頁。

大停開，以便軍事商談能有結果。[144] 會談無結果而散。莫德惠、錢新之、繆嘉銘、傅斯年、胡霖五人訪蔣介石，並轉述第三方面的意見書，請求延期召開國民大會，如政府能予接受，則第三方面青年黨、民主社會黨及民主同盟等即可提交國民大會代表名單。蔣介石說今各方既願提出國民大會代表名單，使大會更能圓滿舉行，則政府決定接受社會賢達意見，展期三日，在 11 月 15 日始正式開會。[145] 中共代表團發言人梅益晚上對延期事發表書面談話，重申停開其一黨包辦之國大。[146]

12 日，孫科、周恩來及各黨派代表非正式綜合商談，周恩來要求停開國大，國共雙方意見無法統一。民盟聲明，一切行動以政協決議為依據，暫不參加國民大會。14 日，民盟主席張瀾對記者說明民盟對國大的態度，民盟立場是要調和國共關係，爭取和平、民主，達到統一。為了要保留第三方面調人態度，民盟絕不參加一黨國大。[147] 同日，美國務院遠東司長范宣德說，美國國務院反對在中國大局改善以前，貸中國以 5 億美元。

15 日，國大如期在南京開會，出席代表 1,355 人，中共拒絕參加。16 日，周恩來在記者招待會上嚴正聲明，中國共產黨決不承認這次召開的國民大會，自國民黨召開一黨國大後，已經把政協決議破壞無遺，政協以來和談之門已被最後關閉，他將於兩三天內返回延安。[148] 周恩來會晤馬歇爾，商談撤

144 《國民黨片面召開國大即表示政治分裂》（1946 年 11 月 11 日），《周恩來一九四六年談判文選》，第 685 — 687 頁。

145 秦孝儀：《總統蔣公大事長編初稿》（第六卷上冊），第 302 — 303 頁。

146 《中共代表團發表書面談話》（1946 年 11 月 11 日），《國共談判文獻資料選輯（1945.8 — 1947.3）》，第 481 頁。原載《新華日報》（1946 年 11 月 13 日）。

147 《張瀾發表談話》（1946 年 11 月 14 日），《國共談判文獻資料選輯（1945.8 — 1947.3）》，第 482 頁。原載《新華日報》（1946 年 11 月 15 日）。

148 《周恩來答記者問》（1946 年 11 月 16 日），《國共談判文獻資料選輯（1945.8 — 1947.3）》，第 483 — 484 頁。原載《新華日報》（1946 年 11 月 17 日）。

退中共人員。18 日，周恩來訪馬歇爾辭行。馬歇爾請周詢問中共是否仍願由美國繼續斡旋國共關係。19 日，中共代表團周恩來等 15 人離南京飛返延安。

23 日，蔣介石分析政局：（1）中共是否容許馬歇爾及司徒雷登繼續調停問題：認為蘇聯的策略在根本上必欲迫使馬歇爾離華，使其調處失敗，而中共只有聽從指示。（2）國民大會已正式開幕，周恩來對馬歇爾與對民主社會黨的工作，都不能生效，而周離京回延，馬歇爾亦無勸止，周遂無顏留京，而在 19 日回延，這是中共最大的失敗。（3）國民大會主席團已如期選出，民主社會黨亦已參加國民大會，可算成功。[149]

10. 蔣介石與馬歇爾的矛盾

蔣介石雖然同意馬歇爾在華調處，但是對馬歇爾的調處是非常不滿的。首先馬歇爾迫他放棄攻佔赤峰、多倫，使他軍事失利；他又發現馬歇爾提交的《臨時政府組織法》內容傷害國民黨的特權，這是共黨所不敢提的；最後發現馬歇爾計劃和裝備共軍，竟意圖扶植中共，所以懷疑馬歇爾政策是否真正反映美國對華政策，3 月 1 日，蔣介石研究國際局勢，認為美蘇對峙之局已成，馬歇爾若扶植中共來推翻他，無異為蘇聯在遠東培植勢力，及為美國自樹敵人。他的政策不一定反映美國的對華政策，「美國決不能以中共為其對華政策之基礎，而放棄其盟友國民政府也」。[150] 蔣介石於是採取行動破壞馬歇爾的調處，企圖拖美國介入國共內戰。他 3 月 4 日擬定了一份作戰計劃，責成軍政、軍令、軍訓三部祕密研究此方案。[151] 3 月 5 日，英國首相邱吉爾在美國總統杜魯門陪同下，在美國發表「富爾敦演說」，揭開了戰後「冷戰」序幕，

---

149 秦孝儀：《總統蔣公大事長編初稿》（第六卷上冊），第 312 — 313 頁。

150 秦孝儀：《中華民國重要史料初編 —— 對日抗戰時期第五編》（四）（台北，中國國民黨中央委員會黨史委員會，1985 年），第 195 — 197 頁。

151 郭汝瑰：《在停戰談判中》，《政治協商會議紀實》（下卷），第 1705 頁。

蔣判斷美蘇冷戰格局既然已經形成，國共之戰就是美蘇在亞洲的前哨戰，美國不會坐視不理。

雖然馬歇爾以措辭嚴厲的急電發給蔣介石，指責國軍的進攻，令他的信用人格大為動搖，[152] 並以停止調處回國，要求蔣介石停止進攻。蔣介石被迫在6月6日頒佈第二次停戰命令。但在數日後，杜魯門竟然向國會提出援華法案，繼續軍事援助蔣介石。這相反的訊息令馬歇爾的人格在國共面前一文不值！6月20日，馬歇爾對俞大維強調：美國不會支持一場中國內戰。如以為美國會支持中國內戰，這觀點是不現實的。[153] 但馬歇爾對國軍行動並無影響，26日，國軍開始圍攻中原解放區，燃點了全面內戰之火，徹底撕毀了停戰命令。

蔣介石還放縱特務殺害民盟中央執行委員，李公樸和聞一多父子先後在昆明被國民黨特務暗殺，成都特務更在聞一多、李公樸追悼會上公然毆打民盟主席張瀾，這些暴行令中美輿論極度厭惡。7月29日，杜魯門制止國民黨政府購買美國剩餘軍火。蔣介石歎息此舉令國軍補給完全陷於困境。[154] 8月15日，杜魯門致函指責蔣介石暗殺有聲望之教育界人士，引起美國國民的厭惡，警告蔣介石如不在短期內改善，則會取消援助，並重新檢討對華政策。[155] 31日，杜魯門再度電蔣迅速結束內戰，方能援助中國。不過，杜魯門這些門面話，相信連他自己都不會相信。因為，同一日，美國政府再度與國民黨政府簽訂協定，以2.05億美元的廉價平售原值8億多美元的戰時剩餘物資。這訊息讓蔣介石相信美國是小罵大幫忙，禁運軍用物資不是美國的政策，美國實際是支持他打內戰的。馬歇爾的和平方案並不代表美國的利益。

蔣介石對送交停戰方案的馬歇爾說，不佔領長春，不恢復談判。到共軍自長春撤退後，蔣介石避開馬歇爾，飛往瀋陽督戰，部署進兵哈爾濱。連馬

---

152 秦孝儀：《總統蔣公大事長編初稿》（第六卷上冊），第166頁。
153《馬歇爾使華》，第168 — 169頁。
154 秦孝儀：《總統蔣公大事長編初稿》（第六卷上冊），第238頁。
155 秦孝儀：《總統蔣公大事長編初稿》（第六卷上冊），第236 — 237頁。

歇爾交給他的信件也交由宋美齡代答。全面內戰爆發之後，蔣介石更走上廬山避暑，讓這位美國五星上將、名重於世的馬歇爾八上廬山，充當國共雙方的信使。馬歇爾對充當這個角色十分不滿，10月22日，馬歇爾對中共王炳南說：共產黨對於他從蔣介石那裏帶給周恩來的條款、條件或協議感到憤恨，這是他充當中間人的不幸義務。從周恩來那兒把不同的意見或條款帶給蔣介石，對他來說也同樣是不愉快的。[156]

11. 國共美三方對李公樸、聞一多遇害的態度

馬歇爾調處期間，國民黨竟然肆無忌憚殘殺民主人士。1946年7月11日，昆明國民黨警備司令部特務暗殺民盟中央執行委員李公樸。[157] 15日，昆明警備司令部特務再次行兇，繼續暗殺民盟中央執行委員、西南聯合大學教授聞一多及其子，令潘光旦、張奚若、費孝通等九名教授被迫進入美領事館避難。18日，成都特務更在聞一多、李公樸追悼會上當眾行兇，毆打民盟主席張瀾。

李公樸、聞一多相繼遇害後，7月17日，周恩來就事件向馬歇爾要求美國出來說幾句話。周恩來指斥：「國民黨有一切權力可用，但卻用暗殺手段來對付民主運動人士，是無恥，是法西斯，令人憤慨！我得到消息後憤慨得說不出話來。國民黨竟用這樣的方法，還有甚麼談判、民主可言！」周恩來提醒馬歇爾，自政協後發生較場口、砸新華日報社、西安、南通、下關等事件以來，政府沒有處理一件事或予以譴責，甚至還加以掩飾，使特務放膽。國民黨用武力來打中共，中共還可以對打；民主人士並無武力，誰保護他們？[158]

156《馬歇爾使華》，第279頁。

157《馬歇爾使華》，第197頁。

158《國民黨暗殺民主人士還有甚麼民主可言》（1946年7月17日），《周恩來一九四六年談判文選》，第558—561頁。

同日，中共代表團周恩來、董必武等五人為李公樸、聞一多慘遭暗殺事向政府提出抗議，指責政府縱容、指使特務機關，在大後方暗殺和平民主領袖，如此野蠻、卑鄙手段，德意日法西斯國家政府猶不敢肆意為之。要求：

（1）立即撤換昆明警備司令，限拿兇手，交法院問罪，並由政協派員陪審。

（2）先葬死者，通令全國追悼，並給死者家屬以撫恤。

（3）嚴格責成各地政府及軍警機關，負責保護各黨派及一切民主人士之安全。

（4）重申四項諾言，徹底予以實施。

（5）徹查政協會議以後各地所發生之慘案，並應懲辦禍首。

（6）取消一切特務機關。

（7）釋放一切政治犯。[159]

在中國和世界輿論注視的情況下，美國不能不有所表示。7月18日，馬歇爾與美國新任駐華大使司徒雷登自南京飛往廬山。馬歇爾極坦率地與蔣談到昆明的兩次暗殺事件及其對美國輿論的負面影響。與此同時，美國杜魯門總統以行政命令，制止國民黨政府購買美國剩餘軍火。30日，馬歇爾與蔣介石會談，請蔣答應民盟的要求，組織三人調查委員會，由政府、民盟及美方各派一人，前往昆明共同調查李、聞被刺案。蔣介石拒絕說：「此事之處置，為政府應盡之職責，自應由政府負責調查，如調查結果公佈後，彼等認為尚有懷疑之點，自可允許有關團體參加研究。」[160] 8月15日，杜魯門致函蔣介石，指中國加強壓迫言論和新聞自由，暗殺有聲望之教育界人士，繼續憑藉武力或特務警察，來解決社會問題，將引起美國國民的厭惡。杜魯門警告蔣

159《中共代表團為李公樸聞一多慘遭暗殺向政府提出抗議》（1946 年 7 月 17 日），《國共談判文獻資料選輯（1945.8 — 1947.3）》，第 290 — 291 頁。原載《新華日報》（1946 年 7 月 18 日）。

160 秦孝儀：《總統蔣公大事長編初稿》（第六卷上冊），第 226 頁。

介石如不在短期內改善，則會取消援助，並重新檢討對華政策。[161] 31 日，杜魯門再度電蔣，力勸以政治統一方式，迅速結束內戰，美國方能援助中國。

不過，蔣介石對李聞兩人被暗殺之事毫不內疚，也沒有檢討此事出了甚麼問題和影響。7 月 19 日，蔣介石函覆杜魯門時，對壓迫新聞和言論自由，暗殺李、聞二人之事避而不談，不當一回事。在日記中認為自己深受委屈，忍辱負重，不為人諒。又說暗殺李公樸、聞一多二人的兇手湯時亮、李文山，分別為雲南警備總部特務營第三連連長和排長，激於公義而非私仇去槍擊二人。但迫於中共抗議、國際輿論交相指責，為顯示政府的至公和委曲求全，才把湯、李處死，將昆明警備司令霍揆彰革職看管，實在於心不忍。[162] 蔣介石視暗殺李聞兩人的兇手為義士，和舉世輿論有那麼大的差距，當然無法察覺他已經失盡人心，無法明白《大公報》（按：《大公報》為中國當時最有影響力的報紙之一）的言論為甚麼幾全為共黨宣傳，已喪失其昔日的公正立場。[163] 人心向背，蔣介石已經察覺不到了！

12. 周恩來的談判技巧

馬歇爾調處期間，周恩來展示了他卓越不凡的談判技巧，迫使蔣介石四易談判代表。

三人會議會談一開始，國方代表張群便引用中蘇條約，要求接收赤峰、多倫兩地，企圖迫周恩來就範。豈料周恩來反擊，要求張群拿出條約尚有哪些未公佈的內容予以說明，及邀請蘇方代表出席會議解釋，從而掌握美蘇矛盾的機會，迫蔣介石放棄美蘇外交中立策略。同時成功遊說馬歇爾同意讓中

161 秦孝儀：《總統蔣公大事長編初稿》（第六卷上冊），第 236 — 237 頁。
162 秦孝儀：《總統蔣公大事長編初稿》（第六卷上冊），第 239 — 240 頁。
163 秦孝儀：《總統蔣公大事長編初稿》（第六卷上冊），第 228 頁。

共繼續佔領兩地，以便公佈《停戰命令》。這次會議之後，張群拒絕再任談判代表，蔣介石遂改派張治中取代。

張治中與周恩來商談整編中共軍隊問題，幾經唇舌，終於簽署及頒佈《整軍方案》。但蔣介石細看內容，認為方案對他和國民黨的權力大為限制，對中共的讓步太大，十分不滿，大罵張治中誤事，結果，張治中又去職。

陳誠代替張治中為國方談判之後，立場強硬，國共矛盾惡化，東北劇戰，無結果而還，三人會議亦因此陷於停頓。陳誠因病赴滬就醫，由徐永昌繼任。

徐永昌與周恩來、馬歇爾往來交涉，毫無進展。6月18日，周恩來與徐永昌、俞大維在國民黨勵志社開會，討論《整軍方案》補充辦法。周恩來拒絕國方提出中共部隊在關內分駐陝北、上黨、大名、臨沂、熱察五個地區的要求。徐永昌提出：「國共雙方如果無法達成協議時，乾脆請美方仲裁。」周恩來聽了之後，指着壁上掛的孫中山肖像憤怒地說：「我們共產黨人是國際主義者，也是愛國主義者。當着孫中山先生的像，我問你：我們中國人的事為甚麼要讓外國人來仲裁？如果中共方面提出請蘇聯人仲裁，我周恩來便不是周恩來！」這一番話，使徐永昌、俞大維目瞪口呆，無言以對。會議不歡而散。[164]

周恩來談判時或剛或柔，堅持立場的時候會嚴正痛斥對手，絕不客氣。

馬歇爾來華時美國已定下以和平作掩護，支持蔣介石打內戰的決定。周恩來便根據美國杜魯門聲明與馬歇爾周旋，每次會議前後都與馬歇爾會談，研究和平方案，解釋中共的行動和立場，令馬歇爾無法挑出中共破壞和平的把柄。與蔣介石多次拒見馬歇爾，如在談判的重要時刻前往瀋陽，或跑上廬山，讓馬歇爾要八上廬山轉達國共雙方訊息；第三方面調停國共關係時，又飛去台灣，這些避見調處人的態度，顯示他缺乏和平解決爭端的誠意。周恩來在談判中的表現，讓杜魯門和馬歇爾找不到藉口犧牲美國人的性命來支持蔣介石。

---

164 郭汝瑰：《在停戰談判中》，《政治協商會議紀實》（下卷），第 1720 頁。

13. 國共美三方對和談的評價

國共談判破裂，哪一方應該負上責任呢？

共產黨方面批評國民黨不甘心開放政權，推行民主，仍然死抱着軍事解決一切問題的方法，以為軍事上打敗共產黨便可以繼續保持政權，所以破壞和平，用談判來欺騙國人和爭取美援，以準備打內戰。美國一方面派馬歇爾來華調處，制止國共衝突，同時又大量供應和廉價售賣武器給國民黨。其目的是藉着調處，意圖扶植中共取代蔣介石，以對蔣介石施加壓力，使他進一步靠攏美國。利用蔣介石全力發動內戰，提供大量軍援，引誘蔣介石簽訂一連串喪權辱國的條約。如：

（1）1945 年 11 月 21 日，《美國在華空中攝影協議》簽訂，美國取得了美機在中國領空作軍事調查的權利。

（2）12 月 27 日，國民黨政府參加了美國所策劃的《國際貨幣基金協定》，加強了美國對中國貨幣的獨佔權。

（3）1946 年 6 月 27 日，中美聯合農業技術合作團成立，開始了美國對中國農業的控制。

（4）9 月 18 日簽訂的《中美三十年船塢祕密協定》，規定「30 年內，中國所有海港，美國軍艦皆可自由出入使用」。

（5）10 月 8 日，《中美憲警聯合勤務協定書》實際上復活了美國在華的治外法權。

（6）11 月 4 日，中國外交部長王世杰和美國駐華大使司徒雷登在南京簽訂《中美友好通商航海條約》，此條約嚴重損害中國權益。千家駒嚴厲批評：「它是出賣國家主權最露骨最具體的體現，是不平等條約的新版，是新的『二十一條』！即使『二十一條』也不如本約斷送主權之甚。」鄭森禹也認為該條約「前無先例」，超過了「二十一條」，說：「這是一個歷史性的條約。對過去說，其所及事物之廣泛，權益之優厚，地域之深遠，是打破任何

條約的記錄的。」11 月 7 日，天津《大公報》社評《評中美商約》指出：這個商約的條文是十分仔細的。規定中美通商大小問題，可謂設想周詳，無微不至，實質上是一個新的不平等條約。中國敞開大門，無遮無攔，任由美國輸入。規定美國可以在中國經營商業，開設工廠，經營各種企業。貿易範圍包括農、礦產品和工業品。企業範圍包括商行、工廠、科學研究、教育、宗教及慈善事業。在這廣泛範圍內，中國無所不開放。美國人可在中國自由旅行，購置土地房產及所有一切動產。但中國人在美國則沒有同等待遇。《大公報》大膽地「驚異我們的政府為甚麼竟不為本國的工業、經濟與人民生活謀一些保護？」「以江寧條約為始的不平等條約，曾支配中國一百年的半殖民地命運。」嚴肅批評這條《中美商約》，也會支配中國未來一百年的命運。[165] 11 月 26 日，中國共產黨在《解放日報》發表社論《評美蔣商約》：「這是歷史上最可恥的賣國條約，是蔣政府把中國作為美國附屬國的重大標誌之一，是中華民族又一次新的大國恥。蔣介石 —— 這個出賣國家利益的無恥販子 —— 簽訂了這張賣身契約，就把中國一切經濟命脈雙手獻給美國金融財閥！把中國變成美國商品所獨佔的殖民地市場！把從水上到陸上的全部中國領土、中華民族的生存權利，拍賣得乾乾淨淨了！」[166]

蔣介石全面發動內戰之後，中共的報刊首先批評美國支持蔣介石內戰，質疑美國的調解地位。6 月 5 日，延安《解放日報》發表《美國應即停止助長中國內戰》社論，指出「中國人民今天的災難，根本上乃是美國反動份子製造與助長中國內戰的政策所賜與。美國的軍事干涉，使杜魯門聲明中許多莊嚴詞句，變為不能令人信任，使美國對中國內戰的調解地位令人懷疑」。[167]

7 月 7 日，中共為紀念「七七」九周年發表宣言，猛烈批評美國對華政

165《評中美商約》，天津《大公報》，1946 年 11 月 7 日。

166《社論》，《解放日報》(1946 年 11 月 26 日)。

167《社論：美國應即停止助長中國內戰》，延安《解放日報》，1946 年 6 月 5 日。

策。「美國反動派也在中國反動派的合作之下，企圖代替日本的地位，變中國為美國帝國主義的殖民地。……美國反動派一切所謂幫助遣送日俘、幫助我國復興，幫助我國全體人民等等藉口，實際上無一不是幫助了我國反動派的獨裁和內戰。」宣言分析美國援華的目的是因為中國反動派允許美國侵略者操縱中國的軍事、經濟、財政、內政和外交，毀滅中國的民族生產，自由侵入、佔據和使用中國的領土、領空、領海和內河。[168]

8 月 14 日，延安《解放日報》發表《七月的總結 —— 評馬、司聯合聲明》的社論，猛烈抨擊美國政府派人來調處，簽署四大協議；同時又大力援助蔣介石打內戰，讓他撕毀協議。其目的是欺騙世界，替蔣介石爭取時間，來進行充分的準備以便進行內戰，好讓他維持專制獨裁，使中國淪為美國的殖民地。[169]

因此，周恩來也多次向馬歇爾抗議：

8 月 23 日，抗議美國政府與中國政府正在進行的讓售剩餘物資的商談，並堅決反對對中國領空權的任何損害。在此內戰全力進行的時候，轉讓剩餘軍用物資，等於是火上加油。[170]

9 月 15 日，以中國共產黨全權代表之地位再向三人會議主席馬歇爾致備忘錄，批評美國在今日中國內戰日趨惡化之際，竟讓售價值 8.25 億美金之剩餘物資船舶與設備予國民黨政府。周恩來質問馬歇爾：「美國政府此種巨大援助與武裝干涉，試問置其全權代表如閣下及司徒大使作為居間調人者於何

---

168 《中共中央為七七九週年紀念發表宣言》（1946 年 7 月 7 日），《中共中央文件選集》（16），第 232 — 240 頁。原刊《新華日報》（1946 年 7 月 7 日）。
169 《社論：七月的總結 —— 評馬、司聯合聲明》，《解放日報》（1946 年 8 月 14 日）。
170 《周恩來關於美國售讓剩餘物資致馬歇爾電》（1946 年 8 月 23 日），《國共談判文獻資料選輯（1945.8 — 1947.3）》，第 355 — 356 頁。

地？」[171]

周恩來談判代表團返回延安後，12 月 28 日，周恩來就時局問題答新華社記者，批評美國杜魯門總統 12 月 18 日的聲明，主要是為今年 3 月以來美國政府的反動的對華政策作辯護，想以這種辯護來蒙蔽國內外輿論，堵塞各方面責難，而得以繼續不變的執行反動的對華政策，以便一方面美國調處人仍可留駐中國，揚言所謂「極願幫助中國使其獲得和平及真正民主的政府」；另一方面美國政府卻又可肆無忌憚地援助蔣介石政府，使其放手進行內戰，好加速中國成為美帝國主義殖民地與附庸的過程。從今年 3 月以來，美國政府的對華政策，不僅不符合去年 12 月的莫斯科三國公告與杜魯門總統聲明的各項原則，並且完全違背了這些原則。杜魯門曾聲明中國在停止內爭、擴大政府基礎、成立統一民主國家後，才在經濟及其他各方面予以協助。但現在蔣介石政府軍隊已經侵入了所有中共領導的解放區，從 1 月到現在，已經侵佔了解放區的 183 個城市，動員其總兵力的 88%，約 218 個旅（或師）來進攻各解放區，1 月停戰協定早被他破壞淨盡，美國政府及其特使站在調停人地位，對此從無片言相責，反而也放棄 1 月停戰協定的立場，拒絕依照 1 月 13 日停戰令雙方的位置恢復和平，明顯地是美蔣合作放手大打。周恩來指責美國在 1 月停戰令前以海空軍運送蔣軍到東北、華北、華中，在停戰令後，還違反協定運送了九個軍，去擴大內戰。對華借租物資，戰後不但沒有停止裝備蔣軍，竟反擴張為 45 個師，物資總值達 15 億美元。在今年 6 月國共談判最緊張時，美國政府向國會提議延長對華租借法案 10 年，另送軍艦 271 艘，以助長蔣介石敢於使談判破裂的決心。剩餘物資的處理協定，是在中國國內大打時簽字的，此項交易恰恰包括飛機、軍用汽車、交通器材及一切軍隊中的日常必需品。蔣介石政府得到美國的物資援助，值價已超過 36 億美元，而

171《周恩來致馬歇爾備忘錄》（1946 年 9 月 15 日），《國共談判文獻資料選輯（1945.8 — 1947.3）》，第 383 — 385 頁。

這些援助，都是直接或間接地用之於內戰。美國政府這種露骨的援蔣內戰政策，其目的在於壓服中國人民，將中國完全變成美國附庸。從最近簽訂的《中美友好通商航海條約》、《中美航空協定》及美國軍事顧問團與各種軍事訓練的協定看來，即可證明蔣介石政府出賣國家主權和民族利益給美帝國主義的行為是與美帝國政府援蔣內戰政策相適應的。[172]

1947 年 1 月 10 日，周恩來在延安紀念會上發表演說，嚴正批評《馬歇爾離華聲明》，譴責「破壞停戰協定，破壞政協決議的罪魁禍首，不是別人，正是蔣介石自己」。聲明並揭露了美國政府和馬歇爾自 1946 年 3 月以來種種援蔣內戰的行徑，要求美國重新檢討近一年來的對華政策，停止援蔣，不再干涉中國內政。[173]

國民黨方面，蔣介石、陳立夫等國民黨領袖都不相信中共尋求和平的誠意，認為中共談判的目的顯然是爭取時間，以擴大它們的勢力，最後使政府徹底癱瘓而垮台。孫科對顧維鈞說：「以蔣介石為主席的最高國防會議上，除文官以外的所有軍職人，都主張使用武力。國民黨內部大多數贊同武力解決，他們認為不這樣做，國民黨就會垮台。」[174]

蔣介石認為中共不願接受調處，恣意破壞和平。他三度頒佈全面停戰令，已極盡其忍讓的能事。他有信心在八到十個月的時間內消滅共軍，兩年內中國經濟不致崩潰。所以要求馬歇爾重新考慮其對華政策，不要一定尋求與中共妥協。[175] 蔣介石多次與馬歇爾會談，都不是尋求和平方案，每一次都是要求馬歇爾支持他打內戰。7 月 19 日，蔣急不及待遊說剛向他呈遞國書的司

172《周恩來關於時局問題答新華社記者》（1946 年 12 月 28 日），《中共中央文件選集》
（16），第 354 — 361 頁。

173《評馬歇爾離華聲明》（1947 年 1 月 10 日），《周恩來一九四六年談判文選》，第
720 — 725 頁。

174《顧維鈞回憶錄》（第五分冊）（北京，中華書局，1987 年），第 724 — 725 頁。

175 秦孝儀：《總統蔣公大事長編初稿》（第六卷上冊），第 318 — 319 頁。

徒雷登大使説，中國歷代統治者都是運用恩威並施這一原則來取得勝利，他已成功地用這種手法擊敗一系列對手。他不能容忍武裝的反對派，[176] 請司徒雷登助他打敗中共。

12 月 31 日，蔣介石檢討馬歇爾調處一年的成果，認為自 1 月 10 日政治協商會議開會與頒發停戰命令後，他無論在政治、軍事各方面，均處於被動劣勢。國民黨內的左派，以及民主同盟，都支持中共，故他那時的處境十分痛苦。至 6 月中共拒絕他的恢復和平辦法後，遂決定採取軍事進攻的辦法。這一方針的確定，使他逐漸恢復主動地位。而最大的成功，就是攻佔張家口之後，宣佈召集國民大會，又在開會前一週，頒發全面停戰令，表示和平忍讓的誠意，使青年黨、民主社會黨、社會賢達，終能參加大會，達到最理想之結果。馬歇爾亦説他至年底才認清他的品格，中共的處心積慮，詆毀他的陰謀，至此或已粉碎。[177]

蔣介石顯然聽不明馬歇爾的話，外交人員無論如何總不會直接批評出使國家的元首。「認清他的品格」一話的含意是甚麼？馬歇爾並沒有説，這裏馬歇爾可沒讚揚蔣熱愛和平。馬歇爾的回憶錄，經常批評國民黨的軍事領袖破壞和談，以為這場內戰最終會得到美國的援助。馬歇爾與國民黨軍事領袖接觸最多的人就是蔣介石，批評國民黨的軍事領袖，其實就是罵蔣。馬歇爾説：「有兩件事在我看來是明白無誤的：一件是國民政府的軍事領袖們目前正在掌權，他們根本不相信共產黨會實行任何一項達成的協議。另一件是國民黨內的一個強有力的政治集團堅決相信成立一個聯合政府是不可能的，因為共產黨所願意做的只是破壞這樣一個政府。……政府似乎在很大程度上是利用談判來證明他們對共產黨所持觀點的正確，並為自己的行動辯護。」馬

---

176 秦孝儀：《總統蔣公大事長編初稿》（第六卷上冊），第 220 頁；《文獻 1：司徒致國務卿》（南京 1946 年 7 月 21 日），肯尼斯‧雷、約翰‧布魯爾編：《被遺忘的大使：司徒雷登駐華報告（1946 — 1949）》（南京，江蘇人民出版社，1990 年），第 2 頁。
177 秦孝儀：《總統蔣公大事長編初稿》（第六卷上冊），第 348 — 349 頁。

歇爾分析蔣介石一意孤行召開國大的目的，只是為了取得美援。「他們顯然以為，只要他們在反共鬥爭中加強了對全國的控制，只要由於通過一部憲法和除共產黨以外的所有各小黨派參加政府而實行了憲政，那種援助就會源源而來。」[178] 這就是馬歇爾對蔣介石品格的認識。

1947 年 1 月 6 日白宮宣佈：「馬歇爾將軍返回華盛頓親自就中國局勢提出報告。」7 日，馬歇爾發表離華聲明，將美國調處國共衝突失敗的責任完全推卸，認為「和平最大之障礙，厥為國共兩方彼此完全以猜疑相對」。一方面，政府領袖堅決反對組織一共產主義式政府，另一方面，共產黨人坦率聲明他們企求在中國建立一共產主義式的政府。國共雙方有一顯而易見的錯誤，是雙方「均斤斤於設法消弭自身之疑懼」，「對於對方之立場均存偏見，且對每一建議或可能性，均具戒心」。馬歇爾認為最近談判決裂最重要的因素是：國民黨方面最有勢力的反動集團，對於他促成真正聯合政府的一切努力，幾無不加以反對。中共方面的激烈份子完全不信任國民黨的領袖，他們似乎相信，凡政府所提出的建議，無非用以打倒共產黨。[179]

《馬歇爾離華聲明》當時是各打五十大板。馬歇爾在他的回憶錄指出國共談判破裂的原因，主要是由於未能找到能為雙方接受的關於地方政府的方案。顯而易見的是，在休戰期間的談判中，共產黨是比較願意就停止衝突達成協議的，而政府則提出苛刻的條件，令共產黨不大可能接受。同樣清楚的是，某些國民黨文武領袖是以武力解決為目標的，他們的信念是，全面戰爭要比目前經濟與政治停滯的半戰爭狀態為好。[180] 他認為國民黨應負上談判破裂的責任。

當然，美國並沒有檢討自己應負的責任。美國一方面進行停戰調處，同

178《馬歇爾使華》，第 396 — 397 頁。
179《馬歇爾的聲明》（1947 年 1 月 7 日），《國共談判文獻資料選輯（1945.8 — 1947.3）》，第 515 — 519 頁。
180《馬歇爾使華》，第 190 頁。

時又大量提供軍火武器給蔣介石，這只令中國人在神州大地自相殘殺，全國盡成廢墟，令人質疑美國來華調處，是否真的為中國尋求和平，還是煽風點火？如果不是，為甚麼調處期間，美國與蔣介石簽訂一連串嚴重損害中國權益的條約？如蔣介石和周恩來所說：和談是一個騙局！不過，不是中共或國民黨欺騙了中國人民，而是美國！美國利用調處的機會，一方面稱要為中國謀求和平，同時又大量軍援蔣介石，讓國共兩黨和中國人民自相殘殺，令中國元氣大傷，內戰之後必須依靠外國協助重建；同時藉軍援誘騙國民黨簽訂比袁世凱「二十一條」更喪權辱國的《中美友好通商航海條約》，蔣介石還說馬歇爾被中共欺騙，美國人的騙術比國民黨人想像中高明得多。

六、馬歇爾調處的終結

美國採用二重政策，一方面進行調處停戰，同時又大力軍援蔣介石打內戰，目的是誘使蔣介石出賣中國權益。於是，內戰遍及大江南北，民不聊生。一般平民百姓對助長戰火及侵佔中國權益的美國漸生惡感，尤其是駐華美軍在中國（主要是國統區）橫行霸道，為非作歹，令中國人民愈來愈無法忍受。美國軍車在中國橫衝直撞，男女老幼被撞傷撞死的不計其數，肇事司機固然不受法律制裁，對受害者更不予賠償。強姦婦女更是美軍習慣性罪行，有些閒極無聊的美軍兇殘到用中國人來練靶，射殺無辜平民，甚至在附近玩耍的小孩。根據當時報刊資料的不完全統計，從 1945 年 8 月至 1946 年 11 月，僅上海、南京、北平、天津、青島五市，就發生美軍暴行 3,800 起，受害同胞死傷在 3,300 人以上，受凌辱的婦女達 300 多人。結果終因兩名美國海軍陸戰隊伍長威廉斯·皮爾遜和下士普利查德，在北平強姦北京大學女生沈崇一案而爆發了全國性的反美運動。1946 年 12 月 24 日北平各大學學生進行「抗議美軍暴行，嚴懲肇事兇手」反美抗暴大遊行。接著天津、青島、上海、

南京、開封、重慶、昆明、武漢、廣州、杭州、蘇州、福州、台北等全國各大城市，陸續爆發大規模反美軍暴行的學生示威遊行。北平、天津、上海等地的教授、學者、文化界知名人士以及各黨派、各團體紛紛起來支持學生。

美軍的形象已從一年前受中國人尊敬的抗日英雄，墮落成為中國人恨之入骨的惡魔。面對站在北平調處執行部門外憤怒的示威學生和反美情緒高漲的群眾，對調處已經心灰意冷的馬歇爾，再無面目留在中國，於是建議杜魯門總統將之召回。[181] 8 日上午，馬歇爾自南京乘機返美。蔣介石表示爭取和平，透過司徒雷登與中共駐南京代表團進行接觸，並願意派張治中率政府代表團到延安進行談判。18 日，中共重申兩項條件，拒絕國府談判代表團。

20 日，國民黨政府宣傳部長彭學沛發表和談方案，說政府願意與中共商定公平合理之解決辦法。25 日，中共中央宣傳部長陸定一發表聲明，指責另提欺騙的「和平方案」是無用的。[182] 至此和談完全破裂。29 日，美國宣佈：決定結束與三人小組和軍調部的聯繫，並表示，美國人員將盡早撤出。[183] 司徒雷登分別通知蔣介石和中共代表王炳南，美方人員退出三人小組和軍事調處執行部，軍事調處執行部正式結束。

2 月 3 日，美國撤離駐延安聯絡人員，6 日，美方人員撤離北平軍調部。司徒雷登通知中國政府及中共駐京代表團，說美國政府將協助受委任之中共人員，返歸可能通行之共黨區域，並協助國民政府執行小組人員，返歸原來之站頭，直至 3 月 5 日為止。[184] 20 日，中共中央發言人譴責蔣介石用各種手

181《馬歇爾的聲明》（1947 年 1 月 7 日），《國共談判文獻資料選輯（1945.8 — 1947.3）》，第 515 — 519 頁。

182《中共中央宣傳部長陸定一的聲明》（1947 年 1 月 25 日），《國共談判文獻資料選輯（1945.8 — 1947.3）》，第 523 — 527 頁。原載《解放日報》（1947 年 1 月 26 日）。

183《美方宣佈退出軍事調處執行部》（1947 年 1 月 29 日），《新華日報》（1 月 30 日）。

184《美國駐華大使館發表聲明》（1947 年 2 月 6 日），《國共談判文獻資料選輯（1945.8 — 1947.3）》，第 530 頁。原載《新華日報》（1947 年 2 月 7 日）。

段迫使中共駐南京、上海、重慶三地聯絡人員撤退。[185] 27 日深夜，國民黨軍警百餘人，突然包圍、搜查了中共駐渝聯絡處，將中共人員集中軟禁於原住之曾家岩 23 號及化龍橋新村 76 號兩處，並出示國民黨重慶警備司令致中共駐渝代表吳玉章的信函：限中共人員及其眷屬從 28 日上午 3 時起，停止一切活動，3 月 5 日前一律撤離重慶。[186] 與此同時，城內外的《新華日報》報館和營業部亦遭軍警包圍、搜查和監視。次日，南京衛戌司令部、淞滬警備司令部分別致函中共代表董必武和上海辦事處工作人員及眷屬，限他們在 3 月 5 日前全部撤離京、滬。[187] 28 日，周恩來致電蔣介石，為判明責任與手續起見，請以正式公函通知，俾使中共得據以作被迫撤退之計。[188]

3 月 3 日，中共中央負責人就蔣介石強迫京、滬、渝中共代表撤退一事發表正式聲明：揭破蔣方企圖利用中共人員無法匆忙撤退而乘機逮捕和迫害的陰謀，警告：「蔣介石這一荒謬步驟，如不立即改變和放棄，那真是他自己走到了絕路，一切後果應由他負責。」[189] 由於中共中央先發制人，呼籲全國及世界輿論注視國民黨是否迫害中共在京、滬、渝人員，使蔣難以下手。蔣於是立即「特急」致電上海宣鐵吾司令，「對中共人員撤退，希予以一切可能之

---

185 《中共中央發言人為京滬渝三地中共人員撤退事發表聲明》（1947 年 2 月 20 日），《國共談判文獻資料選輯（1945.8 — 1947.3）》，第 532 — 533 頁。原載《群眾》週刊第 14 卷第 9 期。

186 《重慶警備司令致中共駐渝代表吳玉章函》（1947 年 2 月 27 日），《國共談判文獻資料選輯（1945.8 — 1947.3）》，第 534 — 535 頁。原載《中央日報》1947 年 3 月 1 日。

187 《南京衛戌司令部致中共代表團電》（1947 年 2 月 28 日）；《淞滬警備司令致中共上海辦事處函》（1947 年 2 月 28 日），《國共談判文獻資料選輯（1945.8 — 1947.3）》，第 536 — 537 頁。原載《中央日報》（1947 年 3 月 1 日）。

188 《周恩來致蔣介石電》（1947 年 2 月 28 日），《國共和談文獻資料選輯（1945.8 — 1947.3）》，第 538 頁。原載《大公報》（1947 年 3 月 3 日）。

189 《中共中央負責人關於蔣介石強迫京、滬、渝中共代表撤退的聲明》（1947 年 3 月 3 口），《中共中央文件選集》（16），第 414 — 415 頁。

466 寫給香港人的中國現代史（下冊）・從西安事變到新中國成立

便利，勿妄加留難。」[190] 6 日，中共代表王炳南委託民盟全權保管中共所餘聯絡機關報館及分銷處之房屋物資器材及交通工具。7 日，中共駐南京代表團負責人董必武率中共駐南京、上海辦事處工作人員華崗、潘梓年、王炳南、梅益、陳家康等 74 人離開南京返回延安。董必武離京時發表書面講話，惋惜「十年來從未斷絕之國共聯繫，從此斷矣。……戰事顯將繼續，人民之災禍必將更大更深」，最後強調「中共黨員，仍將一本初衷，竭力為和平民主奮鬥到底」。[191] 8 日及 9 日，吳玉章等中共駐渝人員也返回延安。其後，國民黨政府下令，在國民黨統治區，以後再發現中共黨員，即作為匪徒間諜治罪。自此，國民黨放手大打，企圖消滅中共，以武力來保衛其政權，結果卻被打垮，政權隨之崩潰。

七、小結

戰後國共談判，由 1945 年 8 月 29 日，毛澤東在重慶與蔣介石面談起，到 1947 年 1 月 29 日，美國宣佈終止其與三人會議和軍事調處執行部之關係止，歷時一年又五個月。這時期的國共談判分為兩個階段，前期是重慶談判，後期是馬歇爾調處。中共先後派出了毛澤東、周恩來、王若飛、董必武、葉劍英、羅瑞卿、耿飈、宋時輪等人出席和談；國民黨也有蔣介石、張群、張治中、陳誠、王世杰、邵力子、徐永昌等參加；美國則派出了馬歇爾和司徒雷登。人數不可謂不多，份量不可謂不重。

除了蔣介石和毛澤東直接商談外，國共雙方的重慶談判，馬歇爾主持的

---

190 《蔣介石電令宣鐵吾》（1947 年 3 月 4 日），《國共和談文獻資料選輯、（1945.8－1947.3）》，第 539 頁。原載《文匯報》（1947 年 3 月 5 日）。

191 《董必武離京時發表書面談話》（1947 年 3 月 7 日），天津《大公報》（1947 年 3 月 8 日）。

三人會議和美國代表參加的軍調部委員會議、軍調部聯合參謀長會議、軍調部整軍會議、軍調部長春前進分部聯合調處會議及各執行小組組長會議等，共舉行了三百多次有記錄可查的大小會議。達成之協議如《第一次停戰命令》、《關於軍隊整編及統編中共部隊為國軍之基本方案》、《羅山協議》、《漢口協議》、《東江縱隊協議》等，不可勝數。談判進行的主要地點在重慶和南京兩地，另加上北平軍調部派出之執行小組遍及 36 個城市，北起齊齊哈爾，南迄廣州，東至拉法，西止侯馬，調處範圍遍及整個中國。

　　馬歇爾為國共衝突辛勞奔走，但因美國採取對華二重政策，乘機誘騙蔣介石簽訂不平等條約，結果在中國人民唾罵之下結束任務。

第二十一章

國共內戰（1945 — 1949）

1

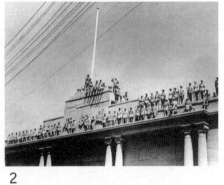

2

3

1　1949 年 3 月上海北站逃亡難民
2　南京解放
3　國共內戰中，國軍裝備遠優於共軍，圖為國軍登陸艦。
4　遼瀋戰役
5　平津戰役

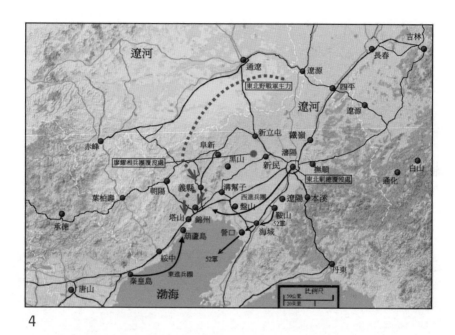

4

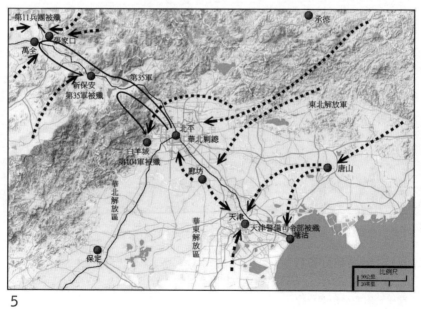

5

6

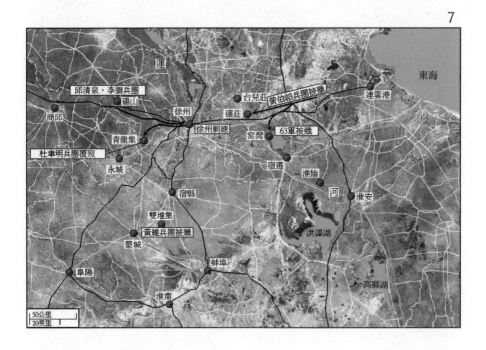

7

6　國民政府撤至台灣路線

7　淮海戰役

有些喜歡近現代史的朋友常常問一個問題：這麼多本中國現代史讀本，
「如何挑選一本好的中國現代史」？

回答這個問題，筆者一般的答案是教他們翻到國共內戰一章，看看書籍
能否簡明扼要地介紹戰爭的經過，作者如何分析國民黨戰敗的原因。如果書
本引用的理據和分析能夠客觀、公正，足以令他們信服，那麼，這本書便可
以購買珍藏，因為國共內戰不單結束國民黨在大陸的政權，開始了中國社會
主義革命的時代，而且在國際上令社會主義陣營和資本主義陣營的力量對比
產生了巨大變化，亞非拉三洲反殖民地獨立運動因此風起雲湧。對中國乃至
世界的軍事、政治、經濟和社會都起巨大影響的一場戰爭，許多中國現代史
竟然簡略不談，真令年輕人失望！

這可能是政治干預了學術。

蔣介石戰敗跑到台灣之後，解釋內戰失敗的原因，認為是馬歇爾受中共
欺騙，在調處國共衝突時偏幫中共，令國軍失去消滅共軍的機會，導致士氣
受損，因而戰敗。國軍戰史解釋戰敗的原因是國共談判，認為「抗戰勝利後，
並未運用絕對優勢之武力，以解決匪患，且百般遷就共匪，徒然舉行政治協
商，白白浪費兩年時間，……在軍事上所造成之延誤與不當，可能為戡亂作
戰失敗之主要原因」。在蔣家父子治台的政治局面下，撰寫清代「反美運動」
論文的學者也會被特務拘捕入獄，要求撰述國共內戰的歷史學者有「太史簡」
和「董狐筆」的勇氣，似乎有點強人所難。不過，有些美國學者也引用蔣介
石的觀點，不免令人有點驚訝！

試想一想，如果士氣不振，國軍沒有勝算，那麼蔣介石便不應發動內戰
了。除非國民黨自己否定其抗日戰爭的功勞，否則國軍能夠頂着有飛機、大
炮裝備，和久經訓練的日軍長達八年之久，也打勝過不少漂亮的戰役。日軍
投降之後，400 萬國軍換上火力較日軍更為強大的美式裝備，再加上絕對的制
空權和制海權，蔣介石、陳誠等國軍將領，哪一個會沒有信心消滅缺槍無炮
的共產黨？陳誠接受報章記者訪問時，多次揚言三個月之內可以消滅共軍；

蔣介石勸馬歇爾停止調處，屢次請馬歇爾放心，說國軍在八到十個月之內可以消滅共軍。這些言論，當年並非祕密。事實上，內戰初期，國軍先後攻佔張家口、四平、延安等中共軍政要地，戰功顯赫。說國軍在國共內戰中未打過一場勝仗，似乎也欠缺公允！打敗的時候，當然士氣崩潰。但為甚麼不說，戰爭開始的時候國軍士氣如何？這顯然是利用時間的偏差欺騙讀者。

而且，最關鍵的問題沒有解釋：擁有飛機、艦艇、坦克、大炮現代化火力，四比一兵力數量，和蘇聯、德國、美國專業軍事訓練的國軍，最後竟輸給裝備差劣、數量少、欠特種兵訓練的共軍。這個戰績說出來也感到羞恥！真的無法解釋，所以很多現代史讀本刪去了當年蔣介石、陳誠的「豪言壯語」，也不談國軍的曾經輝煌，整個內戰的經過便含混過去。

失敗乃成功之母。

這句話連小孩子也懂！不過當人面對失敗時，卻需要很大的勇氣去承認自己的錯誤。負責指揮全盤戰爭的將帥當然不會坦然承認他指揮不當，作戰不力，公開承擔戰敗的責任，承認對方打得好。

決定一場戰爭勝負的因素除了軍隊的數量、裝備和訓練之外，還受將帥的軍事智慧影響。優秀的將領往往能夠創造以少勝多、以弱勝強的軍事奇跡。要解釋國共內戰的勝敗原因，最好的方法是讓事實說明，看一看戰局的發展，哪一場仗是國軍打得好，哪一場仗是共軍打得妙。雙方將帥哪一個能夠真正「運籌帷幄、決勝千里」。

然而，我們亦應當明白現代戰爭是軍事、政治、經濟、文化、科技的總體戰，而不單純是力量與智慧的角力。所以國共內戰的成敗並非由一個因素決定的，這場仗實際上是國共雙方軍事、政治、外交、經濟、思想等領域的總體戰。每一個領域較量的成敗都影響到其他領域的勝負，只不過最後的具體表現卻從軍事上顯示出來。如果把這場仗勝負的結果都歸納於某一個因素，那是片面的觀點，並非歷史的全貌。

國共雙方出版的戰史對內戰的經過都有不同敘述，本文參考雙方戰史，

將戰爭經過分為六個階段，每一個階段都有幾場決定性的戰役，冀能從戰局的發展解析成敗原因。

一、國共軍事力量之評估

1. 國民政府

（1）兵力

開戰前國軍統帥認為國軍在抗戰勝利後士氣高昂，擁有陸海空三軍，剿平中共實易如反掌。但國軍海空軍的力量並不太強，資料如下：

A. 海軍

國軍擁有之艦艇如下：

a. 中國於抗戰勝利倖存之艦艇共 15 艘，約 8,000 噸。

b. 1945 至 49 年間美國移贈之艦艇：輔助艦 1 艘、護航驅逐艦 6 艘、運油艦 1 艘、掃雷艦 6 艘、戰車登陸艦 10 艘、中型登陸艦 6 艘、步兵登陸艇 6 艘、通用登陸艇 5 艘、小型登陸艇 48 艘。

c. 英國贈艦：巡洋艦 1 艘、驅逐艦 2 艘、海岸巡防艇 8 艘。

d. 日本繳獻：艦艇 52 艘、小型炮艇 236 艘。

惟抗戰初期中國海軍已消耗殆盡，原有海軍早已解體，故戰後雖接收這許多艦艇，根本沒有足夠官兵可以調派。加以缺乏維修，大部分艦艇都停泊在港灣內，最後大多數給中共俘虜。[1] 運送國軍前往華北東北受降，提供支援補給，截斷中共山東與東北之海道交通，敵前登陸作戰等任務，這支海軍都

1　國防部史政編譯局編：《戡亂戰史》（第二冊）（台北，國防部史政編譯局，1981 年），第 173 — 174 頁。

無能為力。

B. 空軍

空軍兵力如下：

a. 驅逐機三個大隊，各有飛機 48 架，分駐徐州、北平、南京三地。二個中隊，有機 24 架，駐西安。

b. 中型轟炸機一個大隊，有機 48 架，駐漢口。一個中隊，有機 12 架，駐西安。

c. 重型轟炸機一個大隊，有機 30 架，駐上海。

d. 偵察機一個中隊，有機 15 架，駐南京。

e. 空運大隊一個，有機 64 架，駐南京。

f. 混合機種一個大隊，驅逐及轟炸機共 48 架，駐南京、濟南、北平。一個中隊，有機 12 架，駐迪化。

11 月 27 日，美國將在中印緬戰區所有飛機 700 架移交給國民政府。

這一千餘架飛機在中國的廣大空間根本不敷應用，戰後國共爭奪日佔領區，立即爆發了上黨、邯鄲、綏包等三次重要戰役，國軍都戰敗，空軍並未產生支援作戰的作用。這三仗令國軍無法從陸路向華北東北受降，只得依賴海空兩途，但都是靠美國機艦運輸，本身的運輸力量甚弱。1943 年底第五集團軍總司令部在昆明成立第一團傘兵，1945 年 4 月擴編為陸軍突擊總隊，有 20 個突擊隊，由美籍教官協助訓練。1946 年 3 月易名為傘兵總隊，6 月移駐南京，兵力共 2195 名。因兵力太薄弱，內戰時這支傘兵沒有空降作戰。[2] 由此可見國軍空軍的攻擊、補給、運輸、增援等力量都不足。最大問題是陸軍缺乏無線電話，無法和飛機聯絡，指示飛機空襲敵方陣地。飛機在空中也分辨不到地面的國共軍隊，雙方混戰時起不到支援作用。[3]

2　國防部史政編譯局編：《戡亂戰史》（第二冊），第 179 — 203 頁。

3　一名留台老兵的口述資料。

C. 陸軍

1944 年 12 月底，全國陸軍額約 600 萬人，勝利後實施整編，到 1945 年底，縮編為 89 個軍，2 個騎兵軍，253 個步兵師，共約 400 萬人。[4] 陸軍人數雖多，但在陸海空三軍中以陸軍最令蔣介石擔憂。因北伐後，國民黨新軍閥不斷內鬨，蔣介石的中央軍常與馮玉祥的西北軍、閻錫山的山西軍、張發奎的粵軍、李宗仁和白崇禧的桂軍內戰。[5] 戰爭規模遠較五次反共圍剿還要激烈。故蔣介石把國軍分為嫡系的中央軍與非嫡系的雜牌軍，嫡系部隊獲特別照顧，武器、彈藥、被服、糧餉各方面都得到無限量的補給，雜牌軍的軍需糧餉則常被克扣。蔣並驅遣收編的雜牌軍前往剿共、抗日，俟其傷亡殆盡後乘機裁撤收編其餘部。[6] 雜牌軍當然知其處境危殆，只有設法自保，避免與日軍硬拚，提防共軍偷襲，更嚴防中央軍包圍繳械。結果，到勝利前夕，尚餘百數十師之眾，即陸軍仍有半數為雜牌軍，所以蔣介石對此等「軍閥餘孽」極不放心。[7]

（2）資源

國民政府統治區面積為 730 餘萬平方公里，約佔全國土地面積的 76%，人口為 33,900 萬人，約佔全國人口的 71%。人力物力資源比較雄厚。同時，還控制着全國的大城市和主要交通線，擁有幾乎全部近代工業。軍事工業也

---

4   國防部史政編譯局編：《戡亂戰史》（第二冊），第 171 頁。

5   林君長：《國民革命軍之奮鬥》（台北，黎明文化事業有限公司，1981 年），第 117 — 127 頁；郭廷以：《近代中國史綱》（香港，中文大學出版社，1979 年），第 591 — 609 頁。

6   《李宗仁回憶錄》（香港，南粵出版社，1986 年），第 521 — 542 頁。

7   秦孝儀：《總統蔣公大事長編初稿》（第五卷下冊）（台北，中國國民黨中央委員會黨史委員會，1978 年），第 771 頁；《李宗仁回憶錄》，第 555 頁。

甚具規模，能夠生產步兵武器、重炮和各種彈藥。[8]

2. 中共

（1）兵力

1945 年 8 月 11 日中共中央在《關於日本投降後我黨任務的決定》指出：
「國民黨積極準備向我解放區，『收復失地』，奪取抗日勝利的果實。這一爭奪
戰，將是極猛烈的。…… 各地應將我軍大部迅速集中，脫離分散游擊狀態，
分甲乙丙組織成團或旅或師，變成超地方性的正規兵團，集中行動，以便在
解決敵偽時保證我軍取得勝利。」[9] 中共中央軍委還要求，正規兵團的數量應
佔全部兵力的五分之三到三分之二。這種兵團從連到縱隊（軍），基本上按
「三三制」編成。各解放區應建立實施機動作戰的指揮機構，並依情況轄若干
縱隊，直接受中央軍委和各中央局的指揮。[10] 中共各區兵力如下：

A. 東北地區

1945 年 9 月 15 日中共中央決定成立東北局，10 月 31 日中央把所有進入東
北的部隊和由抗日聯軍擴建的東北人民自衛軍統一組成東北人民自治軍。1946
年 1 月 14 日東北人民自治軍改稱「東北民主聯軍」，總兵力發展至 27 萬人。

B. 華東地區

1945 年 9 月下旬起新四軍逐步向蘇皖地區和山東轉移。新四軍軍部兼山
東軍區共有地方部隊 18 萬人。北移的部隊與原山東部隊合編組成津浦前線野

8　軍事科學院軍事歷史研究部編：《中國人民解放軍戰史》（第三卷）（北京，軍事科學
　　出版社，1978 年），第 40 頁。

9　《中央關於日本投降後我黨任務的決定》，中國人民解放軍政治學院黨史教研室編：
　　《中共黨史參考資料》（第 10 冊），第 1 頁。

10　《軍委關於目前軍隊編制的決定》，中國人民解放軍政治學院黨史教研室編：《中共黨
　　史參考資料》（第 10 冊），第 13 頁。

戰軍（1946 年 1 月改稱山東野戰軍），兵力約 5 萬人。蘇皖地區組成華中軍區，兵力約 11 萬人，新四軍蘇浙軍區與原地的主力部隊組成華中野戰軍，兵力約 4 萬餘。

C. 中原地區

1945 年 10 月中共在棗陽以北組成中原局和中原軍區，該區野戰軍以大別山為根據地的新四軍第 5 師再加上第八路軍第 359 旅一部和河南軍區部隊組成，全區野戰軍、地方軍各約 3 萬人。

D. 晉察冀地區

晉察冀軍區在晉察冀方向有第一野戰軍，在冀察熱遼方向有第二野戰軍，全區野戰軍兵力 18 萬人，另有地方部隊 12 萬人。

E. 晉冀魯豫地區

1945 年 8 月 20 日中共把太岳、太行、冀魯豫、冀南解放區合併組成晉冀魯豫局（又稱邯鄲局）和晉冀魯豫軍區。下轄晉冀魯豫野戰軍，兵力 8 萬餘人，地方部隊 23 萬餘人。

F. 晉綏陝甘寧地區

內有晉綏軍區和陝甘寧晉綏聯防軍，前者全區野戰軍和地方部隊共 3 萬餘人，後者兵力亦為 3 萬餘人。

G. 華南地區

分散在粵北、贛南、海南島等地的東江縱隊和瓊崖獨立縱隊等部，兵力共 27,000 餘人。

中共根據整軍方案進行整編，裁減老弱、無職務和無武器人員，但盡一切可能建立和擴充各地的炮兵和工兵等特種兵部隊。截至 1946 年 6 月，中共有野戰軍 27 個縱隊和 6 個旅，另有兩個炮兵旅、14 個炮兵團、17 個炮兵營、38 個炮兵連；縱隊建立了工兵連；東北民主聯軍還建立了高炮部隊和坦克部隊。以上全部野戰軍 61 萬餘人，地方軍 66 萬餘人，總兵力約 127 萬人。

（2）資源

解放區土地面積約 230 萬平方公里，人口 13,600 萬人，經濟以農業和手工業為主，沒有近代化工業。軍工生產能力極為薄弱，據 1946 年 7 月統計，軍工生產月產量為迫擊炮 2 門、步槍 1,030 支、機槍 15 梃、手榴彈 28 萬餘枚、迫擊炮彈 4,710 發、步機槍子彈 29 萬餘發，遠遠不能滿足大規模作戰需要。[11]

二、內戰經過

國軍軍方出版的《戡亂戰史》統計國共內戰主要的大戰和會戰，計：東北 10 次，華北西北 9 次，華中 10 次，華東 8 次，華南 5 次，東南 7 次，西南 4 次，合計 53 次。

1. 第一階段（1945 年 8 月至 12 月）

1945 年 8 月 8 日蘇聯參加對日作戰後，共軍全面出擊，展開抗日戰爭大反攻，攻佔日偽佔領的重要城市和廣大農村，結果控制了河北、山東、山西大部分地區，並搶先進入東北，收編偽軍，建立根據地。另一方面國軍奉令前往接收日偽佔領區，沿平漢、津浦兩路北進及由海路前往東北受降。國共雙方遂因爭奪日佔區而衝突。國共雙方為滿足國人和國際的和平願望，毛澤東應蔣介石的邀請前往重慶出席和平談判，經過個多月多次會談，簽署了《國民政府與中共代表會談紀要》。但一紙協議，無法撲滅燎原的戰火。這個階段較重要的戰鬥有上黨之役、邯鄲之役、綏包之役、津浦路徐濟段之役與東北受降之戰。

---

11 《中國人民解放軍戰史》（第三卷），第 6 — 41 頁。

（1）上黨之役

閻錫山為恢復山西主權，8月下旬即已完成太原的受降和接收，隨後派所部分別向各要點進軍，8月21日第19軍軍長史澤波佔領被共軍包圍的長治、長子、壺關、屯留等城和共軍佔領的襄垣、潞城。8月26日中共中央軍委指示晉冀魯豫軍區收復上黨地區，以消除心腹之患。劉伯承、鄧小平部共軍於是在9月10日發動上黨之役，攻擊屯留，12日佔領後，17日又佔潞城，截斷長治與太原的聯繫。20日開始圍攻長治。22日閻錫山派第7集團軍副總司令彭毓斌率領第23軍、第83軍增援。結果中了共軍圍城打緩之計，10月6日彭部援軍被圍殲，彭毓斌陣亡。長治守軍待援無望，向西突圍，12日在桃川堡附近被殲，史澤波被俘。此役國軍喪師31,449人，共軍傷亡約4,000人。[12]

（2）邯鄲之役（又稱「漳河之役」）

上黨之役後，國軍第11戰區孫連仲派第40軍、第30軍、新編第8軍共7個師在10月14日自新鄉沿平漢路分兩路北上。中共指示劉伯承、鄧小平集中第1、第2、第3縱隊和冀魯豫、冀南、太行軍區各一部共6萬人，連同10萬民兵，在邯鄲地區夾擊國軍。10月24日國軍渡過漳河後即被共軍迅速包圍。10月26日國軍分別由石家莊、安陽南北對進，增援被圍的部隊，但都受共軍阻擊，無法前進。10月30日國軍第40軍的106師大部分被殲，第30軍亦受沉重打擊。新8軍軍長高樹勛因非蔣介石嫡系部隊，出發時領不到彈藥補給，認為蔣藉共軍消滅他們，故在參謀長李達（中共黨員）遊說後率部起義。[13] 其餘國軍遂陣腳大亂，向南突圍而逃，至11月2日大部分被殲。

12　國防部史政編譯局編：《戡亂戰史》（三），第15—16頁；《中國人民解放軍戰史》（第三卷），第14—16頁。

13　《孫仿魯（連仲）先生述集》（台北，孫仿魯先生九秩華誕籌備委員會，1981年），第106—107頁；《李宗仁回憶錄》，第523頁。

此戰除新 8 軍萬多人起義外，國軍傷亡 3,000 餘人，第 40 軍軍長馬法五以下 17,000 多人被俘，30 軍魯崇義敗退。共軍傷亡 4,700 餘人。

（3）綏包之役

1945 年 8 月下旬傅作義率領新編騎兵第 4 師、暫編騎兵第 5 師、第 35、第 67、暫編第 3 軍等 6 萬餘人沿平綏路往張家口受降。當時共軍已佔領張家口，認為傅的行動將威脅他們在北方的地位，故命聶榮臻和賀龍集中 53,000 餘人殲滅傅部主力。10 月 18 日聶榮臻的晉察冀共軍攻克張皋、隆盛莊，賀龍的晉綏共軍佔領涼城、陶林，消滅第 35 軍和暫編騎兵第 1 旅各一部。25 日共軍猛攻集寧與歸綏間的戰略要地卓資山，殲滅國軍第 67 軍新編 26 師 5,000 餘人。國軍於是在 27 日放棄卓資山全線西撤，第 35 軍、暫編第 3 軍、新編騎兵第 4 師等部 24,000 人退守歸綏，第 67 軍等部 12,000 餘人退守包頭，並立即加強工事，憑堅固守。10 月 31 日共軍集中兵力圍攻歸綏，歷時半月猶未能攻下。11 月 12 日轉攻包頭，未陷。12 月 2 日共軍再次集中兵力進攻包頭，數度攻擊仍未奏效。共軍最後在 12 月 4 日和 14 日先後撤出對包頭和歸綏的包圍。此役共軍傷亡 20,000 餘人，雖然沒有攻佔包頭和歸綏，但卻保存了對張家口的控制。自此，張家口成為中共的軍政要地。

（4）津浦路徐濟段戰役

1945 月 10 月國軍第 12 軍、騎兵第 2 軍由徐州沿津浦路北上，進佔濟南；國軍收編之偽軍吳化文部進至滕縣、兗州、泰安；第 97 軍進至臨城附近；第 51、第 77 軍及由偽軍改編的第 6 路軍郝鵬舉部佔領韓莊至台兒莊之線；第 7、第 48 軍佔領浦口、蚌埠。共軍為截斷津浦路，10 月 18 日陳毅和羅榮桓部共軍開始攻勢，首先伏擊消滅了吳化文三個師，控制了滕縣、兗州間一段鐵路。12 月 12 日進攻滕縣的第 19 集團軍第二前進指揮所，經三日激戰，消滅國軍 9,000 餘人。1946 年 1 月 7 日至 13 日間先後攻佔寧陽、韓莊、包圍兗州、泰安、臨城、棗莊等地，郝鵬舉部被迫起義。此戰共軍殲滅國軍

28,000 餘人，控制鐵路二百餘公里，破壞了國軍打通津浦路的計劃。

經過上黨、邯鄲、綏包和津浦路徐州段四場戰役，國軍無法從陸路北上受降，在美國海空運輸的幫助下，進駐了北平、天津、濟南和青島等大城市。山東、河北、江蘇等地廣大地區幾全受共軍控制。

(5) 東北受降之戰

共軍在華北乘地利之便，分水陸兩路搶先出關。國軍在陸路北上受阻之後，需等待美國派軍艦運送軍隊，所以延至 10 月 30 日國軍才開始登陸秦皇島出關受降。東北除具有重要的戰略地位外，更藏有豐富的礦產資源、良好的重工業基礎，所以國軍派出其「五大主力」中的兩支主力部隊新編第 1 軍和新編第 6 軍出關受降，此外還有第 13 軍、第 52 軍、第 71 軍和第 60 軍等，合共 6 個軍。國軍部隊沿途受李運昌、林彪部共軍阻擊，11 月 16 日攻下山海關，26 日攻下錦州。以兵員彈藥消耗、補充不及，停頓整編待援，延至次年 3 月 16 日才到達瀋陽。這時國軍連同地方部隊總兵力達 31 萬人。[14]

2. 第二階段（1946 年 1 月至 11 月）

這時國共雙方在美國調處之下，先後在 1946 年 1 月 10 日、6 月 6 日和 11 月 8 日頒佈了三次停戰命令。國共一方面在會議場上展開激烈的政治鬥爭，同時又在戰場上拚個你死我活。邊談邊打，戰爭從未間斷。國軍戰史則認為中共善用美國調處，每當處於劣勢，面臨挫敗，便請馬歇爾向國民政府施加壓力，迫令停火，頒佈停戰命令，利用休戰時間積極整補或作戰略撤退，使國軍坐失殲敵良機。同時美國要求國軍實施《整軍方案》以裁減軍費，將國軍現有陸軍，在 12 個月內，分期縮編為 30 個軍（共 90 個師），換言之

---

14 《戡亂戰史》（三），第 16 — 19 頁；《中國人民解放軍戰史》（第三卷），第 16 — 27 頁。

把軍隊人數硬性裁撤三分之二。於是導致軍隊人心惶惶，普遍不安。另認為國民政府遵守《整軍方案》，大量裁撤軍隊而伏下國軍土崩瓦解之肇因，這一階段實是國共軍力此消彼長的重要時期。[15] 中共戰史認為蔣介石和美國用和平談判，欺騙世人。美國一方面派馬歇爾調處國共衝突，同時又經濟和軍事大力援蔣，無疑鼓勵蔣介石大打內戰。1946 年 6 月下旬國軍圍攻中原解放區，揭開了全面內戰的帷幕。此時蔣介石利用整軍方案，大肆裁減雜牌部隊，清除國民黨內異己。當時中國工業不振、農村破產，編餘官兵立即失業，成為難兵，於是雜牌部隊相率投奔共軍；待編雜牌部隊官兵，亦士無鬥志，拒絕再為蔣介石賣命。

這一階段國軍在關內關外各戰場均取得優勢，可以說國軍能夠佔領其計劃所要佔領的地點。華東方面：南京上海的威脅解除，貫連徐州鄭州，打通膠濟路。華中方面：清除了共軍在大別山和晉南的根據地。華北方面：攻下張家口，使中共取得蘇援的張庫大道因此而中斷，國軍東北華北戰場得以連成一片。東北方面：國軍進至松花江。表面上各戰場對國軍均屬有利，但國軍無法消滅共軍主力，同時佔地愈廣，兵力愈不敷應用。

（1）四平攻防戰

東北最初不在調處範圍，所以戰況較關內地區激烈。3 月 16 日國軍進入瀋陽後，為擴大瀋陽的安全空間和周邊的工礦設備，派新編第 6 軍向遼陽、鞍山；第 52 軍向撫順；新編第 1 軍與第 71 軍向四平及八面旗；第 88、第 5 師向營口、海城等地，作光線輻射式擴張。中共為確保控制北滿地區及長春、哈爾濱兩市與中長鐵路滿洲里至綏芬河段，除派東北民主聯軍死守四平外，又搶佔長春、哈爾濱和齊齊哈爾三市。3 月 17 日共軍攻下四平，4 月 14 日再攻佔長春。4 月 18 日新 1 軍開始進攻四平，未獲進展。5 月 3 日國軍攻

---

15 《戡亂戰史》（三），第 21 — 32 頁；*Marshall's Mission To China*, Volume I, University Publications of America, 1976. Chapter 20 & Chapter 27.

佔本溪後，調派新 6 軍和第 71 軍增援四平戰線，以 9 個師兵力全線進攻四平。5 月 14 日國軍在飛機、坦克和大量炮火掩護下，猛攻四平。18 日國軍攻佔葉赫站、塔子山，迂迴四平東北，共軍傷亡 8,000 餘人，乘夜撤退。5 月 19 日國軍進入四平，接着再佔長春等地。國軍認為林彪部崩潰，乘勝追擊，攻至松花江北岸。周恩來多次向馬歇爾抗議美國幫助運送國軍到東北，違反停戰命令限制運送國軍到東北的數量，是停戰命令無法在東北實施的原因，質疑美國調處國共衝突的中立地位。馬歇爾以國軍用美援在東北攻城掠地，損害他調處人的中立身份，嚴厲要求蔣介石停戰。蔣介石只得在 6 月 6 日頒佈第二次停戰令，國軍停止追擊共軍。[16] 國軍戰史認為此次停戰，讓林彪部隊有喘息之機，遂能死灰復燃，席捲東北。

（2）中原突圍戰

抗戰後期新四軍第 5 師和八路軍南下支隊在鄂、豫、皖、湘、贛五省交界地區創建了中原解放區。日本投降時，共軍積極發展，使中原解放區擴展到 60 餘縣，形成了對武漢三鎮的包圍態勢。武漢三鎮是國軍自大後方進軍華東、華北、東北的戰略樞紐，乃兵家必爭的要地，於是調動 20 多個師包圍中原解放區，步步壓迫，企圖消滅該區共軍。1946 年 5 月 10 日國共雙方簽訂《漢口協議》，規定該區停止衝突。但國軍的進攻並未停止，到 6 月該區共軍只剩下以宣化店為中心，方圓不足百里之地。蔣介石派鄭州綏靖署主任劉峙在駐馬店設指揮所，統一指揮第 5 綏靖區和武漢行營的第 6 綏靖區所屬 8 個整編師又 2 個旅，部署消滅中原共軍。由於情況危急，中共派周恩來找馬歇爾到宣化店調處，6 月 23 日簽訂《羅山停戰協定》。同日中共中央指示中原局「立即突圍，愈快愈好」。26 日晚軍區司令員李先念率 15,000 人由宣化店向西北方越平漢路突圍，沿途被國軍 6 個整編師追擊，至 8 月 28 日殘存 600 餘人

16《戡亂戰史》（三），第 27—28 頁；《中國人民解放軍戰史》（第三卷），第 25—30 頁。

進入陝甘寧地區。副司令員王樹聲率領 10,000 人於 26 日晚由光山縣向西越平漢路突圍，最後殘存 3,000 餘人到達房縣，8 月 27 日成立鄂西北軍區。張體學率領 5,000 人負起迷惑國軍之責，最後逃至麻城、黃安地區，殘部 3000 餘人，改歸華中野戰軍序列。[17]

（3）蘇中戰役

蘇中地區西起運河，東至海濱，北靠兩淮，南抵長江，物產豐富，抗戰時期是新四軍的主要根據地。該地因直接威脅國民政府的政治、經濟中心南京和上海，因此抗戰勝利後，蘇中地區立即成為國共主要角逐的戰場。國軍第 1 綏靖區司令李默庵指揮第 49、第 83、第 25、第 21、第 65 和第 69 師的第 99 旅共 15 個旅約 12 萬人，計劃首先攻佔如皋、海安，然後與徐州國軍會攻淮陰。7 月 13 日中共華中野戰軍在粟裕指揮下，首先發動攻勢，進攻宣家堡、泰興兩地，至 15 日殲滅國軍第 83 師第 19 旅兩個團和旅屬山炮營共 3,000 餘人。17 日又以四倍兵力圍攻國軍在如皋以南的第 49 師，經 19、20 兩日激戰，殲滅國軍 10,000 餘人。當國軍主力趕到時，共軍主動撤出如皋。8 月 3 日共軍稍作抵抗後，撤出蘇中水陸交通樞紐海安，迷惑國軍。8 月 10 日共軍夜襲李堡，至翌日共殲國軍 2 個旅部和 3 個團。8 月 17 日共軍進攻丁堰、林梓、東陳等地，全殲國軍五個交通警察大隊共 5,000 餘人，切斷了南通如皋公路。8 月 26 日共軍以 10 個團的兵力在分界圍殲國軍第 99 旅（2 個團），次日又集中 15 個團的兵力殲滅國軍第 187 旅和第 79 旅一個團（共 3 個團），並乘勝在 31 日攻佔黃橋。此戰共消滅國軍 17,000 餘人。共軍嚴重威脅泰興、泰州，使國軍被迫回師揚州、仙女廟防線。蘇中戰役至此結束，共軍以傷亡 16,000 人的代價，殲滅國軍 50,000 人。[18]

17　《戡亂戰史》（三），第 30 — 31 頁；《中國人民解放軍戰史》（第三卷），第 46 — 50 頁。

18　蘇中七戰七捷編寫組：《蘇中七戰七捷》（南京，江蘇人民出版社，1986 年），第 1 — 38 頁；《中國人民解放軍戰史》（第三卷），第 51 — 55 頁。

（4）徐州掃蕩戰

國軍為確保南京、上海安全，貫通徐州至鄭州、徐州至東海、徐州到浦口交通，7月18日徐州綏靖公署主任薛岳指揮第7軍、整編第48、第69、第28、第57師共計12個旅的兵力，自徐州、夾溝、固鎮分三路進攻淮北，企圖與鄭州綏署國軍合攻中共蘇皖解放區首府淮陰。7月29日國軍第69師在朝陽集被共軍伏擊，損失5,000餘人。8月7日共軍進攻泗縣，傷亡2,000餘人，未能攻下。9月10日國軍第7軍聯合增援之整編第74、第28師合攻淮陰，在飛機的支援下，19日凌晨佔領淮陰城。國軍繼續乘勝攻下淮安、寶應、鹽城和阜寧等地。另一方面，國軍第5軍邱清泉部在7月16日開始進攻淮南，至7月底攻佔天長、盱眙等地，迫共軍撤出淮南。南京上海的威脅得以解除。10月8日國軍再解臨城第97軍之圍，使徐州的威脅完全解除，10月11日國軍重開膠濟路。[19]

（5）初渡黃河之戰

中共晉冀魯豫解放區西起同蒲路，東抵津浦路，北至正太路和德（州）石（家莊）鐵路，南跨黃河和隴海路，是聯結陝甘寧、晉綏、晉察冀、華東、中原等解放區的樞紐。國軍認為晉冀魯豫的發展條件，遠遜東北林彪和華東陳毅部共軍，甚至比華北聶榮臻和西北賀龍部共軍也有所不及，故對劉伯承部共軍比較輕視。可是劉伯承長於運用其中央位置之利，充分發揮其飄浮不定、忽隱忽現的機動特性，為追求共軍全盤勝利，極盡其穿針引線、策應支援之能事。因此，其兵力雖然有限，反而能在決定性會戰中，居於支配戰局的主導地位。1946年7月國軍發動徐州掃盪戰，陳毅節節敗退。劉伯承為策應陳毅作戰，並吸引圍追中原共軍的國軍增援隴海路，於是以第3、第6、第7縱隊和冀魯豫軍區部隊一部共40,000餘人，東渡黃河作戰。8月10日夜晉

---

19 《戡亂戰史》（三），第31頁；《中國人民解放軍戰史》（第三卷），第55—56頁。

冀魯豫野戰軍突擊隴海路蘭封、黃口段沿線國軍，至 12 日攻克蘭封、碭山等城鎮車站十餘處，控制鐵路 100 餘公里，威脅徐州綏署腹背。迫使國軍把追擊中原共軍的第 41、第 47、第 3 師回援開封，抽調整編第 11 師及徐州的整編第 88 師、進攻淮南的第 5 軍回援碭山和徐州地區。使陳毅得以在運河之線重新立足，保持其蘇北沿海走廊（鹽城至臨沂）的暢通。國軍集中 14 個整編師共 30 萬人追擊劉伯承部共軍，9 月 3 日當整編第 3、第 47 師進至定陶附近時，被共軍伏擊，7 日戰鬥結束。共軍以傷亡 3500 人的代價殲滅國軍 17,000餘人，並俘獲第 3 師師長趙錫田。10 月 27 日國軍分兵三路向鄄城進攻。31日劉伯承圍殲國軍第 119 旅等部隊 9,000 餘人，戰後西渡黃河而去。[20]

（6）大同攻防戰

中共為消滅閻錫山，控制山西高原，組成晉北野戰軍，任命周士第為司令員，統一指揮晉察冀軍區聶榮臻和晉綏軍區賀龍兩區共軍，在 7 月 4 日發起晉北戰役，攻佔崞縣、五台、原平、定襄等地，控制忻縣以北至大同的同蒲路，截斷了太原大同的交通。共軍特別組成大同前線指揮部，任命張宗遜為司令員，集中 30 個團的兵力奪取大同。7 月 31 日大同外圍作戰開始，國軍 19,000 人依靠堅固周密工事死守待援。8 月 10 日蔣介石將原屬第 2 戰區閻錫山的大同劃歸第 12 戰區傅作義管轄，促他增援大同。傅作義採圍魏救趙戰略，集中第 35 軍三個師、暫編第 3 軍二個師和四個騎兵縱隊共 30,000 餘人，分兵三路進攻集寧。9 月 5 日攻佔卓資山，7 日開始攻擊集寧，在空軍的配合下，10 日攻佔臥龍山、南營房等地，與共軍反覆衝殺，最後在 12 日攻入集寧，13 日共軍撤退。傅部繼續向大同推進，16 日共軍自動解圍，撤離大同。

20 《戡亂戰史》（三），第 37 — 38 頁；《中國人民解放軍戰史》（第三卷），第 56 — 61頁。

（7）張家口會戰

大同集寧戰役進行時，國軍東北保安司令杜聿明指揮第13、第93軍會同第11戰區的第53軍共7個師，從8月21日起進攻承德、青龍等地，在28日佔領承德。國軍第11戰區孫連仲部國軍亦在9月4日開始，進攻中共冀東解放區，至21日先後佔領樂亭、遵化、平谷等地，使國軍關內關外連成一片，並對張家口構成最佳的外線態勢，於是國軍決心攻取中共軍政要地張家口。中共和談代表團周恩來向蔣介石和馬歇爾發出嚴重警告：若進攻張家口即表示國共關係全面破裂。蔣介石置之不理。9月29日國軍第16軍和第53軍分別由南口和懷柔向懷來進攻，並先後出動飛機370餘架次炸射共軍陣地。共軍在懷來堅強抵抗，並進行反擊，攻佔國軍望都、徐水、容城等十餘城鎮，破壞鐵路120餘公里，殲滅國軍8,000多人。第12戰區傅作義部乘共軍與國軍在平綏路東段激戰，張家口兵力空虛，集中其主力第35軍、暫編第3軍和騎兵師，在10月7日由集寧向張家口西北迂迴，8日經南壕塹突襲張北，共軍回師不及，被國軍在11日攻入張家口。國軍乘勝追擊，連克蔚縣、廣靈等地，共軍撤出綏東地區。自此國軍控制了張庫大道及打通了平綏路，但國共內戰至此全面爆發，國軍自此攻勢成為強弩之末。[21]

3. 第三階段（1946 年 11 月至 1947 年 8 月）

為完成制憲程序，國民政府在 1946 年 11 月 8 日主動頒佈第三次停戰令，以營造和平氣氛，召開國民大會。但中共認為國民黨單方面召開國民大會，是國共關係破裂、走向內戰的表示，故在各地全力進攻。1947 年 1 月 8 日馬歇爾以無法繼續調解國共衝突，結束調處返美。中共駐南京和談代表團

---

21 《戡亂戰史》（三），第 31 — 32 頁；《中國人民解放軍戰史》（第三卷），第 63 — 68 頁。

被蔣介石拒絕保證其安全，撤返延安，和談徹底失敗，國共雙方放手用武力解決彼此的紛爭。國軍的戰略是集中重兵先攻佔中共首府延安，同時消滅陳毅主力於沂蒙山區，鞏固華中後，肅清華北，再用兵關外，收復整個東北。

(1) 山東戰場

國軍為截斷共軍山東與東北大連的海陸運輸，對山東沂蒙山區陳毅根據地，發動猛攻，企圖一舉殲滅之。1946 年 7 月陳毅在國軍壓迫下已節節退守，主力被壓縮在魯南山區和運河以東沿海狹長地帶。1947 年 1 月國軍計劃以徐州綏署為主攻，首先摧毀沂蒙山區陳毅根據地，消滅共軍主力，截斷山東共軍與大連和來自東北之海陸運輸，斷絕其外援，然後與鄭州綏署會師，消滅劉伯承部共軍。其時國軍徐州綏署之兵力有 44 個師，3 個保安縱隊（每一縱隊之員額較三個師為多），1 個快速縱隊，5 個炮兵團，4 個工兵團及 1 個裝甲教導總隊（相當一個輕戰車團），總兵力超過 70 萬人。1947 年 1 月華中野戰軍與山東野戰軍合併組成華東野戰軍，陳毅任野戰軍司令員兼政治委員，野戰軍下轄 11 個縱隊（含 1 個快速縱隊，每縱隊相當於國軍 1 個軍，有 3 師兵力），在山東作戰的兵力約有 27 萬人，另有地方武裝部隊約 30 萬人，總兵力約 57 萬。當國軍醞釀攻勢時，陳毅部共軍首先採取攻勢，1946 年 12 月 19 日在宿遷以北圍殲國軍整編第 69 師 2 萬餘人，師長戴之奇兵敗自殺。次年 1 月 20 日又在向城殲滅國軍整編第 26 師、整編第 51 師和第一快速縱隊，共 53,000 餘人，俘虜第 26 師師長馬勵武和第 51 師師長周毓英。第一快速縱隊由一個步兵旅、一個炮兵團另一個營、戰車營、工兵營、汽車團組成，全部美式裝備，被國軍視為戰鬥力最強的一支機械化部隊。此戰共軍戰史稱為魯南戰役。是戰共軍繳獲坦克 24 輛、汽車 470 餘輛以及各種火炮 200 餘門，其中更有 105 毫米榴彈炮 48 門。這些戰利品成為華東野戰軍組建特種兵部隊的配備。

陳毅乘勝反攻嶧縣棗莊，並有進撲徐州之勢。1 月 18 日徐州綏靖公署以整編第 11、第 64、第 59、第 25、第 65、第 74、第 83 師及第 7 軍共 20 個旅

組成北進兵團，派整編第 19 軍軍長歐震指揮，自沐河、沂河北攻臨沂；以第 12、第 73 軍和整編第 46 師共 7 個師組成南進兵團，派第二綏靖署副司令李仙洲率領，自明水、張店南下，進攻萊蕪蒙陰等地，南北會攻沂蒙山區。2 月 4 日李部國軍進佔萊蕪，10 日陳毅集中主力第 1、第 4、第 6、第 7、第 8、第 9 和第 10 縱隊兼程北上，企圖圍殲南進兵團。14 日國軍空中偵察發現共軍北移，第二綏靖署司令王耀武下令整編第 46 師北撤防禦。但陳誠卻認為此乃共軍被北進兵團擊潰之象，下令第 46 師繼續前進。19 日共軍完成對國軍之包圍，20 日開始全線進攻，國軍在 23 日晨向吐絲口突圍，陷入共軍預設陣地，結果 7 個師共 56,000 人被殲，李仙洲被俘。此戰共軍戰史稱為萊蕪戰役，是役暴露了國軍內部派系嚴重矛盾，陳誠不信任王耀武對戰況的判斷，導致國軍由勝利變成慘敗。其後果是國軍士氣大受挫折，高級將領間的矛盾進一步惡化。

（2）再渡黃河之戰

11 月 28 日國軍整編第 27、第 5 軍進攻劉伯承要地大名，劉伯承因未能擊退進迫的國軍，毅然放棄腹地不顧，調動主力再渡黃河，挺進國軍守備薄弱的徐州西北地區，威逼徐州，支援華東野戰軍作戰。1947 年 1 月 1 日攻克聊城、巨野、嘉祥等地，4 日開始圍攻金鄉，徐州危急。國軍乃命已佔濮陽、大名的國軍抽兵回援。劉伯承為牽制國軍對陳毅的用兵，1 月 24 日開始，又分兵攻佔定陶、單縣、曹縣、亳縣等地。鄭州綏署於是下令國軍整編第 27、第 5 軍放棄進攻南樂，迅速撤返商邱、碭山。2 月 11 日劉部共軍開始猛攻民權、蘭封等地，與國軍第 5 軍、整編第 85 師等部纏鬥。劉伯承二渡黃河之戰，雖然傷亡慘重，在民權之戰死傷已逾 23,000 餘人，但有力地配合了華東戰場，使陳毅贏得了吐絲口大捷，並不戰而奪回失地。[22]

---

22 《戡亂戰史》（三），第 39 — 42 頁；《中國人民解放軍戰史》（第三卷），第 74 — 89 頁。

（3）攻陷延安

國共破裂後，國軍便以佔領延安為首要目標。3 月 14 日第一戰區司令胡宗南以整編第 1、整編第 29 軍等部共 15 個旅 14 餘萬人，分由宜川、洛川直攻延安。為加強攻勢，特別自上海、徐州調集作戰飛機 75 架至西安，對延安中共黨政機關、軍事設施和陣地進行猛烈轟炸。18 日國軍整編第 1 師第 1 旅首先突入延安，19 日共軍自延安撤退，此役共軍傷亡 16,000 餘人。國軍並無乘勝追擊，消滅共軍主力，延到 24 日才展開攻勢。因缺乏情報，國軍第 31 旅在青化砭首先被彭德懷西北野戰軍伏擊，2900 餘人全軍覆沒。4 月 14 日國軍第 135 旅 4,700 餘人在羊馬河又中伏被殲。5 月 2 日彭德懷部共軍乘國軍兵力空虛，偷襲國軍在陝北的重要補給基地蟠龍，4 日全殲守軍第 167 旅等部 6,700 餘人，繳獲大批武器和裝備。故國軍認為雖佔領延安，但補給困難，必須仰賴後方供應，反成為額外之負荷。[23]

（4）孟良崗之役

山東方面，國軍在 3 月撤消徐州、鄭州兩個綏署，組成陸軍總司令部徐州司令部，由陸軍總司令顧祝同親自主持，統一指揮原徐州、鄭州兩個綏署的部隊，集中 24 個整編師約 45 萬人向陳毅進攻。4 月中旬共軍乘國軍主力全線進攻新泰、蒙陰一線，集中三個縱隊圍攻泰安，激戰至 4 月 26 日，共軍攻佔泰安，殲滅國軍整編第 72 師主力，津浦路中斷。4 月 28 日國軍攻下沂蒙山區要地蒙陰。不久陳毅放棄泰安，將主力東移萊蕪、新泰、蒙陰地區。5 月 10 日顧祝同下令跟蹤追剿。第 1 兵團司令湯恩伯改變穩紮穩打的戰法，不待各友鄰兵團統一行動，以整編第 74 師為主，整編第 25、第 83 師在左右兩翼配合，直取坦埠。5 月 14 日陳毅集中了華東野戰軍 9 個縱隊的兵力，將國軍整編第 74 師、整編第 25、第 83 師分割，並把整編第 74 師主力包圍於孟良

---

23 《戡亂戰史》（三），第 43 — 45 頁；《中國人民解放軍戰史》（第三卷），第 99 — 106 頁。

崮及其以北的狹小地域內。國軍統帥部認為該師戰鬥力強，且與左右部隊相鄰，正是與共軍決戰的良機，於是下令該師堅守陣地，吸引共軍主力，另一方面下令臨沂、萊蕪、新泰、蒙陰等地的十個整編師分路向孟良崮馳援，企圖內外夾擊，聚殲共軍。共軍則全力猛攻，至 16 日下午 5 時將整編第 74 師及整編第 83 師一個團共 32,000 餘人全部殲滅，師長張靈甫以下全部陣亡。共軍傷亡 12,000 餘人。整編第 74 師是國軍全部美械裝備的精銳部隊，號稱「五大主力」之一，國軍進攻山東時以它作為重要骨幹，它的覆滅令國軍提前結束華東第二期反擊作戰。[24]

（5）東北戰場

1946 年 12 月 17 日東北國軍集中新編第 1 軍、新編第 6 軍、第 71、第 60、第 52 軍各一部共 6 個師的兵力進攻南滿臨江地區，計劃先消滅該區共軍後，再解決北滿之共軍。中共東北民主聯軍（1946 年 10 月第一次整編，共有野戰軍 5 個縱隊，1 個旅，3 個獨立師，約 12 萬餘人。11 月成立炮兵司令部，在火炮 100 餘門、戰車 40 輛的裝備下，建立了 10 個炮兵團、一個高射炮大隊和一個坦克隊，連同地方兵力約有 36 萬人）採取攻勢防禦作戰，以第 3 縱隊在臨江通化地區進行運動防禦，第 4 縱隊在 18 日深入國軍後方本溪、撫順地區作戰，攻佔 20 餘個據點，使國軍被迫抽調兩個師回援。1947 年 1 月 5 日北滿共軍為配合南滿的作戰，集中主力第 1、第 2、第 6 縱隊和 3 個獨立師共 12 個師附 3 個炮兵團，越過冰封的松花江，進攻長春、吉林以北地區，先後佔領了其塔木和伏龍泉，國軍被迫暫時停止進攻南滿，從南滿調兩個師北上增援。

1 月 19 日北滿共軍撤回江北。1 月 30 日國軍集中第 52、第 60 及新編第 6 軍各一部共 4 個師的兵力，進攻南滿，但亦為共軍用攻勢防禦戰略擊退。2 月 13 日國軍又以 5 個師的兵力進攻臨江，共軍除在南滿地區反擊外，在北

24　《戡亂戰史》（三），第 45 — 46 頁；《中國人民解放軍戰史》（第三卷），第 107 — 113 頁。

滿，共軍又在 2 月 21 日派 12 個師大軍越過松花江南下，國軍被迫再次從南滿調兵回援，第三次進攻臨江又告失敗。

共軍北撤後，國軍計劃在空軍的支援下殲滅北滿共軍。北滿共軍主力第三次越過松花江南下，在郭家屯、靠山屯地區殲滅國軍第 71 軍之第 88 師全部及第 87 師一部，當國軍調大軍增援後，共軍又北撤過江。3 月 27 日國軍集中 20 個團的兵力分兵三路第四次進攻臨江。4 月 3 日中路國軍第 89 師在紅石拉子中伏，全軍覆沒，其餘兩路國軍迅即撤退。自此國軍放棄進攻臨江地區。共軍戰史稱此次戰役為「三下江南、四保臨江」，除取得消滅國軍 40,000 餘人的戰果外，還迫國軍轉攻為守，令國軍整個東北戰場陷於消極守勢之中。[25]

（6）華東反擊戰

國軍在孟良崮之役大敗後，對山東戰場採取「重進不如重迭，分進不如合進、以三四個師重迭交互前進」的戰法，集中了 25 個旅的兵力，在陸軍副總司令范漢傑的指揮之下，在 6 月 25 日起猛攻南麻一帶的陳部，28 日攻至魯村、南麻，30 日攻佔陳毅根據地南麻。7 月 1 日起共軍避開國軍正面攻勢，分兵向敵側後出擊。華東野戰軍第 3、第 8、第 10、第 1 和第 4 縱隊，在 7 月 14 至 20 日先後分別強攻濟寧、汶上、鄒縣、滕縣等地，由於國軍守備頑強，共軍傷亡慘重，尤以第 1、第 4 縱隊損失最大，減員共達 20,000 人。8 月 1 日上述 5 個縱隊西渡運河，轉至魯西南地區，與晉冀魯豫野戰軍主力會合。

華東野戰軍第 2、第 6、第 7、第 9 等 4 個縱隊，謀於南麻重施孟良崮故伎，在 7 月 17 日圍攻孤守南麻的國軍整編第 11 師，惟該師防守頑強，共軍猛攻四晝夜，仍未能攻下，遂撤圍而去。25 日共軍轉攻國軍整編第 8 師剛佔領的臨朐，激戰五晝夜，亦未能得手，遂在 29 日解圍。兩戰共軍共傷亡 21,000 餘人，於是向膠濟路北方向轉移。

---

25 《戡亂戰史》（五），第 217 — 255 頁；《中國人民解放軍戰史》（第三卷），第 92 — 96 頁。

(7) 三渡黃河之戰

劉伯承鄧小平為救陳毅，6 月 22 日決定以第 1、第 2、第 3、第 6 縱隊從張秋鎮至臨濮集 150 餘公里地段強渡黃河，攻擊國軍防務空虛的魯西南地區，威脅國軍戰略要地徐州、鄭州的安全。6 月 30 日夜劉鄧野戰軍從孫口、林樓、于莊等八個渡口渡過黃河，次日包圍鄆城並威脅皇姑庵。這時陳毅的華東野戰軍正攻向費縣、棗莊、泰安、大汶口等地，形成了與劉鄧野戰軍夾運河東西呼應作戰的態勢，嚴重威脅正在進攻山東之國軍的左翼和後方。7 月 8 日共軍攻克鄆城，殲滅國軍整編第 55 師主力。10 日再佔曹縣定陶，開闢了北起黃河邊的鄆城、鄄城，南達曹縣的廣闊戰場。劉伯承對逐批增援的國軍分別分割包圍，7 月 14 日第 1、第 6 縱隊首先在六營集圍殲國軍整編第 70 師一個半旅和整編第 32 師主力。27 日第 2、第 3 縱隊集中 7 個旅和炮兵一部，猛攻被圍於山羊集的國軍，次日全殲守軍整編第 66 師。此戰中共戰史稱為「魯西南戰役」，國軍戰史稱為「三渡黃河之戰」，國軍 60,000 餘人被殲，使華東反擊戰失去效用。陳毅根據地雖失，但主力仍然保存，得劉伯承支援後，不久恢復舊觀，與林彪成為共軍兩大主力部隊。[26]

國軍在這階段雖攻佔延安等若干目標，但沒有捕殲共軍主力，對共軍士氣亦無太大損害，反為共軍所乘，兵力日損，可謂得不償失。

4. 第四階段（1947 年 8 月至 1948 年 3 月）

經過近兩年的內戰，加上繼續對雜牌部隊整編、復員，蔣介石兵力有很大的消耗，總兵力由戰爭初期的 430 萬降為 373 萬人，被殲部隊的名額雖然得到補充，戰鬥力卻無法恢復。且和談破裂後，美援斷絕，國軍庫存裝備有

---

26 《戡亂戰史》（三），第 47 — 50 頁；《中國人民解放軍戰史》（第三卷），第 113 — 116 頁。

限，不特嚴重影響第二線兵團的建立，連第一線部隊戰耗補充亦難以為繼。同時貪污腐化和內戰嚴重傷害國民政府的經濟，國統區內通貨膨脹，物價飛漲，工商業不斷破產，工農業生產迅速下降。由於民不聊生，哀鴻遍地，全國 60 多個大中城市紛紛發生以「反內戰、反飢餓、反迫害」為口號的罷課、罷教和罷工。蔣介石為集中一切力量打內戰，1947 年 7 月 4 日頒佈《全國總動員方案》，恢復全國性徵兵，加緊控制人民言論行動。7 月 18 日通過《動員戡亂完成憲政實施綱要》，繼續徵借實物以充軍糧軍需。另一方面，中共的總兵力除由 127 萬人增加到 195 萬多人外，因奪取不少戰利品，軍隊裝備得到改善，各野戰軍先後建立了直屬的炮兵縱隊或特種兵縱隊，或炮兵旅、炮兵團，各縱隊和師、團也普遍建立了隊屬炮兵，戰鬥力不斷提高。中共為保證兵源和糧源，積極推行土地改革，分田分地，提高了解放區廣大農民發展生產、支援戰爭的積極性。一年中為保家保田而踴躍參軍的農民共達 60 萬人，支援前線的農民共有 6,000 萬人以上。

　　國軍以重大的損耗，取得戰略上的預定目標，成功地將彭德懷部西北野戰軍壓縮在陝西鹽池東南一帶，把陳毅部華東野戰軍逐出沂蒙根據地，游擊魯西。國軍並計劃加強陝北和山東兩戰場的攻勢，力求迅速解決這兩個戰場的問題。中共根據國軍的戰略意圖，針對國軍在南線兵力薄弱的不利態勢，決定攻敵要害，突擊中原地區，攻國軍所必救，迫使國軍主力南移，以減輕其他戰場的壓力。中共在 6 月起將各軍區逐次改編為「人民解放軍」，改變「戰略守勢，避免決戰」的戰略為戰略進攻。自此以後，共軍一改過去偷襲、避戰的慣例，轉為正面大規模的攻勢行動，實施戰略展開，爭取主動。[27]

（1）挺進中原
魯西南戰役進行期間中共中央軍委在 7 月 23 日指示劉伯承、鄧小平：對

27　《戡亂戰史》（三），第 51 — 52 頁；《中國人民解放軍戰史》（第三卷），第 139 — 144 頁。

羊山集的國軍如能迅速攻殲，則攻殲之。否則，下決心不要後方，以半月行程，直出大別山，佔領大別山為中心的數十縣，建立根據地，吸引敵人向我進攻打運動戰。中共同時決定以陳賡、謝富治部共軍在8月下旬出豫西，以配合劉鄧野戰軍的行動。8月11日劉鄧野戰軍從民權至商丘間和虞城地區越過隴海路，分兵三路向大別山疾進。由於國軍對共軍重返大別山的意圖毫無察覺，且認為劉鄧共軍已在魯南消耗過甚，無力再戰，結果只有少數軍隊堵截，讓共軍在17日通過黃泛區，27日全軍渡過淮河進入大別山區。

陳賡部共軍亦在8月22日分別以偷渡和強渡方式從茅津渡和邵源渡過黃河，攻佔會興、新安、洛寧等城鎮，切斷隴海路西段、洛陽與潼關的聯繫。9月2日共軍主力西進，直逼潼關，威脅西安。國軍急令胡宗南將主力自米脂、綏德地區南撤，拱衛西安。國軍雲集後，共軍又東攻洛陽，使國軍疲於奔命。10月下旬陳賡部以主力第4、第9縱隊南下豫西，自此佔據伏牛山區，西北民主聯軍第38軍向陝南漢水上游展開。到11月下旬連克十餘城鎮，開闢了豫陝鄂根據地，與劉伯承部互相呼應。

國軍為不讓劉伯承與陳賡部共軍有喘息整頓生根發展的機會，除對滯留魯西的陳毅部共軍繼續用兵外，又緊急抽調華東、華中及武漢行轅所屬部隊，分別向南進的共軍跟蹤追擊，層層圍堵，務求早日聚殲。豈料陳毅、粟裕突然率領特種兵縱隊及第6縱隊南渡黃河，恢復和擴大豫皖蘇解放區，成為插入國軍心臟的另一把尖刀。9月5日華東野戰軍第1、第3、第4、第6、第8、第10和第11縱隊在魯西南紅船口、鄆城會合，9月7日反擊冒進尾追的國軍整編第5、第57、第84師，9日在沙土集圍殲國軍整編第57師9,000餘人，俘中將師長段霖茂。此戰令國軍立即從山東和大別山區抽調4個整編師來援，減輕了該區共軍的壓力。9月26日開始華東野戰軍第1、第3、第4、第6、第8和第12縱隊先後在蘭封、民權間和碭山以西越過隴海路，南下豫皖蘇地區，控制了洪澤湖以西、平漢路以東、淮河以北、隴海路以南的地區，徐州大受威脅。由於陳毅部共軍突然南下，使華中戰場益趨複雜混亂。

劉伯承陳賡部共軍得以從容生根發展，與華北聶榮臻、西北彭德懷和新近入晉西南的賀龍，彼此掩護，遙相呼應。國軍全盤作戰策略遂因此而冰消瓦解！共軍三路大軍挺進中原後，形成品字形的有利態勢。

　　共軍展開破擊戰，盡力破壞鐵路以削弱國軍的機動能力。以縱隊為單位，劃定數縣轄區，從事殲滅境內小股國軍、民團、保甲，發動群眾，建立政權，實行土地改革，實施戰略展開。國軍以豫、鄂、皖區二十八縣近 10 萬平方公里之土地，成為新解放區，追剿南下共軍又損兵折將，心臟地帶大受威脅，於是籌設「國防部九江指揮部」，由國防部長白崇禧兼任總指揮，統一指揮武漢行轅、第 5、第 8 綏區及第 3 兵團所部共 12 個整編師、4 個步兵旅、2 個縱隊和海軍第 2 江防艦隊全力反擊。11 月 28 日攻勢開始，劉伯承放棄大別山區，游擊各地。國軍無法捕捉其主力，只能暫時維持長江航運與武漢地區安全。[28]

（2）山東之役

　　9 月 4 日國軍以整編第 8、第 9、第 25、第 54、第 64 師和整編第 74 師的第 57 旅，共 16 個旅的兵力組成膠東兵團，由陸軍副總司令范漢傑兼任膠東兵團司令，進攻膠東半島許世友部共軍。9 月 21 日國軍先後攻佔平度、掖縣、萊陽、招遠等城，將許世友部壓迫於膠東半島一隅。22 日許部主力第 9、第 13 縱隊乘夜突圍，插入膠東兵團後方。國軍雖在 30 日佔領煙台，但攻勢因此受挫，且陷於兩面作戰的困境。除青島、煙台、福山、蓬萊、龍口等幾個孤立據點外，所佔地方，相繼失守。由於共軍穿插國軍後方心臟地帶，並無固定戰線，國軍因此疲於奔命，為了集結兵力反攻大別山，遂首先放棄膠東半島。國軍戰史認為山東之戰是其在大陸兵敗之始。[29]

28　《戡亂戰史》（三），第 53 — 58 頁；《中國人民解放軍戰史》（第三卷），第 144 — 164 頁。

29　《戡亂戰史》（三），第 57 頁；《中國人民解放軍戰史》（第三卷），第 170 — 176 頁。

（3）東北戰場

東北補給困難，國軍在裝備和數量均較共軍為差，所以國軍控制地區日漸收縮，困處錦州、瀋陽和四平一隅。1947 年 8 月 1 日國民政府將東北保安司令長官部併入東北行轅，派參謀總長陳誠兼理東北行轅主任，統攝軍政大權，積極擴軍，將東北國軍兵力增至 50 萬人，在瀋陽集結重兵，隨時準備向南北各地增援。其時中共東北民主聯軍兵力達 51 萬人，為配合關內作戰，林彪發動秋季攻勢，蠶食國軍部隊和據點。9 月 17 日東北國軍第 49 軍由錦州向楊家杖子進發，增援被圍之整編第 22 師，19 日至楊家杖子地區時，被 4 倍共軍圍攻，22 日突圍，23 日全軍 11,000 餘人在舊門地區全部被殲。10 月 1 日共軍繞過西豐，進攻威遠堡及開原。10 月中旬共軍佯攻吉林，吸引國軍增援，伺機在長春、吉林間尋殲分散孤立之國軍。共軍先後攻佔樺皮廠、九站、烏拉街、九台、農安、新立屯、黑山、阜新、義縣等地，至 11 月 5 日止，共殲滅國軍正規軍和非正規軍近 70,000 人。

陳誠為保障遼西走廊與瀋陽的安全，把東北國軍擴充至 58 萬餘人。東北共軍經過休整後，總兵力達 73 萬餘人，內有 11 個炮兵團、1 個戰車團。1947 年 12 月 15 日共軍乘江河結冰，發動冬季攻勢，圍攻法庫和新立屯，企圖用圍點打援的戰略消滅來自瀋陽、鐵嶺的援軍。瀋陽國軍按兵不動。共軍於是隱藏主力，以小部分別攻佔彰武、北票、黑山、大虎山、台安等地，引誘國軍出擊。1948 年元旦國軍集中 15 個師的兵力，分三路向彰武、法庫推進，圖解法庫之圍。1 月 5 日國軍左路援軍新 5 軍進至公主屯，陷入共軍預先設下的伏擊陣地，被共軍第 2、第 3、第 6、第 7 縱隊猛烈圍攻，經 6、7 日兩天，新 5 軍軍部及第 43、第 195 師被殲滅，新 5 軍軍長陳林達被俘。國軍中路和右路援軍立即退回鐵嶺和瀋陽。

1948 年 1 月 1 日東北民主聯軍改稱東北人民解放軍。1 月 10 日蔣介石飛抵瀋陽，召開軍事會議，圖解東北危局，決定成立東北剿匪總司令部，以衛立煌任總司令並兼東北行轅主任，陳誠返回南京。國軍在錦州成立冀熱遼邊

區指揮所，由山東抽調整編第 54 師至錦州地區，加強北寧路防禦力量。共軍並不給予國軍喘息的機會，1 月 26 日攻佔新立屯，2 月 6 日攻克遼陽，20 日佔鞍山，25 日佔營口，27 日攻克開源。法庫守軍暫 62 師見孤立無援，2 月 17 日突圍，19 日在法庫、開源之間被殲。共軍乘勝奪取四平，集中全部 9 個縱隊 42 萬的兵力，163 門山炮、野炮、榴彈炮，30 餘門高射炮，在 3 月 2 日開始圍攻四平。主攻部隊第 1、第 3、第 7 縱隊，分別自北、東、西三個方向進攻，12 日晨總攻開始，激戰至 13 日晨，全殲守軍第 71 軍的第 88 師和 3 個保安團、1 個騎兵團約 20,000 人。共軍圍攻四平期間，國軍駐吉林之第 60 軍在 3 月 9 日棄城而逃往長春，使共軍兵不血刃佔領吉林。國軍在共軍秋冬兩季的猛烈進攻下，據點相繼失守，兵力不斷折損，最後只餘下長春、瀋陽、錦州等幾處互不相連的孤立城市。[30]

（4）華北戰場

共軍晉察冀野戰軍主動撤離張家口，經休整後，兵力達 7 萬餘人。時華北國軍亦有 7 萬，但守多力分，無法集中靈活運用。當林彪發動秋季攻勢時，東北情況危急，華北國軍北調 5 個師增援。10 月 11 日聶榮臻指揮晉察冀野戰軍圍攻徐水，伺機打援。石家莊第 3 軍軍長羅歷戎奉令率領第 7 師及第 16 軍一個團經保定增援，聶榮臻集中其 4 個縱隊又 3 個獨立旅之主力，在清風店設伏，2 日全殲第 3 軍主力 13,000 餘人，11 月 5 日乘勝進攻石家莊。石家莊是石德、平漢、正太三條鐵路交匯的重要戰略大城市，有鋼筋水泥工事、大小碉堡 6,000 多個，經 7 日猛烈戰鬥後，在 12 日被共軍攻佔。朱德稱讚此戰開創共軍奪取大城市的先例。是役除消滅國軍 24,000 餘人外，並使中共晉察冀和晉冀魯豫兩邊區聯成一片，平漢路北段中斷，平津陷於孤立。國軍在 1947 年 12 月撤消保定、張垣兩綏靖公署和北平行轅，成立「華北剿匪總司令部」，任命傅作

---

30 《戡亂戰史》（五），第 307 — 338 頁；《中國人民解放軍戰史》（第三卷），第 180 — 184，221 — 226 頁。

義為總司令，統一掌握華北黨政軍大權。但傅作義指揮下之國軍亦無法打擊共軍主力，勞而無功，而兵力卻日漸消耗，原先控制地區，日形萎縮。[31]

(5) 宜川失陷

國軍為集中兵力消滅中原共軍，1948 年 2 月調西安第一軍東進入豫。中共以陝北國軍防務空虛，於是乘機收復延安。1948 年 2 月彭德懷以西北野戰軍主力第 1、第 3、第 4 和第 6 縱隊直撲宜川。宜川守軍只有整編第 76 師的第 24 旅一個旅，且位置重要，不容有失，胡宗南立即調劉戡率領第 29 軍的第 27、第 90 師共 4 旅 10 個團的兵力增援，結果中了彭德懷圍點打援之計，2 月 29 日被共軍 9 個旅包圍於喬兒溝、丁家灣、任家灣的狹小區域，3 月 1 日共軍總攻，國軍除一個團突圍外，其餘 9 個團在王家灣全部被殲，劉戡陣亡。3 日宜川亦陷，第 29 軍全軍覆沒，是役國軍共喪師 29,000 人。[32]

5. 第五階段（1948 年 3 月至 1949 年 1 月）

這階段國共軍力對比經已轉變，國軍總兵力在 1948 年 2 月已下降為 365 萬人，其中正規部隊為 181 萬人，因編入了大批保安團隊，戰鬥力大為減弱。共軍的總兵力則上升至 249 萬人，其中野戰軍 50 個縱隊，約 132 萬人；裝備得到了改善，全軍 82 迫擊炮以上口徑的各種火炮已達 7,400 多門，攻堅能力有了顯著的提高。

國軍為扭轉危局，爭取時間充實後備力量，準備在華北與西北依黃河兩岸、冀遼熱察、晉陝等地區逐次與共軍進行會戰，在東北地區放棄長春、瀋

---

31 《戡亂戰史》（三），第 60 頁；《中國人民解放軍戰史》（第三卷），第 176 — 179 頁；鄭維山：《從華北到西北》（北京，解放軍出版社，1985 年），第 72 — 115 頁。

32 《戡亂戰史》（三），第 63 — 64 頁；《中國人民解放軍戰史》（第三卷），第 203 — 205 頁。

國共內戰（1945 — 1949）　501

陽，退守錦州、葫蘆島，使與華北、西北戰場，凝成可戰可守的堅強實體；在華東、華中方面，則採主動攻勢，擊殲所在共軍主力，然後揮軍北進，尋求共軍各部主力決戰而殲滅之。同時國軍還決定對中共實施「七分政治、三分軍事」的總體戰略，繼成立華北剿匪總司令部之後，將中原、華東、西北戰場重新劃成 20 個綏靖區，實行分區防禦，由綏靖區司令官掌握轄區內的軍政大權，加強「輪訓民眾、擴大地方武裝」工作。此外組成若干編練司令部，在後方組訓新兵，擴建二線兵團，增強作戰力量。

　　1947 年 12 月 25 日至 28 日中共中央在陝北米脂縣楊家溝召開會議，毛澤東作了《目前形勢和我們的任務》的報告，提出了「十大軍事原則」，強調每戰集中絕對優勢兵力，力求全殲敵人，不使漏網；作戰以殲滅敵人有生力量為主要目標，不以保守或奪取城市和地方為主要目標。保守或奪取城市和地方，是殲滅敵人有生力量的結果。中共中央軍委要求各部隊開展以訴苦（訴舊社會和反動派所給予勞動人民之苦）和三查（查階級、查工作、查鬥志）為中心的新式整軍運動，以消除共軍幹部的驕傲自滿、官僚主義、軍閥主義和個人主義，提高全軍的政治覺悟，激發幹部和戰士的革命熱情，從而提高部隊的戰鬥力。[33]

(1) 洛陽戰役

　　宜昌失陷後，胡宗南急調駐守潼關、洛陽間的裴昌會兵團星夜西援，使洛陽只有青年軍第 206 師孤軍駐守，鄰近地區守備空虛。1948 年 3 月 7 日中共派陳士渠、唐亮指揮第 3、第 8 縱隊和陳賡、謝富治的第 4、第 9 縱隊共 28 個團的兵力，圍攻洛陽。9 日晚共軍完成對洛陽的包圍，11 日開始對城垣發起圍攻，在 30 門火炮的支援下，突破東門入城，與守軍展開激烈巷戰。14 日全殲守軍 20,000 餘人，生俘師長邱行湘。3 月 17 日國軍胡璉兵團與孫元良兵

---

33 《戡亂戰史》（三），第 65 — 68 頁；《中國人民解放軍戰史》（第三卷），第 184 — 189 頁。

團會師反攻洛陽，共軍主動撤退。國軍再佔洛陽後，只留少量兵力駐守，大軍撤退。4月5日共軍再度攻佔洛陽，此後控制了洛陽。[34]

（2）開封戰役

1948年5月30日共軍華東野戰軍第1、第4、第6縱隊由濮陽等地渡過黃河後，國軍急調邱清泉兵團和劉汝明部隊至魯西南增援，企圖與共軍決戰。6月16日粟裕以國軍密集佈防，難以分割圍殲，而該部共軍距開封只有一日行程，於是決定突襲開封，以圍點打援之計消滅國軍。當晚共軍第3、第8縱隊向開封急進，18日黃昏攻佔外圍據點，並突入城內與守軍激烈巷戰，至22日晨全殲守軍整編第66師等部30,000餘人，擊斃師長李仲辛。開封失守後，國民政府大為震動。蔣介石下令邱清泉、劉汝明、區壽年三路大軍聯合反攻，與共軍決戰。共軍主動放棄開封，以第3、第8縱隊向通許轉移，吸引戰鬥力較強之邱清泉兵團追擊；以第1、第4、第6縱隊和中原野戰軍第11縱隊組成突擊集團，在睢縣、杞縣地區埋伏，伺機圍殲區壽年兵團。6月26日區壽年兵團到達睢縣、杞縣地區，次日即被共軍包圍，激戰至7月2日，區壽年兵團部及整編第75師、新編第21旅大部分被殲，兵團司令區壽年和整編第75師師長沈澄年被俘。蔣介石下令黃百韜兵團、胡璉兵團和吳紹周兵團全力反攻，共軍以連續作戰月餘，傷亡消耗較大，同時國軍雲集，於是在7月6日分散轉移，撤出戰鬥。

（3）襄樊戰役

當胡璉兵團、吳紹周兵團北援豫東後，國軍在襄陽、樊城等地只有3個旅和保安團隊合共20,000人防守，中原野戰軍掌握此有利戰機，集中14個團共30,000餘人，進攻川陝鄂三省要衝襄陽、樊城。襄陽城北與樊城夾水相

---

34 《戡亂戰史》（三），第69—70頁；《中國人民解放軍戰史》（第三卷），第191—193頁。

望，城南和西南方為一片山區，7 月 6 日共軍三面包圍樊城，7 日開始進攻襄陽外圍據點，直至 15 日夜共軍在密集炮火掩護下突入城內，與國軍展開巷戰，16 日攻克襄陽，活捉第 15 綏靖區司令康澤，殲滅國軍 20,000 餘人。共軍並攻佔老河口、谷城、南漳、宜城、樊城等地。[35]

（4）寶雞戰役

西北野戰軍攻陷宜川後，3 月 5 日乘勝揮軍南下，圍攻洛川，進一步孤立了延安國軍。胡宗南立即命令裴昌會兵團附整編第 38 師增援洛川，並將漢中的青年軍第 203 師空運西安，加強防禦。洛川地險城堅，共軍久攻不克，於是改變戰略，偷襲胡宗南的補給基地寶雞。4 月 16 日西北野戰軍主力分三路西進，25 日會攻寶雞，26 日殲滅守軍整編第 76 師師部率 1 個團共 2,000 餘人，擊斃中將師長徐保。胡宗南急調裴昌會兵團配合馬步芳的第 82 師共 11 個旅的兵力，分兩路馳援寶雞；同時令第 17 師放棄延安、洛川南撤。共軍遂在 4 月 21 日收復延安，25 日佔領洛川。但國軍反攻寶雞的部隊進展迅速，連破共軍數度防線，直撲寶雞。西北野戰軍見形勢不利，4 月 28 日撤出寶雞，惟沿途被國軍追擊，損失頗大。[36]

（5）山東之戰

1948 年初國軍在山東戰場只有戰鬥力較弱的 13 個整編師共 26 個旅的兵力，共軍許世友山東兵團於是乘機發動攻勢，3 月 13 日攻佔周村，殲滅守軍整編第 32 師主力及其他部隊共 15,000 人，21 日又攻克淄川，殲滅國軍淄博守備旅等部近一萬人。4 月 2 日山東兵團集中第 9 縱隊、渤海縱隊、魯中縱隊等部共 22 個團的兵力和大小火炮 893 門圍攻濰縣，濰縣是山東境內東西交通的咽喉

35　《戡亂戰史》（三），第 71 — 72 頁；《中國人民解放軍戰史》（第三卷），第 196 — 203 頁。

36　《戡亂戰史》（三），第 70 — 71 頁；《中國人民解放軍戰史》（第三卷），第 205 — 207 頁。

504　寫給香港人的中國現代史（下冊）‧從西安事變到新中國成立

和較大的工商業城市，有堅固的工事。4 月 8 日共軍完成對濰縣分割包圍，激戰至 18 日，先後攻佔外圍 50 餘處據點。共軍在完成攻城準備後，23 日夜以猛烈的炮火結合坑道爆破，攻上城牆與國軍激戰，24 日全日巷戰後，佔領西城。26 日夜再攻陷東城，國軍守將整編第 96 軍軍長兼第 45 師師長陳金城被俘。

5 月 29 日晚共軍山東兵團再次發動攻勢，先後攻佔泰安、汶口、曲阜、鄒縣等地，6 月 20 日包圍兗州，25 日攻佔兗州西關。國軍整編第 25 師北援，共軍一度解圍而去，後以整編第 25 師他調。共軍在 7 月 1 日再度包圍兗州，12 日黃昏發起總攻，激戰至 13 日下午，全殲守軍 27,000 餘人，並陣俘國軍整編第 12 軍軍長兼整編第 12 師師長霍守義。山東兵團經四個半月作戰，共殲滅國軍 145,000 多人，使渤海、魯中和膠東三區連成一片，令濟南國軍處於共軍四面包圍之中，徐州亦備受威脅。山東境內，除青島、煙台、臨沂、濟南等孤立據點尚被國軍控制外，其餘地方已全被共軍佔領。[37]

（6）濟南會戰

1948 年 7 月 14 日中共中央軍委主席毛澤東指示華東野戰軍準備攻取濟南，以便爭取在冬春奪取徐州。濟南是津浦、膠濟兩鐵路的交會點和連結華東、華北的戰略要地，也是國民政府山東省政府、第 2 綏靖區所在地。雖然濟南已被共軍重重包圍，但為屏障徐州，隔斷中共華東、華北解放區的聯繫，並鉗制華東野戰軍不能全力南進，故國軍決定力保濟南。蔣介石在 8 月上旬開始空運整編第 32 師的第 57 旅、整編第 83 師的第 19 旅和整編第 74 師到濟南，使濟南守軍兵力增至 10 萬人，另外以第 2、第 7、第 13 兵團主力約 17 萬人部署徐州。同時集中戰鬥機 162 架、重轟炸機 42 架在濟南、青島、北平、徐州四地，提供空中支援，準備與共軍打一場決定性戰役。

華東野戰軍以 14 萬兵力組成攻城兵團，由第 10 縱隊司令員宋時輪指揮

---

37 《戡亂戰史》（三），第 70 — 72 頁；《中國人民解放軍戰史》（第三卷），第 207 — 211 頁。

攻城西集團，第9縱隊司令員聶鳳智指揮攻城東集團，以特縱炮1團、炮3團和各縱隊炮兵團組成東、西兩個炮兵群，分隸東、西集團，支援攻城作戰。另以18萬人組成阻援、打援兵團，阻擊可能自商丘、碭山、徐州等地增援的國軍。中共同時動員了50萬支前民工，確保彈藥、糧食、醫療無缺。

9月9日共軍開始隱蔽行軍，15日圍攻濟南西方之長清，16日午夜共軍攻佔長清，迫近濟南西郊。東集團亦佔領東方之茂嶺山、硯池山及回龍嶺等制高點。17日蔣介石令徐州剿總副總司令杜聿明指揮第2兵團北援，第7、第13兵團分別由新安鎮和固鎮向徐州集結，準備沿津浦路北攻。9月18日共軍用炮火封鎖濟南機場，使國軍空運中止。19日晚國軍整編第96軍軍長吳化文突率領整編第84師約2萬人起義，使國軍陣腳大亂，鬥志動搖。濟南守將王耀武請求突圍，蔣介石嚴詞斥責，下令固守待援。20日共軍進攻濟南西面市區商埠，至22日完全佔領之。東攻城集團亦在東面兵臨城下。當晚共軍在強大炮火掩護下，立即攻城，經一小時左右之激戰，分別突入外城，與國軍展開激烈巷戰。至23日，除個別據點外，共軍佔領外城。23日下午6時共軍總攻內城，國軍拚死抵抗，激戰至24日黃昏，共軍全殲守軍，並俘獲王耀武。國軍增援之部隊因害怕被共軍伏擊，行動遲緩，結果導致濟南守軍彈盡援絕而覆亡。此戰共軍以傷亡26,000人的代價，殲滅國軍10萬餘人（內2萬人起義）。中共中央稱譽此戰「是兩年多革命戰爭發展中給予敵人的最嚴重的打擊之一」。攻克濟南的重大勝利開創共軍奪取國軍堅固設防和十萬重兵據守的大城市的先例，進一步削弱國軍士氣，同時又大為提高共軍攻克國軍堅固設防大城市的信心。自此，中共華北、華東兩大解放區連成一片，津浦路徐州以北至天津以南段及膠濟路青島以西段全部被共軍控制。同時華東野戰軍也可以全部南下，徐州局勢更為危急。[38]

---

38 《戡亂戰史》（三），第72頁；《中國人民解放軍戰史》（第三卷），第236 — 246頁；張駿主編：《濟南戰役》（濟南，山東人民出版社，1988年），第1 — 21頁。

（7）遼瀋會戰（1948 年 9 月 12 日至 11 月 1 日）

東北國軍被困於長春、瀋陽、錦州三個據點後，曾計劃撤至錦州和葫蘆島，與華北連接，改採戰略守勢，阻共軍入關。國軍戰史稱自衛立煌代陳誠為東北剿匪總司令後，衛因留戀長、瀋礦藏和軍火工業，不欲撤退，遂予共軍全殲的機會。共軍戰史說國軍為了鉗制東北共軍，使之不能迅速入關，以利鞏固華北，因此決定固守東北；同時放棄東北，在政治和軍事上造成嚴重後果，使華北乃至黃河以南的局勢因此而更加惡化。所以南京軍事檢討會議在 8 月決定「徹底集中兵力確保遼東、熱河」，以利鞏固華北。

林彪奉中共全殲東北國軍的命令後，決定先攻佔錦州以斷國軍歸路。1948 年 9 月 16 日共軍圍攻義縣，開始遼瀋會戰的序幕戰。25 日共軍第 8、第 9 縱隊攻佔錦州以北葛文碑、帽兒山等要地。27 日第 7 縱隊攻佔高橋和西海口，第四縱隊佔領塔山，截斷了錦州與錦西和葫蘆島間的聯繫。28 日共軍以炮火封鎖機場，切斷了國軍的空運補給。共軍展開對北寧路的攻勢後，國軍企圖利用錦州與東北共軍決戰，蔣介石下令范漢傑固守錦州，瀋陽的新 3 軍、新 1 軍、新 6 軍、第 71 軍和第 49 軍，共 11 個師另 3 個騎兵旅組成西進兵團，由廖耀湘指揮，先向彰武、新立屯攻擊，截斷共軍後方補給，再向義縣進兵。關內國軍由華北剿總司令部的第 62 軍、第 92 軍 1 個師、獨立第 95 師、第 39 軍等部共 11 個師，組成東進兵團，由第 17 兵團司令侯鏡如指揮，增援錦州。國軍計劃在有力的海空炮火支援下，將林彪的主力聚殲。可是東北國軍顧慮瀋陽安危，為此戰略計劃爭論不休，直至 10 月 7 日始由廖耀湘率領 12 萬精銳出發，當時錦州已被共軍圍攻兩週。東進兵團在 10 月 10 日推進到塔山後，受共軍阻擊，國軍以 7 架飛機、2 艘戰艦和數十門重炮的掩護，連續猛攻，共軍第 4、第 11 縱隊死守陣地，國軍無法推進。10 月 9 日共軍 25 萬大軍總攻錦州，14 日在炮火坦克的支援下，突入城內，與國軍的步兵坦克部隊反覆衝殺，至 15 日 18 時攻陷錦州。國軍范漢傑以下近 9 萬人被俘。西進兵團聞訊驚惶失措，既不反攻錦州，也不回師瀋陽，頓兵 8 日之久。讓林

彪得以回師黑山，10 月 21 日廖耀湘才開始進攻黑山、大虎山共軍陣地，企圖奪回錦州。但猛攻 5 日，仍然無法突破共軍防線，於是改向營口撤退，但被共軍迅速阻截，企圖撤返瀋陽亦不成功。26 日共軍 9 個縱隊把廖耀湘的 12 個師全部包圍，並乘國軍混亂之際，猛烈縱深穿插進攻，激戰至 28 日，全殲廖耀湘兵團，其中包括國軍號稱「五大主力」之一的新 1 軍主力和新 6 軍全部。廖耀湘亦兵敗被俘。

　　錦州失陷時，長春國軍奉令向瀋陽突圍，但恐途中被消滅，長春守軍第 60 軍曾澤生在 10 月 17 日率部 26,000 人起義，第 7 軍迫於形勢亦只得投降。10 月 19 日東北剿總副司令兼第 1 兵團司令鄭洞國率餘部放下武器，共軍和平進入長春。瀋陽於是完全孤立，衛立煌乘飛機先行逃走，派第 8 兵團司令周福成指揮第 53 軍等部共約 14 萬人繼續抵抗。11 月 1 日共軍總攻瀋陽，守軍紛紛投降，周福成被俘。共軍同時攻佔遼陽、鞍山、海城、營口、錦西、葫蘆島、承德等地，佔領東北熱河全境。遼瀋會戰前後歷時 52 天，共軍傷亡 69,000 人，國軍損失 472,000 餘人。從此，國共軍力對比產生巨大變化，國軍總兵力下降到 290 萬人，共軍總兵力增長至 300 餘萬人，兵力由長期劣勢轉為優勢。11 月 14 日毛澤東在《中國軍事形勢的重大變化》一文指出：「這樣，就使我們原來預計的戰爭進程，大為縮短。原來預計，從 1946 年 7 月起，大約需要五年時間，便可能從根本上打倒國民黨反動政府。現在看來，只需從現時起，再有一年左右的時間，就可能將國民黨反動政府從根本上打倒了。」[39]

(8) 淮海會戰（1948 年 11 月 6 日至 1949 年 1 月 10 日）

　　共軍攻佔濟南後，華北國軍孤立。國軍為免徐州劉峙集團重蹈東北國軍

39　《戡亂戰史》（五），第 339 — 452 頁；《中國人民解放軍戰史》（第三卷），第 246 — 263 頁；陳沂主編：《遼瀋決戰》（上）（北京，人民出版社，1988 年），第 337 — 528 頁；《遼瀋戰役親歷記》編審組：《遼瀋戰役親歷記》（北京，文史資料出版社，1985 年），第 1 — 46 頁。

覆轍，決定派白崇禧部 23 萬人防禦長江中游和平漢路南段，鉗制中原野戰軍主力。劉峙集團的 70 萬大軍分置於津浦路徐州至蚌埠段及其兩側地區，以攻勢防禦，確保該段交通，拱衛南京、上海，並準備必要時放棄徐州，依靠淮河抵抗共軍。

為實現奪取徐州的計劃，粟裕建議發起淮海戰役。9 月 25 日毛澤東覆電同意，並指示第一步作戰應以殲滅即將自徐州調返新安鎮的黃伯韜兵團為目標，然後再殲兩淮和海州、連雲港之敵，以利下一步進行徐州、浦口線上的作戰。11 月 1 日中共中央軍委決定整個戰役由鄧小平、陳毅統一指揮。為方便統籌前線作戰和支前工作，由劉伯承、陳毅、鄧小平、粟裕、譚震林五人組成一個總前委。經常由劉伯承、陳毅、鄧小平三人為常委，11 月 24 日中共中央軍委授權「一切由劉陳鄧臨機處置，不必請示」。鄧小平任總前委書記。共軍參戰部隊為：華東野戰軍 15 個步兵縱隊、1 個特種兵縱隊，約 36 萬人；中原野戰軍 7 個步兵縱隊，約 15 萬人，連同就近參戰的地方部隊，總兵力約 60 萬人。國軍總兵力仍佔優勢，但共軍連戰皆捷，士氣高昂。11 月 6 日淮海會戰開始，7 日華東野戰軍第 4、第 8 縱隊攻佔黃伯韜第 7 兵團的灘上，黃伯韜兵團於是西撤。8 日夜國軍第 3 綏靖區副司令、中共地下黨員何基灃、張克俠率第 59 軍兩個師、第 77 軍一個半師共 23,000 餘人在賈汪、台兒莊地區起義，使黃伯韜退路突然被截斷。

劉峙知道共軍多路逼近徐州和何基灃、張克俠叛變的消息後，急令邱清泉第 2 兵團、李彌第 13 兵團放棄碭山、曹八集，向徐州收縮，以保衛徐州；孫元良第 16 兵團由蒙城撤至宿縣，加強津浦路徐蚌段守備；黃伯韜兵團迅速向徐州撤退，與邱清泉、李彌兵團靠攏。11 月 10 日共軍山東兵團佔領大許家、侯集、大廟、曹八集等地，黃伯韜西撤退路被截斷。11 日共軍追擊部隊趕至，把黃伯韜兵團合圍在以碾莊為中心的狹小地區內，並把黃伯韜兵團的第 63 軍包圍於窯灣。

國軍戰史說剛重任徐州剿匪副總司令兼前進指揮部主任的杜聿明曾向劉

嶧建議：用第 7 兵團吸引共軍主力，先消滅劉伯承部，再回師進攻陳毅。但劉峙不忍犧牲第 7 兵團，派邱清泉第 2 兵團、李彌第 13 兵團全力沿隴海路東進解圍，同時令黃維第 12 兵團速向徐州推進，作為第二線兵力。11 月 12 日共軍殲滅國軍第 63 軍，13 日第 2 和第 13 兵團開始由徐州東進，迅即遇上華東野戰軍第 7、第 10、第 11 縱隊的截擊，猛攻五天，只能前進 6 至 15 公里。由於東援的黃維兵團尚遠在蒙城，固守待援的黃伯韜面臨彈盡援絕的困境。11 月 16 日起共軍改變亂打亂衝的戰法，集中火力，逐點攻擊，至 22 日全殲黃伯韜兵團 10 餘萬人，黃伯韜陣亡。國軍第 2、第 13 兵團於是回師徐州。此時，共軍在 15 日攻克戰略樞紐宿縣，將劉峙集團分割為南北兩大股。

11 月 23 日中共總前委以黃維第 12 兵團已進至南坪集，孤軍深入，兵疲糧缺，故決定集中中原野戰軍全部和華東野戰軍一部將之消滅，華東野戰軍主力則負責阻援，並乘機休整。黃維兵團轄 11 個師和一個快速縱隊，約 12 萬人，是蔣介石的嫡系部隊，戰鬥力相當強，其中第 18 軍是蔣介石「五大主力」之一。可是此部隊增援碾莊時，重裝備隨行，大軍綿延百里，18 日先頭到達蒙城時，後續尚在阜陽，於是予共軍可乘之機。11 月 24 日黃維兵團中了共軍誘敵深入之計，到達忠義集、東坪集、楊莊、七里橋、朱口地區等共軍設伏的陣地，當黃維發現形勢不利之時，已陷入共軍的包圍網，25 日晨被共軍合圍在以雙堆集為中心的地區內。蔣介石知道後，下令黃維不顧一切即刻突圍，與李延年兵團會師。27 日黃維向雙堆集東南方向多次突圍，均被共軍擊退，其第 85 軍的 110 師師長廖運周率部乘機起義。於是蔣介石改令黃維固守待援。此時國軍三路大軍收復宿縣的行動亦失敗，為保存徐州主力，並救出黃維兵團，決定放棄徐州，全軍南下，先解黃維之圍，然後一同南撤至淮河防線。29 日劉峙率剿總機關飛蚌埠指揮第 6、第 8 兵團繼續北援。30 日杜聿明率第 2、第 13、第 16 三個兵團和徐州黨政機關人員撤出徐州，部分民眾隨軍撤退，結果 30 萬人車擠在路上，無法前進。12 月 1 日共軍進駐徐州，並尾追杜聿明，4 日將之全部合圍於陳官莊、青龍集、李石林地區。6 日夜孫元良第 16 兵團率

先突圍，但全軍被殲，僅孫元良化裝逃脫。當華東野戰軍合圍杜聿明集團的同時，中原野戰軍亦對黃維兵團展開猛烈攻擊，但進展不大。於是對杜聿明集團採取圍而不攻的辦法，集中兵力先行消滅黃維兵團，再對杜聿明用兵。同時改用集中火力、步炮協同的戰術，慢慢蠶食黃維各據點。6 日開始共軍分東西南三方全面攻擊，黃維陣地相繼失守，13 日共軍發起總攻，激戰至 15 日，全殲黃維兵團 10 萬餘人，俘獲兵團司令黃維、副司令吳紹周。

杜聿明第 2、第 13 兵團被困青龍集後，依賴空投補給，彈盡糧絕，加上從 12 月 20 日開始，戰區雨雪交加，國軍飢寒交迫，大批士兵凍餓而死，士氣全面低落，國軍成排、成連甚至成營的向共軍投降，到共軍總攻前，國軍投降者已達 14,000 餘人。1949 年 1 月 5 日杜聿明發動突圍，無效。6 日共軍全線猛攻，首先進攻國軍第 13 兵團。7 日共軍乘第 13 兵團向第 2 兵團防區撤退之際，發起猛攻，佔 23 處據點。9 日國軍在飛機掩護下突圍，失敗，並被共軍多路突入防線。10 日杜聿明全軍覆沒，杜聿明被俘，邱清泉陣亡，李彌化裝逃脫。此役歷時 66 天，共軍傷亡 134,000 人，國軍被殲 555,000 多人，其中包括蔣介石的「五大主力」的第 5 軍和第 18 軍。至此國軍南線精銳主力已被消滅，長江中、下游以北廣大地區全被共軍佔據，國民政府政經中心南京、上海以及長江中游中心城市武漢等地已處於共軍直接威脅之下。[40]

(9) 平津會戰（1948 年 12 月 5 日至 1949 年 1 月 31 日）

遼瀋會戰結束後，華北剿匪總司令部傅作義集團尚有 4 個兵團 12 個軍 42 個師 55 萬兵力，集結在以北平、天津為中心，東起唐山、西至張家口，長達

---

40 《戡亂戰史》（三），第 77 — 81 頁；《中國人民解放軍戰史》（第三卷），第 264 — 285 頁；中共中央黨史資料徵集委員會主編：《淮海戰役》（一）（北京，中共黨史資料出版社，1988 年），第 1 — 43 頁；中國人民政治協商會議全國委員會文史資料研究委員會編：《淮海戰役親歷記》（北京，文史資料出版社，1983 年），第 1 — 50 頁。

500餘公里的狹長地帶上。在 42 個師中，屬傅作義系統的有 17 個師，配置在平綏路北平至張家口段；屬蔣介石嫡系的有 25 個師，配置在北平及其以東地區。由於東北國軍全軍覆沒，傅作義集團面臨東北、華北共軍聯合進攻的威脅。面對這種極為不利的形勢，傅作義是撤是守，是南奔還是西逃，都是利害參半，難於抉擇。11 月 4 日蔣介石曾向傅作義提出放棄平、津，委傅為「東南軍政長官」的主張，要傅率部南撤，加強長江防線，以應付淮海會戰。但傅作義對蔣介石吞併異己的慣伎深懷戒心，不願南撤，而企圖在平津危急時率部西撤綏遠老家。另一方面，淮海會戰勝負未分，蔣介石傅作義估計東北共軍尚需休整三個月至半年才能入關，不戰而逃，對士氣會帶來災難性衝擊，因此雖有放棄平津南撤之意，卻未確切實施。蔣介石只是令傅作義將主力東移天津、塘沽，以便從海路撤退或補給。

當時中共華北野戰軍只有七個步兵縱隊約 13 萬人，為了全殲國軍，1948年 11 月 18 日中共中央軍委決定東北野戰軍立即結束休整，提前於 22 日取道捷徑以最快速度入關，突然包圍唐山、塘沽、天津三處敵人，隔斷國軍海上南撤之路。23 日東北野戰軍 12 個步兵縱隊、1 個鐵道縱隊、6 個炮兵團、3個高射炮團、2 個坦克團、1 個裝甲團、2 個工兵團、1 個重迫擊炮團等共 55個師約 80 萬大軍向關內進軍。1949 年 1 月 10 日中共決定由林彪、羅榮桓、聶榮臻三人組成黨的總前委，林彪為書記，統一指揮平津會戰和接管等一切工作。中共用「先西後東」戰略，先吸引平津傅部國軍西移，遠離津沽，以便全殲。1948 年 12 月 1 日中共華北野戰軍第三兵團攻佔左衛、柴溝堡、萬全等地，迫近張家口。傅作義估計東北共軍尚未能入關，以為只是共軍局部行動，因此決心先擊破華北共軍，再對付東北共軍。於是由北平調第 35 軍西進增援，共軍對張家口圍而不打，讓第 35 軍在 12 月 4 日收復萬全，使傅作義誤認為張家口可以長期固守。5 日東北先遣兵團攻克密雲，另一部至長城喜峰口，作進攻北平之勢，傅作義於是急調第 35 軍回師和把第 92、第 94、第 62軍由天津、塘沽調至北平增援，於是國軍東移近海之計劃徹底失敗。

共軍又用圍點打援的戰略，12月6日國軍第35軍自張家口東返，7日到新保安被包圍。國軍派第104軍西進接應，但被截擊，無法會師，於是經懷來向北平撤退，12月10日在橫嶺、白羊城一帶被消滅。21日華北第2兵團集中火炮猛攻新保安，22日突入城垣，經激烈巷戰後，全殲第35軍，軍長郭景雲陣亡。張家口守軍第11兵團見形勢不利，23日拂曉向北突圍，共軍大舉追截，至24日晨將國軍壓縮在張家口以北西甸子至烏拉哈達不足1公里寬、10公里長的山溝內聚殲，結果除兵團司令孫蘭峰帶少數騎兵逃脫外，國軍54,000餘人全被消滅，張家口重回共軍手中。

12月12日共軍猛攻塘沽，欲截斷國軍海上通路，守軍在艦隊支援下，力保不失。16日東北野戰軍集中五個縱隊共34萬人，並配屬大口徑火炮538門、坦克30輛、裝甲車16輛，強攻天津。當時天津守軍為第86、第62軍等共十個師約13萬人，在天津築有各種大型鋼骨水泥碉堡380座，守備十分堅強。不過天津防衛地圖被潛伏的中共間諜盜取送往攻城部隊，於是共軍炮火準確摧毀國軍碉堡，減少攻城部隊和無辜平民傷亡。1949年1月3日共軍開始掃蕩天津外圍據點，14日發動總攻，激戰至15日攻下天津，全殲守軍13萬人，俘虜天津警備司令陳長捷。16日塘沽守軍主動撤退。北平國軍兩個兵團共25萬人遂完全陷入絕境。塘沽國軍撤退當天，共軍平津前線司令部致函傅作義勸降，傅作義派副司令鄧寶珊與共軍洽談。21日雙方達成了《關於和平解決北平問題的協議》，22日北平守軍撤離市區，接受共軍改編，31日共軍開入北平接收防務。華北除太原外，全部被共軍佔領。[41]

此次會戰國軍被消滅和改編達52萬餘人。遼瀋、淮海、平津三大會戰國軍共損失154萬餘人，蔣介石陸軍精銳盡失，再無可資調動之師。

---

41 《戡亂戰史》（三），第83—86頁；《中國人民解放軍戰史》（第三卷），第285—301頁；平津戰役親歷記編審組：《平津戰役親歷記》（北京，中國文史資料出版社，1989年），第1—41頁。

6. 第六階段（1949 年 1 月至 12 月）

　　平津會戰結束後，國軍總兵力下降到 204 萬人，其中能用於作戰的部隊共 146 萬人。共軍總兵力增加到 358 萬人，其中野戰軍兵力共 218 萬人。為準備向全國進軍，1949 年 2 至 4 月期間中共對各部隊進行整編，西北野戰軍改稱第 1 野戰軍，兵力 155,000 人；中原野戰軍改稱第 2 野戰軍，兵力 28 萬餘人；華東野戰軍改稱第 3 野戰軍，兵力 581,000 人；東北野戰軍改稱第 4 野戰軍，兵力 90 萬餘人；另外有三個兵團直屬中共中央軍委指揮，兵力 238,000 人。連同各地方部隊，總兵力達 400 萬人。當中共軍容日益壯大、席捲全國之際，國民政府內部陷於土崩瓦解之局，1948 年 12 月 25 日桂系白崇禧和湖北參議會提出「和平解決國是」的主張，請蔣介石下野以恢復和談，1949 年 1 月 1 日蔣發表文告表示願意引退換取和平，14 日中共提出懲辦戰犯和接收國民政府一切權力的和談條件。21 日蔣介石宣佈因故不能視事，由副總統李宗仁在南京代理其職務。2 月 5 日孫科自行將國民政府行政院遷往廣州，蔣介石則留在奉化以國民黨總裁的身份繼續總攬軍政大權，實行幕後操縱。4 月 1 日國共雙方再度談判，20 日國民政府拒絕接受中共條件，和談破裂，戰火重燃。21 日晨劉伯承第 2 野戰軍和陳毅第 3 野戰軍渡江南下，勢如破竹，國軍全無還擊之力，國民政府最後遷往台灣。[42]

（1）渡江戰爭

　　國共和談時，雙方均爭取時間準備應付渡江之戰。國軍集中 40 個軍沿長江南岸 1800 餘公里佈防，其中京滬杭警備總司令湯恩伯部 25 個軍 75 個師約 45 萬人，佈防於江西湖口至上海間 800 餘公里的地段上；華中軍政長官公署白崇禧部 15 個軍 40 個師約 25 萬人佈防在湖口至宜昌間近 1,000 公里的地段

42　《戡亂戰史》（三），第 87 — 91 頁；《中國人民解放軍戰史》（第三卷），第 312 — 320 頁。

上，並以艦艇 133 艘、飛機 300 餘架，在長江沿線構成陸海空防線，阻止共軍渡江。但備多力散，每一個師最少需防守 50 公里範圍，實在無法兼顧。共軍則集中 100 萬兵力，在劉伯承、陳毅、鄧小平、粟裕、譚震林組成的總前委統一指揮下，準備渡江作戰。總前委以陳毅第 3 野戰軍第 8、第 10 兵團共 35 萬人，組成東集團，在張黃港至三江營間渡江；以第 3 野戰軍第 7、第 9 兵團共 30 萬人，組成中集團，在裕溪口至樅陽間渡江；以劉伯承鄧小平第 2 野戰軍第 3、第 4、第 5 兵團共 35 萬人，組成西集團，在樅陽至望江間渡江；林彪第 4 野戰軍先遣兵團與中原軍區部隊，開至武漢正面，牽制白崇禧集團。

4 月 20 日國民政府拒絕簽署《國內和平協定》，當天晚上渡江作戰隨即打響，共軍自裕溪口至樅陽段發起進攻，迅即突破國軍安慶、蕪湖防線，將國軍長江防線攔腰斬斷。4 月 21 日毛澤東、朱德發出了《向全國進軍的命令》，21 日晚東西兩路同時渡江，西路在貴池、湖口登陸，東路攻擊鎮江、江陰地區，激戰兩天佔領江陰要塞，封鎖長江。4 月 22 日國民政府遷往廣州，23 日國軍海軍第 2 艦隊司令林遵率 25 艘艦艇在南京以東江面起義，另一部 23 艘艦艇在鎮江江面投降，當晚共軍進佔南京、鎮江。共軍三路大軍渡江後，國軍兵敗如山倒，長江下游防線全部瓦解。5 月 12 日第 3 野戰軍以第 9、第 10 兩個兵團進攻上海，湯恩伯集團共 20 萬人在海空軍的支援下依靠永備工事頑抗，由於中共希望完整地接管上海，避免破壞城市建設和工商設備，以利今後建設，規定上海市區作戰力爭不用重武器，因此進展緩慢，直至 27 日才攻佔上海，上海攻防戰國共雙方各傷亡 15 萬人。湯恩伯率領第 54 軍等部約 5 萬人登艦撤往台灣。渡江戰役共軍傷亡 6 萬餘人，殲滅國軍 43 萬餘人，佔領了蘇南、皖南、浙江廣大地區和江西、湖北、福建三省部分地區，並攻佔了南京、上海、杭州、武昌、漢口、南昌等大城市。[43]

43　《戡亂戰史》（三），第 93 — 96 頁；《中國人民解放軍戰史》（第三卷），第 321 — 335 頁；冷傑甫：《渡江戰役》（福州，福建人民出版社，1985 年），第 1 — 230 頁。

（2）肅清華北

中共控制華北後，集中第 18、第 19、第 20 兵團共 32 萬人，各種火炮 1100 門，消滅死守太原之國軍。1949 年 4 月 9 日太原攻防戰開始，共軍兵力 優於國軍三倍之多，且國軍孤立無助，共軍清除外圍據點後，22 日在猛烈炮 火支援下發動總攻，24 日攻克太原，全殲守軍 124,000 餘人，29 日大同守軍 1 萬餘人投降。此時華北尚餘綏遠省主席董其武駐守在歸綏、包頭等地的 6 萬 餘兵力，經中共和傅作義的遊說後，董其武在 9 月 19 日率領綏遠各界通電起 義，於是華北全部易手。[44]

（3）解放西北之戰

共軍攻佔太原後，隨即進攻西北。5 月 20 日第 1 野戰軍攻佔西安，青海 馬步芳、寧夏馬鴻逵聯合胡宗南共 20 餘萬人向西安反撲，攻至咸陽以北及西 安以南地區，因共軍援軍趕至，撤返原防。7 月初共軍第 18、第 19 兵團先後 入陝，使第 1 野戰軍兵力增加至 34 萬人，連同地方部隊該區兵力已達 40 萬 人。共軍採取「先胡後馬」戰略，先打擊胡宗南部隊，再消滅馬步芳集團。 7 月 10 日共軍以第 1、第 2、第 18 兵團圍攻胡宗南扶風、郿縣地區的第 18 兵 團，胡部企圖突圍失敗，12 日共軍發動總攻，全殲胡部 4 萬餘人，7 月 14 日 共軍乘勝追擊，攻下寶雞，切斷胡宗南國軍與西北馬步芳軍的聯繫。胡部退 秦嶺，馬部退守蘭州。共軍重創胡宗南後，集中重兵對付馬步芳、馬鴻逵。 8 月 10 日共軍第 1、第 2、第 19 兵團三路進攻蘭州，20 日攻至外圍，25 日發 動總攻，激戰到 26 日殲滅守軍 27,000 餘人。9 月 2 日進攻西寧，馬步芳乘飛 機逃走，5 日第 1 兵團佔西寧，解放青海。馬鴻逵之子馬敦靜以銀川為中心部 署三道防線抵擋共軍，9 月 2 日第 19 兵團自蘭州北進後，馬部軍隊或投降或 潰散，馬敦靜乘飛機逃走，盧忠良率殘部向共軍投降，9 月 23 日共軍進駐銀

44　《戡亂戰史》（三），第 97 — 100 頁；《中國人民解放軍戰史》（第三卷），第 362 — 368 頁。

川，佔領寧夏全境。馬鴻逵部 4 萬餘人被殲和接受改編。共軍第 1、第 2 兵團進軍河西走廊，更是勢如破竹，9 月 21 日會師張掖，控制甘肅大部。9 月 27 日新疆警備總司令陶峙岳 7 萬餘人通電起義，次日新疆省政府主席鮑爾漢亦通電起義，新疆宣告和平解放。[45]

（4）中南戰役

共軍渡江時，武漢暫時穩守。1949 年 4 月 11 日第 4 野戰軍 80 萬人分三路沿平漢路、津浦路、平大（北平至大名）路南下，穿插武漢後方，白崇禧部 30 萬人避免與共軍決戰，5 月 15 日自動放棄武漢，16 日棄九江，21 日棄南昌。林彪部長驅南下，7 月 16 日佔宜昌、沙市，迫近長沙。8 月 1 日湖南省主席、長沙綏署主任程潛和第 1 兵團司令陳明仁率部 7 萬餘人宣佈起義，8 月 3 日共軍進入長沙。為求全殲白崇禧和西南各地國軍，毛澤東指示共軍：「對白崇禧及西南各敵均取大迂迴動作，插至敵後，先完成包圍，然後再回打之方針。」9 月 10 日第四野戰軍結束休整（因北人南來，病員甚多，全軍自 8 月 1 日開始休整），分東、中、西三路進軍。西路軍第 13 兵團於 9 月 13 日由常德向沅陵、芷江挺進，直插百色、南寧，10 月 3 日攻佔湖南省政府所在地芷江，5 日佔領黔陽，把白崇禧西撤貴州的道路截斷。東路軍第 4、第 15 兵團和兩廣縱隊在 10 月 2 日向廣東進軍，國軍余漢謀部第 12、第 4、第 20 兵團 15 萬人迅即潰散，7 日共軍佔韶關，14 日佔清遠、花縣、從化、增城、博羅等地，從東、中、西三面包圍廣州，國民政府及李宗仁乘飛機飛往重慶，余漢謀率第 4 兵團沿西江西逃，當晚共軍第 15 兵團進駐廣州。駐潮汕一帶之國軍第 12 兵團迅速撤到金門。第 21 兵團企圖經雷州半島撤往海南島時，被共軍第 4 兵團七晝夜急行軍追上，於 24 日合圍於陽江、陽春間地區，苦戰至 26 日，4 萬餘人全被殲滅。

---

45 《戡亂戰史》（三），第 97 — 100 頁；《中國人民解放軍戰史》（第三卷），第 368 — 380 頁；鄭維山：《從華北到西北》，第 324 — 371 頁。

共軍中路軍第 12 兵團 9 月中旬渡過湘江，與白崇禧第 1 兵團及第 7、第 46、第 48 軍在衡陽寶慶激戰。白崇禧以共軍東西兩路已分別迫近廣州、桂林，形勢危急，乃在 10 月 6 日午夜下令全軍向廣西撤退。但第 7、第 48 軍被共軍堵截合圍於祁陽以北的地區，苦守無援至 11 日，2 萬餘人被殲滅。共軍繼續追殲白崇禧留在桂林的 15 萬主力部隊和余漢謀據守合浦的 5 萬殘部，為防止國軍從海上撤退，或退入越南，共軍採取大迂迴包圍戰略，以西路軍第 13 兵團迂迴百色，截斷國軍退入雲南之路；以南路軍第 4 兵團進攻博白，阻止國軍經雷州半島逃往海南島；中路軍第 12 兵團待國軍退路被截斷後，由湘桂路南下，圍殲白崇禧集團於南寧、果德地區。11 月 6 日西路軍展開攻勢，國軍望風而逃，共軍迅即佔領黎平、從江等地。中路軍向南挺進後，遇上國軍第 3、第 11 兵團的猛烈抵抗。11 月 30 日共軍攻佔博白，全殲國軍第 3 兵團，俘兵團司令張淦。余漢謀殘部在共軍攻擊後，亦放棄雷州半島，撤往海南島。與此同時，共軍西路和中路大軍迅速南下，12 月 2 日向欽州、南寧之國軍實施猛烈攻擊，4 日攻佔南寧，7 日攻佔欽州，把國軍出海的通道封閉，並將國軍華中軍政長官公署、第 10 和第 11 兵團殘部、國防部突擊隊、交警總隊等部圍殲於欽州、小董墟地區，一舉殲滅白崇禧主力。14 日共軍佔領鎮南關，控制中越邊境，國軍除 2 萬餘人逃入越南外，廣西境內之國軍全被消滅。

　　1950 年 3 月 5 日起共軍四次偷渡海南島成功，於是在 4 月 16 日大軍橫渡瓊州海峽，進攻海南島，在國軍海空攔截下，佔領灘頭陣地，國軍反撲失敗，守將薛岳乘飛機先行逃往台灣，4 月 23 日共軍佔海口，5 月 1 日佔八所、北黎。國軍為保全實力，主動撤退，7 萬餘人從榆林港登艦撤往台灣。[46]

(5) 東南沿海之戰

　　第 3 野戰軍第 10 兵團攻下上海後，即預備南攻福建。7 月 2 日行動開

---

46 《戡亂戰史》（三），第 101 — 104 頁；《中國人民解放軍戰史》（第三卷），第 343 — 362 頁。

始，8 月 6 日第 10 兵團分左中右三路迫近福州，11 日發起戰鬥，16 日共軍兩翼迂迴部隊佔領馬尾、福清，福建省政府主席兼福州綏靖公署主任朱紹良和第 6 兵團司令李延年乘飛機逃往台灣，其餘守軍棄城向廈門、平潭逃走，共軍 8 月 17 日佔領福州。9 月 19 日共軍開始進攻廈門，至 28 日先後攻佔漳州、馬巷、澳頭、集美、漳浦等地，對金門、廈門形成三面包圍的勢態。新任福建省政府主席湯恩伯率第 8、第 22 兵團殘部共 45,000 人退守金門、廈門兩島，15 日黃昏共軍第 31、第 29 軍進攻廈門，殲滅國軍第 8 兵團 27,000 餘人後，佔領廈門。24 日共軍第 28 軍軍長朱紹清用五個團的兵力進攻金門，當時共軍只搜集得一次可運送三個團九千餘人的船隻，故計劃分兩次登陸。但第一批部隊登陸後，遇上退潮，所有船隻全部擱淺，隨即被國軍飛機和地面炮火摧毀。登陸的三團共軍在國軍飛機炸射、坦克圍攻下全部陣亡。11 月 3 日共軍登陸進攻舟山登步島，亦在國軍海空火力打擊下而告失敗，暴露共軍尚欠登陸作戰的能力，於是台澎地區暫得安全。[47]

（6）西南戰役

10 月 14 日廣州失守，國民政府再度遷往重慶。這時西南國軍有川陝甘邊區綏靖公署胡宗南部第 5、第 7、第 18 兵團，西南軍政長官公署張群部第 14、第 15、第 16、第 19、第 20 兵團，總計 37 個軍約 45 萬人。

中共則由第 2 野戰軍負責經營西南各省的任務，7 月 16 日中共中央軍委進一步規定：由劉伯承、鄧小平、賀龍等組成西南局，經營川、滇、黔、康四省。9 月初共軍製造從陝入川的假象，實際則採取大迂迴動作，取道湘西、鄂西，直出貴州，挺進敍府、瀘州、重慶之線，切斷胡宗南及川境國軍退往雲南的後路和與白崇禧部的聯繫。11 月 1 日中共第 2 野戰軍第 3、第 5 兵團和第 4 野戰軍第 42、第 47、第 50 軍等部在南起貴州、北至湖北巴東約 500

---

47 《戡亂戰史》（三），第 119 — 123 頁；《中國人民解放軍戰史》（第三卷），第 335 — 343 頁。

公里的地段上向西南國軍實施多路攻擊，此行動出乎國軍意料之外，貴州境內國軍第 19 兵團和湘鄂西地區的宋希濂部遂慌忙西撤。15 日共軍佔領貴陽，21 日佔黔北重鎮遵義，把國軍抵抗共軍進攻的「西南防線」攔腰斬斷，並嚴重威脅川境國軍撤向滇黔退路。

　　同時，第 2 野戰軍第 3 兵團與第 4 野戰軍第 42、第 50 軍猛攻宋希濂部第 14 兵團，11 月 14 日戰鬥開始，激戰至 21 日，全殲該兵團，並生俘兵團司令鍾彬。28 日共軍又在南川以北山區殲滅宋希濂部和羅文廣部 3 萬餘人，並乘勝在重慶外圍殲滅向重慶增援的胡宗南第 1 軍一部。29 日晚國民政府由重慶遷往成都，30 日共軍佔領重慶。共軍在猛攻猛打的同時，展開政治宣傳，爭取國民黨軍政大員和平起義。結果雲南省政府主席兼雲南綏署主任盧漢、西康省政府主席劉文輝、西南軍政長官公署副長官鄧錫侯、潘文華等，在 12 月 9 日率領所部分別於昆明、雅安、彭縣等地通電起義，雲南、西康宣告和平解放。10 日蔣介石授權胡宗南指揮川西所有國軍在成都組織抵抗，蔣本人則率領國民政府要員乘飛機飛往台灣。19 日共軍在峨嵋縣金口河俘獲宋希濂，20 日完全包圍成都。胡宗南鑒於成都孤立無援，22 日決定以主力分路向西昌突圍，23 日胡先行飛往海南島。主將臨陣先逃，部下遂紛紛投降，國軍川陝鄂邊綏署主任董宋珩、第 16 兵團副司令曾蘇元、第 15 兵團司令羅廣文、第 20 兵團司令陳克非、第 7 兵團司令裴昌會紛紛率領所部宣佈起義。第 5 兵團突圍至邛崍後被圍，兵團司令李文在 26 日晚率殘部投降，27 日成都以東第 18 兵團李振部宣佈起義，同日共軍解放成都。至此胡宗南部全軍覆沒，蔣介石在大陸的主力戰鬥部隊被全面消滅。

　　1950 年 1 月 16 日至 2 月 25 日期間共軍追殲雲南境內殘餘國軍，先後殲滅第 26 軍和第 8 兵團，俘獲第 8 兵團司令湯堯及第 8、第 9 軍軍長以下 6000 餘人。3 月 12 日進迫西昌，自海南島飛抵西昌指揮國軍防禦之胡宗南再次乘飛機先行逃走，餘部遂紛紛逃亡，27 日共軍解放西昌。至此，除昌都一地外，川黔康滇四省全部解放。由於西藏部分地方勢力企圖利用外國力量搞獨

立，共軍於是在 1950 年 10 月 6 日入藏，24 日佔領昌都，殲滅藏軍 5,700 餘人（全藏兵力只有 8,500 人）。1951 年 5 月 23 日中共中央與以阿沛·阿旺晉美為首的西藏地方政府代表團簽署了《中央人民政府和西藏地方政府關於和平解放西藏辦法的協議》，西藏宣告和平解放。[48]

三、國民黨戰敗的原因

國軍擁有比共軍數量更多、訓練更好、裝備更佳的軍隊，內戰初期，國軍先後攻佔張家口和延安等重要地方，可以說國軍能夠佔領所想佔領的地點，但到最後損兵折將，退守台灣，原因在哪裏？這是一個很值得探索的問題。國共雙方出版的戰史都已檢討他們勝負的原因，本文從另一角度予以探討。

1. 軍隊性質

許多戰略家都認為軍隊士氣在作戰因素中較訓練、裝備、數量等因素更為重要，一支缺乏士氣的軍隊雖有良好的訓練、裝備，都會被一支人數較少但士氣高昂的軍隊打敗。普魯士戰略家克勞塞維茲說：「在戰爭的最物質化的事實之中，非物質化和不可以計量的因素仍然是最重要的。……物質的力量只是一個『木質的刀柄』，而精神的力量才是『閃亮的刀鋒』。」[49] 拿破崙戰爭時期普奧俄等封建王國的僱傭兵被充滿革命熱誠的法軍打得落花流水，當世的戰略家總結拿破崙戰爭的經驗說：法國大革命時期俄奧普軍隊的性質都

48　《戡亂戰史》（三），第 105 — 118 頁；《中國人民解放軍戰史》（第三卷），第 380 — 394 頁。

49　羅斯費爾斯：《克勞塞維茲的戰略思想》，鈕先鍾譯：《近代軍事思想》（台北，軍事譯粹社，1958 年），第 134 頁。

屬於職業軍人，他們的內部分成了許多階級，其間並無共同的精神。軍官的動機是榮譽、階級意識、光榮或野心；士兵都是長期服役的，以打仗當作謀生的職業，他們的思想中是不可能有較高的感情，其最強烈的聯繫通常也不過是對於其團隊的天真自負心理而已。[50] 法國革命則改變了法軍的性質和賦予法國政府更大的作戰機能，普魯士戰略家比羅（Bulow）說：「法國革命使政府和人民融合成為一體。一方面人民用一種在 1789 年以前不可能存在的方式來參與國事，因為他們曾經從他們的政府中獲得了重大的利益，所以必須對其效忠，不惜為之死戰。另一方面，政府是代表民族的，具有完全的主權，所以對於人力和物質的資源可以盡量的取用。」[51] 國共內戰與拿破崙戰爭雖是兩個不同世紀的戰爭，但除了武器不同之外，敵我雙方軍隊的性質並無不同之處。故拿破崙戰爭的經驗也可以用於國共內戰，並解析國軍戰敗的原因。

　　蔣介石的軍隊雖自稱為國民革命軍，但本質上仍然保留着清末民初軍閥軍隊的特徵。一個軍閥帶領若干軍官，率領一批士兵，佔據着一塊地盤。軍閥和士兵都屬於以打仗為生的職業軍人，他們作戰的主要目的只是為了生活，而不是為了某種理想來作戰和效死。軍隊只是為錢而集合，故叛逃或吞併別人的軍隊的事普遍發生。軍隊是軍閥力量的本錢，誰的軍隊多，誰便可以佔據更大的地盤。所以每一個軍閥都嚴密控制他的軍隊，不使叛逃，使別人絕對指揮不了他的軍隊；同樣，他也指揮不動別人的軍隊。國軍由大小不同的軍閥組成，就歷史系統來說，有所謂中央軍、東北軍、西北軍、山西軍、粵軍、桂軍、川軍、滇軍和其他各省地方軍。[52] 這些軍隊的本質與俄奧普等封建王國的軍隊本質相同，由各大小軍閥輳合而成的 400 萬國軍，雖有較

50　巴爾麥：《菲德烈大帝、吉貝特、比羅——從王朝戰爭到民族戰爭》，鈕先鍾譯：《近代軍事思想》，第 59 — 60 頁。

51　巴爾麥：《菲德烈大帝、吉貝特、比羅——從王朝戰爭到民族戰爭》，鈕先鍾譯：《近代軍事思想》，頁 92。

52《李宗仁回憶錄》，第 543 頁。

良好的訓練和裝備，但卻缺乏一個足以使他們部下拼命打仗的作戰理想。以國民政府的立場看，中共不是一個合法團體，只是一個叛亂組織，對亂黨的戰爭便稱之為「戡亂作戰」。用金錢、官位、地盤等物質手段驅策軍隊。如共軍圍攻大同時，蔣介石將原屬第 2 戰區閻錫山的大同，劃歸第 12 戰區傅作義管轄，促他增援大同。結果傅作義率部解圍，這就是以地盤動員軍隊作戰的例子。

可是，與國軍作戰的是另外一支性質不同的軍隊，中共與共軍的性質頗似法國大革命時代的法國政府和法軍。中共自稱他們是革命黨，他們的軍隊是革命軍，他們與國民黨進行中的戰爭是「革命戰爭」，他們是要推翻國民黨的獨裁統治，把人民自封建制度、資本主義制度的壓迫下解放出來。中共作戰的同時，在其解放區內進行民主選舉和土地改革，讓解放區人民獲得參政權和分田分地減租等實質的政治和經濟利益，故解放區人民為了保護他們剛得到的利益，樂意支持中共，並願意參軍為革命死戰。中共除了善於爭取群眾的支持，更善於對軍隊作思想動員，共軍每一作戰單位都設立政治委員，負起政治動員的工作，反覆宣傳號召將士們為解放被壓迫的人民而戰，為推翻暴政而戰，在神聖偉大使命感驅使之下，共軍可以不怕艱辛、不怕犧牲來完成任務。此孫子所謂：「令民與上同意，可與之死，可與之生，而民不畏危也。」[53] 如共軍進攻陳官屯時，保安隊 20 人出擊，共軍有一烈士抱一巨型炸彈衝入敵人隊伍中引爆，保安隊兵在驚恐之下被俘。不久，共軍進攻，又有二名敢死隊員身穿棉衣，浸澆汽油，滾抵保安隊大門，縱火自焚，燒毀大門。[54] 這種以死相拼的烈士行為絕非任何物質利益所能激發出來的。國軍戰史對劉伯承三渡黃河作戰大感不解，認為其軍事行動對拯救陳毅部共軍雖有很大幫助，但對自己卻毫無利益，反之更有折損。站在國軍派系爭地盤、爭利

53 《孫子兵法》(香港，星輝圖書，1994 年)，第 2 頁。
54 天津《大公報》，1947 年 1 月 7 日。

益的傳統觀點而言，當然費解。但在共軍而言，為了革命，為了達到共同追求的理想，犧牲生命尚且可以，又何況是個人的一點損失！軍隊的作戰理想不同，戰鬥力表現當然有分別。遼瀋會戰的關鍵戰役在錦州爭奪戰，國共雙方都以錦州戰場作為決戰的地方，這是一場毫無花巧的硬仗。林彪部 25 萬大軍圍攻錦州，蔣介石派廖耀湘指揮西進兵團 12 萬人自瀋陽向錦州增援，侯鏡如指揮東進兵團 12 萬人由山海關向錦州推進，計劃在有力的海空炮火支援下，將林彪的主力聚殲。東進兵團在塔山遇上共軍的阻擊，雖在海陸空聯合火力炸射的支援下，輪番猛攻，仍然無法突破共軍陣地；廖耀湘又行動遲滯，結果錦州失陷，東北國軍接着亦全軍覆沒。國軍在主力大決戰時雖有較強大的海陸空火力，但將士缺乏犧牲性命完成任務的精神，遇上抱必死決心堅守陣地的共軍，便無法取勝。拿破崙時代的戰略家都察覺到職業軍人遭受革命軍人打敗的戰例，以及精神武器的威力遠較物質武器強大。所以裝備了「革命理想」的共軍必然會打敗為生活而打仗的國軍。國共內戰的結果只是再次驗證了這些戰略理論的真確性。

2. 戰略與政略

　　日本以嚴格訓練的精銳部隊，配備了先進武器，花了八年時間，尚未能擊潰國軍，征服中國；共軍的人數、武器裝備和訓練都不及國軍，但在四年多一點（1945 年 9 月至 49 年 10 月）的時間便全殲國軍，把國民黨在中國大陸的勢力連根拔起，原因在哪裏？有些人認為中共善打游擊戰，來無蹤去無跡，國軍無法捕捉共軍聚殲；此外中共常集中優於國軍的數倍兵力，圍殲國軍，消滅國軍的有生力量，而不計較一城一地的得失。不過這些戰略並不是新理論，孫子兵法都有教導，如《孫子兵法・軍形第四》：「善守者，藏於九地之下；善攻者，動於九天之上。」《孫子兵法・謀攻第三》：「用兵之法，十則圍之，五則攻之，倍則分之，敵則能戰之，少則能逃之，不若則能避之。

故小敵之堅，大敵之擒也。」[55] 消滅敵軍有生力量的主張，也是普魯士戰略家克勞塞維茲的舊説。蔣介石也懂，蔣曾在其《蘇俄在中國》一書專章討論克勞塞維茲的戰略，[56] 所以國軍戰史並不承認他們的戰略和戰術比不上共軍。

國軍將帥不是不懂好的戰略和作戰方案，只是沒有接納，或無法接納。如李宗仁曾向蔣介石建議用「後浪推前浪」方式受降，派與日偽軍隊對峙的前線部隊開入淪陷區，接受投降；在其後方的部隊則向前移動，進駐原有防區；再後方的部隊則順次向前推進，如海浪式一波一波前進。[57] 李宗仁的建議並無特別之處，共軍接收東北，便是派山東河北兩地部隊分水陸兩路搶先出關，江蘇地區的新四軍北移，開進山東根據地。蔣介石沒有接納李宗仁的建議，是因為在前線與日偽軍隊對峙的都不是蔣介石的嫡系部隊，若任由這些部隊受降，豈不是把淪陷區的地盤和日偽軍隊的精銳武器裝備都送給了雜牌軍？蔣介石怎能任由雜牌部隊坐大？所以蔣介石必須等美國的飛機軍艦來華幫他把嫡系部隊運到各戰略要地受降；必須收編漢奸的偽軍，讓其反正，繼續佔據淪陷區，也不可能聽從李宗仁的建議，派雜牌軍就近受降。

軍隊的性質決定了他們作戰的方式，美國總統杜魯門譏笑國軍將領是很不中用的，他們有一種依靠築有城牆的城市的變態心理，他們認為空曠的地區是危險的，故只駐守在有城牆的城市裏。[58] 另一位學者齊珊（Chassin）亦持相同論點，認為國軍有一「守城心理」，只是防守佔領的城鎮，結果被日漸強大的共軍包圍消滅。[59] 兩者都忽略了國軍的特質，那些為生活而打仗的士兵

---

55 《孫子兵法・軍形第四》、《孫子兵法・謀攻第三》。

56 蔣介石：《蘇俄在中國》（台北，中央文物供應社，1974 年 27 版），第 311 — 334 頁。

57 《李宗仁回憶錄》，第 553 — 554 頁。

58 Harry S Truman, *Memoirs of Harry S Truman*, Vol. II, *Years of Trial and Hope 1946-1952* (New York, Doubleday, 1956), P111.

59 Lionel Max Chassin, *The communist Conquest of China: A History of the Civil War 1945 - 1949* (Lowe & Brydone, London 1966), P255.

必須置於嚴格的軍紀控制之下，否則他們隨時會跑掉。尤其是國民黨不少士兵是拉伕入伍的，這些士兵根本不願為黨國效忠，如放他們在野外駐紮，肯定逃走。因此蔣介石的軍隊只能駐紮在基地，以便看管防止逃走，所以迅速的行軍、深入的突擊和具有決定性的追擊都是不可能的。而革命化的共軍卻可以忍受飢餓，照其認為有利的方式作戰，在攻擊時可以不惜人命的成本，因為他們可以動員全國的人力。這種社會條件的具備，使高度機動化的戰略變得有了可能性。因為軍隊性質的先天限制，國軍只能依賴補給基地的支援來發動攻勢，而共軍則可以放棄城鎮打游擊戰、打運動戰、打殲滅戰。[60] 同時基於國軍性質上的缺陷，當國民政府統治權威崩潰時，其部隊便大規模的帶着武器投降，這是必然的發展。此外，國軍在遼瀋、淮海、平津三大會戰喪失大部分主力部隊後，便考慮以游擊戰抵禦共軍，但是共軍渡江後，正規軍固然土崩瓦解，游擊隊也無法組成。為甚麼共軍能夠打游擊，而國軍則不能？主要原因在於打游擊要有良好的群眾基礎，軍隊才能迅速隱沒潛伏在農村裏。國民黨向來不重視發展基層組織，既不培養基層幹部，也不爭取百姓支持，且貪污腐化失掉民心，軍隊成為鎮壓群眾的工具，這種軍隊怎能在百姓中間找到藏身之所？相反，共產黨的政治策略極之重視爭取工農群眾的支持，一方面大量培養幹部到工人、農民中工作，建立各級黨組織，反覆宣傳共產黨的革命目的就是為了爭取工人、農民的利益，拯救群眾的苦難，在解放區實施土地改革，分配土地予沒有耕地的貧苦農民，讓農民分享到革命勝利的果實，使農民願意為保衛他們的土地而戰，願意為支援作戰而捐糧和服役。同時中共強調軍民一體，減少群眾負擔，共軍休戰時耕種，自食其力，脫下軍服就是農民，穿上軍服就是戰士，隨時可以聚眾成軍，可以散居農村。國軍根本沒有具備打這種游擊戰的基礎條件。

60　羅斯費爾斯：《克勞塞維茲的戰略思想》，鈕先鍾譯：《近代軍事思想》，第116—117頁。

3. 軍隊整編

　　美國學者徐中約認為國軍經過八年對日戰爭之後，將士厭戰，不願再打內戰，這是導致蔣介石最後戰敗的主要原因。[61] 但事實上國軍士氣崩潰的原因不是厭戰，而是蔣介石要淨化國軍，把大量國軍趕跑。抗日戰爭前蔣介石與國民黨內的軍隊發生多場內戰，抗戰時各方暫停內鬥，一致擁護蔣介石領導抗戰。但蔣介石經常派非蔣系國軍在最前線抗日，俟其傷亡慘重後予以裁撤。雜牌軍知道蔣介石的陰謀後只好消極抗戰，以保存自己的實力。到抗戰勝利時，川軍、晉軍、西北軍、東北軍、粵軍、桂軍、滇軍和青寧二馬所部的雜牌軍仍佔國軍兵力的二分之一，[62] 蔣介石擔心這些「軍閥餘孽未消」，會乘接受日偽投降的機會霸佔地盤，割據一方。[63] 當蔣介石正為處理大批抗戰有功的雜牌軍而憂心的時候，美國提出了經濟援助中國的條件：中國必須將軍隊大量復員以節省軍費，並派出特使馬歇爾來華，參與制訂整軍方案。整編方法是硬性把每一支部隊的人數裁減三分之二，一軍三師裁掉兩師，一師三旅裁掉兩旅，一旅三團裁去兩團。於是，蔣介石因利乘便，借用整軍方案，大量裁減雜牌部隊，不理他們是否抗戰有功，也不管將士被裁撤後的出路，更加漠視國共內戰處於爆發邊沿的危險，結果把大量雜牌部隊趕走送給中共。當年報章已經報道編餘官兵的苦況，如《申報》：「各部隊中之湘籍子弟以及來自田間籍隸冀、魯、豫、鄂、贛、蘇、皖等之編餘士兵，今日彼等之家鄉大部都因受兵災匪禍，發生嚴重之糧荒。據可信估計，若干部隊中之農家子弟，為數至少在百分之五十以上，已成『有甲可解，無田可歸』之難兵。」《大

61　Immanuel C Y Hsu, *The Rise of Modern China* (Oxford, 1983), p.639 — 640.

62　《中國人民解放軍戰史》（第三卷），第 40 — 41 頁；《李宗仁回憶錄》，第 555 — 556 頁。

63　秦孝儀：《總統蔣公大事長編初稿》（第五卷下冊）（台北，中國國民黨中央委員會黨史委員會，1978 年），第 771 頁。

公報》也報道編餘軍官三百餘人流落重慶,「欲從商無資本,欲從工工廠已關門,且八年打仗,家破人亡,田園荒蕪,亦無力重建家園,當前大部分已淪為乞丐,沿途討飯,少數以挑水擔柴擦皮鞋為生,夜間露宿街頭」。[64] 蔣介石漠視編餘將士的悲慘苦況及帶來的惡劣影響,獨斷獨行,這麼重要的政策,當時新任國防部長的白崇禧,竟然毫不知情。白崇禧知道後,曾向蔣介石表示反對說:「整了軍,游雜部隊都投了共,被裁的沒戰意,即沒被裁的情緒也受影響。」[65] 由於蔣介石輕敵,曾對馬歇爾說有信心國軍能在八至十個月內消滅共軍;陳誠且誇言三個月之內便可以取得勝利,[66] 所以毫不留情地裁撤雜牌軍。但是,國民政府進行大裁兵的同時,竟然恢復徵兵和大量收編偽軍,派之繼續防守淪陷區。漢奸部隊如吳化文等,直至國民黨政權在大陸崩潰前夕,仍然被派防守濟南。這種忠奸不分的措施,當然令被裁的國軍極度不滿,於是,雜牌軍有一句順口溜:「此處不留爺,自有留爺處;處處不留爺,爺去投八路。」當時中共正招兵買馬,設法爭取國軍加入,尤其是炮兵、坦克兵、重機槍手、通訊兵、工兵等,共軍缺乏的特種兵更受歡迎。許多被蔣介石裁撤的部隊,除下國軍旗幟,換上中共旗號,搖身一變便成為共軍。國軍也知道有關情報,但統帥部輕視其嚴重性,陳誠更自負地說:「他們要到共產黨那裏去,我求之不得,正可一鍋煮熟。」[67] 因此,被裁的跑去參加共軍,誓要打敗蔣介石,以雪恥辱;未裁撤的雜牌軍士氣也十分低落,目睹同袍打敗了日軍已經淪為乞丐,消滅了共產黨更沒有好結果,幹啥拚命?

64　上海《申報》,1946 年 3 月 27 日;天津《大公報》,1946 年 6 月 1 日。

65　《白崇禧先生訪問紀錄》,第 860 頁。

66　*Marshall's Mission To China*, Volume I, P407;《中央日報》,1946 年 10 月 18 日。

67　《蔡文治致美方副委員田博門備忘錄:為轉知中共爭取我編餘遣散官兵擴充軍隊之陰謀辦法(1946 年 8 月 24 日)》,《國軍檔案:軍事調處執行部整軍方案卷二》;《中央書記處關於成立國軍工作部的指示》(1945 年 10 月 25 日),《中共黨史參考資料》(第 10 冊),第 57 頁;《李宗仁回憶錄》,第 556 頁。

蔣介石在抗戰勝利時已急不及待地解決異己，以受降作藉口，把龍雲的部隊大部調到越南，然後乘着重慶和談，全國陶醉在和平的氣氛下，密令杜聿明在 1945 年 10 月 2 日圍攻昆明九華山，以武力撤去龍雲的雲南省主席職位；接着把龍雲的滇軍調往東北作戰，意圖藉共軍之手予以消滅，結果遼瀋會戰時，兩師滇軍在錦州戰役中投降，於是錦州隨即失守，東北剿匪總司令范漢傑以下 7 萬人被俘。共軍攻長春時，滇軍一個軍又叛變，共軍遂和平進入長春。[68] 蔣介石解決龍雲後隨即處理高樹勛，因為何應欽、湯恩伯、蔣銘三等人都試圖吞併他的部隊，但都不成功，於是派高樹勛沿平漢路通過劉伯承的解放區往華北受降，卻不給足夠彈藥。當時胡宗南已接收新鄉日軍大量槍械和 200 萬發子彈，仍然不提供彈藥，顯然是藉共軍之手消滅他。所以高部師到邯鄲時，迅即彈盡。高樹勛經共軍遊說後於是起義，其餘國軍防線因此動搖而大敗。蔣介石解決龍雲，種下以後滇軍在東北陣前起義之果；迫害高樹勛，結果迫他投奔共軍。[69] 這都是日本投降後不到兩個月的事！這裏很清楚看到國軍的士氣是如何毀於蔣介石一派之手。

國共內戰進行期間，國軍仍然繼續排擠雜牌軍，當然必須付出代價！如孟良崮一役，國軍統帥部認為國軍整編第 74 師雖被共軍包圍，但該師戰鬥力強，且與左右部隊相鄰，正是與共軍決戰的良機，於是下令該師堅守陣地，吸引共軍主力，另一方面下令臨沂、萊蕪、新泰、蒙陰等地的十個整編師分路向孟良崮馳援，企圖內外夾擊，聚殲共軍。這個戰略構思十分正確，但沒有考慮到其他國軍都是雜牌部隊，他們的軍餉裝備向來不及嫡系部隊，向來受嫡系部隊的氣，實在沒有犧牲自己實力為他們拚命的理由。而共軍卻計算到雜牌部隊只要稍受牽制，都不會真心赴援，結果一如所料，整編第 74 師

---

68 江南：《龍雲傳》（香港，星辰出版社，1987 年），第 100 — 120 頁；《李宗仁回憶錄》，第 549 頁；郭廷以：《近代中國史綱》，第 783 頁。

69 《孫仿魯（連仲）先生述集》（台北，孫仿魯先生九秩華誕籌備委員會，1981 年），第 106 — 107 頁；《李宗仁回憶錄》，第 523 頁。

國共內戰（1945 — 1949） 529

孤立無援，卒被共軍全殲。國軍派別眾多，為爭奪利益，互相排擠，互相仇視，部隊之間為保全實力，甚少拚死相救，遂予共軍各個擊破的機會。

在國軍整編的同時，共軍也進行軍隊整編工作。中共中央十分重視整編工作，視之為一項重要任務，除盡力照顧自己裁撤的部隊，也禮遇抗戰退伍還鄉的國軍，因此取得軍心、民心。共軍透過整編汰弱留強，訓練民兵使之升級為地方軍，訓練地方部隊使之升級為越區作戰的野戰軍。並不斷進行練兵運動，提高部隊的戰術和實戰技巧，不斷提升戰鬥能力。中共特別設法成立工程兵、炮兵、高射炮兵、裝甲兵、化學戰兵等特種兵種，以準備與國軍打內戰。此外中共相當重視將士的政治教育，使軍隊保持高度革命熱情，願意為革命犧牲。經過反覆多次的練兵運動和思想動員，共軍成為一支鬥志昂揚的勁旅。

4. 分裂內鬨

國民黨自成立之後，經常因意見分歧而傷害黨員間的感情，甚至進一步因權力地位和利益的爭奪而鬥個你死我活，罷官、坐牢、暗殺，甚至兵戎相見；國民黨分裂，同時出現兩個黨中央的情況，亦時有發生。

國民黨的第一次分歧從成立中華革命黨開始。鑒於二次革命失敗的慘痛教訓，1914 年 7 月 8 日孫中山在東京重組國民黨，改名為「中華革命黨」。黨章將黨員分等分級，各享不同的權力地位。同時，又規定黨員按手指模宣誓效忠他。黃興認為這樣與袁世凱和政客收買部下的手段並無分別，違背了反清時追求民主、自由的革命宗旨；至於按指模、向孫中山宣誓效忠，更和專制皇帝無異。所以黃興等一批國民黨元老首先拒絕加入中華革命黨。

中華革命黨的籌組雖然有點風波，但是孫中山自此確立了黨領袖的地位。聯蘇容共之後，中華革命黨改組為中國國民黨，雖然黨員仍然絕對效忠孫中山，接受他的命令，不過，國民黨內開始形成支持和反對聯蘇容共的派別。孫中山在世時，尚能協調各派的歧見，1925 年 3 月 12 日孫中山死後，便

沒有人有足夠的聲望和能力，可以調解各派衝突。黨領袖的高位更導致黨人逐鹿、爭鬥不息、兵戎相見的局面。

8月20日，主張聯蘇容共的廖仲愷被暗殺斃命。調查發現胡漢民的堂弟胡毅生是刺廖的主使人，於是汪精衛聯合蔣介石排擠胡漢民，迫他離粵赴蘇聯考察。右派林森、鄒魯被派北上宣傳。國民黨右派被迫離粵後，林森、鄒魯在北京聯絡反共黨員，在西山開會，決議分共，是為「西山會議派」。12月14日葉楚傖以國民黨中央執行委員會名義在上海辦公，另立國民黨黨統，形成國民黨「粵滬對峙」之局，國民黨首次出現兩個黨中央。1926年1月1日廣州召開國民黨第二次全國代表大會，處分西山會議派，永遠開除謝持、鄒魯黨籍，解除上海中央執行委員職務。

汪精衛和蔣介石隨即內鬨，3月20日「中山艦事變」發生，蔣介石藉口代理海軍局長李之龍企圖用中山艦挾持他到海參威，派兵拘捕李之龍，包圍蘇聯顧問住宅及共黨機關，收繳罷工委員會槍械，一舉控制廣州。受共產黨支持的汪精衛被迫出國。

北伐開始之後，蔣介石指揮的革命軍攻佔大量土地，勢力大增。1927年3月20日廣東國民政府遷往武漢辦公，國民黨左派和共產黨迎接汪精衛返國，並改革政制，削弱蔣介石軍政大權。4月6日武漢方面解除蔣的國民革命軍總司令職務。9日蔣入駐南京，14日白崇禧在上海派兵搜捕及殺害中共黨員，事為「上海清黨」。18日南京政府正式成立，蔣介石與胡漢民等右派聯合對付汪精衛。武漢和南京同時出現兩個國民政府，史稱「寧漢分裂」。不久，武漢國民黨左派發現共產國際企圖操控中國政局的文件，於是「和平分共」，鑒於軍力財力不如南京，遂同意「寧漢復合」。但革命元老汪精衛始終瞧不起蔣介石，不願屈居蔣之下，雖然手中無兵，仍不斷挑戰蔣的領導地位。於是北伐之後，國民黨軍閥連年內戰，1930年蔣介石與反蔣聯軍爆發中原大戰，雙方各動員五六十萬大軍混戰數月，對國家元氣造成嚴重傷害，結果中共乘機坐大，日本垂手侵佔東北。

「七七事變」後，日本全面侵華，國民黨仍不顧國家危亡，繼續內鬥。結果汪精衛逃出重慶，在日本支持下成立南京偽國民政府，依靠日本繼續與蔣作對。八年抗戰期間，國家陷於最危險的時刻，竟有兩個國民黨政府同時對峙。

1948 年 4 月，國軍敗局已定，國民政府進行總統選舉，顯示民主進程，以便爭取美援。蔣介石高票當選，李宗仁、孫科、程潛、于右任、莫德惠、徐傅霖六位候選人角逐副總統一位，爭持不下，經過 6 輪投票，最後李宗仁勝出。李宗仁是桂系將領、蔣介石的頭號威脅，現在成為蔣的權位接班人，對蔣當然是心腹大患。結果，三大會戰之後，蔣介石精銳盡失，1948 年 12 月 25 日，桂系白崇禧立即通電，請蔣介石下野，以恢復和談。鑒於形勢，1949 年 1 月 21 日蔣介石宣佈因故不能視事，由李宗仁在南京代理其職務。不過，國民黨人並不服從李宗仁的領導，2 月 5 日，孫科首先自行將國民政府行政院遷往廣州。蔣介石在奉化繼續用國民黨總裁的身份總攬軍政大權，實質操縱。在黨國危亡的時候，國民黨人仍然只顧內鬥，不服調動，對中共的威脅視若無睹。

上述只是蔣介石與國民黨內異己的鬥爭，至於蔣介石陣營內的 CC 系、新政學系和黃埔系等人，為了權位、金錢、意氣，更是無事不鬥。在這個局勢之下，有誰會願意犧牲自己的性命來保衛國民黨？

5. 軍政腐敗

比羅分析拿破崙戰爭時代法軍獲勝的其中一個原因是法國陸軍的新人事制度，是導致他們勇敢善戰的主因。奧國的軍官都是憑年資升到了他們的位置，所以他們的才能都是很平庸的。在法國大革命的大動盪中，有許多新人出頭了，這些人若在平時是絕無出頭的機會。突然有許多優異的人才出現，這是法軍在戰爭中具有顯著優勢的第一主因。[70] 國共內戰的情況與此相似而不

70　巴爾麥：《菲德烈大帝、吉貝特、比羅——從王朝戰爭到民族戰爭》，第 88 頁。

相同，國民黨的軍官是憑取得「黃埔軍校畢業」的身份而獲得地位的，黃埔軍官都是蔣的學生，他們的部隊稱為蔣的「嫡系」部隊，武器、彈藥、被服、糧餉各方面都得到無限制的補充。他們如獲得蔣介石信任，無論才資多麼平庸都可以得到重用！如劉峙被李宗仁、李璜（青年黨領袖之一）評為膽小如鼠，半夜小解也要衛兵保護，坐着也可以點頭打鼾的行屍庸人，戰場上表現最壞的將領，蔣介石仍委以剿匪總司令部總司令的要職，在緊急關頭負起指揮淮海會戰的重任，原因就是劉峙對蔣絕對服從！[71] 遼瀋會戰的衛立煌亦被李璜評為「其庸無比、毫無辦法」的人，結果把東北和東北的國軍送終大吉。[72] 國軍將領如非蔣介石心腹，或不獲信任，雖立下戰功，也受排擠，甚至是革職。如薛岳被譽為一員猛將，且有將才，在他出任徐州綏靖公署主任期間，大破陳毅，打通膠濟路。但立下如此顯赫戰功後，國軍另設徐州總司令部，委派顧祝同為總司令，結果讓陳毅部死灰復燃。[73] 另外如在四平爭奪戰時，前敵指揮官陳明仁立下遺囑，趕至前線率部血戰數日，終把林彪部共軍擊退，戰後竟被指用大豆作護牆工事，乘機貪污，被陳誠革職查辦。[74] 這種賞罰不公、用人不當的措施，哪還有能人異士願意效力？國軍還有一樣最壞的軍政措施就是軍紀敗壞，因蔣介石蓄意發展私人勢力，全力培養中央軍，結果各級將領都自恃是天子門生，驕縱成性，目中無人，大家都只效忠於一人，不願受階級服從、層層節制的軍紀約束。非黃埔系的將領，指揮不動他們，甚至連蔣的心腹也無法指揮。如淮海會戰時，黃伯韜被共軍包圍，向邱清泉乞援。顧祝同見事急，親往徐州責令邱清泉出兵，邱抗命不從，結果黃伯韜彈

71　《李宗仁回憶錄》，第 528 — 529，550 頁；李璜：《學鈍室回憶錄》（增訂本下卷）（香港，明報月刊社，1982 年），第 668 — 669 頁。

72　李璜：《學鈍室回憶錄》（增訂本下卷），第 669 — 670 頁。

73　李璜：《學鈍室回憶錄》（增訂本下卷），第 667 — 668 頁。

74　《李宗仁回憶錄》，第 589 — 590 頁。

盡援絕，全軍覆沒。[75] 將士不服調動，打仗豈能不敗？還有一個流行的笑話：國軍是因為有空軍才打敗仗的！原因是某一被圍據點剛現危狀，高級將領即藉一個理由（如赴南京述職）或活動調職飛走了之。代理的高級將領發現危機加重，也找一個下級代理乘專機走了，留下被俘的都是第三級人員，他們被稱為「第三代」。高級或次高級軍政大員在天空來去自如，不肯冒險與士卒硬挺下去，他們一走，第三代人員如何能控制士卒、駕馭全局與敵人周旋？[76]

共軍的正規訓練本不及國軍，但共軍能善用起義的國軍，中共對他們進行改造之後，讓其積極參與革命戰爭，共軍許多部隊，起義國軍（中共稱之為解放戰士）通常佔有部隊員額的百分之五十以上，而且這些部隊都有高度的作戰能力，這說明了共軍有一個優良的人事制度。共軍並在軍中開展了軍事民主，一般的做法是：戰鬥發起前，以連隊或排、班、戰鬥小組為單位，在陣地上召開諸葛亮會，充分發揚民主，討論完成戰鬥任務的方法。[77] 這種軍事民主制度不但使共軍克服了許多戰鬥技術上的困難，提高了共軍的作戰技巧，更重要的是令每一個戰士都有直接參與議定作戰方案的機會，作戰時會因為是執行自己構思的作戰方案而更加盡力。國軍抗命不從的情況不會在共軍中出現，共軍在國共內戰一開始，為了加強中共對軍隊的領導，首先在營以上各級逐步恢復了黨的委員會，確立了黨委集體領導下的首長分工負責制，對克服部隊某些不良傾向，如山頭主義、軍閥主義等，有決定性作用。保證執行中共的政策和完成作戰任務。連隊也加強了黨的組織，發揮黨員在群眾中的模範作用，使黨支部帶領整個連隊圓滿地貫徹上級指示，完成各項戰鬥任務。[78] 鋼鐵紀律的共軍當然能把紀律廢弛的國軍打得潰不成軍。

75　《李宗仁回憶錄》，第 593 — 595 頁。

76　沈雲龍：《王奉瑞先生訪問紀錄》（台灣，中央研究院近代史研究所，1985 年），第 130 頁。

77　《中國人民解放軍戰史》（第三卷），第 423 — 426 頁。

78　《中國人民解放軍戰史》（第三卷），第 424 — 425 頁。

6. 貪污腐化

　　貪污腐化是國民黨抗戰勝利後急速崩潰的重要原因，勝利後中國成為世界強國，是聯合國安全理事會五名常任理事國之一，蔣介石成為全國人民心目中的英雄，國民黨享有很崇高的地位。國民政府擁有 600 萬（最高峰時）軍隊和庫存金、銀、外幣 9 億美金。[79] 可惜國民黨人給勝利衝昏了頭腦，前往淪陷區接收的國民政府大員乘機大肆貪污，視淪陷區百姓為附敵分子，極盡敲榨勒索的能事，「接收」變成為「劫收」，來自重慶的各式人物向平民百姓要車子、金子、房子、女子、票子，時稱「五子登科」。國民政府又把法幣與偽幣的兌換率定為二百比一，令淪陷區百姓立即破產，苦等了八年才回來的國民政府，竟比侵略中國的日本鬼子還要殘暴不仁，於是民怨沸騰，由擁護轉為極度憎恨，到最後誰都希望中共早點來把這些腐敗的國民黨官員趕走，誰都不願意為這政權效力。貪污亦間接令國民政府的經濟崩潰，國民黨官員接收敵偽和淪陷區許多工商企業後，只是設法變賣，變成自己的私人財產，並無考慮如何恢復生產，遂令許多工廠關門，工人失業，生產下降，經濟日趨崩潰。[80] 經濟崩潰是國民政府失掉大陸的主要原因之一，這已是史學界的共識，不必再討論。[81] 貪污對軍事方面的直接影響如下：

　　（1）軍紀敗壞：因貪污成風，事事非財不行，軍隊各部門、各將士都設法

79　李璜：《學鈍室回憶錄》（增訂本下卷），第 662 頁；Lionel Max Chassin, *The communist Conquest of China: A History of the Civil War 1945 — 1949*, p.247-248.

80　《李宗仁回憶錄》，第 557 — 561 頁；邵毓麟：《勝利前後》（台北，傳記文學出版社，1967 年），第 74 — 94 頁；天津《大公報》1945 年 9 月 27 日社評《莫失盡人心》。有關國民黨的貪污醜聞普遍見諸當年的報章；李璜：《學鈍室回憶錄》（增訂本下卷），第 625 — 630 頁。

81　邵毓麟：《勝利前後》；李璜：《學鈍室回憶錄》（增訂本下卷）；郭廷以：《近代中國史綱》；Lionel Max Chassin, *The communist Conquest of China*；Immanuel C Y Hsu, The Rise of Modern China.

斂財，如軍需處不獲得賄賂便不發給槍械、彈藥補給，軍隊沒有補給便失去戰力，只有打敗仗的份兒。軍隊不賄賂有關部門便無法生存，所以不能不貪污以賄賂有關方面，結果自然導致軍紀敗壞。[82] 如國軍明令封鎖解放區，禁止任何物資運入，但物資仍然源源不斷運到解放區，原因就是把關的見錢閉眼，收錢放行，根本沒有執行禁運，於是封鎖解放區的措施失敗。[83] 軍官最容易貪污的方法，就是「吃空餉」。國軍編制用三三制，一旅有三團人，旅長上報足額三團人，而實際人數只有二團時，多了一團人的薪餉便進入私人口袋。就算是上級派審計官來核實人數也無法查到真相，因審計官到來時，旅長派一團人到鄰近山頭放一陣槍、開一輪炮，說是軍情緊急，有二團部隊正與共軍交戰中，那麼任何一個審計官都不敢上火線點名，查明究竟是有一團人還是二團人。由於吃空餉情況普遍，國軍出糧的人多，作戰的人少，共軍一到，這些「空軍」當然很快煙消雲散。[84] 另外因為國民政府經濟混亂，國軍幾位戡亂總司令如衛立煌、李延年等，利用法幣瘋狂貶值的機會，領得軍餉後扣留不發，拿往後方投機買賣黃金，士兵等至法幣到手時，已貶至不及原值的十分二三。[85] 將領發了大財，不願拚命；士兵受剝削不得溫飽，更不肯拚命。

（2）外交孤立：國民黨貪污腐敗並非始於抗戰勝利之後，抗戰時期美國駐華使館的報告已嚴厲批抨國民政府貪污腐敗，而讚揚中共廉潔，深受人民愛戴。美國估計聲名狼藉的國民政府必會在內戰中戰敗，無意派遣大軍參與中國內戰。故派馬歇爾來華調處國共衝突，實際是想促進國民黨政治改革，

---

82 《李宗仁回憶錄》，第 540 — 545 頁。
83 《國軍檔案：軍調期間中共動態資料彙輯》，台北，《國防部國軍檔案》，檔號 543.9/3750.15。
84 一個留台老兵的證言。
85 李璜：《學鈍室回憶錄》（增訂本下卷），第 664 — 665 頁；郭廷以：《近代中國史綱》，第 779 頁。

阻止其崩潰。[86]

7. 統一戰線

統一戰線的原理很簡單，就是爭取一切可以團結的人，以孤立敵人，削弱他的力量，然後把他消滅。話雖如此，要爭取群眾支持，孤立敵人，並不容易。香港淪陷前夕，國民黨在香港吸收黨員，凡申請入黨者，可得五元的獎金。當時很多在國民黨學校讀書的學生，並沒有因為這巨額獎金利誘而入黨，反而加入無錢、無權，備受國民黨迫害和追殺的共產黨，為甚麼呢？[87]這是中共長期重視群眾、深入群眾、爭取群眾和組織群眾的結果。

民國成立之後，政局混亂，除國共兩黨之外，尚有許多政黨、知識分子和青年學生都有偉大的愛國情操，希望為國家民族盡一份力。自國民黨北伐成功之後，推行「訓政」，一黨獨大，排擠打擊其他黨派，對其他人士的忠言都聽不入耳。「九一八事變」之後，蔣介石堅持「先安內、後攘外」政策，除繼續集中全力剿共之外，還打壓主張抗日的言論，上海七君子被捕入獄事件和各地的抗日救亡運動即為顯著的事例。抗戰期間，國民黨先後發動三次反共高潮，其中「皖南事變」，國軍殺害了 6,000 餘名抗日戰士，接着迫害、監禁和殺害不同意見的文化界人士。周恩來於是安排文化界人士撤退到延安或到香港暫避，並照顧他們的生活、子女讀書，支持他們辦報和上演話劇等。1941 年 12 月 8 日，太平洋戰爭爆發，日軍進攻香港，周恩來下令東江游擊隊（東江縱隊前身部隊）不惜代價拯救居港文化人士逃離日軍魔掌。結果 800 多名文化精英和他們的家眷由香港撤退，到達東江游擊區，再擺脫國民黨軍的

86　羅伯特・達萊克：《羅斯福與美國對外政策（1932 — 1945）》（下冊）（北京，商務印書館，1984 年），第 555 — 558、761 — 763 頁。
87　陳敬堂：《陳一民先生訪問紀錄》，2002 年 8 月 19 日。

追捕，分別被安排到各安全地點，無一人遇害。試想一想，800 多人在他們生命最危險的時候，共產黨沒有大難臨頭各自飛，對他們不顧而去，反而向他們伸出援手，能不令他們感恩不已？還有令他們更為感動的是到達游擊區之後，發現游擊區的情況是地小、人少、槍少和經費少。游擊隊在物資極度缺乏的條件下，隊員節省口糧，讓文化界人士享用比他們豐富一倍的膳食。文化人士在游擊區感受到全隊上下的革命激情，物質條件雖然極差，但每一個人的革命意志十分高昂，學習態度積極，由此看到新中國未來的希望。這 800 多人就成為 800 部宣傳機器，他們的作品打動了全中國，乃至全世界的中國青年的革命激情，投奔延安、投奔游擊區，在青年間成為了一股潮流。

青年投奔革命之後，接受訓練，成為革命分子，他們深入群眾，接觸群眾，與群眾一起生活、一起工作，成為了群眾的一分子。於是淪陷區的群眾在中共大量幹部的組織和掌握之下，中共力量已根深蒂固，日軍固然消滅不了，國民黨軍隊亦無法改變這現狀。

國共內戰全面爆發之後，毛澤東指出：「必須給群眾以看得見的物質利益，群眾才會擁護我們，反對國民黨的進攻。」中共在 1947 年 10 月發佈了《中國土地法大綱》，派出大批土改工作隊深入農村，發動農民群眾，控訴地主，懲辦惡霸，沒收和分配地主的土地。土地改革摧毀了中國傳統農村的政治格局，蔣介石賴以支持的地方力量被連根拔起。16,000 萬農民獲得土地、財富和權威之後，革命熱情高漲，明白他們必須支持中共反對國民黨的戰爭，否則國民黨背後的地主惡霸將會奪回他們的土地。劉瑞龍回憶說，在淮海戰役期間，江蘇、山東、河南、安徽、河北五省動員的隨軍民工 22 萬，二線轉運民工 131 萬，後方臨時民工 391 萬。這 500 多萬民工只有擔架 23 萬副，大小車 80 萬輛，其中沒有運輸工具者，便肩挑人背。在兩個多月內，共轉運傷患 11 萬人，送達前線糧食 5.7 億斤，彈藥物資 330 萬噸。陳毅在淮海戰役結束後讚揚群眾的支援說，淮海戰役的勝利是人民群眾用小車推出來的。

另外，人民群眾還參加挖戰壕、架電線、搶修交通線、清理戰場、搬運

繳獲物資等戰地勤務。淮海戰役期間，國軍雖然擁有大量坦克，但在地勢平坦的地方卻無法突圍。因為共軍除自己挖掘戰壕之後，還得到數十萬計的群眾幫助，挖掘長達數十里的反坦克壕，坦克和汽車根本無法飛越。

還有，共軍傷兵傷員可以撤到民間，由百姓暫時照顧，傷癒之後，重返戰場。國軍傷病人員，除非能撤返大城市救治，否則在戰場上便報銷了！這是其中一個令雙方軍人士氣此消彼長的因素。此外，農村已牢牢被中共控制，國民黨間諜沒法進入農村取得共軍的情報，於是國軍在野外無法追擊殲滅共軍，但行動和軍情卻完全被共軍掌握，隨時會被共軍集中兵力消滅。

國共內戰是一場爭奪人心的戰爭，國民黨失掉人心，戰爭減員之後，只能到市集強拉壯丁入伍，這些被迫入伍的士兵，會甘心為國民黨拚命嗎？中共運用統一戰線，成功地爭取了各黨派，團結了知識分子、學生、農民和士兵，深得民心，蔣介石孤立無助，豈能不敗？

8. 蘇聯因素

一般坊間書籍的觀點認為共軍獲勝的主要原因是中共得到大量蘇聯的軍事援助，而美國對國軍的軍援要求則袖手旁觀，所以國軍戰敗。這些觀點都忽略了一個關鍵的因素：蘇聯在國共內戰中的立場究竟怎樣？中共是否必然得到蘇聯的支持？這都是未知因素。我們應該留意到蔣介石是在宣佈《中蘇友好同盟條約》的當日，致電延安邀請毛澤東到重慶和談的。那時蔣介石已獲得斯大林的保證，只承認國民政府為中國惟一合法的政府，一切援華物資只交給國民政府，蘇軍佔領下的東北也只交由國軍接收，[88] 而事實上國軍也從蘇軍手中接收了許多大城市。但為甚麼後來蘇聯又轉變態度呢？這就是一場

88　蔣經國：《負重致遠》（台北，幼獅文化事業公司，1976），第 67 — 71 頁；秦孝儀編：《戰時外交》（二），第 609 — 620 頁。

激烈而祕密的外交戰的結果。

中蘇雖然簽訂友好同盟條約，但國民黨對蘇聯仍抱很大戒心，首先是蘇聯拒絕國軍在大連登陸，而容許共軍自水陸兩路湧進東北；其次是蘇聯視日本在中國東北的工礦企業為其戰利品，要求中蘇在東北進行經濟合作，蘇聯享有特殊權益。美國對此表示關懷，對中國提交照會，認為是違反門戶開放之原則，明顯歧視美國，置美國商業利益於顯著的不利地位，美國希望能獲得參加東北經濟發展的均等機會；對日本在中國東北的工礦企業，亦認為應該由曾荷負擊敗日本任務的各同盟國共同處理。[89] 東北問題不單是考驗中蘇關係的關鍵，也是中美關係的重要課題，國民政府如滿足蘇聯則必觸怒美國，蔣介石在美蘇之間只能選擇其一。由於中蘇因接收東北問題不和，蔣介石遂全力爭取美國的支持，拒絕斯大林邀請赴蘇之約。[90] 1946 年 1 月 16 日中國接收撫順煤礦專員張莘夫一行八人在蘇軍護送返回瀋陽途中遇害，2 月 7 日張莘夫遇害消息披露，22 日重慶中央大學等學校學生二萬餘人為東北問題爆發了反蘇示威遊行，要求蘇軍必須立即自東北撤退。張莘夫之女高舉「誰殺吾父，誓為吾父復仇」標語遊行。[91] 蘇聯對國民政府縱容這些示威非常憤怒，莫斯科廣播評論員馬西努發表一篇名為《已被揭破的陰謀挑撥》的廣播，公開批抨中國政府同意與組織反蘇遊行示威，並說蘇軍是應國民政府的要求而延期撤兵的，指責這是反動的反民主分子造謠誹謗，仇視蘇聯的結果。[92] 這事件令本已十分脆弱的中蘇關係受到破壞。中共在國民政府宣佈《中蘇友好同盟條約》之初，並不知道中蘇關

89 《美國駐華大使館參事施麥斯致外交部部長王世杰有關美國對東北經濟合作態度之照會》，秦孝儀編：《戰後中國》（一），第 453 — 454 頁。

90 秦孝儀編：《總統蔣公大事長編初稿》（第六卷上冊），第 134 頁；《張治中回憶錄》（下）（北京，文史資料出版社，1985 年），第 756 — 762 頁。

91 郭廷以：《中華民國史事日誌》（第四冊）（台北，中央研究院近代史研究所，1985年），第 458 — 479 頁。

92 香港《華商報》，1946 年 3 月 5 日。

係友好到哪一程度，尤其是同一天蔣介石致電邀請毛澤東到重慶談判，頗有招降的意味。所以周恩來利用馬歇爾來華調處的時候，建議邀請蘇聯派代表列席，以試探中蘇關係友好的程度。[93] 周恩來知道國民政府不能同時維持美蘇關係之後，爭取美國以統戰蘇聯孤立國民政府，令美國誤認為可以扶植中共成為中國強而有力的反對黨，在中國實行美式兩黨政治制度，於是馬歇爾爭取中共，提出在張家口設立軍事學校訓練共軍和美式裝備共軍的方案。[94] 此方案使國民黨大為震驚，也令蘇聯深感不安。周恩來又極力遊說馬歇爾派員到東北調處，使美國勢力進入東北，直接威脅蘇聯的安全，粉碎蘇聯獨霸東北的美夢，加深了美蘇的矛盾。在國共內戰中，蘇聯已無選擇的餘地，蘇聯不但不可能在中國東北取得經濟特權，且面對向美一邊倒的國民政府和與美國關係越來越密切的中共，為避免在國共內戰後出現一個親美仇蘇的中國。蘇聯只有支援中共，這是國共內戰中外交戰的一個結果。

四、小結

　　站在戰史的角度來看，國共內戰與拿破崙戰爭有相似之處，亦有相異之點。相似之處是敵我雙方部隊的性質是職業軍人與革命軍，是一場革命與反革命戰爭。在法國革命中崛起的拿破崙打敗外國侵略者後稱帝背叛革命，最後被放逐到聖海倫娜島。蔣介石也在國民革命中崛起，打敗北洋軍閥後，也違背了孫中山的革命理想，成為中國最大的獨裁者，最後也被迫逃到台灣。不同之處是拿破崙戰爭是對外戰爭，國共內戰是一國的內戰，大量國軍起

93　《國軍檔案：三人會議紀錄卷》，台北，《國防部國軍檔案》，檔號 003.5/1010。

94　《馬歇爾特使為裝備訓練共軍十師案覆蔣委員長備忘錄譯文》（1946 年 4 月 21 日），秦孝儀編：《戰後中國》（三），第 113 — 114 頁；香港《華商報》，1946 年 4 月 21 日。

義，拿着精銳武器加入共軍，調轉槍口對付昔日的友軍，這種情況是拿破崙戰爭所罕見的。將國軍吞併，使之成為自己的力量，這不單是軍事勝利的結果，也是中共長期致力於政治宣傳、軍隊統戰等工作的收獲。在武力鬥爭獲勝之前，中共已在政治、思想、文化、經濟、外交等戰線打敗了國民黨，這些複雜的戰場在拿破崙戰爭時還未出現。

國共內戰再次肯定了士氣在戰爭中的重要地位，一支缺乏士氣的軍隊即便有較好的裝備和訓練，也會被一支裝備較差但卻視死如歸的部隊擊敗。軍隊的戰鬥力會隨着它的性質而改變，一支武功顯赫的革命軍，當它被權力和金錢腐蝕之後，便會墮落成一支維護暴君專制獨裁的隊伍，它將無力抵禦任何革命力量。拿破崙的法軍和蔣介石的國軍都在這歷史的定律下滅亡。

國共內戰令國家元氣大傷，雙方共有三百多萬人傷亡。據中共戰史統計，由 1946 年 7 月至 1950 年 6 月期間，國軍傷亡 1,711,110 人，被俘 4,586,750 人，起義 846,950 人，投誠 633,510 人，改編 293,030 人；共軍陣亡者 263,800 人，負傷 1,048,900 人。雙方傷亡人數合共 3,023,810 人。此外，1945 年 9 月至 1946 年 6 月，國共邊談邊打時期的軍隊傷亡人數，以及平民直接、間接死於戰禍的人數尚未計算在內。全國各地大小城市鎮鄉農村普遍受到戰火摧殘，財產損失無法統計！

國軍五大主力簡介

部隊番號	創辦時間	戰績	覆滅時間	覆滅戰役
第 18 軍	1931 年初陳誠任軍長，是蔣介石的嫡系部隊。	參加第 3 至 5 次圍剿，及國民黨內戰，抗日戰爭期間多次與日血戰。	1948 年 12 月 15 日	戰後在山東剿共，淮海戰役時黃維兵團第 18 軍等部隊在雙堆集被圍殲，黃維突圍失敗被俘。

（續上表）

整編第 74 師	1937 年「七七事變」後俞濟時創立，原名第 74 軍。	成軍之初即參加淞滬戰役，力抗日軍。後在德安、高安、上高、常德和芷江之戰中均力挫日軍。抗戰勝利後負責衛戍南京，全部美式裝備，是國軍五大主力中之主力。	1947 年5 月 16 日	師長張靈甫因輕敵冒進，中了粟裕誘敵之計，在孟良崮戰役被數倍共軍包圍，全軍覆沒。
第 5 軍	1938 年 12 月成立，軍長杜聿明，是國軍在抗戰初期成立的惟一一支機械化部隊。	前身裝甲兵團曾參加淞滬會戰，1939 年 12 月崑崙關一戰大破日軍，後入緬作戰，因英軍不戰而逃，中英聯合抗日戰線崩潰，敗退野人山，第 5 軍 200 師長戴安瀾和部下死傷 22000 人。1944 年第 5 軍反攻緬甸，打通滇緬公路，使美援源源不絕運到中國。	1949 年1 月 9 日	戰後在山東剿共。淮海會戰時，邱清泉第 2 兵團被圍，1948 年 1 月 9 日邱清泉率第 5 軍突圍失敗被殺，全軍覆沒。
新 1 軍	1942 年 10 月駐印度中國遠征軍編為新編第 1 軍，軍長鄭洞國。	全部美式訓練和裝備，在反攻緬甸中立下大功。抗戰勝利後，調往東北受降，攻佔已被共軍佔領的四平，進至松花江南岸。	1948 年10 月 28 日	在東北佔地太廣，兵力分散，不斷受共軍分批消滅，損兵折將。遼瀋會戰時增援錦州失敗，又久攻黑山不克，撤退回瀋陽途中被殲滅。
新 6 軍	1944 年 8 月駐印度中國遠征軍擴編為新編第 6 軍，軍長廖耀湘。	與新 1 軍都是全部美式訓練和裝備，在反攻緬甸時立下大功。抗戰勝利後，與新 1 軍同往東北受降。	1948 年10 月 28 日	戰況與新 1 軍相同，因不斷受共軍重兵包圍小股殲滅，兵力日損。最後在遼瀋會戰與新 1 軍一同被殲。

第二十二章

政治協商會議與
新中國的成立

1　毛澤東宣佈新中國成立
2　周恩來與馬敍倫

3

4

3　何香凝與毛澤東
4　民主同盟參加新政協全體代表

一、政治協商會議召開背景

曾經參加國民參政會和政治協商會議的王雲五説:「政治協商會議實為國民參政會所發動,而為其後迭次的國共會議所促成。」[1] 王雲五簡明扼要地説出了政治協商會議誕生的背景。

1944 年 5 月開始,國軍面對日軍的「一號作戰」攻勢,兵敗如山倒,由於局勢危急,中共乘機提出召集各黨各派各軍代表召開國事會議,結束國民黨一黨專政,組織各黨各派聯成的聯合政府,以團結全國力量,挽救危局。出席國民參政會中共代表林伯渠在會議發言時,正式提議召開各黨各派各軍隊的國事會議,組織聯合政府。1944 年 10 月 10 日,中國民盟發表《對抗戰最後階段的政治主張》,也提出立即結束一黨專政,建立各黨派之聯合政權,實行民主政治;召集各黨派會議,產生戰時舉國一致之政府;開放黨禁,承認各黨各派公開合法地位,立即釋放一切政治犯;迅速籌備實施憲政,立即召開全國憲法會議,制頒憲法。[2] 與此同時,國共繼續談判,周恩來建議先由國民政府負責召集國民黨、共產黨及民盟三方代表的黨派會議,然後再召開國事會議。1945 年 2 月 3 日國民政府向周恩來提出草案,建議:國民政府應邀國民黨代表、其他各政黨代表及無黨派領袖參加一協商會議。此會議定名為「政治協商會議」。[3] 這就是「政治協商會議」名稱和召開目的的由來。2月 13 日,蔣介石拒絕結束一黨專政,對周恩來説:「聯合政府是推翻政府,

---

1　王雲五:《政治協商紀略》,中共重慶市委黨校編:《政治協商會議紀實》(上卷)(重慶,重慶出版社,1989 年),第 740 頁。

2　《中國民主同盟對抗戰最後階段的政治主張》(1944 年 10 月 10 日),中國民主同盟中央文史資料委員會編:《中國民主同盟歷史文獻》(北京,文史資料出版社,1983年),第 32 頁。

3　《王世杰 1945 年 2 月 3 日提交赫爾利關於政治協商會議草案》,《抗戰時期國共合作紀實》(下卷),第 455 頁。

黨派會議是分贓會議。」周恩來怒不可遏，會談不歡而散。[4] 16 日，周恩來自重慶返回延安，臨行告知赫爾利：同意將來召開「政治協商會議」，以便成立「聯合政府」。[5] 3 月 1 日，蔣介石在憲政實施協進會上公然宣稱：他不能結束黨治，也不同意成立聯合政府。

日本投降後，國共雙方再次在重慶進行談判，並在 10 月 10 日簽署《政府與中共代表會談紀要》，同意國民大會有關問題應先行召開政協會議解決。這時，國共以外的黨派認為，國民黨既不能用武力消滅共產黨，共產黨亦不能用武力推翻國民黨，所以為這些黨派提供了一個中間路線的機會。當時，周恩來分析：「民盟由於抗戰特別由於政協的機緣，客觀上一時造成了他在全國的第三黨地位，使他中間許多領導人物代表着中產階級的想法，企圖在國共對立的綱領之外，尋找出第三條道路。」[6]

國共兩黨在重慶談判，建議召開全國政治協商會議，邀請各黨派人士及社會賢達，討論和平建國方案及關於召開國民大會的各項事宜。這建議一度為國人帶來和平建國的希望。（詳情請參閱重慶談判一章）但雙方因摩擦不斷，無法召開政治協商會議。美國見中國內戰有全面爆發跡象，1945 年 12 月 15 日，美國總統杜魯門派遣馬歇爾來華調處國共關係，並發表了對華政策聲明，作為馬歇爾進行調處的依據。這聲明認同中共召開政治協商會議和建立聯合政府的主張。[7]

蔣介石依靠美軍協助受降，無法拒絕美國調處。1946 年元旦，蔣介石發表元旦廣播，雖然他說了「必將不避任何障礙艱難，以促成民主憲政的如期實現；必將用一切可能的和平方法，以解決國內任何的紛爭」，但多次說：「軍

4　秦孝儀：《總統蔣公大事長編初稿》（第四卷上冊），第 676 頁。

5　秦孝儀前引書，第 678 頁。

6　周恩來：《關於當前民主黨派工作的意見》（1948 年 1 月），《周恩來選集》（上卷）（北京，人民出版社，1980 年）第 283 頁。

7　Harry S.Truman, *The Memoirs*, Volume Two, PP.65-66,92.

政治協商會議與新中國的成立　549

令政令必須統一，軍隊必須一律歸還國家統轄，任何割據地盤，破壞交通，阻礙復員的軍事行動，必須絕對避免，則是解決目前紛爭不安的惟一先決條件。」「如果容許有國軍以外的軍隊，無異造成國家以內的另一國家，則國家即不能統一；在一個政府之下如果存在着兩種性質不同、命令各別的軍隊，則政府必不能穩定，更不能望其合作團結健全而有力了。」「全國軍隊必須統轄於國家，聽命於政府。」「革命的責任不能放棄，國家的統一不容損害，根本大法不容變更，政府基礎不容動搖。」蔣介石不點名地嚴厲批評中共，甚至怨恨滿胸說：「還有國軍以外的自主軍隊，已是國家莫大的恥辱和損失。」[8] 蔣介石反覆強調「統一」和「不容」，他會甘心與別人分享政權嗎？作為第三勢力的民主同盟這樣回應：

1. 重訂國民大會之組織法與選舉法，成立真能代表民意的國民大會。至於保留十年前選舉之代表，另外增加名額，以舉行國民大會，根本與民主精神不相符合。此實開玩弄法制之惡例。

2. 開放政權，改組政府，應由協商會議共同商定，不能由一黨以延攬方式提出之。

3. 關於軍隊統一於國家一節，各方均無異議，但必須與政治民主化並行之。

4. 對地方政權問題，漏未提及，但地方政權實為眼前糾紛之點，我們主張應本各黨聯合之義，及早實施地方自治為解決之道。[9]

1月5日晚上6時，國共雙方代表就停止軍事衝突、恢復交通問題獲得協

8 《蔣介石1946年元旦的廣播演說》，中共重慶市委黨校編：《政治協商會議紀實》（上卷）（重慶，重慶出版社，1989年），第13—21頁。

9 《中國民主同盟發言人對時局發表談話》（1946年1月2日），《政治協商會議紀實》（上卷），第116頁。

議，擬定《關於停止國內軍事衝突的協議》。次日，國民政府成立祕書處，並公佈召開政治協商會議辦法七條及全體會員名單。1月7日上午10時，馬歇爾主持調解國共糾紛的三人會議在重慶馬歇爾寓所召開，三人會議進行了四天共六次商議，《停戰命令》全部獲得協議和簽字，並在1月10日由南京政府、中共雙方下達於各指揮官。這次會議為預定1月10日召開的政治協商會議，作了一心理上的良好準備。[10]

1月10日，國共簽署《停戰命令》的當天，政治協商會議開幕，出席代表：國民黨8人，共產黨7人，民主同盟9人，青年黨5人，社會賢達9人，共38人。莫德惠、張君勱兩人未趕及出席，實際人數為36人。蔣介石入場首先恭讀總理遺囑，然後開始致詞。蔣介石致詞前說：「本人很愉快的向諸位宣佈，停止衝突的辦法已經商妥，停止衝突的命令即可發佈。」全場掌聲雷動，會場驟增歡愉氣氛。蔣介石繼續宣讀開會詞，致詞完畢後，又繼續宣佈政府決定實施的事項：

　　1.人民之自由：人民享有身體、信仰、言論、出版、集會、結社之自由，現行法令，依此原則分別予以廢止或修正。司法與警察以外機關，不得拘捕、審訊及處罰人民。

　　2.政黨之合法地位：各政黨在法律之前一律平等，並得在法律範圍之內，公開活動。

　　3.普選：各地積極推行地方自治，依法實行由下而上之普選。

　　4.政治犯：政治犯除漢奸及確有危害民國之行為者外，分別予以釋放。[11]

10　梁敬錞：《馬歇爾使華報告書箋註》（台北，中央研究院近代史研究所，1994年），第54頁。

11　《政治協商會議開幕》，《政治協商會議紀實》（上卷），第240 — 24頁，原載重慶《新華日報》（1946年1月11日）。

二、政治協商會議議題和決議案

政治協商會議從 1946 年 1 月 10 日召開，到 1 月 31 日結束，會期共 22 天，分別討論並通過了《政府組織案》、《國民大會案》、《和平建國綱領》、《軍事問題案》和《憲法草案案》五項決議案。

1. 政府組織

會議討論「政府組織」議題時，國民黨主張現政府機關組織應該擴大，以容納國民黨以外之人士在政府機關以內。[12] 中共仍然主張聯合政府，認為國府委員人選由主席提交國民黨中執會或中常會通過，仍是國民黨一黨專政的形式，國民黨中央直接干預國家最高決策機關的人選。另外，政府主要職員大黨所佔的地位不要超過三分之一。[13]

最後通過《政府組織案》，修正國民政府組織法，以充實國民政府委員會。國民政府委員名額定為 40 名，內有五院院長為當然委員。國民政府委員由國民政府主席就中國國民黨內外人士選任之。國民政府委員會為政府之最高國務機關。國民政府主席對於國民政府委員會之決議，如認為執行有困難時，得提交復議，復議時如有五分之三以上委員仍主張維持原案，該案應予執行。[14]

2. 國民大會

五權憲法之中國民大會是國家最高政權機關。政治協商會議討論國民大

---

12 《王世杰對擴大政府組織方案的說明》，《政治協商會議紀實》（上卷），第 346 頁。

13 《董必武關於改組政府問題的報告》，《政治協商會議紀實》（上卷），第 350 — 351 頁。

14 《政府組織案》，《政治協商會議紀實》（上卷），第 471 — 472 頁。

會問題時，爭論焦點在國民大會的組織法及選舉法，以及 1937 年選出的國民大會舊代表是否有效的問題。其中以舊代表問題的爭論最為激烈。

國民黨認為國民大會舊代表有效的理由大約如下：

（1）根據國大組織法第一和第十條規定，國民大會代表任務未了，依法不能解除。

（2）抗戰八年舊代表之服務經驗教訓已經提高，更足代表民意。

（3）國大既未召開，舊代表亦未赴任，不但任期未滿且未開始，自不能否認其有效。

（4）當年無選舉及被選舉者，雖由於年齡增長或法律地位變化（指中共）取得被選舉權，但終究少數，不能因少數之權利而不承認多數已得選舉權者之選舉結果。

（5）中國目前情勢，需要團結統一，對舊代表不能故意歧視自釀分裂，凡此均是事實問題。故採取折衷辦法，除增加新代表名額以容納各黨，並提議憲法頒佈六個月之內重新選舉行憲國民大會代表。[15]

中共要求重選舊代表的理由如下：

（1）十年前黨派不能合法存在，現各黨派已經成為中國政治的實際重要組成部分，故國大應由各黨各派及社會賢達共同籌備並主持進行。

（2）十年來兒童長大成人，應享受到選民的權利。

（3）領土已經改變，如當時東北淪陷，華北動盪不安，台灣被佔，現在全國解放，舊國大選舉不適用。

（4）十年來增加的合法黨派需要代表。

（5）根據選舉法，1936 年選舉時，東北淪陷區候選人由中央指定，以及組織法規定國民黨中央執行委員、監察委員及候補執行委員為當然代表，均

---

15 《中國國民黨代表團提出關於國民大會之意見》及《張厲生對國民大會之意見的說明》，《政治協商會議紀實》（上卷），第 400 — 404 頁。

屬不合理。國民黨內屬於黨的選舉，不能當人民的代表。且名額佔國大代表一千餘名中的 460 人，所佔比例相當大。

（6）婦女團體尚無參加國民大會選舉的希望。

（7）選舉法宣誓手續，年齡（23 歲）限制、職業選舉之年限規定，背叛政府通緝者之剝奪選舉權，中共認為均屬不民主不平等，必須否定修改。

因此，中共主張：

（1）由改組後的國民政府協同政協商定憲法草案及國大選舉法組織法，重行選舉。

（2）本年內召開重新選舉的代表參加的國民大會，制定憲法，成立民主聯合政府。[16]

當時的輿論也認同「無條件的維持全部舊代表是不行的」。重慶《新民報》指出：國民大會引起朝野各黨爭執，是因為政府要召開國民大會，藉此還政於民，在野各黨派則認為政府所擬召開的國民大會，並不足以代表民意，它的組織法和選舉情形既不公正，其代表的資格自屬可疑，假如由這個國民大會來繼承政權，那就等於國民黨「從左手還給右手。……任何人不能相信，十年前由國民黨一黨包辦的選舉能夠公平合理；……十年前所選的代表來代表十年後的民意，誰也不能承認的」。[17]

經過激烈爭議後，最後通過《國民大會案》，內容有八項：

（1）民國三十五年（1946 年）5 月 5 日召開國民大會。

（2）第一屆國民大會之職權為制定憲法。

（3）憲法之通過，須經出席代表四分之三同意為之。

（4）依選舉法規定之區域及職業代表 1,200 名照舊。

---

16 《周恩來在討論國民大會問題時的發言》、《吳玉章關於國民大會問題的發言》、《鄧穎超關於國民大會問題的發言》，《政治協商會議紀實》（上卷），第 405 — 412 頁。

17 《重慶〈新民報〉社評：國民大會問題》（1946 年 1 月 18 日），《政治協商會議紀實》（上卷），第 454 — 455 頁。

（5）台灣、東北等新增各該區以及其職業代表共 150 名。

（6）增加黨派及社會賢達代表 700 名，其分配另定之。

（7）總計國民大會之代表為 2,050 名。

（8）依據憲法規定之行憲機關，於憲法頒佈六個月內，依憲法之規定選舉召集之。[18]

3. 和平建國綱領

施政綱領部分的討論，主要依據中共代表團提出的《和平建國綱領草案》，而政府代表並無提供文件作為討論基礎。1 月 15 日董必武在政治協商會議第五次會議報告了施政綱領草案，內容分為十點：

（1）和平建國的基本方針；

（2）人民自由權利問題；

（3）結束訓政，擴大政府的民主基礎；

（4）籌備國大制定憲法；

（5）實行地方自治；

（6）改組軍事委員會成為各派共同領導之機構，承認抗日軍隊為國軍；

（7）制定善後復員計劃；

（8）改革財政經濟、取締苛雜，收縮通貨，穩定幣值，整理偽鈔，確定預算決算制度；

（9）改革文化教育，廢除黨化教育，保障教育自由；

（10）維持國際和平，徹底肅清法西斯軍國主義，遵守大西洋憲章，努力維護國際合作。

由於中共提交的綱領草案十分詳盡，與會代表除了發言表示意見之外，

18　《國民大會案》，《政治協商會議紀實》（上卷），第 473 頁。

基本上認同草案的內容。[19]

大會最後通過《和平建國綱領》，內容分為九大項及一附記：

(1) 總則

(2) 人民權利

(3) 政治

(4) 軍事

(5) 外交

(6) 經濟及財政

(7) 教育及文化

(8) 善後救濟

(9) 僑務

和平建國綱領一方面重申遵奉三民主義為建國之最高指導原則，全國力量在蔣主席領導之下，團結一致，建設統一自由民主之新中國，同時又確認蔣主席所倡導之「政治民主化」、「軍隊國家化」及「黨派平等合法」為達到和平建國必由之途徑，用政治方法解決政治糾紛，以保持國家之和平發展。以後《和平建國綱領》的「政治民主化」、「軍隊國家化」及「黨派平等合法」便成為中共與蔣介石抗爭的重要理據。[20]

4. 軍事問題

與會各黨派代表基本上都支持「軍隊國家化」、「黨派超出軍隊」、「軍人不得干政」、「裁減軍隊」，以節省軍費，令中國步向民主法治社會。

19　《中國共產黨代表團提出和平建國綱領草案》，《政治協商會議紀實》（上卷），第360 — 365頁；《政協第五次會議討論其同施政綱領問題》，《政治協商會議紀實》（上卷），第366 — 375頁。

20　《和平建國綱領》，《政治協商會議紀實》（上卷），第474 — 480頁。

國民政府軍政部次長林蔚解釋整軍的原因：（1）部隊素質低下，番號雖增，戰力反遜，不得不整編之；（2）國家財力物力有限，人民所受痛苦已深，實無法再繼續負擔如此龐大軍費。國民政府整軍的目的，在使現在龐大複雜之軍隊，調整為必要而充實之國軍。[21] 國民黨的致政治協商會議提案支持「全國軍隊國家化，確保軍政軍令之統一」。條文內容是：「中共軍隊整編辦法，應由前經商定之軍事三人小組於一個月內，商定並於商定後二個月內整編完竣，自該項辦法商定之日起，中共軍隊應即接受國民政府之統一指揮。」[22] 此外並無任何軍事改革的建議，換言之，國民黨的提案只是收編和控制共軍，並非把國民黨的軍隊交給國家。

中共支持「軍隊國家化」，對「軍隊國家化」的問題詳加闡述，以爭取各黨各派和輿論的支持。周恩來在會議發言時指出：「和平建國方案是政治協商會議的主題之一。這個方案包括兩大項目：一是政治民主化，一是軍隊國家化。……現在討論軍隊國家化，原則也是一樣：一面要承認抗戰八年中間所有抗日武裝的功績與存在，一面要在此基礎上整編為平時的國家軍隊。這是一件巨大的工作，政治協商會議各位先生乃至全國人民都應認真地切實地督促與協助此件工作之進行，務使其成功，而不致失敗，使全國軍隊真的變為國家化的軍隊，沒有一點敷衍。」

接着周恩來就這議題提出了三點意見：（1）軍隊國家化與政治民主化的問題。這兩個問題是要平行前進的，要認識過去歷史的發展。因為中共所領導的武裝，是被逼而拿起武器來的。周恩來讚揚青年黨的提案說得很公道，

---

21 《國民政府軍政部次長林蔚關於整軍設施的報告》，《政治協商會議紀實》（上卷），第376 — 377 頁。

22 《政府代表孫科等八人提關於和平建國及國民大會問題之意見案》（1946 年 1 月 14日），中華民國重要史料初編編輯委員會編：《中華民國重要史料初編 —— 對日抗戰時期第七編：戰後中國》（二）（台北，中國國民黨中央委員會黨史委員會，1981年），第 148 — 149 頁。

要政治民主化與軍隊國家化雙方同時實行。(2) 軍隊國家化的標準問題。中共很同意青年黨提案的意思，要軍隊不屬於個人，不屬於派系，不屬於地方，而須屬於整個國家，由代表國家的民主政權的機構來統率。這一點，不但中共絕無爭論，而且完全同意。周恩來更申明一點，軍隊也屬於人民。軍隊應該不是站在人民之上，而是人民的子弟兵。這才是真正國家的軍隊，人民的軍隊。周恩來巧妙地讓各黨各派代表注意到國軍與共軍的本質區別，間接斥責國軍欺壓平民。周恩來接着提出第三點意見，就如何使軍隊國家化，提出了十二項軍事改革建議。[23]

青年黨亦支持軍隊國家化，軍民分治、軍黨分立，提出的方案可概括為六點：

(1) 實行公平編遣，以建立強練之國防軍。

(2) 實行軍民分治，以免軍人干政。

(3) 實行軍黨分立，以免政爭變為兵爭。

(4) 實行徵兵制度，以徹底革新全國軍隊。

(5) 設立國防部，以統一陸海空軍之行政。

(6) 實行民意監督，以徹底整飭軍紀風紀。[24]

民盟提出《實現軍隊國家化並大量裁兵案》，主張：全國所有軍隊應即脫離任何黨派關係，而歸屬於國家，達到軍令軍政之完全統一（現役軍人離脫黨籍）；大量裁減常備軍額，而積極從事科學研究、工業建設，一面普及國民軍訓，以為現代國防根本之圖。[25] 梁漱溟補充說努力於國際和平合作，不使

23 《周恩來關於軍隊國家化問題的報告》，《政治協商會議紀實》（上卷），第382—387頁。

24 《中國青年黨提出停止軍事衝突實行軍隊國家化案》，《政治協商會議紀實》（上卷），第394—397頁。

25 《中國民主同盟提出實現軍隊國家化並大量裁兵案》，《政治協商會議紀實》（上卷），第390—391頁。

世界再發生戰爭。民盟主張成立一個整軍計劃委員會，由國共兩黨之軍事人員、非兩黨軍事人員和美國軍事專家為顧問參加。[26]

經過數次討論，最後通過《軍事問題案》，內容分四大項：建軍原則；整軍原則；實行以政治軍辦法；實施整編辦法。[27]

當時，國共內戰正在進行中，蔣介石不會放棄一黨專政，交出兵權；中共亦不會裁減軍隊，更不會接受國軍整編。任何協議文件，只是一堆紙張，無法平熄戰火！

5. 憲法草案

1946 年 1 月 19 日，孫科在政治協商會議上解釋，《五五憲草》是根據《五權憲法》的精神而擬訂的。

（1）人民行使政權，政府行使治權。政權歸人民行使的有選舉、罷免、創制、復決四種。政府有立法、行政、司法、監察、考試五權。

（2）人民有權，政府有能。政府是為人民所產生，官吏是人民之公僕。

（3）國民大會行使選舉、罷免、創制、復決四種國家最高權力，但為免牽制政府工作，國民大會不宜經常開會。

（4）國民大會召開之後，立法院是最高立法機關，有創制法律之權。

（5）規定總統職權須「依法」行使，法律授予總統權，總統才有權行使。

（6）重新規定省的地位，一方面代表國家執行國家法令，同時也是一個地方自治體，復恢過去國家與地方的均權制度。[28]

中共代表吳玉章就憲法原則問題發表意見：

26　《梁漱溟對實現軍隊國家化並大量裁兵案的說明》，《政治協商會議紀實》（上卷），第392 — 393 頁。

27　《軍事問題案》，《政治協商會議紀實》（上卷），第 480 — 482 頁。

28　《孫科對〈五五憲草〉的說明》，《政治協商會議紀實》（上卷），第 416 — 420 頁。

（1）保障人民權利問題。憲法有「非依法律不得限制」字樣，換言之，即是普通法律可以限制人民權利，這是不妥當的。

（2）中央與地方權限的問題。中共主張依據孫中山的均權主義原則，凡事務有關全國性的歸中央，有因地制宜性質的歸地方，不偏於中央集權，亦不偏於地方分權。

（3）地方制度問題。主張以省為自治單位，自下而上普選，依據中山先生遺教省長民選。

（4）確定國策。在憲法上明白規定有關軍事文化經濟各方面的民主政策。[29]

青年黨曾琦就憲法問題提出四項主張：

（1）憲法是國家根本大法，有其尊嚴性，必須出於鄭重的手續。在國民大會召開之前，應由各方面推舉代表合組「憲草審議會」，研究一草案以便提交國民大會通過。

（2）憲法之性質，應為柔性，以便容易變更。

（3）憲法的內容。總統制有兩種危險，因為大權集於一人，自然容易引起全國的不滿，最後發生革命動亂。採取內閣制及兩院制，五院制只可保留精神，不必拘泥於形式。省制應採均權主義，確定省的自治地位。[30]

有關憲法草案議題並無發生激烈爭論，最後通過《憲法草案案》，內容分兩項：組織審議委員會、憲草修改原則。

第二項再細分為十二項：

（1）國民大會；

（2）立法院為國家最高立法機關；

29　《吳玉章關於憲法原則問題的意見》，《政治協商會議紀實》（上卷），第 421 — 422 頁。

30　《曾琦代表中國青年黨提出關於憲法問題的四項主張》，《政治協商會議紀實》（上卷），第 423 — 425 頁。

（3）監察院為國家最高監察機關；

（4）司法院即為國家最高法院；

（5）考試院用委員制；

（6）行政院為國家最高行政機關，院長由總統提名，經立法院同意任命之，行政院對立法院負責；

（7）總統經行政院決議，得依法頒佈緊急命令；

（8）地方制度；

（9）人民之權利義務；

（10）選舉應列專章，被選年齡定為 23 歲；

（11）憲草上規定基本國策章；

（12）憲法修改權屬於立法、監察兩院聯席會議。[31]

三、輿論評價

各黨各派和中外輿論對政治協商會議得到的成績給予很高的評價。

1. 共產黨

中共方面，毛澤東在 2 月 9 日單獨向美聯社記者說：政治協商會議成績圓滿，令人興奮。……總的方面，中國走上民主舞台的步驟，已經部署完成，其間馬歇爾特使促成中國停止內戰，推進團結、和平與民主，其功殊不可沒。實際上中國恢復和平，建立民主政府，世界各國也交相有利。[32]

31　《憲法草案案》，《政治協商會議紀實》（上卷），第 482 — 484 頁。

32　《毛澤東盛讚政協成就》，《政治協商會議紀實》（上卷），第 513 頁。

周恩來說：「政治協商會議的成功才是開始了民主的道路。孫哲生先生稱政治協商會議為和平革命，我同意這個說法。」「今後要用和平民主方式解決，而不是用武裝鬥爭。」「要以政治軍，事事講道理，不是用槍桿子。」[33]

朱德在延安慶祝和平民主大會上演說讚揚：政治協商會議決議改組國民政府委員會，改組行政院，通過修改憲草原則，通過和平建國綱領，確立政治民主化、軍隊國家化的基礎。……政治協商會議的決議，實行起來還會有更多的波折，但是從大局方面來看，國內和平局面是已經確定了，全國民主化的方向也是已經確定了，我們的國家從此已走上和平民主與建設的新階段。……我們的任務就是要和國民黨、各黨派與無黨派的民主分子，和國內外一切擁護和平民主的人們，親密團結，長期合作，不讓任何人加以破壞。中國共產黨已經準備參加政府，以便站在負責的地位來與各黨派合作，實現這些決議，保證國家的民主化。……使中國成為一個獨立、自由、民主、統一與富強的新國家。（全場鼓掌，並高呼：擁護蔣主席實行改組國民政府！實行和平建國綱領！）[34]

2. 其他黨派

黃炎培先生對政治協商會議的結果，表示非常滿意。

沈鈞儒先生認為政治協商得到這樣好的結果，是歷史上所沒有的，將來各方參加的舉國一致政府，更是空前偉大的局面。

梁漱溟先生說，政治協商會議得到這樣好的結果，並不是容易的。

郭沫若先生認為政治協商會議的成就很大，所獲各項協議是中國走向民

---

33 《周恩來在重慶大學學生愛國運動會上的演講》，《政治協商會議紀實》（上卷），第518—520頁。

34 《朱德在延安慶祝和平民主大會上的演說》，《政治協商會議紀實》（上卷），第521—524頁。

主的一個很好的開端。

張君勱先生說，能和平了，就是一個很大的成就。

繆嘉銘先生很興奮地說，政治協商會議的成就是很大的。能以政治方式解決這許多問題，真是令人感到莫大的欣慰。

羅隆基先生說，政治協商會議是各黨各派無黨無派互讓的結果，不是哪一黨的勝利，而是民主運動的勝利。

3. 國民黨

國民黨邵力子先生說，召開政協的意義是在以政治方式去解決黨爭，去求得不流血的和平。這次會議的結果是非常圓滿的。[35]

4. 中國報刊

1946 年 2 月 1 日，重慶《新華日報》社論：「這次政治協商會議確實發揮了和平協商的偉大作用，這是中國歷史的創舉。這次政治協商會議，證明中國的團結統一，在和平民主的基礎之上，是完全可以達到的。」[36]

次日，重慶《新華日報》再發表社論慶祝政協會議成功：「這是我們人民的勝利，值得大家來歡欣，來慶祝！」「這次政協已『為中國政治開闢了一條民主建設的康莊大道』，而這次政協解決問題的方式，也是『替民主政治樹立了楷模』。我們當政治協商會議開幕的時候，已經隱約地看到新中國的曙光，這就鼓舞了全國人民更大的努力，因而得到政治協商會議的初步成就，打開了和平建設的大門，因此，我們也就必須重視這一成就，並努力把所獲協議

35　《政治協商會議紀實》（上卷），第 513 — 533 頁。

36　重慶《新華日報》社論：《和平建國的起點》（1946 年 2 月 1 日）。

變成現實，使中國歷史真正走上和平建設的大道。」[37]

昆明《雲南日報》社論說：「協商會議的成功，成功在各項國是問題，獲得政治解決。」「會議在協調中是成功了。建國必成，重新樹立新信念了！」「往前看出去，中國的政治前途是樂觀的，光明的。」[38]

重慶《大公報》社評說：「統觀這二十二天會議的經過以及最後的結果，其整個態度，是和平的，是妥協的。積累多年的國家嚴重問題，大家呼籲和平，蔣主席倡導『政治解決』，現在戰爭停下來了，各種問題都妥協了，這才真正實現了『政治解決』。政治協商會議得以終獲成就，各黨各派態度的妥協，都值得讚美。」[39]

5. 外國報刊

美國著名政論家李普曼在《紐約時報》上撰文說：中國政治協商會議的成功，為中國民主奠下了一個良好的基礎。

《紐約先鋒論壇報》說：中國各黨各派一致努力結果，已奠定了中國民主憲法的基礎。

《星期觀察報》說：最近半月內足以牽累世界的中國不流血革命，已經完成了。這裏外交界一致意見認為：國民政府已同意接受組織混合政府和釐訂民主新憲法的計劃。這樣就可化干戈為玉帛了。……現已結束十七年來國共的爭鬥，這種精神已在這次協議中有卓越的表現。

《華盛頓郵報》說：中國畢竟是在民主團結的方向上向前走了最好的一步，這是一種偉大的驚人的發展。

37　重慶《新華日報》社論：《中國歷史的新方向──慶祝政協會議成功》（1946 年 2 月 2 日）。

38　昆明《雲南日報》社論：《協商會成功了》（1946 年 2 月 2 日）。

39　重慶《大公報》社評：《政治協商會議的成就》（1946 年 2 月 1 日）。

英國《曼徹斯特導報》說：中國正以堅忍及合理的行動，贏得輝煌的成果。為達成政治統一所召開的會議現已在完全協調下閉幕。這項協議表明了雙方具體的讓步。

美國《外交政策協會公報》說：中國各黨派此次獲致協議，早日設立一過渡性的政府，實為中國史上民主與統一觀念的一大勝利。[40]

上海蘇聯商人所辦中文《時代日報》，在 2 月 6 日發表阿爾古斯《時評》一文，認為政協的決議是「中國現代史上偉大的里程碑」，「是中國人民由舊的、落後的、半封建的中國，由黑暗與反動中，走向新的、獨立的、自由的、繁榮的、與強大的中國的路上的一個轉折點」。[41]

綜合各黨派和中外輿論的評價，都是讚揚政治協商會議的成就，認為透過會議解決政治分歧，是中國民主政治的一大進步。中共領袖和刊物對政協的成就是滿意和肯定的，如朱德所說，中共已經準備加入新政府，準備為建設一個富強的中國而奮鬥！但，為甚麼政協的成就如鏡花水月，迅速毀於一瞬間？

四、國民黨對《政協決議》的破壞

中共和其他黨派要求結束國民黨一黨專政，組織聯合政府，政治協商會議通過的決議案基本上達到這個目的。可是結束國民黨一黨專政不但約束了蔣介石的軍政權力，同時也約束了其他國民黨人的特殊權力和地位，對正直的國民黨人當然不受影響，對大多數以權謀私的國民黨人來說，就是削奪了他們貪污舞弊的護身符，於是群起反對政協決議，製造了多宗暴力事件，並

40　《政治協商會議紀實》（上卷），第 506 — 509 頁。
41　《蘇聯報刊評論政協成就》，《政治協商會議紀實》（上卷），第 510 頁。

公然撕毀《政協決議》，令中國透過政治協商爭取民主的曙光迅速消逝。

1. 滄白堂事件

1946 年 1 月 16 日，政治協商會議開會的第六天，也是蔣介石在開幕詞中宣佈人民四項自由的第六天，國民黨大批特務竟然搗亂政治協商會議代表講演的會場，公然侮辱政治協商會議代表。事情在陪都重慶連續發生，國民黨最高當局對此坐視不理，反映了甚麼問題？

事發情況如下：

政治協商會議陪都各界協進會，1 月 16 日在滄白紀念堂舉行第三次夜會，邀請政協代表到場講演，並聽取人民意見。到會群眾有一千多人。由協進會理事閻寶航主持，介紹張東蓀、郭沫若兩先生講述政治協商會議昨日開會情形。國民黨特務一百多人混入會場發聲搗亂，但在群情激憤之下，事情尚沒有鬧大。[42]

1 月 17 日政協代表講演會繼續在滄白紀念堂舉行第四次夜會，由馮玉祥夫人李德全當主席，當晚由青年黨李璜講演。李璜講完話剛剛離去，座中特務群起高呼：「擁護國民黨，打倒異黨！」主席馮夫人呼籲請大家守秩序。特務們竟對馮夫人作出種種侮辱謾罵詞句，並恐嚇說：「再開會，老子要打死你狗肏的！」特務散去之後，邵力子乘車趕至。協進會同人即將兩晚會場情形面告邵氏，聲明根據兩晚情形，證明完全是有組織的進行搗亂。對在陪都所在地，在政治協商會議開會期間，在人民團體請政治協商會議代表講演的會上，竟有這種妨害人民集會自由的事情，是使人深感痛心的。邵力子斷然否認那些搗亂會場的是國民黨特務，並說：他們喊口號也是申述「民意」，勸協

---

42 《一月十六日夜大批特務搗亂政協代表講演會場》，重慶《新華日報》（1946 年 1 月 17 日）。

會同人不要再開會了。[43]

1 月 18 日政協代表講演會繼續在滄白紀念堂舉行第五次夜會,由李公樸當主席,政協代表邵力子、王若飛兩人講演。兩人講演完畢後,聽眾熱烈提問,兩人分別答覆,至 10 時散會。但其中一名在會場發言的青年,剛走出滄白紀念堂門前,即被特務藉口說他是扒手,將他包圍毆打至重傷;另一聽眾上前去扶持被毆青年時,也被包圍痛打。幸好邵力子折回攔阻,才停止毆打。[44]

1 月 19 日,政治協商會議陪都各界協進會第六次夜會仍在滄白堂舉行,到會群眾比往日還要多。原請國民黨代表張群、吳鐵城和民盟代表梁漱溟到場講演,但張群、吳鐵城兩人因事未到,大會主席章乃器先生宣佈開會後,由梁漱溟報告整軍方案。梁氏在報告國共兩方意見之後,提出民盟的主張。在梁氏講演期間,有五次被搗亂分子擲石子搗亂。《新華日報》記者在場目睹左石階旁第一棵柏樹下,有一身穿西裝大衣掛有證章的青年,先擲一石頭作信號,石雨即狂擊會場和房屋,令群眾紛奔而出。但因群眾關心政治情切,隨即退回會場,報告照常舉行。不久,又有亂石擲向會場,一青年因此受傷。由於政協大會休會,講演會也暫行休會。[45]

2. 非法搜查黃炎培住宅

1946 年 1 月 26 日上午 11 時,中國民盟政治協商會議代表黃炎培、張申府二人居室,無故被憲兵一人、佩戴槍枝之便衣一人,由戶籍警察一人率

---

43 《一月十七日夜大批特務再次搗亂會場、侮辱謾罵、叫囂恐嚇》,重慶《新華日報》(1946 年 1 月 18 日)。

44 《一月十八日夜特務又在會場包圍毆打兩青年》,重慶《新華日報》(1946 年 1 月 19日)。

45 《一月十九日夜特務又在會場搗亂,亂扔石子傷人》,重慶《新華日報》(1946 年 1月 20 日)。

領，並未通知辦事人員，逕至菁園黃炎培寓所，搜查槍枝，毫無所獲而去。事發後，同盟主席張瀾立即召開緊急會議，決定嚴重交涉，黃炎培並致書蔣介石請予查究。

當天下午，綜合小組開會，黃炎培趕往參加，說明經過，並提出三點意見：

(1) 此事關係雖大，但不願妨礙大局。

(2) 要求政府應予所有政協會員以安全保障。

(3) 政府應立即頒佈「人權保障法」，徹底保障人權。

當時，孫科以主席資格表示道歉，並憤慨地說，這種行為是污衊、破壞國府信用，破壞蔣主席領導。政協綜合組各代表均甚憤慨。[46]

3. 較場口血案

政治協商會議經過充分的討論協商，通過了五項決議案，被視為中國民主進程的重要里程碑，不過卻大大限制了國民黨的特權，引致部分國民黨人不滿。

1946 年 2 月 10 日上午 9 時許，重慶各界人士在較場口大廣場舉行慶祝政協會議成功大會，有中國農業協進會、中國經濟建設協會、中國勞動協會、全國郵務總工會、陪都青年聯誼會、新華日報、國立藝專、育才學校等民眾團體和市民參加。主席台上坐着政協代表沈鈞儒、郭沫若、梁漱溟、羅隆基、曾琦、陳啟天和馬寅初等人。當時尚未到開會時間，主席台四周一些人大聲吵鬧起來，要求迅速開會，這時台上突然擠滿了不明來歷的人，這些人自稱是重慶市各職業團體代表，帶來樂隊、宣言和大會口號，一面搶奪了播音器，一面就佔據了主席台，就此宣佈奏樂開會。自稱代表全中國人口百分之八十農民的劉野樵上台致詞，他的講話引起台下人群不滿，大會總指揮

46 《非法搜查黃炎培住宅》，重慶《新華日報》（1946 年 1 月 27 日）。

李公樸和主席團章乃器、施復亮向前交涉，並提出大家應好好協商，不應妨礙原定的大會程序。突然有人高呼：「他們擾亂秩序！」台上台下喊打聲相應而起。早在台上站着的十幾個特務暴徒就包圍李公樸，一面打，一面拖他下台，當場把他打得頭破血流。郭沫若和主席團的人去攔阻，也被打。郭沫若的左額被打腫，眼鏡打落地上，胸部被踢傷。施復亮被打得遍體鱗傷。馬寅初也被打傷。沈鈞儒被暴徒包圍，因有不少青年保護，始免被毆。主席台上各人被毆打，引起台下群情激憤，大家高呼不要打人。那些暴徒竟然跳下主席台，毆打台下群眾，不少人被打至重傷。這時邵力子來到，聽到會場被破壞及發生血案情形，亦表示沒有辦法，旋即離去。[47] 較場口血案導致李公樸、章乃器、施復亮、郭沫若、馬寅初、《新民報》記者鄧蜀生和姚江屏、《大公報》記者高學逵等 60 餘人被打傷。

陪都各界慶祝政協成功大會籌備委員會發表向全國同胞控告書：報告 2 月 10 日陪都血案真相，詳述血案發生前籌備的情形，血案經過，並指出血案的關鍵，向全國同胞提出控訴：「我們向全國同胞控訴，要趕快一致起來，為着國家，為着每一個人的自己的自由和安全，堅決要求這一個血案的迅速昭雪！」並提出嚴懲主犯劉野樵、吳人初；嚴格查辦維持治安不力的負責當局；立即切實解散一切特務機構；從速頒行妨害人民自由治罪法等七項要求。[48]

當時中央社亦有報道較場口血案一事，但因與事實不符，被重慶各報記者 42 人聯名致中央通訊社公開信駁斥：

貴社對此事件之報道，頗有失實之處，如：

（1）肇事原因起於主席團上爭議。緣大會總主席問題正由主席團

47　《暴徒逞兇，慶祝政協成功大會未能舉行，郭沫若、李公樸、施復亮及到會群眾多人被毆受傷》，重慶《新華日報》（1946 年 2 月 11 日）。

48　《陪都各界慶祝政協成功大會籌備委員會發表向全國同胞控告書》，重慶《新華日報》（1946 年 2 月 13 日）。

洽商推舉之際，劉野樵即擅行宣佈開會，自任主席，李公樸正擬上前與之洽商時，即遭暴徒毒打，慘劇因此而生。貴社所云：「臨時推舉市農會代表劉野樵為主席」，與事實顯有出入。

（2）此次不幸之事件發生，係暴徒事先早有計劃有組織之佈置。彼等事先已準備《大會宣言》、「口號」，身懷鐵器碎石，逞兇之時，有人分組指揮，憲警無力阻止。貴社云「民眾互相毆打」，亦與事實不符。

重慶各報記者王菲北、王涌詳（以姓氏筆劃為序）等 42 人聯署。[49]

根據現存檔案，證明較場口血案是國民黨有計劃有組織的破壞活動。[50]

4. 國民黨公開撕毀政協決議

1946 年 3 月 1 日，國民黨召開六屆二中全會，許多與會者異口同聲地認為：政協是國民黨最大的失敗與恥辱。[51] 因此，在 16 日通過大會宣言和十三項決議案，推翻政協決議，說：「此次政治協商會議以和平建國為目的，則於各項協議之實施進程中，凡有足為和平建國之阻礙者，胥必力為排除。」這

---

49 《重慶各報記者 42 人致中央通訊社的公開信》，重慶《新華日報》（1946 年 2 月 13 日）。

50 《軍統渝組就中共及民盟將舉行慶祝政協和平勝利大會給渝特區的報告》，《軍統渝組就中共及民盟將在較場口召開慶祝政協勝利大會給渝特區的報告》，《軍統渝組就市黨部緊急會議指示對付慶祝政協成功大會辦法給渝特區的報告》，《中國國民黨重慶市黨部第二十次臨時執行委員會給國民黨中央執行委員會的報告》，《附：國民黨重慶市黨部第二十次臨時執行委員會會議紀錄》，《軍統渝組就慶祝政協成功大會情況給渝特區的報告（一）》，《軍統渝組就慶祝政協成功大會情況給渝特區的報告（二）》，引自《重慶市檔案館渝特檔》，《政治協商會議紀實》（上卷），第581—589 頁。

51 楊奎松：《國民黨聯共與反共》（北京，社會科學文獻出版社，2008 年），第608—609 頁。

決議案交國民黨中央常會通令全黨同志遵照：（1）制定憲法，應以建國大綱為最基本之依據。（2）國民大會應為有形之組織，用集中開會之方式，行使建國大綱所規定之職權，其召集之次數，應酌予增加。（3）立法院對行政院不應有同意權及不信任權，行政院亦不有提請解散立法院之權。（4）監察院不應有同意權。（5）省無須制定省憲。[52]

這決議案完全推翻了政協關於國會制、內閣制和省自治制的決議，繼續堅持《五五憲章》中的中央集權制及個人獨裁。

3月18日，周恩來立即招待中外記者，批評二中全會的結果實令人失望，因為二中全會的決議動搖了政治協商會議的決議。

周恩來指出：（1）在政協開會時，蔣介石曾作了保障人民權利的四項諾言，但在政協開會後，就連續不斷地發生了滄白堂打人、較場口事件、搗亂新華報館、搗亂西安十八集團軍辦事處，一直到搗亂執行停戰決議的北平執行部事件。這許多事件至今沒有一件得到解決。……這些違反保障人權的事件，國民黨負有責任，但二中全會對這些問題一字未提，所有決議案中，沒有一字譴責這些妨害人權的罪惡行為。（2）二中全會對改組政府無明確態度。不僅避開結束訓政不談，反而要把各黨派推選的國府委員拿到國民黨中常會去選任，這是完全違反政協決議的。（3）憲法關係中國今後是民主或仍是一黨獨裁的大問題。政協修改憲草的原則是各黨派及無黨派代表全體起立通過的，對這些原則如有任何變動，一定要經過政協各方代表的一致協議。……二中全會對於憲草通過了五點修正原則，所增加之兩點半關係至大，其目的就是推翻政協修改憲草的原則，不受政協拘束。……反對政協決定的憲草修改原則，來動搖民主憲法的產生。這種違反民主的做法，是任何人都不能忍受的。（4）國大組織法如再遲遲不改或改而不當，將來的國民大會就會成為

---

52 《中國國民黨六屆二中全會對於政治協商會議報告之決議》，重慶《中央日報》（1946年3月17日）。

一黨專政的保鏢。(5) 整軍問題和停戰問題必須用政治方法和平解決，不能只是要求中共遵守協議，而國民黨卻繼續進攻和蠶食中共地區的村鎮。周恩來指責國民黨二中全會表示出國民黨內頑固派有意識地破壞政協整個決議，而親自主持政協的蔣介石，竟使頑固派的要求得以在國民黨二中全會中通過。這不能不說其中包含了欺騙。周恩來強調：我們不受騙，也決不去騙人民。我們要向人民說真話，談實事，一定要先弄清楚國民黨二中全會的決定是想做些甚麼。[53]

4 月 1 日，蔣介石在國民參政會上重申：「在憲法尚未頒行之前，訓政時期約法是根本有效的。……政治協商會議在本質上，不是制憲會議；政治協商會議關於政府組織的協議案，在本質上更不能夠代替約法。」「國民政府在政治協商會議開會時，再三宣示此次擴充政府的組織，是在國民政府現有的基礎之上，要求各黨派人士及社會賢達共同參加，來擴大政府的範圍，而決不是推翻現在國民政府的基礎，另外來組織一個政府。」換言之，國民黨沒有放棄一黨專政，蔣介石不會放棄個人獨裁。廢止國民黨一黨專政的「約法」，是完全違反了國民黨召開政治協商會議的宗旨，蔣介石和國民黨是決不能承認的。蔣介石公開宣佈撕毀政協決議。[54]

5. 南京下關慘案

這時，由於內戰激烈，「關內小打、關外大打」，5 月 5 日，50 多個民主黨派和團體在上海成立了「上海人民團體聯合會」，發表宣言，要求立即停止

53　《周恩來在中外記者招待會上關於國民黨二中全會的談話》，重慶《新華日報》(1946年 3 月 18 日)。

54　蔣介石：《對國民參政會第四屆第二次會議的政治報告》(1946 年 4 月 1 日)，孟廣涵主編：《國民參政會紀實》(下卷)(重慶，重慶出版社，1985 年)，第1536 — 1545 頁。

內戰，實施政協會議決議。6月6日，蔣介石宣佈東北停戰，上海各個民主黨派的領導馬敍倫、陶行知、沙千里、許廣平、周建人、閻寶航、鄭振鐸、雷潔瓊等 164 人聯名致函蔣介石、馬歇爾以及各個黨派，呼籲停止內戰。上海人民團體聯合會經緊急磋商，決定組成以馬敍倫為團長的上海人民團體代表團（亦稱「和平請願團」）到南京請願。

6月19日，中國民主建國會呼籲：「武力不能解決問題，排斥反對黨不能依恃屠殺」，勸國民政府堅決停止「萬惡的內戰」。同日，上海的 72 所大中學校的學生團體共同創立了「上海學生爭取和平聯合會」，發表《告上海同學書》，號召上海學生聯合制止內戰。重慶各界 4,000 多人聯名致電給蔣介石，要求「延長協商時期，實現長久和平」。17 個上海經濟界團體聯名致電蔣介石稱：「物價飛漲，飢民遍地，死亡載道。民生已瀕絕境，戰端何能再起？！」並稱：中國共產黨人、中國國民黨人「同屬國人，何事不可以政治協商，而必以干戈相見？！」

6月21日，蔣介石宣佈停戰期限延長 8 天，至 6 月 30 日止，但未能滿足各界「永遠停止內戰」的要求。上海人民團體聯合會當即決定於 6 月 23 日在上海北站舉行上海各界人民要求和平、反對內戰的大會，並歡送上海人民團體代表團的和平代表赴南京請願。是日，晨 7 時起，上海 150 多個團體近十萬群眾在北火車站廣場召開反內戰大會，歡送由大會推舉的代表馬敍倫、閻寶航、雷潔瓊等人及學生代表陳震中、陳立復赴南京請願。大會宣讀了《歡送上海代表團赴京請願宣言》：中國到處一片淒慘的景象、工業破產、農業崩潰，失業滿街、盜匪如毛，饑荒遍十九省，餓殍達 5,000 萬！中國已經變成人間地獄。呼籲「恢復政治協商，反對武力解決國是！」會議結束之前，通過了創建全國爭取和平聯合會、通電美國政府要求美國勿幫中國打內戰等四項決議。赴京請願代表乘 116 號快車於 11 時正點駛離上海北站後，數萬民眾在上海市舉行了大規模示威遊行，反對內戰。

國民黨獲悉上海派請願團到南京請願後，吳鐵城下達「要設法阻止請願

團來京，以免製造麻煩」的指示，中統局局長葉秀峰即電告中統局駐上海特派員季源博嚴密監視和平請願團，並設法從中進行分化破壞。葉秀峰還指示鎮江的江蘇調查統計室主任季璞在鎮江設法阻攔，迫使請願團折返上海。葉秀峰同時指示津浦鐵路調查統計室主任陳叔平，以每名光洋兩塊的工資組織地痞流氓以及「蘇北難民」，迫使該團折返上海，不能讓該團進入南京城。

和平請願團所乘的 116 號快車到達鎮江時，「蘇北難民代表」用卧軌等辦法，令火車滯留兩個多小時。6 月 23 日晚 19 時，116 號快車比平時晚點 3 個小時才到達南京下關站。和平請願團代表剛下車便被一群作學生裝扮的特務以及「蘇北難民」包圍，糾纏、辱罵和毆打。代表們被分別包圍分隔入候車室及西餐廳。自 19 時開始至 24 時，代表遭到多番辱罵和毆打。閻寶航全身多處受傷，其中面部受傷最嚴重；雷潔瓊女士胸部被皮靴踢傷，口噴鮮血，眼睛遭玻璃割破；馬敍倫頭部、胸部遭打傷；學生代表陳震央被毆打昏迷；《新民報》採訪部主任浦熙修被毆打吐血，腰部、胸部及頭部被打傷；《大公報》辦事處主任高集、《益世報》記者徐斌也遭到毆打。中國民盟派到下關站歡迎和平請願團代表的葉篤義也被打成重傷。在這次事件中，和平請願代表、記者及歡迎人員等受傷者共計 12 人。

事件發生時，國民政府無動於衷。經過中國民盟和中國共產黨代表向孫科、邵力子、李濟深、馮玉祥、馬歇爾發出緊急呼籲，再由這些人士向陳誠、俞大維等人提出交涉，晚上 24 時，政府才派憲兵來到下關站，行兇的暴徒已經離去。受傷的和平請願團代表及記者們被一輛大卡車送至南京警備司令部，但代表們拒絕下車。乘坐吉普車尾隨而來的外國記者抗議政府此舉，大卡車才轉而開往南京太平路的中央醫院分院。

在南京和談的中國共產黨代表團團長周恩來、董必武、鄧穎超、滕代遠及郭沫若聞訊後，在 24 日凌晨 2 時立即趕到醫院慰問傷者。馬敍倫等人對周恩來説：中國的希望寄託在你們身上，過去我勸你們少要一些兵，少留一些槍，現在看來你們的戰士不能少一個，槍不能少一支。周恩來握着代表們的

手説：「你們的血是不會白流的！」馮玉祥、沈鈞儒、邵力子、羅隆基等人也都連夜趕往醫院探望受傷的代表們。上海市的各界人士紛紛赴醫院慰問受傷者或者發出慰問電，並強烈抗議。楊翰笙等 25 人聯名在《新華日報》上發表文章《堂堂首都演此醜劇，足證誰在發動內戰》，稱「國格何在？法紀何在？人民之自由權利何在？」並稱這「足以證明誰在發動內戰，誰在破壞和平」。《惟民週刊》主編、大學教授鄧初民發出慰問電稱：「只有民賊國賊，始忍出此無賴手段！」重慶 244 位新聞工作者聯名抗議此次暴行乃對「新聞自由、人身自由的威脅」。蔣介石知道事情後，在 6 月 25 日的日記中痛斥「黨部人員之無知，作事徒增政府困難」。但他並無緝兇、賠償、慰問傷者，以安撫民心，相反更進一步藐視民意，次日（26 日），國軍開始圍攻中原解放區，引發關內大規模的國共內戰。

五、香港與新政治協商會議的召開

1. 國民黨對民主黨派的迫害

　　國民黨軍圍攻中原解放區之後，徹底背叛孫中山三民主義的民主理想，撕破民主的面具，肆意殺戮異見人士。7 月 11 日晚，國民黨特務用無聲手槍，殺害歸家時的李公樸和妻子張曼筠；15 日下午 5 時，國民黨特務又槍殺聞一多和兒子聞立鶴。周恩來強烈譴責國民黨：「此種空前殘酷、慘痛、醜惡、卑鄙之暗殺行為，實打破了中外政治黑暗之紀錄，中國法西斯統治的猙獰面目，至今已暴露無遺。一切政治欺騙，已為昆明有計劃的大規模的政治暗殺槍聲所洞穿。」李公樸、聞一多兩人都是民盟委員、著名大學教授，並非共產黨員，只是因為爭取中國和平、反對內戰、反對獨裁，而為國民黨忌恨。他們的不幸，令全國知識分子和學生唾棄國民黨，國際輿論亦厭惡這個

雙手血腥的獨裁政權。(請參考馬歇爾調處國共衝突一章)

　　為了照顧這批手無寸鐵的爭取民主的文化界人士，周恩來安排他們撤到解放區或香港暫居。

2. 解放戰爭時期中共在香港的組織

　　日本投降之後，在香港堅持抵抗日軍三年零八個月之久的東江縱隊港九大隊奉令主動撤出香港，並協助英國維持戰後香港的秩序，所以中共與港英政府的關係十分友好。因為，中共中央早已考慮到國共內戰必然爆發，香港是一個良好的政治避風港和後勤補給區。

　　1946 年 6 月下旬，蔣介石進攻中原解放區，周恩來立即指示幹部轉移和疏散。凡能夠找到隱蔽處所的，回家或找友投靠；若尚未暴露身份的，自找社會關係和職業隱蔽起來。其他轉移疏散的幹部，分三條途徑離開：一是乘坐軍調部的美國飛機，前往東北、延安和其他解放區。如范長江、《新華日報》辦事處部分工作人員和家屬 30 多人，在 10 月 16 日乘飛機返回延安。二是搭乘運送救濟物資的船隻進入解放區，如從上海前往煙台的共有三四百人。第三種辦法就是祕密轉移到香港、南洋等地。於是大量幹部如劉少文、吳克堅、徐光霄、蕭賢法、許滌新、方卓芬、劉寧一、胡繩、吳全衡、朱語今等先後到達香港。

　　解放戰爭時期，中共公開活動的重點逐步轉移到香港，於是調整了在港的組織架構，在香港的組織分為三個層次。1946 年 6 月，原負責調處東江縱隊北撤的軍調部中共代表方方被派到香港，統一領導華南地區的中共黨組織。1947 年 1 月，中共中央決定成立中共中央香港分局，5 月正式成立。這是中共在香港的最高層組織，書記方方，委員有方方、尹林平、潘漢年、梁廣、連貫、章漢夫、夏衍。

　　第二層是香港分局直轄的三個平行的領導機構，即農村工作委員會、城

市工作委員會、香港工作委員會。

農村工作委員會（簡稱「農委」），實際管武裝鬥爭。農委書記黃松堅未到任，由方方、尹林平直接領導閩粵贛邊區黨委、瓊崖區黨委、粵贛湘邊黨委、粵桂湘邊黨委、粵桂邊黨委、滇桂黔邊黨委、粵中臨時黨委這七個戰略單位。

城市工作委員會（簡稱「城委」），由梁廣任書記，後由陳能興、鍾明分任正副書記，管轄香港、澳門、廣州、湛江、南寧、桂林、柳州等城市的地下工作。其中香港市委先後由馮燊、陳能興、李殷丹、黃施民任書記。

香港工作委員會（簡稱「香港工委」），負責人章漢夫。後來先後由夏衍、喬冠華、饒彰風任書記。

第三層是農委、城委、香港工委轄下的各個地方黨委或各個專業委員會。

香港工委之下有八個機構：

組織由蘇惠負責，管理黨員，收黨費，審查和批准新黨員。

統委，統戰工作委員會，書記連貫，統戰工作包括華僑，另有僑委。

報委，相當於宣傳工作委員會。章漢夫兼報委書記，後來由廖沫沙、林默涵接任。負責管理《大公報》、《文匯報》、《華商報》等報刊，及與其他朋友報紙的聯繫，統戰工作就是由報委負責。

文委，全名是「文化藝術委員會」，馮乃超、邵荃麟先後任書記。

外委，書記喬冠華，負責外交事務、對美英交涉等等。

財經委，書記許滌新，負責發展經濟，方方要靠他籌錢做生意。

群委，即「群眾工作委員會」，書記黃煥秋。只管青年運動和婦女運動，工人運動不屬香港工委管，屬祕密地下黨香港市委管。

新華社香港分社，是新聞傳播機構，社長喬冠華，副社長蕭賢法。

1949年全國解放前夕，中共中央香港分局奉命改為華南分局，下屬的香港工委也奉命縮小機構，改為香港臨時工委，由張鐵生任書記；不久之後，

張鐵生也調回北京。[55]

　　早在抗戰勝利的時候，毛澤東已預料到內戰必然爆發，指示東江縱隊到香港建立宣傳陣地。因《華商報》復刊需時，東江縱隊派出部隊的機關報——《前進報》——社長楊奇在 1945 年 9 月 16 日帶領黃志猷、鍾紫、何松、陳夢雲、何爾夫共 6 個人到香港，搶時間創辦一份四開的報紙，名為《正報》，以便及時傳播中共的聲音。

　　1946 年 10 月初，周恩來指示上海工委副書記章漢夫帶范劍涯到香港籌辦《群眾》雜誌香港版的出版工作。《群眾》雜誌是一份週刊，實際上是中共談判代表團的發言機關。1947 年 1 月，《群眾》雜誌得到香港分局饒彰風幫忙籌備工作，正式出刊了香港版。這時，國共談判面臨完全破裂，中共談判代表團被迫從南京撤退返延安，周恩來安排部分文化精英，如潘漢年、章漢夫、喬冠華、夏衍、邵荃麟、周而復、馮乃超等去香港。

　　喬冠華除了和龔澎創辦了《今日中國》（英文）半月刊之外，最重要的工作是創辦了新華社香港分社。1947 年 2 月，他到達香港之後不久，便持新華通訊社總社社長范長江寫的公函，向香港政府申請成立分社。新華分社設在九龍彌敦道 172 號 3 樓，這是原有的東江縱隊辦事處的地址。三個人負責籌備，一個是延安搞報務電台的蕭賢法（又名蕭群）；一個是香港皇仁畢業的譚幹，負責發英文稿；另一人便是楊奇，負責發中文稿。三個人向喬冠華負責，他住在香港英皇道 173 號三樓，主要是負責香港工委的外事工作，從來沒有到新華分社上班，新華分社若有事則由三人分別前往匯報。喬冠華時代的新華社，總的來說是真的新聞通訊社，只分為幾個小組獨立工作，一共只有 18 個人。到 1947 年 8 月，全社工作人員還不到 30 人。初期，只發總社的電訊，沒有採訪香港新聞的任務，1948 年 5 月以後，才編發一些有關中共和

55　陳敬堂：《楊奇先生訪問紀錄》（2013 年 3 月 20 日）。

民主黨派在香港活動的新聞給總社。[56]

3. 解放戰爭時期中共對香港民主黨派的工作

1946 年秋，國民黨進攻張家口，內戰全面爆發，周恩來電召香港分局的幹部到上海接受任務。香港分局接到電報後，派連貫與楊琳到上海。周恩來對連貫說：蔣介石已經撕毀了和談的假面具，談判代表團已經準備撤走，民主人士、文化藝術界人士將會受到迫害，還有些幹部都必須要轉移到香港去。南方黨組織要充分做好接應的準備工作。這些人中，能教書的就當教員，能辦報的就辦報，能做別的事的，就尋找別的社會職業，要千方百計安置下來。對避居到香港的民主黨派人士和進步朋友，你們要保持與他們的聯繫，妥為照顧。[57]

香港分局於是根據連貫傳達的指示，先後接待和安置了約有 100 多名民主人士和著名學者、教授的生活和工作。為此，香港分局委託民主人士出面興辦了一所大學 —— 達德學院，由蔡廷鍇捐出他位於新界屯門的別墅作為校舍，聘請這些教授學者到校任教，招收來自華南各省和海外歸來的革命青年，為革命培養了一批幹部。此外，有些文化人士分別去辦報，搞宣傳、文化工作。

國民黨特務殺害民盟委員聞一多和李公樸之後，1947 年 10 月，又宣佈民盟為非法組織，解散民盟總部，於是民盟主要領導人紛紛轉移到港。中間黨派和民主人士亦相繼轉入地下，並先後到港。香港分局加緊對他們進行團結工作，協助他們健全組織，幫助他們解決生活。當時的重要成就之一，就是

56　陳敬堂：《楊奇先生訪問紀錄》（2013 年 3 月 20 日）。

57　連貫：《殫精竭慮、為國為民》，中共中央文獻研究室：《不盡的思念》（北京，中央文獻出版社，1987 年），第 619 — 623 頁。

促進了「國民黨革命委員會」的建立。國民黨中的民主人士都希望改革國民黨，如譚平山在港成立了「三民主義同志聯合會」，蔡廷鍇、蔣光鼐等十九路軍組建了「中國國民黨民主促進會」。在香港分局方方、潘漢年和連貫的推動下，香港的國民黨民主人士團結起來，在 1948 年 1 月 1 日成立「中國國民黨革命委員會」，宣佈：「當前之革命任務為推翻蔣介石賣國獨裁政權，實現中國之獨立、自由、和平。」選舉了李濟深為主席，何香凝、馮玉祥等為常委。

1948 年 1 月，民盟領導人沈鈞儒等在香港召開民盟一屆三中全會，宣佈不接受解散民盟的任何決定，並恢復民盟總部，指出獨立的中間路線不符合中國的現實環境，民盟必須站在人民的、民主的、革命的立場，為徹底推翻國民黨統治集團、消滅封建土地所有制、驅逐美帝國主義出中國、實現人民的民主而奮鬥。會議表示「今後要與中共攜手合作」。民革的成立與民盟的轉變，對其他中間黨派產生了巨大的影響。

在香港的民主黨派如黃炎培的「中國民主建國會」、馬敘倫的「中國民主促進會」、陳其尤的「中國致公黨」等，相繼調整組織和重新發展，中共香港分局對他們做了許多團結的工作，加強了人民民主統一戰線，進一步孤立了國民黨。

六、人民政治協商會議召開的背景

1. 新政協召開背景

1946 年在重慶召開的「政治協商會議」稱為「舊政協」，1949 年後在北京召開的「中國人民政治協商會議」，稱為「新政協」或「人民政協」。

1947 年 8 月共軍展開戰略反攻，至 1948 年 3 月，共軍總兵力上升至 249 萬人，擁有各種火炮 7400 多門，能攻佔如石家莊等鋼鐵水泥碉堡固守的大城

市。蔣介石為了爭取美國的軍事和經濟援助，先後舉行國民大會代表選舉和正副總統選舉。為了成立聯合政府，表示國民黨並非一黨專政，特別給青年黨、民社黨留出若干國大代表名額，以示禮讓。1947 年 11 月 21 至 23 日，如期舉行國民大會代表選舉，人民直接選出 3045 個議席。全國登記 1.65 億選民，在 11 月 24 日回收有效選票為 2 千萬張，投票率不足 10%。1948 年 3 月 29 日至 5 月 1 日正式召開第一屆國民大會，選舉總統和副總統，結果蔣介石以高票當選總統，李宗仁經過六輪投票競爭後，當選副總統。

面對國民黨新一輪政治動作，1948 年 4 月 30 日中共中央發佈紀念「五一」節口號，指出：「蔣介石做偽總統，就是他快要上斷頭台的預兆。」號召「打到南京去，活捉偽總統蔣介石！」又呼籲「各民主黨派、各人民團體、各社會賢達迅速召開政治協商會議，討論並實現召集人民代表大會，成立民主聯合政府！」[58] 籌建新中國的序幕由此揭開。

中國政治局勢翻天覆地的時候，香港扮演了一個重要的角色。

2. 護送民主人士到解放區

中共中央發出「成立民主聯合政府」的呼籲翌日（5 月 1 日），毛澤東親筆致函李濟深、沈鈞儒，商討建立民主聯合政府，加強合作事宜。5 月 2 日，周恩來又開出了一個準備重點邀請的 29 人的名單，電示上海局、香港分局，並立即在《華商報》刊登「五一口號」。於是「五一口號」的消息在海內外以及各民主黨派、廣大民主人士中產生了極大的影響。5 月 5 日，中國國民黨革命委員會李濟深、何香凝，中國民主同盟沈鈞儒、章伯鈞，中國民主促進會馬敘倫、王紹鏊，致公黨陳其尤，中國農工民主黨彭澤民，中國人民救國會

58　中央檔案館編：《中共中央文件選集（1948 — 1949）》（第 14 冊）（張家口，中共中央黨校出版社，1987 年），第 111 頁。

李章達，中國國民黨民主促進會蔡廷鍇，三民主義同志聯合會譚平山，無黨派人士郭沫若等，聯合通電國內外各報館、各團體和全國同胞，公開回應中共中央「五一口號」。

5 月 7 日，台灣民主同盟在香港發表《告台灣同胞書》；5 月 23 日，民主建國會駐港代表章乃器、孫起孟受權發表聲明，響應中共的倡議，支持召開新的政協會議。香港各界民主人士更是掀起一股響應召開政協的熱潮，馮裕芳、柳亞子、茅盾、陳其瑗、沈志遠、翦伯贊、鄧初民、千家駒、侯外盧等125 人，以及婦女界何香凝等 232 人發表聲明，熱烈響應中共的倡議。海外方面，1948 年 5 月 4 日陳嘉庚首先代表新加坡 120 個華僑團體，致電毛澤東表示熱誠響應。接着法國、美國、加拿大、古巴、馬來西亞、緬甸、暹羅等地的華僑社團都紛紛致電擁護。[59]

由於香港與延安之間的電報密碼更新，出現了溝通問題，毛澤東延遲到 8 月 1 日才回覆民主黨派的響應。周恩來致香港分局並潘漢年電報，要他們按照毛澤東覆電的精神，認真徵詢各民主黨派的意見。於是，香港掀起一個「迎接新政協」的熱潮，舉辦了一連串的座談會、報告會，在《華商報》發表了一系列的專論和筆談。中共香港分局和香港工委的負責人，一方面登門拜訪各民主黨派的首腦，誠心聽取他們的意見；另一方面又召開座談會，集思廣益。座談會有兩種：一種由方方、潘漢年主持，邀請各民主黨派領袖出席，每次十多人，在銅鑼灣天后廟道 4 號 4 樓開會，先後開了 8 次。另一種由民盟周新民借用灣仔一個會議室召開，每次約有 30 多人參加。會上反映的各種意見，都由香港分局及時報告中共中央，然後轉給新政協籌備委員會。[60]

為了同各民主黨派人士一起商討召開新政協的各項事宜，周恩來一方面把分散在上海、北平、天津等地的民主人士轉移到河北西柏坡，同時又設法

59　楊奇：《見證兩大歷史壯舉》（北京，人民出版社，2011 年），第 125 — 127 頁。
60　楊奇：《見證兩大歷史壯舉》，第 131 — 132 頁。

把旅居香港的民主人士安全地送到解放區。

這時內戰尚未結束，香港與解放區的陸上、空中交通中斷。周恩來於是試圖開闢從香港經英國再轉經蘇聯到達哈爾濱的交通路線。他密電潘漢年，派薩空了（《華商報》總經理）去找香港大學校長施樂斯（D. T. Sloss，按香港大學之中文譯名是史樂詩，由 1937 至 1949 年任職），他是香港當局指定與中共及民主黨派的聯繫人。薩對施樂斯説，民主黨派主要負責人李濟深、沈鈞儒要從香港去倫敦轉經蘇聯到東北解放區去。施説要請示香港總督葛量洪。過了一些時，施回答説：港督表示他也做不了主，要請示倫敦，需要有一個較長的時間才能答覆。由於港英的回覆需時，而且可能是敷衍之辭，故周恩來決定不走這條路線，而利用大連到香港的這條航道。12 月施樂斯轉來倫敦的意見，説不發護照，但可給一個證明身份的文件，離開倫敦時還可以保護。但香港早已開始護送工作了。[61]

8 月上旬，周恩來發電報給香港分局方方，指定潘漢年、夏衍、連貫負責這項工作，要他們將聯絡民主人士的名單以及運送計劃電告中央。香港分局和香港工委於是成立一個接送民主人士北上的五人小組，由潘漢年掌管全面工作，夏衍、連貫負責與各民主黨派人士聯絡，許滌新負責籌措經費，饒彰風負責接送的具體工作。

饒彰風從《華商報》等單位抽調人手，組成一個祕密工作的班子，有專職的，也有兼職的，先後參加這個班子的有羅理實、羅培元、杜宣、陳紫秋、周而復、楊奇、趙渢、吳荻舟、陳夏蘇等人。他們分別同準備北上的民主人士聯絡，租賃輪船、購買船票、搬運行李、護送上船等等。這些人員分頭活動，分別向五人小組的成員彙報。

61　童小鵬：《風雨四十年》（二）（北京，中央文獻出版社，1996 年），第 5—6 頁；
　　楊奇：《見證兩大歷史壯舉》，第 136 頁；劉昂：《肝膽相照的光輝篇章》，《不盡的
　　思念》，第 142—161 頁。

大連的錢之光同時行動，帶了祝華、徐德明和譯員陳興華三人，到平壤向蘇聯租了一艘船「波爾塔瓦號」（中譯「寶德華號」）貨船，經營大連到香港的貨運業務，將香港市場短缺的大豆、豬鬃、皮毛等土特產運到香港，交由香港聯和公司（1948年9月起改名「華潤公司」）發售，然後採購解放區急需的西藥、紙張、輪胎、電信器材等物資，運回大連。錢之光隨船到達香港後，在九龍彌敦道180號4樓，向方方、潘漢年作了彙報，並立即商量好今後分批運送民主人士北上的分工：凡是上船之前的聯絡、搬運行李、送上貨船的工作，統由香港工委負責；錢之光的貿易公司則承擔租賃貨船工作，並派人在船上照顧民主人士的生活。

據中共廣東省委黨史研究室查核有關資料統計：從1948年9月至1949年8月，接送民主名流和文化精英及其家屬北上的工作，大大小小20多次，共有1000多人，其中民主黨派和文化界人士350多人，後來成為人民政協第一屆全體會議正式代表的就有115人。到8月28日止，旅居香港的各個民主黨派和文化藝術界的精英以及海外愛國僑領的代表人物，都已齊集北平了。[62]

這時，蔣介石雖然兵敗如山倒，大勢已去，不過，仍然設法破壞政協的召開，殘殺異己。9月9日中國國民黨委員會中央執行委員楊傑逃避蔣介石的追殺，自雲南乘飛機到達香港，準備北上出席政協，但尚未與香港分局饒彰風聯繫上。當時，軍統毛人鳳已指派葉翔之率領6名特務到香港潛伏，原定暗殺龍雲，但因無法在雲南刺殺楊傑，於是繼續在香港執行暗殺任務。9月19日晚，楊傑在灣仔軒尼詩道302號友人李焜寓所，被軍統特務陳家慶以送信為名入屋，連開兩槍擊中胸部和頭部，即時斃命。[63] 兩日後（21日）中國人民政治協商會議第一屆全體會議開幕，通過臨時動議：以全體會議名義，向

---

62 楊奇：《見證兩大歷史壯舉》，第136 — 171頁。
63 趙子雲：《楊傑將軍遇刺之謎》，《文史月刊》（2004年，第10期）。

楊傑將軍家屬及國民黨革命委員會致唁。[64]

七、人民政治協商會議的籌備

　　國內外代表群集北平之後，1949 年 6 月 15 日至 19 日，新政治協商會議籌備會在北平中南海勤政殿舉行第一次全體會議，參加會議的有中國共產黨、各民主黨派、無黨派民主人士及各人民團體等 23 個單位 134 人。毛澤東說：召開新的政治協商會議的條件已經成熟，籌備會的任務是「完成各項必要的準備工作，迅速召開新的政治協商會議，成立民主聯合政府，以便領導全國人民以最快的速度肅清國民黨反動派的殘餘力量，統一全中國，有系統地和有步驟地在全國範圍內進行政治的、經濟的、文化的和國際的建設工作」。[65] 會議通過了籌備會的組織條例和籌委會常務委員會的名單。推選毛澤東為常委會主任，周恩來、李濟深、沈鈞儒、郭沫若、陳叔通為副主任，李維漢為祕書長。

　　籌委會下設六個工作小組：

　　第一小組組長李維漢，副組長章伯鈞。負責擬定參加政協的各單位的代表名單。

　　第二小組組長譚平山，副組長周新民。負責草擬政協組織條例草案。

　　第三小組組長周恩來，副組長許德珩。負責起草共同綱領草稿。

　　第四小組組長董必武，副組長黃炎培。負責草擬中央人民政府方案。

　　第五小組組長郭沫若，副組長陳劭先。負責起草大會宣言。

　　第六小組組長馬敍倫，副組長葉劍英、茅盾。負責徵集和擬定國旗、國

64　楊奇：《見證兩大歷史壯舉》，第 191 — 192 頁。

65　《毛澤東選集》（第 4 卷）（北京，人民出版社，1991 年），第 1463 頁。

徽、國歌方案。

召開新政治協商會議，成立民主聯合政府的一項重要準備工作，是擬訂一個民主聯合政府的施政綱領，即共同綱領。在新中國第一部憲法誕生前，它實際上起了臨時憲法的作用。所以中共為了顯示它所建立的民主聯合政府是一個代表中國最廣大人民群眾根本利益的政府，制定這個共同綱領時，需要各民主黨派、各人民團體及社會賢達的積極參與和共同協商。

9 月底，從香港來的第一批民主人士沈鈞儒、譚平山、蔡廷鍇、章伯鈞等到達哈爾濱。10 月 8 日，周恩來以中共中央名義電告高崗並東北局，指示他們向到哈爾濱的民主人士徵詢「對共同綱領的主要內容有何意見」。在哈爾濱的民主人士對共同綱領「表示完全同意，並很滿意」。但鑒於許多民主黨派人士仍在香港，他們要求中共將這一草案「送給在（香）港各有關黨派、團體負責人閱看，並徵求他們意見」。[66]10 月 30 日，周恩來將這份草案電告香港分局和上海局，指示他們「即抄送民革李濟深、何香凝，民盟周新民，民促馬敘倫，致公黨陳其尤，救國會李章達、沈志遠，第三黨彭澤民，民主建國會章乃器、孫起孟及無黨派郭沫若十一人，並由潘漢年、連貫分訪他們或邀他們一起聚談，徵詢他們意見」。[67]

1949 年 6 月 18 日，周恩來主持召開第三小組成立會議，指出：「我們小組負責起草共同綱領，任務繁重。這個共同綱領決定聯合政府的產生，也是各黨派各團體合作的基礎。」會議決定，「委託中共方面負責草擬最初稿」。小組成員分工則按照「自由認定」原則分為政治法律、財政經濟、國防外交、文化教育、其他（包括華僑、少數民族、群眾團體、宗教等）五個分組進行討論，提出意見報組長和副組長。周恩來承擔了草擬共同綱領初稿的重任，

66　童小鵬：《風雨四十年》（二），第 8 頁；李勇、張仲田：《統一戰線大事記 —— 解放戰爭時期統一戰線卷》（北京，中國經濟出版社，1988 年），第 473 — 474 頁。

67　童小鵬前引書，第 9 頁；李勇、張仲田前引書，第 479 頁。

在中南海勤政殿一個星期全力工作，期間至少八易其稿，然後呈交毛澤東閱讀和修改，這份文件是此後正式通過的《中國人民政治協商會議共同綱領》的重要基礎。

周恩來多次召集會議，反覆聽取各方意見，充分體現了廣泛的民主與協商。「初稿寫出以後，經過七次的反覆討論和修改，計由先後到達北平的政協代表五六百人分組討論兩次，第三組本身討論了三次，籌備會常務委員會討論了兩次，廣泛地吸收了各方面的意見」，然後定稿。1949 年 9 月 29 日政協全體會議一致通過了《中國人民政治協商會議共同綱領》草案。

八、第一屆中國人民政治協商會議的召開與開國大典

1949 年 8 月 29 日，新政治協商會議籌備會正式通知各黨派、各團體、各區域、人民解放軍各單位及特別邀請參加的代表，於 9 月 10 日前抵北平。9 月 21 日至 30 日，中國人民政治協商會議第一屆全體會議在北平中南海懷仁堂舉行。中國共產黨和各黨派代表、區域代表、軍隊代表、團體代表、特邀代表五大類共 45 個單位，其中正式代表 510 人、候補代表 77 人、特邀代表 75 人，共計代表 662 人參加了會議。

中國人民政協籌備會主任、中國共產黨中央委員會主席毛澤東向大會致開幕詞，宣告「我們的工作將寫在人類的歷史上，它將表明：佔人類總數四分之一的中國人從此站立起來了！」大會其他代表相繼發言，中國共產黨代表劉少奇、特邀代表宋慶齡、中國國民黨革命委員會代表何香凝、中國民盟代表張瀾、中國人民解放區代表高崗、中國人民解放軍代表陳毅、民主建國會代表黃炎培、中華全國總工會代表李立三、新疆代表賽福鼎、特邀代表張治中及程潛、華僑代表司徒美堂 12 人發表了演講。會議聽取了林伯渠代表籌

備會所作的關於人民政協籌備工作的報告；譚平山所作的關於《中國人民政協組織法草案》起草經過和草案的特點；董必武所作的關於《中華人民共和國中央人民政府組織法》的起草經過和草案；周恩來所作的關於起草《中國人民政治協商會議共同綱領》的經過和草案的特點。

27 日，政協一屆全體會議繼續在中南海懷仁堂舉行。會議討論和通過了《中華人民共和國中央人民政府組織法》。同時，馬敍倫代表國都、紀年、國旗、國歌方案整理委員會向大會作了報告。經過討論，周恩來代表主席團提出了 4 個決議草案付諸表決：

(1) 中華人民共和國國都定於北平，自即日起改名為北京。

(2) 中華人民共和國的紀年採用西元，今年為 1949 年。

(3) 中華人民共和國的國歌正式制定前，以《義勇軍進行曲》為代國歌。

(4) 中華人民共和國的國旗為五星紅旗，象徵中國革命人民大團結。

29 日，周恩來主持通過了《中國人民政治協商會議共同綱領》和《關於選舉中國人民政協全國委員會和中央人民政府委員會的規定》。

30 日下午，中國人民政治協商會議第一屆全體會議在懷仁堂舉行閉幕會，朱德副主席致閉幕詞。

會議選舉了中國人民政治協商會議第一屆全國委員會委員：毛澤東、劉少奇、朱德、周恩來、張瀾、李濟深等 180 人當選；選舉了中央人民政府正副主席及全體委員：毛澤東任主席，朱德、劉少奇、宋慶齡、李濟深、張瀾、高崗 6 人為副主席，周恩來、陳毅等 63 人為政府委員；討論和通過了中國人民政治協商會議第一屆全體會議宣言和給中國人民解放軍致敬電。

會上，周恩來提議將「為國犧牲的人民英雄紀念碑」建在天安門廣場上。因為天安門廣場有「五四」以來的革命傳統，同時這裏也是全國人民和全世界人民敬仰的地方。這個意見得到大多數代表的贊同。

毛澤東宣佈大會閉幕。49 名穿着新式軍裝的軍樂隊員，演奏起《中華人民共和國國歌》。

下午6時，毛澤東、周恩來等全體政協代表從懷仁堂來到天安門廣場，整好隊，開始舉行紀念碑奠基典禮，首都各界群眾代表3000餘人出席。林伯渠宣佈儀式開始。周恩來代表大會主席團致詞：「我們中國人民政治協商會議第一屆全體會議為號召人民紀念死者，鼓舞生者，特決定在中華人民共和國首都北京建立一個為國犧牲的人民英雄紀念碑。現在，1949年9月30日，我們全體代表在天安門外舉行這個紀念碑的奠基禮。」接着，全體代表脫帽靜默志哀。

　　哀畢，毛澤東宣讀紀念碑碑文：「30年以來，在人民解放戰爭和人民革命中犧牲的人民英雄們永垂不朽！由此上溯到1840年，從那時起，為了反對內外敵人，爭取民族獨立和人民自由幸福，在歷次鬥爭中犧牲的人民英雄們永垂不朽！」

　　10月1日下午2時，中央人民政府委員會舉行第一次會議，按照《第一屆中國人民政治協商會議共同綱領》，毛澤東就任中央人民政府主席，朱德、劉少奇、宋慶齡、李濟深、張瀾、高崗就職為中央人民政府副主席，周恩來就任中央人民政府政務院總理兼外交部部長，朱德就職為中國人民解放軍總司令，沈鈞儒為最高人民法院院長，羅榮桓為最高檢察署檢察長。

　　下午3時開國大典在北京天安門廣場舉行。主持儀式的為毛澤東、朱德、劉少奇、周恩來、宋慶齡、李濟深、張瀾、高崗等人。當時世界上絕大多數國家尚與國民黨的國民政府維持外交關係，這些國家並沒有派代表出席這次儀式，只有蘇聯等社會主義國家派代表出席了這次儀式。參加儀式的還有中國人民政治協商會議第一屆全體會議全體代表，工人、農民、市民、學校師生、機關工作人員、城防部隊等約三十萬人。

　　中華人民共和國自此誕生，中國歷史新的一頁翻開了。

徵引書目

一、檔案

1. 《國防部國軍檔案》（台北）

   (1) 檔號 003.5/1010，〈國共會談紀錄：三人會議〉(1)

   (2) 檔號 003.5/3015，〈國共會談紀錄：三人會議商談東北問題經過概要〉

   (3) 檔號 003.5/6015，〈國共會談紀錄：軍事三人小組會議〉

   (4) 檔號 543.9/3750.11，〈軍調部重要命令彙集〉

   (5) 檔號 543.9/3750.15，〈軍事調處期間中共動態資料彙輯〉

   (6) 檔號 570.3/3750，〈國軍檔案：軍事調處執行部整軍方案〉(2)

2. 《美國國務院藏》

   (1) 第 893.00/14192 號，〈十位數分類檔案中國部分〉

二、手稿

A. 黃冠芳、鄧斌：《虎膽英雄——劉黑仔的故事》

B. 張子變：《英雄劉黑仔》

C. 劉培口述、李宇光整理：《從茜坑、馬鞍嶺自衛隊到護航大隊戰鬥歷程》

D. 王錦：《港九大隊海上游擊隊》

E. 《董彥平中將與巴佛洛夫斯基中將會談紀錄》手稿

F. 《董團長與特羅增科中將會談記錄》手稿

三、口述歷史

1. 台灣，中央研究院近代史研究所
   (1) 沈雲龍：《王奉瑞先生訪問紀錄》(1985 年)
   (2) 沈雲龍：《王鐵漢先生訪問紀錄》(1985 年)
   (3) 陳存恭、陳三井：《白崇禧先生訪問紀錄》(1984 年)
   (4) 李毓澍：《戢翼翹先生訪問紀錄》(1985 年)

2. 陳敬堂：前東江縱隊戰士訪問紀錄
   (1) 《江群好女士訪問紀錄》(2002 年 7 月 21 日)
   (2) 《李坤先生訪問紀錄》(2002 年 7 月 23 日)
   (3) 《林伍先生訪問紀錄》(2002 年 4 月 4 日)
   (4) 《袁庚先生訪問紀錄》(2002 年 3 月 23 日)
   (5) 《區德士先生訪問紀錄》(2002 年 7 月 23 日)
   (6) 《張婉華女士訪問紀錄》(2002 年 2 月 2 日)
   (7) 《梁柯平女士訪問紀錄》(2004 年 6 月 24 日)
   (8) 《陳一民先生訪問紀錄》(2002 年 8 月 19 日)
   (9) 《陳達明先生訪問紀錄》(2005 年 8 月 26 日)
   (10) 《楊奇先生訪問紀錄》(2013 年 3 月 20 日、5 月 3 日)
   (11) 《楊聲先生訪問紀錄》(2005 年 7 月 24 日)
   (12) 《詹雲飛先生訪問紀錄》(2002 年 5 月 5 日)
   (13) 《劉培先生訪問紀錄》(2002 年 8 月 10 日)
   (14) 《羅耀輝先生訪問紀錄》(2002 年 7 月 4 日)

四、回憶錄

1. 張發奎：《中共廣州暴動之回憶》(缺出版資料)
2. 達林著、侯均初等譯：《中國回憶錄》(1921 — 1927)（北京，中國社會科學出版社，1981 年）
3. 中國社會科學院近代史研究所編：《五四運動回憶錄》(上)（北京，中國社會科學出版社，1979 年）
   (1) 楊晦：〈五四運動與北京大學〉
4. 沈亦雲：《亦雲回憶》(上)（台北，傳記文學出版社，1968 年）
5. 李維漢：《回憶與研究》(上)（北京，中共黨史資料出版社，1986 年）
   (1) 〈對瞿秋白「左」傾盲動主義的回憶與研究〉
   (2) 〈關於八七會議的一些回憶〉

6. 陳立夫：《成敗之鑑——陳立夫回憶錄》（台北，正中書局，1994 年）

7. 張國燾：《我的回憶》（香港，明報月刊出版社，1973 年）

8. 溥儀：《我的前半生》（北京，東方出版社，1999 年）

9. 李宗仁口述、唐德剛撰寫：《李宗仁回憶錄》（香港，南粵出版社，1986 年）

10. 楊奇：《見證兩大歷史壯舉》，（北京，人民出版社，2011 年）

11. 中國人民政治協商會議編：《辛亥革命回憶錄》（1）（北京，中國文史資料出版
    社，1981 年）
    （1）李書城：〈辛亥革命前後黃克強先生的革命活動〉

12. 毛以亨：《俄蒙回憶錄》（台北，文海出版社，1974 年）

13. 黃紹竑口述：《徐州會議的回憶》，全國政協文史資料，未刊稿。

14. 陳平原、鄭勇：《追憶蔡元培》（北京，中國廣播電視出版社，1997 年）
    （1）許德珩：〈吊吾師蔡孑民先生〉
    （2）陶希聖：〈蔡先生任北大校長對近代中國發生的巨大影響〉

15. 許克祥：《馬日事變回憶錄》（缺）

16. 張治中：《張治中回憶錄》（下）（北京，文史資料出版社，1985 年）

17. 曹汝霖：《曹汝霖一生之回憶》（台北，傳記文學出版社，1970 年）

18. 陸宗輿：《陸閏生先生五十自述記》，《北京日報》1925 年承印

19. 中國人民政治協商會議全國委員會文史資料委員會：《圍追堵截紅軍長征親歷記
    ——原國民黨將領的回憶》（上）（北京，中國文史出版社，1991 年）
    （1）劉斐：〈不攔頭不斬腰只擊尾的「送客」方針〉
    （2）張伯言、楊學端、張懷猷：〈金沙江、大渡河阻擊戰〉
    （3）晏道剛：〈追堵長征紅軍的部署及其失敗〉
    （4）李以劻：〈薛岳率中央軍堵擊紅四方面軍南下〉
    （5）李以劻：〈薛岳率軍追堵紅軍的經過〉

20. 曾生：《曾生回憶錄》（北京，解放軍出版社，1992 年）

21. 中國第二歷史檔案館：《馮玉祥日記》（2）（南京，江蘇古籍出版社，1992 年）

22. 美國斯坦福大學胡佛研究所檔案館藏：《蔣介石日記》（手稿本）（1917 — 1936 年）

23. 李璜：《學鈍室回憶錄》（增訂本）（香港，明報月刊社，1982 年）

24. 《聶榮臻回憶錄》（上）（北京，戰士出版社，1983 年）

25. 中國社會科學院近代史研究所譯：《顧維鈞回憶錄》（北京，中華書局，1987 年）

五、年譜及傳記

1. 鳳岡及門弟子編:《三水梁燕孫先生年譜》(上)(缺出版資料,1939 年版)

2. 趙林鳳:《中國近代憲法第一人:汪榮寶》(台北,秀威資訊科技,2014 年)

3. 中共中央文獻研究室:《毛澤東年譜》(1893 — 1949)(上)(北京,中央文獻出版社,1994 年)

4. 中國人民解放軍軍事科學院、毛澤東軍事思想研究所年譜組編:《毛澤東軍事年譜》(1927 — 1958)(南寧:廣西人民出版社,1994 年)

5. 毛思誠:《民國十五年以前之蔣介石先生》(重慶,編者 1936 年石印本)

6. 程思遠:《白崇禧傳》(香港,南粵出版社,1989 年)

7. 瀨江濁物:《吳佩孚正傳》(上海,國史編輯社,1920 年)

8. 郭劍林:《吳佩孚傳》(上)(北京,北京圖書館出版社,2006 年)

9. 吳湘湘:《宋教仁中國民主憲政的先驅》(台北,文星書店,1965 年)

10. 馮玉祥:《我的生活》(香港,波文書局,1974 年)

11. 中共中央文獻研究室:《周恩來年譜 1898 — 1949》(北京,中央文獻出版社,1990 年)

12. 金沖及:《周恩來傳 1898 — 1949》(北京,中央文獻出版社,1989 年)
    (1)〈周恩來致中共中央書記處的電報〉(1938 年 12 月 6 日)
    (2)〈周恩來致毛澤東的電報〉(1945 年 2 月 3 日)
    (3)〈周恩來與宋子文等的談話紀錄〉(1945 年 1 月 24 日)
    (4)〈周恩來與赫爾利談話紀錄〉(1945 年 1 月 25 日)

13.《林伯渠傳》(北京,北京電子出版物出版中心,2001 年)

14. 張孝若:《南通張季直(謇)先生傳記》(台灣,文海出版社,1980 年)

15. 李揚、范泓:《重說陶希聖》(台北,秀威資訊科技,2008 年)

16. 羅家倫主編:《革命文獻》(3)(台北,中國國民黨中央委員會黨史史料編纂委員會 1953 年)
    (1) 胡漢民:〈胡漢民自傳〉

17. 李玉貞:《孫中山與共產國際》(台北,中央研究院近代史研究所,1996 年)

18. 宋炳輝:《徐志摩傳》(上海,復旦大學出版社,2011 年)

19. 陶菊隱:《袁世凱真相》(北京,線裝書局,2008 年)

20. 馮年臻:《袁世凱真傳》(瀋陽,遼寧古籍出版社,1997 年)

21. 侯宜杰：《袁世凱傳》（天津，百花文藝出版社，2003 年）

22. 湯伏祥：《袁來如此——袁世凱與晚清三十年》（北京，當代中國出版社，2011 年）

23. 羅家倫：《國父年譜》（台北，中國國民黨中央委員會黨史委員會，1994 年）

24. 劉垣：《張謇傳記》（台北，文海出版社，1976 年）

25. 唐寶林：《陳獨秀全傳》（香港，香港中文大學出版社，2011 年）

26. 唐寶林、林茂生：《陳獨秀年譜》（上海，上海人民出版社，1988 年）

27. 鄭學稼：《陳獨秀傳》（上）（台北，時報文化出版企業有限公司，1989 年）

28. 陸宗輿：《陸閏生先生五十自述記》（《北京日報》，1925 年承印）

29. 簡又文：《馮玉祥傳》（台北，傳記文學出版社，1982 年）

30. 中共上海市委黨史研究室編：《潘漢年在上海》（上海，上海人民出版社，1995 年）

    (1) 文廣祖：〈毛澤東周恩來有關國共談判給潘漢年的電報摘錄〉

    (2) 潘漢年：〈關於與國民黨談判情況給毛澤東等的報告〉（1936 年 11 月 12 日）

    (3) 潘漢年：〈關於與國民黨談判情況給中共駐共產國際代表團的報告〉（1936 年 11 月 21 日）

31. 江南：《龍雲傳》（香港，星辰出版社，1987 年）

32. 秦孝儀編：《總統蔣公大事長編初稿》（台北，中國國民黨黨史委員會出版，1978 年）

33. 孫應祥：《嚴復年譜》（福州，福建人民出版社，2003 年）

六、文獻、資料集

1. 安徽大學蘇聯問題研究所：《1919 — 1927 蘇聯〈真理報〉有關中國革命的文獻資料選編》(1)（成都，四川省社會科學院出版社，1985 年）

    (1) 蔡和森：〈中國共產黨史的發展（提綱）〉（1926 年）

    (2) 馬伊斯基：〈中國和中國的鬥爭〉（1922 年 7 月 27 日—28 日）

    (3) 維金斯基：〈中國的民族革命運動和工人階級〉（《真理報》1923 年 5 月 20 日）

    (4) 布哈林：〈中國革命問題〉（1927 年 4 月 19 日）

    (5) 拉狄克：〈列寧與中國革命〉（1927 年 1 月 21 日）

    (6) 《真理報》：〈英國帝國主義和中國的反革命〉（社論）（1925 年 9 月 23 日）

    (7) 阿利斯基：〈衰敗中的香港〉（1926 年 3 月 27 日）

    (8) 拉狄克：〈對中國最近事態的評價〉（1926 年 1 月 30 日）

     (9) 拉狄克：〈廣州〉(1925 年 9 月 1 日)

     (10) 格列爾：〈廣州和香港〉(1925 年 9 月 23 日)

2. 中國社會科學院現代史研究室、中國革命博物館黨史研究室選編：《一大前後：中
   國共產黨第一次代表大會前後資料選編》(1)（北京，人民出版社，1984 年)

     (1) K.B. 舍維廖夫：〈中國共產黨成立史〉

     (2) 李達：〈中國共產黨的發起和第一次、第二次代表大會經過的回憶〉(1955 年 8
       月 2 日)

     (3) 劉仁靜：〈回憶黨的「一大」〉

     (4) 羅章龍：〈回憶黨的創立時期的幾個問題〉(1978 年 4 — 9 月)

3. 中共中央黨史徵集委員會：《八七會議》（北京，中共黨史資料出版社，1986 年)

     (1) 〈中央常委代表瞿秋白的報告〉

     (2) 〈中國共產黨第六次全國代表大會政治決議案〉(1928 年 7 月 9 日) 及〈中國共
       產黨中央委員會關於若干歷史問題的決議〉(1945 年 4 月 20 日中國共產黨第六
       屆中央委員會擴大的第七次全體會議通過)

     (3) 〈毛澤東關於共產國際代表報告的發言〉

     (4) 〈任弼時關於共產國際代表報告的發言〉

     (5) 〈共產國際代表羅明納茲的報告〉

     (6) 〈李維漢的開幕詞〉

     (7) 〈蔡和森關於共產國際代表報告的發言〉

     (8) 〈鄧中夏關於共產國際代表報告的發言〉

     (9) 〈羅亦農關於共產國際代表報告的發言〉

4. 上海檔案館：《上海工人三次武裝起義》（上海，上海人民出版社，1983 年)

     (1) 〈上海特別市臨時市政府為復工問題給法租界公董局的函〉(1927 年 3 月 26 日)

     (2) 〈中共上海區委召開擴大活動分子會議記錄〉(1927 年 3 月 25 日)

     (3) 〈中共上海區委召開活動分子會議記錄〉(1927 年 3 月 26 日下午六時)

     (4) 〈特委會議記錄〉(1927 年 3 月 25 日晨)

     (5) 〈特委會議記錄〉(1927 年 3 月 25 日晚)

5. 黃紀蓮：《中日「二十一條」交涉史料全編 (1915 — 1923)》（合肥，安徽大學出
   版社，2001 年)

     (1) 〈大總統申令〉(1915 年 5 月 21 日)

     (2) 〈大總統袁世凱致各省電〉(1915 年 5 月 6 日)

     (3) 〈中國外交部收駐日本公使陸宗輿電〉(1915 年 2 月 13 日)

     (4) 〈中國外交部發各省將軍鎮守使巡按使特派員交涉員代電〉(1915 年 5 月 26 日)

     (5) 〈日本對華「二十一條」的提出與中日交涉〉

(6)〈外交部收上海沈朱軾等電〉（1915 年 3 月 20 日）

(7)〈外交部收上海洋貨商業公會電〉（1915 年 2 月 17 日）

(8)〈外交部收上海國民大會電〉（1915 年 5 月 9 日）

(9)〈外交部收上海張照等電〉（1915 年 2 月 28 日）

(10)〈外交部收出口公會陸維鏞等電〉（1915 年 2 月 9 日）

(11)〈外交部收安徽進步黨、省教育會、商會電〉（1915 年 2 月 13 日）

(12)〈外交部收政事堂交奉天農工商學各總會電〉（1915 年 2 月 24 日）

(13)〈外交部收浙江杭州商務、教育等會電〉（1915 年 2 月 20 日）

(14)〈外交部收浙江紳民電〉（1915 年 2 月 22 日）

(15)〈外交部收浙江寧波商務總會等電〉（1915 年 2 月 28 日）

(16)〈外交總長陸徵祥對參政院之答覆〉

(17)〈袁世凱之言〉（1915 年 5 月 8 日）

(18) 李大釗：〈留日學生總會警告全國父老書〉（1915 年）

6. 中央檔案館編：《中共中央文件選集》（北京，中共中央黨校出版社，1983 年）

(1)〈C 同志關於 KMT 問題報告〉（1926 年 11 月 4 日）

(2)〈中央局關於目前形勢與我們的任務的提綱〉（1934 年 12 月 15 日）

(3) 特生（向忠發）：〈中央政治局工作報告〉

(4)〈中央政治局決議——關於一、四方面軍會合後的戰略方針〉（1935 年 6 月 28 日）

(5)〈中央政治局對於國際第七次擴大會中國問題決議案的解釋〉（1927 年 4 月 24 日前）

(6)〈中央政治局關於蘇維埃區域目前工作計劃〉（1930 年 11 月）

(7)〈中央為執行北上方針告同志書〉（1935 年 9 月 10 日）

(8)〈中央致 4 軍前委信〉（1930 年 6 月 15 日）

(9)〈中央致鄂豫皖蘇區黨省委信〉（1933 年 3 月 15 日）

(10)〈中央革命軍事委員會關於紅軍改編為國民革命軍第八路軍的命令〉（1937 年 8 月 25 日）

(11)〈中央通告第 32 號——援助上海日商內外棉罷工工人發動反日運動〉（1925 年 5 月 16 日）

(12)〈中央通告第 33 號——發動反對日本帝國主義的大運動〉（1925 年 5 月 19 日）

(13)〈中央通告第 51 號——軍事工作大綱〉（採用廣東省委擴大會議軍事問題決議案內容）（1928 年 5 月 25 日）

(14)〈中央通告第 91 號——三全擴大會的總結與精神〉（1930 年 10 月 12 日）

(15)〈中央通告第十六號——中央臨時政治局擴大會議的內容與意義〉（1927 年 11 月 18 日）

(16)〈中央對於武漢反動時局之通告〉(1927 年 7 月 24 日)

(17)〈中央關於一、四方面軍會合後的政治形勢與任務的決議〉(1935 年 8 月 5 日中央政治局通過毛兒蓋會議)

(18)〈中央關於反對投降危險的指示〉(1939 年 6 月 7 日)

(19)〈中央關於反對敵人五次「圍剿」的總結決議〉(遵義會議)

(20)〈中央關於目前政治形勢與黨的任務決議〉(1935 年 12 月 25 日瓦窯堡會議通過)

(21)〈中央關於目前形勢與黨的任務的決定〉(1937 年 8 月 25 日洛川會議)

(22)〈中央關於同蔣介石第二次談判情況向共產國際的報告〉(1937 年 6 月 17 日)

(23)〈中央關於同蔣介石談判經過和我黨對各方面策略方針向共產國際的報告〉(1937 年 4 月 5 日)

(24)〈中央關於和國民黨談判的第二次秘密通知〉(1945 年 9 月 26 日)

(25)〈中央關於東北問題的談判方針給東北局和中共赴渝談判代表團的指示〉(1946 年 3 月 13 日)

(26)〈中央關於爭取革命在一省與數省首先勝利的決議〉(1932 年 1 月 9 日)

(27)〈中央關於南方各游擊區域工作的指示〉(1937 年 8 月 1 日)

(28)〈中央關於帝國主義國民黨四次「圍剿」與我們的任務的決議〉

(29)〈中央關於張國燾同志的錯誤的決定〉(1935 年 9 月 12 日於俄界)

(30)〈中央關於提出改組國民政府的主張及其實施方案給林伯渠董必武王若飛的指示〉(1944 年 9 月 4 日)

(31)〈中央關於對付敵人「圍剿」的策略問題給一、三兩集團軍前委諸同志的指示〉(1930 年 10 月 29 日)

(32)〈中央關於憲政問題的指示〉(1944 年 3 月 1 日)

(33)毛澤東:〈中央關於雙十協定後我黨任務與方針的指示〉(1945 年 10 月 12 日)

(34)〈中央關於邊區等問題與國民黨談判的方針給南方局的指示〉(1940 年 1 月 10 日)

(35)〈中央關於邊區與擴軍問題同國民黨的談判條件給南方局的指示〉(1940 年 1 月 11 日)

(36)〈中共「八七」會議告全黨黨員書〉(1927 年 8 月 7 日)

(37)〈中共中央為七七九周年紀念發表宣言〉(1946 年 7 月 7 日)

(38)〈中共中央為福建事變告全國民眾書〉(1933 年 12 月 5 日)

(39)〈中共中央負責人關於蔣介石強迫京滬渝中共代表撤退的聲明〉(1947 年 3 月 3 日)

(40)〈中共中央發言人廖承志關於揭穿蔣介石繼續大打陰謀的聲明〉(1946 年 11 月 10 日)

(41)〈中共中央發言人關於杜魯門對華政策聲明的談話〉(1945 年 12 月 17 日)

(42)〈中共中央關於太平洋反日統一戰線的指示〉(1941 年 12 月 9 日)

(43)〈中共中央關於時局的聲明〉(1946 年 10 月 18 日)

(44)〈中共代表致蔣介石馬歇爾備忘錄〉(1946 年 9 月 30 日)

(45)〈中國人民對日作戰的基本綱領〉(1934 年 4 月 20 日)

(46)〈中國共產黨中央委員會為日本帝國主義併吞華北及蔣介石出賣華北出賣中國宣言〉

(47)〈中國共產黨中央委員會為紀念抗戰五周年宣言〉(1942 年 7 月 7 日)

(48)〈中國共產黨中央委員會對政局宣言〉(1927 年 7 月 13 日)

(49)〈中國共產黨中國共產主義青年團為吳佩孚聯奉進攻國民軍事告全國民眾〉
    (1926 年 2 月 7 日)

(50) 陳獨秀:〈中國共產黨目前的策略〉(1922 年 11 月於莫斯科)

(51)〈中國共產黨為反抗帝國主義野蠻殘暴的大屠殺告全國民眾〉(1925 年 6 月 5 日)

(52) 中國共產黨中央委員會:〈中國共產黨為日本帝國主義強暴佔領東三省事件宣言〉
    (1931 年 9 月 20 日)

(53)〈中國共產黨為日軍進攻盧溝橋通電〉(1937 年 7 月 8 日)

(54)〈中國共產黨為蔣介石屠殺革命民眾宣言〉(1927 年 4 月 20 日)

(55)〈中國共產黨第一次全國代表大會文件〉

(56)〈中國共產黨第二次全國大會宣言〉(1922 年 5 月)

(57)〈中國共產黨第二次修正章程〉

(58)〈中國共產黨第四次全國代表大會文件對於民族革命運動之議決案 (3) 中國各
    社會階級在民族運動中的趨向——無產階級之領導地位〉(1925 年 1 月)

(59)〈中國共產黨第四次全國代表大會文件對於民族革命運動之議決案 (5) 我們與
    國民黨及其他黨派之關係〉(1925 年 1 月)

(60)〈中國共產黨第六次全國代表大會文件——政治決議案〉(1928 年 7 月 9 日)

(61)〈中國共產黨對於目前實際問題之計劃〉(1922 年 11 月)

(62) 中國共產黨中央執行委員會:〈中國共產黨對於時局的主張〉(1922 年 6 月 15
    日)

(63)〈中國共產黨黨綱草案〉(1923 年 7 月)

(64)〈中華蘇維埃共和國中央政府中國工農紅軍革命軍事委員會抗日救國宣言〉
    (1935 年 11 月 28 日)

(65)〈中華蘇維埃共和國臨時中央政府及工農紅軍與福建政府及十九路軍反日反蔣的
    初步協定〉(1933 年 10 月 26 日)

(66) 毛澤東:〈中華蘇維埃臨時中央政府工農紅軍革命軍事委員會為反對日本帝國主
    義侵入華北願在三條件下與全國各軍隊共同抗日宣言〉(1933 年 1 月 17 日)

(67)〈由於工農紅軍沖破第三次「圍剿」及革命危機逐漸成熟而產生的黨的緊急任務〉

（1931 年 9 月 20 日）

(68)〈共產國際執委政治秘書處關於中國問題的決議案〉（1930 年 6 月）

(69)〈共產國際執委會關於中國革命目前形勢的決定〉（1927 年 7 月）

(70)〈共產國際第八次執行委員會全體會議關於中國問題決議案〉（1927 年 5 月）

(71) 陳紹禹、周恩來、博古：〈我們對於保衛武漢與第三期抗戰問題底意見〉（1938 年 6 月 15 日）

(72)〈周恩來關於時局問題答新華社記者〉（1946 年 12 月 28 日）

(73)〈林祖涵在國民參政會上關於國共談判的報告〉（1944 年 9 月 15 日）

(74)〈為抗日救國告全體同胞書（八一宣言）〉（1935 年 8 月 1 日）

(75)〈組織問題決議案〉

(76)〈陳獨秀在中國共產黨第三次全國代表大會上的報告〉

(77)〈陳獨秀致吳廷康的信〉（1922 年 4 月 6 日）

(78)〈最近農民鬥爭的議決案〉

(79)〈最近職工運動議決案〉

(80) 立三：〈新的革命高潮前面的諸問題〉（發表於 1930 年 5 月 15 日出版的《布爾塞維克》）

(81)〈新的革命高潮與一省或幾省的首先勝利〉（立三路線）（1930 年 6 月 11 日政治局會議通過目前政治任務的決議）

(82) 陳獨秀：〈資產階級的革命與革命的資產階級〉

(83)〈對於目前時局的幾個重要問題〉（1926 年 11 月 9 日中央局與遠東局討論所得的意見）

(84)〈對於目前時局的幾個重要問題——附四：關於湘區 CP 與 KMT 關係的決議案〉（1926 年 11 月 9 日中央局與遠東局討論所得的意見）

(85)〈對於組織問題之議決案〉

(86) 陸定一：〈對於戰後國際形勢中幾個基本問題的解釋〉

(87) 中國共產黨中央執行委員會：〈關於「民主的聯合戰線」的議決案〉

(88)〈關於小資產階級問題共產黨與國民黨的關係〉（1927 年 5 月 13 日中央政治局議決）

(89)〈關於我黨同國民黨談判的原則立場〉（1944 年 12 月 12 日）

(90) 劉少奇：〈關於抗日游擊戰爭中的政策問題〉（1938 年 2 月 5 日）

(91)〈關於政治狀況和黨的總任務議決案〉（1930 年 9 月接受共產國際執行委員會政治秘書處 1930 年 7 月的中國問題議決案的決議）

(92)〈關於紅軍作戰原則的指示〉（1937 年 8 月 1 日）

(93)〈關於國民運動及國民黨問題的議決案〉

(94) 恩來：〈關於傳達國際決議的報告〉（1930 年 9 月 24 日）

(95) 周恩來：〈關於憲政與團結問題〉（1944 年 3 月 12 日）

7. 中央檔案館編：《中共中央抗日民族統一戰線文件選編》（北京，中共中央黨校出版社，1983 年）
    (1) 〈中央局轉發國際關於反帝統一戰線的指示〉

8. 中國人民解放軍政治學院黨史教研室編：《中共黨史參考資料》(10)（北京，人民出版社，1979 年）
    (1) 趙援：〈1930 年前後的第四軍〉
    (2) 〈中央書記處關於成立國軍工作部的指示〉（1945 年 10 月 25 日）
    (3) 〈中央關於日本投降後我黨任務的決定〉

9. 王書福：《中原大戰內幕》（太原，山西人民出版社，1994 年）
    (1) 唐永良：〈山東反蔣戰事片斷〉
    (2) 〈中原大戰人民群眾所受之損失〉
    (3) 劉其奎：〈中原大戰中的汪精衛〉
    (4) 賀貴嚴：〈津浦線蔣閻兩軍戰況概述〉
    (5) 陶伯行：〈倒蔣之戰給山西人民帶來的災難〉
    (6) 黃夢年：〈桂張軍入湘作戰始末〉
    (7) 〈鹿鐘麟等 57 將領寒日通電〉（1930 年 3 月 14 日）
    (8) 王贊亭：〈馮部南路軍作戰見聞〉
    (9) 劉吉人：〈蔣介石用高官厚祿征服了張學良〉
    (10) 〈蔣介石覆閻錫山文電〉（1930 年 2 月 12 日）
    (11) 〈蔣介石覆閻錫山皓電〉（1930 年 2 月 19 日）
    (12) 張振漢：〈蔣軍平漢線戰況概述〉
    (13) 劉驥：〈蔣馮閻關係和中原大戰〉
    (14) 〈閻錫山復蔣介石蒸電〉（1930 年 2 月 10 日）
    (15) 〈閻錫山復蔣介石元電〉（1930 年 2 月 13 日）
    (16) 〈閻錫山復蔣介石號電〉（1930 年 2 月 20 日）
    (17) 〈閻錫山等 45 人漾日通電〉（1930 年 2 月 23 日）
    (18) 〈閻錫山致蔣介石敬電〉（1930 年 2 月 24 日）
    (19) 張樾亭：〈隴海線上反蔣戰事親歷記〉
    (20) 楊集賢、趙子立、楊顯、栗森華等：〈隴海線的幾場戰鬥〉

10. 中國民主同盟中央文史資料委員會編：《中國民主同盟歷史文獻》（北京，文史資料出版社，1983 年）
    (1) 〈中國民主同盟主席張瀾在招待外國記者會上的談話〉（1945 年 8 月 3 日）
    (2) 〈中國民主同盟主席張瀾對抗戰勝利結束後發表談話〉（1945 年 8 月 12 日）

(3)〈中國民主同盟發言人對最近國內民主與團結問題發表談話〉(1945 年 3 月 10 日)

(4)〈中國民主同盟雲南省支部為紀念抗戰八周年敬告國人書〉(1945 年 7 月 7 日)

(5)〈中國民主同盟對抗戰最後階段的政治主張〉(1944 年 10 月 10 日)

(6)〈中國民主政團同盟主席張瀾致蔣介石書〉(1943 年)

(7)〈中國民主政團同盟成立宣言〉(1941 年 10 月 10 日)

(8)〈中國民主政團同盟對目前時局的看法與主張〉(1944 年 5 月)

11.《中國近代對外關係史資料選輯》(上海,上海人民出版社,1969 年)

(1)〈中共中央關於同國民黨進行和平談判的通知〉(1945 年 8 月 26 日)

(2)〈抗日游擊戰爭的戰略問題〉(1938 年 5 月)

(3)〈抗日戰爭勝利後的時局和我們的方針〉(1945 年 8 月 13 日)

(4)〈為動員一切力量爭取抗爭勝利而鬥爭〉(1937 年 8 月 25 日)

(5)〈國民黨進攻的真相〉(1945 年 11 月 5 日)

(6)〈第十八集團軍總司令給蔣介石的兩個電報〉(1945 年 8 月 13 及 16 日)

(7)〈評國民黨十一中全會和三屆二次國民參政會〉(1943 年 10 月 5 日)

(8)〈評赫爾利政策的危險〉(1945 年 7 月 12 日)

(9)〈論持久戰〉(1938 年 5 月)

(10)〈論聯合政府〉(1945 年 4 月 24 日)

(11)〈關於打退第二次反共高潮的總結〉(1941 年 5 月 8 日)

(12)〈關於重慶談判〉(1945 年 10 月 17 日)

12. 榮孟源:《中國國民黨歷次代表大會及中央全會資料》(北京,光明日報出版社,
1985 年)

(1)〈中國國民黨中央執委會頒發有關容納共產分子問題之訓令〉

(2)〈中國國民黨第二次全國代表大會〉(1926 年 1 月)

(3)〈第二屆第二次中央全會〉(1926 年 5 月)

(4)〈農民運動決議案〉(1926 年 1 月 19 日第二次全國代表大會通過)

13. 彭明:《中國現代史資料選輯》(2)(1924 — 1927)(北京,中國人民大學出版社,
1988 年)

(1)〈中國國民黨為國民革命軍出師北伐宣言〉(1926 年 7 月 6 日)

14. 彭明:《中國現代史資料選輯第一、二冊補編》(北京,中國人民大學出版社,
1991 年)

(1)〈上海市民代表大會致蔣介石電〉(1927 年 4 月 12 日)

(2)〈上海臨時市政府致函質問白崇禧〉(1927 年 4 月 12 日)

(3)〈汪精衛陳獨秀聯合宣言〉(1927 年 4 月 5 日)

(4)〈英國外相張伯倫在伯明翰的演說〉(1927 年 1 月 29 日)

(5) 〈國民黨連日會議黨務之要點〉(1927 年 4 月 8 日)

(6) 〈黃金榮張嘯林杜月笙之電文〉(1927 年 4 月 14 日)

(7) 〈蔣介石初到上海保證不對工人糾察隊繳械〉(1927 年 3 月 28 日)

(8) 〈蔣介石對外報記者的談話〉(1927 年 3 月 30 日)

15. 中國第二歷史檔案館編:《中華民國史檔案資料匯編》(南京,江蘇古籍出版社,
1994 年)

(1) 〈中國國民黨第二次全國代表大會宣言〉(1926 年 1 月)

(2) 劉峙:〈國民革命軍劉峙部關於在龍潭殲滅孫傳芳殘部戰鬥詳報〉(1927 年 9 月)

16. 秦孝儀編:《中華民國重要史料初編——對日抗戰時期 第三編:戰時外交》(台
北,中國國民黨中央委員會黨史委員會,1981 年)

(1) 秦孝儀編:〈中國國民黨歷次全國代表大會重要決議案彙編〉

(2) 〈中蘇關係:四、軍火貨物交換〉

(3) 〈美國總統羅斯福自華盛頓致蔣委員長說明派居里先生再度來華之用意及從戰略
形勢之觀察解釋對中國戰區並無輕視之意函〉

(4) 〈斯大林統帥與宋子文院長第四次談話紀錄〉(1945 年 7 月 9 日下午 9 時至 10 時
40 分)

(5) 〈蔣主席自重慶致行政院長宋子文指示必須以東北領土主權與行政之完整及蘇聯
不再支持中共與新疆匪亂為我國允許外蒙戰後獨立之交換條件電〉

(6) 〈蔣委員長在重慶接見居里先生對中國不得參加英美聯合參謀會議表示遺憾及對
中美邦交日漸隔閡之原因有所探討談話紀錄〉

(7) 〈蔣委員長自漢口致伏羅希洛夫元帥並轉史達林委員長請將所允救濟之武器於九
月中旬如數運到電〉(1938 年 8 月 17 日)

17. 秦孝儀編:《中華民國重要史料初編——對日抗戰時期 第五編:中共活動真相》
(台北,中國國民黨中央委員會黨史委員會,1981 年)

(1) 〈1943 年 3 月 28 日何總長與周恩來林彪談話紀要〉

(2) 〈中央宣傳部長王世杰奉命提交赫爾利將軍轉交周恩來修正國共協議之條件三項〉
(1944 年 11 月 21 日)

(3) 〈中共毛澤東提交赫爾利將軍之國共合作條件〉(1944 年 11 月 10 日)

(4) 〈西安行營主任顧祝同呈蔣委員長報告與周恩來談話情形電〉(1937 年 2 月 13 日)

(5) 〈林彪周恩來與張部長談話後所提要求四項〉(1942 年 12 月 26 日)

(6) 〈政治部長張治中宣傳部長王世杰自西安呈蔣委員長報告與中共代表林祖涵商談
情形電〉(1944 年 5 月 12 日)

(7) 〈除政府原提三項原則外政府並準備實行次列三項辦法〉

(8) 〈參謀總長何應欽呈蔣委員長就林彪周恩來所提要求四項排列並附具研究意見列

表簽呈鑒核〉（1942 年 12 月 31 日）

(9) 〈參謀總長何應欽簽呈蔣委員長報告與周恩來林彪晤談情形〉（1943 年 4 月 2 日）

(10) 〈赫爾利將軍致毛澤東周恩來對其來電表示遺憾特提議宋子文王世杰張治中同來延安面商一切函〉（1944 年 12 月 30 日）

(11) 〈蔣委員長召見第 115 師師長林彪談話紀錄〉（1942 年 10 月 13 日）

(12) 〈蔣委員長致顧祝同主任指示改編共軍方針電〉（1937 年 2 月 8 日）

(13) 〈蔣委員長致顧祝同主任補充指示改編共軍方針電〉（1937 年 2 月 16 日）

18. 秦孝儀編：《中華民國重要史料初編——對日抗戰時期 第七編：戰後中國》（台北，中國國民黨中央委員會黨史委員會，1981 年）

(1) 〈政府代表孫科等八人提關於和平建國及國民大會問題之意見案〉（1946 年 1 月 14 日）

(2) 〈美國駐華大使館參事施麥斯致外交部部長王世杰有關美國對東北經濟合作態度之照會〉

(3) 〈重慶會談第八次談話紀錄〉

(4) 〈馬歇爾特使為裝備訓練共軍十師案覆蔣委員長備忘錄譯文〉（1946 年 4 月 21 日）

19. 上海社會科學院歷史研究所編：《五卅運動史料》（上海，上海人民出版社，1981 年）

(1) 馬凌山：〈（上海大學）本校同學三年來的奮鬥工作〉

(2) 〈「九・二一」游行大示威遭軍閥破壞〉

(3) 〈《熱血日報》的報道〉

(4) 劉少奇：〈一年來中國職工運動的發展〉

(5) 〈三十五團體發起組織日人殘殺同胞雪恥會〉

(6) 〈上海大批失業工人秘密赴廣州〉

(7) 〈上海大學等校學生代表開會醞釀上街演講惲代英到會指導〉〈六十餘團體舉行援救被捕學生聯合會議〉

(8) 〈大陸報〉（1925 年 5 月 31 日）

(9) 〈工部局的鎮壓活動——逮捕和審訊被日人槍傷的工人〉、〈嚴禁工人為顧正紅出殯游行〉

(10) 麥高雲：〈工部局捕頭下令準備對示威群眾開槍〉

(11) 〈工部局警務處 5 月 31 日情報〉

(12) 蔡元培：〈五卅殉難烈士墓紀念碑碑文〉（1927 年 10 月 5 日）

(13) 惲代英：〈五卅運動〉

(14) 張太雷：〈五冊運動之分析及紀念之意義〉

(15) 〈日本廠主決議排斥工會，以高壓手段對付工人〉

(16)〈共產黨、國民黨等地方組織召開慰勞京漢、隴海路工人助國民軍參戰會〉

(17) 若飛：〈在槍殺中國工人中日本帝國主義者對於上海市民之威嚇〉

(18)〈字林西報〉(1925 年 6 月 1 日)

(19)〈奉系軍閥李景林鎮壓反帝運動〉

(20) 實敷：〈青島日本帝國主義殘殺中國工人之慘劇——青島通訊 5 月 30 日〉及〈青島屠殺之經過——青島通訊〉

(21)〈南洋大學學生會為日人慘殺華工第二次宣言〉(1925 年 5 月 29 日)

(22) 瞿秋白：〈帝國主義之五卅屠殺與中國的國民革命〉及〈國民會議與五卅運動——中國革命史上的 1925〉

(23) 陳寶聰：〈參加五卅反帝鬥爭的回憶〉(1965 年 10 月)

(24)〈密勒氏評論報〉(1925 年 7 月 25 日)

(25)〈張宗昌治下的山東〉

(26) 南洋大學學生會：〈從殺工人到殺學生，從殺學生到殺全國人〉

(27)〈罷工失業工人赴粵訊〉

(28)〈學生踴躍報考廣東革命軍〉

(29) 陳復（復旦大學學生）：〈關於五卅慘殺案的一封信〉

(30)〈關於李逸民參加黃埔軍校的回憶〉

(31) 內外棉紗廠工會代表劉貫之、陶靜：〈為日人慘殺同胞顧正紅呈交涉使文——內外棉紗廠工會〉

20. 中國第二歷史檔案館編：《五卅運動和省港罷工》(南京，江蘇古籍出版社，1985 年)

(1)〈中國國民黨對五卅事件宣言〉(1925 年 6 月 28 日)

(2)〈中華民國國民政府訓令第三號〉(1925 年 7 月 8 日)

(3)〈五卅慘案安徽後援會聲討奉系軍閥封閉愛國團體電〉(1925 年 7 月)

(4)〈何遂等表示同仇敵愾擁護國家電〉(1925 年 7 月 11 日)

(5)〈李山林請速息內爭一致對外電〉(1925 年 7 月 15 日)

(6)〈取消特許證後之善後條例〉

(7)〈省港罷工委員會等關於虎門太平商團民團鼓動罷市毆擊糾察隊情形文件〉(1925 年 10—11 月)

(8) 蘇兆徵：〈省港罷工委員會請對偽冒罷工分子拘拿處罪呈〉(1925 年 11 月 24 日)

(9) 省港罷工委員會：〈省港罷工委員會關於設立特別法庭處理奸商偷運案函件〉(1925 年 8 月 28 日) 及蘇兆徵〈省港罷工委員會呈〉(9 月 7 日)

(10)〈軍務廳致外交部密函〉(1925 年 7 月 30 日)

(11) 胡漢民：〈革命政府對沙面慘案之第一次抗議〉(1925 年 6 月 23 日)

(12) 胡漢民：〈革命政府關於上海租界暴行宣言〉(1925 年 6 月 7 日)

(13) 〈國民政府批第 96 號〉

(14) 〈國民政府軍事委員會關於加強封鎖前山灣仔等處公函〉(1925 年 10 月 5 日)

(15) 〈國民政府秘書處公函第 380 號〉(1925 年 10 月 26 日)

(16) 〈國民政府對罷工委員會拍發通電予以免費訓令稿〉(1925 年 7 月 8 日)

(17) 〈國民政府關於封鎖香港及新界口岸公函稿〉(1925 年 7 月 13 日擬稿、15 日發稿)

(18) 〈國民政府關於香港桅船及聯沙自衛勇槍擊糾察隊着查明究辦令〉(1925 年 9 月 26 日)

(19) 〈國民政府議決發給罷工委員會糧錢公函稿〉(1925 年 8 月 17 日)

(20) 〈執政府外交部為滬案向華府會議八國駐使提出修改不平等條約照會致雲南特派交涉員電〉(1925 年 7 月 27 日)

(21) 〈執政府外交部關於漢口慘案致英代使照會〉(1925 年 6 月 13 日)

(22) 〈張兆鉀為滬案談判久未解決願率軍效力電〉(1925 年 7 月 9 日)

(23) 〈張毅願捐薪支援罷工電〉(1925 年 6 月 18 日)

(24) 〈彭漢章請團結一致對外抗爭電〉(1925 年 7 月 29 日)

(25) 〈湖北旅京同鄉漢案後援會宣布蕭耀南罪狀傳單〉(1925 年 7 月 29 日)

(26) 〈馮玉祥呼籲國人為取消不平等條約作後盾電〉(1925 年 6 月 27 日)

(27) 〈楊森關於成都聲援滬案一律罷工罷市電〉(1925 年 7 月 23 日)

(28) 〈劉文輝關於滬案交涉不達目的不能中輟電〉(1925 年 6 月 15 日)

(29) 〈劉存厚請消除內爭一致對外電〉(1925 年 7 月 13 日)

(30) 〈劉成勳關於滬案從嚴交涉以保主權平民憤電〉(1925 年 6 月 16 日)

(31) 胡漢民：〈廣東省長公署為英法葡兵制造沙基慘案布告〉(1925 年 6 月 23 日)

(32) 胡漢民：〈廣東省長公署給英法葡領事嚴重抗議照會〉(1925 年 6 月 23 日)

(33) 〈廣東省政府報告處理華山輪船案呈〉(1925 年 10 月 3 日)

(34) 〈鄧錫侯關於四川軍民願為滬案後盾電〉(1925 年 6 月 11 日)

(35) 〈濟南學生聯合會為張宗昌封閉該會發表宣言〉(1925 年 7 月 16 日)

21. 張允侯、殷敘彝、洪清祥、王雲開：《五四時期的社團》(1) (北京，三聯書店，1979 年)

(1) 李維漢：〈回憶新民學會〉

(2) 〈新民學會會務報告第二號〉

(3) 〈蕭旭東給毛澤東的信〉(1920 年 8 月初)

22. 中國人民政治協商會議全國委員會、文史資料研究委員會編：《文史資料選輯》(北京，中國文史出版社，1986 年重印)

(1) 周一志:〈「非常會議」前後〉

(2) 陳銘樞:〈「寧粵合作」親歷記〉

(3) 黃紹竑:〈1928 年粵桂戰爭〉

(4) 劉叔模:〈1931 年寧粵合作期間我的內幕活動〉

(5) 唐生智:〈1931 至 1949 年概括回憶的幾件事〉

(6) 何基灃:〈二十九軍在喜峰口的抗戰〉

(7) 張伯言、楊學端、朱戒吾、張懷猷:〈二十四軍在川康邊區阻截紅軍的實況〉

(8) 李藻麟:〈二次直奉戰中山海關戰役親歷記〉

(9) 馬炳南:〈二次直奉戰前張作霖與馮玉祥的拉攏〉

(10) 蔣光鼐、蔡廷鍇、戴戟:〈十九路軍淞滬抗戰回憶〉

(11) 馬文卓遺稿:〈中山艦事件的內幕〉

(12) 包惠僧:〈中山艦事件前後〉

(13) 孫桐萱、谷良民、劉熙眾、余右堯:〈中原大戰中的韓復榘〉

(14) 凌勉之:〈中原大戰前的馮玉祥〉

(15) 劉立道:〈中國工農革命軍第二師在東江〉

(16) 許德珩:〈五四運動六十周年〉

(17) 李家白:〈反共第一次「圍剿」的源頭之役〉

(18) 黃紹竑:〈四 ·一二政變前的秘密反共會議〉

(19) 鄧漢祥:〈四川省政府及重慶行營成立的經過〉

(20) 王葆真:〈民國初年國會鬥爭的回憶〉

(21) 羅章龍:〈回憶「二七」大罷工〉

(22) 蔡廷鍇:〈回憶十九路軍在閩反蔣失敗經過〉

(23) 劉季平:〈回憶我與陶行知先生及曉莊師範的關係〉

(24) 周玳:〈回憶編遣會議〉

(25) 張知行:〈西北軍練兵的一些特點〉

(26) 陶蕃:〈吳佩孚與日偽的勾結〉

(27) 薛篤弼:〈我在中原大戰時期的一些經歷〉

(28) 范予遂:〈我所知道的改組派〉

(29) 袁靜雪:〈我的父親袁世凱〉

(30) 宋希濂:〈我參加「討伐」十九路軍戰役的回憶〉

(31) 公秉藩:〈我參加第二次「圍剿」被俘脫逃記〉

(32) 丁紀徐:〈我與廣東空軍〉

(33) 黃紹竑:〈我與蔣介石和桂系的關係〉

(34) 何漢文:〈改組派回憶錄〉

(35) 高一涵:〈李大釗同志護送陳獨秀出險〉

(36) 張文鴻：〈李明瑞倒桂投蔣和倒蔣失敗的經過〉

(37) 李俊龍：〈汪精衛與擴大會議〉

(38) 唐在禮：〈辛亥以後的袁世凱〉

(39) 劉斐：〈兩廣「六一」事變〉

(40) 沈叔明、王肇治、邱立亭、唐振海：〈東北軍109師在直羅鎮被殲始末〉

(41) 于學忠：〈東北軍第四次入關的經過〉

(42) 王維城：〈直系的分裂和二次直奉戰直系的失敗〉

(43) 王家烈：〈阻截中央紅軍長征過黔的回憶〉

(44) 黃紹竑：〈阻擊葉賀南征軍的戰事〉

(45) 侯漢佑：〈侯之擔部防守烏江的潰敗〉

(46) 劉驥：〈南行使命〉

(47) 原中國人民解放軍軍政大學編寫組編寫：〈南昌起義〉

(48) 劉鶴鳴：〈柏輝章部在婁山關的潰敗〉

(49) 賀貴嚴：〈津浦線上蔣晉兩軍戰況概述〉

(50) 王天錫：〈紅軍過黔時蔣介石在貴陽的狼狽相〉

(51) 盧蔚乾：〈胡宗鐸、陶鈞在桂系中的起落〉

(52) 何柱國：〈孫、段、張聯合推倒曹、吳的經過〉

(53) 鹿鐘麟：〈孫中山先生北上與馮玉祥〉

(54) 寧武：〈孫中山與張作霖聯合反直紀要〉

(55) 晏升東、孫怒潮：〈晏陽初與平民教育〉

(56) 覃異之：〈記舒宗鎏等談中山艦事件〉

(57) 魏鎮：〈馬日事變親歷記〉

(58) 張樾亭：〈國民軍南口戰役親歷記〉

(59) 劉錦漢：〈國共第一次合作的經歷片段〉

(60) 于立言：〈張作霖通過段祺瑞瓦解直系的內幕〉

(61) 傅興沛遺稿：〈第二次直奉戰爭紀實〉

(62) 左齊：〈雄關漫道——記紅二方面軍長征歷程〉

(63) 金漢鼎：〈雲南護國親歷記〉

(64) 鹿鐘麟、劉驥、鄧哲熙：〈馮玉祥北京政變〉

(65) 鄧哲熙、戈定遠：〈馮玉祥與擴大會議〉

(66) 方鼎英：〈黃埔軍校「清黨」回憶〉

(67) 孫渡：〈滇軍入黔防堵紅軍長征親歷記〉

(68) 黃紹竑：〈滇桂戰爭〉

(69) 高樹勛、張允榮、鄧哲熙：〈察哈爾民眾抗日同盟軍〉

(70) 蔣光鼐：〈對十九路軍與「福建事變」的補充〉

(71) 宋瑞珂：〈對中央蘇區第四次圍攻紀略〉

(72) 羅翼群：〈廖仲愷先生被刺前後〉

(73) 麥朝樞：〈福建人民革命政府回憶〉

(74) 四川政協文史研委會軍事史料編寫組：〈劉湘部在川黔滇邊防堵紅軍的經過〉

(75) 鄧漢祥：〈劉湘與蔣介石的勾心鬥角〉

(76) 劉祖靖：〈廣州起義中的教導團〉

(77) 曾擴情：〈蔣介石兩次派我入川及劉湘任「四川剿匪總司令」的內幕〉

(78) 熊紹韓：〈蔣介石是怎樣搞垮貴州軍閥王家烈的？〉

(79) 符昭騫、鄭庭笈：〈蔣介石消滅十九路軍戰役的經過〉

(80) 晏道剛：〈蔣介石追堵長征紅軍的部署及其失敗〉

(81) 謝慕韓：〈蔣介石對中央蘇區的第一次圍攻〉

(82) 楊伯濤：〈蔣軍對中央蘇區第五次圍攻紀要〉

(83) 程思遠：〈蔣桂新軍閥戰爭的內幕〉

(84) 張覺僧：〈魯大昌部在臘子口的潰敗〉

(85) 曹毓雋：〈黎段矛盾與府院衝突〉

(86) 周玳：〈閻錫山發動中原大戰概述〉

(87) 冀貢泉：〈閻錫山與擴大會議〉

(88) 魏鑒賢：〈隨薛岳所部追堵紅軍長征的見聞〉

(89) 鄧哲熙：〈韓、石叛馮和閻、馮聯合反蔣的經過〉

(90) 孟曦：〈關於「非常會議」和「寧粵合作」〉

(91) 范紹增：〈關於杜月笙〉

(92) 何遂：〈關於國民軍的幾段回憶〉

(93) 李以劻：〈關於淞滬抗戰的片斷〉

(94) 郭宗汾：〈隴海線反蔣戰爭親歷記〉

(95) 詹秉忠：〈護法期間唐繼堯與孫中山的矛盾及其演變〉

23. 中國社會科學院近代史研究所 中華民國史研究室主編、鄒念之編譯：《日本外交
    文書選譯——關於辛亥革命》（北京，中國社會科學出版社，1980 年）

    (1) 〈大島關東都督致內田外務大臣電〉（1912 年 2 月 13 日）

    (2) 〈小幡駐天津總領事致內田外務大臣電〉（1912 年 1 月 15 日）

    (3) 〈落合駐奉天總領事致內田外務大臣電〉（1912 年 2 月 21 日）

24. 中共中央文獻研究室：《毛澤東軍事文集》(1)（北京，中央文獻出版社，1993 年）

25. 中華民國開國五十年文獻編纂委員會編：《共匪禍國史料彙編》(1)（台北，編者
    印，1964 年）

    (1) 華崗：〈1925 — 27 大革命的中國共產黨〉

(2) 陳獨秀：〈告全黨同志書〉

26. 中共中央黨史研究室第一研究部：《共產國際、聯共（布）與中國革命文獻資料選輯》（1917 — 1925）（北京，北京圖書館出版社，1997 年）

    (1)〈上海工部局關於孫文越飛會談的記錄——孫中山與蘇俄代表越飛會談〉（1923 年 1 月 22 日）

    (2)〈上海工部局關於孫文越飛會談的記錄——孫中山越飛繼續會談〉（不晚於 1923 年 1 月 24 日）

    (3)〈中國社會各界的反應〉

    (4) 列寧：〈民族和殖民地問題提綱初稿〉（1920 年 6 月 5 日）

    (5) 馬林：〈向共產國際執行委員會的報告〉（1922 年 7 月 11 日於莫斯科）

    (6) 包惠僧：〈回憶馬林〉

    (7) 孫鐸：〈吳佩孚和陳炯明〉（1922 年 11 月 8 日）

    (8) 馬林：〈我對孫中山的印象〉（1925 年 3 月 20 日）

    (9) 維經斯基：〈我與孫中山的兩次會見〉

    (10)〈俄羅斯蘇維埃聯邦社會主義共和國對中國人民和中國北南政府的宣言〉（1919 年 7 月 25 日）

    (11)〈俄羅斯蘇維埃聯邦社會主義共和國對中國政府的宣言〉（1919 年 9 月 27 日）

    (12)〈契切林致孫中山的信〉（1918 年 8 月 1 日）

    (13)〈契切林致孫中山的信〉（1920 年 10 月 31 日）

    (14)〈契切林致孫中山的信〉（1922 年 2 月 7 日）

    (15) 馬林：〈致共產國際執行委員會的信〉（1923 年 6 月 20 日廣州）

    (16) 孫中山：〈致蘇聯外交人民委員部電〉（1923 年 5 月 15 日）

    (17)〈孫中山致俄羅斯蘇維埃社會主義共和國外交部信〉（1921 年 8 月 28 日）

    (18)〈孫文越飛聯合宣言〉（1923 年 1 月 26 日）

    (19)〈馬林工作記錄〉（1922 年 8 月 12 日—9 月 7 日）

    (20)〈馬林關於杭州會議後活動的報告〉（1922 年 10 月 14 日）

    (21) 孫鐸：〈國民運動、革命軍和革命宣傳〉（1922 年 11 月 8 日）

    (22) 馬林：〈訪問中國南方的革命家——個人印象點滴〉（1922 年 9 月 7 日）

    (23)〈陳炯明將軍致列寧書〉（1920 年 5 月）

    (24) 陳獨秀：〈陳獨秀致吳廷康的信〉）1922 年 4 月 6 日）

    (25)〈陳獨秀致吳廷康的信〉（1922 年 6 月 30 日上海）

    (26) 伊羅生：〈與斯內夫利特（馬林）談話記錄——關於 1920 — 1923 年的中國問題〉

    (27) 蔡和森：〈蔡和森談西湖會議〉（1926 年）

    (28)〈鮑羅庭筆記〉（1924 年 1 月）

(29)〈謝張兩監察委員與鮑羅庭問答紀要〉(1924 年 6 月 25 日)

(30)〈關於中國國民運動和國民黨的報告——國民黨和俄國共產黨（布爾什維克）之間合作的必要性〉(不晚於 1923 年 10 月 18 日於莫斯科)（絕密）

(31)〈關於我們在殖民地和半殖民地尤其是在中國的工作問題——越飛和斯內夫利特（馬林）的提綱〉(不晚於 1922 年 12 月)

(32)〈關於國民運動及國民黨問題的議決案〉(1923 年 6 月)

(33)〈蘇聯政府致孫中山電〉(1923 年 5 月 1 日)

27. 中共中央黨史研究室第一研究部：《共產國際、聯共（布）與中國革命文獻資料選輯》(1926 — 1927)（上）(北京，北京圖書館出版社，1997 年)

(1)〈共產國際執委員會關於中國革命當前形勢的決議〉(1927 年 7 月 14 日)

(2)〈陳獨秀在中國共產黨第五次全國代表大會上的報告〉(1927 年 4 月 29 日)

(3)〈陳獨秀告全黨同志書〉(1929 年 12 月 10 日)

(4) 布哈林：〈農民問題與世界無產階級革命〉

(5) 汪精衛：〈對中國國民黨第二次全國代表大會政治報告〉(1926 年 1 月 6 日)

(6) 斯切潘諾夫：〈關於「三二〇」事件的報告〉(1926 年)

(7)（日）毛里和子：〈關於國民革命的分歧——中山艦事件和布勃諾夫使團〉(1977)

(8)〈關於騎兵的報告——普里馬科夫同志給馮玉祥的報告〉

28. 中國社會科學院近代史研究所翻譯室編譯：《共產國際有關中國革命的文獻資料》

(1) (1919 — 1928)(北京，中國社會科學出版社，1981 年)

(1)〈斯大林論中國革命的前途〉(1926 年 11 月 30 日在共產國際執行委員會中國委員會會議上的演說)

(2) 劉仁靜：〈關於中國形勢的報告〉〈共產國際第四次代表大會〉(1922 年 11 月 5 日 — 12 月 5 日)

29. 中國社會科學院近代史研究所翻譯室編譯：《共產國際有關中國革命的文獻資料》

(2) (1929 — 1936)(北京，中國社會科學出版社，1982 年)

(1)〈法西斯的進攻和共產國際在爭取工人階級統一反對法西斯的鬥爭中的任務〉

(2) 季米特洛夫：〈關於法西斯的進攻以及共產國際在爭取工人階級團結起來反對法西斯的鬥爭中的任務〉

30. 中國社會科學院近代史研究所翻譯室編譯：《共產國際有關中國革命的文獻資料》

(3) (1936 — 1943)(1921 — 1936 補編)(北京，中國社會科學出版社，1990 年)

(1)〈共產國際執行委員會主席團關於建立共產國際東方部遠東局的決定〉(不晚於 1923 年 1 月 10 日)

31.《國際共產主義運動史文獻》編輯委員會：《共產國際第二次代表大會文件》(北京，中國人民大學出版社，1988 年)

(1) 〈共產國際第二次代表大會文件〉（1920 年 7—8 月）

(2) 〈第五次會議——繼續討論民族和殖民地問題〉（1920 年 7 月 28 日）

(3) 〈羅易發言並提出補充提綱〉

(4) 〈關於民族和殖民地問題的補充提綱〉

32.《國際共產主義運動史文獻》編輯委員會：《共產國際第四次代表大會文件》（北京，中國人民大學出版社，1988 年）

(1) 拉狄克：〈第二十次會議——討論東方問題〉（1922 年 11 月 23 日）

33. 北京師範學院政教系、上海師範學院政教系：《共產國際與中國革命資料選輯》（1919—1924）（北京，人民出版社，1985 年）

(1) 〈共產國際執行委員會關於中國共產黨與國民黨的關係問題的決議〉（1923 年 1 月 12 日）

(2) 維經斯基：〈共產國際遠東局的指示〉（1922 年 7 月）

(3) 斯切潘諾夫：〈關於「三二〇」事件的報告〉（1926 年）及〈關於「三二〇」事件後廣東情況的報告〉（1926 年 4 月）

34. 中共中央馬克思恩格斯列寧斯大林著作編譯局編譯：《列寧全集》（北京，人民出版社，1990 年）

(1) 列寧：〈「農民改革」和無產階級——農民革命〉（1911 年 3 月 19 日）

(2) 列寧：〈中國的民主主義和民粹主義〉（1912 年 7 月 15 日）

(3) 〈代表會議的決議：關於中國革命〉

(4) 列寧：〈左派社會民主黨人為國際社會黨第一次代表會議準備的決議草案〉（1915 年 7 月 9 日）

(5) 列寧：〈全俄工兵代表蘇維埃第二次代表大會文獻〉（1917 年 10 月下旬）

(6) 列寧：〈共產主義運動中的「左派」幼稚病〉（1920 年 4—5 月）

(7) 列寧：〈共產國際第一次代表大會文獻——開幕詞〉（1919 年 3 月 2 日）

(8) 列寧：〈共產國際第一次代表大會文獻——閉幕詞〉（1919 年 3 月 6 日）

(9) 列寧：〈共產國際第二次代表大會文獻——關於國際形勢和共產國際基本任務的報告〉（1920 年 7 月 19 日）

(10) 列寧：〈共產國際第三次代表大會文獻——關於俄共策略的報告提綱〉（1921 年 6 月 13 日）

(11) 列寧：〈共產國際第四次代表大會文獻〉（1922 年 11 月 4 日）

(12) 列寧：〈在全俄東部各民族共產黨組織第二次代表大會上的報告〉（1919 年 11 月 22 日）

(13) 列寧：〈爭取到的和記載下來的東西〉（1919 年 3 月 5 日）

(14) 列寧：〈社會主義革命和民族自決權〉（提綱）（1916 年 1 至 2 月）

(15) 列寧：〈社會主義與戰爭〉(俄國社會民主工黨對戰爭的態度) (1915 年 7 — 8 月)

(16) 列寧：〈社會黨國際的狀況和任務〉(1914 年 10 月 7 日)

(17) 列寧：〈俄共 (布) 第七次 (緊急) 代表大會文獻——關於更改黨的名稱和修改黨綱的決議〉(1918 年 3 月 8 日)

(18) 列寧：〈俄共 (布) 第八次全國代表會議文獻——中央委員會的政治報告〉(1919 年 12 月 2 日)

(19) 列寧：〈俄共 (布) 綱領草案〉(1919 年 2 月)

(20) 列寧：〈俄國的政黨和無產階級的任務〉(1917 年 4-5 月)

(21) 列寧：〈俄國的戰敗和革命危機〉(1915 年 9 月 5 日)

(22) 列寧：〈俄國社會民主工黨 (布) 第七次全國代表會議 (四月代表會議) 文獻〉(1917 年 4 月)

(23) 〈俄國社會民主工黨第三次代表大會文獻——關於支持農民運動的決議案的報告〉(1905 年 4 月 19 日)

(24) 〈俄國社會民主黨國外支部代表會議〉(1915 年 3 月 16 日)

(25) 列寧：〈帝國主義是資本主義的最高階段〉(1916 年 1 — 6 月)

(26) 列寧：〈為共產國際第二次代表大會準備的文件〉(1920 年 6 — 7 月)

(27) 列寧：〈為共產國際第二次代表大會準備的文件：民族和殖民地問題提綱初稿〉(1920 年 6 月 5 日)

(28) 列寧：〈為戰勝鄧尼金告烏克蘭工農書〉(1919 年 12 月 28 日)

(29) 列寧：〈革命的社會民主黨在歐洲大戰中的任務〉(1914 年 8 月 23 — 24 日)

(30) 列寧：〈修改黨綱的材料——關於修改黨綱的草案〉(1917 年 4 — 5 月)

(31) 列寧：〈第二國際的破產〉(1915 年 5 — 6 月)

(32) 列寧：〈幾個要點〉(1915 年 9 月 30 日)

(33) 列寧：〈無產階級在我國革命中的任務〉(1917 年 4 月 10 日)

(34) 列寧：〈無產階級和農民〉(1905 年 3 月 10 日)

(35) 列寧：〈無產階級革命和叛徒考茨基〉(1918 年 10 — 11 月)

(36) 列寧：〈給瑞士工人的告別信〉(1917 年 3 月中旬)

(37) 列寧：〈資產階級如何利用叛徒〉(1919 年 9 月 20 日)

(38) 列寧：〈農村發生了什麼事情？〉(1910 年 12 月 18 日)

(39) 列寧：〈寧肯少些但要好些〉(1923 年 3 月 2 日)

(40) 列寧：〈歐洲大戰和國際社會主義〉(1914 年 8 月底至 9 月)

(41) 列寧：〈戰爭和俄國社會民主黨〉(1914 年 9 月 28 日)

(42) 列寧：〈關於民族或「自治化」問題〉(1922 年 12 月 31 日)

(43) 列寧：〈關於目前形勢和蘇維埃政權的當前任務〉(1919 年 7 月 4 日)

(44) 列寧：〈關於共產國際的成立〉(1919 年 3 月 6 日)

(45) 列寧：〈關於和平問題的報告的總結發言〉（1917 年 10 月 26 日）

(46) 列寧：〈蘇維埃政權成立兩周年〉（1919 年 11 月 7 日）

(47) 列寧：〈蘇維埃政權的成就和困難〉（1919 年 3—4 月）

35. 中共中央文獻研究室編：《朱德選集》（北京，人民出版社，1983 年）

(1) 〈論解放區戰場〉（1945 年 4 月 25 日）

36. 孟廣涵：《抗戰時期國共合作紀實》（下）（重慶，重慶出版社，1992 年）

(1) 〈毛澤東致美國駐華大使赫爾利〉（1945 年 1 月 11 日）

(2) 〈王世杰 1945 年 2 月 3 日提交赫爾利關於政治協商會議草案〉

(3) 〈周恩來 1945 年 2 月 2 日提交關於黨派會議協定草案〉

(4) 〈美國駐華大使赫爾利致毛澤東先生〉（1945 年 1 月 20 日）

(5) 〈美國駐華大使赫爾利致毛澤東周恩來先生〉（1945 年 1 月 7 日）

(6) 〈美國駐華大使赫爾利致周恩來先生〉（1944 年 12 月 11 日）

(7) 〈美國駐華大使赫爾利致國務卿〉（1945 年 2 月 7 日）

(8) 〈美國駐華大使赫爾利致羅斯福總統〉（1945 年 1 月 14 日）

(9) 〈美國總統特使赫爾利與毛澤東會談紀錄〉（1944 年 11 月 8 日至 10 日）

(10) 〈赫爾利 10 月 28 日提出的五點建議〉（1944 年 10 月 28 日）

37. 楊海清、孫式禮、張德英編：《辛亥革命稀見史料匯編》（北京，中華全國圖書館古籍文獻編委會出版，1997 年）

(1) 熊秉坤：〈辛亥武昌起義紀實〉

38. 中國社會科學院近代史研究所近代史資料編輯組編：《辛亥革命資料類編》（北京，中國社會科學出版社，1981 年）

(1) 廖少游：〈新中國武裝解決和平記〉

39. 中共中央文獻研究室：《周恩來一九四六年談判文選》（北京，中央文獻出版社，1996 年）

(1) 〈不要抽象爭論先把衝突停下來〉（1946 年 4 月 9 日）

(2) 〈主要的環子是停戰〉（1946 年 4 月 27 日）

(3) 〈先打下長春再談判的想法行不通〉（1946 年 4 月 29 日）

(4) 〈延安關於整軍和東北問題的意見〉（1946 年 2 月 21 日）

(5) 〈東北立即停戰速謀全盤解決〉（1946 年 6 月 1 日）

(6) 〈東北問題我們一向把對內和對外分開〉（1946 年 3 月 9 日）

(7) 〈東北問題決勿幻想國民黨能讓步〉（1946 年 4 月 5 日）

(8) 〈東北實行停戰之後美國應停止運兵〉（1946 年 3 月 25 日）

(9) 〈東北應以消滅頑軍為主守城為次〉（1946 年 4 月 1 日）

(10) 〈政府軍佔領長春後是停戰的時候了〉（1946 年 5 月 30 日）

(11)〈政府軍得寸進尺戰事無法停下來〉(1946 年 5 月 25 日)

(12)〈政府應指令張發奎明確承認廣東中共軍隊的地位〉(1946 年 3 月 27 日)

(13)〈美企圖助蔣接收長春路非打不足以殺其鋒〉(1946 年 4 月 8 日)

(14)〈美國的二重政策很難使中國內戰停止〉(1946 年 6 月 3 日)

(15)〈美國繼續運兵到東北將表明美國對華政策已有改變〉(1946 年 3 月 31 日)

(16)〈要我讓出赤峰多倫的方案無法考慮〉(1946 年 1 月 8 日下午 2 時 3 刻)

(17)〈要使談判有成停戰十天太短〉(1946 年 6 月 4 日)

(18)〈根據停戰命令和 3 月 27 日指令東北應首先停止衝突〉(1946 年 4 月 5 日)

(19)〈馬歇爾揚言停止調解要我接受蔣介石的意見〉(1946 年 4 月 30 日)

(20)〈停戰協定中如何規定東北問題還要考慮〉(1946 年 1 月 3 日)

(21)〈國民黨片面召開國大即表示政治分裂〉(1946 年 11 月 11 日)

(22)〈國民黨暗殺民主人士還有甚麼民主可言〉(1946 年 7 月 17 日)

(23)〈國民黨積極準備大打希望馬歇爾繼續居間努力爭取和平〉(1946 年 6 月 10 日)

(24)〈堅決阻止政府軍發動對中原軍區的進攻〉(1946 年 5 月 4 日)

(25)〈最後決定權會使美方處於困難地位〉(1946 年 6 月 15 日)

(26)〈評馬歇爾離華聲明〉(1947 年 1 月 10 日)

(27)〈鄂粵問題未得解決增加了東北問題的困難〉(1946 年 3 月 23 日)

(28)〈當前的政治情形和東北問題〉(1946 年 4 月 22 日)

(29)〈請準備關於東北整軍計劃和駐軍比例的具體意見〉(1946 年 4 月 27 日)

(30)〈關於中共不同意賦予美方代表最後決定權的書面答覆〉(1946 年 6 月 16 日)

(31)〈關於國共談判〉(1945 年 12 月 5 日)

(32)〈歡迎外來的友誼協助希望盟國不干涉中國內政〉(1946 年 1 月 1 日)

(33)〈歡迎馬歇爾來華促進中國和平〉(1945 年 12 月 23 日)

40. 中共中央文獻研究室:《周恩來軍事文選》(2)(北京,人民出版社,1997 年)

(1)〈如何解決〉(1944 年 10 月 10 日)

(2)〈國際形勢與中國抗戰〉(1940 年 9 月 29 日)

41. 中共中央文獻研究室編:《周恩來書信選集》(北京,中央文獻出版社,1988 年)

(1)〈轉移在港各界朋友——致廖承志潘漢年等〉(1941 年 12 月)

42. 中共中央文獻編輯委員會:《周恩來選集》(上)(北京,人民出版社,1980 年)

(1)〈一年來的談判及前途〉

(2)〈論統一戰線〉

(3)〈關於當前民主黨派工作的意見〉(1948 年 1 月)

43. 孟廣涵主編:《政治協商會議紀實》(上)(重慶,重慶出版社,1989 年)

(1)〈中國民主同盟提出實現軍隊國家化並大量裁兵案〉

(2) 〈中國民主同盟發言人對時局發表談話〉(1946 年 1 月 2 日)

(3) 〈中國共產黨代表團提出和平建國綱領草案〉

(4) 〈中國青年黨提出停止軍事衝突實行軍隊國家化案〉

(5) 〈中國國民黨代表團提出關於國民大會之意見〉及〈張厲生對國民大會之意見的說明〉

(6) 〈毛澤東盛讚政協成就〉

(7) 〈王世杰對擴大政府組織方案的說明〉

(8) 〈朱德在延安慶祝和平民主大會上的演說〉

(9) 〈吳玉章關於國民大會問題的發言〉

(10) 〈吳玉章關於憲法原則問題的意見〉

(11) 〈周恩來在重慶大學學生愛國運動會上的演講〉

(12) 〈周恩來在討論國民大會問題時的發言〉

(13) 〈周恩來關於軍隊國家化問題的報告〉

(14) 〈和平建國綱領〉

(15) 〈政協第五次會議討論共同施政綱領問題〉

(16) 〈政府組織案〉

(17) 王雲五：〈政治協商紀略〉

(18) 〈政治協商會議開幕〉

(19) 〈軍事問題案〉

(20) 〈重慶市檔案館渝特檔〉〈中國國民黨重慶市黨部第二十次臨時執行委員會給國民黨中央執行委員會的報告〉〈附國民黨重慶市黨部第二十次臨時執行委員會會議紀錄〉

(21) 〈重慶市檔案館渝特檔〉〈軍統渝組就中共及民盟將在較場口召開慶祝政協勝利大會給渝特區的報告〉

(22) 〈重慶市檔案館渝特檔〉〈軍統渝組就中共及民盟將舉行慶祝政協和平勝利大會給渝特區的報告〉

(23) 〈重慶市檔案館渝特檔〉〈軍統渝組就市黨部緊急會議指示對付慶祝政協成功大會辦法給渝特區的報告〉

(24) 〈重慶市檔案館渝特檔〉〈軍統渝組就慶祝政協成功大會情況給渝特區的報告(一)〉

(25) 〈重慶市檔案館渝特檔〉〈軍統渝組就慶祝政協成功大會情況給渝特區的報告(二)〉

(26) 〈孫科對〈五五憲草〉的說明〉

(27) 〈國民大會案〉

(28) 〈國民政府軍政部次長林蔚關於整軍設施的報告〉

(29)〈梁漱溟對實現軍隊國家化並大量裁兵案的說明〉

(30)〈曾琦代表中國青年黨提出關於憲法問題的四項主張〉

(31)〈董必武關於改組政府問題的報告〉

(32)〈蔣介石 1946 年元旦的廣播演說〉

(33)〈鄧穎超關於國民大會問題的發言〉

(34)〈憲法草案案〉

(35)〈蘇聯報刊評論政協成就〉

44. 孟廣涵主編:《政治協商會議紀實》(下)(重慶,重慶出版社,1989 年)

(1) 郭汝瑰:〈在停戰談判中〉

(2) 梁漱溟:〈我所參加的國共會談〉

(3)〈周恩來董必武與國民黨代表王世杰談話紀要〉

(4)〈軍事三人小組會談紀錄〉

(5) 楊奎松譯:〈馬歇爾將軍與周恩來將軍會談紀錄〉(1946 年 2 月 15 日)

(6)〈馬歇爾提出立即停止東北衝突草案〉(1946 年 4 月 23 日)

(7) 謝春濤譯:〈馬歇爾與周恩來會談紀要〉(1946 年 2 月 1 日)〈美國對外關係〉
(1946 年 9 卷)

(8)〈馬歇爾與周恩來會談紀錄〉(1946 年 4 月 29 日)

(9) 羅隆基:〈第三方面南京和談內幕〉

45. 廣東哲學社會科學研究所歷史研究室編:《省港大罷工資料》(廣州,廣東人民出
版社,1980 年)

(1)〈「五卅」運動一年以來列強帝國主義者的損失〉

(2)〈1925 年《中華年鑑》有關省港罷工資料摘譯〉

(3) 蔣先雲:〈6 月 23 日沙基慘殺案報告〉

(4) 錦華:〈中國工戰之勝利〉《省港罷工工人代表大會第一百次紀念刊》(1926 年 5
月)

(5)〈中國共產主義青年團廣東區委員會為省港罷工自動停止封鎖港澳告民眾並告青
年〉

(6)〈中華全國總工會為五卅慘案致香港各工團的信〉(1925 年 6 月 15 日)

(7)〈中華年鑑〉有關省港大罷工資料摘譯:〈華南的動亂〉(1926 — 1927 年)

(8) 中國國民黨中央執行委員會工人部:〈反帝國主義的新策略〉(1926 年 10 月)

(9) 洪筠:〈再接再厲之省港罷工〉

(10)〈我們的罷工政策與英國內部意見之衝突〉

(11)〈沙基事件經過〉

(12) 李森:〈帝國主義者之陰謀〉

(13) 中國共產黨廣東區委員會：〈為省港罷工自動停止封鎖宣言〉

(14) 鄧中夏：〈省港大罷工〉

(15) 〈省港大罷工大事記〉

(16) 鄧中夏：〈省港罷工中之中英談判〉

(17) 〈省港罷工之威力〉

(18) 藍裕業：〈省港罷工交涉之經過及其現狀〉

(19) 〈省港罷工委員會為批准美商入市營業事致廣州洋務罷工委員會函〉

(20) 〈省港罷工委員會為抗議英帝國主義武裝襲擊糾察隊致廣東交涉署函〉（1925 年 9 月 11 日）

(21) 〈省港罷工委員會為抗議匪黨勾結英兵圍攻鐵甲車隊、糾察隊事呈國民政府暨政治委員會文〉

(22) 〈省港罷工委員會為粵軍毆打、圍攻糾察隊事致江門梁鴻楷電〉（1925 年 7 月 30 日）

(23) 省港罷工委員會：〈省港罷工委員會為廖仲愷被刺告工友書〉（1925 年 8 月 20 日）

(24) 中華全國總工會省港罷工委員會：〈省港罷工委員會實行封鎖香港的通電〉（1925 年 7 月 9 日）

(25) 鄧中夏：〈省港罷工的勝利〉（1926 年 8 月）

(26) 秋人：〈省港罷工的過去和現在〉

(27) 〈美商輪船陸續直抵黃埔〉

(28) 群眾：〈美輪直透黃埔之感想〉

(29) 〈英政府覆香港英商電〉

(30) 秋白：〈英國帝國主義對中國的進攻與廣州國民政府〉

(31) 〈英艦扣留罷工糾察電船並拘捕船員收繳槍械〉

(32) 〈香港二次大罷工已實現〉

(33) 〈香港西人大會及其決議案〉

(34) 〈香港商店定期大罷市〉

(35) 〈香港罷工工人恢復工作條件〉

(36) 〈嘉利洋行請求遷入市內營業致省港罷工委員會函〉

(37) 亦農：〈廖仲愷遇刺前後的廣州政局〉

(38) 梁家生：〈罷工工人代表大會〉

(39) 曾子嚴、鄧伯明、陳慶培、施卜：〈調查起火委員會報告〉（1926 年 11 月 10 日）

(40) 蘇兆徵：〈關於省港罷工的報告〉

(41) 蘇兆徵：〈蘇委員長兆徵報告罷工經過〉《省港罷工工人代表大會第一百次紀念刊》（1926 年 5 月）

46. 胡濱譯：《英國藍皮書有關辛亥革命資料選譯》（上下）（北京，中華書局，1984年）

   (1) 〈朱爾典爵士致格雷爵士函〉（1912 年 3 月 29 日於北京）

   (2) 〈偉晉頌領事致朱爾典爵士函〉（1911 年 12 月 11 日）

   (3) 〈偉晉頌領事致朱爾典爵士函〉（1912 年 3 月 19 日）

47. 中國國民黨中央委員會黨史史料編纂委員會編：《革命文獻》（台北，中央文物供應社，1978 年影印再版）

   (1) 蔣中正：〈中山艦李之龍事件經過詳情〉（1926 年 4 月 20 日）

   (2) 〈中央監察委員會彈劾共產黨案〉

   (3) 胡漢民：〈胡漢民自傳〉

   (4) 〈孫總統布告友邦書〉（1912 年 1 月 5 日）

   (5) 〈蔣總司令駁斥武漢聯席會議之演詞〉（1927 年 2 月 21 日在南昌行營總理紀念週講）

   (6) 〈鄧澤如等呈總理檢舉共產黨文〉（1923 年 11 月 29 日）

   (7) 〈總理孫中山先生自巴黎致民國軍政府盼速定總統電〉（1911 年 11 月 12 日）

48. 中山大學歷史系孫中山研究室、廣東省社會科學院歷史研究所、中國社會科學院近代史研究所中華民國史研究室合編：《孫中山全集》（北京，中華書局，1985年）

   (1) 孫中山：〈三民主義‧民生主義〉第一講（1924 年 8 月 3 日）

   (2) 孫中山：〈三民主義‧民生主義〉第二講（1924 年 8 月 10 日）

   (3) 孫中山：〈在上海中國國民黨本部會議的演說〉（1920 年 11 月 4 日）

   (4) 孫中山：〈在神戶歡迎會的演說〉（1924 年 11 月 25 日）

   (5) 孫中山：〈在廣州國民黨黨務會議的講話〉（1923 年 10 月 10 日）

   (6) 孫中山：〈在廣州與蘇俄記者的談話〉（1921 年 4 月）

   (7) 孫中山：〈批朱（和中）函〉（1920 年 7 月 30 日）

   (8) 孫中山：〈批鄧澤如等的上書〉（1923 年 11 月 29 日）

   (9) 孫中山：〈致犬養毅書〉（1923 年 11 月 16 日）

   (10) 孫中山：〈致列寧和蘇維埃政府電〉（1918 年夏）

   (11) 孫中山：〈致馮玉祥函〉（1918 年 3 月 4 日）

   (12) 孫中山：〈修改章程之說明〉（1920 年 11 月 4 日在上海中國國民黨本部會議的演說）

   (13) 孫中山：〈復蘇俄外交人民委員齊契林書〉（1921 年 8 月 28 日）

   (14) 孫中山：〈與日人某君的談話〉（1924 年 2 月）

49. 郝盛潮主編：《孫中山集外集補編》（上海，人民出版社，1994 年）

（1）孫中山：〈與順天時報記者的談話〉（1925 年 1 月）

50. 黃彥、李伯新：《孫中山藏檔選編》（北京，中華書局，1986 年）
（1）〈上海民國公會致袁世凱蔡元培等電〉（1912 年 2 月 23 日）
（2）〈李石曾朱芾煌致汪精衛電〉（1912 年 2 月 9 日）
（3）〈李石曾朱芾煌致汪精衛電〉（1912 年 2 月 10 日）
（4）〈京師商務總會呈蔡元培主張建都北京文〉（1912 年 2 月 26 日）
（5）〈唐紹儀致孫中山電〉（1912 年 2 月 20 日）
（6）〈陳錫彝等致袁世凱孫中山等通電〉（1912 年 2 月 26 日）
（7）〈黎元洪致孫中山電〉（1912 年 2 月 7 日）

51. 中共中央馬克思恩格斯列寧史達林著作編譯局：《馬克思恩格斯全集》（北京，人民出版社，1965 年）
（1）馬克思：〈中國革命和歐洲革命〉（1853 年 5 月 20 日）
（2）馬克思、恩格斯：〈共產黨宣言〉
（3）恩格斯：〈法德農民問題〉
（4）馬克思：〈哥達綱領批判〉（1875 年 4 — 5 月）
（5）恩格斯：〈論俄國的社會問題跋〉

52. 中共中央馬克思恩格斯列寧斯大林著作編譯局編譯：《馬克思恩格斯選集》（1）（北京，人民出版社，1995 年）
（1）恩格斯：〈共產主義原理〉（1847 年 10 至 11 月）
（2）馬克思：〈資本論〉（1）
（3）馬克思：〈路易‧波拿巴的霧月十八日〉

53.《馬林在中國的有關資料》（增訂本）（北京，人民出版社，1984 年）
（1）姚維鬥、丁則勤：〈馬林在華活動紀要〉
（2）道夫賓：〈對《有關斯內夫利特戰略的中文資料》一文的答覆〉
（3）道夫賓：〈對《是否有一個斯內夫利特戰略？》一文的答覆〉

54. 秦孝儀：《國父全集》（台北，近代中國出版社，1989 年）
（1）孫中山：〈1923 年 12 月 7 日在廣州大本營與字林西報記者談話——截留關稅之決心〉
（2）孫中山：〈三民主義與中國民族之前途〉（1906 年 12 月 2 日）
（3）孫中山：〈上海美國議員團歡迎席上演講〉（1920 年 8 月 5 日）
（4）孫中山：〈大元帥通告駐華各國公使書〉（1918 年 4 月 23 日）
（5）孫中山：〈中國之新軍與革命〉（1911 年 3 月 13 日）
（6）孫中山：〈中國內亂之因〉（1924 年 11 月 25 日在神戶東方飯店對東京大阪神戶中國國民黨歡迎會演講）

(7) 孫中山：〈中國同盟會總理盟書〉（1905 年 7 月 30 日）

(8) 孫中山：〈中國同盟會總章〉（1906 年 5 月 7 日）

(9) 孫中山：〈中國革命的社會意義〉（1912 年 4 月 1 日）

(10) 孫中山：〈中國國民已有能力解決全國一切大事〉（1924 年 11 月 23 日在上海丸中對長崎日本新聞記者談話）

(11) 孫中山：〈中國國民黨北伐宣言〉（1924 年 9 月 18 日）

(12) 孫中山：〈中國國民黨改組宣言〉（1923 年 11 月 25 日）

(13) 孫中山：〈中國國民黨為九七國恥紀念宣言〉（1924 年 9 月 7 日）

(14) 孫中山：〈中國國民黨為曹錕賄選竊位宣言〉（1923 年 10 月 7 日）

(15) 中國國民黨第三次中央執行委員會全體會議：〈中國國民黨接受總理遺囑宣言〉（1925 年 5 月 24 日）

(16) 孫中山：〈中國國民黨第一次全國代表大會宣言〉（1924 年 1 月 31 日）

(17) 孫中山：〈中國國民黨對金佛郎案宣言〉（1924 年 7 月 31 日）

(18) 孫中山：〈中國國民黨對金佛郎案二次宣言〉（1925 年 2 月 16 日）

(19) 孫中山：〈中國現狀及國民黨改組問題〉（1924 年 1 月 20 日）

(20) 孫中山：〈中華民國七年元旦大元帥布告〉（1918 年 1 月 1 日）

(21) 孫中山：〈中華民國軍政府對內宣言書〉（1918 年 7 月 24 日）

(22) 孫中山：〈中華革命黨成立宣言〉（1914 年 9 月 1 日）

(23) 孫中山：〈中華革命黨總章〉（1914 年 7 月 8 日）

(24) 孫中山：〈反對帝國主義干涉吾國內政之宣言〉（1924 年 9 月）

(25) 孫中山：〈北上宣言〉（1924 年 11 月 10 日）

(26) 孫中山：〈民族主義〉（1924 年 1 月 27 日第一講）

(27) 孫中山：〈民族主義〉（1924 年 2 月 3 日第二講）

(28) 孫中山：〈民族主義〉（1924 年 2 月 10 日第三講）

(29) 孫中山：〈民族主義〉（1924 年 2 月 17 日第四講）

(30) 孫中山：〈民族主義〉（1924 年 2 月 24 日第五講）

(31) 孫中山：〈民族主義〉（1924 年 3 月 2 日第六講）

(32) 孫中山：〈共謀討賊辦法以紓國難〉（1924 年 1 月 4 日於大本營軍政會議之發言）

(33) 孫中山：〈同胞要同心協力做建設事業〉（1912 年 10 月 23 日）

(34) 孫中山：〈同盟會革命方略〉

(35) 孫中山：〈同盟會革命方略軍政府宣言〉（1908 年）

(36) 孫中山：〈向非常國會辭大元帥職通電〉（1918 年 5 月 4 日）

(37) 孫中山：〈在天津曹家花園與張作霖的談話——段祺瑞可當收拾時局之任〉（1924 年 12 月 4 日）

(38) 孫中山：〈在天津對段祺瑞所派歡迎代表葉恭綽許世英的談話——堅主廢除不平

等條約〉(1924 年 12 月 18 日)

(39) 孫中山:〈在天津與某人談話〉(1924 年 12 月 5 日)

(40) 孫中山:〈在天津與許世英的談話——執政為中華民國之臨時執政何須外交團之
承認〉(1924 年 12 月 29 日)

(41) 孫中山:〈在日本門司與來訪者的談話——中國現況與個人未來之出處〉(1924
年 12 月 1 日)

(42) 孫中山:〈在日本組織中華革命黨致鄧澤如函〉(1914 年 4 月 18 日)

(43) 孫中山:〈在桂林對滇贛粵軍演講〉(1921 年 12 月 10 日)

(44) 孫中山:〈在神戶東方飯店對東京大阪神戶中國國民黨歡迎會演講〉(1924 年 11
月 25 日)

(45) 孫中山:〈在神戶與中外商業新報特派記者高木的談話列強的態度〉(1924 年 11
月 24 日)

(46) 孫中山:〈在粵軍第一、二師懇親會演說〉(1921 年 4 月 23 日)

(47) 孫中山:〈在韶關與日本記者的談話〉(1924 年 9 月 18 日)

(48) 孫中山:〈在廣州中國國民黨第一次全國代表大會演講〉(1924 年 1 月 23 日)

(49) 孫中山:〈在廣州各界歡送大元帥北上時演說〉(1924 年 11 月 4 日)

(50) 孫中山:〈在廣州與日本大阪每日新聞記者的談話〉(1924 年 11 月 8 日)

(51) 孫中山:〈在廣東河南士敏土廠大元帥府與某日人的談話〉(1924 年 2 月)

(52) 孫中山:〈自上海致電南京各省代表告勉任臨時大總統電〉(1911 年 12 月 29 日)

(53) 孫中山:〈自巴黎致民國軍政府盼速定總統電〉(1911 年 11 月 16 日)

(54) 〈宋遯初先生所草國民黨大政見之露布〉

(55) 孫中山:〈我的回憶〉(譯文)(1911 年 11 月中旬)

(56) 孫中山:〈批朱和中函請代勸吳佩孚投誠革命黨〉(1920 年 7 月 30 日)

(57) 孫中山:〈批姚畏青贊同與段祺瑞聯合函〉(1920 年 5 月 22 日)

(58) 孫中山:〈批釋加蓋指印之意義〉(1914 年 12 月 5 日)

(59) 孫中山:〈呼籲世界弱小民族形成反帝聯合戰線〉(1924 年 1 月 6 日)

(60) 孫中山:〈和平統一宣言〉(1923 年 1 月 26 日於上海)

(61) 孫中山:〈委任王京岐等職務狀〉(1923 年 9 月 3 日)

(62) 孫中山:〈東京青山軍事學校誓詞〉(1903 年秋)

(63) 孫中山:〈勉任臨時大總統致各省都督軍司令長電〉(1911 年 12 月 29 日)

(64) 孫中山:〈南北和談立場通電〉(1919 年)

(65) 孫中山:〈咨參議院推薦袁世凱文〉(1912 年 2 月 13 日)

(66) 孫中山:〈咨參議院辭臨時大總統職文〉(1912 年 2 月 13 日)

(67) 孫中山:〈按照蘇聯式樣建立軍隊盼以豐富反帝經驗傳授學生——民國十三年
(一九二四年)一月與鮑羅廷等之談話〉

(68) 孫中山：〈為袁氏叛國對國民宣言〉（1913 年 7 月 22 日）

(69) 孫中山：〈為啟節北上責成軍民長官肅清餘孽綏靖地方通令〉（1924 年 11 月 4 日）

(70) 孫中山：〈為創設英文雜誌及印刷機關致海外同志書〉（1920 年 1 月 29 日）

(71) 孫中山：〈為實現民治告粵民三事文〉（1924 年 9 月 10 日）

(72) 孫中山：〈致犬養毅請擺脫列強影響毅然助成中國革命函〉（1923 年 11 月 16 日）

(73) 孫中山：〈致北京馮玉祥嘉慰令前清皇室退出皇城革除溥儀帝號電〉（1924 年 11 月 11 日）

(74) 孫中山：〈致田中義一勸改變日本對華錯誤政策函〉（1920 年 6 月 29 日）

(75) 孫中山：〈致伍廷芳宣佈袁世凱罪狀電〉（1912 年 1 月 29 日）

(76) 孫中山：〈致汪兆銘囑向張作霖商助軍費並告軍情電〉（1923 年 5 月 3 日）

(77) 孫中山：〈致汪精衛告己下令討曹並電段張盧約共討賊電〉（1923 年 10 月 8 日）

(78) 孫中山：〈致兩院議員盼毅然南下護法電〉（1917 年 7 月 4 日）

(79) 孫中山：〈致段祺瑞告以決定入京日期電〉（1924 年 12 月 29 日）

(80) 孫中山：〈致段祺瑞告以遵醫囑靜養數日病愈即當首途電〉（1924 年 12 月 5 日）

(81) 孫中山：〈致段祺瑞告即北上電〉（1924 年 10 月 27 日）

(82) 孫中山：〈致段祺瑞告派吳忠信往晤函〉（1922 年 5 月）

(83) 孫中山：〈致段祺瑞告特派郭泰祺賀其壽辰電〉（1924 年 3 月 14 日）

(84) 孫中山：〈致段祺瑞派于右任商洽要事函〉（1923 年 1 月 26 日）

(85) 孫中山：〈致美國政府抗議美艦干預關餘電〉（1923 年 12 月 19 日）

(86) 孫中山：〈致美國總統威爾遜告中國政情並請拯救中國之民主與和平電〉（1918 年 11 月 18 日）

(87) 孫中山：〈致英國麥唐納政府為駐粵英領事袁的美敦書抗議電〉（1924 年 9 月 3 日）

(88) 孫中山：〈致范石生廖行超囑對商團採堅定態度函〉（1924 年 8 月 29 日）及〈致范石生廖行超着與政府一致收繳商團槍枝勒令商户開市電〉（1924 年 8 月 29 日）

(89) 孫中山：〈致范石生廖行超指示處理謀叛商團辦法電〉（1924 年 10 月 10 日）

(90) 孫中山：〈致徐謙請轉告馮玉祥當用革命手段以救國函〉（1924 年 10 月）

(91) 孫中山：〈致留俄同志説明黨之改組意義函〉（1924 年 2 月 6 日）

(92) 孫中山：〈致袁世凱告向參議院辭職並推薦其繼任臨時大總統電〉（1912 年 2 月 14 日）

(93) 孫中山：〈致袁世凱告其當選臨時大總統請到寧接事電〉（1912 年 2 月 15 日）

(94) 孫中山：〈致袁世凱告暫時承乏臨時大總統職電〉（1911 年 12 月 29 日）

(95) 孫中山：〈致國際聯盟主席莫塔告英國首相麥唐納之矛盾行為電〉（1924 年 9 月 24 日）

(96) 孫中山：〈致張作霖告派程潛往商軍事函〉（1922 年）

(97) 孫中山：〈致張作霖告討賊軍情並派葉恭綽前往面洽函〉（1923 年 11 月 25 日）

(98) 孫中山：〈致張作霖派吳忠信接洽軍事函〉（1922 年 5 月）

(99) 孫中山：〈致張作霖特派路孝忱申請援助函〉（1923 年 1 月 28 日）

(100) 孫中山：〈致陳其美令嚴緝刺陶成章兇犯電〉（1911 年 1 月 15 日）

(101) 孫中山：〈致陳新政暨南洋同志論組織中華革命黨之意義書〉（1914 年 6 月 15 日）

(102) 孫中山：〈致馮玉祥等慶肅清曹吳之功並告即北上電〉（1924 年 10 月 27 日）

(103) 孫中山：〈致蔣中正指示成立革命委員會及有關黃埔械彈處理事宜函〉（1924 年 10 月 9 日）

(104) 孫中山：〈致鄧澤如論統一事權與統一籌款書〉（1914 年 10 月 20 日）

(105) 孫中山：〈致盧永祥等告抵達韶關一俟各軍集中完竣後即分路出發電〉（1924 年 9 月 13 日）

(106) 孫中山：〈赴韶關督師前致加拉罕函〉（1924 年 9 月 12 日）

(107) 孫中山：〈革命軍的基礎在高深的學問〉（1924 年 6 月 16 日在廣州對陸軍軍官學校開學訓詞）

(108) 孫中山：〈孫中山先生在寰球學生會的演說詞〉（1919 年 10 月 18 日）

(109) 〈國父墨蹟〉

(110) 孫中山：〈國民勿迫袁總統為惡〉（1912 年 8 月 27 日）

(111) 孫中山：〈國民宜一致反對帝國主義〉（1924 年 11 月 17 日在上海莫利愛路寓所與申報記者康通一的談話）

(112) 孫中山：〈國民會議為解決中國內亂之法〉（1924 年 11 月 19 日在上海莫利愛路 29 號招待上海新聞記者演講）

(113) 孫中山：〈國民黨上海執行部重要聲明〉（1924 年 3 月 5 日）

(114) 孫中山：〈國民黨改組為中華革命黨致壩羅同志函〉（1914 年 12 月 30 日）

(115) 孫中山：〈國民黨致各界書〉（1924 年 3 月 28 日）

(116) 孫中山：〈國民黨當以全力贊助政府〉（1912 年 10 月 6 日在上海國民黨歡迎會演講）

(117) 孫中山：〈堅持護法到底通電〉（1917 年 11 月 18 日）

(118) 孫中山：〈接見字林西報記者解爾般脫的談話〉（1921 年 2 月 17 日）

(119) 孫中山：〈望各省一致聲討袁氏通電〉（1913 年 7 月 22 日）

(120) 孫中山：〈組織農民協會及農民自衛軍宣言〉（1924 年 7 月）

(121) 孫中山：〈設立考試權糾察權以補救三權分立的弊病〉（1906 年 11 月 15 日）

(122) 孫中山：〈通令宣布北京偽政府亂國盜柄罪狀〉（1917 年 10 月 3 日）

(123) 孫中山：〈飭各省都督將解部各款從速完繳令〉（1912 年 3 月 31 日）

(124) 孫中山：〈實行裁兵宣言〉（1923 年 2 月 24 日）

(125) 孫中山：〈盡力撤銷一切在華租界〉（1924 年 11 月 17 日）

(126) 孫中山：〈與大陸報代表談話〉（1919 年 11 月 26 日）

(127) 孫中山：〈與日本大阪每日新聞駐滬特派員村田談話〉（1922 年 8 月 29 日）

(128) 孫中山：〈與西報記者的談話〉（1922 年 5 月 29 日）

(129) 孫中山：〈與岑春煊等致徐世昌呼籲平情處置因山東問題被捕之北京學生電〉
　　　（1919 年 5 月 9 日）

(130) 孫中山：〈與美國記者辛默的談話〉（1921 年 4 月上旬）

(131) 孫中山：〈與唐紹儀等聯名重申護法救國宣言〉（1920 年 7 月 28 日）

(132) 孫中山：〈與記者的談話〉（1920 年 11 月 23 日）

(133) 孫中山：〈與張瑞萱等的談話——護法者友壞法者敵〉（1919 年 8 月 22 日）

(134) 孫中山：〈與遠東共和國報界代表在廣州的談話〉（1921 年 4 月）

(135) 孫中山：〈與戴季陶關於社會問題之談話〉（1919 年 6 月 22 日）

(136) 孫中山：〈與謝某焦某的談話——段祺瑞如贊成護法當可聯絡〉（1919 年 5 月）

(137) 孫中山：〈廣州中國國民黨第一次全國代表大會演講〉（1923 年 11 月 25 日）

(138) 〈廣東支部彈劾共產黨文〉（1923 年 11 月 29 日）

(139) 孫中山：〈撫輯平民士兵案——在中國國民黨第一次全國代表大會提出〉（1924
　　　年 1 月 29 日）

(140) 孫中山：〈興中會會員誓詞〉（1894 年 11 月 24 日）

(141) 孫中山：〈聯合全國一致努力廢除不平等條約〉（1924 年 11 月 10 日）

(142) 孫中山：〈臨時大總統誓詞〉（1912 年 1 月 1 日）

(143) 孫中山：〈覆王文華勗翦除桂系軍閥函〉（1920 年 3 月 27 日）

(144) 孫中山：〈覆加拉罕望促進中俄親善以謀兩大民族之自由與和平發展電〉（1923
　　　年 9 月 16 日）

(145) 孫中山：〈覆某君「汪精衛」囑如段事不洽請速回粵當謀徹底之革命電〉（1923
　　　年 6 月 29 日）

(146) 孫中山：〈覆段祺瑞告以肝病偶發容俟告痊再圖承教電〉（1924 年 12 月 28 日）

(147) 孫中山：〈覆段祺瑞告討伐曹吳電〉（1924 年 9 月 19 日）

(148) 孫中山：〈覆旅滬公民調和會責以公民調和之謬誤電〉（1918 年 3 月 23 日）

(149) 孫中山：〈覆袁世凱告派定蔡元培等為歡迎專使電〉（1912 年 2 月 18 日）

(150) 孫中山：〈覆袁世凱表示虛位以待電〉（1912 年 2 月 13 日）

(151) 孫中山：〈覆袁世凱盼薦人維持北方秩序電〉（1912 年 2 月 17 日）

(152) 孫中山：〈覆袁世凱解釋誤會電〉（1912 年 1 月 4 日）

(153) 孫中山：〈覆袁世凱歡迎其來南京電〉（1912 年 2 月 13 日）

(154) 孫中山：〈覆張作霖告即北上電〉（1924 年 11 月 4 日）

(155) 孫中山：〈覆張作霖望勿為偽和平所惑宜共裹北伐大計電〉(1923年3月)

(156) 孫中山：〈覆張作霖請出兵北京並派汪兆銘面洽書〉(1922年9月22日)

(157) 孫中山：〈覆張學良派汪兆銘就商討伐曹吳函〉(1922年9月22日)

(158) 孫中山：〈覆清室內務府認為優待條件不應恢復函〉(1925年1月9日)

(159) 孫中山：〈覆章炳麟關於漢冶萍借款事函〉(1912年2月13日)

(160) 孫中山：〈覆馮玉祥等告即北上電〉(1924年11月4日)

(161) 孫中山：〈覆馮玉祥等嘉慰為主義奮鬥電〉(1924年11月7日)

(162) 孫中山：〈覆黃興望勿妨礙討袁計劃函〉(1914年6月3日)

(163) 孫中山：〈覆黃興解釋其遭陳其美誤會一事函〉(1914年5月29日)

(164) 孫中山：〈覆楊漢孫論統一黨權與服從命令書〉(1915年8月4日)

(165) 孫中山：〈覆葉恭綽鄭洪年詢盧永祥去職原因等事並轉張作霖告北伐軍需款接濟電〉(1924年10月14日)

(166) 孫中山：〈覆蔣中正告在粵有三死因亟宜北伐謀出路函〉(1924年9月9日)

(167) 孫中山：〈覆蔣中正囑將所有槍彈及學生速運韶關為北伐之孤注電〉(1924年10月9日)

(168) 孫中山：〈覆蘇俄代表加拉罕謝其祝賀全國代表大會電〉(1924年1月24日)

(169) 孫中山：〈辭大元帥職後通告海外同志書〉(1918年8月3日)

(170) 孫中山：〈關於民生主義之説明〉(1924年1月21日)

(171) 孫中山：〈勸袁世凱南下就職書〉(1912年2月18日)

(172) 孫中山：〈勸袁世凱辭職電〉(1913年7月22日)

(173) 孫中山：〈釋本黨改組容共意義致黨員通告〉(1924年3月2日)

55. 孟廣涵主編：《國民參政會紀實》(下) (重慶，重慶出版社，1985年)

(1) 蔣介石：〈對國民參政會第四屆第二次會議的政治報告〉(1946年4月1日)

(2) 張治中：〈關於國共談判的報告〉

56. 中共代表團梅園新村紀念館編：《國共談判文獻資料選輯1945.8 — 1947.3》(南京，江蘇人民出版社，1980年)

(1) 〈中共上海發言人發表繼續和談聲明〉(1946年10月20日)

(2) 〈中共中央宣傳部長陸定一的聲明〉(1947年1月25日)

(3) 〈中共中央發言人為京滬渝三地中共人員撤退事發表聲明〉(1947年2月20日)

(4) 〈中共代表團為李公樸聞一多慘遭暗殺向政府提出抗議〉(1946年7月17日)

(5) 〈中共代表團致蔣介石函〉(1946年9月30日)

(6) 〈中共代表團發言人發表重要談話〉(1946年10月21日)

(7) 〈中共代表團發表書面談話〉(1946年11月11日)

(8) 〈民盟政協代表致蔣介石電〉(1946年9月30日)

(9)〈周恩來在上海對中外記者發表談話〉(1946 年 10 月 1 日)

(10)〈周恩來致馬歇爾備忘錄〉(1946 年 9 月 15 日)

(11)〈周恩來致蔣介石電〉(1947 年 2 月 28 日)

(12)〈周恩來答記者問〉(1946 年 11 月 16 日)

(13)〈周恩來關於美國售讓剩餘物資致馬歇爾電〉(1946 年 8 月 23 日)

(14)〈南京衛戍司令部致中共代表團電〉(1947 年 2 月 28 日)

(15)〈美國駐華大使館發表聲明〉(1947 年 2 月 6 日)

(16)〈美國總統杜魯門對華政策聲明〉(1945 年 12 月 15 日)

(17)〈重慶警備司令致中共駐渝代表吳玉章函〉(1947 年 2 月 27 日)

(18)〈馬歇爾的聲明〉(1947 年 1 月 7 日)

(19)〈馬歇爾致司徒雷登備忘錄〉(1946 年 10 月 6 日)

(20)〈張瀾發表談話〉(1946 年 11 月 14 日)

(21)〈淞滬警備司令致中共上海辦事處函〉(1947 年 2 月 28 日)

(22)〈第三方面代表發表書面談話〉(1946 年 11 月 8 日)

(23)〈蔣介石電令宣鐵吾〉(1947 年 3 月 4 日)

57. 中共中央黨史資料徵集委員會編:《第二次國共合作的形成》(北京,中共黨史資料出版社,1989 年)

(1)〈中央書記處關於與國民黨談判方針給周恩來的指示〉(1937 年 3 月 12 日)

(2)〈中央關於與國民黨談判的方案問題致彭德懷任弼時葉劍英電〉(1937 年 6 月 25 日)

(3) 蔣介石:〈對中國共產黨宣言的談話〉(1937 年 9 月 23 日)

58. 中共中央馬克思恩格斯列寧斯大林著作編譯局:《斯大林全集》(9)(北京,人民出版社,1954 年)

(1) 斯大林:〈中國革命和共產國際的任務〉(1927 年 5 月 24 日在共產國際執行委員會第八次全會第十次會議上的演說)

(2) 斯大林:〈和中山大學學生的談話〉(1927 年 5 月 13 日)

59. 廣東革命歷史博物館:《黃埔軍校史料》(1924 — 1927)(廣州,廣東人民出版社,1995 年)

(1)〈中央軍事政治學校擁護省港罷工宣言〉

(2)〈糾察隊歡迎軍官學校教練〉

(3) 斯他委諾夫講演、黃錦輝筆記:〈俄國紅軍黨代表制度〉

(4)〈孫中山與馬林會談紀要〉

(5)〈國民革命軍黨代表條例〉

(6)〈蔣校長派軍官生勷組糾察隊〉

60. 劉伯承：《劉伯承軍事文選》（北京，解放軍出版社，1992 年）

    (1)〈敵後抗戰的戰術問題〉（1943 年 7 月 7 日）

    (2)〈論游擊戰與運動戰〉（1938 年 3 月）

61.《廣州沙基慘案交涉文件首編》（台北，文海出版社，1986 年）

    (1)〈外交部長致北京公使團領袖電〉（1925 年 6 月 24 日）

    (2)〈交涉員署照會英法領事〉（1925 年 6 月 26 日）

    (3)〈譯法領事致省長函〉（1925 年 6 月 23 日）

    (4)〈譯駐廣州法、英總領事復傅交涉員函〉（1925 年 7 月 6 日）

    (5)〈譯駐廣州英總領事照會胡省長文〉（1925 年 6 月 24 日）

62.《德國外交文件》（4 輯 1 卷）（上海，上海人民出版社，1974 年）

    (1)〈德黑蘭、雅爾塔、波茨坦會議紀錄摘編〉

63. 台北國史館藏：《蔣中正檔案》

    (1)〈何鍵致蔣總司令電〉（1930 年 8 月 5 日）

64. 蔣總統集編輯委員會：《蔣總統集》（專著）（1）（台北，國防研究院，1961 年）

65. 李玉貞：《鮑羅廷在中國的有關資料》（北京，中國社會科學出版社，1983 年）

    (1) 鮑羅廷：〈土地問題〉（1926 年 10 月 1 日）

    (2) 鮑羅廷：〈在國民黨中央執行委員會及廣州各界發起慶祝蘇俄十月革命八周年紀
念會上的演說〉（1925 年 11 月 7 日）

    (3) 鮑羅廷：〈在湘軍講武堂追悼廖黨代表會上的講演〉（1925 年 9 月 6 日）

    (4) 鮑羅廷：〈革命的基礎問題〉（1926 年 9 月 30 日）

    (5) 張注洪、楊云若編：〈鮑羅廷在中國活動紀要〉（1923 — 1927 年）

    (6) 鄭秀山、鄧演存、尹時中、歐樹融、陳錦松：〈鮑羅廷等在廣東〉

66. 中共中央黨史研究室第一研究部譯：《聯共（布）、共產國際與中國國民革命運
動（1920－1925）》（1）（北京，北京圖書館出版社，1997 年）

    (1) 莫洛托夫：〈1927 年 5 月 30 日徵詢政治局委員意見〉

    (2)〈中共中央執行委員會關於布留赫爾對國民政府的性質和任務的看法的通報〉
（1926 年 10 月 7 日）

    (3)〈中國共產黨 1923 年支出預算〉（1922 年 12 月於莫斯科）

    (4)〈巴拉諾夫斯基關於國民黨代表團拜訪托洛茨基情況的書面報告〉（1923 年 11 月
27 日於莫斯科）

    (5)〈巴拉諾夫斯基關於國民黨代表團訪蘇情況的書面報告〉（1923 年 12 月 5 日於莫
斯科）

    (6)〈加拉罕給契切林的信〉（1924 年 2 月 9 日於北京）

(7)〈加拉罕給鮑羅廷的信〉（1923 年 12 月 27 日於北京）

(8)〈共產國際執行委員會政治書記處秘密會議第 30 號紀錄〉（1927 年 6 月 22 日於莫斯科）

(9)〈共產國際執委會主席團會議中國問題議程速記記錄〉（1922 年 12 月 29 日於莫斯科）

(10)〈托洛茨基給斯克良斯基和加米涅夫的信〉（1923 年 3 月 13 日於莫斯科）

(11)〈托洛茨基給越飛的信〉（1923 年 1 月 20 日於莫斯科）（絕密）

(12)〈有國民黨代表團參加的共產國際執行委員會會議速記記錄〉（1923 年 11 月 26 日於莫斯科）

(13)〈吳佩孚將軍的信〉（1922 年 11 月 20 日於洛陽）

(14)〈吳佩孚給越飛的信〉（1922 年 10 月 12 日於洛陽）

(15)〈杜霍夫斯基關於國民黨代表團情況的札記〉（1923 年 9 月 10 日）及〈關於國民黨代表團訪問第 144 步兵團情況的書面報告〉（1923 年 9 月 17 日）

(16)〈杜霍夫斯基關於國民黨代表團情況的札記〉（不晚於 1923 年 9 月 10 日於莫斯科）

(17)〈拉茲貢關於廣州 1926 年 3 月 20 日事件的書面報告〉

(18)〈拉斯科爾尼科夫關於對中國共產黨採取組織措施的建議〉（不早於 1927 年 7 月 13 日）

(19) 薩法羅夫：〈東方部就 1923 年第一季度工作給共產國際執委會主席團的報告〉（1923 年 4 月 4 日於莫斯科）

(20)〈波達波夫給契切林的報告〉（1920 年 12 月 12 日於莫斯科）

(21)〈邵力子給共產國際執行委員會的補充報告〉（1926 年 9 月 22 日）

(22)〈俄共（布）中央政治局中國委員會會議第 1 號記錄〉（摘錄）（1925 年 4 月 17 日於莫斯科）〉

(23)〈俄共（布）中央政治局中國委員會會議第 2 號記錄〉（1925 年 5 月 29 日於莫斯科）

(24)〈俄共（布）中央政治局中國委員會會議第 3 號記錄〉（1925 年 6 月 5 日於莫斯科）

(25)〈俄共（布）中央政治局中國委員會會議第 4 號記錄〉（1925 年 7 月 28 日於莫斯科）

(26)〈俄共（布）中央政治局中國委員會會議第 12 號記錄〉（1925 年 9 月 28 日於莫斯科）（絕密）

(27)〈俄共（布）中央政治局會議第 21 號記錄〉（摘錄）（1923 年 8 月 2 日於莫斯科）

(28)〈俄共（布）中央政治局會議第 25 號記錄〉（1922 年 9 月 7 日於莫斯科）

(29) 斯大林：〈俄共（布）中央政治局會議第 42 號記錄〉（1923 年 1 月 4 日於莫斯科）

(30)〈俄共（布）中央政治局會議第 42 號記錄〉（摘錄）（1923 年 1 月 4 日於莫斯科）

(31)〈俄共（布）中央政治局會議第 52 號記錄〉（1925 年 3 月 13 日於莫斯科）

(32)〈俄共（布）中央政治局會議第 53 號記錄〉（1923 年 3 月 8 日於莫斯科）

(33)斯大林：〈俄共（布）中央政治局會議第 53 號記錄〉（摘錄）（1923 年 3 月 8 日
於莫斯科）

(34)〈俄共（布）中央政治局會議第 53 號記錄〉（1925 年 3 月 19 日於莫斯科）〉

(35)〈俄共（布）中央政治局會議第 62 號（特字第 45 號）記錄〉（1925 年 5 月 7 日
於莫斯科）

(36)〈俄共（布）中央政治局會議第 62 號記錄〉（1925 年 5 月 7 日於莫斯科）〉

(37)〈俄共（布）中央政治局會議第 68 號（特字第 51 號）記錄〉（1925 年 6 月 22
日於莫斯科）

(38)〈俄共（布）中央政治局會議第 68 號記錄〉（1925 年 6 月 25 日於莫斯科）

(39)斯大林：〈俄共（布）中央政治局會議第 68 號記錄〉（摘錄）（1925 年 6 月 25
日於莫斯科）

(40)〈孫逸仙在國民黨中央全會最後一次會議上的講話〉（1924 年 8 月 30 日）

(41)〈孫逸仙給列寧的信〉（1922 年 12 月 6 日於上海）

(42)〈孫逸仙給越飛的信〉（1922 年 8 月 27 日於上海莫利愛路寓所）

(43)〈孫逸仙給越飛的信〉（1922 年 11 月 2 日於上海莫利愛路）

(44)〈孫逸仙給越飛的信〉（1922 年 12 月 20 日於上海）

(45)〈索洛維約夫給加拉罕的信〉（1926 年 3 月 24 日於廣州「紀念列寧」號輪船上）

(46)〈馬林為格克爾同孫逸仙的談話所作的記錄〉（1922 年 9 月 26 日於上海孫中山
寓所）

(47)〈國民黨中央執行委員會第 40 次會議情況通報〉（1924 年 7 月 3 日於廣州）

(48)〈國民黨代表團關於中國國民運動和黨內狀況的書面報告〉（1923 年 10 月 18 日）

(49)〈曼達良、納索諾夫和阿爾布列赫特關於蔣介石政變的書面報告〉（1927 年 5 月
21 日於莫斯科）

(50)陳獨秀：〈陳獨秀給薩法羅夫的信〉（1923 年 7 月 1 日於廣州）

(51)〈斯大林給莫洛托夫和布哈林的信〉（1927 年 7 月 9 日於索契）

(52)〈斯列帕克給維經斯基的信〉（1923 年 11 月 25 日於北京）

(53)〈斯莫連采夫對向人民軍和廣州提供物質支援計劃的說明〉（1925 年 10 月 7 日
於莫斯科）（絕密）

(54)〈越飛給加拉罕的電報〉（1922 年 8 月 25 日於北京）

(55)〈越飛給加拉罕的電報〉（1922 年 8 月 30 日於北京）（絕密）

(56)〈越飛給加拉罕的電報〉（1922 年 8 月 31 日於北京）（絕密）

(57)〈越飛給加拉罕的電報〉（1922 年 9 月 1 日於北京）（絕密）

(58)〈越飛給加拉罕的電報〉（1922 年 9 月 4 日於北京）（絕密）

(59)〈越飛給加拉罕的電報〉（摘錄）（絕密）（1922 年 11 月 9 日於北京）

(60)〈越飛給吳佩孚將軍的信〉（1922 年 8 月 19 日於北京）

(61)〈越飛給吳佩孚將軍的信〉（不晚於 1922 年 9 月 18 日於長春）

(62)〈越飛給吳佩孚將軍的信〉（1922 年 11 月 18 日於北京）

(63)〈越飛給俄共（布）、蘇聯政府和共產國際領導人的信——第八封〉（絕密）（1923 年 1 月 26 日於上海）

(64)〈越飛給契切林的電報〉（摘錄）（1922 年 10 月 17 日於洛陽）

(65)〈越飛給契切林的電報〉（絕密）（1922 年 11 月 1 日於北京）

(66)〈越飛給契切林的電報〉（摘錄）（絕密）（1922 年 11 月 10、13 日於北京）

(67)〈越飛給孫逸仙的信〉（1922 年 8 月 22 日於北京）

(68)〈越飛給孫逸仙的信〉（1922 年 9 月 15 日於長春）

(69)〈越飛給馬林的信〉（1922 年 9 月 18 日於長春）

(70)〈馮玉祥政變與俄共（布）和共產國際對華政策新重點〉

(71)〈溫施利赫特和博爾特諾夫斯基給史達林的書面報告〉（絕密）（1925 年 9 月 30 日於莫斯科）

(72)〈維連斯基——西比里亞科夫就國外東亞人民工作給共產國際執委會的報告〉（摘錄）（1920 年 9 月 1 日於莫斯科）

(73)〈維經斯基的書面報告摘錄〉（1925 年 11 月 11 日於北京）

(74)〈維經斯基就中國形勢給共產國際執委會東方部的報告〉（摘錄）（1923 年 3 月 24 日於海參威）（絕密）

(75)〈維經斯基給共產國際執委會東方部主任薩法羅夫的信〉（1923 年 3 月 8 日於海參威）

(76)〈維經斯基給拉斯科爾尼科夫的信（1925 年 8 月 4 日於北京）〉

(77)〈維經斯基給張國燾的信〉（1923 年 10 月 24 日於莫斯科）

(78)〈維經斯基給聯共（布）駐共產國際執行委員會代表團的信〉（1927 年 1 月 21 日於上海）

(79)〈維爾德給維經斯基的信〉（摘錄）（1925 年 5 月 13 日於上海）

(80)〈劉江給俄共（布）阿穆爾州委的報告〉（1920 年 10 月 5 日於布拉戈維申斯克）

(81)〈盧果夫斯基給外交人民委員部遠東部主任的書面報告〉

(82)〈穆辛關於中共在廣州的任務的提綱〉（1926 年 4 月 24 日於廣州）

(83)〈鮑羅廷給加拉罕的信〉（1924 年 1 月 25 日於廣州）

(84)〈鮑羅廷給加拉罕的信〉（1926 年 5 月 30 日於廣州）

(85)〈鮑羅廷關於華南形勢的札記〉（1923 年 12 月 10 日於北京）

(86)〈鮑羅庭在同共產國際執行委員會遠東局委員會會晤時的講話〉（1926 年 8 月 9 日）

(87)〈聯共（布）中央政治局會議第 22 號（特字第 16 號）紀錄〉(1926 年 4 月 29
日於莫斯科)

(88)〈聯共（布）中央政治局會議第 94 號（特字第 72 號）紀錄〉(1927 年 4 月 7 日
於莫斯科)

(89)〈聯共（布）中央政治局會議第 112 號（特字第 90 號）紀錄〉(1927 年 6 月 23
日於莫斯科)

(90) 莫洛托夫:〈聯共（布）中央政治局緊急會議第 116 號（特字第 94 號）記錄〉
(1927 年 7 月 8 日於莫斯科)

(91)〈羅加喬夫關於廣州 1926 年 3 月 20 日事件的書面報告〉(1926 年 4 月 28 日於
莫斯科)

(92)〈羅易就中國形勢給共產國際執行委員會政治書記處和斯大林的書面報告〉
(1927 年 5 月 28 日於漢口)

(93)〈羅易給某人（斯大林）的電報〉(1927 年 5 月 25 日於漢口)

(94)〈羅易給斯大林和布哈林的電報〉(1927 年 6 月 5 日於漢口)

(95)〈羅易給斯大林和布哈林的電報〉(1927 年 6 月 17 日於漢口)

(96)〈羅易給聯共（布）中央政治局的電報〉(1927 年 6 月 2 日於漢口)

(97)〈羅易給聯共（布）中央政治局的電報〉(1927 年 6 月 8 日於漢口)

(98)〈羅易給聯共（布）中央政治局的電報〉(1927 年 6 月 22 日於漢口)

(99)〈關於在國民黨內之共產派問題的決議案〉和〈關於國民黨與國際革命運動之聯
絡問題的決議案〉

(100) 布龍斯泰因:〈關於俄共中央西伯利亞局東方民族處的機構和工作問題給共產
國際執委會的報告〉(1920 年 12 月 21 日於伊爾庫茨克)

(101) 斯特拉霍夫:〈關於廣州政府的報告〉(1921 年 4 月 21 日)

67、沈志華主編:《蘇聯歷史檔案選編》(1),(北京,社會科學文獻出版社,2002
年)

(1) 安東諾夫奧夫申科:〈安東諾夫奧夫申科致列寧波德伊斯基的電報〉(1918 年 1
月底)

(2) 托洛茨基:〈致俄共（布）中央〉(1919 年 8 月 5 日於盧布內)

(3) 斯大林:〈斯大林致莫洛托夫〉(1926 年 6 月 24 日)

(4)〈斯大林致莫洛托夫〉(1927 年 7 月 16 日)

(5) 斯大林:〈斯大林致莫洛托夫和布哈林〉(1926 年 6 月 27 日)

(6)〈斯大林致莫洛托夫和布哈林〉(1927 年 7 月 9 日)

(7)〈越飛就對華政策總方針致中央政治局的信〉(1922 年 7 月 22 日於斯莫爾尼宮)
(絕密)

七、書籍

1. Henry H. Douglas, "Japan and the United States: Partners in Aggression," *China Today*, July 1939.

2. Harry S Truman, *Memoirs of Harry S Truman, Vol. II, Years of Trial and Hope 1946-1952*, New York, Doubleday, 1956.

3. Lionel Max Chassin, *The Communist Conquest of China: A History of the Civil War 1945—1949*, Lowe & Brydone, London 1966.

4. Immanuel C Y Hsu, *The Rise of Modern China*, Oxford, 1983.

5. Theodore H. White, *The Stilwell Papers*, William Sloane Associates, New York, 1948.

6. Frank Dorn, *Walkout with Stilwell in Burma*, New York, Thomas Y. Crowell, 1971.

7. 張一麐:〈五十年來國事叢談〉《心太平室集》(1)(台北,文海出版社,1966 年影印版)。

8. 《八一三淞滬抗戰》(北京,中國文史出版社,1987 年)
   (1) 曾達池:〈空軍抗戰紀實〉
   (2) 陳德松:〈殊死報國的四行孤軍〉

9. 何應欽:《八年抗戰與台灣光復》(台北,黎明文化,1981 年)
   (1)〈田中奏摺原文〉(1927 年 7 月 25 日)

10. 清史館:《大清宣統政紀》(7)(台北,新興書局,1987 年)

11. 陳達明:《大嶼山抗日游擊隊》(香港,香港各界文化促進會,2002 年)

12. 中共中央文獻研究室:《不盡的思念》(北京,中央文獻出版社,1987 年)
    (1) 劉昂:〈肝膽相照的光輝篇章〉
    (2) 連貫:〈殫精竭慮,為國為民〉

13. 中山學術文化基金會:《中山先生建國宏規與實踐》(台北,財團法人中華民國中山學術文化基金會,2011 年)
    (1) 張玉法:〈孫中山與 1924 年的北伐〉

14. 李毓澍:《中日二十一條交涉》(上)(台北,中央研究院近代史研究所,1966 年)

15. 中共廣東省委黨史研究室編:《中共中央南方局的軍事工作》(北京,中共黨史出版社,2009 年)

16. 楊奎松:《中共與莫斯科的關係》(1920 — 1960)(香港,海嘯出版事業有限公司,1997 年)

17. 郭榮趙:《中美戰時合作之悲劇》(台北,中國研究中心出版社,1979 年)

18. 袁明:《中美關係史上沉重的一頁》(北京,北京大學出版社,1989 年)

　　(1) 威廉·斯圖克:〈馬歇爾與魏德邁使華〉

　　(2) 羅伯特·梅斯爾:〈羅斯福杜魯門和中國〉

19. 梁敬錞:《中美關係論文集》(台北,聯經出版事業公司,1982 年)

　　(1) 〈中美關係起落之分水嶺〉

　　(2) 〈馬歇爾奉使來華〉

20. 軍事科學院軍事歷史研究部編:《中國人民解放軍全史》(3) (北京,軍事科學出版社,2000 年)

21. 軍事科學院軍事歷史研究部編:《中國人民解放軍戰史》(1 — 3) (北京,軍事科學出版社,1978 年)

22. 劉彥:《中國外交史》(台北,三民書局,1979 年)

23. 懷德:《中國外交關係史》(北京,商務印書館,1928 年)

24. 惲代英:《中國民族革命運動史》(上海,泰東圖書局,1927 年)

25. 陳永發:《中國共產革命七十年》(上) (台北,聯經出版社,1998 年)

26. 王健民:《中國共產黨史稿》(1) (香港,中文圖書供應社,1975 年)

　　(1) 陳獨秀:〈告全黨同志書〉(1929 年 12 月 10 日)

　　(2) 〈容共政策之最近經過——武漢政治委員會主席團 7 月 16 日報告〉

27. 沙健孫:《中國共產黨史稿》(1) (北京,中央文獻出版社,2006 年)

28. 中共中央黨史研究室:《中國共產黨歷史》(1 卷上) (北京,中共黨史出版社,2010 年)

29. 軍事科學院軍事歷史研究部:《中國抗日戰爭史》(北京,解放軍出版社,1991 年)

　　(1) 引用〔日〕防衛廳防衛研修所戰史室:《1942,1943 年的中國派遣軍》,(日本,朝雲新聞社,1983 年)。

　　(2) 引用〔日〕防衛廳防衛研修所戰史部:《中國事變陸軍作戰》(3),(日本,朝雲新聞社,1983 年)

　　(3) 張其昀主編:《先總統蔣公全集》(1),(台北,中國文化大學出版部,1984 年)

30. 劉庭華:《中國抗日戰爭與第二次世界大戰統計》(北京,解放軍出版社,2012 年)

31. 沈慶林:《中國抗戰時期的國際援助》(上海,上海人民出版社,2000 年)

32. 赫伯特·菲斯:《中國的糾葛》(北京,北京大學出版社,1989 年)

33. 徐中約:《中國近代史》(下) (香港,中文大學出版社,2002 年)

34. 朱有瓛：《中國近代學制史料》（4）（上海，華東師範大學出版社，1983 年）

35. 趙林鳳：《中國近代憲法第一人汪榮寶》（台北，秀威資訊科技，2014 年）

36. 李劍農：《中國近百年政治史》（下）（台北，商務印書館，1969 年）

37. 沈雲龍：《中國青年黨黨史·政綱》（台北，中國青年黨中央黨部，1983 年）

38. 托洛茨基著、王凡西譯：《中國革命問題》（1）（1926 — 1940）

39. 楊東梁、張浩：《中國清代軍事史》（北京，人民出版社，1994 年）

40. 李璜：《中國現代人文四講》（台北，冬青出版社，1976 年）

41. 張玉法：《中國現代史》（台北，東華書局，1977 年）

42. 張玉法：《中國現代史論集 民初政局》（4）（台北，聯經出版社，1980 年）
    (1) 張玉法：〈民初政黨的調查與分析〉

43. 張玉法：《中國現代史論集 軍閥政治》（5）（台北，聯經出版社，1980 年）
    (1) 唐遠華：〈中國軍閥——馮玉祥的一生事業評介〉
    (2) 史特賴姆斯基（Richard Stremski）著、林貞惠譯：〈馮玉祥與英國的關係〉

44. 張玉法：《中國現代史論集 五四運動》（6）（台北，聯經出版社，1980 年）
    (1) 羅滋著、馮鵬江譯：〈中國民族主義與 1920 年代之反基督教運動〉
    (2) 山本達郎、山本澄子：〈中國的反基督教運動〉（1922 — 1927）
    (3) 黃福慶：〈五四前夕留日學生的排日運動〉
    (4) 楊翠華：〈非宗教教育與收回教育權運動〉（1922 — 1930）

45. 張玉法：《中國現代史論集 護法與北伐》（7）（台北，聯經出版社，1980 年）
    (1) 李雲漢：〈中山先生護法時期的對美交涉〉（1917 — 1923）

46. 蔡元培等著：《中國新文學大系導論集》（上海，良友圖書公司，1945 年再版）
    (1) 茅盾：〈現代小說導論〉（1）
    (2) 郁達夫：〈現代散文導論〉（下）
    (3) 朱自清：〈現代詩歌導論〉
    (4) 洪深：〈現代戲劇導論〉
    (5) 胡適：〈新文學的建設理論〉

47. 鄧中夏：《中國職工運動簡史》（1919 — 1926）（北京，人民出版社，1979 年）

48. 朱漢國、楊群：《中華民國史》（1）（成都，四川人民出版社，2006 年）

49. 李新主編：《中華民國史》（北京，中華書局，1987 年）

50. 郭廷以：《中華民國史事日誌》（台北，中央研究院近代史研究所，1985 年）

51. 賴暋：《中華民國史事紀要》（2）（台北，國史館，1990 年）

52. 中國社會科學院近代史研究所中華民國史組編：《中華民國史資料叢稿大事記》(11)（北京，中華書局，1978 年）

53. 張玉法：《中華民國史稿》修訂版（台北，聯經出版事業股份有限公司，2009 年）

54. 教育部主編：《中華民國建國史——統一與建設》(1)（台北，國立編譯館，1989 年）
   (1) 蔣永敬：〈北伐之準備〉
   (2) 王正華、李又寧：〈國民政府成立與出師北伐〉
   (3) 蔣永敬：〈聯俄容共之由來與形成〉

55. 教育部主編：《中華民國建國史》(3)（台北，國立編譯館，1989 年）
   (1) 李國祁：〈地方政制之改革〉
   (2) 蔣永敬：〈東南清黨與武漢分共〉
   (3) 蔣永敬：〈政策的分歧與意見的衝突〉
   (4) 胡春惠：〈國民會議之召開〉
   (5) 曾濟群：〈實施訓政與軍政建設〉
   (6) 趙中孚：〈編遣會議〉

56. 中華民國建國史討論集編輯委員會：《中華民國建國史討論集——北伐統一與訓政建設史》(3)（台北，中華民國建國史討論會，1981 年）
   (1) 蔣永敬：〈鮑羅廷與中國國民黨之改組〉
   (2) 韓迪德：〈蘇俄軍事顧問與中國國民黨〉(1923—1927)

57. 中華民國開國五十年文獻編纂委員會：《中華民國開國五十年文獻——革命之倡導與發展：中國同盟會三》（一編 13 冊）（台北，正中書局，1964 年）
   (1) 歐陽雲：〈炸袁世凱案〉

58. 谷鍾秀：《中華民國開國史》（上海，泰東圖書局，1914 年）

59. 沈志華主編：《中蘇關係史綱》（北京，社會科學文獻出版社，2011 年）

60. 歐陽哲生：《五四運動的歷史詮釋》（台北，秀威資訊科技股份有限公司，2011 年）

61. 周玉山編：《五四論集》（台北，成文出版社，1980 年）
   (1) 楊亮功：〈五四〉

62. 贛粵閩鄂北路剿匪軍第三路軍總指揮部參謀處：《五次圍剿戰史》（上）（台北，中華民國開國五十年文獻編纂委員會，1968 年重印）

63. 王芸生：《六十年來中國與日本》(6)（北京，三聯書店，1980 年）
   (1) 〈大總統密諭〉

(2)〈排日運動〉

64. 許德鄰：《分類白話詩選》（上海，崇文書局，1922 年）

65. 黃嫣梨：《文史十五論》（北京，北京大學出版社，2001 年）

(1) 黃嫣梨：〈五四新婦學的實踐及其評價〉

66. （日）原烏修一等：《日本戰犯回憶錄》（香港，四海出版社，1975 年）

67. 何應欽：《日軍侵華八年抗戰史》（台北，黎明文化事業有限公司，1982 年）

(1)〈抗戰期間歷年軍費支出與國家總支出比較統計表〉

68. 中共中央文獻研究室：《毛澤東軍事文集》(1)（北京，中央文獻出版社，1993 年）

(1) 毛澤東：〈中國共產黨紅軍第 4 軍第九次代表大會決議案〉（1929 年 12 月）

(2) 毛澤東：〈中國的紅色政權為什麼能夠存在？〉（1928 年 10 月 5 日）

(3) 毛澤東：〈井岡山的鬥爭〉（1928 年 11 月 25 日）

(4) 毛澤東：〈左路軍應改道北上〉（1935 年 9 月 8 日）

(5) 毛澤東：〈攻長沙不克的原因〉（1930 年 9 月 17 日）

(6) 毛澤東：〈星星之火可以燎原〉（1930 年 1 月 5 日）

(7) 毛澤東：〈紅軍第 4 軍前委給中央的信〉（1929 年 3 月 20 日）

(8) 毛澤東：〈應在川陝甘三省建立蘇維埃政權〉（1935 年 6 月 16 日）

69. 毛澤東：《毛澤東選集》(1)（北京，人民出版社，1969 年）

(1) 毛澤東：〈湖南農民運動考察報告〉（1927 年 3 月）

(2) 毛澤東：〈論反對日本帝國主義的策略〉（1935 年 12 月 27 日）

(3) 毛澤東：〈戰爭和戰略問題〉

70. 蔣緯國主編：《北伐統一》(4)（台北，黎明文化事業股份有限公司，1980 年）

71. 國防部史政局：《北伐戰史》(1)（台北，國防部史政局出版，1967 年）

72. 中央檔案館編：《北伐戰爭》（資料選輯）（北京，中共中央黨校出版社，1981 年）

(1)〈加同志報告〉

73. 《北京大學史料》(1)（北京，北京大學出版社，1998 年）

(1) 薛福成：〈出使四國日記〉

74. 蕭超然：《北京大學與五四運動》（北京，北京大學出版社，1995 年）

75. 國事新聞社編：《北京兵變始末記》（台北，文星書店，1962 年影印版）

76. 丁中江：《北洋軍閥史話》（北京，中國友誼出版公司，1992 年）

77. 梁敬錞：《史迪威事件》（台北，商務印書館，1982 年）

78. 平津戰役親歷記編審組：《平津戰役親歷記》（北京，中國文史資料出版社，1989 年）

79.《戊戌變法》(2)（上海，神州國光社，1953 年）

（1）康有為：〈請開學校折〉

80. 孫繼業，孫志華：《正面戰場大會戰》（北京，團結出版社，2007 年）

81.《民國二十三年中國國民黨年鑒》（中國國民黨中央執行委員會黨史料編纂委員會編印）

82.《民國史論》（上）（台北，商務印書館，2013 年）

（1）呂芳上：〈近代中國婦女史研究〉

83. 蕭楚女：《民族革命運動史大綱》（漢口，長江書店，1927 年）

84. 觀渡廬（伍廷芳）編：《共和關鍵錄》（台北，文海出版社，1981 年）

85. 楊雲若，楊奎松：《共產國際和中國革命》（上海，上海人民出版社，1988 年）

（1）崔可夫：〈在華使命———個軍事顧問的筆記〉

86. 師哲：《在歷史巨人身邊》（北京，中央文獻出版社，1991 年）

87. 吳福章：《西安事變親歷記》（北京，中國文史出版社，1986 年）

（1）戴鏡元：〈從洛川會談到延安會談〉

（2）孫銘九：〈臨潼扣蔣〉

88. 蔣夢麟：《西潮》（缺出版資料，1957 年）

89. 籌安會編：《君憲問題電彙編》（台北，文海出版社，1972 年）

90. 吳敬恆：《吳敬恆選集政論一》（台北，文星書局，1956 年）

（1）〈記居正、鈕永建等守吳淞江灣及上海黨人活動與石曾、予民談救國方法等事〉

（2）吳敬恆：〈無政府主義以教育為革命説〉

91. 吳湘湘：《宋教仁 中國民主憲政的先驅》（台北，文星書店，1969 年）

92. 韋爾斯：《形成歷史的七項決定》（Summer Welles, *Seven Decisions that Shaped History*），紐約 1951 年版

93. 馬伯援：《我所知道的國民軍與國民黨合作史》（台北，文海出版社，1931 年版重印）

94. 馮玉祥：《我的生活》（香港，波文書局，1974 年）

95. 楊天石：《找尋真實的蔣介石——蔣介石日記解讀》（北京，東方出版社，2018 年）

（1）楊天石：〈中山艦事件之謎〉

96. 章伯鋒，莊建平主編：《抗日戰爭》(4)《外交》（上）（成都，四川大學出版社，1997 年）

(1) 〈譚伯羽致孔祥熙〉(柏林，1938 年 7 月 8 日)

97. 陶文釗：《抗日戰爭時期中國對外關係》(北京，中央黨史出版社，1995 年)

98. 梁柯平：《抗日戰爭時期的香港學運》(香港，香港各界紀念抗戰活動籌委會，2005 年)

99. 魏宏運主編：《抗日戰爭時期晉察冀財政經濟史資料選編》(天津，南開大學出版社，1984 年)

100. 蔣緯國編：《抗日禦侮》(1) (台北，黎明文化事業有限公司，1978 年)
    (1) 〈中國國民黨史概要〉(2)

101. 王建朗：《抗戰初期的遠東國際關係》(台北，東大圖書公司，1996 年)

102. 王正華：《抗戰時期外國對華軍事援助》(台北，環球書局，1987 年)

103. 中國李大釗研究會編：《李大釗文集》(1) (北京，人民出版社，2006 年)
    (1) 李大釗：〈Bolshevism 的勝利〉(1918 年 10 月 15 日)
    (2) 李大釗：〈再論問題與主義〉(1919 年 8 月 17 日)
    (3) 李大釗：〈風俗〉(1914 年 8 月 10 日)
    (4) 李大釗：〈庶民的勝利〉(1918 年 10 月 15 日)
    (5) 李大釗：〈新紀元〉(1919 年元旦)

104. 《汪精衛全集》(光明書局，1929 年)
    (1) 汪精衛：〈武漢分共之經過〉(1927 年 11 月 5 日在廣州中大演講)

105. 王唯廉：《汪精衛與廣州暴動》，電子書缺出版資料

106. 尚秉和：《辛壬春秋》(台北，文星書店，1962 年影印版)

107. 中國史學會：《辛亥革命》(上海，上海人民出版社，1957 年)
    (1) 孫中山：〈民報周年紀念演說詞〉
    (2) 〈德國駐俄大使 Pourtal's 伯爵致德國國務總理 Bethmann Hollweg 之檔〉(1912 年正月四日自聖彼德堡寄)，王光祈譯：《辛亥革命與列強態度》(譯自德國外交檔彙編)

108. 胡鄂公：《辛亥革命北方實錄》(台北，文海出版社，1970 年)

109. 章開沅、林增平主編：《辛亥革命史》(下) (北京，人民出版社，1981 年)

110. 張國淦：《辛亥革命史料》(台北，文海出版社，1975 年版)

111. 中南地區辛亥革命史研究會、武昌辛亥革命研究中心：《辛亥革命史叢刊》(4) (北京，中華書局，1982 年)
    (1) 恩斯特楊、王小荷譯：〈袁世凱何以能夠登上總統寶座？〉

112. 林能士：《辛亥時期北方的革命活動》(台北，正中書局，1993 年)

　〈京津同盟會的組織及其活動──黨史會黃以鏞原稿〉

113. 唐培吉、王關興、鄒榮庚：《兩次國共合作史稿》(杭州，浙江人民出版社，
　　1989 年)

114. 周恩來：《周恩來旅歐通信》(北京，人民日報出版社，1979 年)

　(1) 周恩來：〈西歐通信──留法勤工儉學生之大波瀾〉(1920 年 3 月 21 日)

　(2) 周恩來：〈旅歐通信──留法勤工儉學生在法最後之運命〉

　(3) 周恩來：〈我認的主義一定是不變了──致李錫錦、鄭季清〉(1922 年 3 月)

115. 中共中央文獻研究室：《周恩來書信選集》(北京，中央文獻出版社，1988 年)

　(1) 周恩來：〈來歐主要意旨──致陳式周〉(1921 年 1 月 30 日)

　(2) 周恩來：〈當信共產主義的原理──致諶小岑、李毅韜〉(1922 年 3 月)

116. 林孝玉、許繼哲、王宏恕編：《和談紀實》上冊 (台北，國防部史政局，1971 年)

117. 張九如：《和談覆轍在中國》(台北，聯經出版事業公司，1981 年)

118. 約翰‧拉貝：《拉貝日記》(南京，江蘇人民出版社，1997 年)

119. 東江縱隊志編輯委員會：《東江縱隊志》(北京，解放軍出版社，2003 年)

　(1) 中央：《中央關於東江縱隊開展敵後游擊戰的指示》

120. 罷委會宣傳部：《東園被焚記》(中華全國總工會省港罷工委員會宣傳部，1926
　　年 11 月)

121. 曹亞伯：《武昌革命真史正編》(上海，中華書局，1930 年)

122. 劉鳳翰：《武衛軍》(台北，中央研究院近代史研究所，1978 年)

123. 左舜生：《近卅年見聞雜記》(台北，中國青年黨中央黨部，1984 年)

124. 郭廷以：《近代中國史事日誌──清季》(2) (台北，中央研究院近代史研究所，
　　1963 年)

125. 沈雲龍：《近代中國史料叢刊》(50) (台北，文海出版社，1967 年)

　(1) 天懺生：〈黃克強軼事〉

126. 郭廷以：《近代中國史綱》(香港，中文大學出版社，1979 年)

127. 鈕先鍾譯：《近代軍事思想》(台北，軍事譯粹社，1958 年)

　(1) 羅斯費爾斯：《克勞塞維茲的戰略思想》

　(2) 巴爾麥：《菲德烈大帝、吉貝特、比羅──從王朝戰爭到民族戰爭》

128. 榮孟源、章伯鋒：《近代稗海》(3) (成都，四川人民出版社，1985 年)

　(1) 曾叔度：〈我所經手二十一條的內幕〉

(2) 白蕉：〈袁世凱與中華民國〉

129. 王助民：《近現代西方殖民主義史》(1415 — 1990)（北京，中國檔案出版社，1995 年）

130. 傅學文：《邵力子文集》（北京，中華書局，1985 年）

(1) 邵力子：〈勞動團體與政黨〉

131. 中共河北省委黨史資料徵集編審委員會編：《侵華日軍暴行錄》(2)（石家莊，河北人民出版社，1985 年）

(1)（日）原鳥修一等：《日本戰犯回憶錄》

132. 洞富雄：《南京大屠殺》（上海，上海譯文出版社，1987 年）

133. 中國人民政治協商會議全國委員會文史資料研究委員會《南京保衛戰》編審組：《南京保衛戰》（北京，中國文史出版社，1987 年）

(1) 歐陽景修：〈江陰封江戰役紀實〉

(2) 唐生智：〈衛戍南京之經過〉

134. 朱漢國：《南京國民政府紀實》（合肥，安徽人民出版社，1993 年）

135. 陳嘉庚：《南僑回憶錄》（香港，草原出版社，1979 年）

136.《柳亞子文集·書信輯錄》（上海，上海人民出版社，1985 年）

137. 省港罷工委員會宣傳部編：《省港罷工概觀》(1926 年 8 月)

(1)〈一年來省港罷工的經過〉(1926 年 8 月)

138. 邁克爾·沙勒：《美國十字軍在中國》（北京，商務印書館，1982 年）

139. 鄒讜：《美國在中國的失敗》（上海，上海人民出版社，1997 年）

140. 資中筠：《美國對華政策的緣起和發展 1945-1950》（重慶，重慶出版社，1987 年）

141.《胡適文存二集》（上海，亞東圖書館，1922 年）

(1) 胡適：〈我的歧路〉

(2) 胡適：〈記李覯的學說〉

142. 歐陽哲生編：《胡適文集》（北京，北京大學出版社，2013 年）

(1) 胡適：〈今日教會教育的難關〉(1926 年 3 月 9 日)

(2) 胡適：〈文學改良芻議〉

(3) 胡適：〈充分世界化與全盤西化〉

(4) 胡適：〈問題與主義〉

143. 蔣經國：《負重致遠》（台北，幼獅文化事業公司，1976 年）

144. 李揚、范泓:《重説陶希聖》（台北，秀威資訊科技，2008 年）

145. 中共重慶市委黨史工作委員會等編:《重慶談判紀實 1945 年 8 至 10 月》（重慶，重慶出版社，1983 年）

146. 童小鵬:《風雨四十年》（北京，中央文獻出版社，1994 年）

147. 陳達明:《香港抗日游擊隊》（香港，環球國際出版，2000 年）

148. 陳敬堂編:《香港抗戰——東江縱隊港九獨立大隊論文集》（香港，香港歷史博物館，2004 年）

　　(1) 何發、梁少達:《日本投降後的新界自衛隊》

　　(2) 李金錚:《日寇「三光作戰」及其暴行之真相——以晉察冀邊區為例》

　　(3) 楊慶:《英雄的元朗人民》

　　(4) 梁柯平:《香港學生的抗日救亡運動》

　　(5) 陳敬堂:《香港歷史博物館東江縱隊港九獨立大隊口述歷史計劃工作報告》

　　(6) 老冠祥:《國民政府與香港抗戰》

　　(7) 黃雲鵬:《港九大隊在香港抗日戰爭中的地位和作用》

　　(8) 岳謙厚:《戰時英國對日之綏靖政策與中英關係》

149. 陳敬堂:《香港抗戰英雄譜》（香港，中華書局，2014 年）

　　(1) 〈劉培——海上游擊戰先導者〉

150. 凱姆本:《香港淪陷與加拿大戰俘》（北京，同心出版社，2005 年）

151. 張煥宗:《唐紹儀與清末民國政府》（保定，河北人民出版社，1998 年）

152. 孫武:《孫子兵法》（香港，星輝圖書，1994 年）

153. 李玉貞:《孫中山與共產國際》（台北，中央研究院近代史研究所，1996 年）

154. 《孫仿魯（連仲）先生述集》（台北，孫仿魯先生九秩華誕籌備委員會，1981）

155. 宋炳輝:《徐志摩傳》（上海，復旦大學出版社，2011 年）

156. 晏陽初:《晏陽初選集》（成都，四川教育出版社，1990 年）

　　(1) 〈中華平民教育促進會宣言〉

157. 賀果:《留法勤工儉子日記》（長沙，湖南人民出版社，1985 年）

158. 黃德福:《袁世凱政權與英國——從辛亥革命到洪憲帝制》（台北，元氣齋出版社，1994 年）

159. 中國社會科學院馬列所編:《馬林與第一次國共合作》（北京，光明日報出版社，1989 年）

　　(1) 馬林:〈致共產國際執行委員會的信〉（1923 年 6 月 20 日）

　　(2) 〈致越飛和達夫謙的信〉（1923 年 7 月 18 日）

160. 中國社會科學院近代史研究所翻譯室譯：《馬歇爾使華》（北京，中華書局，1981 年）

161. 梁敬錞：《馬歇爾使華報告書箋註》（台北，中央研究院近代史研究所，1994 年）

162. 莫士萊 Leonard Mosley：《馬歇爾傳》（台北，商務印書館，1987 年）

163. 張欽士：《國內近十年來之宗教思潮》（北京，燕京華文學校，1927 年）

164. 王宗華、劉曼容：《國民軍史》（武漢，武漢大學出版社，1996 年）

165. 劉敬忠、田伯伏：《國民軍史綱》（北京，人民出版社，2004 年）

166. 李泰棻：《國民軍史稿》（台北，文海出版社，1971 年影印版）
　　(1) 沈雲龍：〈影印國民軍史稿說明〉(1971 年 6 月)

167. 林君長：《國民革命軍之奮鬥》（台北，黎明文化事業有限公司，1981 年）

168. 楊天石：《國民黨人與前期中華民國》（北京，中國人民大學出版社，2007 年）
　　(1) 楊天石：〈1923 年蔣介石的蘇聯之行及其軍事計劃〉

169. 薛謀成：《國民黨新軍閥史略》（福建，廈門大學出版社，1991 年）

170. 楊奎松：《國民黨聯共與反共》（北京，社會科學文獻出版社，2008 年）

171. 林家有、褟倩紅等：《國共合作史》（重慶，重慶出版社，1987 年）

172. 馬齊彬：《國共兩黨關係史》（北京，中共中央黨校出版社，1995 年）

173. 王功安、毛磊：《國共兩黨關係通史》（武漢，武漢大學出版社，1991 年）

174. 〔蘇〕N. A. 基里林：《國際關係和蘇聯對外政策史》(1917 — 1945)（保定，中國社會科學出版社，1990 年）

175. 張怡祖：《張季子（謇）九錄》（台北，文海出版社，1965 年）
　　(1) 張謇：〈代魯撫孫寶琦蘇撫程德全奏請改組內閣宣布立憲疏〉(清宣統三年辛亥)
　　(2) 張謇：〈為運動立憲致袁直督函〉(清光緒三十二年丙午)

176. 卓然：《張學良和東北軍》（北京，中國文史出版社，1986 年）
　　(1) 何柱國：〈西安事變前的張學良〉
　　(2) 應德田：〈張學良的思想轉變〉
　　(3) 〈熱河失守和張學良的下野〉

177. 傅虹霖：《張學良與西安事變》（香港，利文出版社，1989 年）

178. 黨德信編：《從九一八到七七事變》（北京，中國文史出版社，1987 年）
　　(1) 何柱國：《山海關防禦戰》
　　(2) 董升堂：《夜襲喜峰口敵後》

179. 黃仁宇：《從大歷史的角度讀蔣介石日記》（台北，時報文化，1994 年）

180. 楊天石：《從帝制走向共和──辛亥前後史事發微》（北京，社會科學文獻出版社，2002 年）
　　（1）楊天石：〈在華經濟利益與辛亥革命時期英國的對華政策〉

181. 郝晏華：《從秘密談判到共赴國難》（北京，燕山出版社，1992 年）

182. 鄭維山：《從華北到西北》（北京，解放軍出版社，1985 年）

183. 中國社會科學院近代史研究所政治史研究室、蘇州大學社會學院編：《晚清國家與社會》（北京，社會科學文獻出版社，2007 年）
　　（1）馬平安：〈北洋集團對清室軍權的侵奪及對清末政局的影響〉
　　（2）崔志海：〈美國政府對辛亥革命態度的再考察〉

184. 陳書良選：《梁啟超文集》（北京，燕山出版社，2009 年）
　　（1）梁啟超：〈雜答某報〉（1906 年 9 月 3 日）

185. 張品興主編：《梁啟超全集》（11）（北京，北京出版社，1999 年）
　　（1）梁啟超：〈覆張東蓀書論社會主義運動〉（1921 年 1 月 19 日）

186. 胡平生：《梁蔡師生與護國之役》（台北，國立台灣大學文學院，1976 年）

187. 中共中央黨史資料徵集委員會主編：《淮海戰役》（1）（北京，中共黨史資料出版社，1988 年）

188. 中國人民政治協商會議全國委員會文史資料研究委員會編：《淮海戰役親歷記》（北京，文史資料出版社，1983 年）

189. 蕭一山：《清代通史》（下）（台北，商務印書館，1980 年）

190. 〔澳〕駱惠敏編、劉桂榮等譯：《清末民初政情內幕──泰晤士報駐北京記者、袁世凱政治顧問喬‧厄‧莫理循書信集》（上）（上海，知識出版社，1988 年）
　　（1）喬‧厄‧莫理循：〈致達‧狄‧布拉姆函〉（北京 1911 年 10 月 27 日）
　　（2）喬‧厄‧莫理循：〈致達‧狄‧布拉姆函〉（北京 1911 年 12 月 23 日）
　　（3）喬‧厄‧莫理循：〈致達‧狄‧布拉姆函〉（北京 1912 年 1 月 5 日）
　　（4）喬‧厄‧莫理循：〈蔡廷幹上校來訪接談記綠〉（1911 年 11 月 16 日）
　　（5）喬‧厄‧莫理循：〈嚴復來函〉（北京 1911 年 11 月 7 日給莫理循）

191. 胡繩武：《清末民初歷史與社會》（上海，上海人民出版社，2002 年）
　　（1）胡繩武：〈孫中山讓位袁世凱的歷史環境〉

192. 〔美〕李約翰著、孫瑞芹、陳澤憲譯：《清帝遜位與列強》（1908 — 1912）（北京，中華書局，1982 年）

193. 古楳：《現代中國及其教育》（下）（上海，中華書局，1934 年）

194. 湯志鈞：《章太炎政論選集》（下）（北京，中華書局，1977 年）

195. 李勇、張仲田：《統一戰線大事記——解放戰爭時期統一戰線卷》（北京，中國經濟出版社，1988 年）

196. 肯尼斯‧雷、約翰‧布魯爾編：《被遺忘的大使：司徒雷登駐華報告 1946 — 1949》（南京，江蘇人民出版社，1990 年）

    (1)〈文獻 1：司徒致國務卿〉（南京 1946 年 7 月 21 日），

197. 任建樹、張統模、吳信忠編：《陳獨秀著作選》(1)（上海，上海人民出版社，1993 年）

    (1) 陳獨秀：〈中國革命勢力統一政策與廣州事變〉

    (2) 陳獨秀：〈文學革命論〉

    (3) 陳獨秀：〈北京政變與孫曹攜手説〉

    (4) 陳獨秀：〈北京政變與國民黨〉

    (5) 陳獨秀：〈投降條件下之中國教育權〉

    (6) 陳獨秀：〈社會主義批評——在廣州公立法政學校演講〉

    (7) 陳獨秀：〈致羅素先生底信〉

    (8) 陳獨秀：〈敬告青年〉

    (9) 陳獨秀：〈談政治〉（1920 年 9 月 1 日）

    (10) 陳獨秀：〈覆東蓀先生底信〉

    (11) 陳獨秀：〈關於北京大學的謠言〉

198. 何小林：《勝利大營救》（北京，解放軍出版社，1999 年）

    (1) 曾鴻文：《打開大帽山通道》

    (2) 李健行：《成功搶救香港文化界人士》

    (3) 潘靜安：《虎口救精英》

    (4) 茅盾：《脫險雜記》

199. 邵毓麟：《勝利前後》（台北，傳記文學出版社，1967 年）

200. 冷杰甫：《渡江戰役》（福州，福建人民出版社，1985 年）

201. 全國政協《湖南四大會戰》編寫組：《湖南四大會戰》（北京，中國文史出版社，1995 年）

    (1) 李超：〈（常德）巷戰中與日軍進行劈刺搏鬥〉

    (2) 趙子立、王光倫：〈（第二次長沙）會戰兵力部署及戰鬥經過〉

    (3) 曾京：〈回顧衡陽保衛戰〉

    (4) 王仲模：〈常德保衛戰紀要〉

    (5) 賀執圭：〈會戰的作戰方針與戰鬥經過〉

202. 費孝通：《鄉土重建》（上海，觀察社，1948 年）

203. 梁敬錞：《開羅會議》（台北，商務印書館，1978 年）

204. 王永祥：《雅爾達密約與中蘇日蘇關係》（台北，東大圖書公司，2003 年）

205. 梁啟超：《飲冰室合集》(14)（北京，中華書局，1932 年）
    (1) 梁啟超：〈五十年中國進化概論〉
    (2) 梁啟超：〈倡設女學書〉

206. 國防部史政編譯局：《黃埔建校六十週年論文集》（上）（台北，國防部史政編譯局，1984 年）
    (1) 蔣永敬：〈三月二十日事件之研究〉
    (2) 呂芳上：〈先總統蔣公與黃埔軍校的創建〉
    (3) 李雲漢：〈孫文主義學會與早期反共運動〉
    (4) 范英：〈國父晚期的軍事思想與黃埔軍校的創立〉
    (5) 陳存恭：〈黃埔建校前後在華南的蘇俄軍事顧問〉
    (6) 王正華：〈黃埔建校經費初探〉
    (7) 蔣永敬：〈黃埔軍校辦的時代意義和背景〉

207. 廣東革命歷史博物館編：《黃埔軍校史》(1924 — 1927)（廣州，廣東人民出版社，1995 年）
    (1) 蔣介石：〈平定商團經過〉

208. 湖南省社會科學院編：《黃興集》（北京，中華書局，1981 年）
    (1) 黃興：〈致袁世凱書〉(1911 年 11 月 9 日)
    (2) 黃興：〈覆汪精衛電〉(1911 年 12 月 9 日)
    (3) 黃興：〈覆孫中山書〉(1914 年 6 月 1 日)
    (4) 黃興：〈覆張謇書〉(1912 年 1 月 6 日)

209. 薛君度著、楊慎之譯：《黃興與中國革命》（長沙，湖南人民出版社，1980 年）

210. 顧長聲：《傳教士與近代中國》（上海，上海人民出版社，1981 年）

211. 何長工：《勤工儉學生活回憶》（北京，工人出版社，1958 年）

212. 國防部史政編譯局編：《戡亂戰史》(1 至 4)（台北，國防部史政編譯局，1981 年）

213.《萬木草堂遺稿》（油印本）
    (1) 康有為：〈清光緒帝上賓請討賊哀啟〉(1908 年 11 月)

214. 陳敬堂：《跨世紀：七七事變六十週年紀念專號》（香港，1997 年）
    (1) 魏宏運：〈華僑對抗戰的貢獻〉

215. 陳敬堂編：《跨世紀：建國五十周年暨五四運動八十周年紀念專號》（香港，

　2000 年)

　　(1)　朱成甲：〈北京大學與五四運動〉

　　(2)　陶英惠：〈蔡元培與五四愛國運動〉

216. 高爾松、高爾柏編：《漢口慘殺案》(台北，文海出版社，1986 年)

217.《劉伯承軍事文選》(北京，解放軍出版社，1992 年)

　　(1)　劉伯承：〈南昌暴動始末記〉(1928 年 7 月 7 日莫斯科)

218. 費正清編：《劍橋中華民國史》(1912 — 1949 年)(北京，中國社會科學出版社，
　　1993 年)

　　(1)　易勞逸：〈南京十年時期的國民黨中國 1927 — 1937〉

219. 中共廣東省委黨史研究委員會廣東中共黨史學會：《廣州起義研究》(廣州，廣
　　東人民出版社，1987 年)

　　(1)　胡提春、葉創昌、黃穗生：〈偉大的嘗試——紀念廣州起義六十周年〉

220.《廣州起義資料》(下) (北京，人民出版社，1985 年)

　　(1)　〈聶榮臻同志對廣州起義的回憶〉(1978 年 6 月 30 日)

221. 王唯廉：《廣州暴動史》，電子書，缺出版資料。

222. 侯國隆、侯月祥：《廣東省志‧人物志》(廣州，廣東人民出版社，2004 年)

　　(1)　〈彭湃〉(1896 — 1929)

223. 陳洪捷：《德國古典大學觀及其對中國大學的影響》(北京，北京大學出版社，
　　2006 年)

224. 鄧一民主編：《熱河革命史稿》(北京，文化藝術出版社，1988 年)

225. 榮朝申：《締造共和之英雄尺牘》(台北，文海出版社，1972)

　　(1)　〈袁世凱囑劉承恩致黎元洪議和書〉(9 月 11 日)

　　(2)　〈黃興致汪兆銘書〉

　　(3)　〈黎都督致袁世凱書〉

　　(4)　〈總理河南革命事朱覆胡致袁項城書〉

226. 中國蔡元培研究會編：《蔡元培全集》(杭州，浙江教育出版社，1996 年)

　　(1)　蔡元培：〈北京大學校役夜班開學式演說詞〉

　　(2)　蔡元培：〈在保定育德學校的演說詞〉(1918 年 1 月 5 日)

　　(3)　《公言報》〈林琴南致蔡元培函〉(1919 年 3 月 18 日)

　　(4)　蔡元培：〈就任北京大學校長之演說〉(1917 年 1 月 9 日)

　　(5)　蔡元培：〈復吳敬恆函〉(1917 年 1 月 18 日)

　　(6)　蔡元培：〈答林琴南的詰難〉(1919 年 3 月 18 日)

(7) 蔡元培：〈黑暗與光明的消長——在慶祝協約國勝利大會上的演説詞〉（1918 年 11 月 15 日）

(8) 蔡元培：〈對大公報記者談話〉（1917 年 2 月 5 日）

(9) 蔡元培：〈對學生李葆和應令休學的批示〉

(10) 蔡元培：〈對學生李廣勛等應令退學的布告〉

(11) 蔡元培：〈對學生徐濟堂違章除名的批示〉

(12) 巴留岑著、蔡元培譯：〈德意志大學之特色〉

(13) 《公言報》《請看北京學界思潮變遷之近狀》（1919 年 3 月 18 日）

(14) 蔡元培：〈邀范源濂任教育部次長的談話〉

(15) 蔡元培：〈辭北京大學校長職呈〉（1919 年 5 月 8 日）

227. 高平叔編：《蔡元培全集》（3）（北京，中華書局，1984 年）

(1) 蔡元培：〈北大平民夜校開學日演説詞〉（1920 年 1 月 18 日）

(2) 蔡元培：〈致汪兆銘函〉（1917 年 3 月 15 日）

(3) 蔡元培：〈教育獨立議〉（1922 年 3 月）

(4) 蔡元培：〈覆吳敬恒函〉（1917 年 1 月 18 日）

228. 蔡和森：《蔡和森文集》（北京，人民出版社，1980 年）

(1) 蔡和森：〈馬克思學説與中國無產階級〉（1921 年 2 月 11 日）

(2) 蔡和森：〈蔡林彬給毛澤東〉（1920 年 5 月 28 日）及〈蔡林彬給毛澤東〉（1920 年 8 月 13 日）

(3) 蔡和森：〈蔡林彬給毛澤東〉（1920 年 9 月 16 日）

229. 《蔣介石言論集》

(1) 蔣介石：〈再論聯俄〉（1926 年 1 月 10 日）

(2) 蔣介石：〈飭將士保護農民利益扶持農民運動令〉（1926 年 9 月 9 日）

(3) 蔣介石：〈黃埔同學會會員大會訓詞〉（1927 年 4 月 20 日）

230. 《蔣介石的革命工作》（上海，太平洋書店，1926 年）

(1) 蔣介石：〈汕頭東征軍總指揮部蘇俄革命紀念宴會講辭〉（1925 年 12 月 11 日）

231. 楊天石：《蔣氏密檔與蔣介石真相》（北京，社會科學文獻出版社，2002 年）

232. 季諾維也夫：《論共產國際》（北京，人民出版社，1980 年）

233. 鄧中夏：《鄧中夏文集》（北京，人民出版社，1983 年）

(1) 鄧中夏：〈一年來省港罷工的經過〉（1926 年 8 月）

(2) 鄧中夏：〈中國職工運動簡史〉（1919—1926）

(3) 鄧中夏：〈嗚呼廖仲愷先生之死！〉（1925 年 8 月 22 日）

(4) 鄧中夏：〈罷工政策及其勝利——在省港罷工工人代表大會上的演説詞〉（1925

　　年 9 月 27 日）

234. 鄭觀應：《鄭觀應集》（上）（上海，上海人民出版社，1982 年）

　　（1）鄭觀應：〈盛世危言‧學校上〉

235.《魯迅全集》（1）（北京，人民文學出版社，1982 年）

　　（1）魯迅：〈文化偏至論〉

236. 汪金國：《戰時蘇聯對華政策》（武漢，武漢大學出版社，2010 年）

237. 伊斯雷爾‧愛潑斯坦：《歷史不應忘記》（北京，五洲傳播出版社，2005 年）

238. 中共興隆縣委黨史資料徵集辦公室：《興隆「無人區」裏的抗日根據地》（河北
　　興隆縣，1985 年）

239. 全樹仁、岳岐峰：《遼寧省志大事記》電子版（遼海出版社 2006 年）

240. 陳沂主編：《遼瀋決戰》（上）（北京，人民出版社，1988 年）

241.《遼瀋戰役親歷記》編審組：《遼瀋戰役親歷記》（北京，文史資料出版社，1985
　　年）

242. 張駿主編：《濟南戰役》（濟南，山東人民出版社，1988 年）

243. 羅伯特‧達萊克：《羅斯福與美國對外政策 1932 — 1945》（北京，商務印書館，
　　1984 年）

244. 羅伯特‧舍伍德：《羅斯福與霍普金斯》（Robert Shetwoad, *Roosevelt and
　　Hopkins*），紐約 1948 年版

245.《羅榮桓軍事文選》，電子書，缺出版資料。

　　（1）羅榮桓：〈秋收起義與我軍初創時期〉（1957 年 9 月）

246. 蘇中七戰七捷編寫組：《蘇中七戰七捷》（南京，江蘇人民出版社，1986 年）

247. 蔣介石：《蘇俄在中國》（台北，中央文物供應社，1973 年）

248. 喬治‧肯南：《蘇美關係 1917－1920 年俄國退出戰爭》（*Soviet-American
　　Relations 1917－1920 Russia Leaves the War*）（新澤西 1956 年版）

249. 向青、石志夫、劉德喜主編：《蘇聯與中國革命》（北京，中央編譯出版社，
　　1994 年）

250. 王奇生：《黨員、黨權與黨爭》（上海，上海書店出版社，2003 年）

251. 梁啟超：《護國之役電文及論文》（台北，文海出版社，1967 年）

　　（1）梁啟超：〈異哉所謂國體問題者〉

252. 顧維鈞：《顧維鈞回憶錄》（北京，中華書局，1987 年）

253. 弗雷德里克‧S‧卡爾霍恩：《權力與原則：威爾遜外交政策中的武裝干涉》

（*Power and Principle: Armed Intervention in Wilsonian Foreign Policy*）（肯特州立大學出版社 1986 年版）

八、期刊論文

1. 《人民周刊》
   - (1)〈中國共產黨廣東區委員為省港罷工自動停止封鎖宣言〉

2. 《三民主義》
   - (1) 胡漢民〈介紹中國的親日家與排日家〉

3. 《三民半月刊》創刊號
   - (1) 張楚珩：〈國民黨與黨員〉

4. 《工人之路》
   - (1)〈中華全國總工會省港罷工委員會為停止封鎖宣言〉
   - (2)〈政治委員會主席胡漢民先生在罷工委員會招待各界時演講〉
   - (3)〈省港罷工工人代表大會對罷工變更政策之決議〉

5. 《中央研究院近代史研究所集刊》
   - (1) 韋慕庭〈孫中山的蘇聯顧問〉(1920 — 1925)
   - (2) 陶英惠〈蔡元培與北京大學 1917-1923〉

6. 中共中央黨史研究室編：《中共黨史研究》
   - (1) 蕭超然：〈中國共產黨的創建與北京大學〉
   - (2) 馬貴凡譯：〈共產國際執委會書記處致中共中央書記處電〉(1936 年 8 月 15 日)
   - (3) 莫世祥：〈抗戰初期中共組織在香港的恢復與發展〉
   - (4)〈周恩來關於與張學良商談各項問題致張聞天毛澤東德懷電〉(1936 年 4 月 10 日)
   - (5) 馬貴凡譯：〈季米特洛夫在共產國際執委會書記處討論中國問題會議上的發言〉(1936 年 7 月 23 日)

7. 《中國國民黨中央執行委員會工人部印行》(1926 年 10 月)
   - (1)〈反帝國主義的新策略〉

8. 中央宣傳委員會編：《中國國民黨第一二三四次全國代表大會彙刊》，(中國國民黨中央執行委員會，1934 年)
   - (1)〈中國國民黨第二次全國代表大會宣言〉(1926 年 1 月)

9. 《中國歷史學會史學集刊》
   - (1) 陳敬堂：〈論中共旅歐總支部的發起組〉

10. 中國社會科學院近代史研究所：《中華民國史研究三十年 1972 — 2002》（下）
    - (1) 劉曼容：〈孫中山「中央革命」計劃與馮玉祥北京政變〉

11.《中華教育界》

   (1) 陳啟天：〈我們主張收回教育權的理由與辦法〉

   (2) 楊效春：〈基督教之宣傳與收回教育權運動〉

12. 南洋大學學學生會《五卅血淚》第 2 期

13.《天津南開大學第四屆周恩來研究國際學術研討會》(2013 年 10 月)

   (1) 陳敬堂：〈周恩來與香港大營救〉

14.《文史月刊》

   (1) 趙子雲：〈楊杰將軍遇刺之謎〉

15.《日本原駐華大使館檔案》

   (1)〈昭和十四年六月十八日吳佩孚大迫少將會見記錄〉。

16.《世界歷史》

   (1) 陶文釗：〈馬歇爾使華與杜魯門政府對華政策〉

17.《北京大學日刊》

   (1)〈校長布告〉，(1918 年 1 月 11 日至 1919 年 5 月 2 日)

18.《史學集刊》

   (1) 尚小明：〈論袁世凱策劃民元「北京兵變」說之不能成立〉

19.《四川師範大學學報社科版》

   (1) 姜榮耀：〈試論晏陽初平民教育思想的特點〉

20.《民國檔案》

   (1)〈抗戰初期楊杰等和蘇聯磋商援華事項秘密函電選〉

   (2) 左玉河、王瑞芳：〈張東蓀傳略〉

21.《安徽大學學報》

   (1) 馬建標：〈道德救國蔡元培與北京大學的政治參與〉

22.《我們的生活》

   (1)〈省港罷工工人代表大會對罷工變更政策之決議〉

23.《抗日戰爭研究》

   (1) 李恩涵：〈日軍對晉東北冀西冀中的「三光作戰」考實〉

   (2) 許乃波：〈回憶抗日戰爭時期的宋慶齡〉

   (3) 段月萍：〈侵華日軍南京大屠殺遺址紀念碑〉

   (4) 朱敏彥：〈試評抗日戰爭時期蘇聯對華政策〉

   (5) 謝雪橋：〈對旅日愛國華僑楊啟樵教授駁斥日本「南京大屠殺」案否定派的介紹與補充〉

(6)〈德國檔案館中有關侵華日軍南京大屠殺的檔案資料〉

(7) 陳方孟:〈論中日戰爭初期德國的對華政策〉

24.《周恩來研究學術討論會論文集》

(1) 章文晉:〈周恩來與馬歇爾使華〉

25.《明報月刊》

(1) 田雨時:〈張學良揹「九一八事變」苦難十字架六十年〉

26.《東方雜誌》

(1) 蔡元培:〈我在北京大學的經歷〉

(2)〈國民革命軍北伐戰爭之經過〉

27.《東方雜誌——五卅事件臨時增刊》(1925 年 7 月)

(1)〈中國國民黨上海執行部宣言〉(1) (1925 年 6 月 1 日)

(2)〈中國國民黨上海執行部宣言〉(2) (1925 年 6 月 4 日)

(3)〈中國國民黨通電〉(1925 年 6 月 5 日)

(4) 愉之:〈五卅事件紀實〉(1925 年 6 月 30 日)

(5) 陶希聖:〈五卅慘殺事件事實之分析與證明〉

(6)〈香港罷工與沙面大慘殺〉

(7)〈梁啟超等宣言〉

(8)〈會審公堂記錄摘要〉(1925 年 6 月 9 日)

(9)〈漢口事件〉

28.《東亞季刊》

(1) 關中:〈戰時國共商談〉

29.《近代中國》

(1) 陳立夫:〈我與馬歇爾將軍〉(1977 年 12 月)

(2) 張水木:〈對日抗戰期間的中德關係〉(1983 年 6 月)

30. 中國社會科學院近代史研究所:《近代史研究》

(1) 向青:〈中國共產黨創建時期的共產國際和中國革命〉

(2) 李曉勇:〈國民黨與省港大罷工〉

(3) 禤倩紅:〈國共兩黨與省港罷工〉

(4) 何理:〈皖南事變〉

(5) 章百家:〈對重慶談判一些問題的探討〉

(6) 楊天宏:〈論《臨時約法》對民國政體的設計規劃〉

(7) 汪朝光:〈論民初裁兵問題及其與資產階級的關係〉

(8) 劉本軍:〈論金佛郎案與北洋政府〉

(9) 元邦建：〈鮑羅廷在廣東的幾個問題〉

31.《近代史資料》

(1) 李玉貞譯：〈中蘇外交文件選譯〉（上），《蘇聯對外政策文件集》（1974 年 17 卷）

(A) 〈斯托莫尼亞夫致鮑格莫洛夫的信〉（1935 年 12 月 28 日），

(B) 〈斯托莫尼亞夫與蔣廷黻的談話紀錄〉

(C) 〈鮑格莫洛夫致斯托莫尼亞夫的電報〉（1936 年 1 月 22 日）

(D) 〈鮑格莫洛夫致蘇聯外交人民委員部的電報〉（1935 年 10 月 19 日急電）

(2) 聞少華：〈國事共濟會資料：國事共濟會宣言書附簡章〉

32.《美國研究》

(1) 張鎮強：〈美國總統威爾遜在武裝干涉蘇俄中的作用〉

33.《國史館學術集刊》

(1) 王正華：〈北伐前期的蔣馮關係（民國 15 至 16 年）——以《蔣中正總統檔案》為中心的考查〉

34.《國民新報孫中山先生逝世周年紀念特刊》

(1) 李大釗：〈孫中山先生在中國民族革命史上之位置〉（1926 年 3 月 12 日）

35.《國民黨中央週刊》

(1) 何漢文：〈如何樹立國民黨在農村中的基礎〉

36.《國防雜誌》

(1) 郭春龍：〈國民革命軍建軍與北伐之研究〉

37.《現代史雜誌》

(1) 尤金‧P‧特蘭尼：〈伍德羅‧威爾遜與干涉俄國的決定再考慮〉（Woodrow Wilson and the Decision to Intervence in Russia Reconsideration）

38.《第二次世界大戰與戰後世界的發展》

(1) 牛大勇〈影響中國前途和命運的一次戰略空運〉

39.《湘江評論》創刊號（1919 年 7 月 14 日）

(1) 毛澤東：〈陳獨秀之被捕及營救〉

40.《華中師範大學學報》（人文社會科學版）

(1) 王揚：〈魏瑪德國對華政策簡析〉

41.《開封大學學報》

(1) 蘇全有：〈從《申報》的報道看「五九國恥紀念日」的興衰〉

42. 黃埔軍校同學會編：《黃埔》

(1) 〈蘇聯顧問在黃埔軍校建設中的作用〉

43.《傳記文學》

    (1) 黃季陸：〈蔡元培先生與國父的關係〉

    (2) 梁敬錞：〈我所知道的五四運動〉

    (3) 周毅：〈孫中山早期與俄國革命黨人的來往〉

    (4) 白瑜：〈我亦談談鮑羅廷〉

44.《廣東社會科學》

    (1) 李淼翔：〈廣州起義對探索中國革命新道路的重要貢獻〉

45.《慶祝抗戰勝利五十周年兩岸術研討會論文集》

    (1) 馬振犢：〈德國軍火與中國抗戰〉

46.《歷史研究》

    (1) 楊天石：〈30 年代初期國民黨內部的反蔣抗日潮流〉

    (2) 楊奎松：〈1946 年國共兩黨鬥爭與馬歇爾調處〉

    (3) 楊奎松：〈孫中山的西北軍事計劃及其夭折〉

47.《環球人物》

    (1) 趙慶雲：〈工運先鋒馮菊坡〉

48.《嚮導週報》

    (1) 鄭超麟：〈帝國主義屠殺上海市民之經過〉（1925 年 5 月 30 日至 6 月 4 日）

    (2) 鄭超麟：〈帝國主義鐵蹄下的中國〉（1925 年 6 月 22 日）

49.《黨史研究資料》

    (1) 楊奎松：〈1936 年鄧文儀與王明潘漢年談判經過及要點〉

    (2) 易飛先：〈1946 年初國共圍繞赤峰多倫歸屬權的鬥爭〉

    (3) 華路譯：〈美國軍事檔案 NO — CFX4082/1945/8/9 魏德邁致陸軍參謀長備忘錄〉

50.《黨史研究與教學》

    (1) 祝彥：〈評 20 世紀 20 年代的平民教育運動〉

九、報紙

1.《上海民國日報》

    (1) 1941 年 5 月 13 日，〈徐悲鴻在南洋〉

2.《大公報》

    (1) 1912 年 2 月 24 日〈袁總統之注重外蒙〉

3.《中央日報》

    (1) 1927 年 5 月 4 日，〈蔣介石：在慶祝國民政府建都南京歡宴席上的講演詞〉

    (2) 1928 年 2 月 12 日，〈蔣介石：整理黨務計劃案〉

(3) 1928 年 3 月 15 日，〈何民魂：痛念與自惕〉

(4) 1928 年 3 月 30 日，〈雪崖：省黨部的地位問題〉

(5) 1928 年 4 月 10、11 日，〈在下層工作同志的傷心慘絕的呼聲〉

(6) 1928 年 4 月 17 日，〈中央執行委員會兩個要令〉

(7) 1928 年 6 月 15 日，〈反動勢力壓迫下的湖南石門縣〉

4.《天津大公報》

(1) 1929 年 4 月 10 日，〈滬市執委會第 6 次紀念周〉

(2) 1931 年 7 月 27 至 28 日，〈日本軍人之滿蒙觀〉

(3) 1931 年 9 月 7 日，〈日本對滿蒙形勢緊張〉

(4) 1931 年 9 月 9 日，〈日本空氣愈險惡〉

(5) 1931 年 10 月 24 日，〈中央仍倚重張學良不令灰心〉

(6) 1945 年 9 月 27 日，〈社評：莫失盡人心〉

(7) 1946 年 2 月 27 日，〈社評：全國整軍協議成立〉

(8) 1946 年 3 月 1 日，〈馬歇爾——我國史上空前的貴賓〉

(9) 1946 年 11 月 7 日，〈評中美商約〉

(10) 1947 年 3 月 8 日，〈董必武離京時發表書面談話〉

5.《民國日報》

(1) 1920 年 1 月 29 日，〈評論〉

(2) 1947 年 3 月 8 日，〈董必武離京時發表書面談話〉（1947 年 3 月 7 日）

6.《申報》

(1) 1907 年 11 月 29 日，〈大學堂之風潮〉

(2) 1912 年 2 月 9 日，〈宗社黨愈趨愈下〉

(3) 1912 年 2 月 24 日，〈南京聯軍參謀團電〉

(4) 1912 年 2 月 27 日，〈南京政府近聞紀要〉

(5) 1912 年 10 月 20 日，〈命令〉

(6) 1912 年 10 月 29 日，〈代理大學校長就任之演說〉

(7) 1913 年 6 月 5 日，〈命令〉

(8) 1913 年 6 月 6 日，〈訓令〉

(9) 1913 年 6 月 6 日，〈北京大學風潮聲中之教育部〉

(10) 1913 年 11 月 15 日，〈命令〉

(11) 1914 年 1 月 8 日，〈命令〉

(12) 1915 年 4 月 3 日，〈北京學校鏡〉

(13) 1924 年 11 月 15 日，〈公電〉

(14) 1926 年 4 月 24 日，〈李章達之履歷〉

(15) 1926 年 9 月 12、22 日，〈全浙公會奔走和平之趨勢〉及〈南京和平會議消息〉

(16) 1927 年 3 月 28 日，〈全上海工人代表大會記〉

(17) 1941 年 5 月 13 日，〈徐悲鴻在南洋〉

(18) 1941 年 6 月 29 日，〈楊揚：救亡運動在馬來西亞〉

7.《光華日報》

(1) 1912 年 2 月 9 日，〈致內閣電〉

8.《成都華西晚報》

(1) 1945 年 8 月 29 日，〈社評：毛澤東到了重慶〉

9.《西安秦風日報工商日報聯合版》

(1) 1945 年 8 月 29 日，〈社論：團結在望、國家之光——欣聞毛澤東先生抵達重慶〉

10.《延安解放日報》

(1) 1945 年 10 月 30 日，〈社論〉

(2) 1945 年 11 月 14 日，〈社論〉

(3) 1946 年 1 月 12 日，〈社論：和平實現〉

(4) 1946 年 6 月 5 日，〈社論：美國應即停止助長中國內戰〉

(5) 1946 年 8 月 14 日，〈社論：七月的總結——評馬司聯合聲明〉

(6) 1946 年 11 月 26 日，〈社論〉

11.《昆明雲南日報》

(1) 1945 年 8 月 30 日，〈社論：團結第一〉

(2) 1946 年 2 月 2 日，〈社論：協商會成功了〉

12.《法國救國時報》

(1) 1936 年 1 月 9 日，〈田：第二次國共合作有可能嗎？〉

13.《長沙大公報》

(1) 1926 年 9 月 29 日，〈賀師長進攻荊沙之又訊〉

14.《南方日報》

(1) 1953 年 12 月 15 日，〈李頌儀：李章達生平年表〉

15.《紅色中華》

(1) 1933 年 1 月 28 日，〈開展民族革命戰爭、反對日本帝國主義、推翻出賣中國民族利益的國民黨統治〉

16.《重慶大公報》

(1) 1939 年 8 月 13 日，〈魯君：暹羅與暹羅華僑〉

(2) 1945 年 8 月 21 日，〈讀蔣主席再致延安電〉

(3) 1945 年 8 月 26 日，〈毛澤東同志給蔣介石的第三封覆電〉

(4) 1945 年 8 月 29 日，〈社評：毛澤東先生來了！〉

(5) 1945 年 9 月 2 日，〈胡適電毛澤東〉

(6) 1946 年 2 月 1 日，〈社評：政治協商會議的成就〉

17.《重慶中央日報》

(1) 1945 年 8 月 25 日，〈蔣介石給毛澤東同志的第三封電報〉

(2) 1946 年 3 月 17 日，〈中國國民黨六屆二中全會對於政治協商會議報告之決議〉

(3) 1946 年 4 月 4 日，〈蔣介石在國民參政會第四屆第二次會議的政治報告〉

18.《重慶新民報》

(1) 1945 年 8 月 29 日，〈社評：迫切的期待〉

(2) 1946 年 1 月 18 日，〈社評：國民大會問題〉

19.《重慶新華日報》

(1) 1938 年 12 月 23 日，〈僑胞在開展援華制日運動中的作用〉

(2) 1940 年 7 月 20 日，〈1940 年 7 月 18 日邱吉爾在下院的報告〉

(3) 1941 年 10 月 19 日，〈周恩來：太平洋戰爭的新危機〉

(4) 1945 年 11 月 16 日，〈國民黨調動二百萬大軍發動全面內戰的真相〉

(5) 1945 年 8 月 29 日，〈毛澤東在重慶飛機場向記者的談話〉

(6) 1945 年 9 月 28 日，〈國共談判之我見〉

(7) 1946 年 1 月 11 日，〈國共雙方關於停止國內軍事衝突辦法達成的協議〉

(8) 1946 年 1 月 13 日，〈政府代表邵力子在政治協商會議上報告國共會談經過（1946 年 1 月 12 日）〉

(9) 1946 年 1 月 16 日，〈曾琦：中國青年黨提出停止軍事衝突實行軍隊國家化案〉

(10) 1946 年 1 月 17 日，〈張瀾：中國民主同盟提出實現軍隊國家化並大量裁兵案〉

(11) 1946 年 1 月 17 日，〈1 月 16 日夜大批特務搗亂政協代表講演會場〉

(12) 1946 年 1 月 18 日，〈1 月 17 日夜大批特務再次搗亂會場、侮辱謾罵、叫囂恐嚇〉

(13) 1946 年 1 月 19 日，〈1 月 18 日夜特務又在會場包圍毆打兩青年〉

(14) 1946 年 1 月 20 日，〈1 月 19 日夜特務又在會場搗亂、亂扔石子傷人〉

(15) 1946 年 1 月 27 日，〈非法搜查黃炎培住宅〉

(16) 1946 年 2 月 1 日，〈社論：和平建國的起點〉

(17) 1946 年 2 月 2 日，〈社論：中國歷史的新方向——慶祝政協會議成功〉

(18) 1946 年 2 月 11 日，〈暴徒逞凶、慶祝政協成功大會未能舉行、郭沫若、李公樸、施復亮及到會群眾多人被毆受傷〉

(19) 1946 年 2 月 13 日，〈陪都各界慶祝政協成功大會籌備委員會發表向全國同胞控告書〉

(20) 1946 年 2 月 13 日，〈重慶各報記者 42 人致中央通訊社的公開信〉

(21) 1946 年 2 月 26 日，〈中共代表周恩來在整軍方案簽字儀式上致詞〉

(22) 1946 年 3 月 18 日，〈周恩來在中外記者招待會上關於國民黨二中全會的談話〉

(23) 1946 年 6 月 8 日，〈周恩來關於東北停戰的聲明〉

(24) 1947 年 1 月 30 日，〈美方宣佈退出軍事調處執行部（1947 年 1 月 29 日）〉

20.《重慶新蜀報》

(1) 1945 年 8 月 29 日〈社論：力爭和平、爭取民主〉

21.《香港東方日報》

(1) 1991 年 9 月 23 日〈陳敬堂：水災引來外寇〉

22.《香港華商報》

(1) 1941 年 4 月 11 日，〈奇卓：星港來客話香港〉

(2) 1941 年 10 月 4 日，〈炎川：菲行夜話——記黃炎培先生談片〉

(3) 1946 年 2 月 27 日，〈社論：論整軍方案〉

23.《時事新報》

(1) 1920 年 12 月 23、24 日，〈子暲：法國通信——介紹工學世社〉

24.《時報》

(1) 1912 年 8 月 30 日，〈總統公讓孫中山之詳情〉

25.《新中華報》

(1) 1937 年 2 月 13 日，〈中共中央給中國國民黨三中全會電〉

26.《新華社太行》

(1) 1945 年 11 月 6 日電，〈胡宗南 10 月 24 日致高樹勳電〉

27.《廣州現象報》

(1) 1925 年 6 月 25 日，〈中華全國總工會組織省港罷工委員會啟事〉

十、網頁資源

1.《人民網文史網址》

(1) 金滿樓：〈辛亥革命後黃興留守南京為何功未成身先退？沒錢〉，網址：http://history.people.com.cn/n1/2016/0317/c372327-28206712.html

2.《八路軍太行紀念館》

(1)〈「死亡鐵路」——日本侵略軍野蠻罪行的見證〉，網址：www.balujun.org2010-05-05

3.《中文在線百科》

（1）〈日內瓦公約〉，網址：www.zwbk.org/MyLemmaShow.aspx?zh=zh-tw&lid=95439

4.《中文馬克思主義文庫》

（1）李大釗：〈中山主義的國民革命與世界革命〉（1926 年），網址：https://www.marxists.org/chinese/lidazhao/marxist.org-chinese-lee-1926.htm

（2）托洛茨基：〈共產國際執委會第八次全會關於中國問題的討論〉（1927 年 5 月 18 — 30 日）《托洛茨基》，網址：www.marxists.org/chinese/Trotsky/mia-chinese-trotsky-192705.htm

（3）〈托洛茨基文集斯大林與中國革命〉《托洛茨基》，網址：www.marxists.org/chinese/Trotsky/marxist.org-chinese-trotsky-1930b.htm

（4）梁寶龍：〈海員大罷工〉《參考圖書 · 階級鬥爭文獻》，網址：https://www.marxists.org/chinese/reference-books/mia-chinese-hksailorstrike-1922.htm

（5）鄭超麟：〈從第一國際到第四國際〉（1948 年），《鄭超麟》，網址：www.marxists.org/chinese/zhengchaolin/marxist.org-chinese-zhengchaolin-1948.htm

（6）〈第四國際第一次國際會議文件（1936 年 7 月）——共產國際的演變從世界革命的黨到帝國主義的工具〉《第四國際》，網址：www.marxists.org/chinese/fourth-international/marxist.org-chinese-FI-193607.htm

5.《中國人大網》

（1）侯宜杰：〈中國最早的議會——資政院〉，《中國人大》雜誌（2010 年第 2 期）。網址：www.npc.gov.cn

6.《中國人民抗日戰爭紀念館》

（1）〈日本法西斯慘絕人寰的暴行〉，網址：http://big5.china.com.cn/chinese/MATERIAL/876830.htm

（2）〈軍票—經濟統制和掠奪的工具〉，網址：www.1937china.com/kzls/sszx/20120522/680.shtml

7.《中國共產黨新聞網》

（1）向青：〈李大釗與共產國際〉，網址：cpc.people.com.cn/GB/69112/71148/71165/4972520.html

8.《中國社會科學院近代史研究所》

（1）馬仲廉：〈滇西反攻戰役述評〉，網址：http://jds.cass.cn/UploadFiles/zyqk/2010/12/20101214154758935.pdf

9.《中國軍網》

（1）〈諾門罕戰役及其對二戰的意義〉，網址：www.chinamil.com.cn /sklx/2011-07-28/content_4611056.htm

(2)〈紀念抗日戰爭勝利 60 周年〉，網址：http://www.chinamil.com.cn/site1/ztpd/2005-08/22/content_278717.htm

10.《中國遠征軍網》

(1)〈中國遠征軍〉，網址：http://www.yuanzhengjun.cn/

11.《互動百科》

(1)〈常德會戰〉，網址：http://www.baike.com/wiki/ 常德會戰

(2)〈滇西抗戰〉，網址：http://www.baike.com/wiki/ 滇西抗戰

12.《民初思韻網》

(1)〈美國到底殺了多少印第安人？〉，網址：http://cn.rocidea.com/roc-2069.aspx

13. 廣東《江門日報》，sina 全球新聞

(1)〈常德會戰—余程萬突圍獲刑〉，網址：dailnews.sina.com /bg/chn/chnlocal/chinapress/20120208/02203127714.html

14.《百度》

(1) 戴雄：〈抗戰時期中國圖書損失概況〉，網址：http://www.balujun.org

15.《百度文庫》

(1)〈日本侵略中國時候到底掠奪了多少資源和財富？〉，網址：wenku.baidu.com/view/031ace78f242336c1eb95e38.html

16.《百度百科》

(1)〈石牌保衛戰〉，網址：http://api.baike.baidu.com/view/810210.htm。

(2)〈長征〉，網址：baike.baidu.com/subview/6412/6766468.htm

(3) 求己齋：〈青天白日勳章人物傳略 129-119——方先覺〉，網址：http://bkso.baidu.com/view/64280.htm

(4)〈湘西會戰〉，網址：http://zh.wikipedia.org/wiki/ 湘西會戰

(5)〈豫西鄂北會戰〉，網址：http://zh.wikipedia.org/wiki/ 豫西鄂北會戰

(6)〈豫湘桂會戰〉，網址：http://zh.wikipedia.org/wiki/ 豫湘桂會戰

17.《辛亥革命網》

(1)〈南京贛軍嘩變〉，辛亥革命網址：http://www.xhgmw.org/html/xiezhen/licheng/2014/0715/721.html

18.《武漢市情網》

(1)〈夏斗寅的一生〉，網址：http://www.whfz.gov.cn:8080/pub/wcqz/mcjx/rwjs/thlrw/201006/t20100603_36012.shtml

19.《國殤墓園》

(1)〈中國遠征軍七十年祭〉，網址：http://www.chinagsmy.com/China/yuanzhengjun/

20.《新華網》

(1)〈「十月革命」的勝利和蘇俄崛起的啟示〉，網址：www.news.cn

(2)〈審判日本戰犯〉，網址：www.XINHUANET.com

21.《維基百科》

(1)〈中國遠征軍〉，網址：http://zh.wikipedia.org/wiki/ 中國遠征軍

(2)〈田漢〉，網址：https://zh.wikipedia.org/wiki/ 田漢

(3)〈印第安大屠殺〉，網址：https://zh.wikipedia.org/wiki/ 印第安大屠殺

(4)〈俄國內戰〉，網址：zh.wikipedia.org/wiki/ 俄國內戰

(5)〈徐志摩〉，網址：https://zh.wikipedia.org/wiki/ 徐志摩。

(6)〈旅順大屠殺〉，網址：zh.wikipedia.org/wiki/ 旅順大屠殺。

(7)〈馬來亞戰役〉，網址：http://zh.wikipedia.org/ 馬來亞戰役

(8)〈曹禺〉，網址：https://zh.wikipedia.org/wiki/ 曹禺

(9)〈第三次長沙會戰〉，網址：http://zh.wikipedia.org/ 第三次長沙會戰

(10)〈菲律賓戰役〉，網址：http://zh.wikipedia.org/ 菲律賓戰役

(11)〈遠東國際軍事法庭〉，網址：http://zh.wikipedia.org/zh-cn/ 遠東國際軍事法庭

(12)〈歐陽予倩〉，網址：https://zh.wikipedia.org/wiki/ 歐陽予倩

22.《影響世界的 100 次戰爭》

(1) 鄧蜀生、張秀平、楊慧玫編：〈蘇俄內戰和外國武裝干涉〉，網址：http://shuku.
net/novels/wars/yxsjd100czz/100zz.html

23.《龍騰世紀》

(1) 王俊彥：〈警惕日本─昨日的侵略與今日的擴張〉，網址：www.millionbook.net/
jun/xs/jingtrb/index.html

24.《騰訊評論》

(1) 楊奎松：〈有關張學良入黨問題的探討〉，網址：http://view.news.qq.com/
a/20131227/004360.htm

全書後話

　　近年，美國採取重返亞洲策略，讓中國不斷與近鄰摩擦，中日、中菲、中越、中印矛盾，此起彼伏，這是明的；藏獨、疆獨、台獨、港獨，來勢洶洶，內憂外患，交迭而來，務必令中國無日安寧。

　　美國遏制中國是偶然的嗎？只是與共產主義中國為敵？還是全中華民族？

　　早在 1946 年，日本戰敗投降的第二年，馬歇爾正在中國調處國共衝突，中國內戰尚未全面爆發，美國已經採取扶植日本軍國主義的策略。1946 年 10 月 7 日，天津《大公報》社評〈懷疑美國的對日政策〉質疑：「美國在保護日本，且是扶植日本腐朽的反動勢力。這已是公開的秘密，用不着加以證實，而且是越來越露骨了。……管制日本，消滅其侵略性，使其成為和平民主的國家，不再成為戰爭的份子，不再為遠東和平的威脅。美國管制日本，其目的應該是如此的，其結果應該是與聯合國家共利的。但在日本正式投降一周年時麥帥所作演説，謂『日本將成為戰爭的跳板』，並強調『公開而未宣佈的戰爭』之存在，顯然是把管制日本這一任務帶入另一個新的世界鬥爭了。……日本軍國主義，正以美國政策為溫床，在滋生潛長。」社論批評麥克阿瑟阻止日本人反對天皇

的進步運動，維持日本陸軍的體制和日本的殘餘海軍。「現已感覺美國在幫助我們的敵人，甚至在培養其重行侵略的可能。」

10 月 28 日，天津《大公報》社評〈日本賠償問題〉再批評美國「根本是在扶植着一個威脅中國的反動勢力」，准許日本保留戰前的重工業、發電能力、造船及修理能力。「麥帥理想改造的日本，還是一個擁有龐大輸出力（紡織業）及龐大商船的工業國家，並且擁有比戰前擴大了三分之一的化學肥料，即農業生產將增加三分之一。這個國家在遠東還是首屈一指的強國。一朝有事，和平工業轉入軍需工業，商船變成軍艦，海陸俱足以侵戰。承平時代，則其輕巧低廉的商品，可以馳聘無阻於東方市場。」

11 月 5 日，《大公報》社評〈看戰後日本怎麼樣？〉報道管制日本委員會美方代表艾其森公開承認：「日本之目標與美國之目標，已在實質上趨於同一。」換言之，日美的敵對關係，已經一筆勾消。

《大公報》是中國當年最有影響力的報紙，蔣介石也看的報紙，這三篇社論約在七十多年前發表，已經嚴厲批評美國扶植日本軍國主義者，保存其戰爭潛力，作為對付中國的遏制力量，可見美國的深謀遠慮！美國為了應付中國潛在的威脅，在國共內戰還沒有全面爆發之前，已經飼養這隻日本軍國主義走狗，讓它監視中國。現在中國已經崛起，國力直迫美國，美國怎可能坐視不理？給中國添煩添亂，是必然的！國人應該如何面對美國的陽謀？

方法就是寫好中國現代史、教好這段歷史，讓國人認識帝國主義侵略中國的血淚史，國人的苦難，都是帝國主義挑撥離間、煽風點火的結果。看清侵略者的陰謀，它的奸計便無法得逞！對歷史無知，很容易被人欺騙和利用，搞到身陷牢獄，妻離子散，到死亡那一天都不知道為啥。

港英政府管治香港時，教授和學習中國現代史是困難的，因為港英當局不可能容許老師講授其歧視和迫害華人的歷史。回歸前的香港史，有告訴你港島兵頭花園（今動植物公園）門前，曾掛上「華人與狗不得入內」的木牌嗎？有告訴你省港大罷工時，英國軍警在沙田城門河開槍射殺手無寸鐵的返鄉民眾

嗎？有告訴你英國人煽動廣州商團之亂，武力推翻孫中山革命政府之事嗎？香港支持孫中山革命，這謊話騙了你多少年？

殖民教育就是洗腦教育。欲亡其國，先亡其史。讓你背叛國家民族也以為是替天行道。因此，本地的兩間大學都沒有開設中國現代史課程，其他院校有開辦的，授課老師都曾異口同聲地說，曾受港英政治部人員跟蹤。

幸好，祖國強大了，港英治權到終，政治生態改變，沒有再明目張膽的干擾。二十世紀八十年代，香港一群年青歷史工作者發起成立「香港中國近代史學會」。我參加了發起聚會，討論一次後，學會成立。香港大學、香港中文大學、浸會大學、珠海書院、新亞書院等院校的歷史工作者和愛好者，都參加了這個學會。稍後會員擴展到公開大學、樹仁大學、教育大學、香港歷史博物館等機構。香港各大學的歷史系規模很小，員額編制只及內地的十分一，故每校任教近現代史的，只有一兩名。雖然每校都有人入會，但人數最高峰時，活躍會員也不超過三十人。學會早年定期出版會刊，並與大學聯合舉辦學術活動，逐漸成為中外認識的一個學術團體。中國大陸、台灣，以及美、日等地學者，都有申請加入為海外會員。學會設有執行委員會，以便推行會務。執行委員七人，每年（後兩年）改選一次。初期會員只有十多人，又不得連任，故很快輪任當值。有些會員因教研工作忙，當選了也辭任。在此情況下，我當選了幾屆執行委員，其中一次職務是負責登記所有會員資料和研究範圍。大部分會員填報的研究範圍和斷限，甚少延伸到 1919 年之後，沒有政治史、軍事史、革命史、國共關係等課題。全港的大學都缺乏這範圍的教研人材，自然不會講授相關課程，購置相關書籍。於是大學圖書館都缺乏現代史關鍵課題的資源，海峽兩地的檔案、內部發行書籍固然沒有，民國時期的報刊也欠缺。資源貧乏，很難滿足教研的需要！

現代史尤其是政治史，資料和論點南轅北轍，立場鮮明對立，很難分辨，講明究竟。大學沒有開辦相關科目，可能是明智決定。筆者塞翁失馬，不被中文大學取錄，入讀了浸會學院（後升格為大學）史地系，畢業後再到珠海書院

文史研究所考獲了碩士和博士學位。因緣際會，最後到南開大學，考取了中國現代史專業博士資格。先後師從蕭作樑、李璜、羅香林、劉鳳翰、魏宏運等史家。研究現代史，事涉國、共、青三黨的人和事，非遇到有關人物，很難了解其意識形態、史事的經緯和時代的脈搏。能得到國、共、青三黨的老師親自訓誨，真是難得的好際遇！

蕭作樑，湖南武岡人。中央政治學校外交系畢業，派駐德國使館工作期間，進柏林大學研究，獲哲學博士。返國後任四川大學政治學教授。太平洋戰爭爆發後，美國在哈佛、斯坦福、芝加哥等二十五所大學開辦「陸軍特別訓練班」（Army Special Training Program）課程培訓軍官，請求中國選派專家赴美講學。首批六名，蕭作樑是其中一員。抗戰勝利後任南京政治大學外交系主任。後赴台到台灣大學任教。時陳誠欲銷毀在江西與紅軍作戰時獲得的各種資料，他力主保留，把石叟檔案中的「中華蘇維埃共和國」原始資料整理出來，存於美國史丹福大學圖書館，中文版《赤匪反動文件彙編》六巨冊，約 110 餘萬言。後赴美，先後在 American University、Columbia University、George Washington University and University of Washington 等大學講學。晚年到香港浸會大學史地系教授蘇聯史，以蘇聯歷史經驗，引用馬列主義理論，詳細分析中國農民運動，及新中國成立後，推行大躍進、文化大革命等事件，背後的革命理論根源。不懂馬列主義和蘇聯革命史，很難透澈了解中國社會主義革命時期歷史的。

李璜，四川成都人，上海震旦大學畢業。參加少年中國學會，與會友毛澤東有一面之緣。後到巴黎大學進修，考獲碩士。和會舉行期間，因懂法文，獲記者證進入凡爾賽宮採訪和會消息，其所撰稿件，成為和會消息重要來源之一。後受李石曾所託，協助照料陳毅、鄧小平、聶榮臻等川籍赴法勤工儉學生，期間認識周恩來。在當年歐洲，共產主義、國家主義流行，尋求強國之路的留法同學各有領悟，分別組織了共產黨、國民黨、青年黨等政團。李璜與曾琦根據國家主義組建中國青年黨。1924 年回國到武昌大學任教，次年轉到北

京大學講授西洋史，圖以書生救國的方式實施其政治理想。九一八事變後，參加東北義勇軍抗日，說服張學良派翁照垣到長城抗戰。紅軍長征時，回成都助劉湘抗阻紅軍入川。抗戰全面開始後，蔣介石邀各黨派組成國民參政會，以示團結救國，委任李璜為參政員。他隨參政會考察各地，發現傷員得不到妥善照顧。後方動員不力，國難當頭，仍用拉夫方法，捆綁農民當兵。日本投降後，被委任為舊金山聯合國制憲大會代表團十名代表之一。國共談判破裂、內戰面臨爆發，李璜等第三勢力，為了和平，制止戰禍，竭力奔走斡旋，然最後失敗！1947 年 4 月國民政府改組，為拉攏其他黨派孤立中共，任命青年黨的左舜生為農林部長、李璜為經濟部長。李璜拒絕為蔣介石詐騙人民財物，不屑同流合污，自行失蹤，拒不就任。新中國成立後移居海外，後到香港講學，任職香港珠海書院文史研究所，八十多歲移居美國。中美建交前夕，兩岸同時邀請他回國，雖然鄧小平派子攜函誠邀，但考慮到留台之青年黨尚需照料，只好選擇蔣經國之禮聘，到台灣任總統府資政。中國現代史很多情節，李璜都是經歷者，與軍政要人認識交往，簡直就是一部活的歷史。得遇良師，獲益真是無可估量！

羅香林，廣東興寧人，清華大學歷史系畢業，入燕京大學歷史研究所。畢業後任廣東中山大學教授及廣州中山圖書館館長，因是國民黨黨員，解放後遷居香港，初在廣大書院、新亞書院講學，後任教香港大學中文系，任職至系主任退休。復到香港珠海書院創辦中國文史研究所，講授唐史及香港史。是客家學及香港史的奠基人。

筆者第一個博士學位在珠海書院修讀，論文指導教授劉鳳翰，河北新鎮人。因兄長被共黨殺害，加入國民黨軍報復。轉戰各地，升至營長。北平解放前，其部隊殺害了不少進步青年。後且戰且退，自北而南，再從海南島撤到台灣。任總統府警衛，以長期聚賭無聊，退役入讀台灣大學歷史系，畢業後到英國倫敦大學及美國哥倫比亞大學進修。返台任中央研究院近代史研究所研究員，專研近代軍事史，著有《新建陸軍》、《武衛軍》、《抗日戰史論集》等書。

兩岸關係解凍後，不敢回鄉探親。為方便與內地親友團聚，曾到香港兼任珠海書院和新亞書院客座教授。後他在電視台任主播的女兒旅遊英國，因車禍成為植物人。國家領導人知情後，特從北京派專家前往診治，並接返國就醫。經專家悉心治療，最後康復。曾害怕回鄉被人尋仇的劉鳳翰，因需照料女兒，重返久別了的北京！

其後認識同是研究周恩來的南開大學研究生院副院長王永祥教授，他建議我到周恩來的母校修讀第二個博士學位，並安排現代史權威魏宏運教授指導論文。老師是陝西長安人，早年參加中共的外圍組織，開始革命。抗日勝利後，考入北平輔仁大學歷史系。內戰前夕，參加革命青年聯盟，多次組織遊行示威。為躲避抓捕，離開北平到天津，入讀南開大學歷史系。加入中共冀察熱城工部平津工委會天津支部，調查天津城防，轉送進步學生到解放區。1951 年南開大學本科畢業後留校任教，此後由講師、教授，晉升至系主任。1956 年在南開開設中國現代史課程。1979 年 1 月，應國家教委委託，主辦「中國現代史講習班」。1985 年 2 月，當選國務院學位委員會第二屆學科評議組成員。1991 年 9 月，應聘為全國哲社規劃領導小組中國史學科成員。1992 年 7 月，受聘為香港學術評審團評議專家。先生除在美澳等地大學訪問講學外，著述等身，如《孫中山年譜》、《中國現代史稿》、《中國現代史資料選編》、《抗日戰爭時期晉察冀邊區財政經濟史資料選編》、《華北抗日根據地紀事》、《中國近代歷史的進程》、《抗日戰爭時期晉冀魯豫邊區財政經濟資料選編》、《華北抗日根據地史》等。身體力行推動中國近現代史的教學和研究，不但是南開大學中國近現代史學科的奠基人，也是這研究領域公認的開拓者之一。1987 年，南開大學中國近現代史學科被評為國家重點學科。

上述五位老師，雖然分屬不同黨派，但都治學謹嚴，悉心照顧學生，道德學問都令人欽佩！尤其是兩位博士生導師的經歷，給我很大的思潮衝擊！國民黨人殺進步青年，共產黨人竭力保護。一矛一盾，同一時空存在。數十年後，在北京殺了不少人的兇手，其女兒卻被北京醫生救回一命。國共內戰，互相仇

殺，沒完沒了，仇恨一代傳一代，一家傳一家，這是中華民族的悲劇！打內戰，消滅了敵軍，值得高興嗎？不！死傷的都是中國人，燒去的都是人民的家園、廠房、店舖。旁觀中國人仇殺，外國人只會高興，只會快樂！不知道是天意，還是人為，編寫了這個傳奇故事。情節有什麼啟示？有什麼值得我們思索的？是否希望國共雙方「以德報怨」！多年的仇恨，該結束了！團結統一，中華民族才能真正復興！

　　筆者主要研究領域為留法勤工儉學運動、國共談判、香港抗戰、資訊科技在歷史研究之應用。

　　上世紀文化大革命結束後，中國恢復動力，學術著作如雨後春筍，研究周恩來、鄧小平的留法勤工儉學運動成為兩岸史學界的熱點。筆者以文會友，認識了中央研究院近代史研究所副所長（後升所長）陳三井、天津南開大學研究生院副院長王永祥、清華大學馬列主義研究室主任朱育和、清華大學教授兼北京大學歷史系博士後導師劉桂生。美國對這課題也大感興趣，伊利諾伊州大學林如蓮教授（Marilyn Levine），到清華大學跟從劉桂生教授修讀博士後研究。回國後，應 *Republican China* 期刊之託，籌備在 1988 年 4 月出版「中共旅歐組織」專號，邀請海峽兩岸學者撰稿，陳三井教授推薦我撰文。得林如蓮教授同意，我以中文撰稿，完成〈中共旅歐黨團參考史料評述〉一文，約二萬餘字。林教授閱稿後，向編輯推薦全文翻譯發表。經評審通過，譯為英文稿 "Review of Reference Materials on the History of the European Branches of the Chinese Communist Organizations" 發表。

　　上世紀電腦技術普及，個人電腦價格下降，中文系統和資料庫軟件相繼研發。筆者發現運用電腦技術，可以大為提高研究歷史的效果和節省時間。試行編寫《留法勤工儉學生資料庫》軟件，建立了資料庫。筆者利用這電子資料庫進行研究和分析，運用大量數據撰寫了〈「進佔里大」事件與中共旅歐總支部之成立〉、〈論中共旅歐總支部的發起組〉、〈中共旅歐黨團名稱考異〉、〈五四時期四川青年在法國的組黨活動〉等文。後為推動這領域的研究，把資料庫送

贈中央研究院近代史研究所、清華大學歷史系、南開大學歷史系和美國林如蓮教授。劉桂生教授對我所展示的電子資料庫功能大感震撼，認為對歷史研究大有幫助，立即推薦給北京大學歷史系，並在翌日召集歷史系的教授聚會討論。牛大勇副系主任（後升主任）和幾位年青教授對技術甚感興趣。兩個月後便來函約聘我為全職研究員，希望引進此技術，為他們撰寫一份計劃書，以便申請科研項目。其後獲悉他們申請的項目名為「211工程」，得到批准撥款。天津同學說這是天文數字，約值一百位副教授一年的工資。自此之後，相繼得到南開大學周恩來研究中心和清華大學歷史系二十世紀中國研究中心聘為研究員，山西師範大學歷史學系聘為客座教授。職責除研究項目外，主要是協助三校歷史系與香港各界交流合作。

香港回歸後，香港中國近代史學會會友吳志華邀請我為歷史博物館負責東江縱隊港九大隊口述歷史項目，聘為研究員。任職一年期間，鑒於老戰士已經八九十歲高齡，搶時間地搶救那即將湮沒的活史料，訪問了健在的港九大隊兩位政委及多名重要領導。香港歷史博物館總館長丁新豹和館長吳志華，有感於這段歷史非常重要，撥款出版《香港抗戰——東江縱隊港九獨立大隊論文集》，並撰文支持。兩位老政委知道後，親自撰文，及向健存的各單位領導人約稿。兩老組織知情戰友，認真審稿，以保證史料無誤。書籍出版後送贈當年香港特別行政區長官董建華及三司十一局負責人，呈送中央有關領導。是書引起各方面興趣，香港亞洲電視、中央電視台、鳳凰衛視拍製香港抗戰的紀錄片時，都參考了這書。香港抗戰的研究遂開始了新的一頁，筆者在這基礎下，繼續進行口述歷史訪問和研究工作，完成和發表了〈香港游擊戰場的歷史地位〉、〈周恩來與香港大營救〉、〈中共中央領導的香港游擊戰〉等三篇論文及《香港抗戰英雄譜》一書。對推動香港抗戰的研究和教學，略盡綿力！

國民黨人對其兵敗大陸，孤懸台海一事，大惑不解；有些人也憤憤不平、心有不甘。蔣介石對其兵敗的解釋矛盾重重，難以自圓其說。故港台兩地都缺乏這段歷史的可靠參考書。筆者知道這段歷史盤根錯節，花了多年時間，到訪

海峽兩岸三地的圖書館、檔案室和研究單位，查閱比對大量史料。以「國共和談」作為研究項目，在海峽兩岸考獲了兩個博士學位，到完成第二篇博士論文後，才算弄清了這段歷史的來龍去脈。故本書先從西安事變、八年抗戰、國共談判和內戰開始，以破解國民黨兵敗之謎，再回望民國初立的史事。2014 年《寫給香港人的中國現代史——從西安事變到新中國成立》出版，不久沽清。因需參考新解密的蘇聯檔案及處理大量搜集得的史料，未能早日完稿。且健康欠佳，又延誤數年，2020 年才全書完稿。全文約 110 萬字，分上中下三冊。《寫給香港人的中國現代史——從西安事變到新中國成立》一書，現重印成為下冊，內容無大變動，只在徵引書目部分，增補了上中兩冊的書籍資料。